ZUIGAORENMINJIANCHAYUAN
SIFA JIESHI ZHIDAOXING ANLI LIJIE YU SHIYONG

—— 2018 ——

最高人民检察院
司法解释 指导性案例
理解与适用

最高人民检察院法律政策研究室 编著

【权威解读·要旨提示·析案答疑·应用指南】

中国检察出版社

出版说明

　　最高人民检察院司法解释和指导性案例对促进检察机关严格公正司法，保障法律统一正确实施，具有重要意义。2016 年 1 月 12 日施行的《最高人民检察院司法解释工作规定》指出，最高人民检察院就检察工作中具体应用法律的问题制定的司法解释，具有法律效力，是司法人员办理案件的重要法律依据。2019 年 4 月 4 日施行的《最高人民检察院关于案例指导工作的规定》提出，各级人民检察院应当参照指导性案例办理类似案件，将指导性案例纳入业务培训，充分发挥指导性案例规范司法办案的作用。

　　同时，最高人民检察院还发布了为数不少的事实上对法律适用活动产生重大乃至决定性影响的司法文件，这些司法文件包括但不限于"意见""办法"等。

　　为帮助读者准确理解和适用最高人民检察院发布的司法解释、指导性案例及司法文件，以指导司法实践，我们特别编辑出版了《最高人民检察院司法解释指导性案例理解与适用（2018）》，本书全面收录了 2018 年 1 月至 2019 年 2 月最高人民检察院及最高人民检察院与最高人民法院等部门联合制定发布的司法解释及相关规范性文件 42 个、最高人民检察院指导性案例 4 批 13 个以及典型案例 63 起。

　　为了便于读者收集整理，我们每年出版一册，敬请期待。

2019 年 4 月

目　　录

二、相关规范性文件

三、指导性案例

四、典型案例

一、司法解释

最高人民法院、最高人民检察院
关于检察公益诉讼案件适用法律若干问题的解释

（2018 年 2 月 23 日最高人民法院审判委员会第 1734 次会议、2018 年 2 月 11 日
最高人民检察院第十二届检察委员会第七十三次会议通过
2018 年 3 月 1 日公布　2018 年 3 月 2 日施行　法释〔2018〕6 号）

一、一般规定

第一条　为正确适用《中华人民共和国民事诉讼法》《中华人民共和国行政诉讼法》关于人民检察院提起公益诉讼制度的规定，结合审判、检察工作实际，制定本解释。

第二条　人民法院、人民检察院办理公益诉讼案件主要任务是充分发挥司法审判、法律监督职能作用，维护宪法法律权威，维护社会公平正义，维护国家利益和社会公共利益，督促适格主体依法行使公益诉权，促进依法行政、严格执法。

第三条　人民法院、人民检察院办理公益诉讼案件，应当遵守宪法法律规定，遵循诉讼制度的原则，遵循审判权、检察权运行规律。

第四条　人民检察院以公益诉讼起诉人身份提起公益诉讼，依照民事诉讼法、行政诉讼法享有相应的诉讼权利，履行相应的诉讼义务，但法律、司法解释另有规定的除外。

第五条　市（分、州）人民检察院提起的第一审民事公益诉讼案件，由侵权行为地或者被告住所地中级人民法院管辖。

基层人民检察院提起的第一审行政公益诉讼案件，由被诉行政机关所在地基层人民法院管辖。

第六条　人民检察院办理公益诉讼案件，可以向有关行政机关以及其他组织、公民调查收集证据材料；有关行政机关以及其他组织、公民应当配合；需要采取证据保全措施的，依照民事诉讼法、行政诉讼法相关规定办理。

第七条　人民法院审理人民检察院提起的第一审公益诉讼案件，可以适用人民陪审制。

第八条　人民法院开庭审理人民检察院提起的公益诉讼案件，应当在开庭

三日前向人民检察院送达出庭通知书。

人民检察院应当派员出庭，并应当自收到人民法院出庭通知书之日起三日内向人民法院提交派员出庭通知书。派员出庭通知书应当写明出庭人员的姓名、法律职务以及出庭履行的具体职责。

第九条　出庭检察人员履行以下职责：

（一）宣读公益诉讼起诉书；

（二）对人民检察院调查收集的证据予以出示和说明，对相关证据进行质证；

（三）参加法庭调查，进行辩论并发表意见；

（四）依法从事其他诉讼活动。

第十条　人民检察院不服人民法院第一审判决、裁定的，可以向上一级人民法院提起上诉。

第十一条　人民法院审理第二审案件，由提起公益诉讼的人民检察院派员出庭，上一级人民检察院也可以派员参加。

第十二条　人民检察院提起公益诉讼案件判决、裁定发生法律效力，被告不履行的，人民法院应当移送执行。

二、民事公益诉讼

第十三条　人民检察院在履行职责中发现破坏生态环境和资源保护、食品药品安全领域侵害众多消费者合法权益等损害社会公共利益的行为，拟提起公益诉讼的，应当依法公告，公告期间为三十日。

公告期满，法律规定的机关和有关组织不提起诉讼的，人民检察院可以向人民法院提起诉讼。

第十四条　人民检察院提起民事公益诉讼应当提交下列材料：

（一）民事公益诉讼起诉书，并按照被告人数提出副本；

（二）被告的行为已经损害社会公共利益的初步证明材料；

（三）检察机关已经履行公告程序的证明材料。

第十五条　人民检察院依据民事诉讼法第五十五条第二款的规定提起民事公益诉讼，符合民事诉讼法第一百一十九条第二项、第三项、第四项及本解释规定的起诉条件的，人民法院应当登记立案。

第十六条　人民检察院提起的民事公益诉讼案件中，被告以反诉方式提出诉讼请求的，人民法院不予受理。

第十七条　人民法院受理人民检察院提起的民事公益诉讼案件后，应当在立案之日起五日内将起诉书副本送达被告。

人民检察院已履行诉前公告程序的，人民法院立案后不再进行公告。

第十八条　人民法院认为人民检察院提出的诉讼请求不足以保护社会公共

利益的，可以向其释明变更或者增加停止侵害、恢复原状等诉讼请求。

第十九条　民事公益诉讼案件审理过程中，人民检察院诉讼请求全部实现而撤回起诉的，人民法院应予准许。

第二十条　人民检察院对破坏生态环境和资源保护、食品药品安全领域侵害众多消费者合法权益等损害社会公共利益的犯罪行为提起刑事公诉时，可以向人民法院一并提起附带民事公益诉讼，由人民法院同一审判组织审理。

人民检察院提起的刑事附带民事公益诉讼案件由审理刑事案件的人民法院管辖。

三、行政公益诉讼

第二十一条　人民检察院在履行职责中发现生态环境和资源保护、食品药品安全、国有财产保护、国有土地使用权出让等领域负有监督管理职责的行政机关违法行使职权或者不作为，致使国家利益或者社会公共利益受到侵害的，应当向行政机关提出检察建议，督促其依法履行职责。

行政机关应当在收到检察建议书之日起两个月内依法履行职责，并书面回复人民检察院。出现国家利益或者社会公共利益损害继续扩大等紧急情形的，行政机关应当在十五日内书面回复。

行政机关不依法履行职责的，人民检察院依法向人民法院提起诉讼。

第二十二条　人民检察院提起行政公益诉讼应当提交下列材料：

（一）行政公益诉讼起诉书，并按照被告人数提出副本；

（二）被告违法行使职权或者不作为，致使国家利益或者社会公共利益受到侵害的证明材料；

（三）检察机关已经履行诉前程序，行政机关仍不依法履行职责或者纠正违法行为的证明材料。

第二十三条　人民检察院依据行政诉讼法第二十五条第四款的规定提起行政公益诉讼，符合行政诉讼法第四十九条第二项、第三项、第四项及本解释规定的起诉条件的，人民法院应当登记立案。

第二十四条　在行政公益诉讼案件审理过程中，被告纠正违法行为或者依法履行职责而使人民检察院的诉讼请求全部实现，人民检察院撤回起诉的，人民法院应当裁定准许；人民检察院变更诉讼请求，请求确认原行政行为违法的，人民法院应当判决确认违法。

第二十五条　人民法院区分下列情形作出行政公益诉讼判决：

（一）被诉行政行为具有行政诉讼法第七十四条、第七十五条规定情形之一的，判决确认违法或者确认无效，并可以同时判决责令行政机关采取补救措施；

（二）被诉行政行为具有行政诉讼法第七十条规定情形之一的，判决撤销或者部分撤销，并可以判决被诉行政机关重新作出行政行为；

（三）被诉行政机关不履行法定职责的，判决在一定期限内履行；

（四）被诉行政机关作出的行政处罚明显不当，或者其他行政行为涉及对款额的确定、认定确有错误的，判决予以变更；

（五）被诉行政行为证据确凿，适用法律、法规正确，符合法定程序，未超越职权，未滥用职权，无明显不当，或者人民检察院诉请被诉行政机关履行法定职责理由不成立的，判决驳回诉讼请求。

人民法院可以将判决结果告知被诉行政机关所属的人民政府或者其他相关的职能部门。

四、附则

第二十六条　本解释未规定的其他事项，适用民事诉讼法、行政诉讼法以及相关司法解释的规定。

第二十七条　本解释自 2018 年 3 月 2 日起施行。

最高人民法院、最高人民检察院之前发布的司法解释和规范性文件与本解释不一致的，以本解释为准。

《关于检察公益诉讼案件适用法律若干问题的解释》的理解与适用*

张雪樵**

最高人民法院、最高人民检察院（以下简称"两高"）已于 2018 年 3 月 2 日联合发布《最高人民法院、最高人民检察院关于检察公益诉讼案件适用法律若干问题的解释》（以下简称《解释》），各级检察机关要进一步提高政治站位，增强履行好公益诉讼职责的使命感和责任担当，正确理解和适用《解释》，推进检察公益诉讼工作健康发展。

一、"两高"联合出台《解释》的重要意义

《解释》是"两高"贯彻习近平新时代中国特色社会主义思想，特别是学习贯彻习近平总书记在致第二十二届国际检察官联合会年会暨会员代表大会的贺信中突出强调"检察官作为公共利益的代表，肩负着重要责任"的重大论断，落实民事诉讼法、行政诉讼法修改的立法精神，完善检察公益诉讼制度的一项重要司法解释。《解释》根据民事诉讼法和行政诉讼法的规定，对办理检察公益诉讼案件的程序、检察机关的诉讼权力义务等内容作出规定，提供了办理检察公益诉讼案件的统一规范，体现了检察公益诉讼不同于普通民事、行政诉讼的特点和规律，突出强调了检察机关作为公共利益代表的特殊地位和重大责任，对于丰富和完善中国特色社会主义检察制度，构建中国特色公益司法保护制度，加强国家利益、社会公共利益和人民群众合法权益司法保障力度，推进法治政府建设、提升国家治理能力和治理体系现代化水平都将产生重要而深远的影响。

二、《解释》的起草过程和主要考虑

2017 年 6 月 27 日，十二届全国人大常委会第二十八次会议作出《全国人民代表大会常务委员会关于修改〈中华人民共和国民事诉讼法〉和〈中华人民共和国行政诉讼法〉的决定》（以下简称全国人大常委会《修改诉讼法决定》）后，时任最高人民检察院检察长曹建明第一时间组织召开全国检察机关全面开展公益诉讼工作电视电话会议并发表重要讲话，对制定完善检察公益诉

　＊　原文刊载于《人民检察》2018 年第 7 期。

＊＊　最高人民检察院副检察长，检察委员会委员，二级大检察官。

讼的司法解释工作多次进行部署指导，对重点法律问题认真研究。最高人民法院院长周强和时任最高人民检察院检察长曹建明亲自沟通，决定由"两高"共同出台检察公益诉讼司法解释。经反复磋商，并征求全国人大常委会法工委、国务院法制办等单位意见，最高人民法院审委会和最高人民检察院检委会审议通过了《解释》。在起草过程中，我们主要有以下考虑：

一是以习近平新时代中国特色社会主义思想为指导。学懂弄通做实党的十九大精神，牢固树立以人民为中心的基本理念，充分发挥法律监督、司法审判职能作用，探索完善符合中国特色的公益司法保护制度，推进国家治理体系和治理能力现代化，助力美丽中国、健康中国建设。

二是贯彻落实全国人大常委会修法精神。全国人大常委会《修改诉讼法决定》主要就检察机关提起公益诉讼的案件范围、诉前程序等问题作出了原则性规定，对检察机关提起公益诉讼制度予以立法确认。《解释》以此为基础，在中央要求和法律规定的基本框架内对检察公益诉讼案件的办理、审理程序作出规定。

三是总结提炼试点实践经验。经过 2015 年 7 月至 2017 年 6 月为期两年的检察公益诉讼试点探索得到全方位的检验。2017 年 5 月，习近平总书记主持召开中央全面深化改革领导小组第三十五次会议，充分肯定了试点工作的成效，认为试点期间办理了一大批公益诉讼案件，积累了丰富的案件样本，制度设计得到充分检验，正式建立这一制度的时机已经成熟，要求为检察机关提起公益诉讼提供法律保障。《解释》总结提炼各地试点探索和实践经验，对既符合诉讼基本原则，又符合检察、审判职能特点的相关内容作出了规定。

四是求同存异，协同推进。检察公益诉讼是新生事物，立法规定比较原则，可以借鉴的经验不多，理论研究还需要进一步深化。对于实践层面存在的一些问题，"两高"坚持求同存异、协同推进的原则，能形成共识的，就在《解释》中固定下来；对于仍然存在不同认识的，在司法解释中确定一些基本原则，如"应当遵守宪法法律规定，遵循诉讼制度的原则，遵循审判权、检察权运行规律"，便于地方法院、检察院在协同推进公益诉讼的实践过程中积极探索解决方案，同时也为将来的立法完善打下基础。

三、《解释》的主要内容

《解释》共四部分二十七条，主要就以下几方面内容作出了规定：

（一）明确了检察公益诉讼的任务、原则

根据中央要求和试点实践经验，《解释》明确规定，检察公益诉讼的主要任务是充分发挥法律监督和司法审判职能作用，维护宪法法律权威，维护社会

公平正义，维护国家利益和社会公共利益，督促适格主体积极行使公益诉权，促进依法行政、严格执法。在办理公益诉讼案件中，应当遵守宪法法律规定，遵循诉讼制度的原则，遵循审判权、检察权运行规律。

（二）增加了检察公益诉讼的案件类型

《解释》增加了刑事附带民事公益诉讼这一新的公益诉讼案件类型，明确规定生态环境和资源保护、食品药品安全领域的刑事案件中，需要追究被告人侵害社会公共利益的民事责任的，检察机关可以一并提起附带诉讼，由同一审判组织一并审理，节约司法资源。关于刑事附带民事公益诉讼案件的管辖问题，考虑到民事公益诉讼的附带诉讼性质，管辖应当从主诉讼，由审理刑事案件的法院管辖。

（三）明确了检察机关的诉讼身份和权利义务

检察机关是行使公权力的国家机关，办理公益诉讼案件是履行法律监督职责的职权行为，因此，检察机关的诉讼地位具有其特殊性。《解释》明确检察机关以"公益诉讼起诉人"的身份提起公益诉讼，更加合理、明确地界定了检察机关提起诉讼的身份。《解释》规定的"依照民事诉讼法、行政诉讼法享有相应的诉讼权利，履行相应的诉讼义务，但法律、司法解释另有规定的除外"，既遵循了诉讼法的基本原则，也体现了检察机关具有不同于普通民事诉讼、行政诉讼原告的特殊性。

（四）完善了检察公益诉讼的诉前程序

通过诉前程序推动侵害公益问题的解决，是公益诉讼制度价值的重要体现。试点实践证明，检察机关提起公益诉讼的诉前程序发挥了重要的作用，调动了其他适格主体保护公益的积极性，促进了行政机关纠正违法行为的主动性，有效节约了司法资源。《解释》保留了这一程序，并对民事公益诉讼诉前程序的方式和行政公益诉讼诉前程序的期限作了调整。《解释》规定，在提起民事公益诉讼前，检察机关对于法律规定的机关和有关组织应当统一采取公告的方式告知提起诉讼，不再采用检察建议的方式督促法律规定的机关和有关组织起诉。鉴于检察诉前公告与民事公益诉讼中法院受理后公告具有相同的性质和效果，为节约司法资源，《解释》又规定，检察机关已履行诉前公告程序的，法院立案后不再进行公告。在提起行政公益诉讼前，检察机关应当向行政机关提出检察建议，督促其依法履行职责。考虑到实践中公益受损情况、行政机关的履职能力以及其他客观情况，《解释》区分两类情况，对试点期间规定的行政机关一个月的回复期限作了调整，规定行政机关应当在两个月内依法履行职责，并书面回复；出现公益损害继续扩大等紧急情形的，应当在十五日内书面回复。一方面，普遍地延长了行政机关的回复期限，为行政机关履行职责留出了更加充裕的时间，体现了对行政机关自我纠错的尊重，有利于更加充分地实现行政公益诉讼诉前程序的价值目标；另一方面，又规定了紧急情况下特殊的回复期限，以保证在确有必要的时候能够及时对违法行政行为和受损的公共利益给予更有效的司法监督和救济。

（五）规定了检察机关调查收集证据的权力

《解释》规定了检察机关在办理公益诉讼案件过程中调查收集证据的权力和有关行政机关以及其他组织、公民应当配合的义务。实践中，检察机关调查收集证据的方式主要包括调阅、复制卷宗材料，询问，收集书证、物证、视听资料，咨询专业意见，委托鉴定评估审计，勘验等。需要注意的是，检察机关调查收集证据不得采取限制人身自由的强制性措施，需要采取其他强制性证据保全措施的，应当依照民事诉讼法、行政诉讼法相关规定办理。

（六）明确了检察人员的出庭职责

检察人员出席公益诉讼法庭，属于依法履行职责的行为。因此，《解释》规定了法院应当在开庭前向检察机关送达《出庭通知书》。检察机关指派检察人员出席法庭依法履行职责，应当向法院提交《派员出庭通知书》，《派员出庭通知书》写明出庭人员的姓名、法律职务。《解释》第九条明确规定了出庭检察人员的职责是：宣读公益诉讼起诉书，出示说明调查收集的证据、进行质证，参加法庭调查，进行辩论并发表意见，从事其他诉讼活动等。

（七）细化了检察公益诉讼案件的受理、审判、执行程序

《解释》依据民事诉讼法第五十五条第二款和行政诉讼法第二十五条第四款的规定，细化了检察公益诉讼案件的受理条件和程序。一是贯彻立案登记制要求，规定检察机关提起的诉讼符合民事诉讼法、行政诉讼法及《解释》规定的起诉条件的，法院应当登记立案。二是明确检察机关提起公益诉讼的条件，包括诉前程序和应当提交的起诉材料等，明确了检察机关提起诉讼时，无需提交组织机构代码证、法定代表人身份证明书、授权委托书等身份证明材料。三是明确检察公益诉讼案件的管辖法院。《解释》规定，市（分、州）检察院提起的第一审民事公益诉讼案件，由侵权行为地或者被告住所地中级法院管辖；基层检察院提起的第一审行政公益诉讼案件，原则上由被诉行政机关所在地基层法院管辖，但也可以通过上级法院指定管辖由异地基层法院或者跨行政区划法院受理。四是确定了裁判方式。司法实践中，检察机关提起公益诉讼后，大多数行政机关都会采取一定的措施履行法定职责，从而使检察机关的诉讼请求得以实现，《解释》规定，检察机关撤回起诉的，法院应当裁定准许；

检察机关变更诉讼请求，请求确认原行政行为违法的，法院应当判决确认违法。目的是通过裁判确认其原行政行为违法的方式，进一步督促相关行政机关依法行政，实现公益诉讼最大限度维护国家利益和社会公共利益的目的。五是为了及时有效保护公共利益，《解释》规定了检察公益诉讼案件的生效判决、裁定，需要采取强制执行措施的，由法院依职权移送执行，无需检察机关申请执行。六是关于诉讼费用问题。诉讼费用的交纳是国务院主管事项，司法解释的制定主体是"两高"，对诉讼费用交纳问题不适合作出规定。对此，"两高"和国务院法制办已经形成共识，在国务院《诉讼费用交纳办法》修改前，法院审理检察机关提起的公益诉讼案件，不向检察机关收取诉讼费用；被告败诉的，诉讼费用由被告依法承担。"两高"将共同向国务院提出建议，尽快对《诉讼费用交纳办法》作出修改，对公益诉讼的诉讼费用问题作出明确规定。

（八）明确了检察机关二审程序的启动方式和出庭人员

考虑到民事诉讼法和行政诉讼法的现有规定，《解释》明确检察机关以上诉方式启动二审程序，并规定提起公益诉讼的检察机关和上一级检察机关均可以派员出庭，既体现了检察机关提起公益诉讼与对方当事人诉讼地位的平等性，也体现了检察职权运行中的一体化原则。在启动二审和二审出庭程序方面，提起诉讼的检察机关经审查认为一审公益诉讼裁判存在错误的，应当在法定上诉期限内向上一级法院提起上诉，通过原审法院提出上诉书，并且将上诉书抄送上一级检察机关。由于检察机关上下级是领导与被领导的关系，上级检察机关认为上诉不当的，可以向同级法院撤回上诉，也可以改变下级检察机关的具体意见，并且通知下级检察机关。对于法院决定开庭审理的二审案件，上一级检察机关可以与提起诉讼的检察机关共同派员出席第二审法庭。

四、检察机关在贯彻实施《解释》中应当注意的问题

一是把握处理好检察公益诉讼的特殊性与诉讼规律、诉讼制度的共同性之间的有机统一。一方面，坚持检察机关提起公益诉讼的特殊性，在诉讼权利义务上与普通原告有一定的区别，包括不交纳诉讼费，基于检察机关对被告侵权事实的不现实性而明确不受理反诉，出庭检察官职责与诉讼代理人的授权区别，等等，《解释》已基本列明检察公益诉讼案件特殊性所涉及的主要问题。同时也要把检察公益诉讼案件与刑事公诉作区分，不简单照搬刑事诉讼法中的公诉程序。另一方面，坚持检察公益诉讼的特殊性，但是不能脱离现行民事诉讼法、行政诉讼法的制度框架。要坚持遵循民事诉讼法、行政诉讼法的诉讼规律，包括最具特色的平等规律，即"两造"的平等地位和平等的诉讼权利义务。除法律特别规定外，检察公益诉讼必须严格适用民事诉讼法、行政诉讼

法。譬如，不服法院的生效裁判，可以由上一级检察院进行抗诉；不服法院未生效的一审裁判，可以由提起诉讼的检察院提出上诉等。要遵循以审判为中心的诉讼格局，依法维护审判权威。

二是把握处理好提起公益诉讼的首要任务与履行法律监督职责之间的有机统一。首先要牢牢坚持保护公益这个核心。检察机关基于法律监督的法定职权，依法督促行政机关履行保护公益的监管职责；若检察督促建议未被行政机关接受或者纠正违法不符预期，始提起诉讼经法院审理判决乃至交付执行，终赋予法律强制力确保检察督促取得实效。所以，检察机关提起公益诉讼的首要任务是借助法院具有强制力的诉讼裁判实现保护公益的任务和履行法律监督职责。同时，要把握好诉讼监督的界限和节点，民事诉讼法、行政诉讼法都规定了检察机关有权进行法律监督，但要把牢诉讼监督不破"两造"平等地位、诉讼监督不影响法院依法独立公正行使审判权的底线边界，要把握好出庭检察官作为诉讼参与人享有的监督权利与检察机关依职权监督违法审判行为的不同节点和不同功能。

三是把握处理好在诉讼环节适用《解释》与诉前阶段依法办案的有机衔接。《解释》的适用范围主要是在检察机关提起诉讼后各个诉讼环节需要明确的程序问题，所以，除了在诉讼环节适用《解释》和民事诉讼法、行政诉讼法，在诉前阶段，还需要检察机关依据宪法、人民检察院组织法以及其他法律、法规来办理公益诉讼案件，有时还需要根据原则性的法律规定进行探索实践，包括通过与行政部门、法院探索建立合作性制度来保障检察公益诉讼的规范性。

总之，检察机关提起公益诉讼，事关全面推进依法治国，事关国家治理体系和治理能力的现代化，责任重大，使命光荣。各级检察机关一定要立足新时代着眼新要求，准确把握《解释》的精神实质。坚持问题导向，对于《解释》适用过程中出现的新问题，各级检察机关应当在坚持遵循诉讼原则，遵循审判权、检察权运行规律的基础上，充分发挥主观能动性，加强与法院的沟通协调，寻求解决方案，通过实践，不断探索完善具有中国特色的检察公益诉讼制度。

最高人民检察院
关于指派、聘请有专门知识的人
参与办案若干问题的规定（试行）

（2018 年 2 月 11 日最高人民检察院第十二届检察委员会第七十三次
会议通过   2018 年 3 月 21 日公布并施行   高检发释字〔2018〕1 号）

第一条   为了规范和促进人民检察院指派、聘请有专门知识的人参与办案，根据《中华人民共和国刑事诉讼法》《中华人民共和国民事诉讼法》《中华人民共和国行政诉讼法》等法律规定，结合检察工作实际，制定本规定。

第二条   本规定所称"有专门知识的人"，是指运用专门知识参与人民检察院的办案活动，协助解决专门性问题或者提出意见的人，但不包括以鉴定人身份参与办案的人。

本规定所称"专门知识"，是指特定领域内的人员理解和掌握的、具有专业技术性的认识和经验等。

第三条   人民检察院可以指派、聘请有鉴定资格的人员，或者经本院审查具备专业能力的其他人员，作为有专门知识的人参与办案。

有下列情形之一的人员，不得作为有专门知识的人参与办案：

（一）因违反职业道德，被主管部门注销鉴定资格、撤销鉴定人登记，或者吊销其他执业资格、近三年以内被处以停止执业处罚的；

（二）无民事行为能力或者限制民事行为能力的；

（三）近三年以内违反本规定第十八条至第二十一条规定的；

（四）以办案人员等身份参与过本案办理工作的；

（五）不宜作为有专门知识的人参与办案的其他情形。

第四条   人民检察院聘请检察机关以外的人员作为有专门知识的人参与办案，应当核实其有效身份证件和能够证明符合本规定第三条第一款要求的材料。

第五条   具备条件的人民检察院可以明确专门部门，负责建立有专门知识的人推荐名单库。

第六条   有专门知识的人的回避，适用《中华人民共和国刑事诉讼法》

《中华人民共和国民事诉讼法》《中华人民共和国行政诉讼法》等法律规定中有关鉴定人回避的规定。

第七条　人民检察院办理刑事案件需要收集证据的，可以指派、聘请有专门知识的人开展下列工作：

（一）在检察官的主持下进行勘验或者检查；

（二）就需要鉴定、但没有法定鉴定机构的专门性问题进行检验；

（三）其他必要的工作。

第八条　人民检察院在审查起诉时，发现涉及专门性问题的证据材料有下列情形之一的，可以指派、聘请有专门知识的人进行审查，出具审查意见：

（一）对定罪量刑有重大影响的；

（二）与其他证据之间存在无法排除的矛盾的；

（三）就同一专门性问题有两份或者两份以上的鉴定意见，且结论不一致的；

（四）当事人、辩护人、诉讼代理人有异议的；

（五）其他必要的情形。

第九条　人民检察院在人民法院决定开庭后，可以指派、聘请有专门知识的人，协助公诉人做好下列准备工作：

（一）掌握涉及专门性问题证据材料的情况；

（二）补充审判中可能涉及的专门知识；

（三）拟定讯问被告人和询问证人、鉴定人、其他有专门知识的人的计划；

（四）拟定出示、播放、演示涉及专门性问题证据材料的计划；

（五）制定质证方案；

（六）其他必要的工作。

第十条　刑事案件法庭审理中，人民检察院可以申请人民法院通知有专门知识的人出庭，就鉴定人作出的鉴定意见提出意见。

第十一条　刑事案件法庭审理中，公诉人出示、播放、演示涉及专门性问题的证据材料需要协助的，人民检察院可以指派、聘请有专门知识的人进行操作。

第十二条　人民检察院在对公益诉讼案件决定立案和调查收集证据时，就涉及专门性问题的证据材料或者专业问题，可以指派、聘请有专门知识的人协助开展下列工作：

（一）对专业问题进行回答、解释、说明；

（二）对涉案专门性问题进行评估、审计；

（三）对涉及复杂、疑难、特殊技术问题的鉴定事项提出意见；

（四）在检察官的主持下勘验物证或者现场；

（五）对行政执法卷宗材料中涉及专门性问题的证据材料进行审查；

（六）其他必要的工作。

第十三条 公益诉讼案件法庭审理中，人民检察院可以申请人民法院通知有专门知识的人出庭，就鉴定人作出的鉴定意见或者专业问题提出意见。

第十四条 人民检察院在下列办案活动中，需要指派、聘请有专门知识的人的，可以适用本规定：

（一）办理控告、申诉、国家赔偿或者国家司法救助案件；

（二）办理监管场所发生的被监管人重伤、死亡案件；

（三）办理民事、行政诉讼监督案件；

（四）检察委员会审议决定重大案件和其他重大问题；

（五）需要指派、聘请有专门知识的人的其他办案活动。

第十五条 人民检察院应当为有专门知识的人参与办案提供下列必要条件：

（一）介绍与涉案专门性问题有关的情况；

（二）提供涉及专门性问题的证据等案卷材料；

（三）明确要求协助或者提出意见的问题；

（四）有专门知识的人参与办案所必需的其他条件。

第十六条 人民检察院依法保障接受指派、聘请参与办案的有专门知识的人及其近亲属的安全。

对有专门知识的人及其近亲属进行威胁、侮辱、殴打、打击报复等，构成违法犯罪的，人民检察院应当移送公安机关处理；情节轻微的，予以批评教育、训诫。

第十七条 有专门知识的人因参与办案而支出的交通、住宿、就餐等费用，由人民检察院承担。对于聘请的有专门知识的人，应当给予适当报酬。

上述费用从人民检察院办案业务经费中列支。

第十八条 有专门知识的人参与办案，应当遵守法律规定，遵循技术标准和规范，恪守职业道德，坚持客观公正原则。

第十九条 有专门知识的人应当保守参与办案中所知悉的国家秘密、商业秘密、个人隐私以及其他不宜公开的内容。

第二十条 有专门知识的人应当妥善保管、使用并及时退还参与办案中所接触的证据等案卷材料。

第二十一条 有专门知识的人不得在同一案件中同时接受刑事诉讼当事

人、辩护人、诉讼代理人，民事、行政诉讼对方当事人、诉讼代理人，或者人民法院的委托。

第二十二条　有专门知识的人违反本规定第十八条至第二十一条的规定，出现重大过错，影响正常办案的，人民检察院应当停止其作为有专门知识的人参与办案，并从推荐名单库中除名。必要时，可以建议其所在单位或者有关部门给予行政处分或者其他处分。构成违法犯罪的，依法追究行政责任或者刑事责任。

第二十三条　各省、自治区、直辖市人民检察院可以依照本规定，结合本地实际，制定具体实施办法，并报最高人民检察院备案。

第二十四条　本规定由最高人民检察院负责解释。

第二十五条　本规定自公布之日起试行。

《关于指派、聘请有专门知识的人参与办案若干问题的规定（试行）》理解与适用[*]

赵志刚 刘品新等[**]

2018 年 4 月 3 日，最高人民检察院《关于指派、聘请有专门知识的人参与办案若干问题的规定（试行）》（以下简称《规定》）对外公布。这是我国关于有专门知识的人参与办案的第一部专门性司法解释，对推进检察工作专业化发展具有重要意义。为了正确理解和适用《规定》，现对有关内容解读如下。

一、《规定》制定的背景

党的十九大报告提出，要"注重培养专业能力、专业精神，增强干部队伍适应新时代中国特色社会主义发展要求的能力"。对检察系统而言，指派、聘请有专门知识的人参与办案，是促进检察队伍专业化和落实科技强检战略的重要路径。该问题已受到最高人民检察院的高度重视，2016 年发布的《"十三五"时期检察工作发展规划纲要》（以下简称《"十三五"规划纲要》）明确指出，要建设开放的科技人才专家库，探索推进远程专家辅助办案应用，规范有专门知识的人出庭作证工作等。

近年来，各式各样的专门性问题不断涌入司法活动，远远超出检察人员的知识储备范围，使检察机关在办理各类案件的过程中，有引入专业力量提供帮助的强烈诉求。实际上，有专门知识的人参与办案制度可以为检察系统带来多重效益，它不仅能弥补办案人员专门知识的短板，切实提高检察公信力，还将为面临发展瓶颈的检察技术队伍提供转型契机。然而，这一制度在检察系统尚未发挥应有价值。究其原因，并非"无法可依"，据统计，我国法律、最高人民检察院司法解释中已有 15 条相关规定；也并非缺乏人才基础，截至 2017 年年底仅检察技术业务条线就有鉴定专家、信息化专家各 6000 多人。调研表明，问题的主要症结在于现有规定的可操作性不强、保障性不足，故亟须最高人民

* 原文刊载于《人民检察》2018 年第 10 期。

** 撰稿小组成员：赵志刚，最高人民检察院检察技术信息研究中心主任；幸生，最高人民检察院检察技术信息研究中心副主任；刘品新，中国人民大学法学院教授；周颂东，最高人民检察院检察技术信息研究中心技术管理处处长；赵宪伟，最高人民检察院检察技术信息研究中心技术管理处副处长；朱梦妮，中国矿业大学（北京）文法学院助理教授；唐超琰，中国人民大学法学院硕士研究生。

检察院制定全面、统一的司法解释文件予以解决。

二、《规定》制定的原则与依据

（一）制定原则

第一，严格依法，激活制度。《规定》遵循不突破既有规范、不创设文本外概念、不增加无依据内容的宗旨，对三大（刑事、民事、行政）诉讼法和最高人民检察院司法解释关于指派、聘请有专门知识的人的规定予以细化，形成体系；尤其设置了必要的程序性和保障性规范，使制度便于贯彻执行。

第二，聚焦检察工作，满足办案需求。《规定》在最大程度发挥制度功效、推动检察工作的定位下，围绕调研过程中系统梳理的涉及专门性问题的业务类型和诉讼环节，就有效引入有专门知识的人参与办案进行统筹安排，而暂时搁置了触及法庭规程等需要协调中央其他政法机关共同推出的内容。

第三，尊重专家，凝聚人才。最高人民检察院《"十三五"规划纲要》提出要推进"铸才、聚才、育才、扶才、优才、引才"工程，故《规定》秉持了充分尊重专家及其智力劳动的立场，以汇聚检察系统内外专家智慧，形成科技办案合力。

第四，问题导向，抓大放小。有专门知识的人参与办案制度直接面向科学办案理念与传统办案模式之间的矛盾和冲突，很难一步到位地解决所有争议。《规定》力争对实践中必须加以解决的重大问题达成共识，加强办案人员借力于科技的意识和能力。

第五，适应改革要求，预留探索空间。《规定》立足司法体制改革新动向，暂时回避尚不明朗的问题，着力使条款内容具有张力和前瞻性。待改革深入推进、实践充分探索并积累成熟经验后，再根据有专门知识的人参与办案的新问题和新情况，不断调整、完善有专门知识的人参与办案制度。

（二）制定依据

据统计，我国现行法律、最高人民检察院司法解释中已有涉及"有专门知识的人"的法条共15条，它们是《规定》的制定依据、解释对象。[①] 其中，法律层面的具体条文包括：（1）刑事诉讼法[②]第一百二十六条、第一百四十四条、第一百九十二条；（2）民事诉讼法第七十九条；（3）行政诉讼法虽未直接就有专门知识的人作出规定，但其第一百零一条明确指出，"人民法院审理

---

① 有观点将《规定》的制定依据、解释对象理解为仅限于三大诉讼法，进而认为《规定》在设定有专门知识的人参与办案的范围方面可能突破了现行法律。这是不正确的。

② 本文的"刑事诉讼法"为2018年修改前的刑事诉讼法，下同。

行政案件，关于……开庭审理、调解……等，以及人民检察院对行政案件受理、审理、裁判、执行的监督，本法没有规定的，适用《中华人民共和国民事诉讼法》的相关规定"。司法解释层面，最高人民检察院《人民检察院刑事诉讼规则（试行）》（以下简称《刑诉规则》）就有专门知识的人协助审查涉及专门性问题的证据材料等内容有所规定，最高人民检察院《人民检察院提起公益诉讼试点工作实施办法》（以下简称《检察院公益诉讼办法》）也明确了调查核实公益诉讼案件时可向有专门知识的人咨询专门性问题等内容。

《规定》制定过程中，还参考了最高人民法院《关于适用〈中华人民共和国刑事诉讼法〉的解释》《关于适用〈中华人民共和国民事诉讼法〉的解释》《关于审理环境民事公益诉讼案件适用法律若干问题的解释》（以下简称《环境民事公益诉讼解释》）等9部司法解释中关于有专门知识的人这一问题的41处规定，并研究借鉴了公安部《公安机关办理刑事案件程序规定》（以下简称《公安刑事程序规定》）、司法部《司法鉴定程序通则》等部门规章中的29处相关规定，以及地方性规章中的17处相关规定。

三、《规定》的标题选定与主要内容

《规定》标题的选定主要取决于如何指称"有专门知识的人"并表述其工作性质。关于第一点，部分单位、部门和专家提出过"专家辅助人""专家""专业人员"和"有专门知识的人员"等表述。考虑到用语的严谨性、权威性等问题，《规定》本着忠于三大诉讼法文本的谨慎态度，最终采用了"有专门知识的人"这一现行法律术语。关于第二点，《规定》送审稿曾以"参与诉讼"作为关键词进行概括。审议时，最高人民检察院检察委员会有委员认为该表述不足以涵盖有专门知识的人的工作性质。根据委员建议，《规定》将之修改为"参与办案"。

《规定》全文共计二十五条，整体上为有专门知识的人参与办案制度在检察机关的应用和发展提供了内容补给、程序规范，以形成科学办案的长效机制。其主要内容如下：一是总则性规定，包括明确《规定》的制定目的和依据、基本概念解释；二是指聘条件、核实材料、推荐名单库建设、回避等规则；三是适用范围和工作内容规则；四是保障性规则；五是附则性规定。

四、《规定》的具体条文阐释

（一）术语界定

"有专门知识的人"的概念有广义和狭义之分。诉讼中凭借专门知识解决专门性问题的人，均为广义上的"有专门知识的人"。调研表明，检察机关指派、聘请有专门知识的人参与办案存在两种情况：一是协助检察官办案，其工

作具有纯粹的辅助性质；二是进行检验、出庭提出意见，其工作相对独立。根据刑事诉讼法第一百四十四条规定，有专门知识的人还包括鉴定人。鉴于我国已经构建了比较完备的鉴定制度来规范鉴定人，为了避免混乱，《规定》第二条明确其所称"有专门知识的人"，是指运用专门知识参与检察机关的办案活动，协助解决专门性问题或者提出意见的人，但不包括以鉴定人身份参与办案的人。理解该但书时需要注意：（1）这不是排除有鉴定资格的人员。在满足相应条件时，有鉴定资格的人员可作为有专门知识的人参与办案。（2）这也不是禁止有专门知识的人参与鉴定。《规定》允许有专门知识的人在符合有关要求时，为鉴定工作提供特别帮助。（3）这仅是排除那些运用专门知识来解决专门性问题的人以鉴定人身份参与办案的情形，如作为鉴定人进行鉴定或者出庭作证。

关于"专门知识"，《规定》第二条根据商务印书馆出版的《现代汉语词典》，将"知识"界定为"认识和经验等"。有意见曾建议增加"理论、技能"内容，起草小组研究认为，"理论、技能"由习得"认识和经验等"产生，不宜与之并列。从内容上看，专门知识涵盖自然科学和社会科学领域，通常不包含我国法律知识，但包括外国法查明等涉及外国法的知识。同时，为防挂一漏万，《规定》没有列举专门知识所涉及的典型领域。从检察办案实际看，专门知识包括但不限于法医、物证、声像资料、电子数据、心理测试、司法会计以及生态环境、资源保护、食品药品安全、国有财产保护、国有土地使用权出让和其他专业技术领域等。

针对有专门知识的人参与办案的工作性质和范围，《规定》全文采用的用语为"专门性问题"。对此，有关部门提出因诉讼所涉"专门性问题"应当通过鉴定解决，建议将其改为"专业问题"。起草小组研究认为，专业问题是民事诉讼法第七十九条规定的、有专门知识的人提出意见的一种特定对象（另一种是鉴定意见）。全国人民代表大会常务委员会法制工作委员会（以下简称"全国人大常委会法工委"）的解释表明，"专业问题"主要被用以区分和强调除鉴定意见所涉问题之外的其他专门性问题。① 鉴于这两种对象共同构成了检察办案中需要解决的特殊问题，《规定》将其统称为"专门性问题"更为适宜。此外，《规定》曾依照《刑诉规则》第三百六十八条第二款，将有专门知识的人参与审查起诉时的工作对象，规定为"涉及专门技术问题的证据材料"。经研究核实，"专门技术问题"的概念源自1998年最高人民检察院《人民检察院刑事诉讼规则（试行）》（已失效）第二百五十七条第二款，为求精

---

① 参见王胜明主编：《中华人民共和国民事诉讼法释义》，法制出版社2012年版，第179页。

准，《规定》与现行刑事诉讼法所使用的"专门性问题"的表述保持了一致。

（二）指聘、建库和回避

1. 人员来源和指聘方式。根据《规定》，能够接受指派、聘请参与检察办案的有专门知识的人来源广泛：既可以是检察机关内，来自技术业务条线或业务部门的人；[①] 也可以是检察机关外，来自其他单位或社会上的人。

从指聘方式上看：对检察机关内的有专门知识的人，可"指派"其参与办案，如对本院、下级检察院或同一办案组的人员，也可通过"聘请"进行，如对上级、同级或外地检察院的人员；检察机关外的有专门知识的人参与办案的方式则为"聘请"。[②]

2. 指聘条件和核查程序。全国人大常委会法工委明确指出，并非只有鉴定人才能担任有专门知识的人。[③] 可见，作为"有专门知识的人"参与办案，不需要某种特定的专门资质或"资格证书"，只需满足一定的指聘条件即可。关于条件，《规定》曾依有关建议细化了评判指标。但在标准宽严问题上争议较大，且有专门知识的人参与办案的工作对象广泛，无法统一推行具体标准。为防止僵化操作，《规定》第三条第一款将具备鉴定资格或专业能力均列为作为有专门知识的人参与办案的积极性条件。这种主客观标准相结合的规范方式，允许检察机关根据具体情况适当灵活把握。如在需要有专门知识的人出庭提出意见时，宜从严；在仅需其出庭协助检察官示证时，可从宽。

达到上述指聘要求的人员若具有禁止性情形，也不能作为有专门知识的人参与办案。《规定》第三条第二款对此予以明确，包括缺乏职业道德素养，无民事行为能力或限制民事行为能力，违反《规定》有关保障性规范，以办案人员等身份参与过案件办理工作，以及其他不宜作为有专门知识的人参与办案的情形，如曾为特定鉴定事项提供咨询、进行复核等。同时，考虑到在个案中指派、聘请有专门知识的人并非授予资格，《规定》没有将"因故意犯罪、职务过失犯罪受过刑事处罚"或者"受过开除公职处分"列为禁止性条件，即不会仅因有专门知识的人存在上述情形就完全否定其参与办案的资格。对实践中已经出现的境外人士的受聘争议，因该情形目前较为少见，故未作规定，留待实践作出探索。

---

① 《规定》发布试行后，检察机关内部的有专门知识的人参与办案工作，应当纳入全国检察机关统一业务应用系统，统计工作量。

② 有观点认为检察机关内的有专门知识的人均属于"指派"之列，检察机关外的有专门知识的人都属于"聘请"之列。这种理解过于简单。

③ 参见全国人大常委会法工委刑法室编：《关于修改中华人民共和国刑事诉讼法的决定——条文说明、立法理由及相关规定》，北京大学出版社2012年版，第228页。

为确认有专门知识的人符合指聘要求，检察机关须进行必要的条件核查。考虑到检察机关内的人员一般已有鉴定资格、专业能力方面的登记或备案，通常无须再对其作专门核查。故《规定》第四条仅针对聘请检察机关外的有专门知识的人的核查程序予以规定，要求检察机关应当核查证明相关人员鉴定资格、工作时长或具备专业能力的材料是否齐备、属实。相关材料包括但不限于鉴定人执业证、专业技术职称、行业执业资格、学历证书、符合特殊行业要求的资格、从事专业工作的经历、专业技术水平评价及业务成果等。检察机关还可以根据情况，自行决定是否制作、发放聘请文书。

《规定》第三条、第四条规定的审查专业能力和核查有关材料的工作，由检察机关案件承办人员负责，必要时，可以请检察技术部门予以协助。

3. 建库。为了方便个案适用、提高工作效率，经调研有专门知识的人参与办案的可行模式，《规定》明确具备条件的检察机关可建设推荐名单库，并进行日常管理。相关工作主要包括：收集和整理有专门知识的人的个人信息、专门知识、工作经验、业务成果和参与办案的情况等；当出现检察技术人员新取得鉴定资格、调离专业技术岗位或者库内已有人员不再符合指聘条件等情形时，及时对推荐名单库进行更新。时机成熟时，检察机关可基于库内人员信息，编制有专门知识的人推荐名册，并对外公布。关于"推荐名单库"的具体名称，可由检察机关根据实际情况确定。

推荐名单库由检察机关明确的专门部门负责建设，特殊情况下也可以指定专人负责。就建库部门而言：对有鉴定资格的有专门知识的人，由检察技术部门建设较为适宜；对具备其他专业能力的有专门知识的人，可由各业务部门按照解决专门性问题的需要（如环境损害修复费用、未成年人心理测评等）自主建设，或者联合技术部门共同建设、交给技术部门管理。在建库级别上，各级检察机关均可根据自身情况自主决定是否建库。建库路径有两种：一是检察机关主动收集有专门知识的人的信息，人员对象不分检察机关内外；二是检察机关外的人员经本人申请或者他人推荐，由检察机关核实材料后纳入推荐名单库。

已建库的检察机关可以直接指派、聘请库内的有专门知识的人参与办案；也可以按照《规定》第三条的要求，指聘库外的有专门知识的人，并酌情决定是否将其补充入库。未建库的检察机关可从上级检察机关已建立的推荐名单库中挑选合适人员；也可根据《规定》第三条，指聘未入库的人员参与办案。

当然，为保障和促进工作有序开展，检察机关应当建立办案部门和负责建设推荐名单库的部门间的协作配合机制，明确各自职责，强化合作、形成合力。

4. 回避。当有专门知识的人与案件及其当事人有利害关系或者其他特殊关系时，该人员不得参与办案，以避免可能影响司法公正的情况发生。由于三大诉讼法等均没有提及回避规定可适用于有专门知识的人，故《规定》第六条就有关回避问题予以明确。但考虑到有专门知识的人的回避类似于鉴定人，不存在特殊的情形及程序，《规定》以"适用……规定"的方式作出规定，未再细化回避事由。

值得注意的是，曾参与过本案办理工作不得作为有专门知识的人的法定禁止性条件，即相关侦查人员、检察人员等被绝对禁止再以有专门知识的人的身份参与办案；而没有参与过本案办理工作的侦查人员、检察人员等以及本案的证人、辩护人等，是否可以作为有专门知识的人参与办案，要根据具体情况作出决定。

（三）适用范围和工作内容

1. 刑事案件

（1）收集证据。刑事诉讼法将有专门知识的人参与勘验、检查等规定在"侦查"一章中，鉴于检察机关的主要侦查职能已转隶至监察委员会，不宜再就检察机关"进行侦查时"的指聘活动作出规定。但起草小组研究认为，国家监察体制改革本身不会影响检察机关在办理刑事案件的不同阶段开展勘验、检查和检验等工作，也不会改变其间需要专业性帮助的客观需求。故《规定》第七条直接就收集证据中的协助工作予以明确，未将其限定在侦查阶段，以最大程度地兼顾改革后的各种可能走向。有专门知识的人此时具体可以开展下列工作：在检察官的主持下进行勘验或者检查；就需要鉴定、但没有法定鉴定机构的专门性问题进行检验；实践中为解决比较常见、突出问题所需要的其他必要工作。该兜底条款包括但不限于：就涉案专门性问题进行审查、评估、解释或说明；物证、书证数量较多时，就发现、提取、固定相关证据提供专业意见；协助进行侦查实验；就涉及复杂、疑难、特殊技术问题的鉴定事项或存疑鉴定意见提出咨询、复核意见等。

（2）审查起诉。《刑诉规则》第三百六十八条第二款规定，审查起诉案件中的鉴定意见和证人证言、书证、物证等涉及专门性问题的其他证据材料，可送交有专门知识的人审查。基于此，《规定》第八条结合刑事诉讼法关于鉴定人出庭条件的规定和调研反馈、专家建议，明确了此时的具体适用情形。前四项的标准较为客观、明确，分别为：对定罪量刑有重大影响，与其他证据之间存在无法排除的矛盾，就同一专门性问题有两份或者两份以上的鉴定意见、且结论不一致，以及当事人、辩护人、诉讼代理人有异议。最后一项兜底条款则赋予公诉人一定的自由裁量权，如某些证据材料虽对定罪量刑没有重大影响，但也须解释其反映的专门性问题等，即包括在内。

检察技术部门对审查起诉案件中涉及专门技术问题的证据材料进行审查时，特殊情形下也可能有指聘有专门知识的人的需要，例如，发现相关专门性问题超出检察技术人员自身的专门知识范围，或检察技术人员给出审查结论、解决其所涉专业问题时还需要额外的专业帮助等。考虑到这属于特例，《规定》未作专门规定，实践中可援引第十四条第五项处理。

（3）庭前准备。刑事诉讼法第一百九十二条第二款规定有专门知识的人可介入刑事案件的法庭审理，此即参与办案制度在刑事审判阶段的适用依据。根据《刑诉规则》第四百二十八条，公诉人应在法院决定开庭后"充实审判中可能涉及的专业知识"等，这往往需要有专门知识的人提供协助。因此，《规定》第九条对开庭前的制度适用予以明确，并规定了有专门知识的人具体可以协助的准备工作。前五项系参考《刑诉规则》第四百二十八条，对其中可能涉及专门性问题的内容经合理的表述改动整合而成，包括掌握涉及专门性问题证据材料的情况，补充在审判中可能涉及的专门知识，拟定讯问被告人和询问证人、鉴定人及其他有专门知识的人的计划，拟定出示、播放、演示涉及专门性问题证据材料的计划，以及制定质证方案。第六项为兜底条款，例如，辩护人等在庭前会议中对涉及专门性问题的证据材料或者其他专业问题提出异议，公诉人认为需要有专门知识的人进行证据审查、提出意见的，检察机关即可进行指聘。

（4）法庭审理。有专门知识的人可以出庭就鉴定意见提出意见，是修改后的刑事诉讼法的一大亮点。故《规定》第十条明确了"刑事案件法庭审理中，人民检察院可以申请人民法院通知有专门知识的人出庭，就鉴定人作出的鉴定意见提出意见"。征求意见时，有单位建议将"就鉴定人作出的鉴定意见"改为"就技术性证据"，有单位和专家提出有专门知识的人还应"就案件涉及的专业问题"提出意见。由于相关内容已超越现行法律规定，《规定》未予直接纳入，实践中可援引《规定》第十四条第五项进行处理。

同时，目前公诉中越来越多地使用多媒体、可视化技术等示证方式，当证据材料涉及专门性问题时，公诉人会因操作障碍而产生求助专业人士的需求。对此，最高人民法院、最高人民检察院、公安部《关于办理刑事案件收集提取和审查判断电子数据若干问题的规定》第二十一条已有所回应。故《规定》第十一条也对有专门知识的人参与办案制度在刑事庭审示证时的适用予以明确。

2. 公益诉讼案件

（1）决定立案和调查收集证据。《检察院公益诉讼办法》第六条和第三十三条将有专门知识的人参与办案引入民行公益诉讼案件调查工作，最高人民法院《关于审理因垄断行为引发的民事纠纷案件应用法律若干问题的规定》第十三条亦有类似内容。调研表明，公益诉讼案件决定立案和调查收集证据时确会遇到大量专门性问题，迫切需要有专门知识的人提供帮助，故《规定》第十二条规定了此阶段的制度适用。

关于是否列举相关专门性问题，因难以描述和概括所有种类，且征求意见时观点不一，《规定》未予明确。根据民事诉讼法第五十五条、行政诉讼法第二十五条和《检察院公益诉讼办法》，并参照《环境民事公益诉讼解释》的有关规定，相关专门性问题包括但不限于生态环境、资源保护、食品药品安全、国有财产保护、国有土地使用权出让等领域内的违法行为、损害后果、因果关系、修复费用、损失等。实践中可据此灵活把握。

同时，《规定》依据《检察院公益诉讼办法》第六条、第三十三条，并借鉴其他有关规定，对有专门知识的人此时可协助开展的工作予以明确。具体包括：对专业问题进行回答、解释、说明；对涉案专门性问题进行评估、审计；对涉及复杂、疑难、特殊技术问题的鉴定事项提出意见；在检察官的主持下勘验物证或者现场；对行政执法卷宗材料中涉及专门性问题的证据材料进行审查；以及其他必要的工作，如协助收集涉及专门性问题的物证（水样、土样、生物体）、视听资料、电子数据等，送交检验，指导和见证取证、采样活动等。

（2）法庭审理。基于 2002 年施行的最高人民法院《关于民事诉讼证据的若干规定》等积累的经验，民事诉讼法规定，有专门知识的人可出庭"就鉴定人作出的鉴定意见或者专业问题提出意见"。最高人民法院《关于行政诉讼证据若干问题的规定》中也有类似的条文，故一般认为该规则同样适用于行政诉讼。据此，《规定》第十三条明确了"公益诉讼案件法庭审理中，人民检察院可以申请人民法院通知有专门知识的人出庭，就鉴定人作出的鉴定意见或者专业问题提出意见"。

3. 其他办案活动

考虑到检察事业的长远发展，也基于专门性问题及其解决需求有可能在其他办案活动中大量出现，《规定》第十四条对参与办案制度的参照执行予以明确，以打通适用渠道。具体情形和制定考量如下：

（1）控告、申诉、国家赔偿或者国家司法救助案件。相关案件的办理，是检察机关履行法律监督职责的重要内容，而其核心工作之一就涉及对专门性问题的证据材料或专业问题进行审查。

（2）监管场所发生的被监管人重伤、死亡案件。其中一般涉及较多专门性问题，且易引发社会关注，有必要加大检察工作力度。具体来说，有专门知识的人可以协助进行勘验、检查、检验，审查鉴定意见，对存疑鉴定意见提出意见，监督伤情鉴定和尸体检验过程以及提取、固定相关证据等工作。

（3）民事、行政诉讼监督案件。检察机关根据最高人民检察院《人民检察院民事诉讼监督规则（试行）》第六十六条、最高人民检察院《人民检察院行政诉讼监督规则（试行）》第三十六条规定，对已发生法律效力的民行判决、裁定或调解书，民行审判程序中审判人员的违法行为以及民行执行活动的违法情形进行监督时，就调查核实活动中出现的专门性问题，也会出现求助有专门知识的人的需求。

（4）检察委员会审议决定重大案件和其他重大问题。此时，当出现专门性问题，如涉及专门性问题的证据对定案有重大影响，涉及专业问题的案件事实重大、疑难、复杂时，也会有指聘有专门知识的人列席会议、提供帮助的需要。

（5）其他情形。调研表明，相关情形包括但不限于批准或决定逮捕、庭前会议、证据开示、化解矛盾和开展息诉工作以及民事公益诉讼案件的和解、调解等。

（四）保障性规范

《规定》分别从检察机关和有专门知识的人两个主体出发，为参与办案制度的落地提供了保障性规范。

1. 检察机关角度

（1）提供必要条件。检察机关须为有专门知识的人参与办案提供必要条件，以便于其顺利开展工作。因此，《规定》参照《刑诉规则》第二百四十九条针对鉴定人作出的相关规定，在第十五条中站在强化协助办案、而非确立诉讼权利的立场，要求检察机关应当向有专门知识的人介绍与涉案专门性问题有关的情况，提供涉及专门性问题的证据等案卷材料，明确要求协助或者提出意见的问题，以及提供其他必需的条件。

（2）提供安全保障。有专门知识的人因参与办案可能面临危险，有必要在特定案件中对其本人及近亲属的人身安全、自由和正常生活予以保护。刑事诉讼法等规定的安全保障对象是证人、鉴定人、被害人，不包括有专门知识的人，也未考虑司法人员，这就使检察机关内外的有专门知识的人难以直接适用相关规定。故《规定》第十六条第一款明确了"人民检察院依法保障接受指派、聘请参与办案的有专门知识的人及其近亲属的安全"。关于提供安全保障的案件性质、保护措施及程序等细化内容，原则上要"依法"，即遵循有关法律法规执行。对检察机关内的有专门知识的人及其近亲属，主要参照中共中央办公厅、国务院办公厅《保护司法人员依法履行法定职责规定》第十八条适用。对检察机关外的相关人员，主要依据刑事诉讼法第六十二条、《刑诉规则》第七十六条适用。考虑到有专门知识的人参与办案的范围较广，危险不止发生在刑事诉讼法第六十二条和《刑诉规则》第七十六条限定的"在诉讼中作证"的情形，此种保护范围可予以适当放宽。

《规定》第十六条第二款规定了威胁等行为的具体表现和相应的法律责任。除威胁、侮辱、殴打、打击报复外，其他行为还包括《保护司法人员依法履行法定职责规定》第十七条所列举的恐吓、诽谤、陷害、暴力伤害、攻击辱骂、滋事骚扰、跟踪尾随、损毁财物等。

（3）承担费用、给予报酬。《规定》第十七条规定，承办案件的检察机关应当承担所指聘的有专门知识的人因参与办案而支出的费用，并对聘请的有专门知识的人给予适当报酬。① 相关费用和报酬由政府财政予以保障。

2. 有专门知识的人角度

（1）基本要求。接受指派、聘请的有专门知识的人应遵守法律、技术、职业道德和客观公正方面的基本要求，故《规定》第十八条明确规定："有专门知识的人参与办案，应当遵守法律规定，遵循技术标准和规范，恪守职业道德，坚持客观公正原则。"有关部门建议在其后增加"人民检察院及其办案人员不得要求、引导有专门知识的人按其意图或者特定目的提供专业性意见"，理由是有专门知识的人开展工作不能预设偏向性立场。起草小组研究认为，该条中的"客观公正"要求已足以涵盖相关内容，无须再增设重复性条款。

（2）保密问题。鉴于我国三大诉讼法中均有保密条款，《规定》第十九条基于现行法律的保密条款、并参照《公安刑事程序规定》《司法鉴定程序通则》等有关规定，要求有专门知识的人应保守参与办案中所知悉的"国家秘密、商业秘密、个人隐私以及其他不宜公开的内容"。对此，有单位建议增加检察秘密和个人信息，起草小组研究认为，这已超出一般保密条款的内容，且其范围较为模糊，将之纳入保密范围，会对有专门知识的人设置过高要求。而那些可能超出"国家秘密、商业秘密和个人隐私"范围、又确有保密必要的事项，足以被该条中的"其他不宜公开的内容"涵盖在内。

（3）保管、使用和退还案卷材料。有专门知识的人在参与办案过程中，经常接触勘验、检查所得的电子数据、物证、痕迹、生物样本等，送检的检材、样本和其他资料，需要审查的涉及专门性问题的证据等案卷材料，《规定》第二十条要求其"应当妥善保管、使用并及时退还"。这符合诉讼实践的

---

① 对于聘请的检察系统内的有专门知识的人，是否及如何支付报酬，应当交由实践进一步探索。

一般要求。《司法鉴定程序通则》第二十二条、最高人民检察院《人民检察院鉴定规则（试行）》第七条等也有相关规定。

（4）不得同时接受委托。接受一方委托参与诉讼的人员不得在同一案件中再次接受对方或者法院的委托，以免发生角色矛盾和利益冲突。有专门知识的人也应当遵守该规则。故《规定》第二十一条明确，"有专门知识的人不得在同一案件中同时接受刑事诉讼当事人、辩护人、诉讼代理人，民事、行政诉讼对方当事人、诉讼代理人，或者人民法院的委托"。

3. 违反《规定》的处理措施

关于如何处理违反《规定》相关要求、出现重大过错、影响正常办案的有专门知识的人，《规定》第二十二条对该问题予以明确，并从处理措施的具体内容上，设置了不同的惩处措施，包括"停止其作为有专门知识的人参与办案，并从推荐名单库中除名""必要时，可以建议其所在单位或者有关部门给予行政处分或者其他处分"以及"构成违法犯罪的，依法追究行政责任或者刑事责任"，形成了较为周延的递进式处理措施体系。

五、其他需要说明的问题

有专门知识的人参与办案制度在推行进程中会有一些问题须留待实践探索，例如推荐名单库的建设方案、指聘的实施主体和聘请的报酬标准等，不宜在没有实践积累和成熟经验时就作出安排、予以固化。对此，《规定》第二十三条明确各省级检察院可依照本规定，结合本地实际，制定具体实施办法，以确保该制度能够因地制宜地得到有效落实。

最高人民法院、最高人民检察院
关于涉以压缩气体为动力的枪支、
气枪铅弹刑事案件定罪量刑问题的批复

（2018 年 1 月 25 日最高人民法院审判委员会第 1732 次会议、
2018 年 3 月 2 日最高人民检察院第十二届检察委员会第七十四次会议通过
2018 年 3 月 8 日公布　2018 年 3 月 30 日施行　法释〔2018〕8 号）

各省、自治区、直辖市高级人民法院、人民检察院，解放军军事法院、军事检察院，新疆维吾尔自治区高级人民法院生产建设兵团分院、新疆生产建设兵团人民检察院：

近来，部分高级人民法院、省级人民检察院就如何对非法制造、买卖、运输、邮寄、储存、持有、私藏、走私以压缩气体为动力的枪支、气枪铅弹（用铅、铅合金或者其他金属加工的气枪弹）行为定罪量刑的问题提出请示。经研究，批复如下：

一、对于非法制造、买卖、运输、邮寄、储存、持有、私藏、走私以压缩气体为动力且枪口比动能较低的枪支的行为，在决定是否追究刑事责任以及如何裁量刑罚时，不仅应当考虑涉案枪支的数量，而且应当充分考虑涉案枪支的外观、材质、发射物、购买场所和渠道、价格、用途、致伤力大小、是否易于通过改制提升致伤力，以及行为人的主观认知、动机目的、一贯表现、违法所得、是否规避调查等情节，综合评估社会危害性，坚持主客观相统一，确保罪责刑相适应。

二、对于非法制造、买卖、运输、邮寄、储存、持有、私藏、走私气枪铅弹的行为，在决定是否追究刑事责任以及如何裁量刑罚时，应当综合考虑气枪铅弹的数量、用途以及行为人的动机目的、一贯表现、违法所得、是否规避调查等情节，综合评估社会危害性，确保罪责刑相适应。

此复。

《最高人民法院、最高人民检察院
关于涉以压缩气体为动力的枪支、气枪
铅弹刑事案件定罪量刑问题的批复》理解与适用*

万　春　杨建军**

一、起草背景与过程

近年来，随着我国社会经济的发展，枪支加工制造水平日益提高，走私、制造、贩卖枪支等违法犯罪呈现高发态势。为依法办理涉枪支犯罪案件，最高人民法院、最高人民检察院（以下简称"两高"）出台了相关的司法解释，如2001年最高人民法院《关于审理非法制造、买卖、运输枪支、弹药、爆炸物等刑事案件具体应用法律若干问题的解释》（2009年修改，以下简称《涉枪解释》）和2014年"两高"《关于办理走私刑事案件适用法律若干问题的解释》（以下简称《走私解释》）等。这些规范性文件明确了非法制造、买卖、运输、邮寄、储存、持有、私藏、走私涉枪支犯罪定罪量刑标准，体现了依法从严惩治枪支犯罪的精神。在我国将严控枪支爆炸物品作为维护社会公共安全、保障国家长治久安的重要举措的背景下，有关部门相继依法开展了缉枪治爆专项行动，有力打击了涉枪违法犯罪的高发势头。上述司法解释关于涉枪犯罪定罪量刑标准的规定，对落实从严打击涉枪犯罪、维护社会稳定和谐发挥了重要作用。

实践中，涉枪犯罪社会危害性大小主要取决于枪支枪口比动能的高低，枪支枪口比动能越高，社会危险性越大。对枪支枪口比动能较高的案件，社会危害性较大，理应从严惩处。而对于涉以压缩气体为动力的枪支的案件，如果涉案枪支枪口比动能不高，社会危害性相对较低，从严处罚的现实性、必要性不足。基于从严打击涉枪犯罪的客观需要，对枪支动力类型、枪口比动能高低不做区分，不考虑犯罪嫌疑人主观故意、客观行为及其危害后果，机械比照相关法律和司法解释的数量标准一律从严打击的做法，造成定罪量刑结果不合理、不适当，如2016年天津赵春华非法持有枪支案等。同时，涉气枪铅弹刑事案件中，也存在机械适用刑法涉气枪铅弹犯罪规定及其相关司法解释的问题。为

　＊　原文刊载于《人民检察》2018年第11期。
　＊＊　作者单位：最高人民检察院法律政策研究室。

确保依法处理此类案件，有必要以批复形式明确涉以压缩气体为动力的枪支、气枪铅弹刑事案件定罪量刑有关问题，妥善处理相关案件。

在公安部、海关总署协助下，最高人民检察院会同最高人民法院研究起草了《最高人民法院、最高人民检察院关于涉以压缩气体为动力的枪支、气枪铅弹刑事案件定罪量刑问题的批复》稿（以下简称《批复》）。经多次研究讨论、征求有关方面意见后，形成《批复》审议稿。2018 年 1 月 25 日最高人民法院审判委员会第 1732 次会议、2018 年 3 月 2 日最高人民检察院第十二届检察委员会第七十四次会议通过《批复》，自 2018 年 3 月 30 日起施行。

二、相关内容说明

（一）基本原则

1. 坚持严控枪支原则

枪支问题涉及国家安全和社会稳定，始终保持严控枪支的政策不变，才能有效维护国家安全和社会稳定。《批复》中坚持严控枪支原则，主要表现为以下方面：一是维持有关涉枪犯罪司法解释规定的定罪量刑标准。2001 年最高人民法院《涉枪解释》和 2014 年"两高"《走私解释》对非法制造、买卖、运输、邮寄、储存、持有、私藏、走私枪支犯罪定罪量刑标准的规定，体现了依法从严惩治枪支犯罪的精神。比如，根据《涉枪解释》规定，非法制造、买卖、运输、邮寄、储存以火药为动力发射枪弹的非军用枪支一支以上或者以压缩气体等为动力的其他非军用枪支二支以上的，应以非法制造、买卖、运输、邮寄、储存枪支罪定罪处罚。《批复》没有修改《涉枪解释》《走私解释》关于枪支数量标准的规定。二是枪支枪口比动能标准不变，枪支认定标准不变。2007 年公安部《枪支致伤力的法庭科学鉴定判据》规定，未造成人员伤亡的非制式枪支致伤力判据为枪口比动能大于等于 1.8 焦耳/平方厘米。2010 年《公安机关涉案枪支弹药性能鉴定工作规定》明确，对不能发射制式弹药的非制式枪支，当所发射弹丸的枪口比动能大于等于 1.8 焦耳/平方厘米时，一律认定为枪支。《批复》遵循上述枪支认定标准，维持了枪支认定标准的一致性，符合严控枪支的原则。

2. 贯彻宽严相济刑事政策

宽严相济的刑事政策国家的重要刑事司法政策，是正确执行国家法律的重要指针。在涉枪案件中贯彻宽严相济的刑事政策，主要表现为以下三个方面：一是全面把握涉枪犯罪宽与严的问题。从整体上保持对涉枪犯罪从严打击的政策，以确保社会秩序稳定，切实维护人民群众合法权益。在坚持从严打击涉枪犯罪的前提下，在个案中贯彻落实从宽精神。二是对涉枪案件做区别对待。根据《枪支管理法》的规定，枪支分为以火药为动力和压缩气体为动力两种。以火药为动力的枪支的致伤力较高，涉此类枪支案件属于从严打击的范畴，在《批复》中不予考虑；同时，《批复》适当区分以压缩气体为动力的枪支案件，仅明确涉以压缩气体为动力、枪口比动能较低的枪支案件的定罪量刑标准。三是注重效果。贯彻宽严相济的刑事司法政策，应当做到惩治犯罪与保障人权的有机统一，法律效果与社会效果的有机统一。《批复》着眼于执法办案与化解矛盾的有机统一，有利于减少对抗，维护社会大局稳定。

3. 遵循实事求是精神

遵循实事求是的精神，对涉以压缩气体为动力且枪口比动能较低的枪支案件，坚持区别对待，有利于在办案中落实罪责刑相适应原则。从实际案件来看，此类枪支案件情况十分复杂，在追究刑事责任时唯数量论，造成个案量刑畸重，社会效果不佳。经研究认为，应当重点打击以牟利、实施其他犯罪为目的，或者涉案枪支系易于通过改制提升致伤力的枪支，以及行为人具有前科情节等情形。对于以收藏、娱乐为目的，涉案枪支致伤力极低，主观上难以认识到系枪支，行为人系初犯、偶犯等情形的，不应唯枪支数量论。办理此类案件，应当体现从宽的精神，综合评估社会危害性，依法决定是否追究刑事责任和恰当裁量刑罚。基于不同类型枪支的枪口比动能存在重大差异，对以压缩气体为动力且枪口比动能较低的枪支实行差别化的定罪量刑标准，此类案件应当从枪支数量、致伤力大小、行为人认知等主客观方面综合考量，妥善处理，坚持主客观相统一，确保罪责刑相适应，使相关案件处理结果能得到广大人民群众的认同，实现政治效果、法律效果与社会效果的有机统一。

（二）主要内容

1. 《批复》第一条规定，对于非法制造、买卖、运输、邮寄、储存、持有、私藏、走私以压缩气体为动力且枪口比动能较低的枪支的行为，在决定是否追究刑事责任以及如何裁量刑罚时，不仅应当考虑涉案枪支的数量，而且应当充分考虑涉案枪支的外观、材质、发射物、购买场所和渠道、价格、用途、致伤力大小、是否易于通过改制提升致伤力，以及行为人的主观认知、动机目的、一贯表现、违法所得、是否规避调查等情节，综合评估社会危害性，坚持主客观相统一，确保罪责刑相适应。本条明确了非法制造、买卖、运输、邮寄、储存、持有、私藏、走私以压缩气体为动力且枪口比动能较低的枪支案件的定罪量刑原则。

正确理解该内容，主要把握以下几点：一是避免实践中出现机械执法现象。实践中，在遵循从严打击涉枪犯罪的情况下，司法机关倾向于从严把握枪支认定标准与数量标准，涉案枪支枪口比动能大于等于 1.8 焦耳/平方厘米、数量达到《涉枪解释》《走私解释》规定的标准时，一律按照相应犯罪定罪处罚，致使个别涉枪案件量刑畸重。经研究，此种情况一定程度上是因为司法解释相关规定缺乏自由裁量空间，更重要原因在于相关执法司法人员机械适用刑法和司法解释规定。从危害后果看，涉以压缩气体为动力且枪口比动能较低的案件中，对于行为人的主观恶性和客观社会危害性都不高的，不能机械按照涉枪犯罪数量标准处罚。二是综合评价社会危害性。任何犯罪行为，体现其社会危害性的要素都很多。对涉以压缩气体为动力且枪口比动能较低的枪支的犯罪案件，不仅应当考虑涉案枪支的数量，而且应当充分考虑涉案的客观因素，比如，枪支的外观、材质、发射物、购买场所和渠道、价格、用途、致伤力大小、是否易于通过改制提升致伤力，更要考虑主观因素，比如，行为人的主观认知、动机目的、一贯表现、违法所得、是否规避调查等情节等，综合评估社会危害性，做到主客观相统一，确保罪责刑相适应。三是以压缩气体为动力且枪口比动能较低的枪支标准。2001 年《公安机关涉案枪支弹药性能鉴定工作规定》（已于 2010 年修订）明确，对于不能发射制式（含军用、民用）枪支子弹的非制式枪支，按照下列标准鉴定：将枪口置于距厚度 25.4mm 的干燥松木板 1 米处射击，当弹头穿透该松木板时，即可认为足以致人死亡；弹头或弹片卡在松木板上的，即可认为足以致人伤害。具有以上两种情形之一的，即可认定为枪支。据有关方面介绍，根据上述射击干燥松木板标准，当时枪支认定标准大致在枪口比动能 16 焦耳/平方厘米左右。为维护社会稳定，确保人民群众生命财产安全，根据办理涉枪案件需要，公安部进一步明确了枪支认定标准。2007 年公安部《枪支致伤力的法庭科学鉴定判据》采用枪口比动能作为判断枪支致伤力的依据，即非制式枪支致伤力判据为枪口比动能大于等于 1.8 焦耳/平方厘米。2010 年修订后《公安机关涉案枪支弹药性能鉴定工作规定》明确，对不能发射制式弹药的非制式枪支，枪口比动能大于等于 1.8 焦耳/平方厘米时，一律认定为枪支。在研究制定《批复》的过程中，有意见提出，考虑到枪支致伤力程度及其危害后果，可以枪口比动能 11 焦耳/平方厘米作为枪支致伤力高低的界限。经研究，鉴于涉枪支犯罪的社会危害性不以枪口比动能高低作为唯一衡量标准，《批复》没有明确枪口比动能较低的具体标准。司法实践中，应综合衡量社会危害性，妥善处理涉以压缩气体为动力且枪口比动能较低的犯罪案件。

2.《批复》第二条规定，对于非法制造、买卖、运输、邮寄、储存、持有、私藏、走私气枪铅弹的行为，在决定是否追究刑事责任以及如何裁量刑罚时，应当综合考虑气枪铅弹的数量、用途以及行为人的动机目的、一贯表现、违法所得、是否规避调查等情节，综合评估社会危害性，确保罪责刑相适应。

本条明确对于非法制造、买卖、运输、邮寄、储存、持有、私藏、走私气枪铅弹案件的定罪量刑原则。

在办理非法制造、买卖、运输、邮寄、储存、持有、私藏、走私气枪铅弹案件时如果唯铅弹数量论，可能会出现刑事打击范围过大和量刑畸重的不合理现象。例如，依据《涉枪解释》规定，非法制造、买卖、运输、邮寄、储存气枪铅弹达到五百发以上的，应当判处三年以上十年以下有期徒刑，达到二千五百发以上的，应当判处十年以上有期徒刑直至死刑；非法持有、私藏气枪铅弹达到一千发以上的，应当判处三年以下有期徒刑、拘役或者管制，达到五千发以上的，应当判处三年以上七年以下有期徒刑。从司法实践来看，此类案件涉案铅弹往往数量大，通常一小盒铅弹的数量即超过五百发，达到入罪标准。因此，本条明确了综合考量原则，要求在追究刑事责任以及如何裁量刑罚时，综合考虑气枪铅弹的数量、用途以及行为人的一贯表现、违法所得、是否规避调查等情节。

在研究制定《批复》的过程中，对涉火柴枪案件如何处理存在分歧。经研究，《批复》没有涉及此类案件，主要考虑：一是火柴枪属习惯表达而非法定概念，内涵与外延不清楚；二是火柴枪不以压缩气体为动力，不属于《批复》中明确的以压缩气体为动力的枪支；三是火柴枪枪口比动能差异很大，是否属于枪支以及能否适用《涉枪解释》《走私解释》相关规定，需要根据火柴枪的枪口比动能大小而定。实践中，各地查处的火柴枪案件较少，有的火柴枪枪口比动能远超过枪支认定标准，甚至易于改装提升致伤力，有的火柴枪未达到枪支认定标准，属于玩具枪或者仿真枪的范畴。基于上述考虑，《批复》没有进一步明确涉火柴枪案件定罪处罚原则。鉴于涉火柴枪案件的特殊性，对枪口比动能较低的涉火柴枪案件，综合评价社会危害性的基础上，可以参照《批复》规定，在办理案件中坚持主客观相统一，贯彻落实刑法罪责刑相适应原则。

最高人民法院、最高人民检察院
关于办理虚假诉讼刑事案件适用法律若干问题的解释

（2018 年 1 月 25 日最高人民法院审判委员会第 1732 次会议、
2018 年 6 月 13 日最高人民检察院第十三届检察委员会第二次会议通过
2018 年 9 月 26 日公布　2018 年 10 月 1 日施行　法释〔2018〕17 号）

为依法惩治虚假诉讼犯罪活动，维护司法秩序，保护公民、法人和其他组织合法权益，根据《中华人民共和国刑法》《中华人民共和国刑事诉讼法》《中华人民共和国民事诉讼法》等法律规定，现就办理此类刑事案件适用法律的若干问题解释如下：

第一条　采取伪造证据、虚假陈述等手段，实施下列行为之一，捏造民事法律关系，虚构民事纠纷，向人民法院提起民事诉讼的，应当认定为刑法第三百零七条之一第一款规定的"以捏造的事实提起民事诉讼"：

（一）与夫妻一方恶意串通，捏造夫妻共同债务的；

（二）与他人恶意串通，捏造债权债务关系和以物抵债协议的；

（三）与公司、企业的法定代表人、董事、监事、经理或者其他管理人员恶意串通，捏造公司、企业债务或者担保义务的；

（四）捏造知识产权侵权关系或者不正当竞争关系的；

（五）在破产案件审理过程中申报捏造的债权的；

（六）与被执行人恶意串通，捏造债权或者对查封、扣押、冻结财产的优先权、担保物权的；

（七）单方或者与他人恶意串通，捏造身份、合同、侵权、继承等民事法律关系的其他行为。

隐瞒债务已经全部清偿的事实，向人民法院提起民事诉讼，要求他人履行债务的，以"以捏造的事实提起民事诉讼"论。

向人民法院申请执行基于捏造的事实作出的仲裁裁决、公证债权文书，或者在民事执行过程中以捏造的事实对执行标的提出异议、申请参与执行财产分配的，属于刑法第三百零七条之一第一款规定的"以捏造的事实提起民事诉讼"。

第二条　以捏造的事实提起民事诉讼，有下列情形之一的，应当认定为刑法第三百零七条之一第一款规定的"妨害司法秩序或者严重侵害他人合法权益"：

（一）致使人民法院基于捏造的事实采取财产保全或者行为保全措施的；

（二）致使人民法院开庭审理，干扰正常司法活动的；

（三）致使人民法院基于捏造的事实作出裁判文书、制作财产分配方案，或者立案执行基于捏造的事实作出的仲裁裁决、公证债权文书的；

（四）多次以捏造的事实提起民事诉讼的；

（五）曾因以捏造的事实提起民事诉讼被采取民事诉讼强制措施或者受过刑事追究的；

（六）其他妨害司法秩序或者严重侵害他人合法权益的情形。

第三条　以捏造的事实提起民事诉讼，有下列情形之一的，应当认定为刑法第三百零七条之一第一款规定的"情节严重"：

（一）有本解释第二条第一项情形，造成他人经济损失一百万元以上的；

（二）有本解释第二条第二项至第四项情形之一，严重干扰正常司法活动或者严重损害司法公信力的；

（三）致使义务人自动履行生效裁判文书确定的财产给付义务或者人民法院强制执行财产权益，数额达到一百万元以上的；

（四）致使他人债权无法实现，数额达到一百万元以上的；

（五）非法占有他人财产，数额达到十万元以上的；

（六）致使他人因为不执行人民法院基于捏造的事实作出的判决、裁定，被采取刑事拘留、逮捕措施或者受到刑事追究的；

（七）其他情节严重的情形。

第四条　实施刑法第三百零七条之一第一款行为，非法占有他人财产或者逃避合法债务，又构成诈骗罪，职务侵占罪，拒不执行判决、裁定罪，贪污罪等犯罪的，依照处罚较重的规定定罪从重处罚。

第五条　司法工作人员利用职权，与他人共同实施刑法第三百零七条之一前三款行为的，从重处罚；同时构成滥用职权罪，民事枉法裁判罪，执行判决、裁定滥用职权罪等犯罪的，依照处罚较重的规定定罪从重处罚。

第六条　诉讼代理人、证人、鉴定人等诉讼参与人与他人通谋，代理提起虚假民事诉讼、故意作虚假证言或者出具虚假鉴定意见，共同实施刑法第三百零七条之一前三款行为的，依照共同犯罪的规定定罪处罚；同时构成妨害作证罪，帮助毁灭、伪造证据罪等犯罪的，依照处罚较重的规定定罪从重处罚。

第七条　采取伪造证据等手段篡改案件事实，骗取人民法院裁判文书，构成犯罪的，依照刑法第二百八十条、第三百零七条等规定追究刑事责任。

第八条　单位实施刑法第三百零七条之一第一款行为的，依照本解释规定的定罪量刑标准，对其直接负责的主管人员和其他直接责任人员定罪处罚，并对单位判处罚金。

第九条　实施刑法第三百零七条之一第一款行为，未达到情节严重的标准，行为人系初犯，在民事诉讼过程中自愿具结悔过，接受人民法院处理决定，积极退赃、退赔的，可以认定为犯罪情节轻微，不起诉或者免予刑事处罚；确有必要判处刑罚的，可以从宽处罚。

司法工作人员利用职权，与他人共同实施刑法第三百零七条之一第一款行为的，对司法工作人员不适用本条第一款规定。

第十条　虚假诉讼刑事案件由虚假民事诉讼案件的受理法院所在地或者执行法院所在地人民法院管辖。有刑法第三百零七条之一第四款情形的，上级人民法院可以指定下级人民法院将案件移送其他人民法院审判。

第十一条　本解释所称裁判文书，是指人民法院依照民事诉讼法、企业破产法等民事法律作出的判决、裁定、调解书、支付令等文书。

第十二条　本解释自 2018 年 10 月 1 日起施行。

最高人民法院、最高人民检察院
关于修改《关于办理妨害信用卡管理刑事案件
具体应用法律若干问题的解释》的决定

（2018 年 7 月 30 日最高人民法院审判委员会第 1745 次会议、
2018 年 10 月 19 日最高人民检察院第十三届检察委员会第七次会议通过
2018 年 11 月 28 日公布　2018 年 12 月 1 日施行　法释〔2018〕19 号）

根据司法实践情况，现决定对《最高人民法院、最高人民检察院关于办理妨害信用卡管理刑事案件具体应用法律若干问题的解释》（法释〔2009〕19 号，以下简称《解释》）作如下修改：

一、将《解释》原第六条修改为："持卡人以非法占有为目的，超过规定限额或者规定期限透支，经发卡银行两次有效催收后超过三个月仍不归还的，应当认定为刑法第一百九十六条规定的'恶意透支'。

"对于是否以非法占有为目的，应当综合持卡人信用记录、还款能力和意愿、申领和透支信用卡的状况、透支资金的用途、透支后的表现、未按规定还款的原因等情节作出判断。不得单纯依据持卡人未按规定还款的事实认定非法占有目的。

"具有以下情形之一的，应当认定为刑法第一百九十六条第二款规定的'以非法占有为目的'，但有证据证明持卡人确实不具有非法占有目的的除外：

"（一）明知没有还款能力而大量透支，无法归还的；

"（二）使用虚假资信证明申领信用卡后透支，无法归还的；

"（三）透支后通过逃匿、改变联系方式等手段，逃避银行催收的；

"（四）抽逃、转移资金，隐匿财产，逃避还款的；

"（五）使用透支的资金进行犯罪活动的；

"（六）其他非法占有资金，拒不归还的情形。"

二、增加一条，作为《解释》第七条："催收同时符合下列条件的，应当认定为本解释第六条规定的'有效催收'：

"（一）在透支超过规定限额或者规定期限后进行；

"（二）催收应当采用能够确认持卡人收悉的方式，但持卡人故意逃避催收的除外；

"（三）两次催收至少间隔三十日；

"（四）符合催收的有关规定或者约定。

"对于是否属于有效催收，应当根据发卡银行提供的电话录音、信息送达记录、信函送达回执、电子邮件送达记录、持卡人或者其家属签字以及其他催收原始证据材料作出判断。

"发卡银行提供的相关证据材料，应当有银行工作人员签名和银行公章。"

三、增加一条，作为《解释》第八条："恶意透支，数额在五万元以上不满五十万元的，应当认定为刑法第一百九十六条规定的'数额较大'；数额在五十万元以上不满五百万元的，应当认定为刑法第一百九十六条规定的'数额巨大'；数额在五百万元以上的，应当认定为刑法第一百九十六条规定的'数额特别巨大'。"

四、增加一条，作为《解释》第九条："恶意透支的数额，是指公安机关刑事立案时尚未归还的实际透支的本金数额，不包括利息、复利、滞纳金、手续费等发卡银行收取的费用。归还或者支付的数额，应当认定为归还实际透支的本金。

"检察机关在审查起诉、提起公诉时，应当根据发卡银行提供的交易明细、分类账单（透支账单、还款账单）等证据材料，结合犯罪嫌疑人、被告人及其辩护人所提辩解、辩护意见及相关证据材料，审查认定恶意透支的数额；恶意透支的数额难以确定的，应当依据司法会计、审计报告，结合其他证据材料审查认定。人民法院在审判过程中，应当在对上述证据材料查证属实的基础上，对恶意透支的数额作出认定。

"发卡银行提供的相关证据材料，应当有银行工作人员签名和银行公章。"

五、增加一条，作为《解释》第十条："恶意透支数额较大，在提起公诉前全部归还或者具有其他情节轻微情形的，可以不起诉；在一审判决前全部归还或者具有其他情节轻微情形的，可以免予刑事处罚。但是，曾因信用卡诈骗受过两次以上处罚的除外。"

六、增加一条，作为《解释》第十一条："发卡银行违规以信用卡透支形式变相发放贷款，持卡人未按规定归还的，不适用刑法第一百九十六条'恶意透支'的规定。构成其他犯罪的，以其他犯罪论处。"

七、将《解释》原第七条改为修改后《解释》第十二条。

八、将《解释》原第八条改为修改后《解释》第十三条，修改为："单位实施本解释规定的行为，适用本解释规定的相应自然人犯罪的定罪量刑标准。"

根据本决定，对《解释》作相应修改并调整条文顺序后，重新公布。

《"两高"关于修改〈关于办理妨害信用卡管理刑事案件具体应用法律若干问题的解释〉的决定》重点问题解读

缐　杰　吴峤滨*

2018 年 11 月 29 日，最高人民法院、最高人民检察院联合公布《关于修改〈关于办理妨害信用卡管理刑事案件具体应用法律若干问题的解释〉的决定》（以下简称《决定》），自 2018 年 12 月 1 日起施行。为便于深入理解和掌握《决定》的主要内容，现就《决定》的重点问题解读如下：

（一）《决定》出台的背景和意义

2009 年 12 月，最高人民法院、最高人民检察院联合公布《关于办理妨害信用卡管理刑事案件具体应用法律若干问题的解释》（法释〔2009〕19 号，以下简称《解释》）。《解释》对妨害信用卡管理罪、信用卡诈骗罪等涉信用卡犯罪的法律适用问题作了规定。《解释》的出台，对依法惩治信用卡犯罪活动，维护信用卡管理秩序发挥了积极作用。

近年来，恶意透支型信用卡诈骗罪持续高位运行，案件数量大，量刑明显偏重，案件办理的社会效果不够好，主要表现在：一是恶意透支成为信用卡诈骗罪的主要行为方式，案件量占全部八个金融诈骗犯罪的八成以上；二是恶意透支型信用卡诈骗罪量刑明显偏重，重刑率逐年上升；三是牵扯消耗大量司法资源。实践中，有的银行同时通过刑事和民事两个渠道追究持卡人的法律责任，有的银行向公安机关批量移送恶意透支案件，一定程度上造成司法资源的浪费。

《决定》对《解释》中恶意透支型信用卡诈骗罪的规定进行了系统修改，有利于更好贯彻宽严相济刑事政策，平等保护持卡人和发卡银行的合法权益，有利于更好发挥刑法预防惩治犯罪功能，维护国家金融安全，这是司法解释"以人民为中心"的具体实践，生动诠释了新时代的法律温度和司法理性。

（二）关于恶意透支型信用卡诈骗罪定罪量刑标准的调整

根据《解释》规定，恶意透支数额在一万元以上不满十万元的，为"数

---

* 作者单位：最高人民检察院法律政策研究室。

额较大"；数额在十万元以上不满一百万元的，为"数额巨大"；数额在一百万元以上的，为"数额特别巨大"。经研究并综合兼顾各方面意见建议，《决定》第三条将恶意透支型信用卡诈骗罪的各档数额标准上调至原数额标准的五倍，主要考虑：一是从司法实践情况看，原数额标准已不符合经济社会发展实际情况，偏向保护发卡银行的利益，不利于促进信用卡市场的良性健康发展。二是上调后的数额标准符合宽严相济刑事政策的要求，将有效改变目前对恶意透支型信用卡诈骗罪量刑明显偏重的问题。同时，可以严格控制十年以上有期徒刑、无期徒刑的适用，保持司法解释的前瞻性。三是 2016 年"两高"《关于办理贪污贿赂刑事案件适用法律若干问题的解释》上调非国家工作人员受贿罪、职务侵占罪的数额标准，可以做适当参照。

（三）关于恶意透支"以非法占有为目的"的认定

根据刑法的规定，"以非法占有为目的"是恶意透支的主观要件，是区分恶意透支与民事违约的最重要标准。司法实践中，认定恶意透支时往往虚置"以非法占有为目的"这一要件，将"经发卡银行两次催收后超过三个月仍不归还"的客观行为直接认定为"以非法占有为目的"，或者对持卡人提出的不具有非法占有目的的辩解不予甄别，存在客观归罪、唯结果论的不当倾向。为了坚持主客观相统一原则，《决定》第一条第一款明确了恶意透支的定义；第二款明确了认定"以非法占有为目的"应当坚持综合判断原则，不得单纯依据持卡人未按规定还款的事实认定非法占有目的；第三款列举了应当认定为"以非法占有为目的"的六种情形，强调和引导办案机关综合全案证据审慎认定恶意透支"以非法占有为目的"的主观要件。

（四）关于"有效催收"的认定

认定发卡银行是否进行了"有效催收"，是判断是否构成恶意透支的要件之一。为防止催收的形式化，合理控制刑事打击面，《决定》第二条明确了"有效催收"的认定问题。第一款结合 2011 年原银监会制定公布《商业银行信用卡业务监督管理办法》（以下简称《信用卡管理办法》）的相关规定，明确了认定"有效催收"的四项条件：一是要求催收在超过规定限额或者规定期限透支后进行。如果持卡人的透支尚未超过规定限额或者规定期限的，属于对信用卡的合法使用，此时所谓的催收，本质上属于《信用卡管理办法》第六十七条规定的"提醒"，不属于催收。二是要求催收应当采用能够确认持卡人收悉的方式，但持卡人故意逃避催收的除外。实践中，商业银行常见的催收方式包括电话、电子信息（含短信、微信、电子邮件等）、信函、上门等，除持卡人故意逃避催收外，其实质都应能够确认持卡人收悉。三是要求两次催收至少间隔三十日，旨在解决发卡银行短时间内连续催收的不当做法。四是要求符合催收的有关规定或者约定。《信用卡管理办法》第六十八条规定："发卡银行应当对债务人本人及其担保人进行催收，不得对与债务无关的第三人进行催收，不得采用暴力、胁迫、恐吓或辱骂等不当催收行为。"这项要求旨在解决实践中司法机关和持卡人反映突出的不当催收甚至暴力催收的问题，确保催收的合法性。第二款明确对于是否属于有效催收，应当结合相关证据材料加以认定，意在加强对司法实践的指导。第三款明确相关证据材料的形式要求，以确保证据材料的客观真实。

（五）恶意透支数额的计算和认定

恶意透支数额的计算和认定问题，是司法实践中困扰办案机关和司法人员的难点问题。《决定》第四条第一款在《解释》规定的基础上，进一步明确了三方面内容：一是明确计算恶意透支数额的时间节点为"公安机关刑事立案时"，鼓励持卡人还款。二是明确恶意透支的数额是指"实际透支的本金数额"，不包括利息、复利、滞纳金、手续费等发卡银行收取的费用。三是明确"归还或者支付的数额，应当认定为归还实际透支的本金"，即不论按照发卡银行的计算方法，持卡人是"还本"还是"付息"，都应当视为归还本金，解决实践中的争议，强化可操作性。第二款明确了检察机关、审判机关对恶意透支数额的审查认定问题。第三款对相关证据材料的形式要求作了规定。

（六）关于恶意透支型信用卡诈骗罪的从宽处理

根据《解释》原第六条第五款的规定，恶意透支应当追究刑事责任，但在公安机关立案后人民法院判决宣告前已偿还全部透支款息的，可以从轻处罚，情节轻微的，可以免除处罚。恶意透支数额较大，在公安机关立案前已偿还全部透支款息，情节显著轻微的，可以依法不追究刑事责任。为了贯彻认罪认罚从宽制度，推动对恶意透支从宽处理的真正落地，《决定》第五条对《解释》原规定作了三方面调整：一是适度限缩"全部归还"的对象，即不再明确要求"全部归还"的对象为"透支款息"，而按照《决定》第四条的规定相应调整为"实际透支的本金数额"。二是适度放宽从宽处理的时间范围，即不再限制为"公安机关立案前"，而是把握"提起公诉前"和"一审判决前"两个时间节点分别作出规定：在提起公诉前全部归还或者具有其他情节轻微情形的，可以不起诉；在一审判决前全部归还或者具有其他情节轻微情形的，可以免予刑事处罚。需要注意的是，这里的"不起诉"是绝对不起诉，而不是存疑不起诉或者相对不起诉，有利于发挥检察机关在审查起诉环节的职责和作用。三是适度限制从宽处理的适用情形。鉴于《决定》第三条已经上调了恶意透支的定罪量刑标准，因此对于恶意透支达到"数额巨大""数额特别巨大"标准的，不适用本条规定。对于曾因信用卡诈骗受过两次以上处罚的持卡人，也不适用本条规定。

附：

最高人民法院、最高人民检察院
关于办理妨害信用卡管理刑事案件具体
应用法律若干问题的解释（2018 修正）

（2009 年 10 月 12 日最高人民法院审判委员会第 1475 次会议、2009 年 11 月 12 日最高人民检察院第十一届检察委员会第二十二次会议通过　根据 2018 年 7 月 30 日最高人民法院审判委员会第 1745 次会议、2018 年 10 月 19 日最高人民检察院第十三届检察委员会第七次会议通过的《最高人民法院、最高人民检察院关于修改〈关于办理妨害信用卡管理刑事案件具体应用法律若干问题的解释〉的决定》修正　2018 年 11 月 28 日公布　2018 年 12 月 1 日施行　法释〔2018〕19 号）

为依法惩治妨害信用卡管理犯罪活动，维护信用卡管理秩序和持卡人合法权益，根据《中华人民共和国刑法》规定，现就办理这类刑事案件具体应用法律的若干问题解释如下：

第一条　复制他人信用卡、将他人信用卡信息资料写入磁条介质、芯片或者以其他方法伪造信用卡一张以上的，应当认定为刑法第一百七十七条第一款第四项规定的"伪造信用卡"，以伪造金融票证罪定罪处罚。

伪造空白信用卡十张以上的，应当认定为刑法第一百七十七条第一款第四项规定的"伪造信用卡"，以伪造金融票证罪定罪处罚。

伪造信用卡，有下列情形之一的，应当认定为刑法第一百七十七条规定的"情节严重"：

（一）伪造信用卡五张以上不满二十五张的；

（二）伪造的信用卡内存款余额、透支额度单独或者合计数额在二十万元以上不满一百万元的；

（三）伪造空白信用卡五十张以上不满二百五十张的；

（四）其他情节严重的情形。

伪造信用卡，有下列情形之一的，应当认定为刑法第一百七十七条规定的

"情节特别严重"：

（一）伪造信用卡二十五张以上的；

（二）伪造的信用卡内存款余额、透支额度单独或者合计数额在一百万元以上的；

（三）伪造空白信用卡二百五十张以上的；

（四）其他情节特别严重的情形。

本条所称"信用卡内存款余额、透支额度"，以信用卡被伪造后发卡行记录的最高存款余额、可透支额度计算。

第二条　明知是伪造的空白信用卡而持有、运输十张以上不满一百张的，应当认定为刑法第一百七十七条之一第一款第一项规定的"数量较大"；非法持有他人信用卡五张以上不满五十张的，应当认定为刑法第一百七十七条之一第一款第二项规定的"数量较大"。

有下列情形之一的，应当认定为刑法第一百七十七条之一第一款规定的"数量巨大"：

（一）明知是伪造的信用卡而持有、运输十张以上的；

（二）明知是伪造的空白信用卡而持有、运输一百张以上的；

（三）非法持有他人信用卡五十张以上的；

（四）使用虚假的身份证明骗领信用卡十张以上的；

（五）出售、购买、为他人提供伪造的信用卡或者以虚假的身份证明骗领的信用卡十张以上的。

违背他人意愿，使用其居民身份证、军官证、士兵证、港澳居民往来内地通行证、台湾居民来往大陆通行证、护照等身份证明申领信用卡的，或者使用伪造、变造的身份证明申领信用卡的，应当认定为刑法第一百七十七条之一第一款第三项规定的"使用虚假的身份证明骗领信用卡"。

第三条　窃取、收买、非法提供他人信用卡信息资料，足以伪造可进行交易的信用卡，或者足以使他人以信用卡持卡人名义进行交易，涉及信用卡一张以上不满五张的，依照刑法第一百七十七条之一第二款的规定，以窃取、收买、非法提供信用卡信息罪定罪处罚；涉及信用卡五张以上的，应当认定为刑法第一百七十七条之一第一款规定的"数量巨大"。

第四条　为信用卡申请人制作、提供虚假的财产状况、收入、职务等资信证明材料，涉及伪造、变造、买卖国家机关公文、证件、印章，或者涉及伪造公司、企业、事业单位、人民团体印章，应当追究刑事责任的，依照刑法第二百八十条的规定，分别以伪造、变造、买卖国家机关公文、证件、印章罪和伪造公司、企业、事业单位、人民团体印章罪定罪处罚。

　　承担资产评估、验资、验证、会计、审计、法律服务等职责的中介组织或其人员，为信用卡申请人提供虚假的财产状况、收入、职务等资信证明材料，应当追究刑事责任的，依照刑法第二百二十九条的规定，分别以提供虚假证明文件罪和出具证明文件重大失实罪定罪处罚。

　　第五条　使用伪造的信用卡、以虚假的身份证明骗领的信用卡、作废的信用卡或者冒用他人信用卡，进行信用卡诈骗活动，数额在五千元以上不满五万元的，应当认定为刑法第一百九十六条规定的"数额较大"；数额在五万元以上不满五十万元的，应当认定为刑法第一百九十六条规定的"数额巨大"；数额在五十万元以上的，应当认定为刑法第一百九十六条规定的"数额特别巨大"。

　　刑法第一百九十六条第一款第三项所称"冒用他人信用卡"，包括以下情形：

　　（一）拾得他人信用卡并使用的；

　　（二）骗取他人信用卡并使用的；

　　（三）窃取、收买、骗取或者以其他非法方式获取他人信用卡信息资料，并通过互联网、通讯终端等使用的；

　　（四）其他冒用他人信用卡的情形。

　　第六条　持卡人以非法占有为目的，超过规定限额或者规定期限透支，经发卡银行两次有效催收后超过三个月仍不归还的，应当认定为刑法第一百九十六条规定的"恶意透支"。

　　对于是否以非法占有为目的，应当综合持卡人信用记录、还款能力和意愿、申领和透支信用卡的状况、透支资金的用途、透支后的表现、未按规定还款的原因等情节作出判断。不得单纯依据持卡人未按规定还款的事实认定非法占有目的。

　　具有以下情形之一的，应当认定为刑法第一百九十六条第二款规定的"以非法占有为目的"，但有证据证明持卡人确实不具有非法占有目的的除外：

　　（一）明知没有还款能力而大量透支，无法归还的；

　　（二）使用虚假资信证明申领信用卡后透支，无法归还的；

　　（三）透支后通过逃匿、改变联系方式等手段，逃避银行催收的；

　　（四）抽逃、转移资金，隐匿财产，逃避还款的；

　　（五）使用透支的资金进行犯罪活动的；

　　（六）其他非法占有资金，拒不归还的情形。

　　第七条　催收同时符合下列条件的，应当认定为本解释第六条规定的"有效催收"：

（一）在透支超过规定限额或者规定期限后进行；

（二）催收应当采用能够确认持卡人收悉的方式，但持卡人故意逃避催收的除外；

（三）两次催收至少间隔三十日；

（四）符合催收的有关规定或者约定。

对于是否属于有效催收，应当根据发卡银行提供的电话录音、信息送达记录、信函送达回执、电子邮件送达记录、持卡人或者其家属签字以及其他催收原始证据材料作出判断。

发卡银行提供的相关证据材料，应当有银行工作人员签名和银行公章。

第八条　恶意透支，数额在五万元以上不满五十万元的，应当认定为刑法第一百九十六条规定的"数额较大"；数额在五十万元以上不满五百万元的，应当认定为刑法第一百九十六条规定的"数额巨大"；数额在五百万元以上的，应当认定为刑法第一百九十六条规定的"数额特别巨大"。

第九条　恶意透支的数额，是指公安机关刑事立案时尚未归还的实际透支的本金数额，不包括利息、复利、滞纳金、手续费等发卡银行收取的费用。归还或者支付的数额，应当认定为归还实际透支的本金。

检察机关在审查起诉、提起公诉时，应当根据发卡银行提供的交易明细、分类账单（透支账单、还款账单）等证据材料，结合犯罪嫌疑人、被告人及其辩护人所提辩解、辩护意见及相关证据材料，审查认定恶意透支的数额；恶意透支的数额难以确定的，应当依据司法会计、审计报告，结合其他证据材料审查认定。人民法院在审判过程中，应当在对上述证据材料查证属实的基础上，对恶意透支的数额作出认定。

发卡银行提供的相关证据材料，应当有银行工作人员签名和银行公章。

第十条　恶意透支数额较大，在提起公诉前全部归还或者具有其他情节轻微情形的，可以不起诉；在一审判决前全部归还或者具有其他情节轻微情形的，可以免予刑事处罚。但是，曾因信用卡诈骗受过两次以上处罚的除外。

第十一条　发卡银行违规以信用卡透支形式变相发放贷款，持卡人未按规定归还的，不适用刑法第一百九十六条'恶意透支'的规定。构成其他犯罪的，以其他犯罪论处。

第十二条　违反国家规定，使用销售点终端机具（POS机）等方法，以虚构交易、虚开价格、现金退货等方式向信用卡持卡人直接支付现金，情节严重的，应当依据刑法第二百二十五条的规定，以非法经营罪定罪处罚。

实施前款行为，数额在一百万元以上的，或者造成金融机构资金二十万元以上逾期未还的，或者造成金融机构经济损失十万元以上的，应当认定为刑法

第二百二十五条规定的"情节严重";数额在五百万元以上的,或者造成金融机构资金一百万元以上逾期未还的,或者造成金融机构经济损失五十万元以上的,应当认定为刑法第二百二十五条规定的"情节特别严重"。

持卡人以非法占有为目的,采用上述方式恶意透支,应当追究刑事责任的,依照刑法第一百九十六条的规定,以信用卡诈骗罪定罪处罚。

第十三条　单位实施本解释规定的行为,适用本解释规定的相应自然人犯罪的定罪量刑标准。

最高人民检察院
关于认定累犯如何确定刑罚执行完毕以后
"五年以内"起始日期的批复

（2018 年 12 月 25 日最高人民检察院第十三届检察委员会
第十二次会议通过 2018 年 12 月 28 日公布
2018 年 12 月 30 日施行 高检发释字〔2018〕2 号）

北京市人民检察院：

你院《关于认定累犯如何确定刑罚执行完毕以后五年以内起始日期的请示》收悉。经研究，批复如下：

刑法第六十五条第一款规定的"刑罚执行完毕"，是指刑罚执行到期应予释放之日。认定累犯，确定刑罚执行完毕以后"五年以内"的起始日期，应当从刑满释放之日起计算。

此复。

最高人民检察院
2018 年 12 月 28 日

《最高人民检察院关于认定累犯如何确定刑罚执行完毕以后"五年以内"起始日期的批复》理解与适用

綫　杰　杨建军 *

最高人民检察院发布了《关于认定累犯如何确定刑罚执行完毕以后"五年以内"起始日期的批复》（以下简称《批复》）。为便于正确理解适用《批复》相关规定，现就制定背景、经过和主要内容解读如下。

一、起草背景及经过

北京检察机关在办理一起盗窃案件时，就认定累犯刑罚执行完毕以后"五年以内"起始日期存在不同认识。由于对有关案件犯罪嫌疑人是否构成累犯分歧较大，北京市人民检察院向最高人民检察院报送了《关于认定累犯如何确定刑罚执行完毕以后五年以内起始日期的请示》。经最高人民检察院法律政策研究室研究并征求意见，上述问题存在两种观点：第一种意见认为，刑罚执行完毕以后"五年以内"的起始日期，应当从刑罚执行完毕的次日起计算。实践中，在刑期最后一日释放的，释放后第二日为刑罚执行完毕以后"五年以内"的起始日期。第二种意见认为，刑罚执行完毕，应当是指刑满释放当日，累犯"五年以内"的起始日期应从释放当日计算。鉴于请示问题具有一定的典型性和代表性，有必要明确法律适用意见，统一执法司法标准。在征求全国人大常委会法制工作委员会、最高人民法院、公安部、司法部以及我院内设机构意见并达成共识的基础上，形成了《批复（审议稿）》。2018 年 12 月 25 日，经最高人民检察院第十三届检察委员会第十二次会议审议通过，自 2018 年 12 月 30 日起实施。

二、《批复》理解和适用

《批复》规定：刑法第六十五条第一款规定的"刑罚执行完毕"，是指刑罚执行到期应予释放之日。认定累犯，确定刑罚执行完毕以后"五年以内"的起始日期，应当从刑满释放之日起计算。

根据刑法第六十五条第一款的规定，被判处有期徒刑以上刑罚的犯罪分子，刑罚执行完毕以后，在五年以内再犯应当判处有期徒刑以上刑罚之罪的，

---

* 作者单位：最高人民检察院法律政策研究室。

是累犯。根据《批复》，认定累犯时，刑罚执行完毕以后"五年以内"的起始日期，应从刑罚执行到期应予释放之日起计算。《批复》作上述规定，主要有以下考虑：

一是符合一致性解释。认定累犯，确定刑罚执行完毕以后"五年以内"起始日期，应与刑法总则其他有关规定相一致。我国刑法第六十五条第二款规定，"前款规定的期限，对于被假释的犯罪分子，从假释期满之日起计算。"有期徒刑的假释考验期限为没有执行完毕的刑期，对被假释的犯罪分子，从假释期满之日起计算累犯刑罚执行完毕以后"五年以内"的起始日期；对刑法第六十五条第一款规定的被判处有期徒刑以上刑罚的罪犯，也应从释放之日起计算累犯刑罚执行完毕以后"五年以内"的起始日期。另外，以释放之日计算累犯"五年以内"的起始日期，也与刑法关于职业禁止期限起算的规定相一致。刑法第三十七条之一第一款规定，因利用职业便利实施犯罪，或者实施违背职业要求的特定义务的犯罪被判处刑罚的，人民法院可以根据犯罪情况和预防再犯罪的需要，禁止其自刑罚执行完毕之日或者假释之日起从事相关职业，期限为三年至五年。

二是符合实事求是精神。从法律上看，罪犯在执行刑期的最后一日释放的，刑罚执行机关会发放释放证明书，表明刑罚已经执行完毕。同时，考虑到存在减去余刑释放的情形，即罪犯服刑期间获得最后一次减刑的幅度大于或者等于剩余刑期，刑罚执行机关一般会在法院作出的减去罪犯余刑的裁定送达生效后为罪犯办理刑满释放手续，发给释放证明书。由于罪犯的剩余刑期都已全部获得减刑，以释放之日作为计算累犯刑罚执行完毕以后"五年以内"的起始日期较为妥当。

三是对被告人有利。刑法总则对累犯的规定，体现了对具有人身危险性的犯罪分子从严处罚的精神。应当说，再次犯罪时间距离刑满释放之日越近，说明犯罪分子人身危险性越大，越应当予以从严惩处。在刑满释放后"五年以内"期限的最后一日犯罪要按照累犯从重处罚，而在刑满释放后"五年以内"期限的最后一日的后一日犯罪，就不再属于累犯，不予从重处罚。从刑满释放之日起计算累犯刑罚执行完毕以后"五年以内"的起始日期，比从刑满释放后第二日起算，使被告人适用累犯的期间提前一日结束，整体上有利于被告人。

最高人民法院、最高人民检察院
关于办理非法从事资金支付结算业务、非法买卖外汇刑事案件适用法律若干问题的解释

（2018 年 9 月 17 日最高人民法院审判委员会第 1749 次会议、
2018 年 12 月 12 日最高人民检察院第十三届检察委员会第十一次会议通过
2019 年 1 月 31 日公布　2019 年 2 月 1 日施行　法释〔2019〕1 号）

为依法惩治非法从事资金支付结算业务、非法买卖外汇犯罪活动，维护金融市场秩序，根据《中华人民共和国刑法》《中华人民共和国刑事诉讼法》的规定，现就办理非法从事资金支付结算业务、非法买卖外汇刑事案件适用法律的若干问题解释如下：

第一条　违反国家规定，具有下列情形之一的，属于刑法第二百二十五条第三项规定的"非法从事资金支付结算业务"：

（一）使用受理终端或者网络支付接口等方法，以虚构交易、虚开价格、交易退款等非法方式向指定付款方支付货币资金的；

（二）非法为他人提供单位银行结算账户套现或者单位银行结算账户转个人账户服务的；

（三）非法为他人提供支票套现服务的；

（四）其他非法从事资金支付结算业务的情形。

第二条　违反国家规定，实施倒买倒卖外汇或者变相买卖外汇等非法买卖外汇行为，扰乱金融市场秩序，情节严重的，依照刑法第二百二十五条第四项的规定，以非法经营罪定罪处罚。

第三条　非法从事资金支付结算业务或者非法买卖外汇，具有下列情形之一的，应当认定为非法经营行为"情节严重"：

（一）非法经营数额在五百万元以上的；

（二）违法所得数额在十万元以上的。

非法经营数额在二百五十万元以上，或者违法所得数额在五万元以上，且具有下列情形之一的，可以认定为非法经营行为"情节严重"：

（一）曾因非法从事资金支付结算业务或者非法买卖外汇犯罪行为受过刑

事追究的；

（二）二年内因非法从事资金支付结算业务或者非法买卖外汇违法行为受过行政处罚的；

（三）拒不交代涉案资金去向或者拒不配合追缴工作，致使赃款无法追缴的；

（四）造成其他严重后果的。

第四条　非法从事资金支付结算业务或者非法买卖外汇，具有下列情形之一的，应当认定为非法经营行为"情节特别严重"：

（一）非法经营数额在二千五百万元以上的；

（二）违法所得数额在五十万元以上的。

非法经营数额在一千二百五十万元以上，或者违法所得数额在二十五万元以上，且具有本解释第三条第二款规定的四种情形之一的，可以认定为非法经营行为"情节特别严重"。

第五条　非法从事资金支付结算业务或者非法买卖外汇，构成非法经营罪，同时又构成刑法第一百二十条之一规定的帮助恐怖活动罪或者第一百九十一条规定的洗钱罪的，依照处罚较重的规定定罪处罚。

第六条　二次以上非法从事资金支付结算业务或者非法买卖外汇，依法应予行政处理或者刑事处理而未经处理的，非法经营数额或者违法所得数额累计计算。

同一案件中，非法经营数额、违法所得数额分别构成情节严重、情节特别严重的，按照处罚较重的数额定罪处罚。

第七条　非法从事资金支付结算业务或者非法买卖外汇违法所得数额难以确定的，按非法经营数额的千分之一认定违法所得数额，依法并处或者单处违法所得一倍以上五倍以下罚金。

第八条　符合本解释第三条规定的标准，行为人如实供述犯罪事实，认罪悔罪，并积极配合调查，退缴违法所得的，可以从轻处罚；其中犯罪情节轻微的，可以依法不起诉或者免予刑事处罚。

符合刑事诉讼法规定的认罪认罚从宽适用范围和条件的，依照刑事诉讼法的规定处理。

第九条　单位实施本解释第一条、第二条规定的非法从事资金支付结算业务、非法买卖外汇行为，依照本解释规定的定罪量刑标准，对单位判处罚金，并对其直接负责的主管人员和其他直接责任人员定罪处罚。

第十条　非法从事资金支付结算业务、非法买卖外汇刑事案件中的犯罪地，包括犯罪嫌疑人、被告人用于犯罪活动的账户开立地、资金接收地、资金过渡账户开立地、资金账户操作地，以及资金交易对手资金交付和汇出地等。

第十一条　涉及外汇的犯罪数额，按照案发当日中国外汇交易中心或者中国人民银行授权机构公布的人民币对该货币的中间价折合成人民币计算。中国外汇交易中心或者中国人民银行授权机构未公布汇率中间价的境外货币，按照案发当日境内银行人民币对该货币的中间价折算成人民币，或者该货币在境内银行、国际外汇市场对美元汇率，与人民币对美元汇率中间价进行套算。

第十二条　本解释自 2019 年 2 月 1 日起施行。《最高人民法院关于审理骗购外汇、非法买卖外汇刑事案件具体应用法律若干问题的解释》（法释〔1998〕20 号）与本解释不一致的，以本解释为准。

二、相关规范性文件

最高人民检察院、公安部
关于公安机关办理经济犯罪案件的若干规定

（2018 年 11 月 24 日公布　 2018 年 1 月 1 日施行　 公通字〔2017〕25 号）

第一章　总　　则

第一条　为了规范公安机关办理经济犯罪案件程序，加强人民检察院的法律监督，保证严格、规范、公正、文明执法，依法惩治经济犯罪，维护社会主义市场经济秩序，保护公民、法人和其他组织的合法权益，依据《中华人民共和国刑事诉讼法》等有关法律、法规和规章，结合工作实际，制定本规定。

第二条　公安机关办理经济犯罪案件，应当坚持惩罚犯罪与保障人权并重、实体公正与程序公正并重、查证犯罪与挽回损失并重，严格区分经济犯罪与经济纠纷的界限，不得滥用职权、玩忽职守。

第三条　公安机关办理经济犯罪案件，应当坚持平等保护公有制经济与非公有制经济，坚持各类市场主体的诉讼地位平等、法律适用平等、法律责任平等，加强对各种所有制经济产权与合法利益的保护。

第四条　公安机关办理经济犯罪案件，应当严格依照法定程序进行，规范使用调查性侦查措施，准确适用限制人身、财产权利的强制性措施。

第五条　公安机关办理经济犯罪案件，应当既坚持严格依法办案，又注意办案方法，慎重选择办案时机和方式，注重保障正常的生产经营活动顺利进行。

第六条　公安机关办理经济犯罪案件，应当坚持以事实为根据、以法律为准绳，同人民检察院、人民法院分工负责、互相配合、互相制约，以保证准确有效地执行法律。

第七条　公安机关、人民检察院应当按照法律规定的证据裁判要求和标准收集、固定、审查、运用证据，没有确实、充分的证据不得认定犯罪事实，严禁刑讯逼供和以威胁、引诱、欺骗以及其他非法方法收集证据，不得强迫任何人证实自己有罪。

第二章　管　　辖

第八条　经济犯罪案件由犯罪地的公安机关管辖。如果由犯罪嫌疑人居住地的公安机关管辖更为适宜的，可以由犯罪嫌疑人居住地的公安机关管辖。

犯罪地包括犯罪行为发生地和犯罪结果发生地。犯罪行为发生地，包括犯罪行为的实施地以及预备地、开始地、途经地、结束地等与犯罪行为有关的地点；犯罪行为有连续、持续或者继续状态的，犯罪行为连续、持续或者继续实施的地方都属于犯罪行为发生地。犯罪结果发生地，包括犯罪对象被侵害地、犯罪所得的实际取得地、藏匿地、转移地、使用地、销售地。

居住地包括户籍所在地、经常居住地。户籍所在地与经常居住地不一致的，由经常居住地的公安机关管辖。经常居住地是指公民离开户籍所在地最后连续居住一年以上的地方，但是住院就医的除外。

单位涉嫌经济犯罪的，由犯罪地或者所在地公安机关管辖。所在地是指单位登记的住所地。主要营业地或者主要办事机构所在地与登记的住所地不一致的，主要营业地或者主要办事机构所在地为其所在地。

法律、司法解释或者其他规范性文件对有关经济犯罪案件的管辖作出特别规定的，从其规定。

第九条　非国家工作人员利用职务上的便利实施经济犯罪的，由犯罪嫌疑人工作单位所在地公安机关管辖。如果由犯罪行为实施地或者犯罪嫌疑人居住地的公安机关管辖更为适宜的，也可以由犯罪行为实施地或者犯罪嫌疑人居住地的公安机关管辖。

第十条　上级公安机关必要时可以立案侦查或者组织、指挥、参与侦查下级公安机关管辖的经济犯罪案件。

对重大、疑难、复杂或者跨区域性经济犯罪案件，需要由上级公安机关立案侦查的，下级公安机关可以请求移送上一级公安机关立案侦查。

第十一条　几个公安机关都有权管辖的经济犯罪案件，由最初受理的公安机关管辖。必要时，可以由主要犯罪地的公安机关管辖。对管辖不明确或者有争议的，应当协商管辖；协商不成的，由共同的上级公安机关指定管辖。

主要利用通讯工具、互联网等技术手段实施的经济犯罪案件，由最初发现、受理的公安机关或者主要犯罪地的公安机关管辖。

第十二条　公安机关办理跨区域性涉众型经济犯罪案件，应当坚持统一指挥协调、统一办案要求的原则。

对跨区域性涉众型经济犯罪案件，犯罪地公安机关应当立案侦查，并由一个地方公安机关为主侦查，其他公安机关应当积极协助。必要时，可以并案侦查。

第十三条 上级公安机关指定下级公安机关立案侦查的经济犯罪案件，需要逮捕犯罪嫌疑人的，由侦查该案件的公安机关提请同级人民检察院审查批准；需要移送审查起诉的，由侦查该案件的公安机关移送同级人民检察院审查起诉。

人民检察院受理公安机关移送审查起诉的经济犯罪案件，认为需要依照刑事诉讼法的规定指定审判管辖的，应当协商同级人民法院办理指定管辖有关事宜。

对跨区域性涉众型经济犯罪案件，公安机关指定管辖的，应当事先向同级人民检察院、人民法院通报和协商。

第三章　立案、撤案

第十四条 公安机关对涉嫌经济犯罪线索的报案、控告、举报、自动投案，不论是否有管辖权，都应当接受并登记，由最初受理的公安机关依照法定程序办理，不得以管辖权为由推诿或者拒绝。

经审查，认为有犯罪事实，但不属于其管辖的案件，应当及时移送有管辖权的机关处理。对于不属于其管辖又必须采取紧急措施的，应当先采取紧急措施，再移送主管机关。

第十五条 公安机关接受涉嫌经济犯罪线索的报案、控告、举报、自动投案后，应当立即进行审查，并在七日以内决定是否立案；重大、疑难、复杂线索，经县级以上公安机关负责人批准，立案审查期限可以延长至三十日；特别重大、疑难、复杂或者跨区域性的线索，经上一级公安机关负责人批准，立案审查期限可以再延长三十日。

上级公安机关指定管辖或者书面通知立案的，应当在指定期限以内立案侦查。人民检察院通知立案的，应当在十五日以内立案侦查。

第十六条 公安机关接受行政执法机关移送的涉嫌经济犯罪案件后，移送材料符合相关规定的，应当在三日以内进行审查并决定是否立案，至迟应当在十日以内作出决定。案情重大、疑难、复杂或者跨区域性的，经县级以上公安机关负责人批准，应当在三十日以内决定是否立案。情况特殊的，经上一级公安机关负责人批准，可以再延长三十日作出决定。

第十七条 公安机关经立案审查，同时符合下列条件的，应当立案：

（一）认为有犯罪事实；

（二）涉嫌犯罪数额、结果或者其他情节符合经济犯罪案件的立案追诉标准，需要追究刑事责任；

（三）属于该公安机关管辖。

第十八条　在立案审查中，发现案件事实或者线索不明的，经公安机关办案部门负责人批准，可以依照有关规定采取询问、查询、勘验、鉴定和调取证据材料等不限制被调查对象人身、财产权利的措施。经审查，认为有犯罪事实，需要追究刑事责任的，经县级以上公安机关负责人批准，予以立案。

公安机关立案后，应当采取调查性侦查措施，但是一般不得采取限制人身、财产权利的强制性措施。确有必要采取的，必须严格依照法律规定的条件和程序。严禁在没有证据的情况下，查封、扣押、冻结涉案财物或者拘留、逮捕犯罪嫌疑人。

公安机关立案后，在三十日以内经积极侦查，仍然无法收集到证明有犯罪事实需要对犯罪嫌疑人追究刑事责任的充分证据的，应当立即撤销案件或者终止侦查。重大、疑难、复杂案件，经上一级公安机关负责人批准，可以再延长三十日。

上级公安机关认为不应当立案，责令限期纠正的，或者人民检察院认为不应当立案，通知撤销案件的，公安机关应当及时撤销案件。

第十九条　对有控告人的案件，经审查决定不予立案的，应当在立案审查的期限内制作不予立案通知书，并在三日以内送达控告人。

第二十条　涉嫌经济犯罪的案件与人民法院正在审理或者作出生效裁判文书的民事案件，属于同一法律事实或者有牵连关系，符合下列条件之一的，应当立案：

（一）人民法院在审理民事案件或者执行过程中，发现有经济犯罪嫌疑，裁定不予受理、驳回起诉、中止诉讼、判决驳回诉讼请求或者中止执行生效裁判文书，并将有关材料移送公安机关的；

（二）人民检察院依法通知公安机关立案的；

（三）公安机关认为有证据证明有犯罪事实，需要追究刑事责任，经省级以上公安机关负责人批准的。

有前款第二项、第三项情形的，公安机关立案后，应当严格依照法律规定的条件和程序采取强制措施和侦查措施，并将立案决定书等法律文书及相关案件材料复印件抄送正在审理或者作出生效裁判文书的人民法院并说明立案理由，同时通报与办理民事案件的人民法院同级的人民检察院，必要时可以报告上级公安机关。

在侦查过程中，不得妨碍人民法院民事诉讼活动的正常进行。

第二十一条　公安机关在侦查过程中、人民检察院在审查起诉过程中，发现具有下列情形之一的，应当将立案决定书、起诉意见书等法律文书及相关案件材料复印件抄送正在审理或者作出生效裁判文书的人民法院，由人民法院依法处理：

（一）侦查、审查起诉的经济犯罪案件与人民法院正在审理或者作出生效裁判文书的民事案件属于同一法律事实或者有牵连关系的；

（二）涉案财物已被有关当事人申请执行的。

有前款规定情形的，公安机关、人民检察院应当同时将有关情况通报与办理民事案件的人民法院同级的人民检察院。

公安机关将相关法律文书及案件材料复印件抄送人民法院后一个月以内未收到回复的，必要时，可以报告上级公安机关。

立案侦查、审查起诉的经济犯罪案件与仲裁机构作出仲裁裁决的民事案件属于同一法律事实或者有牵连关系，且人民法院已经受理与该仲裁裁决相关申请的，依照本条第一款至第三款的规定办理。

第二十二条　涉嫌经济犯罪的案件与人民法院正在审理或者作出生效裁判文书以及仲裁机构作出裁决的民事案件有关联但不属同一法律事实的，公安机关可以立案侦查，但是不得以刑事立案为由要求人民法院移送案件、裁定驳回起诉、中止诉讼、判决驳回诉讼请求、中止执行或者撤销判决、裁定，或者要求人民法院撤销仲裁裁决。

第二十三条　人民法院在办理民事案件过程中，认为该案件不属于民事纠纷而有经济犯罪嫌疑需要追究刑事责任，并将涉嫌经济犯罪的线索、材料移送公安机关的，接受案件的公安机关应当立即审查，并在十日以内决定是否立案。公安机关不立案的，应当及时告知人民法院。

第二十四条　人民法院在办理民事案件过程中，发现与民事纠纷虽然不是同一事实但是有关联的经济犯罪线索、材料，并将涉嫌经济犯罪的线索、材料移送公安机关的，接受案件的公安机关应当立即审查，并在十日以内决定是否立案。公安机关不立案的，应当及时告知人民法院。

第二十五条　在侦查过程中，公安机关发现具有下列情形之一的，应当及时撤销案件：

（一）对犯罪嫌疑人解除强制措施之日起十二个月以内，仍然不能移送审查起诉或者依法作其他处理的；

（二）对犯罪嫌疑人未采取强制措施，自立案之日起二年以内，仍然不能移送审查起诉或者依法作其他处理的；

（三）人民检察院通知撤销案件的；

（四）其他符合法律规定的撤销案件情形的。

有前款第一项、第二项情形，但是有证据证明有犯罪事实需要进一步侦查的，经省级以上公安机关负责人批准，可以不撤销案件，继续侦查。

撤销案件后，公安机关应当立即停止侦查活动，并解除相关的侦查措施和强制措施。

撤销案件后，又发现新的事实或者证据，依法需要追究刑事责任的，公安机关应当重新立案侦查。

第二十六条　公安机关接报案件后，报案人、控告人、举报人、被害人及其法定代理人、近亲属查询立案情况的，应当在三日以内告知立案情况并记录在案。对已经立案的，应当告知立案时间、涉嫌罪名、办案单位等情况。

第二十七条　对报案、控告、举报、移送的经济犯罪案件，公安机关作出不予立案决定、撤销案件决定或者逾期未作出是否立案决定有异议的，报案人、控告人、举报人可以申请人民检察院进行立案监督，移送案件的行政执法机关可以建议人民检察院进行立案监督。

人民检察院认为需要公安机关说明不予立案、撤销案件或者逾期未作出是否立案决定的理由的，应当要求公安机关在七日以内说明理由。公安机关应当书面说明理由，连同有关证据材料回复人民检察院。人民检察院认为不予立案或者撤销案件的理由不能成立的，应当通知公安机关立案。人民检察院要求公安机关说明逾期未作出是否立案决定的理由后，公安机关在七日以内既不说明理由又不作出是否立案的决定的，人民检察院应当发出纠正违法通知书予以纠正，经审查案件有关证据材料，认为符合立案条件的，应当通知公安机关立案。

第二十八条　犯罪嫌疑人及其法定代理人、近亲属或者辩护律师对公安机关立案提出异议的，公安机关应当及时受理、认真核查。

有证据证明公安机关可能存在违法介入经济纠纷，或者利用立案实施报复陷害、敲诈勒索以及谋取其他非法利益等违法立案情形的，人民检察院应当要求公安机关书面说明立案的理由。公安机关应当在七日以内书面说明立案的依据和理由，连同有关证据材料回复人民检察院。人民检察院认为立案理由不能成立的，应当通知公安机关撤销案件。

第二十九条　人民检察院发现公安机关在办理经济犯罪案件过程中适用另案处理存在违法或者不当的，可以向公安机关提出书面纠正意见或者检察建议。公安机关应当认真审查，并将结果及时反馈人民检察院。没有采纳的，应当说明理由。

第三十条 依照本规定，报经省级以上公安机关负责人批准立案侦查或者继续侦查的案件，撤销案件时应当经原审批的省级以上公安机关负责人批准。

人民检察院通知撤销案件的，应当立即撤销案件，并报告原审批的省级以上公安机关。

第四章 强制措施

第三十一条 公安机关决定采取强制措施时，应当考虑犯罪嫌疑人涉嫌犯罪情节的轻重程度、有无继续犯罪和逃避或者妨碍侦查的可能性，使所适用的强制措施同犯罪的严重程度、犯罪嫌疑人的社会危险性相适应，依法慎用羁押性强制措施。

采取取保候审、监视居住措施足以防止发生社会危险性的，不得适用羁押性强制措施。

第三十二条 公安机关应当依照法律规定的条件和程序适用取保候审措施。

采取保证金担保方式的，应当综合考虑保证诉讼活动正常进行的需要，犯罪嫌疑人的社会危险性的大小，案件的性质、情节、涉案金额，可能判处刑罚的轻重以及犯罪嫌疑人的经济状况等情况，确定适当的保证金数额。

在取保候审期间，不得中断对经济犯罪案件的侦查。执行取保候审超过三个月的，应当至少每个月讯问一次被取保候审人。

第三十三条 对于被决定采取强制措施并上网追逃的犯罪嫌疑人，经审查发现不构成犯罪或者依法不予追究刑事责任的，应当立即撤销强制措施决定，并按照有关规定，报请省级以上公安机关删除相关信息。

第三十四条 公安机关办理经济犯罪案件应当加强统一审核，依照法律规定的条件和程序逐案逐人审查采取强制措施的合法性和适当性，发现采取强制措施不当的，应当及时撤销或者变更。犯罪嫌疑人在押的，应当立即释放。公安机关释放被逮捕的犯罪嫌疑人或者变更逮捕措施的，应当及时通知作出批准逮捕决定的人民检察院。

犯罪嫌疑人被逮捕后，人民检察院经审查认为不需要继续羁押提出检察建议的，公安机关应当予以调查核实，认为不需要继续羁押的，应当予以释放或者变更强制措施；认为需要继续羁押的，应当说明理由，并在十日以内将处理情况通知人民检察院。

犯罪嫌疑人及其法定代理人、近亲属或者辩护人有权申请人民检察院进行羁押必要性审查。

第五章 侦查取证

第三十五条 公安机关办理经济犯罪案件，应当及时进行侦查，依法全面、客观、及时地收集、调取、固定、审查能够证实犯罪嫌疑人有罪或者无罪、罪重或者罪轻以及与涉案财物有关的各种证据，并防止犯罪嫌疑人逃匿、销毁证据或者转移、隐匿涉案财物。

严禁调取与经济犯罪案件无关的证据材料，不得以侦查犯罪为由滥用侦查措施为他人收集民事诉讼证据。

第三十六条 公安机关办理经济犯罪案件，应当遵守法定程序，遵循有关技术标准，全面、客观、及时地收集、提取电子数据；人民检察院应当围绕真实性、合法性、关联性审查判断电子数据。

依照规定程序通过网络在线提取的电子数据，可以作为证据使用。

第三十七条 公安机关办理经济犯罪案件，需要采取技术侦查措施的，应当严格依照有关法律、规章和规范性文件规定的范围和程序办理。

第三十八条 公安机关办理非法集资、传销以及利用通讯工具、互联网等技术手段实施的经济犯罪案件，确因客观条件的限制无法逐一收集被害人陈述、证人证言等相关证据的，可以结合已收集的言词证据和依法收集并查证属实的物证、书证、视听资料、电子数据等实物证据，综合认定涉案人员人数和涉案资金数额等犯罪事实，做到证据确实、充分。

第三十九条 公安机关办理生产、销售伪劣商品犯罪案件、走私犯罪案件、侵犯知识产权犯罪案件，对同一批次或者同一类型的涉案物品，确因实物数量较大，无法逐一勘验、鉴定、检测、评估的，可以委托或者商请有资格的鉴定机构、专业机构或者行政执法机关依照程序按照一定比例随机抽样勘验、鉴定、检测、评估，并由其制作取样记录和出具相关书面意见。有关抽样勘验、鉴定、检测、评估的结果可以作为该批次或者该类型全部涉案物品的勘验、鉴定、检测、评估结果，但是不符合法定程序，且不能补正或者作出合理解释，可能严重影响案件公正处理的除外。

法律、法规和规范性文件对鉴定机构或者抽样方法另有规定的，从其规定。

第四十条 公安机关办理经济犯罪案件应当与行政执法机关加强联系、密切配合，保证准确有效地执行法律。

公安机关应当根据案件事实、证据和法律规定依法认定案件性质，对案情复杂、疑难，涉及专业性、技术性问题的，可以参考有关行政执法机关的认定意见。

行政执法机关对经济犯罪案件中有关行为性质的认定，不是案件进入刑事诉讼程序的必经程序或者前置条件。法律、法规和规章另有规定的，从其规定。

第四十一条　公安机关办理重大、疑难、复杂的经济犯罪案件，可以听取人民检察院的意见，人民检察院认为确有必要时，可以派员适时介入侦查活动，对收集证据、适用法律提出意见，监督侦查活动是否合法。对人民检察院提出的意见，公安机关应当认真审查，并将结果及时反馈人民检察院。没有采纳的，应当说明理由。

第四十二条　公安机关办理跨区域性的重大经济犯罪案件，应当向人民检察院通报立案侦查情况，人民检察院可以根据通报情况调度办案力量，开展指导协调等工作。需要逮捕犯罪嫌疑人的，公安机关应当提前与人民检察院沟通。

第四十三条　人民检察院在审查逮捕、审查起诉中发现公安机关办案人员以非法方法收集犯罪嫌疑人供述、被害人陈述、证人证言等证据材料的，应当依法排除非法证据并提出纠正意见。需要重新调查取证的，经县级以上公安机关负责人批准，应当另行指派办案人员重新调查取证。必要时，人民检察院也可以自行收集犯罪嫌疑人供述、被害人陈述、证人证言等证据材料。

公安机关发现收集物证、书证不符合法定程序，可能严重影响司法公正的，应当要求办案人员予以补正或者作出合理解释；不能补正或者作出合理解释的，应当依法予以排除，不得作为提请批准逮捕、移送审查起诉的依据。

人民检察院发现收集物证、书证不符合法定程序，可能严重影响司法公正的，应当要求公安机关予以补正或者作出合理解释，不能补正或者作出合理解释的，应当依法予以排除，不得作为批准逮捕、提起公诉的依据。

第四十四条　对民事诉讼中的证据材料，公安机关在立案后应当依照刑事诉讼法以及相关司法解释的规定进行审查或者重新收集。未经查证核实的证据材料，不得作为刑事证据使用。

第四十五条　人民检察院已经作出不起诉决定的案件，公安机关不得针对同一法律事实的同一犯罪嫌疑人继续侦查或者补充侦查，但是有新的事实或者证据的，可以重新立案侦查。

第六章　涉案财物的控制和处置

第四十六条　查封、扣押、冻结以及处置涉案财物，应当依照法律规定的条件和程序进行。除法律法规和规范性文件另有规定以外，公安机关不得在诉讼程序终结之前处置涉案财物。严格区分违法所得、其他涉案财产与合法财产，严格区分企业法人财产与股东个人财产，严格区分犯罪嫌疑人个人财产与家庭成员财产，不得超权限、超范围、超数额、超时限查封、扣押、冻结，并注意保护利害关系人的合法权益。

对涉众型经济犯罪案件，需要追缴、返还涉案财物的，应当坚持统一资产处置原则。公安机关移送审查起诉时，应当将有关涉案财物及其清单随案移送人民检察院。人民检察院提起公诉时，应当将有关涉案财物及其清单一并移送受理案件的人民法院，并提出处理意见。

第四十七条　对依照有关规定可以分割的土地、房屋等涉案不动产，应当只对与案件有关的部分进行查封。

对不可分割的土地、房屋等涉案不动产或者车辆、船舶、航空器以及大型机器、设备等特定动产，可以查封、扣押、冻结犯罪嫌疑人提供的与涉案金额相当的其他财物。犯罪嫌疑人不能提供的，可以予以整体查封。

冻结涉案账户的款项数额，应当与涉案金额相当。

第四十八条　对自动投案时主动提交的涉案财物和权属证书等，公安机关可以先行接收，如实登记并出具接收财物凭证，根据立案和侦查情况决定是否查封、扣押、冻结。

第四十九条　已被依法查封、冻结的涉案财物，公安机关不得重复查封、冻结，但是可以轮候查封、冻结。

已被人民法院采取民事财产保全措施的涉案财物，依照前款规定办理。

第五十条　对不宜查封、扣押、冻结的经营性涉案财物，在保证侦查活动正常进行的同时，可以允许有关当事人继续合理使用，并采取必要的保值保管措施，以减少侦查办案对正常办公和合法生产经营的影响。必要时，可以申请当地政府指定有关部门或者委托有关机构代管。

第五十一条　对查封、扣押、冻结的涉案财物及其孳息，以及作为证据使用的实物，公安机关应当如实登记，妥善保管，随案移送，并与人民检察院及时交接，变更法律手续。

在查封、扣押、冻结涉案财物时，应当收集、固定与涉案财物来源、权属、性质等有关的证据材料并随案移送。对不宜移送或者依法不移送的实物，应当将其清单、照片或者其他证明文件随案移送。

第五十二条　涉嫌犯罪事实查证属实后，对有证据证明权属关系明确的被害人合法财产及其孳息，及时返还不损害其他被害人或者利害关系人的利益、不影响诉讼正常进行的，可以在登记、拍照或者录像、估价后，经县级以上公安机关负责人批准，开具发还清单，在诉讼程序终结之前返还被害人。办案人员应当在案卷中注明返还的理由，将原物照片、清单和被害人的领取手续存卷备查。

具有下列情形之一的，不得在诉讼程序终结之前返还：

（一）涉嫌犯罪事实尚未查清的；

（二）涉案财物及其孳息的权属关系不明确或者存在争议的；

（三）案件需要变更管辖的；

（四）可能损害其他被害人或者利害关系人利益的；

（五）可能影响诉讼程序正常进行的；

（六）其他不宜返还的。

第五十三条 有下列情形之一的，除依照有关法律法规和规范性文件另行处理的以外，应当立即解除对涉案财物的查封、扣押、冻结措施，并及时返还有关当事人：

（一）公安机关决定撤销案件或者对犯罪嫌疑人终止侦查的；

（二）人民检察院通知撤销案件或者作出不起诉决定的；

（三）人民法院作出生效判决、裁定应当返还的。

第五十四条 犯罪分子违法所得的一切财物及其孳息，应当予以追缴或者责令退赔。

发现犯罪嫌疑人将经济犯罪违法所得和其他涉案财物用于清偿债务、转让或者设定其他权利负担，具有下列情形之一的，应当依法查封、扣押、冻结：

（一）他人明知是经济犯罪违法所得和其他涉案财物而接受的；

（二）他人无偿或者以明显低于市场价格取得上述财物的；

（三）他人通过非法债务清偿或者违法犯罪活动取得上述财物的；

（四）他人通过其他恶意方式取得上述财物的。

他人明知是经济犯罪违法所得及其产生的收益，通过虚构债权债务关系、虚假交易等方式予以窝藏、转移、收购、代为销售或者以其他方法掩饰、隐瞒，构成犯罪的，应当依法追究刑事责任。

第五十五条 具有下列情形之一，依照刑法规定应当追缴其违法所得及其他涉案财物的，经县级以上公安机关负责人批准，公安机关应当出具没收违法所得意见书，连同相关证据材料一并移送同级人民检察院：

（一）重大的走私、金融诈骗、洗钱犯罪案件，犯罪嫌疑人逃匿，在通缉一年后不能到案的；

（二）犯罪嫌疑人死亡的；

（三）涉嫌重大走私、金融诈骗、洗钱犯罪的单位被撤销、注销，直接负责的主管人员和其他直接责任人员逃匿、死亡，导致案件无法适用普通刑事诉讼程序审理的。

犯罪嫌疑人死亡，现有证据证明其存在违法所得及其他涉案财物应当予以没收的，公安机关可以继续调查，并依法进行查封、扣押、冻结。

第七章　办案协作

第五十六条　公安机关办理经济犯罪案件，应当加强协作和配合，依法履行协查、协办等职责。

上级公安机关应当加强监督、协调和指导，及时解决跨区域性协作的争议事项。

第五十七条　办理经济犯罪案件需要异地公安机关协作的，委托地公安机关应当对案件的管辖、定性、证据认定以及所采取的侦查措施负责，办理有关的法律文书和手续，并对协作事项承担法律责任。但是协作地公安机关超权限、超范围采取相关措施的，应当承担相应的法律责任。

第五十八条　办理经济犯罪案件需要异地公安机关协作的，由委托地的县级以上公安机关制作办案协作函件和有关法律文书，通过协作地的县级以上公安机关联系有关协作事宜。协作地公安机关接到委托地公安机关请求协作的函件后，应当指定主管业务部门办理。

各省、自治区、直辖市公安机关根据本地实际情况，就需要外省、自治区、直辖市公安机关协助对犯罪嫌疑人采取强制措施或者查封、扣押、冻结涉案财物事项制定相关审批程序。

第五十九条　协作地公安机关应当对委托地公安机关出具的法律文书和手续予以审核，对法律文书和手续完备的，协作地公安机关应当及时无条件予以配合，不得收取任何形式的费用。

第六十条　委托地公安机关派员赴异地公安机关请求协助查询资料、调查取证等事项时，应当出具办案协作函件和有关法律文书。

委托地公安机关认为不需要派员赴异地的，可以将办案协作函件和有关法律文书寄送协作地公安机关，协作地公安机关协查不得超过十五日；案情重大、情况紧急的，协作地公安机关应当在七日以内回复；因特殊情况不能按时回复的，协作地公安机关应当及时向委托地公安机关说明情况。

必要时，委托地公安机关可以将办案协作函件和有关法律文书通过电传、网络等保密手段或者相关工作机制传至协作地公安机关，协作地公安机关应当及时协查。

第六十一条　委托地公安机关派员赴异地公安机关请求协助采取强制措施或者搜查，查封、扣押、冻结涉案财物等事项时，应当持办案协作函件、有关侦查措施或者强制措施的法律文书、工作证件及相关案件材料，与协作地县级以上公安机关联系，协作地公安机关应当派员协助执行。

第六十二条　对不及时采取措施，有可能导致犯罪嫌疑人逃匿，或者有可能转移涉案财物以及重要证据的，委托地公安机关可以商请紧急协作，将办案协作函件和有关法律文书通过电传、网络等保密手段传至协作地县级以上公安机关，协作地公安机关收到协作函件后，应当及时采取措施，落实协作事项。委托地公安机关应当立即派员携带法律文书前往协作地办理有关事宜。

第六十三条　协作地公安机关在协作过程中，发现委托地公安机关明显存在违反法律规定的行为时，应当及时向委托地公安机关提出并报上一级公安机关。跨省协作的，应当通过协作地的省级公安机关通报委托地的省级公安机关，协商处理。未能达成一致意见的，协作地的省级公安机关应当及时报告公安部。

第六十四条　立案地公安机关赴其他省、自治区、直辖市办案，应当按照有关规定呈报上级公安机关审查批准。

第八章　保障诉讼参与人合法权益

第六十五条　公安机关办理经济犯罪案件，应当尊重和保障人权，保障犯罪嫌疑人、被害人和其他诉讼参与人依法享有的辩护权和其他诉讼权利，在职责范围内依法保障律师的执业权利。

第六十六条　辩护律师向公安机关了解犯罪嫌疑人涉嫌的罪名以及现已查明的该罪的主要事实，犯罪嫌疑人被采取、变更、解除强制措施，延长侦查羁押期限、移送审查起诉等案件有关情况的，公安机关应当依法将上述情况告知辩护律师，并记录在案。

第六十七条　辩护律师向公安机关提交与经济犯罪案件有关的申诉、控告等材料的，公安机关应当在执法办案场所予以接收，当面了解有关情况并记录在案。对辩护律师提供的材料，公安机关应当及时依法审查，并在三十日以内予以答复。

第六十八条　被害人、犯罪嫌疑人及其法定代理人、近亲属或者律师对案件管辖有异议，向立案侦查的公安机关提出申诉的，接受申诉的公安机关应当在接到申诉后的七日以内予以答复。

第六十九条　犯罪嫌疑人及其法定代理人、近亲属或者辩护人认为公安机关所采取的强制措施超过法定期限，有权向原批准或者决定的公安机关提出申诉，接受该项申诉的公安机关应当在接到申诉之日起三十日以内审查完毕并作出决定，将结果书面通知申诉人。对超过法定期限的强制措施，应当立即解除或者变更。

第七十条　辩护人、诉讼代理人认为公安机关阻碍其依法行使诉讼权利并向人民检察院申诉或者控告，人民检察院经审查情况属实后通知公安机关予以纠正的，公安机关应当立即纠正，并将监督执行情况书面答复人民检察院。

第七十一条　辩护人、诉讼代理人对公安机关侦查活动有异议的，可以向有关公安机关提出申诉、控告，或者提请人民检察院依法监督。

第九章　执法监督与责任追究

第七十二条　公安机关应当依据《中华人民共和国人民警察法》等有关法律法规和规范性文件的规定，加强对办理经济犯罪案件活动的执法监督和督察工作。

上级公安机关发现下级公安机关存在违反法律和有关规定行为的，应当责令其限期纠正。必要时，上级公安机关可以就其违法行为直接作出相关处理决定。

人民检察院发现公安机关办理经济犯罪案件中存在违法行为的，或者对有关当事人及其辩护律师、诉讼代理人、利害关系人的申诉、控告事项查证属实的，应当通知公安机关予以纠正。

第七十三条　具有下列情形之一的，公安机关应当责令依法纠正，或者直接作出撤销、变更或者纠正决定。对发生执法过错的，应当根据办案人员在办案中各自承担的职责，区分不同情况，分别追究案件审批人、审核人、办案人及其他直接责任人的责任。构成犯罪的，依法追究刑事责任。

（一）越权管辖或者推诿管辖的；

（二）违反规定立案、不予立案或者撤销案件的；

（三）违反规定对犯罪嫌疑人采取强制措施的；

（四）违反规定对财物采取查封、扣押、冻结措施的；

（五）违反规定处置涉案财物的；

（六）拒不履行办案协作职责，或者阻碍异地公安机关依法办案的；

（七）阻碍当事人、辩护人、诉讼代理人依法行使诉讼权利的；

（八）其他应当予以追究责任的。

对于导致国家赔偿的责任人员，应当依据《中华人民共和国国家赔偿法》的有关规定，追偿其部分或者全部赔偿费用。

第七十四条　公安机关在受理、立案、移送以及涉案财物处置等过程中，与人民检察院、人民法院以及仲裁机构发生争议的，应当协商解决。必要时，可以报告上级公安机关协调解决。上级公安机关应当加强监督，依法处理。

人民检察院发现公安机关存在执法不当行为的，可以向公安机关提出书面纠正意见或者检察建议。公安机关应当认真审查，并将结果及时反馈人民检察院。没有采纳的，应当说明理由。

第七十五条 公安机关办理经济犯罪案件应当加强执法安全防范工作，规范执法办案活动，执行执法办案规定，加强执法监督，对执法不当造成严重后果的，依据相关规定追究责任。

第十章 附 则

第七十六条 本规定所称的"经济犯罪案件"，主要是指公安机关经济犯罪侦查部门按照有关规定依法管辖的各种刑事案件，但以资助方式实施的帮助恐怖活动案件，不适用本规定。

公安机关其他办案部门依法管辖刑法分则第三章规定的破坏社会主义市场经济秩序犯罪有关案件的，适用本规定。

第七十七条 本规定所称的"调查性侦查措施"，是指公安机关在办理经济犯罪案件过程中，依照法律规定进行的专门调查工作和有关侦查措施，但是不包括限制犯罪嫌疑人人身、财产权利的强制性措施。

第七十八条 本规定所称的"涉众型经济犯罪案件"，是指基于同一法律事实、利益受损人数众多、可能影响社会秩序稳定的经济犯罪案件，包括但不限于非法吸收公众存款，集资诈骗，组织、领导传销活动，擅自设立金融机构，擅自发行股票、公司企业债券等犯罪。

第七十九条 本规定所称的"跨区域性"，是指涉及两个以上县级行政区域。

第八十条 本规定自 2018 年 1 月 1 日起施行。2005 年 12 月 31 日发布的《公安机关办理经济犯罪案件的若干规定》（公通字〔2005〕101 号）同时废止。本规定发布以前最高人民检察院、公安部制定的关于办理经济犯罪案件的规范性文件与本规定不一致的，适用本规定。

关于《最高人民检察院、公安部关于公安机关
办理经济犯罪案件的若干规定》的理解与适用

高峰　万春*

　　《公安机关办理经济犯罪案件的若干规定》是公安部于 2005 年 12 月 31 日颁布，自 2006 年 6 月 1 日起施行的规范性文件。近年来，随着经济社会快速发展、经济犯罪形势变化以及刑事立法的修订完善，迫切需要公安机关办理经济犯罪案件的程序和规范有所创新和完善提高，施行十年之久的规定亟待更新，因此，最高人民检察院与公安部对其进行了全面修订完善。2017 年 11 月 24 日，作为具有司法解释性质的规范性文件，《最高人民检察院、公安部关于公安机关办理经济犯罪案件的若干规定》（公通字〔2017〕25 号，以下简称《规定》）对外公开发布。现就新《规定》的修订意义、过程及其主要内容作一简要阐释。

一、《规定》修订的背景和意义

　　随着近年来我国经济社会迅猛发展，经济犯罪形势更为复杂严峻，诸如非法集资、传销、合同诈骗、制售假币、侵犯知识产权以及互联网金融、证券期货等领域的犯罪手段不断升级，个别领域的犯罪规模不断扩大，严重破坏社会主义市场经济秩序，侵害群众合法权益，社会危害性极大，社会各界对此反映强烈，群众要求公安机关严打严防严控的希望迫切。可以说，公安机关执法环境已经发生了深刻变化，面临着各种新形势、新任务和新挑战，亟待进一步加强和改进打击经济犯罪工作。在此情况下，原有法律规定与当前执法实践之间的不适应甚至相冲突的现象已经显现，亟待从顶层设计层面加以改变和创新发展，迎来打击经济犯罪工作的新气象、新作为和新局面。特别是随着 2012 年 3 月刑事诉讼法的全面修订，全国人大、最高人民法院、最高人民检察院以及中央有关部门出台了一系列规范性文件，直接或间接地对公安机关执法工作作了进一步的规范和完善，相关精神和内容亟待统一到一个法律文件中予以进一步贯彻和落实。

　　有鉴于此，在充分借鉴当前刑事司法理论成果和执法办案经验的基础上，紧密结合执法工作的实践、规律和特点，适应时代发展和法治进步的要求，最

---

　　* 作者单位：高峰，公安部经济犯罪侦查局；万春，最高人民检察院法律政策研究室。

高人民检察院与公安部联合修订和会签发布《规定》，进一步严密和细化执法办案程序，健全和完善执法办案依据，以程序的合法来保障和实现实体的公正。实践证明，最高人民检察院与公安部联合修订《规定》，是推进以审判为中心的刑事诉讼制度改革的迫切要求和贯彻公、检、法三机关办理刑事案件分工负责、互相配合、互相制约基本原则的实践需要。在司法实践中，公安机关和检察机关在查明犯罪事实，正确适用法律追究犯罪，实现公平正义方面有着共同的目标。近年来，以审判为中心的刑事诉讼制度改革对公安机关、人民检察院收集、固定、审查、运用证据提出了更严的标准和更高的要求。因此，最高人民检察院与公安部联合修订《规定》，加强公安机关和人民检察院之间的配合和制约，有利于推动和深化公安机关执法规范化建设，有利于提升经济犯罪案件办理质量和效率。

需要注意的是，党的十八大以来，中央先后作出了《关于全面深化改革若干重大问题的决定》《关于全面推进依法治国若干重大问题的决定》《关于完善产权保护制度依法保护产权的意见》，最高人民法院、最高人民检察院、公安部、国家安全部、司法部印发《关于推进以审判为中心的刑事诉讼制度改革的意见》，中共中央办公厅、国务院办公厅印发《关于深化公安执法规范化建设的意见》，最高人民检察院和公安部联合修订《规定》是深入贯彻落实上述改革决策部署，积极推进以审判为中心的刑事诉讼制度改革的重要举措，是践行习近平总书记关于"对党忠诚、服务人民、执法公正、纪律严明"总要求，切实尊重和保障人权，持续深化公安机关执法规范化建设的具体措施，是又一项具有深刻意义的法制建设成果，有利于创新执法理念、提高办案质量，有利于规范执法行为、统一执法标准，有利于加强法律监督、避免执法偏差，有利于依法履行职权、确保执法公正，必将对依法惩治经济犯罪，维护国家经济安全和社会主义市场经济秩序，服务法治中国建设，产生积极而深远的影响。

二、《规定》修订的简要过程

2015 年 4 月以来，最高人民检察院与公安部成立研究专班，邀请中国人民公安大学、中国刑警学院、北京警察学院、江西警察学院、山东警察学院等公安院校教师和学者以及北京、河北、安徽、福建、湖北等实务部门专家参与，正式对《规定》进行修订，历时 2 年多。作为贯彻落实第四次全国经济犯罪侦查工作会议精神的重要举措之一，此项工作 2015 年 5 月被纳入公安机关执法权力运行机制改革任务之一，2016 年 1 月被确定为公安机关经侦部门重点工作之一。修订期间，始终坚持以问题为导向，针对执法办案重点环节，分章节、分领域逐项研究论证，广泛深入征求各地公安机关、检察机关和国家有关部门的意见和建议，先后赴上海、江西、广东等地实地调研，多次召开专家论证会等，获得了普遍支持和广泛肯定。新《规定》在充分吸收借鉴当前司法体制改革和现有执法办案规范的优秀成果和成熟经验的基础上，不仅密切关注检法机关相关动态，而且紧盯公安法制改革举措，充分体现了稳定性与创新性相结合、时代性与特殊性相结合、精练性与实用性相结合的特点和精神，使经侦执法办案重点环节有据可依，既保证刑事诉讼的效率和便捷，又重视对侦查权力的规范和监督，充分体现了其程序正义价值和人权保障价值，进一步提高了经济犯罪侦查工作的法治化水平。2017 年 11 月 30 日，《规定》正式印发，共计 10 章，80 条，约 12000 字，其中新增 45 条，修订 35 条，合并 7 条，删除 2 条。

三、《规定》修订的基本原则

（一）法定性原则

一般认为，法定性原则是现代刑事诉讼的基本理念，既包括主体法定也包括程序法定，要求侦查权的行使必须得到国家以法律形式的授权，并且侦查行为必须严格遵守法律所设定的程序。正因为侦查活动是一把"双刃剑"，它需要以限制或侵犯公民的合法权利为代价，具有主动性、攻击性和扩张性，若不加以规制，极易导致侦查权和侦查措施的滥用。① 因此，公安机关办理经济犯罪案件必须遵循法定性原则，在法律框架之内行事，符合正当法律程序的基本要求。作为现代法治国家人权保障的核心理念之一，正当法律程序的基本要求就在于"非经正当法律程序，不得剥夺任何人的生命、自由或财产"。为此，《规定》第 35 条规定："公安机关办理经济犯罪案件，应当及时进行侦查，依法全面、客观、及时地收集、调取、固定、审查能够证实犯罪嫌疑人有罪或者无罪、罪重或者罪轻以及与涉案财物有关的各种证据，并防止犯罪嫌疑人逃匿、销毁证据或者转移、隐匿涉案财物。"当然，正当法律程序对人权的保障功能不仅体现在对个人实体权利的保护，而且体现在对个人程序权利的保护。② 换言之，公安机关办理经济犯罪案件采取和适用侦查措施和强制措施的权限、条件、范围以及操作步骤都应当确定和规范，必须建立"以程序来制约权力"的程序机制。基于此，在侦查取证方面，《规定》第 4 条规定："公安机关办理经济犯罪案件，应当严格依照法定程序进行，规范使用调查性侦查措施，准确适用限制人身、财产权利的强制性措施。"在涉案财物方面，《规

---

① 参见吴孟栓、卫跃宁等：《刑事侦查程序》，中国人民公安大学出版社 2012 年版，第 1 页。
② 参见沈国琴：《正当法律程序与警察行政权的行使》，载《中国人民公安大学学报》2007 年第 3 期，第 88 页。

定》第 46 条规定："查封、扣押、冻结以及处置涉案财物，应当依照法律规定的条件和程序进行。"

（二）比例性原则

比例性原则又称适当性原则、相应性原则、最小损害原则，基本内涵是要求国家在保护公民个人权利与保护国家、社会公益之间保持一种合理的比例和平衡关系。如表现在侦查行为的规制上，就要求侦查行为的选择与实施应当与所追究的犯罪行为的社会危害性以及犯罪嫌疑的程度相称。① 基于此，《规定》严格遵循和落实比例性原则的有关要求，在顶层设计和执法制度上积极贯彻和践行谦抑、审慎、善意、文明、规范的理念精神，尽可能采用人性化执法方式，减少不必要的侵害。在强制措施方面，公安机关所采取的强制措施应当按照强制力大小分为不同梯度，并根据犯罪行为的社会危害性进行配置。② 如《规定》第 31 条规定："公安机关决定采取强制措施时，应当考虑犯罪嫌疑人涉嫌犯罪情节的轻重程度、有无继续犯罪和逃避或者妨碍侦查的可能性，使所适用的强制措施同犯罪的严重程度、犯罪嫌疑人的社会危险性相适应，依法慎用羁押性强制措施。" 在涉案财物方面，公安机关查封、扣押、冻结的涉案财物应当与涉案金额大致相当，严格限定和规范涉案财物的查控和追缴范围。如《规定》第 47 条规定："冻结涉案账户的款项数额，应当与涉案金额相当。"

（三）实践性原则

在研究修订中紧密结合执法工作的实践、规律和特点，适应时代发展和法治进步的要求，对执法办案理念和机制进一步发展创新，补充完善和设置一些新的办案程序，并对有关规定作了进一步的明确和细化。一是适应时代需要，坚持与时俱进。在深化依法治国的时代背景下，在修订中充分贯彻《关于推进以审判为中心的刑事诉讼制度改革的意见》等一系列文件精神，落实深化司法体制改革、公安工作改革的部署，坚持与时俱进，体现时代特色。例如，《规定》第 7 条规定："公安机关、人民检察院应当按照法律规定的证据裁判要求和标准收集、固定、审查、运用证据，没有确实、充分的证据不得认定犯罪事实，严禁刑讯逼供和以威胁、引诱、欺骗以及其他非法方法收集证据，不得强迫任何人证实自己有罪。" 二是适应警种需要，以问题为导向。在积极吸收和借鉴各地公安机关执法规范化建设经验成果的基础上，在修订中充分考虑

---

① 参见赵旭光：《刑事侦查的正当性问题研究》，中国法制出版社 2013 年版，第 164 页。

② 参见高峰、余怿、杨书文：《〈公安机关办理经济犯罪案件的若干规定〉的理解与适用》，载最高人民法院刑事审判第一、二、三、四、五庭主办：《中国刑事审判指导案例》（破坏社会主义市场经济秩序罪），法律出版社 2009 年版，第 532 页。

经侦队伍作为一个新兴警种的特定需要，着力解决地方反映强烈的执法突出问题，体现了相关执法工作的特殊性、复杂性和规律性。三是适应基层需要，符合实战要求。作为规范经侦办案的程序性规定和指导性文件，在修订中在兼顾法定性和概括性的前提下，每个条文尽量明确、具体、精练，避免繁杂、重复、累赘，突出和增强实践性、针对性和可操作性，更多地解决基层办案实际问题。

四、《规定》修订的主要内容

随着司法实践的发展和法律制度的变革，公安机关办理经济犯罪案件既有新问题的涌现，又有老问题的变异，因此，在研究修订中本着追求公平正义，一切从实际出发，注重以问题为导向，有利于提升执法办案效率的精神，着力对案件管辖中的地域管辖、管辖争议、指定管辖，立案撤案中的立案条件、刑民交叉、撤案条件，侦查办案中的强制措施、侦查取证、"两法"衔接和涉案财物处置、涉众型案件办理以及保障诉讼参与人权益等进行了细化、明确和规范。

（一）关于经济犯罪案件的界定

长期以来，无论在法学理论界还是司法实务界，作为一个并非规范性的法律用语，"经济犯罪案件"的内涵和外延始终存在着一定争议。考虑到修订前的《规定》并没有对其作出界定，"经济犯罪案件"到底是指刑法分则第三章规定的破坏社会主义市场经济秩序案件还是指公安机关经侦部门管辖的刑事案件并不明确，可能引发争议。根据公安机关刑事案件的管辖分工，在司法实践中，刑法分则第三章规定的破坏社会主义市场经济秩序案件，不仅由公安机关经侦部门主要负责办理，治安、刑侦和海关缉私等部门也实际参与办理。另外，公安机关经侦部门还负责办理三种侵犯财产犯罪案件和帮助恐怖活动案件。因此，在《规定》"附则"第七十六条明确了"经济犯罪案件"主要是指公安机关经侦部门按照有关规定依法管辖的各种刑事案件，包括刑法分则第三章破坏社会主义市场经济秩序罪中的部分案件以及刑法分则第五章"侵犯财产罪"中的职务侵占案件、挪用资金案件、挪用特定款物案件，但以资助方式实施的帮助恐怖活动案件，不适用本规定。其中，帮助恐怖活动罪是刑法分则第二章"危害公共安全罪"中的罪名，尽管按照公安机关刑事案件管辖分工的有关规定，以资助方式实施的帮助恐怖活动案件亦由经侦部门管辖，但是对恐怖活动犯罪要体现从严打击的刑事政策，不适用办理经济犯罪的原则和规定，因此规定了"但书"。此外，该条第二款还明确了公安机关其他办案部门依法管辖刑法分则第三章规定的破坏社会主义市场经济秩序犯罪有关案件的，也适用本规定。

（二）关于刑民交叉问题

在司法实践中，公安机关经常遇到民事纠纷与刑事犯罪互涉的问题，特别是在经济犯罪领域，基于经济纠纷与经济犯罪存在千丝万缕的联系，此类问题更为突出。事实上，就同一法律事实引发民事诉讼和刑事立案的情形，已成为当前司法领域备受关注的焦点之一。目前，学术界关于刑民交叉案件的概念和提法较多，比如，"刑民交叉""刑民交错""刑民交织""刑民结合""刑民互涉"等。[①] 一般认为，所谓刑民交叉案件，又称刑民交织、刑民互涉案件，是指既涉及刑事法律关系，又涉及民事法律关系，且互相之间存在交叉、牵连、影响的关系。[②] 具体而言，刑民交叉案件主要指民事案件与刑事案件在法律事实、法律主体方面存在完全重合或者部分重合，从而导致案件的刑事、民事两部分在程序处理、责任承担方面的相互交叉和渗透的情形，其中包括民事案件与刑事案件在法律事实上完全重合或者部分重合，在法律主体上完全重合或者部分重合，存在一定牵连关系从而在处理程序上、责任承担上相互影响等诸多情形。简而言之，刑民交叉案件是由于法律事实存在竞合或牵连，导致刑事诉讼和民事诉讼行为在运行时互相影响，甚至形成冲突的案件。这些诉讼行为的冲突只是一种程序表现，其背后暗含着一系列的权力（利）冲突，如诉权与追诉权的冲突、民事裁判权与追诉权的冲突、民事裁判权与刑事裁判权的冲突、两大诉讼之间事实认定和法律定性的冲突、公民私权利的冲突等。[③] 正因为法律实体的交叉和诉讼行为的冲突，此类案件情况往往纷繁复杂，其中夹杂着恶意"以刑扰民"或"以民扰刑"等不正常现象，甚至出现"虚假诉讼"等犯罪问题。针对此类案件，一些地方公安机关主要存在着两种不良倾向，一是无理由地强调"刑事优先"，有的公安机关随意发出通知要求人民法院终止审理、终止执行，甚至跨省抓人、扰乱诉讼；二是片面理解不得插手"经济纠纷"，只要人民法院作为民事案件正在审理或者作出裁决的，有的公安机关不加分析地拒绝刑事介入。事实上，如果一概规定只要人民法院作为民事案件正在审理或者作出裁决的，公安机关就不得介入，就有可能造成不法分子恶意提起民事诉讼，逃避刑事责任追究，或者反之以刑事立案为借口，逃避

---

① 参见宋英辉、曹文智：《论刑民交叉案件程序冲突的协调》，载赵秉志主编：《刑事法治发展研究报告》（2014—2015 年卷），法律出版社 2017 年版，第 446 页。

② 参见何帆：《刑民交叉案件审理的基本思路》，中国法制出版社 2007 年版，第 25 页。

③ 参见宋英辉、曹文智：《论刑民交叉案件程序冲突的协调》，载赵秉志主编：《刑事法治发展研究报告》（2014—2015 年卷），法律出版社 2017 年版，第 447 页。

民事债务等情形发生。于是，个别不法分子故意将涉嫌经济犯罪的事件描述成民事纠纷，向人民法院提起民事诉讼，以此阻滞公安机关开展刑事侦查活动。这种情形在金融犯罪领域尤其严重。① 值得注意的是，近年来天津、河北、浙江、福建、湖北、广东、陕西、甘肃等地的此类案件时有发生，公安机关另行立案侦查、人民法院终审判决有罪的成功案例屡见不鲜。

一般认为，民事诉讼和刑事诉讼是相互独立的诉讼程序，刑事优先于民事或者民事优先于刑事，在法律上没有明确的规定，在理论上没有充分的理据，在实践上也不是一项司法原则。因此，此类案件的处理方式，如果大而化之、一概而论，必然有失偏颇，难以保证公平。现行刑法理论和实务界的观点认为：案件的办理需根据案情进行具体分析：如果民事案件的审理需要借助刑事审判认定的事实，则实行先刑后民；如果民事案件的审理不依赖于刑事的审理，则两者可以并行不悖地同时进行。② 值得注意的是，近年来经济犯罪的风险性、传导性、变异性增强，已经不仅仅是主流性犯罪，而且是风险性犯罪，必须针对纷繁复杂的司法实践和千差万别的具体案件，按照刑民救济可并行、措施应用不对抗、程序进行不冲突、证据效力有差异、证明结果待确定、侦查活动要监督等原则，既要保障公安机关依法独立地行使侦查权，避免放纵犯罪，又要加强人民检察院的法律监督，防止权力滥用。事实上，在确有重大犯罪嫌疑的情形下，公安机关完全可以依法立案侦查，不应当受到不必要的限制。应当澄清的事实是，在《规定》修订之前，对于公安机关是否可以自行决定立案侦查的问题，由于尚存争议，暂未作出明确规定，但我们认为，这并不意味着绝对排除了公安机关自行立案的可能性，在公安机关认为确有犯罪嫌疑的情况下，仍可以协调检法机关，个案操作。③ 值得注意的是，在一事不再理原则中的"一事"实质上是指法律关系的角度，公安机关行使自行立案侦查的权力并未违反一事不再理原则。④ 在民事法律关系虽然经过判决，但是犯罪人与国家刑罚权之间的法律关系尚未确定的情况下，公安机关就应当行使宪

① 参见宋阳：《论侦查程序中"刑民交叉"案件的处理》，载《中国人民公安大学学报》2007 年第 3 期，第 49 页。

② 参见朱庆华、聂怀广：《当前涉银行犯罪刑事司法对策研究》，载《上海检察调研》2017 年第 2 期，第 35 页。

③ 参见高峰、余怿、杨书文：《〈公安机关办理经济犯罪案件的若干规定〉的理解与适用》，载最高人民法院刑事审判第一、二、三、四、五庭主办：《中国刑事审判指导案例》（破坏社会主义市场经济秩序罪），法律出版社 2009 年版，第 532 页。

④ 参见谭塑：《论刑民交叉案件中公安机关的自行立案》，载《经济犯罪侦查研究》2017 年第 2 期，第 57 页。

法、法律赋予其的侦查权。① 因此，为适应经济社会的发展和犯罪形势的变化，在《规定》修订之后，第二十条直接作出明确规定，在检察机关未通知立案、审判机关未移送案件的情况下，公安机关认为有证据证明有犯罪事实，需要追究刑事责任，经省级以上公安机关负责人批准的，可以依法立案侦查。值得注意的是，公安机关完全有权自行决定是否立案侦查，既不能依赖检察机关的书面通知，也不能受到审判机关的移送限制，但是要加强内部的监督制约，因此，提高审批权限的层级控制。事实上，刑事侦查权是法律赋予公安机关的神圣职责，不容剥夺、替代，更不容自行放弃。② 因此，在特定情形下，公安机关另行启动刑事立案侦查程序，完全符合现行刑事立法的精神，适应市场经济的经营、发展、运作的标准和要求，提高了诉讼效率，不仅不会对司法权威造成损害，相反进一步维护了司法尊严，避免犯罪嫌疑人逍遥法外，真正做到不枉不纵。此外，为强化内部监督，避免执法偏差，强调"经省级以上公安机关负责人批准"，当然既包括各省、自治区、直辖市公安厅、局，也包括公安部。其中，一般性的刑民交叉案件，如果只涉及地方人民法院正在审理或作出生效裁判文书的，只需要报经省级公安机关审批决定；特殊性的刑民交叉案件，如果已涉及最高人民法院审理或裁定的，就要报请公安部审批决定。

在此基础上，《规定》并未刻意强调刑事优先或者民事优先，而是秉承刑事民事救济措施平行并进的原则，针对公安机关在立案审查阶段、刑事侦查阶段发现刑民交叉案件系同一法律事实、不同法律事实的，分门别类地明确和细化了其办理程序和操作规则，并强调要加强公安机关和人民法院的沟通协调，接受人民检察院的法律监督。因此《规定》第二十一条规定："发现具有下列情形之一的，应当将立案决定书、起诉意见书等法律文书及相关案件材料的复印件抄送正在审理或者作出生效裁判文书的人民法院，由人民法院依法处理……"根据诉讼法律的证据规则，在刑民交叉案件中，刑事证据的认定标准远远高于民事证据的标准，这主要源于根据诉讼证据证明力原理，刑事案件系排他性证据，民事案件系优势性证据，因此，从诉讼功能和证明制度上来看，刑事判决的既判力高于民事判决的既判力，但是，在事实认定上民事裁判对刑事诉讼没有预决效力。因此，《规定》第四十四条明确："对民事诉讼中的证据材料，公安机关在立案后应当依照《中华人民共和国刑事诉讼法》以及相关司法解

① 参见谭堃：《论刑民交叉案件中公安机关的自行立案》，载《经济犯罪侦查研究》2017 年第 2 期，第 60 页。

② 参见宋阳：《论侦查程序中"刑民交叉"案件的处理》，载《中国人民公安大学学报》2007 年第 3 期，第 49 页。

释的规定进行审查或者重新收集。未经查证核实的证据材料，不得作为刑事证
据使用。"当然，考虑到刑民交叉问题容易引发争议，要特别强调人民检察院
的法律监督作用，如果确实发现公安机关不当立案、违法办案或者对申诉、控
告查证属实的，应当依法予以纠正。如《规定》第二十八条规定："有证据证
明公安机关可能存在违法介入经济纠纷，或者利用立案实施报复陷害、敲诈勒
索以及谋取其他非法利益等违法立案情形的，人民检察院应当要求公安机关书
面说明立案的理由。"此外，特别强调在侦查过程中，公安机关不得以刑事立
案为由要求人民法院移送案件、驳回起诉、中止诉讼等，甚至擅自干预或者妨
碍民事诉讼活动。因此《规定》第二十条规定："在侦查过程中，不得妨碍人
民法院民事诉讼活动的正常进行。"

　　当然，我国的司法资源配置、司法成本与司法效率等问题仍然是当前国
家、社会和司法机关需要直面的难题，尤其是在刑事立法和制度设计中显示出
国家中心和诉讼依赖的特点，偏重于以扩大司法供给满足需求的思路，在强调
便利诉讼、降低诉讼成本和简化诉讼程序的同时，对大量存在的轻率诉讼、恶
意诉讼、滥用诉权却不加任何限制。在此情况下，当事人基于自身利益的考虑
滥用诉讼权利，是产生此类问题不可忽视的现实原因。更有甚者，当事人基于
逃避刑事追究或者免除民事责任等企图，也可能故意就经济犯罪案件提起民事
诉讼，或者就经济纠纷案件向公安机关提出刑事控告。有鉴于此，第一，要充
分考虑到刑法的谦抑性精神，公安机关自然不应当也不可能对所有此类案件一
概另行立案侦查，以免插手经济纠纷，而是首先必须综合考虑所谓刑事、民事
问题是否属于"同一法律事实"，其关联性是否特别密切。第二，属于同一法
律事实的案件，要区分该事实引起的刑、民两个法律关系是否存在前提性关
系。当一个法律关系的解决是另外一个法律关系解决的前提的时候，就不能囿
于"先刑后民"或者"先民后刑"，只能先解决前提性的法律关系。① 在实践
中，无论因为任何情况或者个案引发争议，一般首先要由发生争议的公检法机
关加强沟通协调，统一思想认识，以保证法律适用的准确性和刑事司法的严肃
性。简言之，此类案件处理需要公检法机关本着尊重诉讼原理、实现诉讼价值
的态度，积极有序加强协调，妥善处理法律关系，寻求最佳解决途径，维护法
律的统一和尊严。

　　（三）关于立案条件问题

　　长期以来，公安机关办理经济犯罪案件重点环节尤其受理立案环节的执法

---

① 参见宋阳：《论侦查程序中"刑民交叉"案件的处理》，载《中国人民公安大学学报》2007年
第3期，第51页。

问题相对突出，该立案的不立案、不该立案的乱立案等问题，社会各界反映十分强烈，已成为执法不规范的源头性因素，甚至老大难问题，严重影响了公安机关的形象。这其中不仅有公安机关警力不足的原因，还有警情意识落后的原因，也有法律规定设置本身的问题。如现有的立案条件相对原则，立案门槛较高，基层不易掌握。考虑到刑事诉讼法第一百零七条主要针对"主动发现"情形立案、第一百一十条主要针对"接受报案"情形立案，因此，《规定》第十七条、第十八条分别对此予以进一步细化和规范，其中第十七条主要是对"接受报案"情形进一步细化，重申和强调了认为有犯罪事实、符合立案追诉标准、属于自己管辖等立案条件，第十八条主要是对"主动发现"情形进一步细化，明确和规范了立案审查措施、调查性侦查措施、监督制约措施等立案工作。

值得注意的是，2012 年刑事诉讼法第一百零七条系沿用 1996 年刑事诉讼法第八十三条的内容，而 1996 年刑事诉讼法第八十三条系在 1979 年刑事诉讼法基础上增设的条款。在此之前，我国刑事诉讼法仅赋予了公安机关接受报案、被动立案的权限，但随着经济社会形势的发展和民主法治建设的进步，主动发现、积极立案已成为公安机关不容推卸的法定职责。公安机关和人民检察院是执行法律、打击犯罪的专门机关，对其发现的犯罪事实和犯罪嫌疑人应当立案侦查是不言而喻的，在司法实践中也是如此。为了更好地规范办案机关的立案活动，使立案工作有所遵循，又便于操作，在 1996 年修改刑事诉讼法时，总结了办案机关在立案方面的实际做法和经验，对来自不同渠道的案件的立案分别作了具体规定。① 但遗憾的是，法学理论界和司法实务界似乎并未充分认识到案件来源多元化引发的立法修改的现实意义和宣示精神，一些公安机关乃至司法机关至今仍然停留和徘徊于陈旧的立案理念和窠臼中，相关司法解释和规范性文件亦未对不同立案情形予以细化和规范。有鉴于此，《规定》立足于刑事诉讼法的条文本义和立法精神，以第十七条、第十八条分别对来自不同渠道的案件立案问题予以进一步强调和规范，明确了相关立案情形、监督措施和工作机制。

当代社会学研究表明，现代社会进入了风险社会阶段。② 现代社会所产生和面临的一系列风险中，经济风险尤其金融风险是基础性、源头性风险，具有很强的传导性、诱发性和变异性。而在构成经济风险的各种因素中，作为经济

---

① 参见郎胜主编：《中华人民共和国刑事诉讼法释义》，法律出版社 2012 年版，第 254 页。
② 参见［德］乌尔里希·贝克：《世界风险社会》，吴英姿译，南京大学出版社 2005 年版，第 102 页。

领域各种消极因素综合体现和极端反映的经济犯罪，是滋生、诱发、加剧经济风险的最现实、最直接因素，是经济风险发展演变链条中的关键环节。① 为了有效防控经济风险尤其金融风险及其蔓延传导，充分发挥刑事法律尤其是刑法的积极预防功能，就需要扩大刑事保护范围以应对新的社会挑战。在此情况下，刑法也势必要进行相应的扩张，因此，出现法益保护前置化趋势。在风险社会中，刑法的功能定位由事后打击、以恶制恶的报应手段，变为事先主动出击、积极防范的功利工具。控制和预防风险成为刑法的首要使命。② 正因为如此，在刑事立法上，近年来刑法修正案陆续出台，入罪门槛相对降低，一些新增罪名多系行为犯、情节犯、危险犯，不仅体现补短板防风险的司法政策，还反映了刑法介入前置化的实务倾向。与此相适应，在刑事司法上，刑事立案规范和机制亦应顺势调整，尤其要对"主动发现"立案情形予以细化和调整，进一步重申和确认主观认识标准，完善立案审查措施，扩大打击范围，加快刑事追诉。

在司法实践中，在大数据、云计算、互联网的新时代下，犯罪手段迭代升级，犯罪场景脱实向虚，犯罪形势日益严峻，更是迫切需要公安机关主动发现、主动侦查、主动打击，被动式的打击模式已经与目前经济犯罪形势极不相符，因此，立案理念的更新和变革更是新时代的呼唤和要求。近年来，互联网在逐步改变着人类的生产和生活方式，但是犯罪也如影随形，在当前和今后一个时期，网络犯罪已成席卷全球之势。事实上，不仅互联网空间的新型犯罪层出不穷，而且传统犯罪也在互联网生根发芽，犯罪手段日新月异。③ 在一定意义上说，互联网已从传统的"犯罪工具"逐步演变为"犯罪场景"。特别是利用通讯工具、互联网等技术手段实施的经济犯罪活动持续高发多发，诸如"e租宝"非法集资案、"善心汇"非法传销案以及打击网上盗刷银行卡犯罪"云端2016"集群战役等，严重影响社会稳定，严重威胁金融安全，严重侵害群众利益，极易成为系统性、区域性经济风险集中爆发的导火索。然而，诸如此类非接触式的案件，在信息化技术助长下呈现团伙化作案、网络化犯罪、产业化运作态势，犯罪智能化、虚拟化、产业化特征明显，群众报案少、犯罪线索少、实际成案少，迫切需要以情报导侦为引领，主动发现、深度经营、集约打击。

---

① 参见杨书文：《试议经济犯罪的风险性与经济刑法的扩张化》，载《江西警察学院学报》2017年第5期，第5页。

② 参见劳东燕：《风险社会中的刑法：社会转型与刑法理论的变迁》，北京大学出版社2015年版，第44页。

③ 参见靳高凤、王玥、李易尚：《2016年中国犯罪形势分析及2017年预测》，载《中国人民公安大学学报》2017年第2期，第8页。

正是基于经济社会的发展、法律制度的变革和司法实践的需要，结合贯彻落实公安部受立案改革意见精神，《规定》第十八条明确规定："在立案审查中，发现案件事实或者线索不明的，经公安机关办案部门负责人批准，可以依照有关规定采取询问、查询、勘验、鉴定和调取证据材料等不限制被调查对象人身、财产权利的措施。经审查，认为有犯罪事实，需要追究刑事责任的，经县级以上公安机关负责人批准，予以立案。"一般认为，立案与否取决于公安机关主观认识。① 因此，在条文适用中，要进一步明确和强调"认为有犯罪事实"的主观认识标准，树立和深化"立案不等于定案、撤案不等于错案"的理念，只要"案件事实相对清楚"或者"犯罪线索相对明确"就符合立案标准，既不要强求有确凿证据证明犯罪事实的发生，也不要苛求必须证明犯罪事实的全部，凡是符合条件的要大胆立案，凡是排除嫌疑的要立即撤案，这适应了基层办案的实际需要，对情报导侦、数据化作战以及案件性质的确定作用重大，不仅可以避免有的公安机关出现畏难情绪，减少搪塞推诿等不作为问题，还可以督促其充分用好用足立案前后的法律武器和各种措施，进而利用云计算、大数据、互联网等信息化手段进行数据化作战，以进一步扩大打击犯罪的规模和成效。

在此基础上，《规定》不仅首先强调要积极使用和广泛适用"调查性侦查措施"，还对适用进一步的强制性措施及条件进行了规范和限定，以避免侦查权的滥用和侵犯人权的问题。一般认为，按照谦抑、审慎、善意、文明、规范的理念精神，凡是适用较轻的制裁方法足以抑制某种不法行为、足以保护某种合法权益时，就不必适用较重的制裁方法。因此，第十八条第二款强调："公安机关立案后，应当采取调查性侦查措施，但是一般不得采取限制人身、财产权利的强制性措施。确有必要采取的，必须严格依照法律规定的条件和程序。严禁在没有证据的情况下，查封、扣押、冻结涉案财物或者拘留、逮捕犯罪嫌疑人。"如此规定贯彻落实了宽严相济刑事政策，充分体现了比例原则的精神，坚持慎重介入与主动作为相结合，秉承慎用刑事手段干预社会经济生活的准则，十分注重采取相关措施的轻重衔接和协调统一，根据侦查工作需要逐步采取和升级相应措施并予以严格规范，呈现出一种梯次递进的步骤和关系。换言之，一般案件，应当采取调查性侦查措施，尽量不采取强制性措施；确有必要，可以采取进一步的侦查措施和强制措施，但必须严格依法进行；证据充

① 参见高峰、余怿、杨书文：《〈公安机关办理经济犯罪案件的若干规定〉的理解与适用》，载最高人民法院刑事审判第一、二、三、四、五庭主办：《中国刑事审判指导案例》（破坏社会主义市场经济秩序罪），法律出版社2009年版，第531页。

分，可以适用查封、扣押、冻结措施或采取拘留、逮捕措施，但必须予以必要的监督。

值得注意的是，在此需要厘清一些专业术语。其中，侦查措施，指的是刑事诉讼法第二编第二章所规定的措施。强制措施，指的是刑事诉讼法第一编第六章所规定的措施。强制性措施，包括拘传、取保候审、监视居住、拘留、逮捕等对人的强制措施以及查封、扣押、冻结等对财物的侦查措施。需要强调的是，"调查性侦查措施"主要渊源于刑事诉讼法第一百零六条"侦查"中的"专门调查工作"。事实上，"专门调查工作"，是指侦查机关为收集证据、查明案件事实而采取的各种调查工作，如讯问犯罪嫌疑人、询问证人、勘验、检查、鉴定等活动。① 在沿袭习惯用语的情况下，在修订之前，《规定》就已提出，将对人的强制措施和对涉案财物的查封、扣押、冻结等统归为强制性的侦查措施。② 修订之后，《规定》进而明确，本规定所称的"调查性侦查措施"，是指公安机关在办理经济犯罪案件过程中，依照法律规定进行的专门调查工作和有关侦查措施，但是不包括限制犯罪嫌疑人人身、财产权利的强制性措施。

此外，考虑到要坚持打击犯罪与保障人权的辩证统一，《规定》又对侦查期限予以明确限定，对撤案问题予以特别规定，对监督制约予以细化规范，第18条第3款明确："公安机关立案后，在三十日以内经积极侦查，仍然无法收集到证明有犯罪事实需要对犯罪嫌疑人追究刑事责任的充分证据的，应当立即撤销案件或者终止侦查。重大、疑难、复杂案件，经上一级公安机关负责人批准，可以再延长三十日。"需要注意的是，在实践中既要解决"不立案"等不作为问题，也要防止"乱立案"等乱作为问题，因此，该条款又从量化侦查期限、细化撤案条件、加强监督制约等角度，专门设置一系列"安全阀"作为限定和制约，以避免出现执法偏差以及不规范问题。此外，对此类案件要积极侦查，力争快侦快结，一般案件在30日以内，重大、疑难、复杂案件最多在60日以内，就要初步查清犯罪事实，掌握更为充分的证据，以取得实质性进展，这样既避免权力滥用和侵犯人权，又避免怠于侦查和拖延时间。其间，上级公安机关和人民检察院对此要依法加强监督力度，并纠正各种执法偏差。

（四）关于撤案条件问题

在以审判为中心的刑事诉讼制度下，公安机关要树立辩证的侦查观，完善

---

① 参见郎胜主编：《中华人民共和国刑事诉讼法释义》，法律出版社 2012 年版，第 251 页。

② 参见高峰、余怿、杨书文：《〈公安机关办理经济犯罪案件的若干规定〉的理解与适用》，载最高人民法院刑事审判第一、二、三、四、五庭主办：《中国刑事审判指导案例》（破坏社会主义市场经济秩序罪），法律出版社 2009 年版，第 532 页。

科学的考评观，进一步坚持和深化立案与撤案并行不悖的理念。事实上，认为有犯罪嫌疑而立案侦查，因排除犯罪嫌疑而撤销案件，完全系常态化的工作和法定化的程序。换言之，撤案虽然否定了立案措施，但是查清了案件事实，肯定了侦查工作，不仅不应当作出否定性的评价，反而恰恰是成效性的结果。针对在司法实践中错误的侦查理念、机械的考评办法和落后的工作机制，不仅要防止人民群众投告无门、公安机关拖延推诿的"有案不立"，更重要的是要防止既不侦查也不撤案的"久拖不决"，因此，在援引和综合现行规定基础上，借鉴《人民检察院刑事诉讼规则（试行）》（高检发释字〔2012〕2号）的有关规定，《规定》第二十五条进一步补充和细化了撤案的三种情形和特定时限，明确规定："在侦查过程中，公安机关发现具有下列情形之一的，应当及时撤销案件：（一）对犯罪嫌疑人解除强制措施之日起十二个月以内，仍然不能移送审查起诉或者依法作其他处理的；（二）对犯罪嫌疑人未采取强制措施，自立案之日起二年以内，仍然不能移送审查起诉或者依法作其他处理的；（三）人民检察院通知撤销案件的；（四）其他符合法律规定的撤销案件情形的。"值得注意的是，第一项中"十二个月"的时限系延续《规定》修订以前的提法，司法实践证明行之有效。第二项中"二年"的时限系借鉴检察机关自侦案件的做法，各方意见认为确有必要。上述规定主要是针对司法实践中存在的采取或者解除强制措施后，不继续侦查、不作其他处理、不撤案，以致案件久拖不决的"挂案"现象。如此规定，不仅对公安机关侦查办案是一种督促，强化办案单位的责任心和紧迫感，倒逼其积极进行侦查、全面收集证据和提高诉讼效率，也是对当事人权利的一种保护，避免其正常的生产生活长期处于一种不确定状态。值得注意的是，2015年12月最高人民法院、最高人民检察院发布了《关于办理刑事赔偿案件适用法律若干问题的解释》，其中对上述时限的规定已明确为"终止追究刑事责任"的七种情形之一，实际上亦是对公安机关、检察机关相关规定的肯定和重申。

考虑到《规定》强调的撤案情形并非刑事诉讼法规定的法定情形，而是办理经济犯罪案件中需要特别考虑的酌定情形，可能涉及一些流动性、团伙性、跨区域性犯罪中共同作案的部分犯罪嫌疑人长期潜逃境外、尚未缉捕归案等各种复杂因素，因此《规定》第二十五条又作出"有前款第一项、第二项情形，但是有证据证明有犯罪事实需要进一步侦查的，经省级以上公安机关负责人批准，可以不撤销案件，继续侦查"的例外性规定。为了保持立案和撤案的协调一致，《规定》第三十条又规定："依照本规定，报经省级以上公安机关负责人批准立案侦查或者继续侦查的案件，撤销案件时应当经原审批的省级以上公安机关负责人批准。人民检察院通知撤销案件的，应当立即撤销案件，并报告原审批的省级以上公安机关。"考虑到我国司法实际运行情况，为加强法律监督，减少执法争议，便于实际执行和操作，此条人民检察院作出的撤案通知一般应当层报至与原审批的省级以上公安机关相对应的人民检察院批准为宜，以避免地方保护主义的影响和干扰。此外，针对有的地方撤案以后没有解除边控措施引发信访问题等执法偏差，强调撤案以后应当立即停止所有侦查工作，并解除一切对人的强制措施和对物的查控措施，其中包括但不限于限制或不限制当事人人身权和财产权的各种措施，以保障当事人的人权。值得注意的是，为防止放纵不法活动，又发现新的事实或者证据，当然应当重新立案侦查。在司法实践中，这种"发现"主要指个别类似于媒体报道的"亡者归来"等客观证据重新出现或者在其他案件中"得之桑榆"又发现此案新的线索等特定情形，而并非公安机关针对此案主动摸排等工作。当然，各地公安机关、检察机关要将此类撤案或继续侦查情形纳入执法监督重点，防止以此为由的反复折腾。

（五）关于涉众型案件问题

近年来，以非法集资、非法传销为代表的涉众型经济犯罪案件呈现高发多发频发的态势，涉案地域广、涉及人员多，规模不断扩大，危害日益严重，案发后极易引发群众集访、阻拦交通、围堵公共场所等群体性事件，存在引发系统性、区域性经济风险的重大隐患，严重危害国家经济安全、公共安全、政治安全。鉴于此，为有效遏止非法集资高发蔓延势头，加大防范和处置工作力度，2015 年 10 月国务院印发《关于进一步做好防范和处置非法集资工作的意见》（国发〔2015〕59 号），提出了"防打结合、打早打小""突出重点、依法打击""疏堵结合、标本兼治""齐抓共管、形成合力"的监管理念，并进一步明确了防范和处置非法集资的监管职责。特别是提出要坚持"三统两分"工作原则，统一指挥协调、统一办案要求、统一资产处置、分别侦查诉讼、分别落实维稳，加强沟通、协商及跨区域、跨部门协作，妥善处置跨省案件、完善组织协调机制。在总结近年来经验教训的基础上，公安机关进一步完善"统分结合"原则，统一指挥协调、统一办案要求、一地牵头侦办、分别侦查诉讼、分别落实维稳，对依法应当返还涉案财物的案件，坚持统一处置资产，积极开展跨区域指挥、协调和协作，有力推进了涉众型案件的侦办、维稳和处置工作。值得注意的是，在司法实践中，针对涉众型案件，一些地方公安机关分头办理、各个击破的办案思路存在明显的优缺点。其优点在于，可以在各地集中办案力量，快速突破各地的非法集资案件，加快诉讼流程，避免更多的社会问题出现。① 其缺点在于，在实体上，缺乏统筹取证的侦查模式容易引起定性错误；在程序上，各地分头判决的司法模式导致罪责刑不相适应，可能遗漏犯罪事实和犯罪嫌疑人。

在研究修订《规定》过程中，在总结近年来涉众型经济犯罪规律特点和侦查工作经验的基础上，以问题为导向，立足宏观指导，兼顾微观实战，加强调查研究，解决突出问题，为切实提升打击防范涉众型经济犯罪能力提供法律保障和制度支持。因此，《规定》第十二条不仅重申"公安机关办理跨区域性涉众型经济犯罪案件，应当坚持统一指挥协调、统一办案要求的原则"，还进一步针对司法实践遇到的问题，强调："对跨区域性涉众型经济犯罪案件，犯罪地公安机关应当立案侦查，并由一个地方公安机关为主侦查，其他公安机关应当积极协助。必要时，可以并案侦查。"毋庸置疑，跨区域涉众型经济犯罪行为发生地、结果发生地以及犯罪嫌疑人居住地公安机关均有管辖权，都应认真受理举报，依法立案侦查，对此责无旁贷，必须主动担当。在司法实践中，对于跨区域涉众型案件，例如，以公司化运作模式的非法集资案件，原则上应当由一个地方公安机关牵头查处主要犯罪嫌疑人（如涉案公司总部）的全部犯罪事实，其他涉案地公安机关分别查处本地犯罪事实以及犯罪嫌疑人（如公司分支机构）或者对本地利益受损人调查取证，协同开展查处，诸如"e租宝"非法集资案等案件就是此类模式。换言之，跨区域涉众型案件主办地的确定，要考虑多种管辖因素，以最有利于查明全案犯罪事实、依法打击犯罪、便于刑事诉讼和涉案财物处置为标准。为避免各地自行其是擅自处置涉案财物以及公检法机关之间产生扯皮争议等问题，第四十六条又进一步强调："对涉众型经济犯罪案件，需要追缴、返还涉案财物的，应当坚持统一资产处置原则。公安机关移送审查起诉时，应当将有关涉案财物及其清单随案移送人民检察院。人民检察院提起公诉时，应当将有关涉案财物及其清单一并移送受理案件的人民法院，并提出处理意见。"

此外，考虑到涉众型案件并非一个法律专业术语，为准确适用相关条文，避免产生混淆和歧义，《规定》第七十八条从犯罪事实内在法律关系、涉众、涉稳等"三要素"角度，将其明确定义为基于同一法律事实、利益受损人数众多、可能影响社会秩序稳定的经济犯罪案件，以区别其他类型案件，强调和明确此类案件包括但不限于非法吸收公众存款，集资诈骗，组织、领导传销活动，擅自设立金融机构，擅自发行股票、公司企业债券等犯罪。

---

① 参见蔡炜铀：《新形势下非法集资刑事案件若干问题探析》，载陈国庆主编：《刑事司法指南》（总第62集），法律出版社2015年版，第162页。

（六）关于案件管辖问题

针对一些地方公安机关执法办案中存在争抢管辖和推诿管辖等问题，《规定》着重从强化上对下的制约方面，进一步明确和细化了级别管辖、地域管辖、部门管辖、指定管辖以及管辖争议的救济等问题。以地域管辖为例，考虑到近年来在经济犯罪中单位犯罪日益增多和自身特点，《规定》第八条不仅对自然人的居住地作出明确，还对单位的所在地予以解释。

一是指定管辖的快速处理。鉴于目前有关法律法规和司法解释对指定管辖的衔接和操作一直缺乏细化的规定，现有规范比较散乱，公、检、法机关依据各自部门规定，在各自诉讼环节上均可以独立指定管辖，这就导致在侦查、批捕、起诉、审判等各个环节在指定管辖问题上衔接不畅，多头指定、各自为政，甚至还存在着冲突和矛盾。特别是在办理程序上，鉴于实务操作中办理指定管辖经过环节较多、耗费时间较长，如检察机关内部就涉及案管、公诉、侦监等多个部门，公安机关的办案期限经常不够。因此，结合贯彻落实关于"建立刑事案件管辖争议快速处理机制"司法改革项目，《规定》第十三条进一步明确上级公安机关指定下级公安机关立案侦查的经济犯罪案件，可以直接向相关人民检察院提请批准逮捕、移送审查起诉。当然，考虑到跨区域性涉众型案件的特殊性和复杂性，在办理指定管辖手续的同时，应当事先向检法机关进行必要的通报和协商，如此规定可以避免检、法机关措手不及，便于其调配力量。

二是特殊类型的案件管辖。针对犯罪主体特殊的非国家工作人员职务犯罪，作案手段特殊的互联网经济犯罪，受害对象特殊的涉众型经济犯罪，根据有关司法解释，《规定》分别作出了细化规定。例如，《规定》第九条明确规定："非国家工作人员利用职务上的便利实施经济犯罪的，由犯罪嫌疑人工作单位所在地公安机关管辖，……也可以由犯罪行为实施地或者犯罪嫌疑人居住地的公安机关管辖。"这主要考虑到非国家工作人员职务犯罪的特殊性，参考最高人民检察院的有关批复精神，从有利于侦查办案角度，兼顾诉讼经济原则，对其单独作出了特别规定。又如，《规定》第十一条第二款重申强调"主要利用通讯工具、互联网等技术手段实施的经济犯罪案件，由最初发现、受理的公安机关或者主要犯罪地的公安机关管辖"，这适应了科技信息化时代经济社会的快速发展态势，主要针对一些非接触式的案件，体现了刑事诉讼制度改革的全面管辖原则，贯彻落实了公安机关"强化主动进攻、实施遏制战略"的指导思想，以减少和避免少数地方公安机关拖延推诿和群众投告无门现象发生。

三是管辖争议的解决。在实践中，针对管辖不明确或者有争议的案件，一般按照犯罪地优先于犯罪嫌疑人居住地、犯罪行为发生地优先于犯罪结果发生地、犯罪行为实施地优先于其他关联地的排列次序，先协商、后指定、再管辖。因此，《规定》第十一条第一款规定几个公安机关都有权管辖的案件，由最初受理的公安机关管辖，必要时可以由主要犯罪地的公安机关管辖，并强调管辖不明确或者有争议的，按照先协商、后指定的原则处理，这在一定程度上有利于解决管辖争议，防止推诿管辖和争夺管辖问题的发生。

（七）关于侦查取证问题

一是明确了非法集资、传销以及利用通讯工具、互联网等技术手段实施的经济犯罪案件言词证据的收集和认定规则。近年来，一些地方公、检、法机关在办理经济犯罪案件尤其是非法集资案件时，对于言词证据在非法集资刑事案件中的地位以及收集的范围和数量存在着一定的争议。在司法实践中，有的地方公、检、法机关机械要求收集所有集资参与人的言词证据，这一做法既不符合客观现实，又忽视了其他证据的效力，对案件的查处和处置造成了不利影响。鉴于对此问题争议较多，2014 年 3 月，最高人民法院、最高人民检察院、公安部《关于办理非法集资刑事案件适用法律若干问题的意见》（公通字〔2014〕16 号）明确了此类案件言词证据的收集和认定规则。在总结近年来办理此类案件实践经验和一般规律的基础上，《规定》第三十八条进一步扩大了上述规则的适用范围，规定："公安机关办理非法集资、传销以及利用通讯工具、互联网等技术手段实施的经济犯罪案件，确因客观条件的限制无法逐一收集被害人陈述、证人证言等相关证据的，可以结合已收集的言词证据和依法收集并查证属实的物证、书证、视听资料、电子数据等实物证据，综合认定涉案人员人数和涉案资金数额等犯罪事实，做到证据确实、充分。"当然，在适用上述规定时，应当注意把握好言词证据的特点和作用、其他证据的特点和作用以及相关数量之间关系。事实上，言词证据尤其是涉案人证言，其所证实的非法集资参与人数、涉案金额、运行模式等情况应当与依据其他证据认定的犯罪事实相符相称。因此，公安机关应当尽可能收集和调取，使其确实具有一定的代表性，不能怠于工作。如果客观条件不允许，则不应当过于机械，可采取部分收集的方式，结合其他客观性更强的证据材料，综合认定涉案人数和资金数额等犯罪事实，做到证据确实充分。

二是增加了抽样勘验、鉴定、检测、评估的规定。借鉴国家食品药品监管总局、公安部、最高人民法院、最高人民检察院、国务院食品安全办《关于印发食品药品行政执法与刑事司法衔接工作办法的通知》（食药监稽〔2015〕271 号）第二十一条"对同一批次或者同一类型的涉案食品药品，如因数量较大等原因，无法进行全部检验检测，根据办案需要，可以依法进行抽样检验检测"等规定，《规定》第三十九条进一步扩大了案件适用范围，采取列举式表述"生产、销售伪劣商品犯罪案件、走私犯罪案件、侵犯知识产权犯罪案件"，具体抽样方法采取概括式表述"按照一定比例随机抽样勘验、鉴定、检测、评估"，其适用对象严格限定，适用条件严格规范，更适应实战需求。

三是明确了除法律、法规和规章另有规定以外行政认定不是案件进入刑事诉讼程序的必经程序或者前置条件。近年来，一些地方公、检、法机关在办理经济犯罪案件尤其是非法集资案件时，要求将行政执法机关对相关行为性质的认定意见作为立案侦查、移送起诉甚至定罪处罚的前置条件和必经程序。这一做法弱化了司法权的独立性，使司法权受制于行政权，大量司法资源消耗在沟通协调上，导致案件查处周期延长、诉讼效率降低。在理论上，在刑事司法中，前置法只是作为司法人员定罪的参考而非必须。同时，基于两者的证明标准和价值追求不同，相较行政处理的高效率，司法更追求公平正义，因而，证明标准更高，司法过程中需要一定的独立判断性。① 在实务上，早在 2007 年 6月，国务院办公厅《对〈禁止传销条例〉中传销查处认定部门解释的函》（国办函〔2007〕65 号）明确规定："工商部门和公安机关在各自的职责范围内都应当对传销行为进行查处，并依照各自职责分别对传销行为予以认定。"此后，2011 年 12 月最高人民法院《关于非法集资刑事案件性质认定的通知》（法〔2011〕262 号）作出规定："行政部门对于非法集资的性质认定，不是非法集资案件进入刑事程序的必经程序。"为一揽子解决相关问题，避免陷入执法误区，《规定》第四十条推而广之进一步扩大了适用范围，规范和明确了行政认定的法律地位和实际适用。当然，行政认定是一种辅助机制，十分重要但非必要，既不能完全排除又不能片面依赖，公、检、法机关要从依法公正查处案件的角度，认识和发挥好行政认定的作用。此外，在具体适用时，要注意把握好司法认定与行政认定的关系、把握好认定意见的内容、把握好认定部门的范围。事实上，公、检、法机关完全可以依据有关法律法规对相关行为的性质做出判断和认定，其刑事审查的程序更严、依据更广、标准更高、效力更强，当然如果遇有情况复杂、性质认定疑难的案件时，也确有必要参考行政认定的意见，但是决不能将其作为阻滞刑事诉讼的理由。

四是明确了通过网络在线提取电子数据的证据效力。近年来司法体制改革反复强调要以审判为中心、强化证据意识，《规定》充分体现了以审判为中心的刑事诉讼改革精神，明确非法证据排除的适用和电子数据的效力、民事证据

---

① 参见朱庆华、聂怀广：《当前涉银行犯罪刑事司法对策研究》，载《上海检察调研》2017 年第2 期，第 35 页。

的适用以及重新取证补证等问题。如借鉴 2016 年 9 月最高人民法院、最高人民检察院、公安部《关于办理刑事案件收集提取和审查判断电子数据若干问题的规定》（法发〔2016〕22 号），《规定》第三十六条第二款重申了："依照规定程序通过网络在线提取的电子数据，可以作为证据使用。"随着现代科技信息化技术的发展，电子数据与网络的关系越来越密切，提取电子数据可以不受空间的限制，并能够保证其真实性和完整性。在实践中，通过网络在线提取电子数据已经成为常见的侦查取证方式，诸如近年来的"e 租宝"非法集资案等。因此，对于网络在线提取的电子数据，只要取证人员、设备和过程符合相关技术标准和法定程序，能够保证真实性和完整性，就可以作为刑事证据使用。

（八）关于强制措施问题

长期以来，少数地方公安机关在办理经济犯罪案件中沿袭和习惯于"立案即可抓人"的错误观念和做法，抓人索债的现象时有发生，甚至引发媒体的炒作和社会的关注。实践证明，为了尽量缩小放宽立案所带来的负面影响，把住强制措施环节是关键。① 因此，《规定》在总则和分则中均强调依法慎用羁押性强制措施的理念，严禁将批准刑事立案的条件与采取强制措施的条件相等同，条文设计体现了采取强制措施由轻到重的法定性和比例性原则，特别是结合贯彻公安部关于刑事案件"两统一"工作机制改革意见精神，明确和重申了适用强制措施的统一审核程序，强调要依照法定条件和程序逐案逐人审查采取强制措施的合法性和适当性，主动接受人民检察院的法律监督。

值得注意的是，针对取保候审问题，在总结近年来组织开展取保候审突出问题专项督察工作经验的基础上，《规定》援引和综合现行的各种法律规定，从案件性质、危害大小、罪行轻重以及犯罪嫌疑人经济状况等几个方面进一步明确和细化了保证金数额确定的原则和条件，以避免执法的随意性。如《规定》第三十二条规定："采取保证金担保方式的，应当综合考虑保证诉讼活动正常进行的需要，犯罪嫌疑人的社会危险性的大小，案件的性质、情节、涉案金额，可能判处刑罚的轻重以及犯罪嫌疑人的经济状况等情况，确定适当的保证金数额。"当然，保证金的具体数额，可以根据案件的具体情况由公安机关自行把握，自然要做到"适当"，以符合社会常识和人之常情。此外，为避免和杜绝少数地方公安机关"以保代侦""保而不侦"甚至"以保代结"等执

---

① 参见高峰、余怿、杨书文：《〈公安机关办理经济犯罪案件的若干规定〉的理解与适用》，载最高人民法院刑事审判第一、二、三、四、五庭主办：《中国刑事审判指导案例》（破坏社会主义市场经济秩序罪），法律出版社 2009 年版，第 532 页。

法不规范现象发生，督促其积极侦查、依法办案，《规定》创设了解决取保候审超期问题的程序，明确规定："在取保候审期间，不得中断对经济犯罪案件的侦查。执行取保候审超过三个月的，应当至少每个月讯问一次被取保候审人。"

　　（九）关于涉案财物问题

　　近年来，随着经济社会的快速发展，以财产权为侵犯对象的经济犯罪案件已经逐渐超过以人身权为侵犯对象的普通刑事案件，成为多发高发频发的犯罪形态，其中涉案财物种类繁杂、数额巨大、涉及面广，容易成为社会关注的焦点问题。虽然各地公安机关探索适用新技术新手段，创新完善管理机制，然而涉案财产处置争议较多，现有规定相对原则和滞后，仍然需要进一步完善和细化。针对当前侦查阶段提前返还被害人财物，公安机关存在的两难境地：即，如果对扣押的涉案财物，确实需要返还被害人的，不及时返还，可能严重影响被害人利益；一旦提前返还不当，则可能引发争议，尤其是案件不成立时，可能成为行政诉讼被告。[①] 为此，《规定》第四十六条在重申和强调"除法律法规和规范性文件另有规定以外，公安机关不得在诉讼程序终结之前处置涉案财物"的基础上，相关条款进一步严格规范和细化涉案财物处置的法律程序，对分割查封、轮候冻结、合理使用以及随案移送、及时返还等问题予以细化规范。

　　针对在实践中涉案财物控制和处置遇到的一些问题，诸如针对一些不可分割的土地、房屋等涉案不动产或者车辆、船舶、航空器以及大型机器、设备等特定动产，例如，特定车辆之货运火车，只有作为一个整体才具有使用价值和实际效能，贸然查封涉案部分甚至整体查封涉案财物必然殃及其他部分，无法发挥其他部分的价值和效能。基于此，《规定》在延续《公安机关办理刑事案件适用查封、冻结措施有关规定》（公通字〔2013〕30 号）立法精神的基础上，进一步明确对便于分割的涉案不动产可以分割查封，对不便分割的涉案财物可以置换查封，体现了比例性的基本原则和人性化的执法方式，其目的是最大限度地降低执法办案的负面影响，尽量保证和促进相关联的不动产或者特定动产的流转、使用以及发挥其应有的价值和效能。因此，《规定》第四十七条规定："对依照有关规定可以分割的土地、房屋等涉案不动产，应当只对与案件有关的部分进行查封。对不可分割的土地、房屋等涉案不动产或者车辆、船

---

　　① 参见高峰、余怿、杨书文：《〈公安机关办理经济犯罪案件的若干规定〉的理解与适用》，载最高人民法院刑事审判第一、二、三、四、五庭主办：《中国刑事审判指导案例》（破坏社会主义市场经济秩序罪），法律出版社 2009 年版，第 533 页。

舶、航空器以及大型机器、设备等特定动产，可以查封、扣押、冻结犯罪嫌疑人提供的与涉案金额相当的其他财物。犯罪嫌疑人不能提供的，可以予以整体查封。"

事实上，在实践中，无论是合法财产、非法财产，还是被追诉人、被害人甚至是第三人的财产，都可能被公权力干预或侵害，成为侦查行为限制或处置的对象。基于此，《规定》深入贯彻落实《关于完善产权保护制度依法保护产权的意见》（中发〔2016〕28号）等文件精神，进一步严格规范各种涉案财物尤其是涉案企业的涉案财产处置的法律程序，加强对各类企业产权的保护，以防止过多或不当适用查封、扣押、冻结措施而侵犯企业的财产权，使宪法规定的保护公私财产的法律理念得以充分的体现。如第四十六条规定："严格区分违法所得、其他涉案财产与合法财产，严格区分企业法人财产与股东个人财产，严格区分犯罪嫌疑人个人财产与家庭成员财产，不得超权限、超范围、超数额、超时限查封、扣押、冻结，并注意保护利害关系人的合法权益。"

值得注意的是，长期以来，在实践中对犯罪嫌疑人、被告人生命权、自由权的保障广受关注，但是对财产权、住宅权保护的重视程度却仍然不够，各地公安机关在实际适用查封、扣押、冻结等措施中，存在法律规范缺失、侵权问题严重、公民财产权保障机制缺乏等诸多问题，严重影响执法公信力。但是，在刑事诉讼中的财产权保障方面，不能简单地为了控制犯罪而忽视公权力对公民财产权造成的侵害。因此，《规定》进一步细化了查封、扣押、冻结程序，这不仅有利于保证公安机关依法履行法律职责，落实法律赋予职权，还有利于规范刑事执法行为，切实保证办案质量。事实上，侦查程序中的财产权保障问题，不仅涉及被追诉人的财产权保障问题，还涉及国家、被害人以及第三人的财产权保障问题，需要在侦查权与各个群体的财产利益之间进行价值平衡。①基于此，《规定》承袭《公安机关办理刑事案件适用查封、冻结措施有关规定》（公通字〔2013〕30号）的立法精神，引导公安机关正当适用侦查措施，适度限制刑事侦查权力，平衡社会各方利益关系，尽量采取对企业正常生产经营影响较小的办案方式，甚至允许有关当事人可以有条件使用涉案财物，体现了人性化执法减少不必要侵害的精神。如第五十条规定："对不宜查封、扣押、冻结的经营性涉案财物，在保证侦查活动正常进行的同时，可以允许有关当事人继续合理使用，并采取必要的保值保管措施，以减少侦查办案对正常办公和合法生产经营的影响。必要时，可以申请当地政府指定有关部门或者委托有关机构代管。"

---

① 参见闫永黎：《侦查程序与财产权保障》，中国人民公安大学出版社2016年版，第6页。

（十）关于办案协作问题

近年来，各地公安机关在打击经济犯罪工作中，以深化跨区域警务合作区建设为框架，以多频次高质量发起"集群战役"为抓手，以跨区域高效率开展"网上协作"为载体，以健全相关管理、监督、考核和责任追究机制为保障，创新思路，积极探索，扎实推进经侦部门区域警务协作，全面带动打击和防范经济犯罪整体工作水平，取得了一定成效。考虑到近年来经济犯罪形势日益严峻，大要案件大幅增长，经侦执法规范化建设逐步深入，执法办案日益规范，各地公安机关更加重视和关注执法办案的协作效率问题，因此，《规定》适应我国经济社会和科技信息化的快速发展，删除了原有规定中跨省协作的强制备案要求，明确了可以采用电传、网络等保密手段或者相关工作机制进行协作，体现了放开协作、高效协作、规范协作的精神，进一步提高执法办案效率。在此基础上，修改和缩短了异地协查的工作期限，委托地公安机关认为不需要派员赴异地的，协作地公安机关协查不得超过15日（原规定30日）；案情重大、情况紧急的，应当在7日以内回复（原规定15日）；因特殊情况不能按时回复的，应当及时说明情况。此外，《规定》进一步健全和完善了协作机制，强化和落实了责任制度，再次强调了"谁办案、谁负责"的原则，不仅重申了委托地公安机关对案件的管辖、定性、证据认定以及所采取的侦查措施负责，还明确协作地公安机关超权限、超范围采取措施的，应当承担相应的法律责任。

（十一）关于保障诉讼参与人合法权益问题

为进一步健全完善中国特色社会主义的律师制度，2015年8月全国律师工作会议胜利召开，2015年9月《关于依法保障律师执业权利的规定》联合发布，2016年6月《关于深化律师制度改革的意见》顺利发布，此后一系列保障诉讼参与人尤其律师权益的文件陆续公布。鉴于在司法实践中律师执业权利面临和出现的问题主要集中在刑事诉讼领域，其中在侦查阶段律师介入仍然存在一些值得关注的问题，因此，《规定》在贯彻相关规定和兼顾各方权益的情况下，就保障犯罪嫌疑人、被害人、律师和其他诉讼参与人合法权益作出了系统规定和明确规范，不仅直面问题、操作性强，而且救济追责、双管齐下，形成了一个比较完整的权益保障体系。如结合打击经济犯罪的司法实践，将容易侵犯犯罪嫌疑人合法权益的环节用严密的程序规定下来，严格控制侦查措施和强制措施的适用；将相关法律、法规及规章中关于犯罪嫌疑人权利的抽象、原则的规定进一步细致化、刚性化，增强可适用性；赋予犯罪嫌疑人更多的程序性权利并畅通其救济渠道，加强对犯罪嫌疑人合法权益的保护，加强其防御和对抗不当侦查行为侵犯的能力。如《规定》第六十六条保障诉讼参与人的知情权，第六十七条、第六十八条和第六十九条保障被害人、犯罪嫌疑人及其法定代理人、近亲属或者律师对案件管辖、超期羁押以及其他问题提出异议的申诉权等，第七十条保障诉讼参与人的其他权利等，其中特别强调对辩护律师的执法告知以及答复义务，要求在规定的期限必须答复，更具有强有力的授权性、保障性、救济性功能。

五、关于强化检警协作与法律监督

信任与监督、自律与他律辩证统一。信任不能代理监督，要扎紧制度的笼子。因此，《规定》在延续执法监督和责任追究原有规定的基础上，依据人民警察法等有关法律法规和规范性文件，重申和强调了各级公安机关要加强对办理经济犯罪案件活动的执法监督等工作，使针对侵犯公民的人身权、财产权行为的申诉控告等救济程序可操作、具体化，并进一步明确、细化和规范了相关情形确保落实落细，逐步构建自我监督体系，形成发现问题、纠正偏差的有效机制。值得注意的是，按照分工负责、相互配合、相互制约的原则，《规定》对于人民检察院对经济犯罪案件的侦查监督作了系统规定，对于充分发挥人民检察院的法律监督职能作用，推动检察机关法律监督与公安机关内部监督衔接，推动公安机关执法规范化建设，坚定不移支持公安机关依法办案，提升经济犯罪案件的办案质量和效率，实现惩罚犯罪与保障人权相统一将发挥重要作用。其中，在参考司法解释和总结实践经验的基础上，主要对公安机关与检察机关协作配合和监督制约等方面作出了细化规定，明确相应的监督措施和法律责任，相关条款多达 25 条占《规定》1/3 以上的篇幅。

在协作配合上，健全完善了检警协作等工作机制，尤其完善了指定管辖协商机制、建立了特定案件通报制度、强化了诉讼程序之间的衔接，畅通了侦查和检察环节的工作衔接，提高了执法效率，确保了办案质量。一是完善了指定管辖的协商机制。《规定》明确，人民检察院受理公安机关移送审查起诉的经济犯罪案件，认为需要依照刑事诉讼法的规定指定管辖的，应当商同级人民法院办理指定管辖有关事宜。对跨区域性涉众型经济犯罪案件，公安机关指定管辖的，应当事先向同级人民检察院、人民法院通报和协商。二是规范了涉案财物和实物证据的移交。《规定》明确，对查封、扣押、冻结的涉案财物及其孳息，以及作为证据使用的实物，公安机关应当如实登记，妥善保管，随案移送，并与人民检察院及时交接，变更法律手续。三是强化了案件侦办与违法所得没收特别程序之间的衔接。《规定》明确，对重大的走私、金融诈骗、洗钱犯罪案件，犯罪嫌疑人逃匿、在通缉一年后不能到案的，涉嫌上述犯罪的单位被撤销、注销，直接负责的主管人员和其他直接责任人员逃匿、死亡，导致案件无法适用普通刑事诉讼程序审理的，或者经济犯罪案件的犯罪嫌疑人死亡，依照刑法规定应当追缴其违法所得及其他涉案财物的，公安机关应当出具没收违法所得意见书，连同相关证据材料一并移送同级人民检察院。犯罪嫌疑人死亡，现有证据证明其存在违法所得及其他涉案财物应当予以没收的，公安机关可以继续调查，并依法进行查封、扣押、冻结。该规定能够确保犯罪嫌疑人、被告人逃匿、死亡的情况下，人民检察院及时向人民法院提出没收违法所得的申请，依法追缴违法所得。四是建立了刑民交叉案件情况通报制度。《规定》明确，公安机关立案审查、侦查过程中，发现案件与人民法院正在审理或者作出生效裁判文书的民事案件，属于同一法律事实或者有牵连关系，或者涉案财物已被有关当事人申请执行的，应当将有关情况通报与办理民事案件的人民法院同级的人民检察院，以便人民检察院对相关民事案件的审判、执行活动进行监督。五是建立了跨区域性重大经济犯罪案件立案通报制度。《规定》明确，公安机关办理跨区域性的重大经济犯罪案件，应当向人民检察院通报立案侦查情况，人民检察院可以根据通报情况调度办案力量，开展指导协调等工作。需要逮捕犯罪嫌疑人的，公安机关应当提前与人民检察院沟通。该规定能够使人民检察院对办理跨区域性重大经济犯罪案件事先有所准备，及时统一调配人力，确保审查逮捕、审查起诉工作效率。

在监督制约上，明确细化了侦查监督等工作内容，强化了人民检察院对犯罪嫌疑人羁押必要性的审查、对证据收集合法性的审查、对辩护人、诉讼代理人诉讼权利的保障，以及对立案撤案、侦查取证、强制措施、涉案财物等执法活动和办案环节的法律监督。一是强化了人民检察院对犯罪嫌疑人羁押必要性的审查。为进一步减少对经济犯罪嫌疑人不必要的审前羁押，《规定》明确，犯罪嫌疑人被逮捕后，人民检察院经审查认为不需要继续羁押提出检察建议的，公安机关应当予以调查核实，认为不需要继续羁押的，应当予以释放或者变更强制措施，认为需要继续羁押的，应当说明理由，并在 10 日以内将处理情况通知人民检察院。犯罪嫌疑人及其法定代理人、近亲属或者辩护人有权申请人民检察院进行羁押必要性审查。二是强化了人民检察院对证据收集合法性的审查。为严格落实非法证据排除规则，防范冤假错案的发生，从源头上遏制刑讯逼供、非法取证，防止"带病证据"进入审判阶段，《规定》明确，人民检察院在审查逮捕、审查起诉中发现公安机关办案人员以非法方法收集犯罪嫌疑人供述、被害人陈述、证人证言等证据材料的，应当依法排除非法证据并提出纠正意见。人民检察院发现收集物证、书证不符合法定程序，可能严重影响司法公正的，应当要求公安机关予以补正或者作出合理解释，不能补正或者作出合理解释的，应当依法予以排除，不得作为批准逮捕、提起公诉的依据。三是强化了人民检察院对辩护人、诉讼代理人诉讼权利的保障。《规定》明确，在经济犯罪案件中的辩护人、诉讼代理人认为公安机关阻碍其依法行使诉讼权利并向人民检察院申诉或者控告，人民检察院经审查情况属实后通知公安机关予以纠正的，公安机关应当立即纠正，并将监督执行情况书面答复人民检察院。辩护人、诉讼代理人对公安机关侦查活动有异议的，可以向有关公安机关提出申诉、控告，或者提请人民检察院依法监督。此外，明确规定了公安机关办理重大、疑难、复杂经济犯罪案件应当听取人民检察院意见以及人民检察院派员适时介入的相关制度。《规定》明确，公安机关办理重大、疑难、复杂的经济犯罪案件可以听取人民检察院的意见，人民检察院认为确有必要时可以派员适时介入侦查活动，对收集证据、适用法律提出意见，监督侦查活动是否合法。对人民检察院提出的意见，公安机关应当认真审查，并将结果及时反馈人民检察院。没有采纳的，应当说明理由。

需要强调的是，刑事诉讼法仅仅规定了检察机关对侦查机关的不立案进行监督，而没有规定对立案进行监督。[①] 但是，在司法实践中，需要注意人民检察院对公安机关的立案监督，既包括对应当立案而不立案的情况进行监督，也包括对不应当立案而立案的情况进行监督。[②] 特别是考虑到既要防止有的地方消极不作为，又要防止有的地方违法乱作为，甚至可能存在公安机关插手经济纠纷等情况，加强对侦查权力的制约，弥补刑事立法上的缺憾与不足，在研究修订中借鉴2010年7月最高人民检察院、公安部《关于刑事立案监督有关问题的规定（试行）》（高检会〔2010〕5号）等有关要求和精神，《规定》切实明确细化了人民检察院对公安机关办理经济犯罪案件的立案监督。一是强化人民检察院对公安机关应当立案而不予立案、撤销案件或者逾期未作出是否立案决定三种情形的监督。明确对报案、控告、举报、移送的经济犯罪案件，公安机关作出不予立案决定、撤销案件决定或者逾期未作出是否立案决定，报案人、控告人、举报人有异议的可以申请人民检察院进行立案监督；移送案件的行政执法机关有异议的可以建议人民检察院进行立案监督。二是强化人民检察院对公安机关不应当立案而立案情形的监督。明确犯罪嫌疑人及其法定代理人、近亲属或者辩护律师对公安机关立案提出异议的，公安机关应当及时受理，认真核查，并主动接受人民检察院的监督。三是强化人民检察院对公安机关适用"另案处理"的监督。为防止随意适用、降格适用甚至违法适用"另案处理"，放纵犯罪嫌疑人，明确人民检察院发现公安机关在办理经济犯罪案

---

① 参见王敏远等：《刑事诉讼法修改后的司法解释研究》，中国法制出版社2016年版，第144页。
② 参见王敏远等：《刑事诉讼法修改后的司法解释研究》，中国法制出版社2016年版，第347页。

件过程中适用另案处理存在违法或者不当的，可以向公安机关提出书面纠正意见或检察建议。公安机关应当认真审查，并将结果及时反馈人民检察院。没有采纳的，也应当说明理由。

此外，为切实体现权力制约，确保监督全覆盖、无死角、常态化，《规定》明确了落实监督意见的保障措施，进一步强化人民检察院对公安机关办理经济犯罪案件中执法不当行为的监督。如第七十四条规定："人民检察院发现公安机关存在执法不当行为的，可以向公安机关提出书面纠正意见或者检察建议。公安机关应当认真审查，并将结果及时反馈人民检察院。"

六、关于加强产权保护

产权制度是社会主义市场经济的基石。党中央、国务院高度重视产权保护工作。2016 年 8 月 30 日，中央全面深化改革领导小组第 27 次会议审议通过《关于完善产权保护制度依法保护产权的意见》，对完善产权保护制度、推进产权保护工作进行了全面部署。2016 年 11 月 4 日中共中央、国务院印发《关于完善产权保护制度依法保护产权的意见》，在社会各界产生了强烈反响。此后，各地方各部门先后制定发布了一系列文件，如 2016 年 11 月 28 日最高人民法院印发《关于充分发挥审判职能作用切实加强产权司法保护的意见》，2017 年 1 月 9 日最高人民检察院印发《关于充分履行检察职能加强产权司法保护的意见》，都反复强调要高度重视产权保护工作，平等保护各类市场主体合法权益，激发市场活力，促进创新发展，加强对各类企业产权的保护。党的十九大报告指出，经济体制改革必须以完善产权制度和要素市场化配置为重点，实现产权有效激励、要素自由流动、价格反应灵活、竞争公平有序、企业优胜劣汰。2017 年 11 月 22 日国务院第 193 次常务会议又对此项工作进行了再强调、再检查、再部署。因此，完善产权保护制度、依法保护产权，是贯彻落实习近平新时代中国特色社会主义思想作出的重大战略部署，是新时代下深化经济体制改革的基础所在，是建设现代化经济体系、加快建设创新型国家的重要保障。

在司法实践中，公安机关作为市场经济秩序的捍卫者，打击和防控经济犯罪的主力军，承担着依法保护产权的重大责任，发挥着不可替代的重要作用。但不可否认的是，个别地方公安机关在执法过程中，因执法理念落后、执法不规范甚至执法过错而侵犯产权的现象确实存在。有鉴于此，公安机关要始终以平等保护作为规范财产关系的基本原则，坚持平等保护公有制经济和非公有制经济，加强对包括民营企业在内的各种所有制经济组织的产权保护力度，努力营造公平、公正、透明、稳定的法治环境。因此，《规定》第三条规定："公安机关办理经济犯罪案件，应当坚持平等保护公有制经济与非公有制经济，坚持各类市场主体的诉讼地位平等、法律适用平等、法律责任平等，加强对各种所有制经济产权与合法利益的保护。"值得注意的是，加强产权保护、激发社会活力，不仅是宣示性的口号和原则，更要有实操性的制度和规范。事实上，贯彻和落实产权保护政策，其根本之策是全面推进依法治国基本方略，首先就是要完善产权保护的立法。因此，《规定》在严格遵循和深入贯彻惩罚犯罪与保护人权并重精神、兼顾刑事司法与产权保护平衡的基础上，从总则上的原则性规定到分则中的查控涉案财物均作出了一系列细化规定，相关条款高达 15 条占 1/6 强，以妥善处理维护市场秩序与激发社会活力的关系，审慎把握处理产权和经济纠纷的政策，准确界定经济纠纷与经济犯罪的性质，防范执法不当行为。

在《规定》总则的原则性规定上，例如，在司法实践中，公安机关办理经济犯罪案件要充分考虑非公有制经济特点，严格区分经济纠纷与经济犯罪的界限、企业正当融资与非法集资的界限、民营企业参与国有企业兼并重组中涉及的经济纠纷与恶意侵占国有资产的界限，准确把握经济违法行为入刑标准，准确认定经济纠纷和经济犯罪的性质，防范刑事执法介入经济纠纷，防止选择性司法。因此，总则第二条明确对罪与非罪的认定："公安机关办理经济犯罪案件，应当坚持惩罚犯罪与保障人权并重、实体公正与程序公正并重、查证犯罪与挽回损失并重，严格区分经济犯罪与经济纠纷的界限，不得滥用职权、玩忽职守。"又如，在司法实践中，公安机关坚持在严格依法办案的前提下，既要始终保持打击犯罪的"力度"，又要充分体现文明执法的"温度"，在执法办案中尽可能选择对当事人权益损害较小的措施，努力以较小的成本取得较好的效果，采用人性化执法方式，以减少不必要的侵害。因此，总则第五条细化了对办案方式的要求："公安机关办理经济犯罪案件，应当既坚持严格依法办案，又注意办案方法，慎重选择办案时机和方式，注重保障正常的生产经营活动顺利进行。"

在《规定》分则的细化性要求上，有关章节和多个条款从各个方面切实加大了对有关当事人产权保护的力度。例如，第五十一条强调了涉案财物产权属性的界定："在查封、扣押、冻结涉案财物时，应当收集、固定与涉案财物来源、权属、性质等有关的证据材料并随案移送。"又如，第五十三条明确了涉案财物及时返还的情况："有下列情形之一的，除依照有关法律法规和规范性文件另行处理的以外，应当立即解除对涉案财物的查封、扣押、冻结措施，并及时返还有关当事人：（一）公安机关决定撤销案件或者对犯罪嫌疑人终止侦查的；（二）人民检察院通知撤销案件或者作出不起诉决定的；（三）人民法院作出生效判决、裁定应当返还的。"再如，第五十四条细化了涉案财物权利冲突的解决："发现犯罪嫌疑人将经济犯罪违法所得和其他涉案财物用于清偿债务、转让或者设定其他权利负担，具有下列情形之一的，应当依法查封、扣押、冻结……"

最高人民检察院
人民检察院案件质量评查工作规定（试行）

（2017 年 12 月 7 日最高人民检察院第十二届检察委员会第七十一次
会议通过　2017 年 12 月 25 日公布　2018 年 1 月 1 日施行
高检发案管字〔2017〕7 号）

第一章　总　　则

第一条　为落实检察官办案责任制，加强对检察官司法办案的监督管理，规范司法行为，提高办案质量和效率，提升司法公信力，努力让人民群众在每一个司法案件中感受到公平正义，根据法律和有关规定，结合检察工作实际，制定本规定。

第二条　本规定所称案件质量评查，是指对人民检察院已经办结的案件，依照法律和有关规定，对办理质量进行检查、评定的业务管理活动。

对正在办理的案件，依照《人民检察院案件流程监控工作规定（试行）》开展同步、动态监督。

第三条　案件质量评查工作应当坚持统一组织与分工负责相结合，问题导向与正向激励相结合，监督管理与服务司法办案相结合，人工评查与智能辅助相结合，主观过错与客观行为相一致。

第四条　案件质量评查结果应当作为评价检察官办案业绩和能力、水平的重要依据，纳入业绩考核评价体系，并记入司法业绩档案。

第五条　最高人民检察院依托统一业务应用系统，研制案件质量评查智能辅助系统，将相关评查程序和标准嵌入系统，为全国检察机关利用现代信息技术辅助开展案件质量评查提供技术支持。

案件质量评查工作应当以网上评查为主、网下评查为辅。对于依照规定未在统一业务应用系统运行的案件和有关材料，可以调阅纸质材料进行评查。调阅涉及国家秘密或者重大敏感问题的材料，应当报经本院检察长或者有批准权的上级人民检察院批准。

第二章　评查工作的组织、计划与执行

第六条　案件质量评查工作应当在检察长的统一领导下，由案件管理部门、办案部门依照本规定第十五条的分工组织开展。

上级人民检察院应当加强对下级人民检察院案件质量评查工作的组织领导，可以在本地区检察机关范围内统一调配评查工作力量，组织开展交叉评查，对下级人民检察院案件质量评查工作进行监督检查，并通报检查结果。

下级人民检察院应当每年向上一级人民检察院报告本地案件质量评查工作情况，具体报告工作由案件管理部门承担。

第七条　各级人民检察院应当根据相关规定、上级工作部署和本地检察工作实际，研究制定评查工作年度计划。

评查工作年度计划由案件管理部门会同办案部门以及政工人事、监察等部门研究起草，经检察长或者检察委员会审定后执行。

案件管理部门负责评查工作年度计划的执行督办工作，并及时汇总评查工作情况，向检察长或者检察委员会报告。

第八条　各级人民检察院入额的检察官均具有担任评查员的资格和责任，应当服从统一安排调配，按照要求承担和完成所分配的案件质量评查任务，评查工作情况纳入评查检察官的办案业绩考核范围。所在部门和评查组织部门应当提供相关保障。

检察官助理可以协助检察官开展案件质量评查工作。

第九条　检察官和检察官助理参加评查活动的，应当严格遵守相关规定，保守国家秘密、商业秘密和工作秘密。

第十条　对本人参与办理、审核审批的案件以及其他与本人或者近亲属有利害关系的案件，参与评查的检察官和检察官助理应当回避。

第三章　评查的种类、内容、标准与结果等次

第十一条　各级人民检察院应当运用案件质量评查智能辅助系统对所办理的全部案件进行智能检查、自动比对，并根据系统自动检查情况和工作需要，综合运用常规抽查、重点评查、专项评查等方式开展人工评查。

第十二条　对于本院办理的案件，应当以独任检察官和检察官办案组为单元，随机选取一定数量或者比例的案件进行常规抽查，每位检察官每年被抽查的案件数不少于本人当年办案量的百分之五，且最低不少于二件。

对于下级人民检察院检察长、副检察长、检察委员会专职委员办理的案件，上级人民检察院可以进行常规抽查。

对于常规抽查的案件，应当对每个案件确定具体评查结论，并形成评查情况综合报告，全面反映常规抽查情况，提出相应的工作意见、建议。

常规抽查应当在每年业绩考核工作开始前完成。

第十三条 对于本院或者下级人民检察院办理的下列案件，应当作为重点评查案件，逐案进行评查：

（一）批准或者决定逮捕后作不起诉处理，或者提起公诉后又撤回起诉，或者人民法院判决无罪、免予刑事处罚的案件；

（二）在流程监控等管理活动中发现存在严重程序违规、不当干预、缺少制约程序等问题的案件；

（三）案件质量评查智能辅助系统提示可能存在重大问题或者与类案偏离度较大的案件；

（四）最高人民检察院、省级人民检察院确定的其他需要重点评查的案件。

对于重点评查的案件，应当深入分析、检查是否存在有关问题，并形成评查情况个案报告。

重点评查应当在案件办结后或者发现问题之日起三个月内完成。

第十四条 对于本院或者下级人民检察院办理的特定类型案件或者案件的特定环节、特定问题，应当每年至少开展一次专项评查。

对于专项评查的案件，应当对有关情况进行深度分析研究，并形成评查情况专项报告。

专项评查应当在每年十月底前完成。

第十五条 常规抽查、重点评查由案件管理部门组织开展，经检察长批准，也可以由相关办案部门组织开展。

专项评查由相关办案部门组织开展，也可以由案件管理部门单独或者会同办案部门组织开展。

各办案部门应当负责对本部门、本业务条线案件办理工作的日常监督管理，对案件质量的评查实现日常化、制度化。

第十六条 开展案件质量评查，应当着重从证据采信、事实认定、法律适用、办案程序、文书制作和使用、释法说理、办案效果、落实司法责任制等方面进行检查、评定。

第十七条 开展案件质量评查，应当依据下列标准，客观、公正、全面地评价办案质量：

（一）证据采信与排除符合法律规定，证明标准达到法律要求；

（二）认定事实清楚；

（三）适用法律正确；

（四）办案程序合法、规范；

（五）文书使用正确、规范，文书制作基本要素完整，说理充分；

（六）开展以案释法及时、有效；

（七）办案的法律效果、政治效果、社会效果有机统一；

（八）符合检察机关司法责任制关于办案组织、案件分配、办案权限、文书签发、监督管理等方面的相关规定；

（九）符合其他相关规定。

第十八条　对于常规抽查、重点评查和专项评查案件，应当确定评查结果等次。

评查结果等次分为优质案件、合格案件、瑕疵案件和不合格案件。

第十九条　评查结果等次应当依照下列标准认定：

（一）优质案件：认定事实清楚，适用法律正确，办案程序合法、规范，文书使用和制作正确、规范，说理充分，案件办理的法律效果、政治效果、社会效果突出；

（二）合格案件：符合实体正确、程序合法、文书规范等基本要求，案件办理效果良好；

（三）瑕疵案件：在实体、程序、文书或者办理效果等方面存在瑕疵，但处理结论正确；

（四）不合格案件：认定事实错误或者事实不清造成处理结果错误，或者适用法律不当造成处理结果错误，或者办案程序严重违法损害相关人员权利或造成处理结果错误。

第四章　评查的程序与结果运用

第二十条　案件质量评查按照下列程序进行：

（一）选取被评查案件；

（二）调阅相关材料，向办案人员等了解相关情况；

（三）提出评查意见；

（四）检察长或者检察委员会审定评查结果；

（五）反馈评查结果。

评查组织部门可以邀请人大代表、政协委员、特约检察员、人民监督员对评查工作提出意见建议，向他们通报相关情况。

第二十一条　对于拟认定为瑕疵案件或者不合格案件的，应当听取被评查单位、办案人员的意见。被评查单位、办案人员提出异议的，评查组织部门应当及时审核处理，认为异议成立的，应当接受并修改评查意见；认为异议不成立的，应当说明理由并将评查意见和认为异议不成立的理由一并报请检察长决定；必要时，可以提请检察委员会讨论决定。

第二十二条　案件质量评查结果经检察长或者检察委员会决定后，评查组织部门应当在五日以内将评查结果送被评查单位，同时分送院领导和其他办案、政工人事、监察等部门。

第二十三条　对评查结果认定的具体问题，能够补正的，办案人员、办案单位应当及时补正，并在三十日以内书面反馈评查组织部门。

对评查中发现的普遍性、倾向性问题，评查组织部门可以开展讲评培训、在一定范围内通报评查结果，协调相关部门建立健全长效机制。

经评查，认为案件存在严重错误需要纠正原处理结论的，应当报请检察长或者检察委员会决定启动法定程序予以纠正。

第二十四条　经评查，发现办案人员故意违反法律法规或者有重大过失行为，需要追究司法责任的，应当移送本院监察部门依照相关规定处理。

评查发现的优秀典型案例、法律文书，以及办案业绩突出的单位、个人，办案单位、政工人事等部门可以按照相关规定给予表彰奖励。

第二十五条　地方人民检察院应当建立和完善案件质量评查结果纳入业绩考核评价的工作衔接机制。对案件被评定为不合格，并且经相关部门依照程序认定应当承担司法责任的人员，该年度考核不得被评定为优秀和称职。

第二十六条　评查人员应当在职责范围内对评查工作质量负责，并承担相应的司法责任。

评查人员在评查工作中拒不服从工作安排或者不负责任、徇私舞弊、弄虚作假、泄露秘密以及有其他违反纪律情形的，应当视情节给予批评教育、组织处理或者纪律处分。

第五章　附　　则

第二十七条　省级人民检察院可以根据本规定，结合本地实际情况，制定案件质量评查工作实施细则，并报最高人民检察院案件管理办公室备案。

第二十八条　本规定由最高人民检察院负责解释。

第二十九条　本规定自 2018 年 1 月 1 日起试行。

×××人民检察院
案件质量评查结果通知书

××检案管（或相关部门）评查〔　〕　号

（部门或某人民检察院）：

（评查组织部门）于＿＿＿＿＿年＿＿＿＿＿月组织对你院（部门）＿＿＿＿＿＿＿＿＿（检察官、检察官办案组）办理的＿＿＿＿＿＿＿＿＿＿＿＿＿＿＿＿＿＿案进行了质量评查，经检察长（或者检察委员会）审查确认，评查结果等次为＿＿＿＿＿＿＿，现将评查结果通知你院（部门）。

对于附件所列的问题，请及时核查整改，并在收到本通知书后三十日以内将整改情况书面回复我办（处、科）。

附件：案件质量评查问题清单

评查组织部门（盖章）
年　月　日

附件：

＿＿＿＿＿＿＿＿＿案质量评查问题清单

序号	问题描述	依　据
1		
2		
3		
4		
5		
6		
7		
8		
9		
10		

人民检察院案件质量评查结果通知书制作说明

一、本文书依据《人民检察院案件质量评查工作规定（试行）》第二十二条的规定制作。在案件质量评查结果确认后，及时向本院办案部门或者下级人民检察院发送本通知书。本通知书应当附问题清单，列明依据。

二、本文书向办理被评查案件的本院办案部门或者下级人民检察院发送。

三、本文书一式二份，一份存档备查，一份送本院办案部门或者下级人民检察院。

四、评查组织部门不是案件管理部门的，应当将本通知书及其附件抄送案件管理部门。

最高人民检察院办公厅

2017 年 12 月 27 日印发

《人民检察院案件质量评查工作规定（试行）》的理解与适用*

董桂文　石献智**

2017 年 12 月，最高人民检察院印发《人民检察院案件质量评查工作规定（试行）》（以下简称《规定》），自 2018 年 1 月 1 日起试行。为便于理解与适用，现将《规定》的制定背景、起草思路及主要问题作一介绍。

一、起草背景和过程

案件质量评查，是指对已经办结的案件，以法律和有关规定为标准，对办理质量进行检查、评定的业务管理活动。党的十八大以来，中央对全面深化司法体制改革作出部署，将司法责任制作为改革的重点内容之 ，以完善法官、检察官责任制为抓手，明确法官、检察官办案的权力和责任。同时，为防止权力滥用，要求加强和规范对司法活动的监督。习近平总书记强调指出，要紧紧牵住司法责任制改革这个牛鼻子，凡是进入法官、检察官员额的，对案件质量终身负责。法官、检察官要有审案判案的权力，也要加强对他们的监督制约，把司法权关进制度的笼子。中央政法委领导多次强调，实行司法责任制，不是不要监管，而是改革监管内容、方法，从微观的个案审批、文书签发向宏观的全院、全员、全过程的案件质量效率监管转变。要加强对法官检察官履职的监督制约，健全案件质量评估、司法业绩考核等制度机制，提高管理监督科学化水平。

为落实中央要求，最高人民检察院 2015 年出台《关于完善人民检察院司法责任制的若干意见》，在突出检察官办案主体地位的同时，明确提出加强监督制约，健全检察管理与监督机制，建立办案质量评价机制，以常规抽查、重点评查、专项评查等方式对办案质量进行专业评价。因此，建立健全案件质量评查机制，是落实中央改革部署、完善司法责任制、加强检察机关内部监督管理、促进规范司法、提高办案质量效率、提升检察公信力的重要举措。

最高人民检察院党组对建立案件质量评查制度非常重视，曹建明检察长多次在全国检察长会议、大检察官专题研讨班等讲话中要求加快制定案件质量评

---

　　* 原文刊载于《人民检察》2018 年第 3 期。
　　** 作者单位：最高人民检察院案件管理办公室。

查工作规定，全面推进案后评查。全国检察机关近年来积极探索开展这项工作，积累了丰富经验，在落实办案责任、保障司法责任制方面取得了明显成效，但也不同程度地存在着做法不一致、发展不平衡等问题，各地迫切希望最高人民检察院出台相关规定，为更加扎实有序地开展评查工作提供统一规范。按照最高人民检察院党组和领导要求，我们组织专门力量，广泛调研，反复征求地方检察机关和相关部门意见，数易其稿，形成案件质量评查工作规定审议稿。2017 年 12 月，《规定》经最高人民检察院检委会审议通过，自 2018 年 1 月 1 日起试行。

二、指导思想和基本思路

研究起草《规定》的指导思想是：按照党的十九大报告提出的深化司法体制综合配套改革、全面落实司法责任制、努力让人民群众在每一个司法案件中感受到公平正义的要求，积极适应司法责任制改革后检察工作面临的新形势新任务，着力解决案件评查工作发展不平衡不深入的问题，努力构建符合检察工作实际的案件评查制度，推动评查工作向科学化、规范化、信息化方向发展，充分发挥其在落实司法责任制、促进公正司法、提高办案质量和效率方面的作用，满足人民群众日益增长的对公平正义的新需求。

围绕这个指导思想，我们在起草时重点把握以下几点：

一是贯彻落实司法责任制改革要求。按照完善检察机关司法责任制的改革要求，针对检察办案组织变化，强化对以独任检察官和检察官办案组为单元的办案质量评查，同时做好与检察官业绩考核、司法业绩档案、司法责任追究等制度的协调衔接，把司法责任制改革的要求贯穿到案件质量评查工作之中。

二是突出重点、注重实效。合理确定评查的范围、内容，把评查重点放在影响司法公信力的问题上，对一般性的程序问题主要在流程监控环节予以解决，突出案后评查对案件实体等重要问题的关注，以有效发挥案件质量评查的实际作用。

三是力求公正权威、简便快捷。优化评查程序，严格评查结果认定，同时充分运用信息化手段开展评查，最大限度地减轻评查负担，提升评查工作的公正性、权威性，使评查工作更好地服务于司法办案。

四是把顶层设计与基层探索结合起来，为探索创新留有空间。根据实际需要，在对评查基本问题作出统一规定，以引领、规范各级检察机关开展工作。同时，考虑到各地情况差异较大，许多问题还需要探索实践，在具体规定上又为探索创新留有空间。

三、主要内容及相关问题说明

《规定》共五章 29 条，包括总则，评查工作的组织、计划与执行，评查的种类、内容、标准与结果等次，评查的程序与结果运用等。

（一）关于总则性规定

《规定》第一章明确了案件质量评查的定义与范围、评查工作要求、地位和作用、评查的方式等。

1. 明确评查的对象范围是检察机关已经办结的案件而非正在办理的案件。这主要是考虑到，对于正在办理的案件，可以依照流程监控等有关规定对程序性问题进行监督，而评查活动涉及对案件事实认定、证据采信、法律适用等实体问题的核查评价，为防止评查时对正在办理的案件带来不必要的影响，将评查的对象界定为已经办结的案件。

2. 明确评查工作的基本要求。《规定》第三条提出了评查工作应当做到几个结合，主要是强调评查工作应当坚持全面性，不能偏重一个方面而忽略另一方面，如不能只强调统一组织而不谈分工负责，不能只重视问题发现而忽视正向激励。文件中有多个条文体现和贯彻了这几项要求，后文具体说明。

3. 明确评查工作应当与落实司法责任制相衔接。案件质量评查是落实司法责任制的重要保障机制，为此，《规定》第四条明确要求，评查结果应当作为评价检察官办案业绩和能力、水平的重要依据，纳入业绩考核评价体系。并在第十六条、第十七条中明确将案件办理是否符合司法责任制关于办案组织、案件分配、办案权限、文书签发等方面的相关规定作为评查的主要内容和标准。

4. 明确提出应当充分运用信息技术辅助开展案件评查。信息化建设是推动检察工作科学发展和提高检察公信力的重要引擎。检察机关近年来非常重视利用大数据等手段，搭建检察机关信息化平台，相继研发并部署使用统一业务应用系统、电子卷宗系统、案件信息公开系统等，助推检察工作快速发展。在文件制定过程中，时任最高人民检察院曹建明检察长等院领导明确指出，要善于运用办案大数据、人工智能等现代信息技术，对所办理的案件进行全面评查，要将司法办案中容易发生的问题，整合进智能系统，对案件进行自动评查，实现评查的普遍化、客观化、智能化。为此，《规定》第五条提出研制案件质量评查智能辅助系统，为检察机关利用现代信息技术辅助开展评查提供技术支持。考虑到实践中有部分案件依照有关规定未在统一业务应用系统上办理，本条第二款在规定以网上评查为主、网下评查为辅的同时，规定了可以调阅纸质材料进行线下评查。

（二）关于评查工作的组织、计划与执行

《规定》第二章明确了评查的组织、计划与执行，这是对第3条评查工作应当坚持统一组织领导与分工负责相结合要求的具体落实，是保障评查工作有效、有序开展的组织保证。

1. 明确评查工作的组织领导与分工负责。《规定》第六条第一款指出，评查工作应当在检察长统一领导下，由案件管理部门、办案部门分工组织开展。检察长统一领导是检察机关的领导体制，此处进一步重申，是强调评查工作作为检察工作整体的一部分，不同部门之间的开展评查应当做好统筹协调，案管部门、办案部门依照规定分工组织、各司其职。第二款、第三款基于上下级检察机关之间的领导与监督指导关系，强调要加强上级检察院对下级检察院评查工作的组织领导，上级院在本地区可以统一调配评查力量，组织开展交叉评查和监督检查；下级检察院则应当向上级检察院报告年度评查工作情况。

起草过程中，有的建议明确规定各级检察院应当设立案件质量评查工作领导小组，以加强对评查工作的统一领导。实践中，确实有一些地方成立了评查工作领导小组，负责组织领导和统筹谋划评查相关工作。但也有意见提出，不宜硬性规定必须成立某种机构，只要明确评查工作在检察长统一领导下、由相关部门组织开展即可，不成立专门机构不影响工作开展。经研究，《规定》对成立评查领导机构未作规定，但也未禁止地方根据实际设立类似机构。

2. 明确由案件管理部门会同办案等部门共同制定评查工作年度计划并由案管部门督促落实。为了保障评查工作有序开展，提高评查的针对性，同时也防止各部门之间开展评查工作互不通气、互不协调，造成多头评查、重复评查的情况，《规定》第七条要求各级院应当结合上级工作部署和本地检察工作实际，研究制定评查工作年度计划。案件管理部门作为评查工作的主要组织者、协调者，负责牵头会同办案部门、政工部门、监察部门等共同研究起草评查计划。需要说明的是，不论是拟以院名义还是拟以案管部门、办案部门名义开展的评查，都需要列入本院的评查年度计划，报经检察长或者检委会审定后执行。

为了增强计划的执行力，明确规定案管部门负责对评查计划的执行情况进行督办、汇总，并向检察长或者检委会报告。

（三）关于评查人员的选任及工作要求

评查人员的素质、能力，直接影响到评查活动所能取得的效果，《规定》第八条至第十条明确了评查人员的选任和管理方面的内容。

1. 明确入额检察官均有担任评查员的资格和责任。案件评查是对检察官已办结案件的核查评价，这就要求评查人员必须具有过硬的政治、业务素质，以保证评查的公正性、权威性。在研究过程中，有的建议从政治素养、业务能力等方面规定担任评查员的选任条件，但另有意见提出，凡是入额的检察官，均是经过特定程序选任出来的合格的办案人员，都应该有资格担任评查员。而且，案件质量评查是检察机关的一项重要业务工作，入额的检察官也有义务有责任承担一定的评查任务，并作为其办案业绩，对评查结果承担相应的责任。为此，《规定》第八条第一款要求，入额的检察官均具有担任评查员的资格和责任，应当服从统一安排调配，按照要求承担和完成所分配的案件质量评查任务，纳入办案业绩考核范围。第二十六条规定，评查人员应当在职责范围内对评查工作质量负责，并承担相应的司法责任。起草过程中，有的建议明确规定各地应当建立案件质量评查人才库。经研究，考虑到入额检察官都是评查人员的选任范围，因此，对评查人才库未作规定，但并不禁止各地根据实际建立相关制度。

2. 明确了检察官助理可以参加评查工作。评查活动涉及事项多，工作任务重。推行司法责任制改革后，员额检察官的数量相对较少，而一些检察官助理本身业务能力很强，原来也具有办案资格，只是囿于名额限制未能入额。为了缓解参加评查工作的员额检察官数量不足的压力，可以充分发挥这部分检察官助理的作用，允许他们参加评查活动，根据检察官的指派和安排，协助开展相关工作，检察官对其工作承担相应责任。

3. 明确了评查人员的保密义务和回避制度。评查活动需要对整个办案过程、案件材料进行审阅，会涉及许多涉密内容。根据有关要求，《规定》第九条明确要求参加评查的检察官、检察官助理应当严格遵守相关保密规定。另外，评查活动涉及对办案活动的评价和对检察官的业绩考核，根据各方面的意见，第十条明确了评查的回避制度，对本人参与办理、审核审批的案件以及其他与本人、近亲属有利害关系的案件，参与评查的检察官、检察官助理应当回避，不再参与相关评查工作。

（四）关于评查种类及具体要求

《规定》第三章规定了评查的种类、内容、标准与结果等次。

1. 明确了人工评查与智能辅助相结合的具体方式。第十一条是对总则中关于人工评查与智能辅助相结合要求的具体落实，这里有两层意思：一是各级检察院要运用案件评查的智能辅助系统对案件进行智能化的、自动化的评查，范围是所办理的全部案件。目前，全国性的评查智能辅助系统尚未建设完成，我们将进一步加大工作力度，广泛征求意见，组织全国相关方面的专家能手，尽快完成系统研发部署工作。二是各级检察院可以运用常规抽查、重点评查、专项评查等方式开展人工评查，范围是部分案件。人工评查的这三种方式是《关于完善人民检察院司法责任制的若干意见》明确提出的，《规定》与其保持一致。

2. 明确了常规抽查的对象要求、数量要求、时间要求、工作内容要求等。根据《规定》第十二条，常规抽查的对象是检察官办理的案件，抽查的数量是不少于本人当年办案量的百分之五，最低不少于二件；对于检察长、副检察长、检察委员会专职委员办理的案件，考虑到评查的效果和力度，可以由上级人民检察院进行常规抽查，这也符合中央政法委提出的完善院领导办案情况由上级院考核、部门领导办案情况由本院考核机制的精神。评查结束后，应当确定评查结论，形成评查报告，提出意见建议。鉴于评查情况要纳入检察官的业绩考核之中，《规定》要求常规抽查须在每年业绩考核工作开始前完成，但这并不意味着常规抽查只能在年底进行。实践中，许多地方将常规抽查作为日常工作的一部分，按照同期办案量的相应比例定期进行评查，既减轻了年底的工作压力，又将评查工作融入日常、抓在经常，充分发挥评查活动对办案质量的常态化制度化促进作用。

3. 对重点评查的情形、时间、工作内容等作出规范。《规定》第十三条明确了作为重点案件进行评查的几种情形：一是有可能出现问题的案件，如批捕后决定不起诉，或者提起公诉后又撤回起诉或者被法院判决无罪、免予刑事处罚，此种情形案件的前后处理结果存在矛盾，理应作为重点评查案件进行检查评定、查找分析原因。二是已经发现存在严重问题的案件，如在流程监控等管理活动中已经发现案件存在严重程序违规、不当干预、缺少制约程序等问题，或者评查智能辅助系统在自动检查过程中提示可能存在重大问题，对这类案件作为重点评查案件进行评查，以突出问题导向。关于"缺少程序制约"，这是起草过程中根据征求意见情况增加的，对其如何理解和把握，我们可以通过举例的方式来说明。在办案过程中，有些办案活动会有前后相应的诉讼阶段、诉讼环节进行监督制约，比如，批捕活动有起诉或审判阶段对批捕决定是否正确进行监督制约，起诉活动有审判阶段对起诉决定是否正确进行监督制约。但有些活动，明显缺少前后诉讼环节的制约，如侦监部门应当进行立案监督而未监督，公诉部门应当对法院审判活动进行抗诉而未抗诉，并没有来自其他诉讼阶段、其他机关的监督制约，公安机关、法院很少会主动要求检察机关对其履行立案监督、审判监督职责，像这样的案件，可以说是缺少程序制约，这种情形下如果发现可能存在重大问题嫌疑的，可以进行重点评查。三是最高人民检察院、省级人民检察院确定的其他案件。除上述两种情形之外，最高人民检察院和省级院可以根据情况，确定需要重点评查的其他案件。凡是被列为重点评查案件的，应当逢案必查，深入分析、检查是否存在问题，并在案件办结后或者发现问题之日起 3 个月内完成。

4. 对专项评查的对象、时间、工作内容提出要求。《规定》第十四条提出，可以针对特定类型的案件、特定的问题，确定特定的主题来开展专项评查，对办案情况进行深度分析研究。专项评查的优点在于比较灵活，可以结合工作大局、专项工作部署或者整体的司法办案态势来开展。专项评查应当每年至少开展一次。

5. 明确了组织开展评查的责任部门。根据《人民检察院刑事诉讼规则（试行）》第六百六十八条的规定，案件管理部门作为检察机关内部专司监督管理职责的部门，基本职责之一就是对案件开展案后评查。与司法责任制改革相适应，常规抽查、重点评查是对办案活动的一种常态化管理活动，因此，将其作为日常的监管工作、由案件管理部门组织开展较为适宜。专项评查往往是对特定类型案件、特定问题而开展的集中评查，有很强的特殊性、针对性，因此，可以根据工作需要灵活确定组织开展的部门。为此，《规定》第十五条明确提出，常规抽查、重点评查由案件管理部门组织开展，经检察长批准，也可以由相关办案部门组织开展。专项评查由相关办案部门组织开展，也可以由案件管理部门单独或者会同办案部门组织开展。这样规定，既明确了各部门的评查责任，又充分发挥各部门尤其是办案部门的工作积极性和专业优势。

（五）关于评查内容和标准

《规定》第十六条明确了案件评查的主要内容。起草过程中，有的建议将办案风险评估、涉案财物处理、统一业务应用系统使用、案件信息公开等规定为评查内容。经研究认为，如果将类似的各种事项都一一列举，既影响文件的简洁性，而且也难免会挂一漏万，不利于突出评查重点，如果确实需要评查这些事项，将其看作办案程序之中的问题也是可以解决的。

第十七条明确了案件评查的基本标准，这些基本标准大都是法律、司法解释中已经作出的规定或者提出的要求，此处作了简要重申。在起草过程中，有的建议针对不同类型案件制定具体的评查标准，以方便各地对照评查和打分。经研究认为，具体评查标准涉及各业务条线和各办案类型，内容多、差异大，需要丰富的经验积累，所需时间较长。根据工作需要，第一步先出台评查工作规定，待条件成熟时再会同相关办案部门，在总结经验的基础上，研究制定各类案件的具体评查标准。

（六）关于评查结果等次及标准

《规定》第十八条、第十九条明确了评查的结果等次和认定标准：一是《规定》划分为优质案件、合格案件、瑕疵案件和不合格案件四个档次来确定评查结果等次，没有采用具体打分的模式。实践中，一些地方的评查结果是采用加分或者扣分的模式进行，考虑到全国各地的情况差别太大，不宜统一规定各地都采用打分模式，因此，《规定》只规定了四个档次，但并未禁止各地在制定细则时，将四个档次的模式再细化为打分模式来区分评查结果等次。二是在确定优质案件、不合格案件时，既要实事求是，又要正确理解和设立认定标准，在条件的把握上要相对更严格一些。如果评查的案件出现了大量不合格案件，或者评出来的大都是优质案件，就失去了评查的意义和价值。三是在认定合格案件、瑕疵案件时，要注意从问题的数量和严重程度上来把握，《规定》确立的合格案件的标准是符合实体、程序、文书等方面的基本要求，不能把这个"基本要求"无限拔高，把一些细枝末节的、非基本要求的问题全部认定为瑕疵甚至不合格。

（七）关于评查程序

《规定》第二十条至第二十二条规定了案件评查的程序，在理解适用时需要把握以下几点：一是评查程序要简洁可行。起草过程中，我们本着案件质量评查程序要设计科学、简便易行、不能把评查搞成二次办案的思路，在确定评查流程时尽量做到简洁明确，各地在设计具体评查程序时也要做到既规范有效，又简便好用，不能过于机械繁琐。二是要保障被评查单位、办案人员的异议权。评查结果等次特别是瑕疵案件、不合格案件，对办案单位、办案人员的声誉、业绩、责任等都会产生深刻的负面影响。为此，《规定》要求，拟认定为瑕疵案件或者不合格案件的，必须听取被评查单位、办案人员的意见。其提出异议的，评查组织部门应当及时审核处理。认为异议成立的，应当接受并修改评查意见；认为异议不成立的，应当说明理由并报请检察长或者检察委员会讨论决定。三是关于邀请人大代表、政协委员、特约检察员、人民监督员参与评查。起草过程中，一些地方和部门建议可以邀请人大代表、政协委员等参与评查活动，以提升评查的社会效果。为此，《规定》提出，可以邀请人大代表、政协委员、特约检察员、人民监督员对评查工作提出意见建议，向他们通报相关情况。

（八）关于评查结果运用

评查结果能否充分运用、如何合理有效运用，直接关系到评查的作用能否实现，是评查制度存在价值的保障。《规定》从多个方面明确了评查结果的运用：一是明确评查结果运用于解决评查所发现的问题，促进建章立制。发现问题、解决问题是评查结果最直接、最基本的运用。《规定》第二十三条提出了三种问题情形的处理：第一种是对于能够补正的问题，应当及时补正。实践中，有些办案中存在的问题，虽然案件已经办结了，但仍然需要办案人员继续完成相关工作，这类问题就属于能够补正的，比如，未及时处理涉案财物、未及时向当事人送达文书、未及时公开案件信息等。第二种是对于普遍性、倾向性问题，评查组织部门可以在一定范围内开展讲评培训、通报评查结果，协调相关部门建立健全长效机制等，以扩大评查结果影响，既可以督促直接办案人员改进工作，又有利于警示其他办案人员发生同类问题。第三种是对于认为存在严重错误需要纠正原处理结论的，需要报请检察长或者检察委员会决定启动法定程序予以纠正。这里的问题不是一般性的问题，不能通过补正等方式解决，而是需要对原来的处理结论进行纠正。而修改案件结论、纠正错案，是很严肃的事情，应当严格按照检察机关已有的制度机制，报请检察长或者检委会决定是否由有权的部门依照相应程序进行，不能由评查组织部门直接启动纠正程序。

二是明确评查结果运用于司法责任追究。案件质量评查作为落实司法责任制的重要制度保障，评查结果必然要运用于司法责任的认定上。案件评查组织部门有权处理的仅是对案件办理问题的认定，如果评查中发现有涉及对检察人员的问题认定的，应当交由相关部门来处理。根据《关于完善人民检察院司法责任制的若干意见》，对检察人员司法过错行为的检举控告，由人民检察院监察机构受理。监察机构经调查后认为应当追究检察官故意违反法律法规或重大过失司法责任的，应当依照程序移送检察官惩戒委员会审议处理。为此，《规定》第二十四条第一款规定，经评查发现需要追究办案人员司法责任的，移送本院监察部门处理。

三是明确评查结果运用于表扬先进、正面激励。为落实"问题导向与正面激励相结合"的要求，第二十四条第二款明确对于评查所发现的优秀典型案例、法律文书以及业绩突出的单位、个人，可以给予相应的表扬和荣誉，以激励大家对办好案、办优质案的重视与自觉。当然，表彰奖励要符合规定，防止违规设奖。

四是明确评查结果运用于业绩考核和公务员年度考核。《规定》第四条明确应当将评查结果纳入业绩考核，第二十五条对如何纳入作了进一步要求，将制度细化的权力和责任赋予地方，明确规定地方检察院应当建立和完善案件评查结果纳入业绩考核的工作衔接机制。同时明确指出，对案件被评定为不合格并且被认定应当承担司法责任的人员，该年度考核不得被评定为优秀和称职。这主要是考虑到不合格案件和司法责任的认定标准与程序都非常严格，所办案件一旦被认定不合格且应承担司法责任，性质上较为严重，年终考评不宜再被评定为优秀和称职。

（九）关于制定实施细则

司法责任制改革、案件管理工作、案件质量评查，这些都是伴随检察工作发展而出现的新情况、新事物，目前来说还处于不断探索和发展阶段。各地在具体实践中，已经创造和正在创造着宝贵的经验，应当为探索创新留有一定的空间，这也是我们起草时遵循的思路之一。因此，我们在对评查主要问题作出规范的同时，对一些问题规定得较为概括，各地在贯彻落实时，可以结合本地实际，制定具体的实施细则。

最高人民法院、最高人民检察院、公安部、司法部
关于办理黑恶势力犯罪案件若干问题的指导意见

（2018 年 1 月 16 日公布并施行　法发〔2018〕1 号）

为贯彻落实《中共中央、国务院关于开展扫黑除恶专项斗争的通知》精神，统一执法思想，提高执法效能，依法、准确、有力惩处黑恶势力犯罪，严厉打击"村霸"、宗族恶势力、"保护伞"以及"软暴力"等犯罪，根据《刑法》、《刑事诉讼法》及有关司法解释等规定，针对实践中遇到的新情况、新问题，现就办理黑恶势力犯罪案件若干问题制定如下指导意见：

一、总体要求

1. 各级人民法院、人民检察院、公安机关和司法行政机关应充分发挥职能作用，密切配合，相互支持，相互制约，形成打击合力，加强预防惩治黑恶势力犯罪长效机制建设。正确运用法律规定加大对黑恶势力违法犯罪以及"保护伞"惩处力度，在侦查、起诉、审判、执行各阶段体现依法从严惩处精神，严格掌握取保候审，严格掌握不起诉，严格掌握缓刑、减刑、假释，严格掌握保外就医适用条件，充分运用《刑法》总则关于共同犯罪和犯罪集团的规定加大惩处力度，充分利用资格刑、财产刑降低再犯可能性。对黑恶势力犯罪，注意串并研判、深挖彻查，防止就案办案，依法加快办理。坚持依法办案、坚持法定标准、坚持以审判为中心，加强法律监督，强化程序意识和证据意识，正确把握"打早打小"与"打准打实"的关系，贯彻落实宽严相济刑事政策，切实做到宽严有据，罚当其罪，实现政治效果、法律效果和社会效果的统一。

2. 各级人民法院、人民检察院、公安机关和司法行政机关应聚焦黑恶势力犯罪突出的重点地区、重点行业和重点领域，重点打击威胁政治安全特别是政权安全、制度安全以及向政治领域渗透的黑恶势力；把持基层政权、操纵破坏基层换届选举、垄断农村资源、侵吞集体资产的黑恶势力；利用家族、宗族势力横行乡里、称霸一方、欺压残害百姓的"村霸"等黑恶势力；在征地、租地、拆迁、工程项目建设等过程中煽动闹事的黑恶势力；在建筑工程、交通运输、矿产资源、渔业捕捞等行业、领域，强揽工程、恶意竞标、非法占地、

濒开滥采的黑恶势力；在商贸集市、批发市场、车站码头、旅游景区等场所欺行霸市、强买强卖、收保护费的市霸、行霸等黑恶势力；操纵、经营"黄赌毒"等违法犯罪活动的黑恶势力；非法高利放贷、暴力讨债的黑恶势力；插手民间纠纷，充当"地下执法队"的黑恶势力；组织或雇佣网络"水军"在网上威胁、恐吓、侮辱、诽谤、滋扰的黑恶势力；境外黑社会入境发展渗透以及跨国跨境的黑恶势力。同时，坚决深挖黑恶势力"保护伞"。

二、依法认定和惩处黑社会性质组织犯罪

3. 黑社会性质组织应同时具备《刑法》第二百九十四条第五款中规定的"组织特征""经济特征""行为特征"和"危害性特征"。由于实践中许多黑社会性质组织并非这"四个特征"都很明显，在具体认定时，应根据立法本意，认真审查、分析黑社会性质组织"四个特征"相互间的内在联系，准确评价涉案犯罪组织所造成的社会危害，做到不枉不纵。

4. 发起、创建黑社会性质组织，或者对黑社会性质组织进行合并、分立、重组的行为，应当认定为"组织黑社会性质组织"；实际对整个组织的发展、运行、活动进行决策、指挥、协调、管理的行为，应当认定为"领导黑社会性质组织"。黑社会性质组织的组织者、领导者，既包括通过一定形式产生的有明确职务、称谓的组织者、领导者，也包括在黑社会性质组织中被公认的事实上的组织者、领导者。

5. 知道或者应当知道是以实施违法犯罪为基本活动内容的组织，仍加入并接受其领导和管理的行为，应当认定为"参加黑社会性质组织"。没有加入黑社会性质组织的意愿，受雇到黑社会性质组织开办的公司、企业、社团工作，未参与黑社会性质组织违法犯罪活动的，不应认定为"参加黑社会性质组织"。

参加黑社会性质组织并具有以下情形之一的，一般应当认定为"积极参加黑社会性质组织"：多次积极参与黑社会性质组织的违法犯罪活动，或者积极参与较严重的黑社会性质组织的犯罪活动且作用突出，以及其他在组织中起重要作用的情形，如具体主管黑社会性质组织的财务、人员管理等事项。

6. 组织形成后，在一定时期内持续存在，应当认定为"形成较稳定的犯罪组织"。

黑社会性质组织一般在短时间内难以形成，而且成员人数较多，但鉴于"恶势力"团伙和犯罪集团向黑社会性质组织发展是一个渐进的过程，没有明显的性质转变的节点，故对黑社会性质组织存在时间、成员人数问题不宜作出"一刀切"的规定。

黑社会性质组织未举行成立仪式或者进行类似活动的，成立时间可以按照

足以反映其初步形成非法影响的标志性事件的发生时间认定。没有明显标志性事件的，可以按照本意见中关于黑社会性质组织违法犯罪活动认定范围的规定，将组织者、领导者与其他组织成员首次共同实施该组织犯罪活动的时间认定为该组织的形成时间。该组织者、领导者因未到案或者因死亡等法定情形未被起诉的，不影响认定。

黑社会性质组织成员既包括已有充分证据证明但尚未归案的组织成员，也包括虽有参加黑社会性质组织的行为但因尚未达到刑事责任年龄或因其他法定情形而未被起诉，或者根据具体情节不作为犯罪处理的组织成员。

7. 在组织的形成、发展过程中通过以下方式获取经济利益的，应当认定为"有组织地通过违法犯罪活动或者其他手段获取经济利益"：

（1）有组织地通过违法犯罪活动或其他不正当手段聚敛；

（2）有组织地以投资、控股、参股、合伙等方式通过合法的生产、经营活动获取；

（3）由组织成员提供或通过其他单位、组织、个人资助取得。

8. 通过上述方式获得一定数量的经济利益，应当认定为"具有一定的经济实力"，同时也包括调动一定规模的经济资源用以支持该组织活动的能力。通过上述方式获取的经济利益，即使是由部分组织成员个人掌控，也应计入黑社会性质组织的"经济实力"。组织成员主动将个人或者家庭资产中的一部分用于支持该组织活动，其个人或者家庭资产可全部计入"一定的经济实力"，但数额明显较小或者仅提供动产、不动产使用权的除外。

由于不同地区的经济发展水平、不同行业的利润空间均存在很大差异，加之黑社会性质组织存在、发展的时间也各有不同，在办案时不能一般性地要求黑社会性质组织所具有的经济实力必须达到特定规模或特定数额。

9. 黑社会性质组织实施的违法犯罪活动包括非暴力性的违法犯罪活动，但暴力或以暴力相威胁始终是黑社会性质组织实施违法犯罪活动的基本手段，并随时可能付诸实施。暴力、威胁色彩虽不明显，但实际是以组织的势力、影响和犯罪能力为依托，以暴力、威胁的现实可能性为基础，足以使他人产生恐惧、恐慌进而形成心理强制或者足以影响、限制人身自由、危及人身财产安全或者影响正常生产、工作、生活的手段，属于《刑法》第二百九十四条第五款第（三）项中的"其他手段"，包括但不限于所谓的"谈判""协商""调解"以及滋扰、纠缠、哄闹、聚众造势等手段。

10. 为确立、维护、扩大组织的势力、影响、利益或者按照纪律规约、组织惯例多次实施违法犯罪活动，侵犯不特定多人的人身权利、民主权利、财产权利，破坏经济秩序、社会秩序，应当认定为"有组织地多次进行违法犯罪活动，为非作恶，欺压、残害群众"。

符合以下情形之一的，应当认定为是黑社会性质组织实施的违法犯罪活动：

（1）为该组织争夺势力范围、打击竞争对手、形成强势地位、谋取经济利益、树立非法权威、扩大非法影响、寻求非法保护、增强犯罪能力等实施的；

（2）按照该组织的纪律规约、组织惯例实施的；

（3）组织者、领导者直接组织、策划、指挥、参与实施的；

（4）由组织成员以组织名义实施，并得到组织者、领导者认可或者默许的；

（5）多名组织成员为逞强争霸、插手纠纷、报复他人、替人行凶、非法敛财而共同实施，并得到组织者、领导者认可或者默许的；

（6）其他应当认定为黑社会性质组织实施的。

11. 鉴于黑社会性质组织非法控制和影响的"一定区域"的大小具有相对性，不能简单地要求"一定区域"必须达到某一特定的空间范围，而应当根据具体案情，并结合黑社会性质组织对经济、社会生活秩序的危害程度加以综合分析判断。

通过实施违法犯罪活动，或者利用国家工作人员的包庇或者不依法履行职责，放纵黑社会性质组织进行违法犯罪活动的行为，称霸一方，并具有以下情形之一的，可认定为"在一定区域或者行业内，形成非法控制或者重大影响，严重破坏经济、社会生活秩序"：

（1）致使在一定区域内生活或者在一定行业内从事生产、经营的多名群众，合法利益遭受犯罪或严重违法活动侵害后，不敢通过正当途径举报、控告的；

（2）对一定行业的生产、经营形成垄断，或者对涉及一定行业的准入、经营、竞争等经济活动形成重要影响的；

（3）插手民间纠纷、经济纠纷，在相关区域或者行业内造成严重影响的；

（4）干扰、破坏他人正常生产、经营、生活，并在相关区域或者行业内造成严重影响的；

（5）干扰、破坏公司、企业、事业单位及社会团体的正常生产，经营、工作秩序，在相关区域、行业内造成严重影响，或者致使其不能正常生产、经营、工作的；

（6）多次干扰、破坏党和国家机关、行业管理部门以及村委会、居委会等基层群众自治组织的工作秩序，或者致使上述单位、组织的职能不能正常行使的；

（7）利用组织的势力、影响，帮助组织成员或他人获取政治地位，或者在党政机关、基层群众自治组织中担任一定职务的；

（8）其他形成非法控制或者重大影响，严重破坏经济、社会生活秩序的情形。

12. 对于组织者、领导者和因犯参加黑社会性质组织罪被判处五年以上有期徒刑的积极参加者，可根据《刑法》第五十六条第一款的规定适用附加剥夺政治权利。对于符合《刑法》第三十七条之一规定的组织成员，应当依法禁止其从事相关职业。符合《刑法》第六十六条规定的组织成员，应当认定为累犯，依法从重处罚。

对于因有组织的暴力性犯罪被判处死刑缓期执行的黑社会性质组织犯罪分子，可以根据《刑法》第五十条第二款的规定同时决定对其限制减刑。对于因有组织的暴力性犯罪被判处十年以上有期徒刑、无期徒刑的黑社会性质组织犯罪分子，应当根据《刑法》第八十一条第二款规定，不得假释。

13. 对于组织者、领导者一般应当并处没收个人全部财产。对于确属骨干成员或者为该组织转移、隐匿资产的积极参加者，可以并处没收个人全部财产。对于其他组织成员，应当根据所参与实施违法犯罪活动的次数、性质、地位、作用、违法所得数额以及造成损失的数额等情节，依法决定财产刑的适用。

三、依法惩处恶势力犯罪

14. 具有下列情形的组织，应当认定为"恶势力"：经常纠集在一起，以暴力、威胁或者其他手段，在一定区域或者行业内多次实施违法犯罪活动，为非作恶，欺压百姓，扰乱经济、社会生活秩序，造成较为恶劣的社会影响，但尚未形成黑社会性质组织的违法犯罪组织。恶势力一般为三人以上，纠集者相对固定，违法犯罪活动主要为强迫交易、故意伤害、非法拘禁、敲诈勒索、故意毁坏财物、聚众斗殴、寻衅滋事等，同时还可能伴随实施开设赌场、组织卖淫、强迫卖淫、贩卖毒品、运输毒品、制造毒品、抢劫、抢夺、聚众扰乱社会秩序、聚众扰乱公共场所秩序、交通秩序以及聚众"打砸抢"等。

在相关法律文书中的犯罪事实认定部分，可使用"恶势力"等表述加以描述。

15. 恶势力犯罪集团是符合犯罪集团法定条件的恶势力犯罪组织，其特征表现为：有三名以上的组织成员，有明显的首要分子，重要成员较为固定，组织成员经常纠集在一起，共同故意实施三次以上恶势力惯常实施的犯罪活动或者其他犯罪活动。

16. 公安机关、人民检察院、人民法院在办理恶势力犯罪案件时，应当依照上述规定，区别于普通刑事案件，充分运用《刑法》总则关于共同犯罪和犯罪集团的规定，依法从严惩处。

四、依法惩处利用"软暴力"实施的犯罪

17. 黑恶势力为谋取不法利益或形成非法影响，有组织地采用滋扰、纠缠、哄闹、聚众造势等手段侵犯人身权利、财产权利，破坏经济秩序、社会秩序，构成犯罪的，应当分别依照《刑法》相关规定处理：

（1）有组织地采用滋扰、纠缠、哄闹、聚众造势等手段扰乱正常的工作、生活秩序，使他人产生心理恐惧或者形成心理强制，分别属于《刑法》第二百九十三条第一款第（二）项规定的"恐吓"、《刑法》第二百二十六规定的"威胁"，同时符合其他犯罪构成条件的，应分别以寻衅滋事罪、强迫交易罪定罪处罚。

《关于办理寻衅滋事刑事案件适用法律若干问题的解释》第二条至第四条中的"多次"一般应当理解为二年内实施寻衅滋事行为三次以上。二年内多次实施不同种类寻衅滋事行为的，应当追究刑事责任。

（2）以非法占有为目的强行索取公私财物，有组织地采用滋扰、纠缠、哄闹、聚众造势等手段扰乱正常的工作、生活秩序，同时符合《刑法》第二百七十四条规定的其他犯罪构成条件的，应当以敲诈勒索罪定罪处罚。同时由多人实施或者以统一着装、显露纹身、特殊标识以及其他明示或者暗示方式，足以使对方感知相关行为的有组织性的，应当认定为《关于办理敲诈勒索刑事案件适用法律若干问题的解释》第二条第（五）项规定的"以黑恶势力名义敲诈勒索"。

采用上述手段，同时又构成其他犯罪的，应当依法按照处罚较重的规定定罪处罚。

雇佣、指使他人有组织地采用上述手段强迫交易、敲诈勒索，构成强迫交易罪、敲诈勒索罪的，对雇佣者、指使者，一般应当以共同犯罪中的主犯论处。为强索不受法律保护的债务或者因其他非法目的，雇佣、指使他人有组织地采用上述手段寻衅滋事，构成寻衅滋事罪的，对雇佣者、指使者，一般应当以共同犯罪中的主犯论处；为追讨合法债务或者因婚恋、家庭、邻里纠纷等民间矛盾而雇佣、指使，没有造成严重后果的，一般不作为犯罪处理，但经有关部门批评制止或者处理处罚后仍继续实施的除外。

18. 黑恶势力有组织地多次短时间非法拘禁他人的，应当认定为《刑法》第二百三十八条规定的"以其他方法非法剥夺他人人身自由"。非法拘禁他人三次以上、每次持续时间在四小时以上，或者非法拘禁他人累计时间在十二小时以上的，应以非法拘禁罪定罪处罚。

五、依法打击非法放贷讨债的犯罪活动

19. 在民间借贷活动中，如有擅自设立金融机构、非法吸收公众存款、骗取贷款、套取金融机构资金发放高利贷以及为强索债务而实施故意杀人、故意伤害、非法拘禁、故意毁坏财物等行为的，应当按照具体犯罪侦查、起诉、审判。依法符合数罪并罚条件的，应当并罚。

20. 对于以非法占有为目的，假借民间借贷之名，通过"虚增债务""签订虚假借款协议""制造资金走账流水""肆意认定违约""转单平账""虚假诉讼"等手段非法占有他人财产，或者使用暴力、威胁手段强立债权、强行索债的，应当根据案件具体事实，以诈骗、强迫交易、敲诈勒索、抢劫、虚假诉讼等罪名侦查、起诉、审判。对于非法占有的被害人实际所得借款以外的虚高"债务"和以"保证金""中介费""服务费"等各种名目扣除或收取的额外费用，均应计入违法所得。对于名义上为被害人所得、但在案证据能够证明实际上却为犯罪嫌疑人、被告人实施后续犯罪所使用的"借款"，应予以没收。

21. 对采用讨债公司、"地下执法队"等各种形式有组织地进行上述活动，符合黑社会性质组织、犯罪集团认定标准的，应当按照组织、领导、参加黑社会性质组织罪或者犯罪集团侦查、起诉、审判。

六、依法严惩"保护伞"

22. 《刑法》第二百九十四条第三款中规定的"包庇"行为，不要求相关国家机关工作人员利用职务便利。利用职务便利包庇黑社会性质组织的，酌情从重处罚。包庇、纵容黑社会性质组织，事先有通谋的，以具体犯罪的共犯论处。

23. 公安机关、人民检察院、人民法院对办理黑恶势力犯罪案件中发现的涉嫌包庇、纵容黑社会性质组织犯罪、收受贿赂、渎职侵权等违法违纪线索，应当及时移送有关主管部门和其他相关部门，坚决依法严惩充当黑恶势力"保护伞"的职务犯罪。

24. 依法严惩农村"两委"等人员在涉农惠农补贴申领与发放、农村基础设施建设、征地拆迁补偿、救灾扶贫优抚、生态环境保护等过程中，利用职权恃强凌弱、吃拿卡要、侵吞挪用国家专项资金的犯罪，以及放纵、包庇"村霸"和宗族恶势力，致使其坐大成患；或者收受贿赂、徇私舞弊，为"村霸"和宗族恶势力充当"保护伞"的犯罪。

25. 公安机关在侦办黑恶势力犯罪案件中，应当注意及时深挖其背后的腐败问题，对于涉嫌特别重大贿赂犯罪案件的犯罪嫌疑人，及时会同有关机关，

执行《刑事诉讼法》第三十七条的相关规定，辩护律师在侦查期间会见在押犯罪嫌疑人的，应当经相关侦查机关许可。

七、依法处置涉案财产

26. 公安机关、人民检察院、人民法院根据黑社会性质组织犯罪案件的诉讼需要，应当依法查询、查封、扣押、冻结全部涉案财产。公安机关侦查期间，要会同工商、税务、国土、住建、审计、人民银行等部门全面调查涉黑组织及其成员的财产状况。

对于不宜查封、扣押、冻结的经营性资产，可以申请当地政府指定有关部门或者委托有关机构代管或者托管。

对黑社会性质组织及其成员聚敛的财产及其孳息、收益的数额，办案单位可以委托专门机构评估；确实无法准确计算的，可以根据有关法律规定及查明的事实、证据合理估算。

27. 对于依法查封、冻结、扣押的黑社会性质组织涉案财产，应当全面收集、审查证明其来源、性质、用途、权属及价值大小的有关证据。符合下列情形之一的，应当依法追缴、没收：

（1）组织及其成员通过违法犯罪活动或其他不正当手段聚敛的财产及其孳息、收益；

（2）组织成员通过个人实施违法犯罪活动聚敛的财产及其孳息、收益；

（3）其他单位、组织、个人为支持该组织活动资助或主动提供的财产；

（4）通过合法的生产、经营活动获取的财产或者组织成员个人、家庭合法资产中，实际用于支持该组织活动的部分；

（5）组织成员非法持有的违禁品以及供犯罪所用的本人财物；

（6）其他单位、组织、个人利用黑社会性质组织及其成员的违法犯罪活动获取的财产及其孳息、收益；

（7）其他应当追缴、没收的财产。

28. 违法所得已用于清偿债务或者转让给他人，具有下列情形之一的，应当依法追缴：

（1）对方明知是通过违法犯罪活动或者其他不正当手段聚敛的财产及其孳息、收益的；

（2）对方无偿或者以明显低于市场价格取得的；

（3）对方是因非法债务或者违法犯罪活动而取得的；

（4）通过其他方式恶意取得的。

29. 依法应当追缴、没收的财产无法找到、被他人善意取得、价值灭失或者与其他合法财产混合且不可分割的，可以追缴、没收其他等值财产。

30. 黑社会性质组织犯罪嫌疑人、被告人逃匿，在通缉一年后不能到案，或者犯罪嫌疑人、被告人死亡的，应当依照法定程序没收其违法所得。

31. 对于依法查封、扣押、冻结的涉案财产，有证据证明确属被害人合法财产，或者确与黑社会性质组织及其违法犯罪活动无关的应予以返还。

八、其他

32. 司法行政机关应当加强对律师办理黑社会性质组织犯罪案件辩护代理工作的指导监督，指导律师事务所建立健全律师办理黑社会性质组织犯罪的请示报告、集体研究和检查督导制度。办案机关应当依法保障律师各项诉讼权利，为律师履行辩护代理职责提供便利，防止因妨碍辩护律师依法履行职责，对案件办理带来影响。

对黑恶势力犯罪案件开庭审理时，人民法院应当通知对辩护律师所属事务所具有监督管理权限的司法行政机关派员旁听。

对于律师违反会见规定的；以串联组团，联署签名、发表公开信，组织网上聚集、声援等方式或者借个案研讨之名，制造舆论压力，攻击、诋毁司法机关和司法制度，干扰诉讼活动正常进行的；煽动、教唆和组织当事人或者其他人员到司法机关或者其他国家机关静坐、举牌、打横幅、喊口号等，扰乱公共秩序、危害公共安全的；违反规定披露、散布不公开审理案件的信息、材料，或者本人、其他律师在办案过程中获悉的有关案件重要信息、证据材料的，司法行政机关应当依照有关规定予以处罚，构成犯罪的，依法追究刑事责任。对于律师辩护、代理活动中的违法违规行为，相关办案机关要注意收集固定证据，提出司法建议。

33. 监狱应当从严管理组织、领导、参加黑社会性质组织的罪犯，严格罪犯会见、减刑、假释、暂予监外执行等执法活动。对于判处十年以上有期徒刑、无期徒刑，判处死刑缓期二年执行减为有期徒刑、无期徒刑的黑社会性质组织的组织者、领导者，实行跨省、自治区、直辖市异地关押。积极开展黑恶势力犯罪线索排查，教育引导服刑人员检举揭发。社区矫正机构对拟适用社区矫正的黑恶势力犯罪案件的犯罪嫌疑人、被告人，应当认真开展调查评估，为准确适用非监禁刑提供参考。社区矫正机构对组织、领导、参加黑社会性质组织的社区服刑人员要严格监管教育。公安机关、人民检察院、人民法院、司法行政机关要加强协调联动，完善应急处置工作机制，妥善处理社区服刑人员脱管漏管和重新违法犯罪等情形。

34. 办理黑恶势力犯罪案件，要依法建立完善重大疑难案件会商、案件通报等工作机制，进一步加强政法机关之间的配合，形成打击合力；对群众关注度高、社会影响力大的黑恶势力犯罪案件，依法采取挂牌督办、上提一级、异地管辖、指定管辖以及现场联合督导等措施，确保案件质量。根据办理黑恶势力犯罪案件的实际情况，及时汇总问题，归纳经验，适时出台有关证据标准，切实保障有力打击。

35. 公安机关、人民检察院、人民法院办理黑社会性质组织犯罪案件，应当按照《刑事诉讼法》《关于办理黑社会性质组织犯罪案件若干问题的规定》《公安机关办理刑事案件证人保护工作规定》的有关规定，对证人、报案人、控告人、举报人、鉴定人、被害人采取保护措施。

犯罪嫌疑人、被告人，积极配合侦查、起诉、审判工作，在查明黑社会性质组织的组织结构和组织者、领导者的地位作用，组织实施的重大犯罪事实，追缴、没收赃款赃物，打击"保护伞"等方面提供重要线索和证据，经查证属实的，可以根据案件具体情况，依法从轻、减轻或者免除处罚，并对其参照证人保护的有关规定采取保护措施。前述规定，对于确属组织者、领导者的犯罪嫌疑人、被告人应当严格掌握。

对于确有重大立功或者对于认定重大犯罪事实或追缴、没收涉黑财产具有重要作用的组织成员，确有必要通过分案审理予以保护的，公安机关可以与人民检察院、人民法院在充分沟通的基础上作出另案处理的决定。

对于办理黑社会性质组织犯罪案件的政法干警及其近亲属，需要采取保护措施的，可以参照《刑事诉讼法》等关于证人保护的有关规定，采取禁止特定的人员接触、对人身和住宅予以专门性保护等必要的措施，以确保办理案件的司法工作人员及其近亲属的人身安全。

36. 本意见颁布实施后，最高人民法院、最高人民检察院、公安部、司法部联合发布或者单独制定的其他相关规范性文件，内容如与本意见中有关规定不一致的，应当按照本意见执行。

最高人民检察院
人民检察院强制医疗决定程序监督工作规定

（2017 年 7 月 4 日最高人民检察院第十二届检察委员会第六十六次
会议通过 2018 年 2 月 1 日公布并施行 高检发诉字〔2018〕1 号）

第一条 为了规范人民检察院强制医疗决定程序监督工作，维护公共安全，维护诉讼参与人的合法权利，保障强制医疗程序的正确实施，根据《中华人民共和国刑法》《中华人民共和国刑事诉讼法》等规定，结合检察工作实际，制定本规定。

第二条 强制医疗决定程序的监督，由人民检察院公诉部门负责。涉及未成年人的，由未成年人检察部门负责。

第三条 人民检察院办理公安机关移送的强制医疗案件，应当审查公安机关移送的强制医疗意见书，以及鉴定意见等证据材料，并注意发现和纠正以下违法情形，

（一）对涉案精神病人的鉴定程序违反法律规定的；

（二）对涉案精神病人采取临时保护性约束措施不当的；

（三）其他违反法律规定的情形。

第四条 人民检察院办理公安机关移送的强制医疗案件，可以会见涉案精神病人，询问办案人员、鉴定人，听取涉案精神病人法定代理人、诉讼代理人意见，向涉案精神病人的主治医生、近亲属、邻居、其他知情人员或者基层组织等了解情况，向被害人及其法定代理人、近亲属等了解情况，就有关专门性技术问题委托具有法定资质的鉴定机构、鉴定人进行鉴定，开展相关调查。

相关调查情况应当记录并附卷。

第五条 人民检察院发现公安机关应当启动强制医疗程序而不启动的，可以要求公安机关在七日以内书面说明不启动的理由。

经审查，认为公安机关不启动理由不能成立的，应当通知公安机关启动强制医疗程序。

公安机关收到启动强制医疗程序通知书后，未按要求启动强制医疗程序的，人民检察院应当向公安机关提出纠正意见。

第六条　人民检察院办理公安机关移送的强制医疗案件，发现公安机关对涉案精神病人进行鉴定的程序有下列情形之一的，应当依法提出纠正意见：

（一）鉴定机构不具备法定资质，或者精神病鉴定超出鉴定机构业务范围、技术条件的；

（二）鉴定人不具备法定资质，精神病鉴定超出鉴定人业务范围，或者违反回避规定的；

（三）鉴定程序违反法律、有关规定，鉴定的过程和方法违反相关专业的规范要求的；

（四）鉴定文书不符合法定形式要件的；

（五）鉴定意见没有依法及时告知相关人员的；

（六）鉴定人故意作虚假鉴定的；

（七）其他违反法律规定的情形。

人民检察院对精神病鉴定程序进行监督，可以要求公安机关补充鉴定或者重新鉴定，必要时，可以询问鉴定人并制作笔录，或者委托具有法定资质的鉴定机构进行补充鉴定或者重新鉴定。

第七条　人民检察院发现公安机关对涉案精神病人采取临时保护性约束措施，有下列情形之一的，应当依法提出纠正意见：

（一）不应当采取而采取临时保护性约束措施的；

（二）采取临时保护性约束措施的方式、方法和力度不当，超过避免和防止危害他人和精神病人自身安全的必要限度的；

（三）对已无继续危害社会可能，解除约束措施后不致发生社会危害性的涉案精神病人，未及时解除保护性约束措施的；

（四）其他违反法律规定的情形。

人民检察院认为公安机关有必要采取临时保护性约束措施而公安机关尚未采取的，可以建议公安机关采取临时保护性约束措施。

第八条　人民检察院对人民法院强制医疗案件审理活动实行监督，主要发现和纠正以下违法情形：

（一）未通知被申请人或者被告人的法定代理人到场的；

（二）被申请人或者被告人没有委托诉讼代理人，未通知法律援助机构指派律师为其提供法律帮助的；

（三）未组成合议庭或者合议庭组成人员不合法的；

（四）未经被申请人、被告人的法定代理人请求直接作出不开庭审理决定的；

（五）未会见被申请人的；

（六）被申请人、被告人要求出庭且具备出庭条件，未准许其出庭的；

（七）违反法定审理期限的；

（八）收到人民检察院对强制医疗决定不当的书面纠正意见后，未另行组成合议庭审理或者未在一个月以内作出复议决定的；

（九）人民法院作出的强制医疗决定或者驳回强制医疗申请决定不当的；

（十）其他违反法律规定的情形。

人民检察院发现人民法院强制医疗案件审理活动有前款规定的违法情形的，应当依法提出纠正意见。

第九条　人民法院对强制医疗案件开庭审理的，人民检察院应当派员出席法庭，审查人民法院作出的强制医疗决定、驳回强制医疗申请的决定、宣告被告人依法不负刑事责任的判决是否符合法律规定。

第十条　人民检察院对人民法院强制医疗案件审理活动实行监督，可以参照本规定第四条规定的方式开展调查。相关调查情况应当记录并附卷。

第十一条　出席法庭的检察人员发现人民法院审理强制医疗案件违反法律规定的诉讼程序，应当记录在案，并在休庭后及时向检察长报告，由人民检察院在庭审后向人民法院提出纠正意见。

第十二条　人民法院拟不开庭审理的强制医疗案件，人民检察院认为开庭审理更为适宜的，可以建议人民法院开庭审理。

第十三条　人民检察院认为被申请人的身体和精神状况适宜到庭，且到庭更有利于查明案件事实的，可以建议人民法院准许其到庭。

第十四条　人民检察院审查同级人民法院强制医疗决定书或者驳回强制医疗申请决定书，可以听取被害人及其法定代理人、近亲属的意见并记录附卷。

第十五条　人民检察院发现人民法院作出的强制医疗的决定或者驳回强制医疗申请的决定，有下列情形之一的，应当在收到决定书副本后二十日以内向人民法院提出书面纠正意见：

（一）据以作出决定的事实不清或者确有错误的；

（二）据以作出决定的证据不确实、不充分的；

（三）据以作出决定的证据依法应当予以排除的；

（四）据以作出决定的主要证据之间存在矛盾的；

（五）有确实、充分的证据证明应当决定强制医疗而予以驳回的，或者不应当决定强制医疗而决定强制医疗的；

（六）审理过程中严重违反法定诉讼程序，可能影响公正审理和决定的。

第十六条　对于人民检察院提起公诉的案件，人民法院在审理案件过程中发现被告人可能符合强制医疗条件，决定依法适用强制医疗程序进行审理的，人民检察院应当在庭审中发表意见。

对人民法院作出的宣告被告人无罪或者不负刑事责任的判决、强制医疗决定，人民检察院应当进行审查。对判决确有错误的，应当依法提出抗诉，对强制医疗决定或者未作出强制医疗的决定不当的，应当提出书面纠正意见。

人民法院未适用强制医疗程序对案件进行审理，或者未判决宣告被告人不负刑事责任，直接作出强制医疗决定的，人民检察院应当提出书面纠正意见。

第十七条　在强制医疗执行过程中发现强制医疗决定确有错误的，由作出决定的人民法院的同级人民检察院向人民法院提出书面纠正意见。

前款规定的工作由人民检察院公诉部门办理。

第十八条　人民法院收到被决定强制医疗的人、被害人及其法定代理人、近亲属复议申请后，未组成合议庭审理，或者未在一个月内作出复议决定，或者有其他违法行为的，由收到复议决定的人民法院的同级人民检察院向人民法院提出书面纠正意见。

第十九条　人民检察院在办理强制医疗案件中发现公安机关的违法情形，对于情节较轻的，可以由检察人员以口头方式向侦查人员或者公安机关负责人提出纠正意见，并及时向本部门负责人汇报；必要的时候，由部门负责人提出。对于情节较重的违法情形，应当报请检察长批准后，向公安机关发出纠正违法通知书。构成犯罪的，移送有关部门依法追究刑事责任。

人民检察院在办理强制医疗案件中发现人民法院的违法情形，参照前款规定执行。

人民检察院在强制医疗执行监督中发现被强制医疗的人不符合强制医疗条件或者需要依法追究刑事责任，将有关材料转交作出强制医疗决定的人民法院的同级人民检察院的，收到材料的人民检察院公诉部门应当在二十日以内进行审查，并将审查情况和处理意见反馈负责强制医疗执行监督的人民检察院。

第二十条　公安机关、人民法院对纠正意见申请复查的，人民检察院应当在七日以内进行复查，并将复查结果及时通知申请复查机关。经过复查，认为纠正意见正确的，应当及时向上一级人民检察院报告；认为纠正意见错误的，应当及时予以撤销。

上一级人民检察院经审查，认为下级人民检察院纠正意见正确的，应当及时通知同级人民法院、公安机关督促下级人民法院、公安机关根据纠正意见进行纠正；认为下级人民检察院纠正意见不正确的，应当书面通知下级人民检察院予以撤销，下级人民检察院应当执行，并及时向人民法院、公安机关及有关人员说明情况。有申诉人、控告人的，应当将处理结果及时回复申诉人、控告人。

第二十一条　人民检察院应当及时了解公安机关、人民法院对纠正意见的执行情况。

人民检察院提出的纠正意见，公安机关和人民法院没有正当理由不纠正的，应当向上一级人民检察院报告。上级人民检察院认为下级人民检察院意见正确的，应当及时通知同级公安机关、人民法院督促下级公安机关、人民法院纠正；上级人民检察院认为下级人民检察院纠正违法的意见错误的，应当通知下级人民检察院撤销书面纠正意见，并通知同级公安机关、人民法院。

第二十二条　各省、自治区、直辖市人民检察院可以结合本地实际，对实施强制医疗决定程序监督的检察官权力清单作出规定。

第二十三条　本规定由最高人民检察院负责解释。

第二十四条　本规定自印发之日起施行。

《人民检察院强制医疗决定程序监督
工作规定》的理解与适用*

张相军　金　威　侯若英**

2018 年 2 月 1 日，最高人民检察院印发了《人民检察院强制医疗决定程序监督工作规定》（以下简称《规定》）。《规定》针对修改后的刑事诉讼法实施以来，检察机关适用强制医疗程序中面临的一些新情况新问题，就检察机关对强制医疗决定程序实行监督的制度机制进行了完善。为了便于正确理解和适用《规定》，现就《规定》的起草背景与过程、主要内容等说明如下。

一、《规定》的制定背景与过程

近年来，精神病人肇事肇祸事件屡有发生，不少事件造成严重人身伤亡或重大财产损失，严重危害社会公共安全和人民群众生命财产安全。有关统计资料显示，截至 2017 年年底，全国在册严重精神障碍患者人数达 581 万。[1]

为保障精神病人合法权益，维护公共安全，修改后的刑事诉讼法[2]新增了依法不负刑事责任的精神病人的强制医疗程序（以下简称"强制医疗程序"）。修改后的刑事诉讼法第二百八十九条规定，检察机关对强制医疗的决定和执行实行监督。最高人民检察院《人民检察院刑事诉讼规则（试行）》（以下简称《规则》）第五百四十条规定，检察机关审查公安机关移送的强制医疗意见书，向法院提出强制医疗的申请以及对强制医疗决定的监督，由公诉部门办理。根据上述规定，检察机关在办理强制医疗案件中，不仅参与强制医疗程序，也依法对强制医疗的决定进行监督，有效地维护了公共安全，保障了诉讼参与人的合法权利，促进了强制医疗程序的正确实施。

在司法实践中，不少检察院反映，对强制医疗决定程序实行监督工作仍面临一些新情况新问题，如对强制医疗适用条件的审查认定存在不同认识，对精神病鉴定程序的监督机制不完善，检察机关对法院审理活动的监督机制不健全，对法院作出的强制医疗决定或驳回决定监督机制不完善，检察机关监督纠

---

* 原文刊载于《人民检察》2018 年第 9 期。

** 作者单位：最高人民检察院公诉厅。

① 参见新华网：《我国在册严重精神障碍患者人数达 581 万》，载 http：//www.xinhuanet.com/2018-01/26/c_1122323778.htm. 最后访问日期：2018 年 4 月 18 日。

② 本文中刑事诉讼法指 2012 年修改后的刑事诉讼法，下同。

正程序不健全等，不利于检察机关对强制医疗程序监督的依法正确实施。如何健全检察机关的法律监督制度机制，防止和纠正犯罪嫌疑人"假冒精神病人"逃脱法律制裁和普通人"被精神病"而错误被强制医疗，既维护公共安全，又依法保障人权，是需要深入研究的问题，进一步加强和规范强制医疗决定程序监督工作，制定相关规范性文件，十分必要。

根据最高人民检察院《关于深化检察改革的意见（2013—2017年工作规划)》及工作方案，"完善对强制医疗决定的监督机制"被确定为最高人民检察院检察改革任务之一，明确由公诉厅牵头负责。为完成好这项改革任务，最高人民检察院公诉厅组织北京市、上海市等14个办理强制医疗案件数量较多省份的检察机关开展调研，对办案和监督情况、规范性文件、工作经验、典型案例等进行深入研究。根据调研中了解到的情况、问题，参考相关文件，借鉴各地较成熟经验，起草了《规定》初稿，并在系统内征求意见。修改完善后，又征求了全国人大常委会法制工作委员会、中央综治办、最高人民法院、公安部、司法部、国家卫生和计划生育委员会的意见。2017年7月4日，最高人民检察院第十二届检察委员会第六十六次会议审议并原则通过《规定》稿。根据检察委员会审议意见，公诉厅对《规定》稿作了进一步修改完善，形成送审稿报送中央政法委。在中央政法委的组织下，再次征求中央有关单位的修改意见并进行了逐条梳理采纳，形成新的送审稿报送中央政法委审示。经中央政法委同意后，于2018年2月1日正式印发实施。

二、《规定》的主要内容与说明

《规定》共24条，主要包括五方面内容，分别是制定《规定》的目的依据和监督主体、对公安机关移送的强制医疗案件的监督、对法院强制医疗案件审理活动的监督、监督程序、其他规定。

（一）关于制定《规定》的目的依据和监督主体

修改后的刑事诉讼法第二百八十九条规定，检察机关对强制医疗的决定和执行实行监督。《规定》第一条明确，制定《规定》旨在规范检察机关强制医疗决定程序监督工作，维护公共安全，维护诉讼参与人的合法权利，保障强制医疗程序的正确实施。《规则》第五百四十条规定，检察机关审查公安机关移送的强制医疗意见书，向法院提出强制医疗的申请以及对强制医疗决定的监督，由公诉部门办理。同时考虑到，检察机关办理的强制医疗案件往往涉及未成年人保护问题，关系到未成年人切身利益，《规定》第二条明确，该类案件原则由公诉部门负责，涉及未成年人的，由未成年人检察部门负责。

（二）关于对公安机关移送的强制医疗案件侦查活动的监督

检察机关对强制医疗的决定实行监督，应当是对强制医疗决定程序的监督。在强制医疗的决定程序中，既包括公安机关的侦查活动，也包括法院的审理活动。检察机关对公安机关在侦查阶段的监督，是其法律监督职能的重要体现，是通过审查公安机关提出的强制医疗意见及日常侦查工作来实现监督的，包括侦查机关在收集精神病人实施暴力行为的证据材料，对精神病人进行鉴定的程序，对实施暴力行为的精神病人采取临时保护性约束措施是否合法等。《规定》第三条至第七条是检察机关对公安机关强制医疗案件侦查活动监督的规定。《规定》第三条是对公安机关移送案件的监督内容的规定，明确检察机关公诉部门应当通过审查强制医疗意见书和鉴定意见等证据材料，对强制医疗案件侦查活动实行监督，提出应当注意发现和纠正对涉案精神病人的鉴定程序违反法律规定、对涉案精神病人采取临时保护性约束措施不当等违法情形的监督。

对强制医疗案件的监督往往具有特殊性，特别是对精神病人精神病情况、社会危害性、人身危险性的判断方法，均与普通刑事案件明显不同。实践中，公诉部门办理的强制医疗案件，往往是通过开展大量社会调查来发现案件中存在的问题或违法行为。因此，《规定》第四条对检察机关的调查方式作出了规定，明确检察人员可以通过会见涉案精神病人来核实精神病人身份、暴力行为事实等，了解对被申请人采取的临时保护性约束措施是否适当，以便对被申请人的治疗现状和身心状态有更为直观的认识。通过询问办案人员、鉴定人，听取涉案精神病人法定代理人、诉讼代理人意见，向涉案精神病人的主治医生、近亲属、邻居、其他知情人员或基层组织等了解情况，向被害人及其法定代理人、近亲属等了解情况。就有关专门性技术问题通过委托具有法定资质的鉴定机构、鉴定人进行鉴定等，对精神病人病史和日常表现等作进一步了解。这些调查都有利于提高监督的准确性，有利于及时发现"被精神病"和"假精神病"情况。

《规则》第五百四十五条规定，"人民检察院发现公安机关应当启动强制医疗程序而不启动的，可以要求公安机关在七日以内书面说明不启动的理由。经审查，认为公安机关不启动理由不能成立的，应当通知公安机关启动程序"。《规定》第五条在此基础上作了进一步细化，明确公安机关未按通知要求启动强制医疗程序的，检察机关应当向公安机关提出纠正意见。

对精神病鉴定程序进行监督，是对强制医疗决定程序实行监督的重点和难点，实践中不少检察机关反映难以把握。《规定》第六条结合全国人大常委会《关于司法鉴定管理问题的决定》及相关司法鉴定行政管理法规规章和司法实践，对精神病鉴定程序的违法情形进行了细化，对补充鉴定、重新鉴定等作出规定。检察机关办理公安机关移送的强制医疗案件，发现公安机关对涉案精神病人进行鉴定的程序存在鉴定机构不具备法定资质，或者精神病鉴定超出鉴定机构业务范围、技术条件；鉴定人不具备法定资质，精神病鉴定超出鉴定人业务范围，或者违反回避规定；鉴定程序违反法律、有关规定，鉴定的过程和方法违反相关专业的规范要求；鉴定文书不符合法定形式要件；鉴定意见没有依法及时告知相关人员；鉴定人故意作虚假鉴定等六种具体情形的，应当依法提出纠正意见。

《规定》第七条根据修改后的刑事诉讼法第二百八十五条、《规则》第五百四十六条、公安部《公安机关办理刑事案件程序规定》第三百三十四条第一款及相关司法解释对临时保护性约束措施的规定，对公安机关采取临时保护性约束措施不当的情形进行细化，对监督作出规定。

（三）关于对法院强制医疗案件审理活动的监督

法院的审理活动是强制医疗决定程序的关键。检察机关对法院审理活动的监督，是强制医疗决定程序监督的重要方面。检察机关主要是通过审查法院审理强制医疗案件是否符合法律规定的程序，对强制医疗的决定是否正确、合法等来实现的。《规定》第八条至第十八条是对法院强制医疗案件审理阶段的监督的规定。

《规则》第五百五十条规定，检察机关发现法院或者审判人员审理强制医疗案件违反法律规定的诉讼程序，应当向法院提出纠正意见。根据修改后的刑事诉讼法和最高人民法院《关于适用〈中华人民共和国刑事诉讼法〉的解释》（以下简称《解释》）关于强制医疗案件审理活动的规定，《规定》第八条对法院的强制医疗案件审理活动的违法情形进一步细化，明确了十种应当主要发现和纠正的违法情形，并对提出纠正意见作出规定。《规定》第九条和第十条分别对监督途径和调查方式进行了规定，明确检察机关派员出席法庭、审查法院作出的决定和判决，以及采取会见、听取意见、了解情况等方式开展调查。

《规定》第十一条至第十三条是关于庭审活动监督的规定。庭审是法院审理强制医疗案件的核心，加强对庭审活动的监督是加强决定程序监督的重要方面。法院是否开庭审理，关系到检察机关对法院审理活动的监督力度和效果。《解释》第五百二十九条规定，审理强制医疗案件，应当组成合议庭，开庭审理。但是，被申请人、被告人的法定代理人请求不开庭审理，并经法院审查同意的除外。这一规定确立了依"申请＋审查"不开庭审理的做法，司法实践中，该规定使得是否开庭在较大程度上依赖于被申请人、被告人的法定代理人的意志。开庭审理，有利于保障强制医疗决定的客观公正，有利于保障被申请人和其他诉讼参与人的合法权利，不开庭审理可能产生司法不公。加强对强制医疗决定的监督，应当加强对庭审活动的监督，首先就要对是否开庭进行监督，《规定》第十二条在《解释》的基础上，确立了检察机关建议法院开庭审理的程序。同时，《解释》第五百三十条第二款规定，被申请人要求出庭，法院经审查其身体和精神状态，认为可以出庭的，应当准许。出庭的被申请人，在法庭调查、辩论阶段，可以发表意见。考虑在部分案件中，被申请人身体和精神适宜到庭，且到庭有利于查明案件事实，也有利于保障被申请人诉讼权利和核实被申请人精神状况，因此，《规定》第十三条对检察机关建议法院准许被申请人到庭作出规定。此外，《规定》第十一条参照《规则》第五百八十条关于审判活动监督的规定，对出庭检察人员监督庭审活动、提出纠正意见等作出规定，明确了检察人员应在休庭后向检察长报告，以及应在庭审后提出纠正意见。

《规定》第十四条至第十八条对法院作出的强制医疗决定或驳回强制医疗申请决定的监督进行规定。

被害人方面对被强制医疗人的精神情况和案情较为了解，听取被害人及其法定代理人、近亲属的意见，有利于提高监督的准确性，及时发现错误的强制医疗决定。实践中，出现很多典型案例，是检察机关通过听取被害人方面意见并及时调查核实，最终发现被强制医疗人"假冒精神病"逃避刑事法律制裁的。因此，被害人方面的意见对强制医疗程序的正确实施十分重要。为此，《规定》第十四条对听取被害人及其法定代理人、近亲属的意见作出专门规定。

《规则》第五百五十条第二款规定，检察机关认为法院作出的强制医疗决定或者驳回强制医疗申请的决定不当，应当在收到决定书副本后二十日以内向法院提出书面纠正意见。《规定》第十五条对何为作出决定不当进行了细化规定。考虑到强制医疗程序是一审终审制，对强制医疗决定或者驳回强制医疗申请决定的监督应当参照审判监督程序进行监督，即应当按照再审程序启动的标准进行，防止司法资源浪费，因此，参照《规则》第五百九十一条的规定，结合强制医疗案例特点，将六种情形明确为强制医疗决定或驳回申请的决定的违法情形。

《规则》第五百五十一条规定，法院在审理案件过程中发现被告人符合强制医疗条件，作出被告人不负刑事责任的判决后，拟作出强制医疗决定的，检察机关应当在庭审中发表意见。普通程序转适用强制医疗程序的案件，检察机关如何对判决和决定监督，法律和司法解释没有明确规定，理论和司法实践中均有争议。《规定》第十六条第二款、第三款对上述"转程序"案件的监督作出规定，明确对判决依法提出抗诉、对强制医疗决定、未作出强制医疗的决定提出书面纠正意见。同时规定，对法院未依法适用强制医疗程序，或未判决宣告被告人不负刑事责任，直接作出强制医疗决定的，检察机关也应当进行监督，提出纠正意见。

《规则》第五百五十条规定，检察机关认为法院作出的强制医疗决定或者驳回强制医疗申请的决定不当，应当在收到决定书副本后二十日以内向法院提出书面纠正意见。根据这一规定，检察机关自收到决定书副本二十日以内可以提出纠正意见。但在实践中，"假冒精神病"逃避法律制裁或"被精神病"的错误强制医疗决定案件，有一些是检察机关在二十日期限届满后、强制医疗执行过程中发现的。超过法定期限如何监督纠错，法律和司法解释没有明确规定，但发现错误强制医疗决定不监督纠错，有违司法公正，有悖于人权保障。各地检察机关办理的强制医疗案件中，出现多起强制医疗执行期间且检察机关收到决定书副本二十日后才发现决定确有错误的情况，这其中既有刑事执行检察部门在刑事执行检察过程中发现转交给公诉部门的，也有公诉部门依职权自行发现的。由于制度空白，各地在监督纠错中出现较大困难和分歧。有的省份以再审检察建议要求法院撤销原决定的方式监督纠正，有的省份以提出抗诉的方式监督纠正，还有的省份提请上一级检察机关对同级法院提出纠正违法意见。为弥补制度空白，规范监督程序，《规定》第十七条对强制医疗决定执行中发现的错误强制医疗决定如何监督作出规定，为超过法定时限的监督纠错提供程序依据。对于各地实践中的几种解决方案，我们认为：一方面，在目前法律框架内，法律未规定强制医疗程序可以参照审判监督程序，建议法院再审、对生效决定的抗诉都于法无据，不符合现有法律规定的体系设计。另一方面，检察建议的刚性较低，不便于监督落实，因此，仍采取了提出书面纠正意见的方式，规定在强制医疗执行过程中发现强制医疗决定确有错误的，由作出决定的法院的同级检察机关向法院提出书面纠正意见。同时，考虑到作出决定的法院的同级检察机关公诉部门较为了解案件情况，对同级法院监督更为便利，又考虑到与《规则》第六百六十三条规定衔接的问题，该条第二款进一步明确由检察机关公诉部门负责向作出决定的同级法院提出书面纠正意见。

修改后的刑事诉讼法第二百八十七条第二款规定，被决定强制医疗的人、被害人及其法定代理人、近亲属对强制医疗决定不服的，可以向上一级法院申请复议。《解释》第五百三十七条规定，对不服强制医疗决定的复议申请，上一级法院应当组成合议庭审理，并在一个月内作出复议决定。《规定》第十八条根据法律和司法解释对复议程序的规定，针对法院审查复议申请可能存在的违法行为规定，由收到复议决定的法院的同级检察机关提出书面纠正意见。

（四）关于监督程序和其他规定

《规定》第十九条至第二十一条是对监督程序作出的规定。参照《规则》第五百六十六条关于侦查活动监督的工作程序、第六百六十三条关于强制医疗执行监督的工作程序，《规定》第十九条对检察机关提出纠正意见和审查强制医疗决定的内部工作程序和司法权责作出规定。参照《规则》第五百七十一条关于纠正意见复查的程序，《规定》第二十条对纠正意见的复查程序作出规定。为监督公安机关、法院及时纠正违法行为，《规定》第二十一条参照第二十条规定，对跟踪监督纠正意见执行情况及监督程序作出规定。

考虑到各地在司法责任制改革中，不同地方、不同层级的检察官对检察官权力清单的规定都不尽相同，《规定》第二十二条对司法责任制改革的监督程序作出授权规定，明确各地检察机关可以结合本地实际，对实施强制医疗程序监督的检察官权力清单作出规定。

最高人民法院、最高人民检察院、公安部、司法部
关于依法严厉打击黑恶势力违法犯罪的通告

（2018 年 2 月 2 日公布并施行）

　　黑恶势力是经济社会健康发展的毒瘤，是人民群众深恶痛绝的顽疾，必须坚决依法予以打击。为切实保障广大人民群众合法权益，维护社会和谐稳定，按照中共中央、国务院《关于开展扫黑除恶专项斗争的通知》精神，依据《中华人民共和国刑法》、《中华人民共和国刑事诉讼法》及有关规定，现就依法严厉打击黑恶势力违法犯罪相关事项通告如下：

　　一、凡是实施黑恶势力违法犯罪以及包庇、纵容黑社会性质组织的人员，必须立即停止一切违法犯罪活动。自本通告发布之日起至 2018 年 3 月 1 日，主动投案自首、如实供述自己罪行的，可以依法从轻或者减轻处罚。在此规定期限内拒不投案自首、继续为非作恶的，将依法从严惩处。对于为黑恶势力违法犯罪人员充当"保护伞"的国家机关工作人员，将坚决依法依纪查处，不管涉及谁，都要一查到底、绝不姑息。

　　二、黑恶势力犯罪人员的亲友应当积极规劝其尽快投案自首，经亲友规劝、陪同投案的，或者亲友主动报案后将犯罪人员送去投案的，视为自动投案。窝藏、包庇黑恶势力犯罪人员或者帮助洗钱、毁灭、伪造证据以及掩饰、隐瞒犯罪所得、犯罪所得收益的，将依法追究刑事责任。黑恶势力犯罪人员到案后有检举、揭发他人犯罪并经查证属实，以及提供侦破其他案件的重要线索并经查证属实，或者协助司法机关抓获其他犯罪嫌疑人的，可以依法从轻或者减轻处罚；有重大立功表现的，可以依法减轻或者免除处罚。黑恶势力犯罪人员积极配合侦查、起诉、审判工作，在查明黑社会性质组织的组织结构和组织者、领导者的地位作用，组织实施的重大犯罪事实，追缴、没收赃款赃物，打击"保护伞"等方面提供重要线索和证据，经查证属实的，可以根据案件具体情况，依法从轻、减轻或者免除处罚。

　　三、全国政法战线要贯彻落实党的十九大精神，在各级党委的统一领导下，充分发挥社会治安综合治理优势，推动各部门各司其职、齐抓共管，形成工作合力。要以"零容忍"态度，坚决依法从严惩治，对黑恶势力违法犯罪

重拳出击，侦办一批群众深恶痛绝的涉黑涉恶案件，整治一批涉黑涉恶重点地区，惩治一批涉黑涉恶违法犯罪分子，确保在春节前后取得积极成效，为扫黑除恶专项斗争奠定坚实基础，不断增强人民获得感、幸福感、安全感。

四、扫黑除恶是一场人民战争，必须依靠人民群众的积极参与。欢迎广大群众积极举报涉黑涉恶犯罪和"村霸"等突出问题，对在打击黑恶势力违法犯罪、铲除黑恶势力滋生土壤、深挖黑恶势力"保护伞"中发挥重要作用的，予以奖励。政法机关将依法保护举报人的个人信息及安全。

全国扫黑除恶举报网站：www. 12389. gov. cn；举报信箱：北京市邮政19001 号信箱；举报电话：010 - 12389。

本通告自发布之日起施行。

2018 年 2 月 2 日

最高人民检察院
人民检察院刑事抗诉工作指引

（2017 年 7 月 4 日最高人民检察院第十二届检察委员会第六十六次
会议通过　2018 年 2 月 14 日公布并施行　高检发诉字〔2018〕2 号）

第一章　总　　则

第一条　刑事抗诉是法律赋予检察机关的重要职权。通过刑事抗诉纠正确有错误的裁判，是人民检察院履行法律监督职能的重要体现。加强刑事抗诉工作，对于维护司法公正，保护诉讼当事人合法权益，实现社会公平正义，促进社会和谐稳定，树立和维护法治权威具有重要意义。为规范刑事抗诉工作，强化法律监督，根据法律规定，结合检察工作实际，制定本指引。

第二条　人民检察院办理刑事抗诉案件适用本指引。

第三条　办理刑事抗诉案件，应当坚持依法、准确、及时、有效的基本要求。提出或者支持抗诉的案件，应当充分考虑抗诉的必要性。

涉及未成年人的，应当将成年人侵害未成年人人身权利的案件作为抗诉重点。

第四条　办理刑事抗诉案件，按照司法责任制改革确定的办案、审批机制运行。

第二章　刑事抗诉案件的启动

第五条　人民检察院通过审查人民法院的判决或裁定、受理申诉等活动，监督人民法院的判决、裁定是否正确。地方各级人民检察院认为本级人民法院第一审的判决、裁定确有错误的时候，应当向上一级人民法院提出抗诉。最高人民检察院对各级人民法院已经发生法律效力的判决和裁定，上级人民检察院对下级人民法院已经发生法律效力的判决和裁定，如果发现确有错误，有权按照审判监督程序向同级人民法院提出抗诉。

当事人及其法定代理人、近亲属认为人民法院已经发生法律效力的判决、裁定确有错误，向人民检察院申诉的，适用《最高人民检察院关于办理不服人民法院生效刑事裁判申诉案件若干问题的规定》和《人民检察院复查刑事申诉案件的规定》等规定。

第六条 人民检察院可以通过以下途径发现尚未生效判决、裁定的错误：

（一）收到人民法院第一审判决书、裁定书后，人民检察院通过指定专人审查发现错误；

（二）被害人及其法定代理人不服人民法院第一审判决，在收到判决书后五日以内请求人民检察院提出抗诉的，人民检察院应当立即进行审查，在法定抗诉期限内提出是否抗诉的意见；

（三）职务犯罪案件第一审判决，由上下两级人民检察院同步审查。作出一审判决人民法院的同级人民检察院是同步审查的主要责任主体，上一级人民检察院负督促和制约的责任；

（四）其他途径。

第七条 上一级人民检察院在抗诉期限内，发现下级人民检察院应当提出抗诉而没有提出抗诉的案件，可以指令下级人民检察院依法提出抗诉。下级人民检察院在抗诉期限内未能及时提出抗诉的，应当在判决、裁定生效后提请上一级人民检察院按照审判监督程序提出抗诉。

第八条 人民检察院可以通过以下途径发现生效判决、裁定的错误：

（一）收到人民法院生效判决书、裁定书后，人民检察院通过指定专人审查发现错误；

（二）当事人及其法定代理人、近亲属不服人民法院生效刑事判决、裁定提出申诉，刑事申诉检察部门经复查发现错误；

（三）根据社会各界和有关部门转送的材料和反映的意见，对人民法院已生效判决、裁定审查后发现错误；

（四）在办案质量检查和案件复查等工作中，发现人民法院已生效判决、裁定确有错误；

（五）出现新的证据，发现人民法院已生效判决、裁定错误；

（六）办理案件过程中发现其他案件已生效判决、裁定确有错误；

（七）其他途径。

人民检察院对同级人民法院已经发生法律效力的刑事判决、裁定，发现确有错误的，应当提请上一级人民检察院抗诉。上级人民检察院发现下级人民法院已经发生法律效力的判决或裁定确有错误的，可以直接向同级人民法院提出抗诉，或者指令作出生效判决、裁定人民法院的上一级人民检察院向同级人民法院提出抗诉。

第三章　抗诉情形与不抗诉情形

第九条　人民法院的判决、裁定有下列情形之一的，应当提出抗诉：

（一）原审判决或裁定认定事实确有错误，导致定罪或者量刑明显不当的：

1. 刑事判决、裁定认定的事实与证据证明的事实不一致的；

2. 认定的事实与裁判结论有矛盾的；

3. 有新的证据证明原判决、裁定认定的事实确有错误的。

（二）原审判决或裁定采信证据确有错误，导致定罪或者量刑明显不当的：

1. 刑事判决、裁定据以认定案件事实的证据不确实的；

2. 据以定案的证据不足以认定案件事实，或者所证明的案件事实与裁判结论之间缺乏必然联系的；

3. 据以定案的证据依法应当作为非法证据予以排除而未被排除的；

4. 不应当排除的证据作为非法证据被排除或者不予采信的；

5. 据以定案的主要证据之间存在矛盾，无法排除合理怀疑的；

6. 因被告人翻供、证人改变证言而不采纳依法收集并经庭审质证为合法、有效的其他证据，判决无罪或者改变事实认定的；

7. 犯罪事实清楚，证据确实、充分，但人民法院以证据不足为由判决无罪或者改变事实认定的。

（三）原审判决或裁定适用法律确有错误的：

1. 定罪错误，即对案件事实进行评判时发生错误：

（1）有罪判无罪，无罪判有罪的；

（2）混淆此罪与彼罪、一罪与数罪的界限，造成罪刑不相适应，或者在司法实践中产生重大不良影响的。

2. 量刑错误，即适用刑罚与犯罪的事实、性质、情节和社会危害程度不相适应，重罪轻判或者轻罪重判，导致量刑明显不当：

（1）不具有法定量刑情节而超出法定刑幅度量刑的；

（2）认定或者适用法定量刑情节错误，导致未在法定刑幅度内量刑或者量刑明显不当的；

（3）共同犯罪案件中各被告人量刑与其在共同犯罪中的地位、作用明显不相适应或者不均衡的；

（4）适用主刑刑种错误的；

（5）适用附加刑错误的；

（6）适用免予刑事处罚、缓刑错误的；

（7）适用刑事禁止令、限制减刑错误的。

（四）人民法院在审判过程中有下列严重违反法定诉讼程序情形之一，可能影响公正裁判的：

1. 违反有关公开审判规定的；

2. 违反有关回避规定的；

3. 剥夺或者限制当事人法定诉讼权利的；

4. 审判组织的组成不合法的；

5. 除另有规定的以外，证据材料未经庭审质证直接采纳作为定案根据，或者人民法院依申请收集、调取的证据材料和合议庭休庭后自行调查取得的证据材料没有经过庭审质证而直接采纳作为定案根据的；

6. 由合议庭进行审判的案件未经过合议庭评议直接宣判的；

7. 违反审判管辖规定的；

8. 其他严重违反法定诉讼程序情形的。

（五）刑事附带民事诉讼部分所作判决、裁定明显不当的。

（六）人民法院适用犯罪嫌疑人、被告人逃匿、死亡案件违法所得的没收程序所作的裁定确有错误的。

（七）审判人员在审理案件的时候，有贪污受贿、徇私舞弊或者枉法裁判行为，影响公正审判的。

第十条　下列案件一般不提出抗诉：

（一）原审判决或裁定认定事实、采信证据有下列情形之一的：

1. 被告人提出罪轻、无罪辩解或者翻供后，认定犯罪性质、情节或者有罪的证据之间的矛盾无法排除，导致人民法院未认定起诉指控罪名或者相关犯罪事实的；

2. 刑事判决改变起诉指控罪名，导致量刑差异较大，但没有足够证据或者法律依据证明人民法院改变罪名错误的；

3. 案件定罪事实清楚，因有关量刑情节难以查清，人民法院在法定刑幅度内从轻处罚的；

4. 依法排除非法证据后，证明部分或者全部案件事实的证据达不到确实、充分的标准，人民法院不予认定该部分案件事实或者判决无罪的。

（二）原审判决或裁定适用法律有下列情形之一的：

1. 法律规定不明确、存有争议，抗诉的法律依据不充分的；

2. 具有法定从轻或者减轻处罚情节，量刑偏轻的；

3. 被告人系患有严重疾病、生活不能自理的人，怀孕或者正在哺乳自己婴儿的妇女，生活不能自理的人的唯一扶养人，量刑偏轻的；

4. 被告人认罪并积极赔偿损失，取得被害方谅解，量刑偏轻的。

（三）人民法院审判活动违反法定诉讼程序，其严重程度不足以影响公正裁判，或者判决书、裁定书存在技术性差错，不影响案件实质性结论的，一般不提出抗诉。必要时以纠正审理违法意见书形式监督人民法院纠正审判活动中的违法情形，或者以检察建议书等形式要求人民法院更正法律文书中的差错。

（四）人民法院判处被告人死刑缓期二年执行的案件，具有下列情形之一，除原判决认定事实、适用法律有严重错误或者社会反响强烈的以外，一般不提出判处死刑立即执行的抗诉：

1. 被告人有自首、立功等法定从轻、减轻处罚情节的；

2. 定罪的证据确实、充分，但影响量刑的主要证据存有疑问的；

3. 因婚姻家庭、邻里纠纷等民间矛盾激化引发的案件，因被害方的过错行为引起的案件，案发后被告人真诚悔罪、积极赔偿被害方经济损失并取得被害方谅解的；

4. 罪犯被送交监狱执行刑罚后，认罪服法，狱中表现较好，且死缓考验期限将满的。

（五）原审判决或裁定适用的刑罚虽与法律规定有偏差，但符合罪刑相适应原则和社会认同的。

（六）未成年人轻微刑事犯罪案件量刑偏轻的。

第四章　刑事抗诉案件的审查

第十一条　审查刑事抗诉案件，应当坚持全案审查和重点审查相结合原则，并充分听取辩护人的意见。重点审查抗诉主张在事实、法律上的依据以及支持抗诉主张的证据是否具有合法性、客观性和关联性。

第十二条　办理刑事抗诉案件，应当严格按照刑法、刑事诉讼法、相关司法解释和规范性文件的要求，全面、细致地审查案件事实、证据、法律适用以及诉讼程序，综合考虑犯罪性质、情节和社会危害程度等因素，准确分析认定人民法院原审裁判是否确有错误，根据错误的性质和程度，决定是否提出（请）抗诉。

（一）对刑事抗诉案件的事实，应当重点审查以下内容：

1. 犯罪动机、目的是否明确；

2. 犯罪手段是否清楚；

3. 与定罪量刑有关的事实、情节是否查明;

4. 犯罪的危害后果是否查明;

5. 行为和结果之间是否存在刑法上的因果关系。

（二） 对刑事抗诉案件的证据，应当重点审查以下内容:

1. 认定犯罪主体的证据是否确实、充分;

2. 认定犯罪事实的证据是否确实、充分;

3. 涉及犯罪性质、认定罪名的证据是否确实、充分;

4. 涉及量刑情节的证据是否确实、充分;

5. 提出抗诉的刑事案件，支持抗诉意见的证据是否具备合法性、客观性和关联性;

6. 抗诉证据之间、抗诉意见与抗诉证据之间是否存在矛盾;

7. 抗诉证据是否确实、充分。

（三） 对刑事抗诉案件的法律适用，应当重点审查以下内容:

1. 适用法律和引用法律条文是否正确;

2. 罪与非罪、此罪与彼罪、一罪与数罪的认定是否正确;

3. 具有法定从重、从轻、减轻或者免除处罚情节的，适用法律是否正确;

4. 适用刑种和量刑幅度是否正确;

5. 刑事附带民事诉讼判决、裁定，犯罪嫌疑人、被告人逃匿、死亡案件违法所得没收程序的裁定是否符合法律规定。

第十三条 审查抗诉案件一般按照下列步骤进行:

（一） 认真研究抗诉书或提请抗诉报告书，熟悉案件的基本情况、重点了解不同诉讼阶段认定案件事实的差异，公诉意见、历次判决或裁定结论有何差异，将判决或裁定理由与抗诉理由或提请抗诉的理由进行对比，初步分析案件分歧的焦点所在;

（二） 审阅起诉书、判决书或裁定书，核对抗诉书或提请抗诉报告书所列举的公诉意见、判决或裁定结论、判决或裁定理由等内容是否存在错误;

（三） 审阅卷中证据材料。在全面审阅的基础上，重点审查判决、裁定认定案件事实所采信的证据，下一级人民检察院提出抗诉或提请抗诉所认定的证据，特别是对认定事实有分歧的，应当仔细审查各分歧意见所认定、采信的证据;

（四） 根据卷中证据情况，提出对案件事实的初步认定意见，注意与判决、裁定的认定意见有无不同;

（五） 初步列出案件分歧的焦点问题，包括事实认定、证据采信以及法律适用方面的分歧意见等;

（六）分析判决、裁定是否存在错误，提出抗诉或提请抗诉的理由是否成立以及是否存在疏漏，研判是否支持抗诉或决定抗诉；

（七）根据案件具体情况，必要时可以到案发地复核主要证据，对尚不清楚的事实和情节提取新的证据；

（八）根据复核证据的情况，进一步提出认定事实、采信证据和适用法律的意见，分析判决、裁定是否确有错误，抗诉理由是否充分，最后提出是否支持抗诉或者决定抗诉的审查意见。

第十四条 办理刑事抗诉案件，应当讯问原审被告人，并根据案件需要复核或者补充相关证据。

需要原侦查机关补充收集证据的，可以要求原侦查机关补充收集。被告人、辩护人提出自首、立功等可能影响定罪量刑的材料和线索的，人民检察院可以依照管辖规定交侦查机关调查核实，也可以自行调查核实。发现遗漏罪行或者同案犯罪嫌疑人的，应当建议侦查机关侦查。

根据案件具体情况，可以向侦查人员调查了解原案的发破案、侦查取证活动等情况。

在对涉及专门技术问题的证据材料进行审查时，可以委托检察技术人员或者其他具有专门知识的人员进行文证审查，或者请其提供咨询意见。检察技术人员、具有专门知识的人员出具的审查意见或者咨询意见应当附卷，并在案件审查报告中说明。

第十五条 人民检察院办理死刑抗诉案件，除依照本指引第十三条、第十四条规定审查外，还应当重点开展下列工作：

（一）讯问原审被告人，听取原审被告人的辩解；

（二）必要时听取辩护人的意见；

（三）复核主要证据，必要时询问证人；

（四）必要时补充收集证据；

（五）对鉴定意见有疑问的，可以重新鉴定或者补充鉴定；

（六）根据案件情况，可以听取被害人的意见。

第十六条 人民检察院在办理刑事抗诉案件过程中发现职务犯罪线索的，应当对案件线索逐件登记、审查，经检察长批准，及时移送有管辖权的单位办理。

第十七条 承办人审查后，应当制作刑事抗诉案件审查报告，阐明是否提出抗诉或者是否支持抗诉的意见。

刑事抗诉案件审查报告应当符合最高人民检察院规定的格式，并重点把握以下要求：

（一）充分认识审查报告制作质量直接影响对案件的审核和检察长或者检

察委员会作出处理决定；

（二）承办人制作审查报告，可以根据案件汇报的需要及案件本身的特点作适当的调整；

（三）事实叙写应当清晰、完整、客观，不遗漏关键的事实、情节；

（四）证据摘录一般按照先客观性证据后主观性证据的顺序进行列举，以客观性证据为基础构建证据体系，对客观性证据优先审查、充分挖掘、科学解释、全面验证；同时，要防止唯客观性证据论的倾向，防止忽视口供，对口供在做到依法审查、客观验证基础上充分合理使用；

（五）引用判决或裁定的理由和结论应当全面客观，分析判决或裁定是否错误应当有理有据；

（六）审查意见应当注重层次性、针对性、逻辑性和说理性；

（七）对存在舆情等风险的案件，应当提出风险评估和预案处置意见。

第五章　按照第二审程序抗诉

第十八条　人民检察院应当严格落实对人民法院判决、裁定逐案审查工作机制。对提起公诉的案件，在收到人民法院第一审判决书或者裁定书后，应当及时审查，承办检察官应当填写刑事判决、裁定审查表，提出处理意见。

对于下级人民检察院在办理抗诉案件中遇到干扰的，上级人民检察院应当根据实际情况开展协调和排除干扰工作，以保证抗诉工作顺利开展。

第十九条　人民检察院对同级人民法院第一审判决的抗诉，应当在接到判决书的第二日起十日以内提出；对裁定的抗诉，应当在接到裁定书后的第二日起五日以内提出。提出抗诉应当以抗诉书送达同级人民法院为准，不得采取口头通知抗诉的方式。

第二十条　被害人及其法定代理人不服人民法院第一审判决，在收到判决书后五日以内请求人民检察院提出抗诉的，人民检察院应当立即进行审查，作出是否抗诉的决定，并制作抗诉请求答复书，在收到请求后五日以内答复请求人。

被害人及其法定代理人在收到人民法院判决书五日以后请求人民检察院提出抗诉的，由人民检察院决定是否受理。

第二十一条　办理职务犯罪抗诉案件，应当认真落实最高人民检察院公诉厅《关于加强对职务犯罪案件第一审判决法律监督的若干规定（试行）》和《关于对职务犯罪案件第一审判决进一步加强同步审查监督工作的通知》等要求，重点解决职务犯罪案件重罪轻判问题。

下级人民检察院审查职务犯罪案件第一审判决，认为应当抗诉的，应当在法定时限内依法提出抗诉，并且报告上一级人民检察院。

下级人民检察院收到人民法院第一审判决书后，应当在二日以内报送上一级人民检察院。上一级人民检察院认为应当抗诉的，应当及时通知下级人民检察院。下级人民检察院审查后认为不应当抗诉的，应当将不抗诉的意见报上一级人民检察院公诉部门。上一级人民检察院公诉部门不同意下级人民检察院不抗诉意见的，应当根据案件情况决定是否调卷审查。上一级人民检察院公诉部门经调卷审查认为确有抗诉必要的，应当报检察长决定或者检察委员会讨论决定。上一级人民检察院作出的抗诉决定，下级人民检察院应当执行。

上下两级人民检察院对人民法院作出的职务犯罪案件第一审判决已经同步审查的，上一级人民法院针对同一案件作出的第二审裁判，收到第二审裁判书的同级人民检察院依法按照审判监督程序及时审查，一般不再报其上一级人民检察院同步审查。

第二十二条　决定抗诉的案件应当制作刑事抗诉书。刑事抗诉书应当包括下列内容：

（一）原判决、裁定情况；

（二）审查意见；

（三）抗诉理由。

刑事抗诉书应当充分阐述抗诉理由。

第二十三条　按照第二审程序提出抗诉的人民检察院，应当及时将刑事抗诉书和检察卷报送上一级人民检察院。经本院检察委员会讨论决定的，应当一并报送本院检察委员会会议纪要。

第二十四条　上一级人民检察院支持或者部分支持抗诉意见的，可以变更、补充抗诉理由，及时制作支持刑事抗诉意见书，阐明支持或者部分支持抗诉的意见和理由，在同级人民法院开庭之前送达人民法院，同时通知提出抗诉的人民检察院。

第二十五条　上一级人民检察院不支持抗诉的，承办部门应当制作撤回抗诉决定书，在同级人民法院开庭之前送达人民法院，同时通知提出抗诉的人民检察院，并向提出抗诉的人民检察院书面说明撤回抗诉理由。

第二十六条　下级人民检察院如果认为上一级人民检察院撤回抗诉不当的，可以提请复议。上一级人民检察院应当复议，并另行指派专人进行审查，提出意见报告检察长或者检察委员会同意后，将复议结果书面通知下级人民检察院。

第二十七条　第二审人民法院发回原审人民法院重新按照第一审程序审判

的案件，如果人民检察院认为重新审判的判决、裁定确有错误的，可以按照第二审程序提出抗诉。

第六章　按照审判监督程序抗诉

第二十八条　按照审判监督程序重新审判的案件，适用行为时的法律。

第二十九条　人民法院已经发生法律效力的刑事判决和裁定包括：

（一）已过法定期限没有上诉、抗诉的判决和裁定；

（二）终审的判决和裁定；

（三）最高人民法院核准的死刑的判决和高级人民法院核准的死刑缓期二年执行的判决。

第三十条　提请上级人民检察院按照审判监督程序抗诉的案件，原则上应当自人民法院作出裁判之日起二个月以内作出决定；需要复核主要证据的，可以延长一个月。属于冤错可能等事实证据有重大变化的案件，可以不受上述期限限制。

对于高级人民法院判处死刑缓期二年执行的案件，省级人民检察院认为确有错误提请抗诉的，一般应当在收到生效判决、裁定后三个月以内提出，至迟不得超过六个月。

对于人民法院第一审宣判后人民检察院在法定期限内未提出抗诉，或者判决、裁定发生法律效力后六个月内未提出抗诉的案件，没有发现新的事实或者证据的，一般不得为加重被告人刑罚而依照审判监督程序提出抗诉，但被害人提出申诉或上级人民检察院指令抗诉的除外。

第三十一条　提请上一级人民检察院按照审判监督程序抗诉的案件，应当制作提请抗诉报告书。提请抗诉报告书应当依次写明原审被告人基本情况，诉讼经过，审查认定后的犯罪事实，一审人民法院、二审人民法院的审判情况，判决、裁定错误之处，提请抗诉的理由和法律依据，本院检察委员会讨论情况等。

第三十二条　提请抗诉的人民检察院应当及时将提请抗诉报告书一式十份和侦查卷、检察卷、人民法院审判卷报送上一级人民检察院。经本院检察委员会讨论决定的，应当一并报送本院检察委员会会议纪要。

调阅人民法院的案卷，依据《最高人民法院办公厅、最高人民检察院办公厅关于调阅诉讼卷宗有关问题的通知》有关规定执行。

第三十三条　上级人民检察院审查审判监督程序抗诉案件，原则上应当自收案之日起一个半月以内作出决定；需要复核主要证据或者侦查卷宗在十五册以上的，可以延长一个月；需要征求其他单位意见或者召开专家论证会的，可以再延长半个月。

上级人民检察院审查下一级人民检察院提请抗诉的刑事申诉案件，应当自收案之日起三个月以内作出决定。

属于冤错可能等事实证据有重大变化的案件，可以不受上述期限限制。

有条件的地方，应当再自行缩短办案期限；对原判死缓而抗诉要求改判死刑立即执行的案件，原则上不得延长期限。

第三十四条　上一级人民检察院决定抗诉后，应当制作刑事抗诉书，向同级人民法院提出抗诉。以有新的证据证明原判决、裁定认定事实确有错误为由提出的抗诉，提出抗诉时应向人民法院移送新证据。

人民检察院按照审判监督程序向人民法院提出抗诉的，应当将抗诉书副本报送上一级人民检察院。

第三十五条　人民检察院依照刑事审判监督程序提出抗诉的案件，需要对原审被告人采取强制措施的，由人民检察院依法决定。

第三十六条　上级人民检察院决定不抗诉的，应当向提请抗诉的人民检察院做好不抗诉理由的解释说明工作，一般采用书面方式。

上级人民检察院对下一级人民检察院提请抗诉的刑事申诉案件作出决定后，应当制作审查提请抗诉通知书，通知提请抗诉的人民检察院。

第七章　出席刑事抗诉案件法庭

第三十七条　对提出抗诉的案件，同级人民检察院应当派员出席法庭。人民法院决定召开庭前会议的，同级人民检察院应当派员参加，依法履行职责。

第三十八条　检察员出席刑事抗诉法庭的任务是：

（一）支持抗诉，对原审人民法院作出的错误判决或者裁定提出纠正意见；

（二）维护诉讼参与人的合法权利；

（三）对法庭审理案件有无违反法律规定的诉讼程序的情况进行监督；

（四）依法从事其他诉讼活动。

第三十九条　收到刑事抗诉案件开庭通知书后，出席法庭的检察员应当做好以下准备工作：

（一）熟悉案情和证据情况，了解证人证言、被告人供述等证据材料是否发生变化；

（二）深入研究与本案有关的法律、政策问题，掌握相关的专业知识；

（三）制作出庭预案；

（四）上级人民检察院对下级人民检察院按照第二审程序提出抗诉的案件决定支持抗诉的，应当制作支持抗诉意见书，并在开庭前送达同级人民法院。

第四十条 出庭预案一般应当包括：

（一）讯问原审被告人提纲；

（二）询问证人、被害人、鉴定人、有专门知识的人、侦查人员提纲；

（三）出示物证，宣读书证、证人证言、被害人陈述、被告人供述、勘验检查笔录、辨认笔录、侦查实验笔录，播放视听资料、电子数据的举证和质证方案；

（四）支持抗诉的事实、证据和法律意见；

（五）对原审被告人、辩护人辩护内容的预测和答辩要点；

（六）对庭审中可能出现的其他情况的预测和相应的对策。

第四十一条 庭审开始前，出席法庭的检察员应当做好以下预备工作：

（一）了解被告人及其辩护人，附带民事诉讼的原告人及其诉讼代理人，以及其他应当到庭的诉讼参与人是否已经到庭；

（二）审查合议庭的组成是否合法；刑事抗诉书副本等诉讼文书的送达期限是否符合法律规定；被告人是盲、聋、哑、未成年人或者可能被判处死刑而没有委托辩护人的，人民法院是否指定律师为其提供辩护；

（三）审查到庭被告人的身份材料与刑事抗诉书中原审被告人的情况是否相符；审判长告知诉讼参与人的诉讼权利是否清楚、完整；审判长对回避申请的处理是否正确、合法。法庭准备工作结束，审判长征求检察员对法庭准备工作有无意见时，出庭的检察员应当就存在的问题提出意见，请审判长予以纠正，或者表明没有意见。

第四十二条 审判长或者审判员宣读原审判决书或者裁定书后，由检察员宣读刑事抗诉书。宣读刑事抗诉书时应当起立，文号及正文括号内的内容不宣读，结尾读至"此致某某人民法院"止。

按照第二审程序提出抗诉的案件，出庭检察员应当在宣读刑事抗诉书后宣读支持抗诉意见书，引导法庭调查围绕抗诉重点进行。

第四十三条 检察员在审判长的主持下讯问被告人。讯问应当围绕抗诉理由以及对原审判决、裁定认定事实有争议的部分进行，对没有异议的事实不再全面讯问。

讯问时应当先就原审被告人过去所作的供述和辩解是否属实进行讯问。如果被告人回答不属实，应当讯问哪些不属实。针对翻供，可以讯问翻供理由，利用被告人供述的前后矛盾进行讯问，或者适时举出相关证据予以反驳。

讯问时应当注意方式、方法，讲究技巧和策略。对被告人供述和辩解不清、不全、前后矛盾，或者供述和辩解明显不合情理，或者供述和辩解与已查证属实的证据相矛盾的问题，应当讯问。与案件无关、被告人已经供述清楚或者无争议的问题，不再讯问。

讯问被告人应当有针对性，语言准确、简练、严密。

对辩护人已经发问而被告人作出客观回答的问题，一般不进行重复讯问。辩护人发问后，被告人翻供或者回答含糊不清的，如果涉及案件事实、性质的认定或者影响量刑的，检察员必须有针对性再讯问。辩护人发问的内容与案件无关，或者采取不适当的发问语言和态度的，检察员应当及时请求合议庭予以制止。

在法庭调查结束前，检察员可以根据辩护人、诉讼代理人、审判长（审判员）发问的情况，进行补充讯问。

第四十四条 证人、鉴定人、有专门知识的人需要出庭的，人民检察院应当申请人民法院通知并安排出庭作证。

对于经人民法院通知而未到庭的证人或者出庭后拒绝作证的证人的证言笔录，检察员应当当庭宣读。对于经人民法院通知而未到庭的证人的证言笔录存在疑问、确实需要证人出庭作证，且可以强制其到庭的，检察员应当建议人民法院强制证人到庭作证和接受质证。

向证人发问，应当先由提请通知的一方进行；发问时可以要求证人就其所了解的与案件有关的事实进行陈述，也可以直接发问。发问完毕后，经审判长准许，对方也可以发问。

检察员对证人发问，应当针对证言中有遗漏、矛盾、模糊不清和有争议的内容，并着重围绕与定罪量刑紧密相关的事实进行。发问应当采取一问一答的形式，做到简洁清楚。

证人进行虚假陈述的，应当通过发问澄清事实，必要时还应当出示、宣读证据配合发问。

询问鉴定人、有专门知识的人参照询问证人的规定进行。

第四十五条 需要出示、宣读、播放原审期间已移交人民法院的证据的，出庭的检察员可以申请法庭出示、宣读、播放。

需要移送证据材料的，在审判长宣布休庭后，检察员应当与审判人员办理交接手续。无法当庭移交的，应当在休庭后三日以内移交。

第四十六条 审判人员通过调查核实取得并当庭出示的新证据，检察员应当进行质证。

第四十七条 检察员对辩护人在法庭上出示的证据材料，应当积极参与质证。质证时既要对辩护人所出示证据材料的真实性发表意见，也要注意辩护人的举证意图。如果辩护人运用该证据材料所说明的观点不能成立，应当及时予以反驳。对辩护人、当事人、原审被告人出示的新的证据材料，检察员认为必要时，可以进行讯问、质证，并就该证据材料的合法性、证明力提出意见。

第四十八条 审判长宣布法庭调查结束，开始进行法庭辩论时，检察员应当发表抗诉案件出庭检察员意见书，主要包括以下内容：

（一）论证本案犯罪事实清楚，证据确实充分，或者原审人民法院认定事实、证据错误之处；

（二）指明被告人犯罪行为性质、严重程度，评析抗诉理由；

（三）论证原审判决书适用法律、定罪量刑是否正确，有误的，应提出改判的建议。

第四十九条 检察员对原审被告人、辩护人提出的观点，认为需要答辩的，应当在法庭上进行答辩。答辩应当抓住重点，主次分明。与案件无关或者已经辩论过的观点和内容，不再答辩。

第五十条 对按照审判监督程序提出抗诉的案件，人民检察院认为人民法院作出的判决、裁定仍然确有错误的，如果案件是依照第一审程序审判的，同级人民检察院应当向上一级人民法院提出抗诉，如果案件是依照第二审程序审判的，上一级人民检察院应当按照审判监督程序向同级人民法院提出抗诉。

对按照审判监督程序提出抗诉的申诉案件，人民检察院认为人民法院作出的判决、裁定仍然确有错误的，由派员出席法庭的人民检察院刑事申诉检察部门适用本条第一款的规定办理。

第八章 刑事抗诉工作机制

第五十一条 下级人民检察院对于拟抗诉的重大案件，应当在决定抗诉前向上级人民检察院汇报。上级人民检察院要结合本地区工作实际，组织开展工作情况通报、工作经验推广、案件剖析评查、优秀案件评选、典型案例评析、业务研讨培训、庭审观摩交流等活动，推动刑事抗诉工作发展。

第五十二条 上级人民检察院要加强刑事抗诉个案和类案专项指导，主动帮助下级人民检察院解决办案中遇到的问题，排除阻力和干扰。对于重大普通刑事案件、重大职务犯罪案件、疑难复杂案件、人民群众对司法不公反映强烈的案件以及其他有重大影响的重要抗诉案件，上级人民检察院要加强抗诉前工作指导，必要时可以同步审查，确保抗诉质量。

第五十三条 认真执行最高人民法院、最高人民检察院《关于人民检察院检察长列席人民法院审判委员会会议的实施意见》的相关规定，人民法院审判委员会讨论人民检察院提出的刑事抗诉案件时，同级人民检察院检察长或者受检察长委托的副检察长应当依法列席。列席人员应当在会前熟悉案情、准备意见和预案，在会上充分阐述人民检察院的抗诉意见和理由。承办检察官应当按照列席要求，为检察长或者受委托的副检察长做好准备工作。

第五十四条 各级人民检察院要与同级人民法院有关审判庭加强经常性的工作联系，就办理抗诉案件中认识分歧、法律政策适用等问题充分沟通交流。

第五十五条 各级人民检察院对于引起媒体关注的敏感刑事抗诉案件，应当建立快速反应工作机制，依法查明事实真相，适时公开相关信息，及时回应社会关切，主动接受舆论监督，树立人民检察院维护司法公正的良好形象。

第九章　附　　则

第五十六条 本指引由最高人民检察院负责解释，自下发之日起执行。

最高人民检察院
关于全面加强未成年人国家司法救助工作的意见

（2018 年 2 月 27 日公布并施行　高检发刑申字〔2018〕1 号）

为进一步加强未成年人司法保护，深入推进检察机关国家司法救助工作，根据《中华人民共和国未成年人保护法》和中央政法委、财政部、最高人民法院、最高人民检察院、公安部、司法部《关于建立完善国家司法救助制度的意见（试行）》《最高人民检察院关于贯彻实施〈关于建立完善国家司法救助制度的意见（试行）〉的若干意见》《人民检察院国家司法救助工作细则（试行）》，结合检察工作实际，现就全面加强未成年人国家司法救助工作，提出如下意见。

一、充分认识未成年人国家司法救助工作的重要意义

未成年人是祖国的未来，未成年人的健康成长直接关系到亿万家庭对美好生活的向往，关系到国家的富强和民族的复兴，关系到新时代社会主义现代化强国的全面建成。保护未成年人，既是全社会的共同责任，也是检察机关的重要职责。近年来，对未成年人的司法保护取得长足进展，但未成年人及其家庭因案返贫致困情况仍然存在，甚至出现生活无着、学业难继等问题，严重损害了未成年人合法权益，妨害了未成年人健康成长。对此，各地检察机关积极开展国家司法救助工作，及时帮扶司法过程中陷入困境的未成年人，取得明显成效，收到良好效果。各级检察机关要充分总结经验，进一步提高认识，切实增强开展未成年人国家司法救助工作的责任感和自觉性，以救助工作精细化、救助对象精准化、救助效果最优化为目标，突出未成年人保护重点，全面履行办案机关的司法责任，采取更加有力的措施，不断提升未成年人国家司法救助工作水平，在司法工作中充分反映党和政府的民生关怀，切实体现人民司法的温度、温情和温暖，帮助未成年人走出生活困境，迈上健康快乐成长的人生道路。

二、牢固树立特殊保护、及时救助的理念

未成年人身心未臻成熟，个体应变能力和心理承受能力较弱，容易受到不法侵害且往往造成严重后果。检察机关办理案件时，对特定案件中符合条件的未成年人，应当依职权及时开展国家司法救助工作，根据未成年人身心特点和

未来发展需要，给予特殊、优先和全面保护。既立足于帮助未成年人尽快摆脱当前生活困境，也应着力改善未成年人的身心状况、家庭教养和社会环境，促进未成年人健康成长。既立足于帮助未成年人恢复正常生活学习，也应尊重未成年人的人格尊严、名誉权和隐私权等合法权利，避免造成"二次伤害"。既立足于发挥检察机关自身职能作用，也应充分连通其他相关部门和组织，调动社会各方面积极性，形成未成年人社会保护工作合力。

三、明确救助对象，实现救助范围全覆盖

对下列未成年人，案件管辖地检察机关应当给予救助：

（一）受到犯罪侵害致使身体出现伤残或者心理遭受严重创伤，因不能及时获得有效赔偿，造成生活困难的。

（二）受到犯罪侵害急需救治，其家庭无力承担医疗救治费用的。

（三）抚养人受到犯罪侵害致死，因不能及时获得有效赔偿，造成生活困难的。

（四）家庭财产受到犯罪侵害遭受重大损失，因不能及时获得有效赔偿，且未获得合理补偿、救助，造成生活困难的。

（五）因举报、作证受到打击报复，致使身体受到伤害或者家庭财产遭受重大损失，因不能及时获得有效赔偿，造成生活困难的。

（六）追索抚育费，因被执行人没有履行能力，造成生活困难的。

（七）因道路交通事故等民事侵权行为造成人身伤害，无法通过诉讼获得有效赔偿，造成生活困难的。

（八）其他因案件造成生活困难，认为需要救助的。

四、合理确定救助标准，确保救助金专款专用

检察机关决定对未成年人支付救助金的，应当根据未成年人家庭的经济状况，综合考虑其学习成长所需的合理费用，以案件管辖地所在省、自治区、直辖市上一年度职工月平均工资为基准确定救助金，一般不超过三十六个月的工资总额。对身体重伤或者严重残疾、家庭生活特别困难的未成年人，以及需要长期进行心理治疗或者身体康复的未成年人，可以突破救助限额，并依照有关规定报批。相关法律文书需要向社会公开的，应当隐去未成年人及其法定代理人、监护人的身份信息。

要加强对救助金使用情况的监督，必要时可以采用分期发放、第三方代管等救助金使用监管模式，确保救助金用作未成年人必需的合理支出。对截留、侵占、私分或者挪用救助金的单位和个人，严格依纪依法追究责任，并追回救助金。

五、积极开展多元方式救助，提升救助工作实效

未成年人健康快乐成长，既需要物质帮助，也需要精神抚慰和心理疏导；既需要解决生活面临的急迫困难，也需要安排好未来学习成长。检察机关在开展未成年人国家司法救助工作中，要增强对未成年人的特殊、优先保护意识，避免"给钱了事"的简单化做法，针对未成年人的具体情况，依托有关单位，借助专业力量，因人施策，精准帮扶，切实突出长远救助效果。

对下列因案件陷入困境的未成年人，检察机关可以给予相应方式帮助：

（一）对遭受性侵害、监护侵害以及其他身体伤害的，进行心理安抚和疏导；对出现心理创伤或者精神损害的，实施心理治疗。

（二）对没有监护人、监护人没有监护能力或者原监护人被撤销资格的，协助开展生活安置、提供临时照料、指定监护人等相关工作。

（三）对未完成义务教育而失学辍学的，帮助重返学校；对因经济困难可能导致失学辍学的，推动落实相关学生资助政策；对需要转学的，协调办理相关手续。

（四）对因身体伤残出现就医、康复困难的，帮助落实医疗、康复机构，促进身体康复。

（五）对因身体伤害或者财产损失提起附带民事诉讼的，帮助获得法律援助；对单独提起民事诉讼的，协调减免相关诉讼费用。

（六）对适龄未成年人有劳动、创业等意愿但缺乏必要技能的，协调有关部门提供技能培训等帮助。

（七）对符合社会救助条件的，给予政策咨询、帮扶转介，帮助协调其户籍所在地有关部门按规定纳入相关社会救助范围。

（八）认为合理、有效的其他方式。

六、主动开展救助工作，落实内部职责分工

国家司法救助工作是检察机关的重要职能，对未成年人进行司法保护是检察机关的应尽职责，开展好未成年人国家司法救助工作，需要各级检察机关、检察机关各相关职能部门和广大检察人员积极参与，群策群力，有效合作，共同推进。

刑事申诉检察部门负责受理、审查救助申请、提出救助审查意见和发放救助金等有关工作，未成年人检察工作部门负责给予其他方式救助等有关工作。侦查监督、公诉、刑事执行检察、民事行政检察、控告检察等办案部门要增强依职权主动救助意识，全面掌握未成年人受害情况和生活困难情况，对需要支付救助金的，及时交由刑事申诉检察部门按规定办理；对需要给予其他方式帮

助的，及时交由未成年人检察工作部门按规定办理，或者通知未成年人检察工作部门介入。

刑事申诉检察部门和未成年人检察工作部门要注意加强沟通联系和协作配合，保障相关救助措施尽快落实到位。

七、积极调动各方力量，构建外部合作机制

检察机关开展未成年人国家司法救助工作，要坚持党委政法委统一领导，加强与法院、公安、司法行政部门的衔接，争取教育、民政、财政、人力资源和社会保障、卫计委等部门支持，对接共青团、妇联、关工委、工会、律协等群团组织和学校、医院、社区等相关单位，引导社会组织尤其是未成年人保护组织、公益慈善组织、社会工作服务机构、志愿者队伍等社会力量，搭建形成党委领导、政府支持、各有关方面积极参与的未成年人国家司法救助支持体系。

要主动运用相关公益项目和利用公共志愿服务平台，充分发挥其资源丰富、方法灵活、形式多样的优势，进一步拓展未成年人国家司法救助工作的深度和广度。

要坚持政府主导、社会广泛参与的救助资金筹措方式，不断加大筹措力度，拓宽来源渠道，积极鼓励爱心企业、爱心人士捐助救助资金。接受、使用捐助资金，应当向捐助人反馈救助的具体对象和救助金额，确保资金使用的透明度和公正性。

八、加强组织领导，健康有序推进救助工作

各级检察机关要以高度的政治责任感，加强和改善对未成年人国家司法救助工作的领导，精心组织、周密部署、抓好落实，努力形成各相关部门分工明确、衔接有序、紧密配合、协同推进的工作格局。上级检察机关要切实履行对本地区未成年人国家司法救助工作的组织、指导职责，加强对下级检察机关开展救助工作的督导，全面掌握救助工作进展情况，及时解决问题，总结推广经验，着力提升本地区未成年人国家司法救助工作水平。要加强宣传引导，展示典型案例和积极成效，努力创造全社会关注、关心和关爱未成年人国家司法救助工作的良好氛围。

《最高人民检察院关于全面加强未成年人国家司法救助工作的意见》理解与适用*

尹伊君　马　滔　赵景川**

2018 年 2 月 27 日，最高人民检察院印发《最高人民检察院关于全面加强未成年人国家司法救助工作的意见》（以下简称《未成年人救助意见》）。《未成年人救助意见》的出台是最高人民检察院深入贯彻落实党的十九大和习近平总书记系列重要讲话精神，全面加强未成年人司法保护的重要举措，对于进一步加强和改进检察机关未成年人国家司法救助工作，及时帮扶因案致困的未成年人，改善未成年人的身心状况、家庭教养和社会环境，保障未成年人的合法权益，切实促进未成年人健康成长具有十分重要的意义。为了便于各地检察机关正确理解和适用《未成年人救助意见》，对相关重点问题作进一步说明。

一、关于《未成年人救助意见》的制定背景

未成年人是祖国的花朵和希望，也是国家未来的建设者和发展者。我国约有 4 亿未成年人，加强对未成年人的保护，关系到未成年人的健康成长，关系到亿万家庭幸福安宁，也关系到国家的发展和民族的复兴，既是全社会的共同责任，也是检察机关的重要职责。党和国家历来高度重视未成年人保护工作，先后出台一系列制度措施，立法机关颁布了未成年人保护法等法律，党的十八大和十八届三中、四中、五中全会对保障未成年人权益作出重要部署，党的十九大对此又提出新的明确要求，为持续关心未成年人、高度重视未成年人保护提供了具体遵循。最高人民检察院还先后制定《关于进一步加强未成年人刑事检察工作的决定》《检察机关加强未成年人司法保护八项措施》等规范性文件，积极落实和不断强化对未成年人的司法保护。

当前司法实践中，侵害未成年人合法权益的事件仍然较多，有些未成年人甚至受不法侵害致死或致伤致残。这不仅影响未成年人的健康成长，而且不利于社会稳定和长远发展。为解决涉案未成年人面临的急迫困难，各地检察机关依据中央政法委、财政部、最高人民法院、最高人民检察院、公安部、司法部《关于建立完善国家司法救助制度的意见（试行）》（2014 年 1 月 17 日印发，

---

* 原文刊载于《人民检察》2018 年第 8 期。
** 作者单位：最高人民检察院刑事申诉检察厅。

以下简称《中央六单位意见》），以及最高人民检察院出台的《关于贯彻实施〈关于建立完善国家司法救助制度的意见（试行）〉的若干意见》（2014年3月26日印发，以下简称《最高检意见》），《人民检察院国家司法救助工作细则（试行）》（2016年8月16日印发，以下简称《救助细则》），积极开展对未成年人的国家司法救助工作，取得明显成效，得到了社会各界的充分肯定和高度评价。但是，各地检察机关开展的未成年人国家司法救助工作仍然存在一些亟待解决的问题。因此，有必要立足当前、着眼长远，根据检察工作实际，提出有针对性的措施，对进一步加强和改进检察机关未成年人国家司法救助工作进行明确的指导，以强化对未成年人的特殊保护。此外，文件的出台，也充分反映了近年来检察机关国家司法救助工作精细化发展和对救助对象精准化帮扶的趋向。

二、关于《未成年人救助意见》的制定原则

在制定《未成年人救助意见》的过程中，坚持了以下原则：

一是坚持贯彻未成年人保护法及有关规定精神。未成年人保护法是国家全面保护未成年人合法权益的基本法律，第五十条明确规定检察机关应当依法履行职责，在司法活动中保护未成年人的合法权益，第五十一条还规定了对未成年人的司法救助。《中央六单位意见》《最高检意见》《救助细则》是检察机关开展未成年人国家司法救助工作的基本依据，规定了救助工作的具体内容。《未成年人救助意见》以上述规定为基础和遵循，以有利于国家未来发展和未成年人健康成长为价值引领，针对未成人司法保护实践的客观需要，对救助范围、救助标准等，特别是救助方式，进行了探索完善，增强针对性，强化操作性，以进一步加强和深化未成年人国家司法救助工作。

二是坚持以解决重点问题为导向。为掌握检察机关开展未成年人国家司法救助工作情况，研究制定前，最高人民检察院专门开展专题调研活动，总结回顾近年来各地救助工作的有效经验，全面把握存在的突出问题。在此基础上，从明确工作要求、完善工作措施、规范工作内容等方面谋篇布局，以形成提升检察机关未成年人国家司法救助工作水平的指导性文件，着力解决司法实践中的突出问题。如为解决救助理念落实不到位、救助长效不理想的问题，《未成年人救助意见》强调要牢固树立特殊保护、及时救助的理念，并规定了相应的跟进救助措施；为解决内部职能交织问题，明确了相应职能分工，并建立了连通协作机制等。

三是坚持实现未成年人权益优先保护。未成年人是一个特殊群体，身心正处于从不成熟到成熟的转变时期，尚未形成健全的世界观、人生观、价值观，个体应变能力和心理承受能力较弱，容易受到外界的诱惑，缺乏自我保护能

力，遭受不法侵害往往造成影响其健康成长的严重后果，需要国家机关、学校、家庭、社会各方面和全体公民给予特别的关心和爱护。《未成年人救助意见》强调，检察机关应当根据未成年人身心特点和未来发展的客观需要，给予特殊、优先和全面保护，针对未成年人的具体情况，既可以给予物质帮助，也可以给予精神抚慰和心理疏导；既要解决未成年人生活面临的急迫困难，也要积极帮助安排好未来的学习成长。

四是坚持对未成年人的"三贴近"。即贴近未成年人身心实际、贴近未成年人生活学习、贴近未成年人未来发展，促进未成年人健康快乐成长。《未成年人救助意见》既着眼于解决当前急迫困难，又考虑其他方面的客观需要，坚持经济救助和其他方式救助并用并重，积极构建多元化救助工作模式，因人施策，精准帮扶，切实突出长远救助效果，最大限度地保护未成年人的合法权益。

五是坚持调动社会各方面积极力量。解决未成年人在司法过程中面临的困难，为未成年人健康成长创造一个良好的外部学习、生活环境，检察机关责无旁贷，但很多时候需要解决的困难涉及社会方方面面，仅依靠检察机关自身的力量，难以较好地完成这个重任，还需要各有关国家机关、社会团体、企业事业组织、学校、家庭和全体公民积极参与、全力支持，这也是未成年人保护法的明确要求。对此，《未成年人救助意见》规定，要积极协调各方力量，建立健全救助衔接联动机制，形成有效的救助工作合力。

上述几条原则，既是指导整个制定起草工作的基本原则，也是未成年人国家司法救助工作应当一以贯之的重要理念，对各级检察机关准确理解未成年人国家司法救助制度，正确适用《未成年人救助意见》抓好具体工作，具有提纲挈领作用。

三、关于《未成年人救助意见》的主要内容

《未成年人救助意见》分为八个部分，明确了检察机关开展未成年人国家司法救助的重要意义、基本理念、对象范围、救助方式、救助标准、内部协作、外部衔接、组织领导等内容。主要内容有：

（一）关于救助理念

未成年人保护法第三条规定，国家根据未成年人身心发展特点给予特殊、优先保护，保障未成年人的合法权益不受侵犯。因此，《未成年人救助意见》第二部分专门强调，检察机关开展未成年人国家司法救助工作要牢固树立特殊保护的理念，同时结合司法救助工作的性质特点，还提出要牢固树立及时救助的理念，凸显救助效率和效果。起草过程中，有意见提出增加规定全面保护的理念，考虑特殊保护理念已可以涵括全面保护的内容，未再作重复规定。

具体理解和把握特殊保护、及时救助的理念，需要注意以下方面：

一是坚持主动救助。在多年来的国家司法救助工作中，最高人民检察院一直强调各地要积极主动开展救助工作。未成年人认知能力不足，法律知识欠缺，不能独立应对重大困难和问题，做好未成年人国家司法救助工作，更加需要检察机关增强依职权主动救助意识，主动审查未成年人的困难情况，主动对符合救助条件的未成年人启动救助程序，主动采用针对性更强的救助方式，主动追求最优化的救助效果。

二是坚持及时救助。国家建立司法救助制度的初衷，重点就是解决符合条件的特定案件当事人生活面临的急迫困难，急人所难、雪中送炭，因此，必须及时救助、高效救助。检察机关办案部门对符合条件的救助案件线索，要及时交由刑事申诉检察部门、未成年人检察工作部门按规定办理，两部门要及时办结并提出是否予以救助和适用哪些救助方式的意见，及时将救助金发放到位，将相关救助方式落实到位，帮助未成年人尽快摆脱当前生活困境。

三是坚持全面救助。给予未成年人全面救助，是贯彻落实"三贴近"原则的必然要求，是解决未成年人面临的经济困难和其他各方面困难的现实需要。检察机关既要注意有针对性地全方位解决未成年人面临的临时急迫困难，及时帮助陷入困境的未成年人重回正常生活学习轨道，又要注意着力改善未成年人的身心状况、家庭教养和社会环境，促进未成年人健康快乐成长。

四是坚持联动救助。检察机关要全面发挥自身职能作用，防止在检察环节出现保护真空，全力帮扶符合条件的未成年人，还要连通其他相关部门和组织，充分调动社会各方面积极性，整合政策资源、部门资源、层级资源和社会资源，推动建立衔接有序、紧密配合、协同推进的跨部门合作长效工作机制，促进司法救助与家庭保护、学校保护、社会保护的良性融合。

五是注重保护隐私。未成年人身心尚不成熟，心理承受能力较弱，未成年人保护法第五条特别强调，保护未成年人的工作，应当尊重未成年人的人格尊严。因此，检察机关在救助工作中既要充分反映党和政府的民生关怀，切实体现人民司法的温度、温情和温暖，帮助未成年人走出生活困境，还要尊重、保障未成年人的人格尊严、名誉权和隐私权等合法权利，切实防止出现"二次伤害"。

（二）关于救助对象

《未成年人救助意见》在《中央六单位意见》《最高检意见》《救助细则》规定的救助对象和范围的基础上，根据对未成年人特殊保护的需要，对未成年人国家司法救助的对象和范围，进行了明确规范和适当拓宽，要求对符合八种情形之一的未成年人，案件管辖地检察机关应当给予救助。

相较《救助细则》的规定，《未成年人救助意见》关于未成年人国家司法救助的对象和范围主要有以下变化：一是根据未成年人因治疗心理创伤可能导致的家庭经济困难，增加规定"心理遭受严重创伤，因不能及时获得有效赔偿，造成生活困难的"未成年人，作为救助对象。二是基于特殊保护、及时救助理念，在部分救助对象中，将《救助细则》规定的"无法通过诉讼获得有效赔偿"调整为"不能及时获得有效赔偿"，以提升对未成年人救助的及时性和实效性。三是增加规定"追索抚育费，因被执行人没有履行能力，造成生活困难的"未成年人，作为救助对象，以贴合未成年人国家司法救助工作实际。起草过程中，不少地方提出，"抚养人受到犯罪侵害致重伤，因不能及时获得有效赔偿，造成生活困难的"未成年人也应规定为救助对象，考虑到此类案件中，被害人本人可依《救助细则》直接提出救助申请，不必再把未成年子女列为救助对象。专家学者和一些地方提出，对涉罪人员的未成年子女和涉罪未成年人，确有救助必要且救助效果较好的，可以参照执行，考虑到此类救助对象缺乏政策法律依据，且超出了《中央六单位意见》规定的范围，故未作吸收规定。

准确把握《未成年人救助意见》规定的救助对象和范围，应当注意以下几个重点：第一，因一些救助对象不再要求"无法通过诉讼获得有效赔偿"，因此，检察机关发现属于这种情形的未成年人，即可启动救助程序，无须再行等待诉讼获赔结果确认其不能通过诉讼程序获得赔偿；第二，检察机关的救助范围主要是刑事案件，但对于部分民事侵权案件的未成年人，如追索抚育费的未成年人、道路交通事故受害未成年人，即使其对案件的裁判结果无异议，如果符合救助条件并向检察机关申请救助，且未获得其他机关救助的，也可以给予救助；第三，《未成年人救助意见》系专门针对未成年人救助对象而制定的规范性文件，其没有规定的内容，应当继续适用《中央六单位意见》《最高检意见》《救助细则》的规定。比如，《未成年人救助意见》未规定不予救助的情形，但对于符合《救助细则》第八条规定的六种情形之一的未成年人，一般也不予救助。

（三）关于救助方式

《中央六单位意见》《最高检意见》《救助细则》均规定，国家司法救助以支付救助金为主要方式。但司法实践中，很多时候未成年人面临的主要困境并非经济困难，因此，《未成年人救助意见》并未强调以支付救助金为主要方式，而是要求坚持经济救助和其他相应方式救助并用并重，积极推动落实经济救助、思想疏导、心理治疗、教育帮扶、身体康复、法律援助、技能培训、社会救助等相结合的综合救助方式。

具体来说：第一，对于特定案件中不能及时获得有效赔偿，造成生活困难的未成年人，支付救助金是开展救助工作的基本方式。第二，对遭受性侵害、监护侵害以及其他身体伤害的，进行心理安抚和疏导，对出现心理创伤或者精神损害的，实施心理治疗，这些工作有条件的检察机关可自行开展，条件不具备的，可以购买社会服务，或者争取相关社会公益机构的支持。第三，对没有监护人、监护人没有监护能力或者原监护人被撤销资格的，协助开展生活安置、提供临时照料、指定监护人等相关工作，《民法通则》第十六条对未成年人监护人的确定有明确规定，检察机关可以积极开展未成年人监护人确定前的相关帮扶工作。第四，对未完成义务教育而失学辍学的，帮助重返学校，对因经济困难可能导致失学辍学的，推动落实相关学生资助政策，对需要转学的，协调办理相关手续。根据我国法律法规规定，对符合条件的家庭困难学生，均可享受现有的学生资助政策，对困境学生，检察机关可以积极联系学校和家长，推动和督促有关政策及时落实到位，防止出现失学辍学情况。第五，对因身体伤残出现就医、康复困难的，帮助落实医疗、康复机构，促进身体康复，主要是针对行动不便、需要长期治疗的未成年被害人。第六，对因身体伤害或者财产损失提起附带民事诉讼的，帮助获得法律援助，对单独提起民事诉讼的，协调减免相关诉讼费用。国务院 2003 年 9 月实施的《法律援助条例》规定法律援助是政府的责任，未成年人保护法第五十一条亦规定，法律援助机构应当依法为司法过程中需要帮助的未成年人提供法律援助，检察机关在办案过程中，应当积极协调落实国家法律援助，帮助未成年人及时获得经济赔偿。第七，对适龄未成年人有劳动、创业等意愿但缺乏必要技能的，协调有关部门提供技能培训等帮助，《民法通则》第十一条规定，十六周岁以上不满十八周岁的公民，以自己的劳动收入为主要生活来源的，视为完全民事行为能力人，对于这类未成年被害人，有劳动创业意愿的，可以提供相应帮扶。第八，对符合社会救助条件的，给予政策咨询、帮扶转介，帮助协调有关部门按规定纳入相关社会救助范围，这些工作需要检察机关主动加强与民政、人力资源和社会保障等部门的沟通协调来完成。办理案件的检察机关和接受救助的未成年人户籍所在地不一致的，办理案件的检察机关和未成年人户籍所在地检察机关还应依据《救助细则》第十二条的规定，共同做好对未成年人落实社会救助措施的相关工作。除上述救助方式外，检察机关根据未成年人的实际情况，还可以采取其他合理、有效的救助方式。

司法实践中，对于符合条件的未成年人，检察机关可以单独支付救助金，或者单独采用相应方式救助，也可以根据未成年人的实际情况，在支付救助金的同时并用其他相应方式进行救助。

（四）关于救助标准

《未成年人救助意见》保持了《中央六单位意见》《最高检意见》《救助

细则》规定的救助标准，明确规定：决定支付救助金的，对未成年人的救助标准，以案件管辖地所在省、自治区、直辖市上一年度职工月平均工资为基准，一般不超过三十六个月的工资总额。但同时强调，如果未成年人身体重伤或者严重残疾、家庭生活特别困难，或者需要长期进行心理治疗或者身体康复的，确定救助金数额时，可以突破救助限额。

考虑到接受救助的未成年人多数是无行为能力人或限制行为能力人，还不能理性对待经济开支，无独立管理大额救助金的能力，为避免出现救助金发放后，有些法定代理人、监护人滥用或怠于行使管理责任，将救助金挪作他用，甚至短期内被消费殆尽的情况，《未成年人救助意见》吸收一些地方的成功经验，强调要加强对救助金使用情况的监督，确保专款专用、善款善用，必要时可以采用分期发放、第三方代管等救助金使用监管模式，确保救助金用作未成年人必需的合理支出。

（五）关于内部协作和外部衔接

对未成年人进行司法保护是检察机关的应尽职责，开展好未成年人国家司法救助工作，需要各级检察机关、检察机关各相关职能部门和广大检察人员，以及社会各有关方面积极参与，群策群力，互相支持，有效协作，共同推进。

关于检察机关内部职责分工方面，《未成年人救助意见》强调，侦查监督、公诉、刑事执行检察、民事行政检察、控告检察等办案部门要主动、全面掌握未成年人受害情况和生活困难情况，及时移送救助案件线索。刑事申诉检察部门、未成年人检察工作部门要依照《救助细则》和《未成年人救助意见》等相关规定，认真开展对未成年人的救助工作，两部门要注意加强沟通联系和协作配合，保障救助措施尽快落实到位。

关于对外衔接方面，各级检察机关要大力争取政府相关部门的支持，主动对接共青团、妇联等群团组织，引导社会组织尤其是未成年人保护组织、公益慈善组织、社会工作服务机构、志愿者队伍等社会力量，促进形成党委领导、政府支持、各有关方面积极参与的未成年人国家司法救助工作格局和工作机制，形成对未成年人的立体式、全方位救助体系。

需要注意的是，《未成年人救助意见》还提出，要坚持政府主导、社会广泛参与的救助资金筹措方式，不断加大救助资金筹措力度，拓宽救助资金来源渠道，积极鼓励爱心企业、爱心人士捐助救助资金，对捐助资金，应当向捐助人反馈救助的具体对象，确保资金使用的透明度和公正性。

四、关于未成年人国家司法救助工作展望

各级检察机关贯彻执行《未成年人救助意见》、加强未成年人国家司法救

助工作，要重点从以下几个方面入手：

第一，提高思想认识，认真总结经验。开展未成年人国家司法救助工作，加强对未成年人的司法保护，最大限度保护未成年人合法权益，关乎未成年人的健康成长，关乎万千家庭的幸福安宁，关乎社会的和谐稳定和国家民族的未来，是检察机关义不容辞的重要职责。各级检察机关要不断深化对未成年人国家司法救助工作重要性的认识，切实增强责任感和自觉性，对照《未成年人救助意见》的规定和要求，全面排查问题，认真总结经验，精心谋划，改进工作，补齐短板，确保每一名符合条件的未成年人都能够及时获得帮扶救助。

第二，树立正确理念，及时有效救助。未成年人处于身心发育的过渡时期，需要给予特别关心爱护和引导帮助，检察机关应当采取有别于成年人的特殊救助政策、特殊救助制度、特殊救助理念和特殊救助方式。要坚持具体情况具体分析、严格区别对待的原则，准确了解未成年人面临的具体困难，做到因人而异、因案施策，积极运用多元化救助方式，持续跟进救济帮教措施，保证和提升救助效果。要进一步提高救助工作效率，快受理、快审查、快报批、快落实，尽快帮助未成年人脱离困境。刑事申诉检察部门和未成年人检察工作部门要建立联席会议工作机制，共同研究解决突出问题，制定完善相关措施，合力推动未成年人国家司法救助工作深入发展。

第三，抓住有利契机，推动形成规模。2018年，最高人民检察院部署开展了国家司法救助工作专项推进活动，各地检察机关要紧紧抓住有利契机，在抓整体救助工作深入推进的过程中，切实突出未成年人保护重点，畅通和拓宽救助渠道，积极主动开展未成年人国家司法救助工作，全面实现救助工作精细化、救助对象精准化、救助效果最优化的目标。

第四，加强组织领导，改进宣传工作。各级检察机关要以高度的政治责任感，将未成年人国家司法救助工作摆上重要位置，列入议事日程，精心组织、周密部署、抓好落实，努力形成各相关部门分工明确、衔接有序、紧密配合、协同推进的工作格局，推进未成年人国家司法救助工作发展。上级检察机关要切实履行好组织指导职责，加强对下级检察机关开展救助工作的督导，深入基层、深入实际开展调查研究，全面掌握救助工作进展情况，及时解决问题，总结推广经验，推进工作创新，着力提升本地区未成年人国家司法救助工作水平。要提升宣传工作水平，拓宽宣传渠道，丰富宣传内容，创新宣传形式，突出宣传重点，展示典型案例和积极成效，充分发挥示范引领作用，努力创造全社会关注、关心和关爱未成年人国家司法救助工作的良好氛围。

最高人民检察院民事行政检察厅
检察机关民事公益诉讼案件办案指南（试行）

（2018 年 3 月 12 日公布并施行　高检民〔2018〕9 号）

检察机关在履行职责中发现破坏生态环境和资源保护、食品药品安全领域侵害众多消费者合法权益等损害社会公共利益的行为，在没有法律规定的机关和组织或者法律规定的机关和组织不提起诉讼的情况下，可以向人民法院提起诉讼。

一、检察机关民事公益诉讼案件办案的一般程序

（一）管辖

1. 一般规定。人民检察院办理民事公益诉讼案件，一般由侵权行为地或者被告住所地的市（分、州）人民检察院管辖。

2. 指定管辖。上级人民检察院可以根据案件情况，在与人民法院沟通协商后，共同将民事公益诉讼案件指定辖区内其他人民检察院或者跨行政区划人民检察院管辖。

3. 管辖权转移。上级人民检察院认为确有必要，可以办理下级人民检察院管辖的重大、疑难、复杂案件。下级人民检察院认为需要由上级人民检察院办理的，可以报请上级人民检察院办理。

经省级人民检察院批准，可以将民事公益诉讼案件交由侵权行为发生地、损害结果地或者被告住所地的基层人民检察院管辖。

4. 管辖权协商。上级人民检察院指定改变级别管辖或者地域管辖的，可以在提起民事公益诉讼前与同级人民法院协商管辖的相关事宜，共同指定。

5. 刑事附带民事公益诉讼的管辖。检察机关对破坏生态环境和资源保护、食品药品安全领域侵害众多消费者合法权益等损害社会公共利益的犯罪行为提起刑事附带民事公益诉讼的，由办理刑事案件的人民检察院管辖。

（二）立案

1. 线索发现、评估和管理

（1）线索发现。民事公益诉讼案件线索限于检察机关在履行职责中发现

的情形。"履行职责"包括履行批准或者决定逮捕、审查起诉、控告检察、诉讼监督、公益监督等职责。

实践中，对于通过行政执法与刑事司法衔接平台、行政执法与行政检察衔接平台等发现案件线索的，视为"在履行职责中发现"。

（2）线索移送。检察机关各业务部门在履行职责中，发现破坏生态环境和资源保护、食品药品安全领域侵害众多消费者合法权益等损害社会公共利益的行为，应当将案件线索及有关材料及时移送公益诉讼案件办理部门。

公益诉讼案件办理部门在办理民事公益诉讼案件过程中，发现国家工作人员涉嫌贪污贿赂、渎职侵权等职务犯罪线索和违纪线索的，应当按照相关规定和程序移送监察机关；发现其他刑事犯罪线索的，应当及时移送相关侦查机关。

（3）线索评估。公益诉讼案件办理部门应当对案件线索进行初步审查评估。评估线索应当重点围绕以下内容展开：

线索的真实性，是否属于检察机关履行职责中发现的情形，违法和公益受损的情形是否真实存在。

线索的可查性，是否属于民事公益诉讼案件范围，社会公共利益受到损害的事实和程度是否可以得到查证，调查取证存在什么困难和障碍等。

线索的风险性，包括社会舆情、信访风险、引发群体性事件的风险等。

（4）线索管理。民事公益诉讼案件线索由公益诉讼案件办理部门统一管理。公益诉讼案件办理部门应当建立案件线索台账，对案件线索来源、案件类型、被监督对象、分流转办、案件承办人、审查意见、诉前程序及诉讼情况等逐一列明，实行一案一登记、一案一跟进，并对案件流转、审查意见、诉前程序、提起诉讼等节点实行层级管理。

（5）线索备案。民事公益诉讼案件线索实行备案管理制度，重大案件线索应当向上一级人民检察院备案。

2. 立案条件和程序

（1）立案条件。经审查认为破坏生态环境和资源保护、食品药品安全领域侵害众多消费者合法权益等行为可能损害社会公共利益，应当报请检察长决定立案。

（2）立案程序。制作立案审批表，附初步证据材料，经过初步调查的，还应附《立案审查报告》，报请检察长决定立案，并到案件管理部门登记。决定立案的，应当制作《立案决定书》，并到案件管理部门登记。

（三）诉前程序

1. 调查

（1）调查方式。检察机关的调查可以采取以下方式：查阅、摘抄、复制有关行政执法卷宗材料；询问违法行为人、证人等；收集书证、物证、视听资料、电子证据等；咨询专业人员、相关部门或者行业协会等对专门问题的意见；委托鉴定、评估、审计；勘验、检查物证、现场；其他必要的调查方式。

（2）调查前期准备。研究确定调查的思路、方法、步骤及拟收集的证据清单等，制定调查计划；收集与本案有关的法律法规、行业规范、国家和地区标准等；准备执法记录仪、相机等调查设备。

（3）调查内容。检察机关应当按照法定程序，全面、客观地调查收集证据。

一是侵权主体的基本情况。侵权主体是个人的，应当调查行为人身份信息、户籍信息等；侵权主体是法人或其他组织的，应当调查行为主体的性质、工商登记注册信息、组织机构代码证、经营范围、营业执照、缴纳税收情况、营利情况、经营规模等。同时，还需要调查可能承担连带责任的其他侵权人。

二是行为人实施了破坏生态环境和资源保护、危害食品药品安全的行为及具体过程。

三是损害事实，包括社会公共利益遭受损害处于持续状态，以及损害的类型、具体数额等。

四是违法行为与损害事实之间的因果关系。具体把握三个方面：第一，因果关系应是条件相当的因果关系；第二，破坏生态环境和资源保护的案件一般通过委托鉴定、评估、审计的方式作出；第三，对于破坏生态、污染环境案件而言，因果关系的举证责任虽在侵权行为人，但检察机关基于确定违法事实的需要仍然应对证明是否存在因果关系的事实进行调查。

五是侵权主体的主观过错程度，应结合侵权主体实施违法行为的次数、持续时间、手段和方式、获利情况、是否曾接受行政处罚或刑事处罚等综合确定。虽然污染环境案件中的污染者和食品药品安全领域缺陷产品的生产者承担的是无过错责任，但是基于检察机关提起民事公益诉讼的目的和庭审应对的需要，宜全面调查取证。

（4）证据收集的具体要求

询问。询问被调查人前，应当制作《询问提纲》，《询问提纲》包括以下内容：询问被调查人需要解决或者证明的主要问题；询问重点；询问策略和方法；可能出现的问题及对策等。

询问被调查人应当个别进行，且应当由两名以上办案人员共同进行。办案人员在询问被调查人前应当出示工作证。

询问被调查人，应当场制作《询问笔录》。《询问笔录》经被调查人确认无误后，由被调查人签名或者盖章。被调查人拒绝签名盖章的，应当记明情况。

物证、书证的收集。办案人员需要向有关单位或者个人调取物证、书证的，应当制作《调取证据通知书》和《调取证据清单》，持上述文书调取有关证据材料。

《调取证据通知书》应当载明被调取单位或个人的名称、调取事由、调取证据名称等；《调取证据清单》应当载明证据名称（品名）、型号（编号）、数量等，经核对无误后，双方签字，一式两份，各持一份。

调取书证应当尽量调取原件，调取原件确有困难或者因保密需要无法调取原件的，可以调取复印件。书证为复印件的，应当注明调取人、提供人、调取时间、证据出处和"本复印件与原件核对一致"等字样，并签字、盖章。书证页码较多的，加盖骑缝章。调取物证应当尽量调取原件，调取原件确有困难的，可以调取与原件核对无误的复制件或者证明该物品的照片、录像等其他证据材料。

视听资料、电子证据的收集。确有必要向有关单位和个人调取视听资料和电子证据的，办案人员可以自行调取，也可以委托检察技术部门调取。

办案人员委托检察技术部门调取电子证据，应当向检察技术部门提交《委托技术协助书》，《委托技术协助书》应当载明案号、证据名称、取证具体要求等。

调取视听资料和电子证据应当调取原件，调取原件确有困难或者因保密需要无法调取原件的，可以调取副本或者复印件。

咨询。可以就专门性问题书面或者口头咨询有关专业人员、相关部门或者行业协会的意见。

口头咨询的，应当制作笔录，由接受咨询的专业人员签名或者盖章。拒绝签名盖章的，应当记明情况。

鉴定、评估、审计。对专门性问题认为需要鉴定、评估、审计的，可以委托具备资格的机构进行鉴定、评估、审计。

办案人员应当为鉴定、评估、审计人员提供必要的条件，及时向鉴定、评估、审计人员送交有关检材、数据和样本等原始材料，说明与鉴定、评估、审计有关的情况，并明确提出鉴定、评估、审计的目的和具体要求。

勘验。认为确有必要的，可以勘验物证或者现场。勘验人应当出示人民检察院的证件，并邀请当地基层组织或者当事人所在单位派人参加。当事人或者当事人的成年家属应当到场，拒不到场的，不影响勘验的进行。

勘验人应当将勘验情况和结果制作笔录，由勘验人、当事人和被邀参加人签名或者盖章。

需要大范围俯视拍照取证的，可以使用无人机航拍。

（5）调查的保障

检察机关在调查过程中，经风险评估或现场观察可能发生妨碍调查行为的，应当由司法警察协助调查。调查过程中应当使用执法记录仪等录音录像工具。

对于拒绝配合调查的，检察人员应当警告其可能妨碍公务的法律后果。

对于干扰阻碍调查活动，威胁、报复陷害、侮辱诽谤、暴力伤害检察人员的，应当根据中共中央办公厅、国务院办公厅《保护司法人员依法履行法定职责规定》第十七条的规定，依法从严惩处。

2. 审查

（1）审查内容。检察机关审查民事公益诉讼案件，应当查明：行为人实施了破坏生态环境和资源保护、危害食品药品安全的行为；社会公共利益受到损害；违法行为与损害后果之间存在因果关系；侵权主体及各主体责任分配；行为人的主观过错程度；证据的合法性、真实性和关联性，以及各证据之间是否存在冲突；法律适用，包括依据的法律、法规、规章、司法解释等，参考的政策性文件等；其他需要查明的内容。

（2）讨论及审批程序。民事公益诉讼案件由检察官办案组办理。经过审查，应当制作《诉前审查报告》并明确提出是否发出公告或终结审查的处理意见，并经集体讨论。集体讨论形成的意见，应当报检察长决定。检察长认为必要的，可以提请检察委员会讨论决定。

（3）审查期限。办理民事公益诉讼案件，拟作出终结审查或者公告的，应当自决定立案之日起三个月内办理终结。有特殊情况需要延长的，报经检察长决定。

检察机关办理民事公益诉讼案件，鉴定、评估、审计期间及报送审批期间不计入审查期限。

（4）审查决定。对审查终结的民事公益诉讼案件，应当区分情况作出下列决定：终结审查；在全国范围发行的媒体上公告。

3. 终结审查

经审查，有下列情形之一的，检察机关应当终结审查：经审查不存在损害社会公共利益或需要追究民事法律责任情形的；损害社会公共利益的情形在依法公告前已经消除且社会公共利益已经获得有效救济的；其他应当终结审查的情形。

终结审查的，应当制作《终结审查决定书》。

4. 公告

检察机关在提起民事公益诉讼之前，应当在全国范围发行的媒体上公告，告知法律规定的机关和有关组织提起民事公益诉讼。

（1）适用条件

行为人在破坏生态环境和资源保护、食品药品安全领域侵害众多消费者合法权益等损害社会公共利益的基本事实已查清、基本证据已收集到位；在提起民事公益诉讼之前发布；在全国范围的媒体上公告；内容是告知法律规定的机关和社会组织提起民事公益诉讼；公告期为三十日。

（2）公告的对象

第一，法律规定的机关。目前，法律规定的机关中有明确规定的是行使海洋环境监督管理权的部门。根据 2016 年 11 月修改的《中华人民共和国海洋环境保护法》第八十九条的规定，海洋环境监督部门对破坏海洋生态、海洋水产资源、海洋保护区，给国家造成重大损失的，有权对责任者提出损害赔偿要求。

根据生态环境损害赔偿制度改革的相关规定，国务院授权的省、市级人民政府及其指定的相关职能部门，可作为赔偿权利人提起生态环境损害赔偿诉讼。在这项改革完成后，"法律规定的机关"的范围会做相应扩大。

第二，社会组织。一是环保组织。根据《中华人民共和国环境保护法》第五十八条的规定，环保组织是指依法在设区的市级以上人民政府民政部门登记、专门从事环境保护公益活动且连续五年以上且无违法记录的社会组织。二是消费者协会。根据《中华人民共和国消费者权益保护法》第四十七条的规定，消费者协会是指中国消费者协会以及在省、自治区、直辖市设立的消费者协会。

（3）公告的内容

公告一般包括以下内容：检察机关在履行职责中发现的行为人在破坏生态环境和资源保护、食品药品安全领域损害社会公共利益或者有重大损害危险的基本事实；建议法律规定的机关和有权提起诉讼的有关组织在公告期内向有管辖权的人民法院提起诉讼；公告期；联系人、联系地址、联系电话、公告单位、日期等。

（4）公告的效力

检察机关已履行诉前公告程序的，人民法院立案后不再进行公告。

5. 审批程序

经过诉前程序，应当制作《起诉审查报告》，提出是否提起诉讼的处理意见，集体讨论后，报经检察长决定。检察长认为有必要的，可以提请检察委员会讨论。

拟决定向人民法院提起诉讼的，应当在公告期满之日起两个月内办理终结。有特殊情况需要延长的，报经检察长决定。

省级人民检察院可以根据本地情况，建立拟起诉案件审批、备案制度。对于重大、疑难、复杂的公益诉讼案件，可以按照《人民检察院案件请示办理工作规定（试行）》的相关规定向最高人民检察院请示。

拟决定不提起诉讼的，应当制作《终结审查决定书》。

（四）支持起诉

法律规定的机关或者有关组织提起诉讼的，检察机关可以支持起诉。

1. 启动程序

检察机关审查是否支持法律规定的机关或者有关组织提起民事公益诉讼的，应当制作《支持起诉审查报告》，经集体讨论后，报检察长决定。

2. 支持起诉的对象

（1）法律规定的机关，主要是指行使海洋环境监督管理权的部门。经国务院授权的省、市级人民政府和相关职能部门提起生态环境损害赔偿诉讼的，检察机关也可以支持起诉。

（2）有关组织，主要是指环保组织和消费者协会。

3. 支持起诉书的内容

事实部分应当写明案件来源、案件基本事实及证据情况。法律适用部分应当写明原告起诉的理由，分析法律关系与责任，以及检察机关作为支持起诉机关的法律依据。

4. 支持起诉的方式

根据《最高人民法院关于审理环境民事公益诉讼案件适用法律若干问题的解释》第十一条的规定，支持起诉的方式包括：提供法律咨询、提交书面意见、协助调查取证等。

5. 决定

决定支持起诉的，应当制作《支持起诉意见书》，并发送受理案件的人民法院。

对申请支持起诉的公益诉讼案件决定不支持起诉的，应当制作《不予支持起诉决定书》，并发送申请人。

对依职权审查的支持起诉案件决定不支持起诉的，应当制作《终结审查决定书》。

（五）提起诉讼

经过诉前程序，法律规定的机关和有关组织没有提起民事公益诉讼，或者没有适格主体提起诉讼，社会公共利益持续处于受侵害的，检察机关以公益诉讼起诉人的身份依法提起民事公益诉讼。

1. 起诉条件及提交材料

（1）起诉条件：有充分证据证明侵权主体实施了破坏生态环境和资源保护或者危害食品、药品安全的行为，有初步证据证明危害行为与损害后果之间存在关联性，有充分证据证明存在损害后果，法律规定的机关和有关组织没有提起民事公益诉讼。

（2）起诉应提交的材料：民事公益诉讼起诉书，并按照被告人数提出副本；被告的行为已经损害社会公共利益的初步证明材料；检察机关已履行公告程序的证明材料。检察机关提起民事公益诉讼无须提供组织机构代码证、法定代表人身份证明、授权委托书等。

《民事公益诉讼起诉书》应当包括以下内容：起诉机关，需要列明起诉的检察机关；被告为个人的，写明姓名、性别、出生年月日、身份证号码、民族、职业或者工作单位及职务、住址等，被告为单位的，写明单位名称、住所地、法定代表人姓名、职务等；诉讼请求，写明具体的诉讼请求，检察机关可以提出要求被告停止侵害、排除妨碍、消除危险、恢复原状、赔偿损失、赔礼道歉等诉讼请求；事实和理由，写明案件线索来源、检察机关审查认定的被告的违法行为、社会公共利益受到损害的事实和有关证据、诉前程序履行及回复情况等；被告应承担民事责任的理由和法律依据、检察机关提起民事公益诉讼的法律依据等。

2. 诉讼请求

（1）诉讼请求的内容。检察机关可以向人民法院提出要求被告停止侵害、排除妨碍、消除危险、恢复原状、赔偿损失、赔礼道歉等诉讼请求。

（2）诉讼请求的确定：明确侵权责任主体，包括行为人及应承担连带责任的其他侵权人；明确责任主体承担侵权责任的类型；明确检验、鉴定费用，专家辅助人咨询费，以及为诉讼支出的其他合理费用的负担。

3. 诉讼费

检察机关提起民事公益诉讼，不交纳诉讼费用。

4. 保全

（1）财产保全。对于可能因被告一方的行为或者其他原因，使判决难以执行或者造成与国家利益或者社会公共利益相关的其他侵害情形，检察机关可以建议人民法院对被告财产进行保全。

根据检察机关建议，人民法院采取保全措施的，检察机关无需提供担保。

（2）证据保全。在证据可能灭失或者以后难以取得的情况下，检察机关可以在诉讼过程中建议人民法院保全证据。

5. 庭前准备

（1）庭前会议

根据案情需要，可以建议法院适时召开庭前会议，组织证据交换，归纳争议焦点，规范庭审程序，并就双方出庭人员、合议庭组成、人民陪审员等问题达成共识，提高庭审效率。

（2）制作庭审预案

庭审预案的主要内容：民事公益诉讼起诉书；庭审模式及争议焦点；举证提纲；法庭调查环节发问提纲；辩论提纲；针对被告发问预案；公益诉讼起诉人最后陈述意见；相关法律规定。

举证提纲部分需要注意的事项：证据分组出示，应分为程序组证据和实体组证据。其中，程序组证据主要用于证明检察机关履行诉前程序的主要情况，包括公益诉讼起诉人主体情况、检察机关在履职中发现线索情况、检察机关建议有关机关起诉和在全国范围内发布公告等情况；实体组证据主要对应证据交换环节法庭归纳的争议焦点分组。

法庭调查环节发问提纲部分需要注意的事项：在法庭调查环节，公益诉讼起诉人向被告发问，可以巩固己方证据达到强化法庭认识的效果，同时也可以借助被告的回答了解调查环节中难以核实的部分事实。应当注意问题设计的内在逻辑性，同时与调查收集的证据相互支撑。问题应当简单、明了。

辩论提纲部分需要注意的事项：辩论提纲是检察机关充分阐述己方提出诉讼请求的法律依据的重要环节，应当结合证据着重分析各项诉讼请求所依据的法律条文，针对双方争议焦点，充分展开论述。对于法律没有明确规定的问题，可以参照最高人民检察院公布的指导性案例予以说明。

针对被告发问预案部分需要注意的事项：重点关注被告针对检察机关一方申请的专家辅助人或者鉴定程序发表质证与辩论意见；被告以受污染客体具有自净能力且已经恢复原状无需修复为由免除己方赔偿责任发表辩论意见；被告以已经缴纳行政处罚罚款或在刑事执行程序中已经缴纳罚金为由减免己方赔偿责任发表辩论意见等内容。

最后陈述意见部分需要注意的事项：应当简明扼要的概括案件的关键事实和法律适用，同时强调维护社会公共利益这一根本目的，力求实现一定的教育警示效果。应当结合庭审中新的变化，不拘泥于预案中准备的原稿，及时调整。

6. 出席一审法庭

（1）出庭人员及手续

人民法院开庭审理检察机关提起的民事公益诉讼案件，检察机关应当派员以公益诉讼起诉人身份出庭履行职责，参加相关诉讼活动。

检察机关应当在收到人民法院发送的出庭通知书之日起三日内向人民法院提交派员出庭通知书。派员出庭通知书应当写明出庭人员的姓名和法律职务以及出庭履行的具体职责。

（2）出庭任务

宣读民事公益诉讼起诉书；对检察机关调查收集的证据予以出示和说明，对相关证据进行质证；参加法庭调查，进行辩论并发表出庭意见；依法从事其他诉讼活动。

检察人员发现庭审活动违法的，应当待休庭或者庭审结束之后，以人民检察院的名义提出检察建议。

（3）反诉

检察机关提起民事公益诉讼，被告以反诉方式提出诉讼请求的，人民法院不予以受理。

（4）提供证据的责任

检察机关对以下事项提供证据加以证明：一是提出的诉讼请求所依据的事实或者反驳对方意见所依据的事实；二是履行诉前程序的事实。

（5）撤诉

在民事公益诉讼案件审理过程中，检察机关诉讼请求全部实现的，可以撤回起诉。

庭审过程中，当发生需要撤回起诉情形时，出庭人员应当向法庭说明原因，要求休庭。省级人民检察院可以根据本地情况，建立拟撤诉案件审批、备案制度。有重大影响的案件、省级人民检察院办理的案件拟决定撤回起诉的，应当层报最高人民检察院审查批准。批准后，制作《撤回起诉决定书》提交人民法院。

（六）二审

检察机关认为一审未生效裁判错误的，可以向上一级人民法院提起上诉。

人民法院审理第二审案件，上一级人民检察院可以派员与提起公益诉讼的人民检察院共同出庭。

（七）执行

1. 启动方式

民事公益诉讼判决、裁定发生法律效力，而被告未按判决、裁定确定的义务履行的，由人民法院移送执行。

2. 费用

检察机关不交纳执行费用。

（八）诉讼监督

检察机关应当根据《中华人民共和国民事诉讼法》的规定依法履行对民事公益诉讼审判、执行活动的监督职责。

二、生态环境和资源保护领域民事公益诉讼案件重点问题

（一）案件范围

主要包括因侵权人实施的污染环境、破坏资源等行为造成的生态遭受损害或者其他社会公共利益遭受损害或者有重大损害危险行为的案件。

1. 污染环境类。主要包括大气污染、水污染、土壤污染、固体废物污染等类型。

大气污染指排放超标的污染颗粒物、二氧化硫、氮氧化物、挥发性有机物、氨等大气污染物或温室气体等进入大气进而对人体健康、生物、气候等产生危害。

水污染指排放、倾倒未处理或未达标处理的废水、废物，污染地表水或地下水，如污染渠、江、河、海等地表径流，因这些地表径流流经不同的区域，会对灌溉、饮用、养殖等造成损害。其危害性表现在：损害饮用水安全；损害农业生产安全；破坏自然生态环境；损害文化休闲功能。

土壤污染指通过排放污染物，在土地上堆放废弃物或有毒有害物质等方式，造成土壤污染。

固体废物污染指在生产建设、日常生活和其他活动中产生的污染环境的固态、半固态废弃物质的污染。《中华人民共和国固体废物污染环境防治法》把固体废物分为工业固体废物、城市生活垃圾和危险废物三类。

2. 破坏资源类。主要指通过破坏土地资源、矿产资源、林业资源、草原资源等致使生态遭受破坏的案件类型。由于民事公益诉讼保护的客体是社会公共利益，破坏资源类民事公益诉讼案件实际上是指侵权人通过破坏资源的方式使得生态遭受破坏，损害社会公共利益的案件。单纯的破坏资源，如未损害社会公共利益，不属于民事公益诉讼的案件范围。

（1）破坏资源的主要类型

破坏土地资源类。主要表现为：违反土地利用总体规划擅自将农用地改为建设用地的；占用耕地建窑、建坟或者擅自在耕地上建房、挖砂、采石、采矿、取土的；未经批准非法占用土地新建建筑物和其他设施的。

破坏矿产资源类。主要表现为：未取得采矿许可证擅自采矿的；超越批准的矿区范围采矿的；采取破坏性的开采方法开采矿产资源的。

破坏林业资源类。主要表现为：盗伐森林或者其他林木的；非法开垦、采石、采砂、采土、采种、采脂和其他活动，致使森林、林木受到毁坏的；在幼林地和特种用途林内砍柴、放牧致使森林、林木受到毁坏的；拒不补种树木或者补种不符合国家有关规定的。

破坏草原资源类。主要表现为：未经批准或者采取欺骗手段骗取批准，非法使用草原的；非法开垦草原的；在荒漠、半荒漠和严重退化、沙化、盐碱化、石漠化、水土流失的草原，以及生态脆弱区的草原上采挖植物或者从事破坏草原植被的其他活动的；未经批准或者未按照规定的时间、区域和采挖方式在草原上进行采土、采砂、采石等活动的；擅自在草原上开展经营性旅游活动，破坏草原植被的；临时占用草原，占用期届满，未恢复植被的。

（2）破坏资源的后果

破坏资源的后果必须是损害社会公共利益。实践中最常见的是破坏生态，损害社会公共利益。

破坏生态主要包括人为因素造成的水土流失、土地荒漠化、土地盐碱化、生物多样性减少等类型。

水土流失是指在水力、风力、重力及冻融等自然营力和人类活动作用下，水土资源和土地生产力的破坏和损失，包括土地表层侵蚀及水的损失。

土地荒漠化是指由于气候变化和人类不合理的经济活动等因素，使干旱、半干旱和具有干旱灾害的半湿润地区的土地发生了退化。

土地盐碱化是指土壤底层或地下水的盐分随毛管水上升到地表，水分蒸发后，使盐分积累在表层土壤中的过程。包括土壤有机物含量降低；土壤物理性状不良等情形。

生物多样性减少是指由于人类经济的发展、对自然资源掠夺式地过度开发、对环境造成污染以及外来物种的引进或入侵等诸多原因，导致物种数量减少、分布区缩小和濒临灭绝的情况。包括影响未来的食物来源和工农业资源；土壤肥力以及水质遭到破坏及自然界的生态平衡等情形。

（二）调查、审查的重点问题

1. 侵权主体的调查

侵权主体为个人的，可从公安机关调取其个人的户籍信息，了解其身份信息情况；侵权主体为企业的，可从工商部门调取其工商登记注册信息、组织机构代码信息、法定代表人信息等内容；侵权主体的企业行业性质，是否属于国家和地区重点污染监测名单中所列明的企业，是属于国企、营利性企业还是福利性质的企业，是否属于该省（自治区、直辖市）或者市（县）招商引资而入驻的企业等；侵权主体是否有营业执照、营业执照列明的经营范围与该企业的实际经营范围是否一致；侵权主体是否有排污许可证、危险废物经营许可证以及其他限制性行业经营许可证及相关审批资料；侵权主体的注册资金、缴纳税收情况、盈利情况、经营规模等；侵权主体的重点经营业务、所采用的技术标准、工艺流程及其先进性；侵权主体投资用于处理工业生产排放的污水或者固体废物等的资金规模和情况；侵权主体是否配套建设相关的污染处理设施及设施的运行情况；侵权主体相关运行项目的环境影响评价报告、审批材料及相关环保设施的竣工验收材料，常见于环保行政主管部门；侵权主体是否曾经因环境污染行为被行政处罚或者刑事处罚过的材料，常见于环保行政主管部门和公安机关。

2. 侵权行为的确定

调查收集侵权行为人实施侵权行为的具体日期、手段、方式、持续性等方面的证据。主要调查方式是从环保部门、国土部门、林业部门等行政执法单位及公安部门调取行政执法和刑事司法的案件卷宗材料，结合询问侵权行为人及相关证人，从而确定侵权行为的事实。

（1）调查的重点内容。行政机关或司法机关对侵权行为人及其他证人所作询问笔录，行政机关或司法机关现场勘测材料，包括勘测笔录、勘测报告等；行政机关对侵权行为人作出的《行政处罚决定书》、《责令改正违法行为决定书》等行政文书；证明污染物种类和浓度的环保监测报告；污染防控企业在线监测数据；项目立项、规划、环评、建设等审批材料，环境影响评价报告及批复文件，环保设施竣工及验收相关材料，建设项目合同等；现场拍摄污染物直排或者超标排放形成的视听资料；破坏生态环境、造成大气、水、土壤污染，或者造成资源损失的相关鉴定报告；土地利用总体规划图和土地利用现状图等；排污许可证、排污费缴费单、发票等相关材料；涉刑案件材料，主要包括案件移送手续、公安机关立案决定书、法院判决等。

（2）调取上述材料后，检察机关应当重点核实下列信息：污染源的数量、位置和周边情况等信息；污染排放时间、排放方式、排放去向和排放频率等信息；污染源排放的特征污染物种类、排放量和排放浓度等信息；污染源排放的污染物进入外环境生成的次生污染物种类、数量和浓度等信息；林地、耕地、草地、湿地等生态系统自然状态以及野生动植物受到破坏或伤害的时间、方式和过程等信息；资源遭受破坏的范围、程度、持续状态等信息。

3. 过错的确定

调查侵权主体对于其破坏生态或者污染环境的行为主观上是否存在过错，

即是否存在故意或者过失。因侵权主体是否存在主观过错及其过错程度的大小属于主观方面的内容，实践中只能通过其侵权行为的具体表现形式等客观方面予以确定。主要调查以下方面的内容：

侵权主体实施破坏生态或者污染环境的违法行为的隐蔽性，如是否采用私设暗管、偷埋排污管道等故意逃避监管的手段和方式；侵权主体实施侵权行为的持续时间和次数多少，例如是否连续三年以上实施排污行为，每次排污行为的持续时间长短；从环保部门和公安机关查询违法主体是否曾经因环境污染行为被行政处罚或者刑事处罚过，从而确定违法主体的主观过错和恶劣程度；从税务部门调取违法主体的应缴税款登记簿和资产负债表等相关材料，查明违法行为人的盈利能力和经营规模大小；对比侵权主体的防治污染设备成本或者污染物处理成本，确定被告是否主观上存在为利益最大化而故意破坏生态环境。

4. 损害后果及数额的确定

对于资源保护案件，除调查资源受破坏的情形外，还需调查生态遭受破坏的程度或者其他社会公共利益遭受损害的程度。造成破坏生态结果的案件通常采取鉴定、评估的方式确定生态遭受破坏的程度。对于耕地（特别是基本农田）、生态公益林、自然保护区、饮用水水源保护地、地质公园、湿地公园、水土流失重点防治区、国家级古树名木等资源，由于其本身就和社会公共利益密切相关，可视具体情况确定是否委托鉴定、评估。

对于污染环境案件，损害后果已经出现的，可以通过现场拍摄的照片和录像资料，行政机关的环保监测数据和关于污染物种类和浓度的检测报告，鉴定机构的鉴定技术报告等证据材料，综合认定公共利益遭受损害仍然处于持续状态。损害后果尚未出现的，应定期前往违法现场拍照摄像，记录违法现场遭受破坏的持续性和变化情况；还应就存在某种违法行为时是否可能会有重大损害危险等专业性问题咨询专家意见。对于资源保护案件的损害后果调查，必须调查收集生态遭受破坏或者其他社会公共利益遭受损害的证据。

确认生态环境损害赔偿的具体数额主要依据鉴定意见或者专家意见。调查时主要查明以下内容：水质或者空气、土壤质量标准等级；污染物的种类、成分、浓度、排放量等；污染排放的方式、时间、排放去向和频率等；污染物在大气、地表水、地下水等介质中迁移、扩散、转化以及长距离运输的过程；通过询问专业人员或者同地区同行业的企业，确定污染物的处理成本；污染区域土地利用类型以及可能影响污染物迁移扩散的构筑物、沟渠、河道、地下管网和渗坑等要素；区域水文地质、地形地貌等自然状况；污染区域环境敏感点，例如是否属于饮用水水源地，是否属于自然保护区、风景名胜区、世界文化和自然遗产地等周边区域环境敏感点，是否承担水源涵养等功能；侵权行为人的生产规模和盈利情况；污染处理的情况，包括污染清理的组织、工作过程、清理效果、二次污染物的产生情况以及环境自行净化情况；生态系统内植物群落建群种、分布面积、密度、生物量、是否有保护物种分布和保护物种的级别、植物群落的受损程度，以及主要动物物种密度、出生率、死亡率、繁殖率、生境、是否有保护物种分布和保护物种的级别、动物的受损程度等情况；对水污染、大气污染、油品泄露等严重污染行为进行应急化处理例如紧急疏散、抢险救援、围堵时所支出的合理费用；委托专家对污染量、生态环境修复费用等专业问题进行鉴定或者出具专家意见而支出的检验、鉴定或咨询费用。

5. 关于因果关系的确定

因果关系的确定一般可以通过委托鉴定的方式确定。在调查掌握污染源排放状况、区域环境质量状况等基础资料的基础上，确定污染源及被污染的土壤、地下水或者人体等所含的特征分析物基本一致。主要调查以下内容：侵权行为人从事的行业例如废油桶清洗、造纸工业可能产生的特征污染物；污染源中存在的污染物的种类、成分、浓度、排放量等；空气、地表水、地下水、土壤等环境介质中存在的污染物的种类、成分、浓度等；当地气候气象、地形地貌、水文条件等自然环境条件存在污染物从污染源迁移至污染区域的可能性。

6. 其他重要调查方式

（1）借助专家辅助人，调查询问参与撰写、编制、审核、评估环境影响评价报告的专业技术人员，全面分析解读侵权行为人的环境影响评价报告。该类报告中具有重要调查价值的部分包括企业某项投产项目的规划年产量、污染物形成过程、污染物防治设备运行流程图、环境主管部门对该生产项目环境影响报告的批复、污染物总量控制等。通过调查该报告，可以充分掌握侵权行为人企业预期产量及相对应的待处理污染物总量，主要污染物防治处理工艺流程等情况，在此基础上，可以进一步掌握其偷排污染物实际数量的证据。

（2）调查重点防控污染企业的在线监测数据情况。目前根据国务院和有关中央部委的要求，已经在基层环保行政主管部门广泛建立起在线监测系统，通过调取该系统数据信息，可以充分掌握侵权行为人是否超出排污许可证许可的排放指标，是否逃避在线监测，是否未严格按照环境影响评价报告规划建设污染防治设备等能够反映侵权行为人是否违法排放污染物，结合企业实际产量还可以确定侵权行为人在有关机关查证属实的偷排数量之外的偷排污染物的数量。

（3）借助国家行政主管部门主导建立的环境监测网平台，对侵权行为人造成的周边环境损害情况进行深入调查。比如，正在完善的国家土地环境监测网等。

（4）调查能够证明受侵害客体水文环境、地质条件、文化休闲功能等服务功能的证据材料，以确定侵权行为所导致的服务功能损失。

（5）调查能够证明在工厂污染物治理环节处理污染物的实际成本的证据。该部分调查，主要通过涉案企业污染物处理设施实际负责人、财务人员以调查笔录的形式取得，同时，应当注意通过同地区、同类型其他生产企业的污染物处理设施实际负责人、财务人员以调查笔录的形式取得。

7. 审查中的特殊问题

（1）关于举证责任。环境侵权行为人对其污染行为与损害结果之间不存在因果关系负有举证责任。检察机关在审查中应重点关注以下情形：污染者排放的污染物是否有可能造成该损害；污染者排放的可造成该损害的污染物是否到达该损害发生地；该损害是否于排放污染物之前已发生；其他证明污染行为与损害之间是否存在因果关系的情形。

（2）关于环境社会组织的适格问题。《中华人民共和国环境保护法》第五十八条规定："对污染环境、破坏生态，损害社会公共利益的行为，符合下列条件的社会组织可以向人民法院提起诉讼：（一）依法在设区的市级以上人民政府民政部门登记；（二）专门从事环境保护公益活动连续五年以上且无违法记录。符合前款规定的社会组织向人民法院提起诉讼，人民法院应当依法受理。"《最高人民法院关于审理环境民事公益诉讼案件适用法律若干问题的解释》第四条明确对于组织"专门从事环境保护公益活动"的判断标准，规定"社会组织章程确定的宗旨和主要业务范围是维护社会公共利益，且从事环境保护公益活动的，可以认定为环境保护法第五十八条规定的'专门从事环境保护公益活动'。社会组织提起的诉讼所涉及的社会公共利益，应与其宗旨和业务范围具有关联性"。

其中，对于社会组织宗旨和业务范围是否包含维护环境公共利益，应根据其内涵而非简单依据文字表述作出判断。环境保护公益活动，不仅包括植树造林、濒危物种保护、节能减排、环境修复等直接改善生态环境的行为，还包括与环境保护有关的宣传教育、研究培训、学术交流、法律援助、公益诉讼等有利于完善环境治理体系，提高环境治理能力，促进全社会形成环境保护广泛共识的活动。

（3）关于环境损害类型及其具体数额的确定。生态环境损害类型主要包括以下四个方面：应急性处置费用，环境修复费用，服务功能损失，检验、鉴定费用或其他合理费用。

第一，应急性处置费用。应急性处置费用是指突发环境事件应急处置期间，为减轻或消除对公众健康、公私财产和生态环境造成的危害，各级政府与相关单位针对可能或已经发生的突发环境事件而采取的行动和措施所发生的费用。与其他三项费用适用于大多数生态环境和资源保护类民事公益诉讼不同，应急性处置费用只适用于突发环境事件应急处置期间。

在确定应急性处置费用的具体数额时，包括损害确认和损害量化两个步骤。损害确认时应当对污染清理、污染控制、应急监测、人员转移安置等费用的合理性进行判断，确定其是否真正属于应急性处置期间，为减少进一步的损害或者必须采取紧急性措施所支出的合理性费用。损害量化时，应注重审查调查阶段所调取的对水污染、大气污染、油品泄露等严重污染行为进行应急化处理例如紧急疏散、抢险救援、油污围堵时所支出费用的单据或者发票，并在此基础上予以计算得出。

第二，生态环境修复费用。生态环境修复费用是指生态环境损害发生后，为使生态环境的物理、化学或生物特性及其提供的生态系统服务恢复到基线状态而发生的费用，包括制定、实施修复方案的费用和监测、监管等费用。生态环境修复费用难以确定或者确定具体数额所需鉴定费用明显过高的，可以结合污染环境、破坏生态的范围和程度、生态环境的稀缺性、生态环境恢复的难易程度、防治污染设备的运行成本、被告因侵害行为所获得的利益以及过错程度等因素，并可以参考负有环境保护监督管理职责的部门的意见、专家意见等，予以合理确定。生态环境修复费用一般需要通过鉴定程序或者专家意见等方式来确定。

实践中，通过采用环保部《环境损害鉴定评估推荐方法（第Ⅱ版）》中的虚拟治理成本法来确定生态环境修复费用。虚拟治理成本法的适用条件为：环境污染所致生态环境损害无法通过恢复工程完全恢复、恢复成本远远大于其收益或缺乏生态环境损害恢复评价指标的情形。虚拟治理成本法的具体计算方法见《突发环境事件应急处置阶段环境损害评估技术规范》。

第三，服务功能损失。服务功能损失是指生态环境损害发生至生态环境恢复到基线状态期间，生态环境因其物理、化学或生物特性改变而导致向公众或其他生态系统提供服务的丧失或减少，即受损生态环境从损害发生到其恢复至基线状态期间提供生态系统服务的损失量。生态环境修复费用考虑的是生态环境交换价值的恢复，而服务功能损失费用考虑的是生态环境使用价值的追回。实践中，由于受污染环境的复杂性、功能的多样性，服务功能损失往往难以准确计算。但鉴于此项损失客观存在，因此在确定侵权主体所应承担的赔偿费用时，综合考虑生态环境的服务功能例如是否承担着防风固沙、水源涵养等重要生态功能，予以酌情考虑。

第四，检验、鉴定及其他合理费用。该部分主要包括：委托专业机构或者专家人员对污染物的种类或属性、某种污染物是否属于国家危险废物名录或者是否属于有毒有害物品进行检验的费用；对生态环境基线的确定、生态环境损害的确认、污染环境或破坏生态行为与生态环境损害间的因果关系判定、生态环境损害修复或恢复目标的确定、生态环境损害评估方法的选择、环境修复或生态恢复方案的筛选、环境修复或生态恢复费用的鉴定或评估费用；委托专业辅助人对专业性问题进行解答的咨询费用，合理的律师费以及为诉讼支出的其他合理费用。

在确定上述费用时，主要依据鉴定机构开具的发票、收据、单据以及银行转账记录等。

（三）常见的法律、法规、规章等

1. 法律：《中华人民共和国民法总则》《中华人民共和国侵权责任法》《中华人民共和国环境保护法》《中华人民共和国水污染防治法》《中华人民共和国大气污染防治法》《中华人民共和国固体废物污染环境防治法》《中华人民共和国海洋环境保护法》《中华人民共和国土地管理法》《中华人民共和国环境影响评价法》《中华人民共和国放射性污染防治法》《中华人民共和国环境噪音污染防治法》《中华人民共和国水土保持法》《中华人民共和国水法》《中华人民共和国行政处罚法》《中华人民共和国行政强制法》《中华人民共和国行政许可法》《中华人民共和国行政复议法》《中华人民共和国民事诉讼法》等。

2. 行政法规：《环境保护主管部门实施按日连续处罚办法》《城镇排水与污水处理条例》《排污费征收使用管理条例》《行政执法机关移送涉嫌犯罪案件的规定》《放射性物品运输安全管理条例》《危险废物经营许可证管理办法》《建设项目环境保护管理条例》等。

3. 司法解释：《最高人民法院最高人民检察院关于检察公益诉讼案件适用法律若干问题的解释》《最高人民法院关于审理环境民事公益诉讼案件适用法律若干问题的解释》《最高人民法院关于审理环境侵权责任纠纷案件适用法律若干问题的解释》《最高人民法院、民政部、环境保护部关于贯彻实施环境民事公益诉讼制度的通知》《最高人民法院关于适用〈中华人民共和国民事诉讼法〉的解释》等。

4. 规章：《环境行政处罚办法》《环境监察办法》《国土资源行政处罚办法》《污染源监测管理办法》《环境行政执法后督察办法》《环境行政复议办法》《环境监测管理办法》《排污许可证管理暂行规定》《环境保护主管部门实施查封、扣押办法》等。

5. 行业标准或指引：《国家危险废物名录》《环境空气质量标准》《地表水环境质量标准》《地下水质量标准》《土壤环境质量标准》《声环境质量标

准》《渔业水质标准》《土地基本术语》《土地利用现状分类》《污水综合排放标准》《城镇污水处理厂污染物排放标准》《纸浆造纸工业水污染物排放标准》《畜禽养殖业污染物排放标准》《环境损害鉴定评估推荐方法（第 II 版）》等。

三、食品药品安全领域民事公益诉讼案件重点问题

（一）案件范围

食品药品安全领域的民事公益诉讼案件，主要是食品药品安全领域侵害众多消费者合法权益等损害社会公共利益的案件。

1. 食品主要是指食品、食品添加剂、食品相关产品，以及国家实行严格监督管理的保健食品、特殊医学用途配方食品和婴幼儿配方食品等特殊食品。食品安全是指食品无毒、无害，符合应当有的营养要求，对人体健康不造成任何急性、亚急性或者慢性危害。食品安全的案件主要涉及：食品生产和加工，食品销售和餐饮服务；食品添加剂的生产经营；用于食品的包装材料、容器、洗涤剂、消毒剂和用于食品生产经营的工具、设备（以下称食品相关产品）的生产经营；食品生产经营者使用食品添加剂、食品相关产品；食品的贮存和运输等。

2. 药品主要是指用于预防、治疗、诊断人的疾病，有目的地调节人的生理机能并规定有适应症或者功能主治、用法和用量的物质，包括中药材、中药饮片、中成药、化学原料药及其制剂、抗生素、生化药品、放射性药品、血清、疫苗、血液制品和诊断药品等。药品安全，指通过对药品研发、生产、流通、使用全环节进行监管所表现出来的消除了外在威胁和内在隐患的综合状态，以及为达到这种状态所必要的供应保障和信息反馈，其内涵可以界定为质量符合标准、不良反应在可接受的范围内、临床无用药差错和可及性四个部分。

案件范围主要包括：

（1）食品、药品存在缺陷，侵害众多不特定消费者合法权益的；

（2）食品、药品可能危及消费者人身、财产安全，未作出真实的说明和明确的警示，未标明正确使用的方法以及防止危害发生方法的；对提供的食品、药品质量、性能、用途、有效期限等信息作虚假或引人误解宣传的；

（3）以格式条款、通知、声明、店堂告示等方式，在食品药品安全方面作出排除或者限制消费者权利、减轻或者免除经营者责任、加重消费者责任等对消费者不公平、不合理规定的；

（4）其他侵害食品药品安全领域众多不特定消费者合法权益或者具有危及消费者人身、财产安全危险等损害社会公共利益的行为。

（二）调查、审查的重点问题

1. 食品药品安全领域民事公益诉讼调查的重点

（1）食品药品生产经营者等行为人的基本情况。应当通过调查其身份信息、工商登记注册信息、有关生产经营项目的立项审批、生产经营许可证、营业场所、设备、仓储设施、卫生环境、规章制度等是否符合国家相关标准、生产经营规模及状况等进行认定。

（2）食品药品生产经营者等行为人实施了危害食品药品安全的行为。应当通过调取相关刑事案件和行政执法案件卷宗材料、食药监管部门的检验报告、质检部门的检测报告、食品药品安全标准、生产销售记录、专家或者行业协会对违反食品药品安全标准的意见等，审查食品药品生产经营者是否实施了违法行为的事实。食品药品生产经营者的违法行为主要包括：生产、销售有毒、有害食品、生产、销售不符合安全标准的食品、生产、销售假药或者劣药、违反法律规定，未取得食品生产经营许可从事食品生产经营活动，或者未取得食品添加剂生产许可从事食品添加剂生产活动的、以及其他不符合食品药品安全标准和要求，损害公众身体健康的生产经营活动。

（3）食品药品生产经营者等行为人实施危害食品药品安全的违法行为，侵害众多消费者合法权益等损害社会公共利益的事实。通过调取食品安全事故调查报告及相关资料和样品、进货查验记录、食品药品销售渠道范围及购销记录、行政相对人、利害关系人等的询问笔录、专家或者行业协会对不符合食品药品安全标准的生产经营行为造成的社会公益受到侵害或侵害危险的意见等，审查食品药品生产经营者的违法行为是否损害了社会公共利益。在食品药品安全领域，侵害众多消费者合法权益并造成实然损害的，应当以 10 人以上作为基准调查收集证据。

（4）食品药品生产经营者等行为人的违法行为与社会公共利益受到侵害之间的因果关系。应当通过调查众多消费者等不特定多数人的证言、食品药品监管部门的检验鉴定报告等，并可以通过咨询专家或者行业协会意见来综合把握违法行为与侵害结果之间的因果关系。

（5）食品药品生产经营者等行为人的过错。食品药品生产经营者等行为人实施侵害众多消费者合法权益等损害社会公共利益的行为不限定为"明知"，既可以是故意，也可以是过失，应结合行为人的行为方式、具体情节、损害后果等综合认定。

2. 食品药品安全领域民事公益诉讼的审查重点

（1）是否属于食品药品安全领域的案件范围。

（2）实施危害食品药品安全的生产经营者等行为人及其违法行为是否确

定，是否存在其他违法行为人，是否存在连带责任情形。

（3）食品药品安全领域侵害众多消费者合法权益等社会公共利益受到侵害的事实，既可以是具体的侵害事实，也可以是重大侵害危险。该部分事实应当通过书证、证人证言、鉴定意见、专家意见等多种证据综合认定。

（4）关于审查应提出诉讼请求的内容。第一，检察机关可以提出请求被告承担停止侵害、排除妨碍、消除危险、赔礼道歉等民事责任的诉讼请求，也可以探索提出惩罚性赔偿的诉讼请求。第二，以格式条款、通知、声明、店堂告示等方式，作出排除或者限制消费者权利、减轻或者免除经营者责任、加重消费者责任等对消费者不公平、不合理规定的，检察机关可以提出确认无效的诉讼请求。第三，《中华人民共和国侵权责任法》第四十六条规定："产品投入流通后发现存在缺陷的，生产者、销售者应当及时采取警示、召回等补救措施。"《食品召回管理办法》第三条规定："食品生产经营者应当依法承担食品安全第一责任人的义务，建立健全相关管理制度，收集、分析食品安全信息，依法履行不安全食品的停止生产经营、召回和处置义务。"《药品召回管理办法》第十五条规定："药品生产企业应当对收集的信息进行分析，对可能存在安全隐患的药品按照本办法第十二条、第十三条的要求进行调查评估，发现药品存在安全隐患的，应当决定召回。"根据上述法律规定，结合具体案情，在提出判决其消除危险的诉讼请求的同时，可以提出判决责令其召回并依法处置的诉讼请求。

（三）常见的法律、法规、规章等

（1）食品方面：《中华人民共和国食品安全法》《中华人民共和国食品安全法实施条例》《国务院关于加强食品安全工作的决定》《国务院关于加强食品等产品安全监督管理的特别规定》《食品经营许可管理办法》《餐饮服务许可管理办法》《食品生产经营日常监督检查管理办法》《保健食品注册与备案管理办法》等。

（2）药品方面：《中华人民共和国药品管理法》《中华人民共和国中医药法》《中华人民共和国药品管理法实施条例》《医疗用毒性药品管理办法》《麻醉药品和精神药品管理条例》《药品监督行政处罚程序规定》《药品生产质量管理规范（2010年修订）》《药品经营质量管理规范》等。

最高人民检察院民事行政检察厅
检察机关行政公益诉讼案件办案指南（试行）

（2018 年 3 月 12 日）

检察机关在履行职责中发现生态环境和资源保护、食品药品安全、国有财产保护、国有土地使用权出让等领域负有监督管理职责的行政机关违法行使职权或者不作为，致使国家利益或者社会公共利益受到侵害的，应当向行政机关提出检察建议，督促其依法履行职责。行政机关不依法履行职责的，检察机关依法向人民法院提起诉讼。

一、检察机关行政公益诉讼案件办案的一般程序

（一）管辖

1. 一般规定。检察机关提起行政公益诉讼的案件，一般由违法行使职权或者不作为的行政机关所在地的基层人民检察院管辖。违法行使职权或者不作为的行政机关是县级以上人民政府的案件，由市（分、州）人民检察院管辖。

2. 指定管辖。上级人民检察院可以根据案件情况，在与人民法院沟通协商后，共同将行政公益诉讼案件指定辖区内其他下级人民检察院或者跨区划人民检察院管辖。

3. 管辖权转移。上级人民检察院认为确有必要，可以办理下级人民检察院管辖的重大、疑难、复杂案件。

下级人民检察院认为需要由上级人民检察院办理的，可以报请上级人民检察院办理。

4. 管辖权协商。上级人民检察院指定改变级别管辖或者地域管辖的，可以在起诉前与同级人民法院协商管辖的相关事宜，共同指定。

（二）立案

1. 线索发现、评估和管理

（1）线索发现。行政公益诉讼案件线索限于检察机关在履行职责中发现的情形。"履行职责"包括履行批准或者决定逮捕、审查起诉、控告检察、诉讼监督、公益监督等职责。

实践中，对于通过行政执法与刑事司法衔接平台、行政执法与行政检察衔接平台等发现案件线索的，视为"在履行职责中发现"。

（2）线索移送。检察机关各业务部门在履行职责中，发现生态环境和资源保护、食品药品安全、国有财产保护、国有土地使用权出让等领域负有监管职责的行政机关违法行使职权或者不作为，致使国家利益或者社会公共利益受到侵害，应当将案件线索及有关材料及时移送公益诉讼案件办理部门。

公益诉讼案件办理部门在办理行政公益诉讼案件过程中，发现国家工作人员涉嫌贪污贿赂、渎职侵权等职务犯罪线索或违纪线索的，应当按照相关规定和程序移送监察机关；发现其他刑事犯罪线索的，应当及时移送相关侦查机关。

（3）线索评估。公益诉讼案件办理部门应当对案件线索进行初步审查评估。评估线索应当重点围绕以下内容展开：

线索的真实性，是否属于检察机关履行职责中发现的情形，违法和公益受损的情形是否真实存在。

线索的可查性，是否属于行政公益诉讼案件范围，社会公共利益受到侵害的事实和程度是否可以得到查证，调查取证存在什么困难和障碍等。

线索的风险性，包括社会舆情、信访风险、引发群体性事件的风险等。

（4）线索管理。行政公益诉讼案件线索由公益诉讼案件办理部门统一管理。公益诉讼案件办理部门应当建立案件线索台账，对案件线索来源、案件类型、被监督对象、分流转办、案件承办人、审查意见、诉前程序及诉讼情况等逐一列明，实行一案一登记、一案一跟进，并对案件流转、审查意见、诉前程序、提起诉讼等节点实行层级管理。

（5）线索备案。行政公益诉讼案件线索实行备案管理制度，重大案件线索应当向上一级人民检察院备案。

2. 立案条件和程序

（1）立案条件。经审查认为生态环境和资源保护、食品药品安全、国有财产保护、国有土地使用权出让等领域负有监督管理职责的行政机关违法行使职权或者不作为，可能侵害国家利益或者社会公共利益，应当报请检察长决定立案。

（2）立案程序。制作立案审批表，附初步证据材料，经过初步调查的，还应附《立案审查报告》，报请检察长决定立案，并到案件管理部门登记。决定立案的，应当制作《立案决定书》。

（三）诉前程序

1. 调查

（1）调查方式。检察机关的调查可以采取以下方式：查阅、摘抄、复制有关行政执法卷宗材料；询问行政机关相关人员以及行政相对人、利害关系人、证人等；收集书证、物证、视听资料、电子证据等；咨询专业人员、相关部门或者行业协会等对专门问题的意见；委托鉴定、评估、审计；勘验、检查物证、现场；其他必要的调查方式。

（2）调查前期准备。研究确定调查的思路、方法、步骤及拟收集的证据清单等，制定调查计划；收集与本案有关的法律法规、行业规范、国家和地区标准等；准备执法记录仪、相机等调查设备。

（3）调查内容。检察机关应当按照法定程序，全面、客观地调查收集证据。

一是行政机关的法定职责、权限和法律依据。包括该行政机关的职权范围，除法律、法规、规章确定的法定职责外，还应当参考地方政府制定发布的权力清单和涉及行政机关职权、机构设置的文件等；该行政机关在履行职责过程中常用的法律、法规、规章、内部规则、操作指南、流程指引及技术标准等；该行政机关对某一违法行为进行查处的法律依据、程序流程、处罚条件、适用情形及处罚措施等；不同行政机关存在职能或者权限交叉时各自的分工及职责。对于行政机关的派出机构，如其职权来源于法律、法规、规章授权，则应直接以其作为被监督对象；如其职权来源于行政机关委托，则应以委托的行政机关作为被监督对象。

二是行政机关不依法履职的事实，即违法行使职权或者不作为的过程、方式和状态。包括行政机关违法行使职权的具体环节和方式；违法行使职权的原因、手段、后果及持续性；行政许可和审批的合法性及合规性；查处违法行为的手段和程序是否依法依规；作出的行政处罚决定或者采取的行政强制措施在事实认定、法律适用和处理结果上是否依法依规；行政机关不作为的起始时间、持续时间、具体方式及履职可能等。

三是国家利益或者社会公共利益受到侵害的事实及状态。

四是其他需要查明的事实。

（4）证据收集的具体要求

询问。询问被调查人前，应当制作《询问提纲》，《询问提纲》包括以下内容：询问被调查人需要解决或者证明的主要问题；询问重点；询问策略和方法；可能出现的问题及对策等。

询问被调查人应当个别进行，且应当由两名以上办案人员共同进行。办案人员在询问被调查人前应当出示工作证。

询问被调查人，应当场制作《询问笔录》。《询问笔录》经被调查人确认无误后，由被调查人签名或者盖章。被调查人拒绝签名盖章的，应当记明情况。

物证、书证的收集。办案人员需要向有关单位或者个人调取物证、书证的，应当制作《调取证据通知书》和《调取证据清单》，持上述文书调取有关证据材料。

《调取证据通知书》应当载明被调取单位或个人的名称、调取事由、调取证据名称等；《调取证据清单》应当载明证据名称（品名）、型号（编号）、数量等，经核对无误后，双方签字，一式两份，各持一份。

调取书证应当尽量调取原件，调取原件确有困难或者因保密需要无法调取原件的，可以调取复印件。书证为复印件的，应当注明调取人、提供人、调取时间、证据出处和"本复印件与原件核对一致"等字样，并签字、盖章。书证页码较多的，加盖骑缝章。调取物证应当尽量调取原件，调取原件确有困难的，可以调取与原件核对无误的复制件或者证明该物品的照片、录像等其他证据材料。

视听资料、电子证据的收集。确有必要向有关单位和个人调取视听资料和电子证据的，办案人员可以自行调取，也可以委托检察技术部门调取。

办案人员委托检察技术部门调取电子证据，应当向检察技术部门提交《委托技术协助书》，《委托技术协助书》应当载明案号、证据名称、取证具体要求等。

调取视听资料和电子证据应当调取原件，调取原件确有困难或者因保密需要无法调取原件的，可以调取副本或者复印件。

咨询。可以就专门性问题书面或者口头咨询有关专业人员、相关部门或者行业协会的意见。

口头咨询的，应当制作笔录，由接受咨询的专业人员签名或者盖章。拒绝签名盖章的，应当记明情况。

鉴定、评估、审计。对专门性问题认为需要鉴定、评估、审计的，可以委托具备资格的机构进行鉴定、评估、审计。

办案人员应当为鉴定、评估、审计人员提供必要的条件，及时向鉴定、评估、审计人员送交有关检材、数据和样本等原始材料，说明与鉴定、评估、审计有关的情况，并明确提出鉴定、评估、审计的目的和具体要求。

勘验。认为确有必要的，可以勘验物证或者现场。勘验人应当出示人民检察院的证件，并邀请当地基层组织或者当事人所在单位派人参加。当事人或者当事人的成年家属应当到场，拒不到场的，不影响勘验的进行。

勘验人应当将勘验情况和结果制作笔录，由勘验人、当事人和被邀参加人签名或者盖章。

（5）调查的保障

检察机关在调查过程中，经风险评估或现场观察可能发生妨碍调查行为的，应当由司法警察协助调查。调查过程中应当使用执法记录仪等录音录像工具。

对于拒绝配合调查的，检察人员应当警告其可能妨碍公务的法律后果。

对于干扰阻碍调查活动，威胁、报复陷害、侮辱诽谤、暴力伤害检察人员的，应当根据中共中央办公厅、国务院办公厅《保护司法人员依法履行法定职责规定》第十七条的规定，依法从严惩处。

2. 审查

（1）审查内容。检察机关审查行政公益诉讼案件，应当查明：行政机关的法定职责、权限和法律依据；行政机关违法行使职权或者不作为的证据；国家利益或者社会公共利益受到侵害的事实及状态；行政机关违法行使职权或者不作为与损害后果之间存在因果关系；其他需要查明的内容。

（2）讨论及审批程序。行政公益诉讼案件由检察官办案组办理。审查终结的，应当制作《诉前审查报告》并明确提出是否发出检察建议或终结审查的处理意见，并经集体讨论。集体讨论形成的意见，应当报检察长决定。检察长认为必要的，可以提请检察委员会讨论决定。

（3）审查期限。办理行政公益诉讼案件拟作出终结审查或者提出检察建议决定的，应当自决定立案之日起三个月内办理终结。有特殊情况需要延长的，报经检察长决定。

检察机关办理行政公益诉讼案件，鉴定、评估、审计期间及报送审批期间不计入审查期限。

（4）审查决定。对审查终结的行政公益诉讼案件，应当区分情况作出下列决定：终结审查；提出检察建议。

3. 终结审查

经审查，有下列情形之一的，检察机关应当终结审查：经审查不存在行政机关违法行使职权或者不作为，造成国家利益或者社会公共利益受到侵害情形的；行政机关在检察机关向其提出检察建议前已依法履行职责，国家利益或者社会公共利益已经得到有效保护的；其他应当终结审查的情形。

终结审查的，应当制作《终结审查决定书》。

4. 检察建议

经过调查，发现生态环境和资源保护、食品药品安全、国有财产保护、国有土地使用权出让等领域负有监督管理职责的行政机关违法行使职权或者不作为，致使国家利益或者社会公共利益受到侵害的，应当向行政机关提出检察建议，督促其依法履行职责。

（1）检察建议的对象

生态环境和资源保护、食品药品安全、国有财产保护、国有土地使用权出让等领域负有监督管理职责的行政机关和法律、法规、规章授权的组织。

对于同一侵害国家利益或者社会公共利益的损害后果，数个行政机关均存在未依法履行职责情形的，可以分别发出检察建议。同一行政机关对同类多个违法事实存在未依法履行职责情形的，可以合并为一案发出检察建议。

（2）检察建议的内容

检察建议书一般应当包括以下内容：被监督对象的名称；案件来源及监督目的；检察机关调查查明的案件基本情况，检察机关认定的被监督行政机关违法行使职权或者不作为的事实；被监督行政机关行政行为构成违法行使职权或者不作为的理由和法律依据；检察机关提出检察建议的法律依据；建议的具体内容；告知被监督行政机关在收到检察建议书后两个月内依法履行职责并书面回复办理情况，但出现国家利益或者社会公共利益损害继续扩大等紧急情形时，人民检察院可以要求行政机关在十五日内依法履行职责；其他需要说明的情形。

（3）送达

提出检察建议的，应当制作《检察建议书》，并在七日内发送被监督的行政机关。《送达回证》应当由行政机关相关人员签字或加盖公章。

（4）回复

行政机关应当在收到检察建议书之日起两个月内或者紧急情形下的十五日内依法履行职责，并将办理情况及时书面回复人民检察院。

（5）跟进调查

检察机关收到行政机关书面回复的，应当及时对行政机关纠正违法行为或者依法履行职责情况，以及国家利益或者社会公共利益受到侵害的情况跟进调查。根据案件需要，检察机关可以及时就有关情况与行政机关进行沟通，听取意见。

回复期满后，行政机关没有回复的，检察机关应重点围绕检察建议的内容，对行政机关是否依法全面履行职责，国家利益或社会公共利益是否得到有效保护进行调查。

5. 审批程序

经过诉前程序，应当制作《起诉审查报告》，提出具体处理意见，集体讨论后，报经检察长决定。检察长认为有必要的，可以提请检察委员会讨论。

拟决定向人民法院提起行政公益诉讼的，应当在检察建议回复期满之日起两个月内办理终结。有特殊情况需要延长的，报经检察长决定。

省级人民检察院可以根据本地情况，建立拟起诉案件审批、备案制度。对于重大、疑难、复杂的公益诉讼案件，可以按照《人民检察院案件请示办理工作规定（试行）》的相关规定向最高人民检察院请示。

拟决定不提起诉讼的，应当制作《终结审查决定书》，并在七日内发送行政机关。

（四）提起诉讼

检察建议回复期满后，行政机关没有纠正违法行为或者没有依法全面履行职责，或者没有回复，国家利益或者社会公共利益持续处于受侵害的，检察机关以公益诉讼起诉人的身份依法提起行政公益诉讼。

1. 起诉条件及提交材料

（1）起诉条件：经过检察建议程序，行政机关仍未依法履行职责，国家利益或者社会公共利益持续处于受侵害状态的，人民检察院依法提起行政公益诉讼。

行政机关未依法履行职责的情形主要有：行政机关收到检察建议后，明确表示不进行整改的；行政机关虽回复采纳检察建议并采取整改措施，但实际上行动迟缓、敷衍应付、没有作为的；行政机关仅部分纠正行政违法行为的；行政机关虽采取了履职措施，但履职仍不完全、不充分，无法达到监管目的，且没有进一步行使其他监管职权等情形。

对于行政机关已经依法启动行政处罚的立案、调查等程序，尚处于作出行政处罚的法定期限内，则应看其是否在法定期间内作出行政处罚决定，是否存在客观障碍，不能一概认定为未依法履行职责。

对于一些特殊情形，如恢复植被、修复土壤、治理污染等，行政机关主观上有整改意愿，但由于受季节气候条件、施工条件、工期等客观原因限制，行政机关无法在检察建议回复期内整改完毕的，应当继续跟进调查。行政机关回复将采取明确可行的措施，制定有详细的计划和目标，并积极准备前期工作的，检察机关应对方案的可行性进行审查，必要时可以咨询专业人员的意见，认为方案切实可行的，暂不提起行政公益诉讼；如在合理期限内仍未整改到位，国家利益或者社会公共利益持续处于受侵害状态的，应当提起行政公益诉讼。

对于行政机关回复本案已经过刑事处罚，不应再进行行政处理的，办案人员应继续查找法律、行政法规等规定，如查实行政机关还可以通过继续履行行政监管职责有效保护国家利益或者社会公共利益的，应当提起行政公益诉讼。

（2）起诉应提交的材料：行政公益诉讼起诉书，并按照被告人数提出副本；被告违法行使职权或者不作为，致使国家利益或者社会公共利益受到侵害的证明材料；检察机关已履行诉前程序，行政机关仍不依法履行职责或者纠正违法行为的证明材料，包括检察建议书以及行政机关的书面回复等材料。检察机关提起行政公益诉讼无须提供组织机构代码证、法定代表人身份证明、授权委托书等材料。

《行政公益诉讼起诉书》具体包括以下内容：起诉机关，需要列明起诉的检察机关，无需注明检察长、单位地址、组织机构代码、委托权限等；被告单位名称、地址、法定代表人或负责人姓名、职务等；诉讼请求，写明具体的诉讼请求，诉讼请求的内容应当与检察建议书的建议内容相匹配，检察机关可以向人民法院提出撤销或部分撤销违法行政行为、在一定期限内履行法定职责、确认行政行为违法或者无效、变更行政行为等诉讼请求；事实和理由，写明案件线索来源、检察机关审查认定的被告违法行使职权或者不作为的事实、国家利益或者社会公共利益受到侵害的事实和有关证据、检察机关诉前程序及被告回复情况等；被告行政行为构成违法行使职权或者不作为的理由和法律依据、检察机关提起行政公益诉讼的法律依据等。

2. 诉讼请求

检察机关可以提出确认行政行为违法或者无效、撤销或部分撤销违法行政行为、履行法定职责等诉讼请求。

（1）确认行政行为违法或无效，主要适用于以下三种情形：一是行政行为应当撤销，但撤销会给国家利益或者社会公共利益造成重大损害；二是行政行为违法，但不具有可撤销内容；三是行政行为有实施主体不具有行政主体资格或者没有依据等重大且明显违法情形。该诉请一般表述成"确认被告未依法履行某某职责行为违法"。在要求确认违法的同时，可以一并要求行政机关采取补救措施。

（2）撤销或部分撤销违法行政行为，适用于行政行为主要证据不足，适用法律、法规错误，违反法定程序，超越职权，滥用职权，明显不当六种情形；符合《中华人民共和国行政诉讼法》第七十条规定情形的，可以一并要求行政机关重新作出具体行政行为。

（3）责令履行法定职责，适用于行政机关不履行或不全面履职法定职责，判决履行仍有意义的情形。在诉讼请求中一般无需列明要求行政机关履行职责的期限，可由法院在裁判中确定合理期限。该诉请一般表述为"责令被告依法履行某某职责"。

（4）变更行政行为，适用于被诉行政机关作出的行政处罚明显不当，或者其他行政行为涉及对款额的确定、认定确有错误的，可以提出变更行政行为的诉讼请求。

检察机关提起行政公益诉讼的诉讼请求核心是督促行政机关履行职责以维护国家利益和社会公共利益。如果在诉讼过程中，行政机关履行职责、国家利益或者社会公共利益得到维护并使得检察机关的诉讼请求全部实现的，检察机关可以将责令履职的诉讼请求变更为确认违法。

3. 诉讼费

检察机关提起行政公益诉讼，不交纳诉讼费用。

4. 保全

（1）财产保全。对于可能因被告一方的行为或者其他原因，使判决难以执行或者造成与国家利益或者社会公共利益相关的其他侵害情形，检察机关可以建议人民法院对被告财产进行保全。

根据检察机关建议，人民法院采取保全措施的，检察机关无需提供担保。

（2）证据保全。在证据可能灭失或者以后难以取得的情况下，检察机关可以在诉讼过程中建议人民法院保全证据。

5. 庭前准备

（1）庭前会议

根据案情需要，可以建议法院适时召开庭前会议，组织证据交换，归纳争议焦点，规范庭审程序，并就双方出庭人员、合议庭组成、人民陪审员等问题达成共识，提高庭审效率。

（2）制作庭审预案

庭审预案的主要内容：行政公益诉讼起诉书；庭审模式及争议焦点；举证提纲；法庭调查环节发问提纲；辩论提纲；针对被告发问预案；最后陈述意见；相关法律规定。

举证提纲部分需要注意的事项：证据应分类出示，包括证明提起公益诉讼的检察机关是适格主体的证据，即案件系履行职责中发现，且属于本院管辖；证明行政机关的主体资格及具有法定职责的证据，即行政机关统一社会信用代码、机构设置文件、各级政府权力清单、关于调整职责范围的文件、行政机关法人证书、组织机构代码、有关规定行政机关职责的法律法规规章等；证明行政机关违法行使职权或者不作为的证据；证明检察机关已经履行诉前程序的证据，即检察建议书、送达回证等；证明国家利益或者社会公共利益仍处于受侵害状态的证据。

检察机关针对被告举证内容的质证意见需要注意的事项：行政公益诉讼中，行政机关应按照行政诉讼法的规定，对其作出的具体行政行为的合法性承担举证责任。在规定的举证期限内，行政机关不提供或者无正当理由逾期提供证据的，视为被诉具体行政行为没有相应的证据。检察机关在质证时应重点关注：行政机关作出具体行政行为时，执法主体、认定事实、执法程序和执法依据等是否有证据证实；收到检察建议后，行政机关是否回复，是否履职或采取整改措施；提起诉讼后，行政机关是否履职或采取整改措施等。

辩论提纲部分需要注意的事项：辩论提纲是检察机关充分阐述己方提出诉讼请求的法律依据的重要环节，应当结合证据着重分析各项诉讼请求所依据的法律条文，充分展开论述。通常的辩论焦点有：该行政机关作为被告是否适格；行政机关是否有法定职权；国家利益或者社会公共利益是否受到侵害；行政机关是否充分履职等。

最后陈述意见部分需要注意的事项：应当简明扼要的概括案件的关键事实和法律适用，同时强调促进依法行政、助推法治政府建设、维护国家利益或者社会公共利益这一根本目的，力求实现一定的教育警示效果。应当结合庭审中的情况变化，不拘泥于预案中准备的原稿，及时调整。

6. 出席一审法庭

（1）出庭人员及手续

人民法院开庭审理检察机关提起的行政公益诉讼案件，检察机关应当派员以公益诉讼起诉人身份出庭履行职责，参加相关诉讼活动。

检察机关应当在收到人民法院发送的出庭通知书之日起三日内向人民法院提交派员出庭通知书。派员出庭通知书应当写明出庭人员的姓名和法律职务以及出庭履行的具体职责。

（2）出庭职责：宣读行政公益诉讼起诉书；对检察机关调查收集的证据予以出示和说明，对相关证据进行质证；参加法庭调查，进行辩论并发表出庭意见；依法从事其他诉讼活动。

检察人员发现庭审活动违法的，应当待休庭或者庭审结束之后，以检察机关的名义提出检察建议。

（3）提供证据的责任

行政机关对其作出的行政行为的合法性承担举证责任。

检察机关对以下事实提出证据加以证明：一是证明起诉符合法定条件；二是行政机关违法行使职权或者不作为，致使国家利益或者社会公共利益受到侵害的事实；三是检察机关已履行诉前程序，行政机关仍不依法履行职责或者纠正违法行为的事实。

（4）调解

行政公益诉讼案件不适用调解。

（5）变更诉讼请求

适用条件：行政公益诉讼案件审理过程中，被告依法履行职责而使检察机关的诉讼请求全部实现的，检察机关可以变更诉讼请求，请求判决确认行政行为违法；以及符合《行政诉讼法》关于变更诉讼请求的其他情形。

程序：庭审过程中，当发生需要变更诉讼请求情形时，出庭人员应当向法庭说明原因，要求休庭。拟决定变更诉讼请求的，应当报经本院检察长决定后制作《变更诉讼请求决定书》提交人民法院。

（6）撤诉

适用条件：行政公益诉讼案件审理过程中，被告依法履行职责而使检察机关的诉讼请求全部实现的，检察机关可以撤回起诉。

程序：庭审过程中，当发生需要撤回起诉情形时，出庭人员应当向法庭说明原因，要求休庭。省级人民检察院可以根据本地情况，建立拟撤诉案件审批、备案制度。有重大影响的案件、省级人民检察院办理的案件拟决定撤回起诉的，应当层报最高人民检察院审查批准。批准后，制作《撤回起诉决定书》提交人民法院。

撤诉应当从严把握。撤诉后，检察机关应当继续跟进监督，保证行政机关切实履职到位，巩固行政公益诉讼的效果。

（五）二审

检察机关认为一审未生效裁判错误的，可以向上一级人民法院提起上诉。

人民法院审理第二审案件，上一级人民检察院可以派员与提起公益诉讼的人民检察院共同出庭。

（六）执行

1. 启动方式

行政公益诉讼判决、裁定发生法律效力，而行政机关未按判决、裁定确定的义务履行的，由人民法院移送执行。

2. 费用

检察机关不交纳执行费用。

（七）诉讼监督

检察机关应当根据《中华人民共和国行政诉讼法》的规定依法履行对行政公益诉讼审判、执行活动的监督职责。

二、生态环境领域行政公益诉讼案件重点问题

（一）案件范围

生态环境领域的行政公益诉讼案件，主要指对生态环境负有监管职责的行政机关对污染环境的事实违法行使职权或者不作为，致使国家利益或者社会公共利益受到侵害的案件。由于生态与环境在实务中无区分的必要，生态环境领域行政公益诉讼案件主要包括因自然因素和人为因素造成的污染环境案件类型。包括大气污染、水污染、土壤污染、固体废物污染等。

大气污染指排放超标的污染颗粒物、二氧化硫、氮氧化物、挥发性有机物、氨等大气污染物或温室气体等进入大气进而对人体健康、生物、气候等产生危害。

水污染指排放、倾倒未处理或未达标处理的废水、废物，污染地表水或地下水，如污染渠、江、河、海等地表径流，因这些地表径流流经不同的区域，会对灌溉、饮用、养殖等造成损害。其危害性表现在：损害饮用水安全；损害农业生产安全；破坏自然生态环境；损害文化休闲功能。

土壤污染指通过排放污染物，在土地上堆放废弃物或有毒有害物质等方式，造成土壤污染。

固体废物污染是指在生产建设、日常生活和其他活动中产生的污染环境的固态、半固态废弃物质的污染。固体废物分为工业固体废物、城市生活垃圾和危险废物三类。

（二）调查、审查的重点问题

办理生态环境领域行政公益诉讼案件，应当先查明生态环境遭受破坏的情形，再查询相关法律法规，明确对上述违法行为具有监督管理职责的行政机关，再调查收集行政机关违法行使职权或者不作为致使生态环境遭受侵害的证据。

调查、审查中应重点关注：

1. 国家利益或社会公共利益受到侵害的事实，即环境遭受污染的过程、事实和程度。包括造成生态环境破坏的违法行为人的情况，建设项目或相关污染防治设施的具体情况，行政许可和审批情况，实施违法行为的具体手段和方式，污染物的种类、数量，造成污染和破坏的范围和程度，污染排放时间、排放方式、排放去向和排放频率，污染治理措施实施情况，林地、耕地、草地、湿地等生态系统自然状态以及野生动植物受到破坏或伤害的时间、方式和过程等。

调查方式是向环保部门、国土部门、林业部门等行政机关以及公安机关调

取行政执法和刑事司法的案件卷宗材料，结合询问违法行为人及相关证人，从而确定案件事实。调查的主要材料包括：

（1）违法相对人身份证明材料，包括从公安机关调取的违法行为人个人的户籍信息，从工商部门调取工商登记注册信息、组织机构代码信息、法定代表人信息等内容；

（2）行政机关或司法机关对违法相对人及其他证人关于违法行为具体方式、过程及造成的损害后果的询问笔录；

（3）行政机关或司法机关对污染环境或生态破坏现场的勘查材料，包括勘查笔录、勘查报告等；

（4）证明污染物种类和浓度的检测报告；

（5）环保部门等行政机关的环保监测数据；

（6）环境影响评价报告及批复文件；

（7）环保设施竣工及验收相关材料；

（8）破坏生态环境或者造成大气、水、土壤污染的相关鉴定技术报告；

（9）项目立项、规划、环评、建设等审批材料；

（10）排污许可证、危险废物经营许可证以及其他限制性行业经营许可证及相关审批资料；

（11）排污费缴费单、银行汇款记录、发票等相关材料；

（12）建设项目合同、土地承包协议等书面协议或者合同；

（13）涉刑案件材料，主要包括案件移送手续、公安机关立案决定书、法院判决及相关证据材料等；

（14）办案人员前往现场拍摄的污水直排或者超标排放、大气污染、固体废弃物或者电子垃圾随处丢弃等能够证明生态环境遭到破坏的照片和录像资料；

（15）办案人员就生态环境领域的专业性问题咨询相关专家形成的意见。

2. 负有法定监管职责的行政机关的职权范围、权限和法律依据。查明对某一环境违法行为具有监管职责的具体行政机关，该行政机关的主要职权范围、内容、对象、程序及使用情形，该行政机关在履行职责过程中经常适用的法律、法规、规章、内部规则、操作指南、流程指引及技术标准，该行政机关对某一违法行为进行查处的法律依据、程序流程、处罚条件、适用情形及处罚措施，不同行政机关存在职能或者权限交叉时各自的分工及职责。

调查方式是通过法律数据库查询生态环境领域的相关法律法规、部门规章及规范性文件，涉及内部规则、地方政府权限清单、内设机构及人员编制等内部文件的，可以前往行政机关、档案部门或者编制办等相关单位调取收集，结合询问行政机关工作人员及咨询专家意见，确定负有监管职责的明确的行政单位及其具体的岗位职责。

确定行政机关的职责权限时，应考虑是否有政府文件设置了相对集中行政许可权或者相对集中行政处罚权。经国务院批准或授权，省级政府可以决定一个行政机关行使有关行政机关的行政许可权或行政处罚权。在生态环境领域的行政公益诉讼案件中，如果涉及多项行政许可或行政处罚，因相对集中行政许可权或相对集中行政处罚权职能只能省、自治区、直辖市人民政府决定授权，因此要重点查找是否有省级政府文件设置或规定了相对集中行政许可或处罚权，如果有相关的政府文件，则应重点调查收集被指定集中行使行政许可或处罚权的行政机关的职权范围、权限和法律依据，原行政机关因不具有相应职权而不纳入检察机关的监督范围。如果没有政府文件设置集中许可或者处罚，则应对涉案的行政机关分别予以调查。

生态环境领域负有监督管理职责的行政机关主要是环保部门。根据《中华人民共和国环境保护法》、《中华人民共和国水污染防治法》、《中华人民共和国大气污染防治法》、《中华人民共和国固体废物污染环境防治法》等法律、法规规定，环保部门主要履行以下监管职责：

（1）环境影响评价审批。环境影响评价，是指对规划和建设项目实施后可能造成的环境影响进行分析、预测和评估，提出预防或者减轻不良环境影响的对策和措施，进行跟踪监测的方法与制度。依据《中华人民共和国环境影响评价法》的相关规定，环境影响评价的评价对象包括综合性规划、专项规划以及对环境有影响的建设项目。综合性规划、专项规划的环境影响评价文件由人民政府负责审批，而对环境有影响的建设项目，则由环境保护主管部门进行审批。

环境保护主管部门在对建设项目的环境影响评价进行审批时应根据不同的情况分别处理：建设项目可能造成重大环境影响的，应当编制环境影响报告书，对产生的环境影响进行全面评价；建设项目可能造成轻度环境影响的，应当编制环境影响报告表，对产生的环境影响进行分析或者专项评价；建设项目对环境影响很小、不需要进行环境影响评价的，应当填报环境影响登记表，报环境保护主管部门登记备案。

《中华人民共和国环境影响评价法》第三十一条规定，"建设单位未依法报批建设项目环境影响报告书、报告表，或者未依照本法第二十四条的规定重新报批或者报请重新审核环境影响报告书、报告表，擅自开工建设的，由县级以上环境保护行政主管部门责令停止建设，根据违法情节和危害后果，处建设项目总投资额百分之一以上百分之五以下的罚款，并可以责令恢复原状；对建设单位直接负责的主管人员和其他直接责任人员，依法给予行政处分。建设项目环境影响报告书、报告表未经批准或者未经原审批部门重新审核同意，建设单位擅自开工建设的，依照前款的规定处罚、处分。建设单位未依法备案建设项目环境影响登记表的，由县级以上环境保护行政主管部门责令备案，处五万元以下的罚款。"

（2）排污许可证审批。排污许可证制度是指凡是需要向环境排放各种污染物的单位或个人，都必须事先向环境保护部门办理申领排污许可证手续，经环境保护部门批准获得排污许可证后方能向环境排放污染物的制度。省、市、县级环境保护主管部门负责本行政区域内排污许可证的核发和监督管理。

有下列情形之一的排污单位，应当按照本办法的规定申领排污许可证：排放工业废气或排放国家规定的有毒有害大气污染物的排污单位；直接或间接向水体排放工业废水和医疗污水的排污单位；集中供热设施的运营单位；规模化畜禽养殖场；城镇或工业污水集中处理单位；垃圾集中处理处置单位或危险废物处理处置单位；其他按照规定应当取得排污许可证的排污单位。

应当取得而未取得排污许可证排放污染物的，由县级以上环境保护主管部门责令改正，并可处以罚款、限制生产、停产整顿等行政处罚。

（3）危险废物经营许可证审批。危险废物经营许可证制度是指在中华人民共和国境内从事危险废物收集、贮存、处置经营活动的单位，必须事先向有关审批单位申请办理危险废物经营许可证，经相关部门批准后方能经营的制度。危险废物经营许可证按照经营方式，分为危险废物收集、贮存、处置综合经营许可证和危险废物收集经营许可证。领取危险废物综合经营许可证的单位，可以从事各类别危险废物的收集、贮存、处置经营活动；领取危险废物收集经营许可证的单位，只能从事机动车维修活动中产生的废矿物油和居民日常生活中产生的废镉镍电池的危险废物收集经营活动。

国家对危险废物经营许可证实行分级审批颁发：医疗废物集中处置单位的危险废物经营许可证，由医疗废物集中处置设施所在地设区的市级人民政府环境保护主管部门审批颁发。危险废物收集经营许可证，由县级人民政府环境保护主管部门审批颁发。其他危险废物经营许可证，由省、自治区、直辖市人民政府环境保护主管部门审批颁发。

《中华人民共和国固体废物污染环境防治法》第七十七条规定："无经营许可证或者不按照经营许可证规定从事收集、贮存、利用、处置危险废物经营活动的，由县级以上人民政府环境保护行政主管部门责令停止违法行为，没收违法所得，可以并处违法所得三倍以下的罚款。"

（4）监督检查权。该职权主要包括环保设施竣工验收及现场检查两项。

环保设施竣工验收又称为"三同时"制度，《中华人民共和国环境保护法》第四十一条规定："建设项目中防治污染的设施，应当与主体工程同时设计、同时施工、同时投产使用。防治污染的设施应当符合经批准的环境影响评价文件的要求，不得擅自拆除或者闲置。"根据法律规定，环保设施竣工由环境保护主管部门验收。

违反"三同时"制度应承担的法律责任，在《中华人民共和国水污染防治法》、《中华人民共和国大气污染防治法》、《中华人民共和国固体废物污染防治法》等多部法律法规中均有规定。如2017年7月16日修改的《建设项目环境保护管理条例》第二十三条规定，建设项目需要配套建设的环境保护设施未建成、未经验收或者验收不合格，建设项目即投入生产或使用，或者在环境保护设施中弄虚作假的，由县级以上环境保护行政主管部门责令限期改正，处20万元以上100万元以下的罚款；逾期不改正的，处100万元以上200万元以下的罚款；对直接负责的主管人员和其他责任人员，处5万元以上20万元以下的罚款；造成重大环境污染或者生态破坏的，责令停止生产或者使用，或者报经有批准权的人民政府批准，责令关闭。违反本条例规定，建设单位未依法向社会公开环境保护设施验收报告的，由县级以上环境保护行政主管部门责令公开，处5万元以上20万元以下罚款，并予以公告。2017年6月27日修改的《中华人民共和国水污染防治法》第八十三条规定，未依法取得排污许可证排放水污染物、超过水污染排放标准或者超过重点水污染物排放总量控制指标排放水污染物、利用渗井、渗坑、裂隙、溶洞、私设暗管，篡改、伪造监测数据，或者不正常使用水污染物处理设施等逃避监管的方式排放水污染物、未按照规定进行预处理，向污水集中处理设施排放不符合处理工艺要求的工业废水情形的，由县级以上人民政府环境保护主管部门责令改正或者责令限制生产、停业整治，并处十万元以上一百万元以下的罚款；情节严重的，报经有批准权的人民政府批准，责令停业、关闭。2016年11月7日修改的《中华人民共和国海洋环境保护法》第八十条规定，海岸工程建设项目未建成环境保护设施，或者环境保护设施未达到规定要求即投入生产、使用的，由环境保护行政主管部门责令停止生产或者使用，并处二万元以上十万元以下的罚款。《中华人民共和国环境保护法》第二十四条规定："县级以上人民政府环境保护主管部门及其委托的环境监察机构和其他负有环境保护监督管理职责的部门，有权对排放污染物的企业事业单位和其他生产经营者进行现场检查。被检查者应当如实反映情况，提供必要的资料。实施现场检查的部门、机构及其工作人员应当为被检查者保守商业秘密。"

享有现场检查权力的主体主要包括环境保护主管部门、环境保护主管部门委托的环境监察机构和其他负有环境保护监督管理职责的部门。被检查对象为排放污染物的企业事业单位和其他生产经营者。根据《环境监察办法》第六条规定，现场检查主要包括：现场监督检查污染源的污染物排放情况、污染防治设施运行情况、环境保护行政许可执行情况、建设项目环境保护法律法规的执行情况；现场监督检查自然保护区、畜禽养殖污染防治等生态和农村环境保护法律法规执行情况。

现场检查权具有强制性，不需要被检查单位的同意，有一定的随机性，有关执法主体可以随时进行检查。根据《环境监察办法》和《环境行政处罚办法》的有关规定，从事现场执法工作的环境监察人员进行现场检查时，有权依法采取以下措施：进入有关场所进行勘察、采样、监测、拍照、录音、录像、制作笔录；查阅、复制生产记录、排污记录和其他有关材料；约见、询问有关人员，要求说明相关事项，提供相关材料。责令停止或者纠正违法行为；适用行政处罚简易程序，当场作出行政处罚决定；法律、法规、规章规定的其他措施。

（5）行政处罚权。依据《环境行政处罚办法》第十条的规定，环境行政处罚的种类有：警告；罚款；责令停产整顿；责令停产、停业、关闭；暂扣、吊销许可证或者其他具有许可性质的证件；没收违法所得、没收非法财物；行政拘留；法律、行政法规设定的其他行政处罚种类。

（6）行政强制权。行政强制权包括查封、扣押，加处罚款或滞纳金，代履行，申请法院强制执行等。

查封、扣押的实施主体。依据《中华人民共和国环境保护法》第二十五条的规定，查封、扣押的实施主体是县级以上人民政府环境保护主管部门和其他负有环境保护监督管理职责的部门。

查封、扣押的对象。《中华人民共和国行政强制法》第二十三条规定，查封、扣押限于涉案的场所、设施或者财物，不得查封、扣押与违法行为无关的场所、设施或者财物。因此，查封、扣押的对象只能是企业事业单位和其他生产经营者造成污染物排放的设施、设备。

查封扣押的适用情形。依据《环境保护主管部门实施查封、扣押办法》第四条的规定，排污者有下列情形之一的，环境保护主管部门依法实施查封、扣押：第一，违法排放、倾倒或者处置含传染病病原体的废物、危险废物、含重金属污染物或者持久性有机污染物等有毒物质或者其他有害物质的；第二，在饮用水水源一级保护区、自然保护区核心区违反法律法规规定排放、倾倒、处置污染物的；第三，违反法律法规规定排放、倾倒化工、制药、石化、印染、电镀、造纸、制革等工业污泥的；第四，通过暗管、渗井、渗坑、灌注或

者篡改、伪造监测数据，或者不正常运行防治污染设施等逃避监管的方式违反
法律法规规定排放污染物的；第五，较大、重大和特别重大突发环境事件发生
后，未按照要求执行停产、停排措施，继续违反法律法规规定排放污染物的；
第六，法律、法规规定的其他造成或者可能造成严重污染的违法排污行为。其
中，有第一项、第二项、第三项、第六项情形之一的，环境保护主管部门可以
实施查封、扣押；已造成严重污染或者有第四项、第五项情形之一的，环境保
护主管部门应当实施查封、扣押。

关于加处罚款或滞纳金，依据《中华人民共和国行政强制法》第四十五
条、第四十六条之规定，环境保护主管部门依法作出金钱给付义务的行政决定
后，如果当事人逾期不履行，则环境保护主管部门可以依法加处罚款或者滞纳
金。如果实施加处罚款或者滞纳金超过三十日，经催告当事人仍不履行的，则
环境保护主管部门可以申请人民法院强制执行。如果环境保护主管部门此前曾
依法查封、扣押了当事人造成污染物排放的设施、设备，那么在当事人在法定
期限内未申请行政复议或者提起行政诉讼，经催告仍不履行时，环境保护主管
部门可以将查封、扣押的财物依法拍卖抵缴罚款。

关于代履行，《中华人民共和国行政强制法》第五十条规定，行政机关依
法作出要求当事人履行排除妨碍、恢复原状等义务的行政决定，当事人逾期不
履行，经催告仍不履行，其后果已经或者将危害交通安全、造成环境污染或者
破坏自然资源的，行政机关可以代履行，或者委托没有利害关系的第三人代履
行。环境保护主管部门可以代履行。例如，《中华人民共和国放射性物质防治
法》第五十六条规定："产生放射性固体废物的单位，不按照本法第四十五条
的规定对其产生的放射性固体废物进行处置的，由审批该单位立项环境影响评
价文件的环境保护行政主管部门责令停止违法行为，限期改正；逾期不改正
的，指定有处置能力的单位代为处置，所需费用由产生放射性固体废物的单位
承担，可以并处二十万元以下罚款；构成犯罪的，依法追究刑事责任。"《中
华人民共和国固体废物污染环境防治法》第五十五条规定："产生危险废物的
单位，必须按照国家有关规定处置危险废物，不得擅自倾倒、堆放；不处置
的，由所在地县级以上地方人民政府环境保护行政主管部门责令限期改正；逾
期不处置或者处置不符合国家有关规定的，由所在地县级以上地方人民政府环
境保护行政主管部门指定单位按照国家有关规定代为处置，处置费用由产生危
险废物的单位承担。"

（三）常见的法律、法规、规章等

1. 法律：《中华人民共和国环境保护法》《中华人民共和国水污染防治
法》《中华人民共和国大气污染防治法》《中华人民共和国固体废物污染环境

防治法》《中华人民共和国海洋环境保护法》《中华人民共和国土地管理法》《中华人民共和国环境影响评价法》《中华人民共和国放射性污染防治法》《中华人民共和国环境噪音污染防治法》《中华人民共和国水土保持法》《中华人民共和国水法》《中华人民共和国行政处罚法》《中华人民共和国行政强制法》《中华人民共和国行政许可法》《中华人民共和国行政复议法》《中华人民共和国行政诉讼法》等。

2. 行政法规：《城镇排水与污水处理条例》《排污费征收使用管理条例》《行政执法机关移送涉嫌犯罪案件的规定》《放射性物品运输安全管理条例》《危险废物经营许可证管理办法》《建设项目环境保护管理条例》等。

3. 规章：《环境行政处罚办法》《环境监察办法》《环境保护主管部门实施按日连续处罚办法》《国土资源行政处罚办法》《污染源监测管理办法》《环境行政执法后督察办法》《环境行政复议办法》《环境监测管理办法》《排污许可证管理暂行规定》《环境保护主管部门实施查封、扣押办法》等。

4. 行业标准或指引：《国家危险废物名录》《环境空气质量标准》《地表水环境质量标准》《地下水质量标准》《土壤环境质量标准》《声环境质量标准》《渔业水质标准》《土地基本术语》《土地利用现状分类》《污水综合排放标准》《城镇污水处理厂污染物排放标准》《纸浆造纸工业水污染物排放标准》《畜禽养殖业污染物排放标准》《环境损害鉴定评估推荐方法（第 II 版）》等。

三、资源保护领域行政公益诉讼案件重点问题

（一）案件范围

资源保护领域的行政公益诉讼案件，主要指对资源保护负有监督管理职责的行政机关对破坏资源的事实违法行使职权或者不作为，致使国家利益或者社会公共利益受到侵害的案件。

1. 案件类型

（1）土地资源类。主要表现为：违反土地利用总体规划擅自将农用地改为建设用地的；占用耕地建窑、建坟或者擅自在耕地上建房、挖砂、采石、采矿、取土或堆放固体物质的；未经批准非法占用土地新建建筑物和其他设施的。

（2）矿产资源类。主要表现为：未取得采矿许可证擅自采矿的；超越批准的矿区范围采矿的；采取破坏性的开采方法开采矿产资源的；未办理河道采砂许可证或不按照规定，擅自在河道管理范围内采砂的。

（3）林业资源类。主要表现为：盗伐森林或者其他林木的；非法开垦、采石、采砂、采土、采种、采脂和其他活动，致使森林、林木受到毁坏的；在

幼林地和特种用途林内砍柴、放牧致使森林、林木受到毁坏的；拒不补种树木或者补种不符合国家有关规定的；未经县级以上人民政府林业主管部门审核同意，擅自改变林地用途的。

（4）草原资源类。主要表现为：未经批准或者采取欺骗手段骗取批准，非法使用草原的；未依法收取草原植被恢复费的情况下，违法批准临时占用草原的；非法开垦草原的；在荒漠、半荒漠和严重退化、沙化、盐碱化、石漠化、水土流失的草原，以及生态脆弱区的草原上采挖植物或者从事破坏草原植被的其他活动的；未经批准或者未按照规定的时间、区域和采挖方式在草原上进行采土、采砂、采石等活动的；擅自在草原上开展经营性旅游活动，破坏草原植被的；临时占用草原，占用期届满，未恢复植被的。

2. 破坏资源的后果

在资源保护行政公益诉讼领域，只有破坏资源造成国家利益或者社会公共利益受到侵害，才可以纳入行政公益诉讼的案件范围。破坏资源的后果中，最常见的是破坏国家所有的资源，侵害国家利益。其次是破坏生态，侵害社会公共利益；还有侵害了其他国家利益和社会公共利益的情形。在具体案件中，上述三种情形既会独立存在，也会相互交叉。

（1）破坏国家资源，侵害国家利益

《中华人民共和国物权法》将国家所有的自然资源分为三类。第一类是专属于国家所有的资源，包括矿藏、水流、海域、城市的土地等；第二类资源是一般属于国家所有，但法律规定属于集体所有的除外。包括森林、山岭、草原、荒地、滩涂等；第三类是需法律明确规定属国家所有的资源，包括国家所有的农村和城市郊区的土地、野生动植物资源等。

（2）破坏生态，侵害社会公共利益

破坏生态主要包括水土流失、土地荒漠化、土地盐碱化、生物多样性减少等。

水土流失是指在水力、风力、重力及冻融等自然营力和人类活动作用下，水土资源和土地生产力的破坏和损失，包括土地表层侵蚀及水的损失。

土地荒漠化是指由于气候变化和人类不合理的经济活动等因素，使干旱、半干旱和具有干旱灾害的半湿润地区的土地发生了退化。

土地盐碱化是指土壤底层或地下水的盐分随毛管水上升到地表，水分蒸发后，使盐分积累在表层土壤中的过程。包括土壤有机物含量降低；土壤物理性状不良等情形。

生物多样性减少是指由于人类经济的发展、对自然资源掠夺式地过度开发、对环境造成污染以及外来物种的引进或入侵等诸多原因，导致物种数量减少、分布区缩小和濒临灭绝的情况。包括影响未来的食物来源和工农业资源；土壤肥力以及水质遭到破坏及自然界的生态平衡等情形。

（3）侵害其他国家利益和社会公共利益

在资源保护类行政公益诉讼案件中，有些案件虽未破坏国家资源或者破坏生态，但损害了其他国家利益或者社会公共利益。如对面积较大的耕地（特别是基本农田）的破坏或者占用，侵害了国家对耕地的"占补平衡"及粮食安全。对承担社会服务功能的资源破坏，亦可能存在侵害其他社会公共利益。如对设立地役权的承担"南水北调"功能的土地的破坏。

（二）调查、审查的重点问题

1. 国家利益或社会公共利益受到侵害的事实，包括资源遭受破坏的过程、事实和程度。可采取现场勘查、实地查看、拍摄现场照片、航拍等形式，以确定资源被破坏及恢复治理情况。

造成破坏生态结果的案件通常采取鉴定、评估的方式确定生态遭受破坏的程度。对于耕地（特别是基本农田）、生态公益林、自然保护区、饮用水水源保护地、地质公园、湿地公园、水土流失重点防治区、国家级古树名木等资源，由于其本身就与国家利益和社会公共利益密切相关，可视具体情况确定是否委托鉴定、评估。

资源保护领域案件需要调取的证据主要包括：规划立项、用地审批、环境影响评价等文件，土地使用权证、林权证、林木采伐许可证、探采矿许可证、草原使用证等证书，原始地貌图，地籍档案，土地利用总体规划资料，现场勘查笔录，资源受损的调查报告、检测报告、评估报告等。

2. 负有监督管理职责的行政机关违法行使职权或不作为的事实。

（1）土地管理。重点调查：对违反土地利用总体规划擅自将农用地改为建设用地的违法行为，未采取限期拆除新建的建筑物和其他设施，恢复土地原状等监管措施的；对占用耕地建窑、建坟或者擅自在耕地上建房、挖砂、采石、采矿、取土等违法行为，未采取责令限期改正、治理、罚款等监管措施的；对拒不履行土地复垦义务的违法行为，未采取责令限期改正、责令缴纳复垦费、罚款等监管措施的；对未经批准非法占用土地的违法行为，未采取责令退还非法占用的土地，限期拆除在非法占用的土地上新建的建筑物和其他设施，恢复土地原状等监管措施的。

（2）矿产管理。重点调查：对未取得采矿许可证擅自采矿的，擅自开采国家规定实行保护性开采的特定矿种违法行为，未采取责令停止开采、赔偿损失，没收采出的矿产品和违法所得、罚款等监管措施的；对未办理河道采砂许可证或不按照规定，擅自在河道管理范围内采砂的违法行为，未采取要求责令其纠正违法行为、采取补救措施，并处警告、罚款、没收非法所得等监管措施的；对超越批准的矿区范围采矿的，未采取责令退回本矿区范围内开采、赔偿损失，没收越界开采的矿产品和违法所得、罚款等监管措施的；对采取破坏性的开采方法开采矿产资源的违法行为，未采取罚款、吊销采矿许可证等监管措施的；对当事人逾期未申请复议也未提起诉讼，又不履行处罚决定的情况，未及时申请人民法院强制执行的。

（3）林业管理。重点调查：对滥伐、盗伐森林或者其他林木的违法行为，未采取要求依法赔偿损失、责令补种、罚款等监管措施的，对拒不补种树木或者补种不符合国家有关规定的，未采取代为补种等措施的；采取代为补种措施后，未就代为补种的费用向违法行为人追缴的；对擅自改变林地用途的违法行为，未采取要求责令限期恢复原状，并处罚款等监管措施的；对非法开垦、采石、采砂、采土、采种、采脂和其他活动，致使森林、林木受到毁坏的违法行为，未采取要求依法赔偿损失，责令停止违法行为，补种、罚款等监管措施的；对在幼林地和特种用途林内砍柴、放牧致使森林、林木受到毁坏的，未采取要求依法赔偿损失，责令停止违法行为，补种等监管职责的。

（4）草原管理。对未经批准或者采取欺骗手段骗取批准，非法使用草原的违法行为，未责令退还非法使用的草原，对违反草原保护、建设、利用规划擅自将草原改为建设用地的，未限期拆除在非法使用的草原上新建的建筑物和其他设施，恢复草原植被，并处罚款等监管措施的；对非法开垦草原的违法行为，未采取责令停止违法行为，限期恢复植被，没收非法财物和违法所得、罚款的监管措施的；对非法开垦草原追究刑事责任的过程中或追究刑事责任后，未依法采取责令停止违法行为、没收违法所得、限期恢复草原植被等监管措施的；对代为履行恢复措施后，未就代为恢复费用向违法行为人追偿的；对在荒漠、半荒漠和严重退化、沙化、盐碱化、石漠化、水土流失的草原，以及生态脆弱区的草原上采挖植物或者从事破坏草原植被的其他活动的，未采取责令停止违法行为，没收非法财物和违法所得、罚款的监管措施的；对未经批准或者未按照规定的时间、区域和采挖方式在草原上进行采土、采砂、采石等活动的违法行为，未采取责令停止违法行为，限期恢复植被，没收非法财物和违法所得、罚款等监管措施的；对擅自在草原上开展经营性旅游活动，破坏草原植被的违法行为，未采取责令停止违法行为，限期恢复植被，没收违法所得，罚款等监管措施的；对在临时占用的草原上修建永久性建筑物、构筑物的违法行为，未采取责令限期拆除、依法强制拆除等监管措施的，对临时占用草原，占用期届满，用地单位不予恢复草原植被的未责令限期恢复，对逾期不恢复的，未采取代为恢复等措施的。

（三）常见的法律、法规、规章等

1. 法律：《中华人民共和国土地管理法》《中华人民共和国水法》《中华人民共和国森林法》《中华人民共和国草原法》《中华人民共和国矿产资源法》《中华人民共和国渔业法》《中华人民共和国农业法》《中华人民共和国野生动物保护法》《中华人民共和国煤炭管理法》《中华人民共和国水土保持法》《中华人民共和国水污染防治法》等。

2. 法规、规章：《中华人民共和国河道管理条例》《长江河道采砂管理条例》《土地管理法实施细则》《基本农田保护条例》《土地复垦条例》《矿产资源开采登记管理办法》《矿山地质环境保护规定》《森林法实施条例》《国家级公益林管理办法》《国家级公益林区划界定办法》等。

四、食品药品安全领域行政公益诉讼案件重点问题

（一）案件范围

食品药品安全领域的行政公益诉讼案件，主要是对食品药品安全负有监督管理职责的行政机关在对食品、药品的研制、生产、流通、使用等进行监督管理的过程中违法行使职权或者不作为，致使国家利益或者社会公共利益受到侵害的案件。

1. 食品是指各种供人食用或者饮用的成品和原料以及按照传统既是食品又是中药材的物品，但是不包括以治疗为目的的物品。食品安全是指食品无毒、无害，符合应当有的营养要求，对人体健康不造成任何急性、亚急性或者慢性危害。食品安全的案件主要涉及：食品生产和加工，食品销售和餐饮服务；食品添加剂的生产经营；用于食品的包装材料、容器、洗涤剂、消毒剂和用于食品生产经营的工具、设备（以下称食品相关产品）的生产经营；食品生产经营者使用食品添加剂、食品相关产品；食品的贮存和运输等。

2. 药品主要是指用于预防、治疗、诊断人的疾病，有目的地调节人的生理机能并规定有适应症或者功能主治、用法和用量的物质，包括中药材、中药饮片、中成药、化学原料药及其制剂、抗生素、生化药品、放射性药品、血清、疫苗、血液制品和诊断药品等。药品安全，指通过对药品研发、生产、流通、使用全环节进行监管所表现出来的消除了外在威胁和内在隐患的综合状态，以及为达到这种状态所必要的供应保障和信息反馈，其内涵可以界定为质量符合标准、不良反应在可接受的范围内、临床无用药差错和可及性四个部分。

（二）调查、审查的重点问题

1. 国家利益或者社会公共利益受到侵害的事实。可以调取相关刑事案件

卷宗材料，食品药品监管部门的检验报告，质检部门的检测报告，食品药品安全标准，专家意见或者行业协会意见，食品安全事故调查报告及相关资料和样品，相关自然人或者法人的工商登记注册信息，食品药品购销记录，行政机关工作人员、行政相对人及利害关系人证言等材料。

2. 行政机关违法行使职权或者不作为的事实。

（1）调查负有食品药品监管职责的行政机关及其法定职责。食品药品安全领域主要涉及以下监管部门：农业部门负责初级农产品生产环节的监管；质检部门负责食品生产加工环节的监管；工商部门负责食品流通环节的监管；食品药品监管部门负责消费环节食品卫生许可和食品安全监督管理；卫生行政部门承担食品安全综合协调职责，组织查处食品安全重大事故。药品监管部门负责对药品的研制、生产、经营、使用等进行监督。

根据国务院办公厅《关于印发国家食品药品监督管理总局主要职责内设机构和人员编制规定的通知》（国办发〔2013〕24号）规定，国家食品药品监督管理总局与其他国家部委的职责分工为：

与农业部的有关职责分工。农业部门负责食用农产品从种植养殖环节到进入批发、零售市场或生产加工企业前的质量安全监督管理，负责兽药、饲料、饲料添加剂和职责范围内的农药、肥料等其他农业投入品质量及使用的监督管理。食用农产品进入批发、零售市场或生产加工企业后，按食品由食品药品监督管理部门监督管理。农业部门负责畜禽屠宰环节和生鲜乳收购环节质量安全监督管理。两部门建立食品安全追溯机制，加强协调配合和工作衔接，形成监管合力。

与国家卫生和计划生育委员会的有关职责分工。①国家卫生和计划生育委员会负责食品安全风险评估和食品安全标准制定。国家卫生和计划生育委员会会同国家食品药品监督管理总局等部门制定、实施食品安全风险监测计划。国家食品药品监督管理总局应当及时向国家卫生和计划生育委员会提出食品安全风险评估的建议。国家卫生和计划生育委员会对通过食品安全风险监测或者接到举报发现食品可能存在安全隐患的，应当立即组织进行检验和食品安全风险评估，并及时向国家食品药品监督管理总局通报食品安全风险评估结果。对于得出不安全结论的食品，国家食品药品监督管理总局应当立即采取措施。需要制定、修订相关食品安全标准的，国家卫生和计划生育委员会应当尽快制定、修订。完善国家食品安全风险评估中心法人治理结构，健全理事会制度。②国家食品药品监督管理总局会同国家卫生和计划生育委员会组织国家药典委员会，制定国家药典。③国家食品药品监督管理总局会同国家卫生和计划生育委员会建立重大药品不良反应事件相互通报机制和联合处置机制。

与国家质量监督检验检疫总局的有关职责分工。①国家质量监督检验检疫总局负责食品包装材料、容器、食品生产经营工具等食品相关产品生产加工的监督管理。质量监督部门发现食品相关产品可能影响食品安全的，应及时通报食品药品监督管理部门，食品药品监督管理部门应当立即在食品生产、流通消费环节采取措施加以处理。食品药品监督管理部门发现食品安全问题可能是由食品相关产品造成的，应及时通报质量监督部门，质量监督部门应当立即在食品相关产品生产加工环节采取措施加以处理。②国家质量监督检验检疫总局负责进出口食品安全、质量监督检验和监督管理。进口的食品以及食品相关产品应当符合我国食品安全国家标准。国家质量监督检验检疫总局应当收集、汇总进出口食品安全信息，并及时通报国家食品药品监督管理总局。境外发生的食品安全事件可能对我国境内造成影响，或者在进口食品中发现严重食品安全问题的，国家质量监督检验检疫总局应当及时采取风险预警或者控制措施，并向国家食品药品监督管理总局通报，国家食品药品监督管理总局应当及时采取相应措施。

与国家工商行政管理总局的有关职责分工。食品药品监督管理部门负责药品、医疗器械、保健食品广告内容审查，工商行政管理部门负责药品、医疗器械、保健食品广告活动的监督检查。食品药品监督管理部门应当对其批准的药品、医疗器械、保健食品广告进行检查，对于违法广告，应当向工商行政管理部门通报并提出处理建议，工商行政管理部门应当依法作出处理，两部门建立健全协调配合机制。

与商务部的有关职责分工。①商务部负责拟订药品流通发展规划和政策，国家食品药品监督管理总局负责药品流通的监督管理，配合执行药品流通发展规划和政策。②商务部负责拟订促进餐饮服务和酒类流通发展规划和政策，国家食品药品监督管理总局负责餐饮服务食品安全和酒类食品安全的监督管理。③商务部发放药品类易制毒化学品进口许可前，应当征得国家食品药品监督管理总局同意。

与公安部的有关职责分工。公安部负责组织指导食品药品犯罪案件侦查工作。国家食品药品监督管理总局与公安部建立行政执法和刑事司法工作衔接机制。食品药品监督管理部门发现食品药品违法行为涉嫌犯罪的，应当按照有关规定及时移送公安机关，公安机关应当迅速进行审查，并依法作出立案或者不予立案的决定。公安机关依法提请食品药品监督管理部门作出检验、鉴定、认定等协助的，食品药品监督管理部门应当予以协助。

省、市、县各级食药监管部门及上述其他部门的具体职责权限参见其权力清单和职责清单。

（2）调查食品药品监管领域行政机关的法定职权。

根据法律法规规定，食品监管部门行使的行政职权种类主要有：一是行政许可。国家对食品生产经营实行许可制度，从事食品生产、食品销售、餐饮服务，应当依法取得许可。食品监管部门按照食品的风险程度对食品生产实施分类许可，按照食品经营主体业态和经营项目的风险程度对食品经营实施分类许可。二是行政处罚。食品监管部门对未取得食品生产经营许可从事食品生产经营活动，或者未取得食品添加剂生产许可从事食品添加剂生产活动的；用非食品原料生产食品、在食品中添加食品添加剂以外的化学物质和其他可能危害人体健康的物质，或者用回收食品作为原料生产食品，或者经营上述食品的；生产经营致病性微生物，农药残留、兽药残留、生物毒素、重金属等污染物质以及其他危害人体健康的物质含量超过食品安全标准限量的食品、食品添加剂等，违反食品、保健食品、管理法律、法规、规章的单位或者个人实施行政处罚，并根据情节轻重做出责令改正并给予警告；责令停止违法行为；责令停产停业；没收违法所得、没收违法生产经营的食品及其工具、设备、原料等物品；罚款；吊销许可证；由公安机关对其直接负责的主管人员和其他直接责任人员处五日以上十五日以下拘留等行政处罚决定。三是行政强制。食品监管有权采取查封、扣押有证据证明不符合食品安全标准或者有证据证明存在安全隐患以及用于违法生产经营的食品、食品添加剂、食品相关产品；查封违法从事生产经营活动的场所等行政强制措施。四是行政确认。对病死、死因不明的畜、禽、兽、水产动物及其肉类、肉类制品和危害食品安全犯罪案件的涉案食品，食品监管部门可以直接出具认定意见并说明理由。五是行政监督检查。食品监管部门有权采取下列措施，对食品生产环节、销售环节及餐饮服务环节的生产经营活动进行监督检查：（一）进入生产经营场所实施现场检查；（二）对生产经营的食品、食品添加剂、食品相关产品进行抽样检验；（三）查阅、复制有关合同、票据、账簿以及其他有关资料等。

根据法律法规规定，药品监管部门行使的行政职权种类主要有：一是行政许可。开办药品生产企业，须经企业所在地省、自治区、直辖市人民政府药品监督管理部门批准并发给《药品生产许可证》；开办药品批发企业，须经企业所在地省、自治区、直辖市人民政府药品监督管理部门批准并发给《药品经营许可证》；开办药品零售企业，须经企业所在地县级以上地方药品监督管理部门批准并发给《药品经营许可证》。二是行政处罚。药品监督管理部门对未取得《药品生产许可证》《药品经营许可证》或者《医疗机构制剂许可证》生产药品、经营药品的；生产、销售假药、劣药的；药品的生产企业、经营企业、药物非临床安全性评价研究机构、药物临床试验机构未按照规定实施

《药品生产质量管理规范》《药品经营质量管理规范》《药物非临床研究质量管理规范》、《药物临床试验质量管理规范》等，违反药品管理法律、法规、规章的单位或者个人实施行政处罚，并根据情节轻重做出警告，责令限期改正；责令停产、停业整顿；依法予以取缔，没收违法生产、销售的药品和违法所得；罚款；撤销药品批准证明文件，并责令停产、停业整顿；吊销《药品生产许可证》《药品经营许可证》《医疗机构制剂许可证》等行政处罚决定。三是行政强制。药品监督管理部门对有证据证明可能危害人体健康的药品及其有关材料可以采取查封、扣押的行政强制措施，并在七日内作出行政处理决定；药品需要检验的，必须自检验报告书发出之日起十五日内作出行政处理决定。四是行政确认。对于符合《中华人民共和国药品管理法》第四十八条、第四十九条规定情形的涉案药品，地市级以上药品监管部门可以直接出具认定假药、劣药的意见并说明理由。五是行政监督检查。药品监督管理部门有权按照法律、行政法规的规定对报经其审批的药品研制和药品的生产、经营以及医疗机构使用药品的事项进行监督检查。

（3）调查食品药品监管领域行政机关违法行使职权或者不作为的事实。通过调取食品药品监管部门的行政执法档案材料、行政相对人的证言、生产经营许可证等，审查行政机关有无下列违法情形：对未经许可从事食品或食品添加剂生产经营活动等行为，未依法、及时处理的；对生产经营有毒有害、掺杂掺假食品，超范围超限量使用食品添加剂、在食品中添加非食用物质，未按食品安全标准生产经营食品或食品添加剂等行为，未依法、及时处理的；对未经许可生产、经营药品，生产、销售假药、劣药等行为，未依法、及时处理的；其他违法行使职权或者不行使职权，致使人民群众生命健康安全受到危害的情形。

检察机关收到食品药品监管部门的书面回复后，应当从以下几个方面开展跟进调查：①对于重大食品药品安全事故，食品药品监管部门是否依法启动了调查并依法处理；②对未经许可从事食品生产经营活动，或者未经许可生产食品添加剂的、生产经营有毒有害或者不合格食品足以危害公众身体健康和生命安全的，食品药品监管部门是否按照《中华人民共和国食品安全法》等规定，根据情节轻重采取了没收违法所得、违法生产经营的食品、食品添加剂和用于违法生产经营的工具、设备、原料等物品、罚款、责令停产停业、吊销许可证、追究刑事责任等措施，依法全面履行了监管职责；③对生产、销售假药、劣药等违法行为的，食品药品监管部门是否按照《中华人民共和国药品管理法》等规定，根据情节轻重采取了没收违法生产、销售的药品和违法所得、罚款、责令停产、停业整顿或者撤销药品批准证明文件、吊销《药品生产许可证》《药品经营许可证》或者《医疗机构制剂许可证》、追究刑事责任等措施，依法全面履行了监管职责；④行政相对人在法定期限内不申请行政复议或者提起行政诉讼，又不履行行政处罚决定的，食品药品监管部门是否已向人民法院申请强制执行；⑤对食品安全法律法规规定禁止生产经营的食品以及其他有证据证明可能危害人体健康的食品等不安全食品，食品药品监管部门是否已采取一切必要的监管措施，责令停止生产、责令召回并依法处置等。

（三）常见的法律、法规、规章

1. 食品监管方面：《中华人民共和国食品安全法》《中华人民共和国食品安全法实施条例》《国务院关于加强食品安全工作的决定》《国务院关于加强食品等产品安全监督管理的特别规定》《食品召回管理办法》《食品生产许可管理办法》《食品经营许可管理办法》《餐饮服务许可管理办法》《餐饮服务食品安全监督管理办法》《食用农产品市场销售质量安全监督管理办法》《保健食品注册与备案管理办法》《食品生产经营日常监督检查管理办法》《特殊医学用途配方食品注册管理办法》《婴幼儿配方乳粉产品配方注册管理办法》《网络食品安全违法行为查处办法》《食品添加剂生产监督管理规定》等。

2. 药品监管方面：《中华人民共和国药品管理法》《中华人民共和国中医药法》《中华人民共和国药品管理法实施条例》《药品经营质量管理规范》《医疗用毒性药品管理办法》《医疗机构制剂注册管理办法》《医疗机构制剂配制监督管理办法》《麻醉药品和精神药品管理条例》《药品监督行政处罚程序规定》《药品生产质量管理规范（2010 年修订）》《药品经营质量管理规范》《药品医疗器械飞行检查办法》《药品注册管理办法》《药品生产监督管理办法》《药品流通监督管理办法》《药品经营许可证管理办法》《药品广告审查办法》《药品广告审查发布标准》等。

五、国有财产保护领域行政公益诉讼案件重点问题

（一）案件范围

国有财产保护领域的行政公益诉讼案件，主要指对国有财产负有监督管理职责的行政机关违法行使职权或者不作为，致使国家利益受到侵害的案件。国有财产包括国家所有的各种财产、物资、债权和其他权益。具体包括以下几个方面：

1. 依据宪法和法律规定取得的应属于国家所有的财产。

（1）经营性国有财产。经营性国有财产主要指的是国家出资的企业所支配的国有财产。

购销管理方面，如未履行或未正确履行职责致使合同标的价格明显不公

允；交易行为虚假或违规开展"空转"贸易；利用关联交易输送利益；未按照规定进行招标或未执行招标结果；违反规定提供赊销信用、资质、担保（含抵押、质押等）或预付款项，利用业务预付或物资交易等方式变相融资或投资；违规开展商品期货、期权等衍生业务；未按规定对应收款项及时追索或采取有效保全措施等。

转让产权、上市公司股权和资产方面，如未按规定履行决策和审批程序或超越授权范围转让；财务审计和资产评估违反相关规定；违反相关规定和公开公平交易原则，低价转让企业产权、上市公司股权和资产等。

固定资产投资方面，如未按规定进行可行性研究或风险分析；项目概算严重偏离实际；未按规定履行决策和审批程序擅自投资等。

投资并购方面，如投资并购未按规定开展尽职调查或进行风险分析；财务审计、资产评估或估值违反相关规定，或出具虚假报告；违规以各种形式为其他合资合作方提供垫资，或通过高溢价并购等手段向关联方输送利益；投资合同、协议及标的企业公司章程中国有权益保护条款缺失；违反合同约定提前支付并购价款等。

改组改制方面，如未按规定履行决策和审批程序；未按规定组织开展清产核资、财务审计和资产评估；将国有资产以明显不公允低价折股、出售或无偿分给其他单位或个人；在发展混合所有制经济、实施员工持股计划等改组改制过程中变相套取、私分国有股权；未按规定收取国有资产转让价款等。

资金管理方面，如违反决策和审批程序或超越权限批准资金支出；设立"小金库"；虚列支出套取资金；违规以个人名义留存资金、收支结算、开立银行账户；违规超发、滥发职工薪酬福利；因财务内控缺失，发生侵占、盗取、欺诈等。

风险管理方面，如内控及风险管理制度缺失、存在重大缺陷或内部控制执行不力；对经营投资重大风险未能及时分析、识别、评估、预警和应对；对企业规章制度、经济合同和重要决策的法律审核不到位；企业账实严重不符等。

工程承包建设方面，如未按规定对合同标的进行调查论证，未经授权或超越授权投标，中标价格严重低于成本；违反规定擅自签订或变更合同，合同约定未经严格审查，存在重大疏漏；工程物资未按规定招标；违反规定转包、分包；工程组织管理混乱，致使工程质量不达标，工程成本严重超支；违反合同约定超计价、超进度付款等。

（2）行政事业性国有财产。行政事业性国有财产指的是由行政事业单位占有、使用的，在法律上确认为国家所有、能以货币计量的各种经济资源的总和，包括国家拨给行政事业单位的资产，行政事业单位按照国家政策规定运用国有资产组织收入形成的资产，以及接受捐赠和其他经法律确认为国家所有的资产。案件主要表现为：不按规定权限，擅自批准产权变动的；不如实进行产权登记、填报资产报表、隐瞒真实情况的；弄虚作假，以各种名目侵占资产和利用职权谋取私利的；对用于经营投资的资产，不认真进行监督管理，不履行投资者权益、收缴资产收益的；不按规定报损、报废国有财产等。

2. 基于国家行政权力行使而取得的应属于国家所有的财产。

（1）税收类国有财产。税收类国有财产指的是税务机关或海关通过行使征税权所取得国有财产。案件主要表现为：违反法律、行政法规、规章的规定开征、停征、多征、少征、免征税款，或者擅自决定税收优惠，截留、挪用、私分应当入库的税款、罚款和滞纳金等。

（2）费用类国有财产。费用类国有财产指有关行政主体根据法律、法规、规章或者是政府的行政命令等，就特定的基础设施或者公共服务等收取费用而形成的国有财产。费与税不同，不具有强制性、无偿性和固定性。费是建立在有偿原则的基础上的，较之于税收而言，是一种不稳定的或是不规范的国有财产，并且强调专款专用。费用主要包括行政管理类收费、资源补偿类收费、鉴定类收费、培训类收费、其他类收费等种类。案件主要表现为：违反法律、法规、规章的规定开征、停征、多征、少征、免征费款，擅自决定收费优惠，截留、挪用、私分应当入库的费款、罚款和滞纳金，不按规定专款专用等。

3. 国家因政策扶持和社会保障等支出的各项资金。

（1）财政补贴类国有财产。财政补贴类国有财产多指企业或个人在符合相关标准的前提下，从政府无偿取得的货币性财产或非货币型财产，但不包括政府作为企业所有者投入的资本。财政补贴主要为财政贴息、研究开发补贴、政策性补贴等。其类型多样，如燃油补贴、农机补贴、万村千乡市场工程补贴、病害猪无害化处理补贴、公共租赁住房专项补贴、林业贷款中央财政贴息、国家深松整地作业补贴、退耕还林补助资金、淘汰落后产能中央奖励资金、危房改造补贴、草原生态奖励补助资金、畜禽国家补贴等。该类案件，多涉及财政部门和具体行业主管部门，所依据的法条需要根据具体案件确定。案件主要表现为：相对人在不符合条件的情况下虚报冒领或骗取国家补贴的行为，行政机关未认真审核以虚报冒领等手段骗取国家补贴的行为，行政机关截留挪用财政补贴资金，行政机关滞留应当下拨的财政补贴资金，行政机关违反规定扩大财政补贴发放范围和标准等。

（2）社会保障类国有财产。社会保障类国有财产指国家通过收入再分配，保证无收入、低收入以及遭受各种意外灾害的公民能够维持生存，保障劳动者在年老、失业、患病、工伤、生育时的基本生活不受影响而支出的国有财产。

此处的社会保障类国有财产不包括征缴社会保险费用而形成的国有财产，征缴社会保险费用形成的国有财产可纳入前述费用征收类国有财产。具体可分为社会保险、社会救济、社会福利、优抚安置等。案件主要表现为：隐匿、转移、侵占、挪用社会保险基金；违规投资运营社会保障基金；以欺诈、伪造证明材料或其他手段骗取社会保险待遇；社会保障基金未专款专用等。

4. 由国家已有资产的收益所形成的应属于国家所有的财产。如国有房屋出租收取的租赁费用、国有资产入股的分红等。

5. 其他类型国有财产。

（二）调查、审查的重点问题

1. 经营性国有财产。经营性国有财产案件主要涉及国有资产监督管理部门和财政部门。国有资产监督管理部门的主要监管职权有：依照《中华人民共和国公司法》等法律和行政法规履行出资人职责，监管国有企业（不含金融类企业）的国有资产，加强国有资产的管理工作；承担监督所监管企业国有资产保值增值的责任；负责组织所监管企业上交国有资本收益，参与制定国有资本经营预算有关管理制度和办法，按照有关规定负责国有资本经营预决算编制和执行等工作；照出资人职责，负责督促检查所监管企业贯彻落实国家安全生产方针政策及有关法律法规、标准等工作；负责企业国有资产基础管理等。

财政部门的主要监管职权有：承担各项财政收支管理的责任，完善转移支付制度；负责政府非税收入管理，负责政府性基金管理，按规定管理行政事业性收费；指导和监督中央国库业务，按规定开展国库现金管理工作；负责制定政府采购制度并监督管理；按规定管理行政事业单位国有资产；负责审核和汇总编制全国国有资本经营预决算草案，收取中央本级企业国有资本收益；按规定管理金融类企业国有资产和资产评估工作；负责办理和监督中央财政的经济发展支出、中央政府性投资项目的财政拨款，负责有关政策性补贴和专项储备资金财政管理工作；会同有关部门管理中央财政社会保障和就业及医疗卫生支出；负责管理全国的会计工作，监督和规范会计行为，指导和监督注册会计师和会计师事务所的业务，指导和管理社会审计；监督检查财税法规、政策的执行情况，反映财政收支管理中的重大问题。

2. 行政事业性国有财产。行政事业性国有财产主要涉及国有资产监督管理部门、财政部门和实际占有、使用国有财产的行政单位。应当调查收集的主要材料：无偿转让国有财产的，包括申请文件、资产清单、权属证明、价值凭证和接收单位同类资产存量情况；因单位划转撤并而移交资产的，需提供划转撤并批文、由具备相应资质的中介机构出具的资产清查等相关报告以及下级单位接收资产符合配备标准和相关编制要求等。

有偿转让或置换国有财产的，包括申请文件、资产清单、权属证明、价值凭证、中介机构出具的资产评估报告及单位同类资产情况；协议转让处置的，转让意向书；置换方式处置的，当地政府或部门的会议纪要、置换意向书等。

国有财产报废、报损的，包括申请文件、资产清单、价值凭证和权属证明；技术原因报废的，技术鉴定；债务人已依法破产的，人民法院裁定书及财产清算报告；债务人死亡或宣告死亡的，财产或者遗产不足清查的法律文书；不可抗力造成损失的，相关案件证明材料、责任认定报告和赔偿情况。

3. 税收类国有财产。税收类国有财产案件主要涉及财政部门和税务部门。税务部门的主要监管职权有税务管理权、税收征收权、税收检查权、税务违法处理权、税收行政立法权、代位权和撤销权等，海关税收权力主要有征收管理进出口关税及其他税费。应当调查收集的主要材料：不同税种的征收标准规定；纳税人纳税申报表；财务会计报表及其说明材料；与纳税有关的合同、协议书及凭证；税控装置的电子报税资料；外出经营活动税收管理证明和异地完税凭证；境内或者境外公证机构出具的有关证明文件；代扣代缴、代收代缴税款报告表和代扣代缴、代收代缴税款的合法凭证；银行等金融机构扣款回单；税务机关出具的完税凭证；税收部门或海关催缴通知书、行政征收决定书、行政处罚决定书、通知、公函等。

4. 费用类国有财产。实务中常见的是人防易地建设费。对此类案件，应当调查收集的材料主要有：人防易地建设申请审批文件；建设规划工程许可审批表；关于人防工程项目修建实际情况、建筑面积等勘查笔录；相对人缴费凭证及人防部门出具收费发票；审计报告；人防部门催缴通知书、行政征收决定书、行政处罚决定书、通知、公函；政府会议纪要及领导批示缓缴免缴的文件等。

5. 财政补贴类国有财产。财政补贴类国有财产案件主要涉及财政部门和行业主管部门。应当调查收集的主要材料：规定各种补贴标准的规定或文件；相关企业或个人的申报文件；主管行政机关的审核批准文件；财政部门同意拨付补贴文件；拨款凭证；行政事业单位资金往来结算票据；审计报告；银行转账支票；领款收据；行政机关行政处罚决定书、追缴通知书等。

6. 社会保险类国有财产。社会保险类国有财产类案件主要涉及人力资源与社会保障部门及财政部门。应当调查收集的主要材料：相关企业或个人的申报文件；社会保险经办机构稽核意见书；参保资料；人社部门的审核批准文件；拨款凭证；行政事业单位资金往来结算票据；审计报告；银行转账支票；领款收据；追缴通知书等。

（三）常见的法律、法规、规章等

1. 经营性国有财产类

《中华人民共和国企业国有资产法》《中华人民共和国公司法》《财政违法行为处罚处分条例》《国有资产评估管理办法》《企业国有资产评估管理暂行办法》等。

2. 行政事业性国有财产类

《财政违法行为处罚处分条例》《行政事业单位国有资产管理办法》《行政单位国有资产管理暂行办法》《事业单位国有资产管理暂行办法》《中央行政事业单位国有资产处置管理办法》《地方行政单位国有资产处置管理暂行办法》等。

3. 税收类国有财产

《中华人民共和国税收征收管理法》《中华人民共和国个人所得税法》《中华人民共和国企业所得税法》《中华人民共和国车船税法》《中华人民共和国海关法》等。行政法规方面主要包括国务院制定的关于税收方面的实施条例或实施细则，如国务院制定的现行增值税、消费税、营业税、车辆购置税、土地增值税、房产税、城镇土地使用税、耕地占用税、契税、资源税、船舶吨税、印花税、城市维护建设税、烟叶税、关税等诸多税种的税收条例。

4. 费用类国有财产

《行政事业性收费项目审批管理暂行办法》《价格管理条例》《国务院关于加强预算外资金管理的决定》等。

5. 社会保险类国有财产

《中华人民共和国社会保险法》《中华人民共和国劳动法》《中华人民共和国劳动合同法》《中华人民共和国就业促进法》《中华人民共和国工会法》《中华人民共和国妇女权益保障法》《中华人民共和国职业病防治法》《中华人民共和国残疾人保障法》《全国社会保障基金条例》《女职工劳动保护规定》《失业保险条例》《社会保险费征缴暂行条例》《工伤保险条例》《劳动保障监察条例》《国务院关于进一步加强就业再就业工作的通知》《国务院关于完善企业职工基本养老保险制度的决定》《国务院关于建立城镇职工基本医疗保险制度的决定》《社会保险稽核办法》《最低工资规定》等。

六、国有土地使用权出让领域案件重点问题

（一）案件范围

国有土地使用权出让领域行政公益诉讼案件，主要是指在国有土地供应、土地使用权出让收入征收、出让土地使用监管等环节负有监督管理职责的行政

机关违法履行职权或者不作为，造成国家利益或者社会公共利益受到侵害的案件。常见类型有以下几种：

1. 国有土地使用权出让收入流失类：（1）行政机关违法低价出让土地使用权；（2）行政机关应以招标、拍卖、挂牌和协议等出让方式供地的，违法以划拨方式供地的；（3）行政机关违法以土地换项目、先征后返、补贴等形式变相减免土地使用权出让金；（4）土地使用者未按照出让合同约定足额支付土地使用权出让金，行政机关未依法处理；（5）土地成交后，土地使用者既不在规定时间内签订出让合同，也不足额支付土地使用权出让金，行政机关未依法处理；（6）土地使用者转让划拨土地使用权应当缴纳土地使用权出让金而不缴纳，行政机关未依法处理；（7）土地使用者改变出让合同约定的土地用途、容积率等土地使用条件应当补缴土地使用权出让金而不补缴，行政机关未依法处理；（8）其他与土地使用权出让或变更有关收入流失的情形。

2. 土地闲置类。土地使用者以出让方式依法取得土地使用权后，超过出让合同约定的动工开发日期满一年未动工开发，或者已动工开发但开发建设用地面积、投资额占比达不到法定要求并且中止开发建设满一年，造成土地闲置的，行政机关不依法采取处置措施。

3. 违法使用土地类。（1）土地使用者未经批准擅自改变合同约定的土地用途、容积率等土地使用条件，行政机关未依法处理；（2）土地使用者在未依法足额支付土地使用权出让金、土地尚未交付，或者未获得相关部门审批、许可的情况下，即擅自使用土地，行政机关未依法处理；（3）土地使用者存在其他违法使用土地行为，行政机关未依法处理的情形。

4. 违法审批许可类。如在土地使用者未缴清土地使用权出让金情况下，行政机关违法办理国有建设用地使用权登记等。

（二）调查、审查的重点问题

1. 调查国有土地使用权出让领域相关部门监管职责。（1）国有土地使用权出让决定和实施。国有土地使用权的出让，由市、县人民政府负责。出让方案报经有批准权的人民政府批准后，由市、县人民政府土地管理部门实施。土地使用权出让合同由市、县人民政府土地管理部门与土地使用者签订。采取双方协议方式出让土地使用权的出让金，不得低于按国家规定所确定的最低价。划拨土地使用权申请转让，应征得市、县国土、规划管理部门同意，经市、县人民政府批准后，可以由受让人办理协议出让，但依法应当收回土地使用权重新公开出让的除外。县级以上人民政府土地管理部门依法对土地使用权的出让、转让、出租、抵押、终止进行监督检查。

（2）土地使用权出让金征收。市、县财政部门具体负责土地出让收支管理和征收管理工作，市、县国土资源主管部门具体负责土地出让收入征收工作。市、县国土资源主管部门和财政部门应当督促国有土地使用权受让人严格履行国有土地出让合同，确保将应缴国库的土地出让收入及时足额缴入地方国库。任何地区、部门和单位都不得以"招商引资"、"旧城改造"、"国有企业改制"等各种名义减免土地出让收入，实行"零地价"，甚至"负地价"，或者以土地换项目、先征后返、补贴等形式变相减免土地出让收入。对于征收土地出让金的保障措施有：一是征收违约金。对国有土地使用权人不按出让合同约定及时足额缴纳土地使用权出让金的，应当按日加收违约金额1‰的违约金；二是不得登记发证。未及时足额缴纳土地使用权出让金，国土资源主管部门不予核发土地使用权证。对违规核发土地使用权证的，应予收回和注销；三是解除合同、收回土地。未按照出让合同约定支付土地使用权出让金的，土地管理部门有权解除合同，并可以请求违约赔偿。土地出让成交后，必须在十个工作日内签订出让合同，合同签订后一个月内必须缴纳出让价款50%的首付款，最迟付款时间不得超过一年。受让人逾期不签订合同的，终止供地、不得退还定金；已签合同不缴纳出让价款的，必须收回土地。

（3）国有建设用地使用权登记。2015年3月1日，《不动产登记暂行条例》实施之前，国有建设用地使用权登记发证由市、县国土资源主管部门负责。《不动产登记暂行条例》实施后，国有建设用地使用权首次登记由不动产所在地的县级人民政府不动产登记机构办理。受让人依照土地使用权出让合同的约定付清全部土地出让价款后，方可申请办理土地登记，领取国有建设用地使用权证书。未缴清全部土地出让价款的，不得发放国有建设用地使用权证书，也不得按出让价款缴纳比例分割发放国有建设用地使用权证书。办理国有建设用地使用权首次登记时应提交土地出让价款缴纳凭证。

（4）国有建设用地使用权改变用途审批。土地使用者需要改变土地使用权出让合同约定的土地用途的，或转让房地产后，受让人改变原土地使用权出让合同约定的土地用途的，必须取得原出让方和市、县城市规划管理部门的同意，签订土地使用权出让合同变更协议或者重新签订土地使用权出让合同，相应调整土地使用权出让金。

（5）调整容积率等改变土地使用条件审批。土地使用者申请变更容积率的，经市、县人民政府批准后，城乡规划主管部门方可办理规划审批并及时抄告土地主管部门。经依法批准调整容积率的，市、县国土资源主管部门应当按照批准调整时的土地市场楼面地价核定应补缴的土地出让价款。

（6）对不按照合同约定使用国有土地的监督检查权。土地使用者未按照合同规定的期限和条件开发、利用土地的，市、县人民政府管理部门应当予以纠正，并根据情节给予警告、罚款直至无偿收回土地使用权的处罚。严禁保障性住房用地改变用地性质，保障性住房用地改变用地性质搞商品房开发的，必须依法没收违法所得，收回土地使用权，由市、县国土资源主管部门重新招拍挂出让。

（7）对非法占用土地建设行为的监督检查权。未取得建设工程规划许可证进行建设的，由县级以上地方人民政府城乡规划主管部门责令停止建设，视情采取限期改正、罚款、限期拆除、没收实物或者违法收入等处理。未经批准或采取欺骗手段骗取批准，非法占用土地的，由县级以上人民政府土地管理部门责令退还非法占用的土地，对符合土地利用总体规划的，没收在土地上新建的建筑物和其他设施，可以并处罚款。

（8）对土地闲置的监督检查权。市、县国土资源主管部门负责本行政区域内闲置土地的调查认定和处置工作的组织实施。市、县国土资源主管部门发现有涉嫌闲置土地的，应当在三十日内开展调查核实，向国有建设用地使用权人发出《闲置土地调查通知书》。非因政府、政府有关部门的行为造成动工开发延迟的，分别作以下处理：一是土地闲置费征收。造成土地闲置未动工开发满一年的，由市、县国土资源主管部门报经本级人民政府批准后，向土地使用权人下达《征缴土地闲置费决定书》，按照土地出让价款的百分之二十征缴土地闲置费；二是闲置土地收回权。造成土地闲置未动工开发满两年的，由市、县国土资源主管部门依法报经有批准权的人民政府批准后，向土地使用权人下达《收回国有建设用地使用权决定书》，无偿收回国有建设用地使用权。土地使用权人逾期不申请行政复议、不提起行政诉讼，也不履行相关义务的，市、县国土资源主管部门可以直接公告注销国有建设用地使用权登记和土地权利证书，申请人民法院强制执行。

在调查明确相关职权后，确定具体的监督对象时应注意以下问题：（1）对于设区市（含直辖市）政府将中心城区土地使用权出让上收到市国土资源主管部门统一实施的，应以实施土地出让的市国土资源主管部门作为监督对象。（2）对于虽为市国土资源主管部门派出机构的区国土资源管理分局，经依法授权行使相当于县级国土资源主管部门审批和管理权限的，可以将该区国土资源管理分局作为监督对象。

2. 调查行政机关违法行使职权或者不作为的事实。首先应当调阅土地使用权出让卷宗档案，查清基础法律事实，查明土地使用者的身份信息，重点审查出让土地使用权公告、成交确认书，土地使用权出让合同及补充协议等，询问国土、建设、规划、财政等部门相关人员以及土地使用权竞得人、受让人、实际使用人、利害关系人、证人等，查明合同实际履行情况，合同内容是否有变更，是否存在违约行为及原因，再根据不同的行政违法行为类型，有侧重地调查取证：

（1）对于违法低价出让土地、减免土地使用权出让金等违法行使职权问题：应调取土地使用权协议出让方案及政府审批文件、土地价格评估报告、政府会议纪要等书证、审计部门专项审计报告或审计决定，咨询土地价格评估、审计会计等部门专业意见，调阅相关账册、单据，查清实际付款情况。

（2）对于征收土地使用权出让金中不作为问题：应调取相关账册、单据、审计部门专项审计报告或审计决定，查询财政专户、有关企业或个人金融账户，行政机关向受让人发出的催收土地使用权出让金通知书、律师函，受让人所作承诺书。

（3）对于行政机关在审批许可环节违法行使职权问题：在查清土地使用权出让金收缴情况基础上，还应调取违法发放的国有建设用地使用权证书、建设用地批准书、开工通知书，要求国土、规划、建设等部门作情况说明等。

（4）对于行政机关在土地使用监管中不作为问题：应调阅土地行政执法卷宗材料，调取政府相关会议纪要、批复、通知，有关土地资料、航拍图，现场勘验涉案土地实际使用情况。

（5）对于行政机关在闲置土地监管中不作为问题：应调取有关的土地资料、航拍图，闲置土地调查通知书、认定书，查询土地市场动态监测与监管系统，咨询审计会计、土地勘测等专业人员或相关部门意见，现场勘验涉案土地开发利用状况。

3.调查国家利益或者社会公共利益受到侵害的事实。

（1）对于土地使用权出让金流失问题：审查土地使用权出让合同以及补充协议、成交确认书等，厘清交易双方权利义务、土地面积、土地用途、土地出让价款及支付期限等，查清土地使用权出让金流失的类型、原因、过程，结合银行进帐单等缴款凭证，核算实际流失的金额，了解行政机关是否存在违约问题导致受让人行使合同抗辩权等。

（2）对于土地被违法使用问题：调阅相关书证，现场勘验，询问受让人、实际使用人，要求城乡规划部门出具证明、提供航拍图等资料，核实违法使用土地的主体、过程、面积、时间、现状等。

（3）对于土地闲置问题。审查合同约定的开发期限、开发条件，批准动工文件的有效期，结合现场察看，判断是否属于土地闲置，核实造成土地闲置的原因、时间及现状，应了解是否因自然灾害等不可抗力，或者政府、政府部门行为造成动工迟延。

（三）常见的法律、法规、规章等

1. 法律：《中华人民共和国土地管理法》《中华人民共和国城市房地产管理法》《中华人民共和国城乡规划法》

2. 行政法规：《中华人民共和国土地管理法实施条例》《中华人民共和国城镇国有土地使用权出让和转让暂行条例》《城市房地产开发经营管理条例》《不动产登记暂行条例》等。

3. 国务院文件：《国务院办公厅关于规范国有土地使用权出让收支管理的通知》（国办发〔2006〕100号）

4. 规章：《招标拍卖挂牌出让国有建设用地使用权规定》《协议出让国有土地使用权规定》《划拨用地目录》《闲置土地处置办法》《国土资源行政处罚办法》《不动产登记暂行条例实施细则》等。

5. 部委文件：财政部、国土资源部、中国人民银行关于印发《国有土地使用权出让收支管理办法》的通知（财综〔2006〕68号）、国土资源部关于印发《招标拍卖挂牌出让国有土地使用权规范（试行）》和《协议出让国有土地使用权规范（试行）》的通知（国土资发〔2006〕114号）、国土资源部关于发布实施《全国工业用地出让最低价标准》的通知（国土资发〔2006〕307号）、住房和城乡建设部关于印发《建设用地容积率管理办法》的通知（建规〔2012〕22号）、国土资源部、住房和城乡建设部关于进一步加强房地产用地和建设管理调控的通知（国土资发〔2010〕151号）、国土资源部关于加强房地产用地供应和监管有关问题的通知（国土资发〔2010〕34号）等。

最高人民检察院办公厅
2018年3月14日印发

最高人民法院、最高人民检察院、公安部、司法部
关于办理恐怖活动和极端主义
犯罪案件适用法律若干问题的意见

（2018 年 3 月 16 日公布并施行　高检会〔2018〕1 号）

为了依法惩治恐怖活动和极端主义犯罪，维护国家安全、社会稳定，保障人民群众生命财产安全，根据《中华人民共和国刑法》《中华人民共和国刑事诉讼法》《中华人民共和国反恐怖主义法》等法律规定，结合司法实践，制定本意见。

一、准确认定犯罪

（一）具有下列情形之一的，应当认定为刑法第一百二十条规定的"组织、领导恐怖活动组织"，以组织、领导恐怖组织罪定罪处罚：

1. 发起、建立恐怖活动组织的；

2. 恐怖活动组织成立后，对组织及其日常运行负责决策、指挥、管理的；

3. 恐怖活动组织成立后，组织、策划、指挥该组织成员进行恐怖活动的；

4. 其他组织、领导恐怖活动组织的情形。

具有下列情形之一的，应当认定为刑法第一百二十条规定的"积极参加"，以参加恐怖组织罪定罪处罚：

1. 纠集他人共同参加恐怖活动组织的；

2. 多次参加恐怖活动组织的；

3. 曾因参加恐怖活动组织、实施恐怖活动被追究刑事责任或者二年内受过行政处罚，又参加恐怖活动组织的；

4. 在恐怖活动组织中实施恐怖活动且作用突出的；

5. 在恐怖活动组织中积极协助组织、领导者实施组织、领导行为的；

6. 其他积极参加恐怖活动组织的情形。

参加恐怖活动组织，但不具有前两款规定情形的，应当认定为刑法第一百二十条规定的"其他参加"，以参加恐怖组织罪定罪处罚。

犯刑法第一百二十条规定的犯罪，又实施杀人、放火、爆炸、绑架、抢劫等犯罪的，依照数罪并罚的规定定罪处罚。

（二）具有下列情形之一的，依照刑法第一百二十条之一的规定，以帮助恐怖活动罪定罪处罚：

1. 以募捐、变卖房产、转移资金等方式为恐怖活动组织、实施恐怖活动的个人、恐怖活动培训筹集、提供经费，或者提供器材、设备、交通工具、武器装备等物资，或者提供其他物质便利的；

2. 以宣传、招收、介绍、输送等方式为恐怖活动组织、实施恐怖活动、恐怖活动培训招募人员的；

3. 以帮助非法出入境，或者为非法出入境提供中介服务、中转运送、停留住宿、伪造身份证明材料等便利，或者充当向导、帮助探查偷越国（边）境路线等方式，为恐怖活动组织、实施恐怖活动、恐怖活动培训运送人员的；

4. 其他资助恐怖活动组织、实施恐怖活动的个人、恐怖活动培训，或者为恐怖活动组织、实施恐怖活动、恐怖活动培训招募、运送人员的情形。

实施恐怖活动的个人，包括已经实施恐怖活动的个人，也包括准备实施、正在实施恐怖活动的个人。包括在我国领域内实施恐怖活动的个人，也包括在我国领域外实施恐怖活动的个人。包括我国公民，也包括外国公民和无国籍人。

帮助恐怖活动罪的主观故意，应当根据案件具体情况，结合行为人的具体行为、认知能力、一贯表现和职业等综合认定。

明知是恐怖活动犯罪所得及其产生的收益，为掩饰、隐瞒其来源和性质，而提供资金账户，协助将财产转换为现金、金融票据、有价证券，通过转账或者其他结算方式协助资金转移，协助将资金汇往境外的，以洗钱罪定罪处罚。事先通谋的，以相关恐怖活动犯罪的共同犯罪论处。

（三）具有下列情形之一的，依照刑法第一百二十条之二的规定，以准备实施恐怖活动罪定罪处罚：

1. 为实施恐怖活动制造、购买、储存、运输凶器，易燃易爆、易制爆品、腐蚀性、放射性、传染性、毒害性物品等危险物品，或者其他工具的；

2. 以当面传授、开办培训班、组建训练营、开办论坛、组织收听收看音频视频资料等方式，或者利用网站、网页、论坛、博客、微博客、网盘、即时通信、通讯群组、聊天室等网络平台、网络应用服务组织恐怖活动培训的，或者积极参加恐怖活动心理体能培训，传授、学习犯罪技能方法或者进行恐怖活动训练的；

3. 为实施恐怖活动，通过拨打电话、发送短信、电子邮件等方式，或者利用网站、网页、论坛、博客、微博客、网盘、即时通信、通讯群组、聊天室等网络平台、网络应用服务与境外恐怖活动组织、人员联络的；

4. 为实施恐怖活动出入境或者组织、策划、煽动、拉拢他人出入境的；

5. 为实施恐怖活动进行策划或者其他准备的情形。

（四）实施下列行为之一，宣扬恐怖主义、极端主义或者煽动实施恐怖活动的，依照刑法第一百二十条之三的规定，以宣扬恐怖主义、极端主义、煽动实施恐怖活动罪定罪处罚：

1. 编写、出版、印刷、复制、发行、散发、播放载有宣扬恐怖主义、极端主义内容的图书、报刊、文稿、图片或者音频视频资料的；

2. 设计、生产、制作、销售、租赁、运输、托运、寄递、散发、展示带有宣扬恐怖主义、极端主义内容的标识、标志、服饰、旗帜、徽章、器物、纪念品等物品的；

3. 利用网站、网页、论坛、博客、微博客、网盘、即时通信、通讯群组、聊天室等网络平台、网络应用服务等登载、张贴、复制、发送、播放、演示载有恐怖主义、极端主义内容的图书、报刊、文稿、图片或者音频视频资料的；

4. 网站、网页、论坛、博客、微博客、网盘、即时通信、通讯群组，聊天室等网络平台、网络应用服务的建立、开办、经营、管理者，明知他人利用网络平台、网络应用服务散布、宣扬恐怖主义、极端主义内容，经相关行政主管部门处罚后仍允许或者放任他人发布的；

5. 利用教经、讲经、解经、学经、婚礼、葬礼、纪念、聚会和文体活动等宣扬恐怖主义、极端主义、煽动实施恐怖活动的；

6. 其他宣扬恐怖主义、极端主义、煽动实施恐怖活动的行为。

（五）利用极端主义，实施下列行为之一的，依照刑法第一百二十条之四的规定，以利用极端主义破坏法律实施罪定罪处罚：

1. 煽动、胁迫群众以宗教仪式取代结婚、离婚登记，或者干涉婚姻自由的；

2. 煽动、胁迫群众破坏国家法律确立的司法制度实施的；

3. 煽动、胁迫群众干涉未成年人接受义务教育，或者破坏学校教育制度、国家教育考试制度等国家法律规定的教育制度的；

4. 煽动、胁迫群众抵制人民政府依法管理，或者阻碍国家机关工作人员依法执行职务的；

5. 煽动、胁迫群众损毁居民身份证、居民户口簿等国家法定证件以及人民币的；

6. 煽动、胁迫群众驱赶其他民族、有其他信仰的人员离开居住地，或者干涉他人生活和生产经营的；

7. 其他煽动、胁迫群众破坏国家法律制度实施的行为。

（六）具有下列情形之一的，依照刑法第一百二十条之五的规定，以强制穿戴宣扬恐怖主义、极端主义服饰、标志罪定罪处罚：

1. 以暴力、胁迫等方式强制他人在公共场所穿着、佩戴宣扬恐怖主义、极端主义服饰的；

2. 以暴力、胁迫等方式强制他人在公共场所穿着、佩戴含有恐怖主义、极端主义的文字、符号、图形、口号、徽章的服饰、标志的；

3. 其他强制他人穿戴宣扬恐怖主义、极端主义服饰、标志的情形。

（七）明知是载有宣扬恐怖主义、极端主义内容的图书、报刊、文稿、图片、音频视频资料、服饰、标志或者其他物品而非法持有，达到下列数量标准之一的，依照刑法第一百二十条之六的规定，以非法持有宣扬恐怖主义、极端主义物品罪定罪处罚：

1. 图书、刊物二十册以上，或者电子图书、刊物五册以上的；

2. 报纸一百份（张）以上，或者电子报纸二十份（张）以上的；

3. 文稿、图片一百篇（张）以上，或者电子文稿、图片二十篇（张）以上，或者电子文档五十万字符以上的；

4. 录音带、录像带等音像制品二十个以上，或者电子音频视频资料五个以上，或者电子音频视频资料二十分钟以上的；

5. 服饰、标志二十件以上的。

非法持有宣扬恐怖主义、极端主义的物品，虽未达到前款规定的数量标准，但具有多次持有，持有多类物品，造成严重后果或者恶劣社会影响，曾因实施恐怖活动、极端主义违法犯罪被追究刑事责任或者二年内受过行政处罚等情形之一的，也可以定罪处罚。

多次非法持有宣扬恐怖主义、极端主义的物品，未经处理的，数量应当累计计算。非法持有宣扬恐怖主义、极端主义的物品，涉及不同种类或者形式的，可以根据本条规定的不同数量标准的相应比例折算后累计计算。

非法持有宣扬恐怖主义、极端主义物品罪主观故意中的"明知"，应当根据案件具体情况，以行为人实施的客观行为为基础，结合其一贯表现、具体行为、程度、手段、事后态度，以及年龄、认知和受教育程度、所从事的职业等综合审查判断。

具有下列情形之一，行为人不能做出合理解释的，可以认定其"明知"，但有证据证明确属被蒙骗的除外：

1. 曾因实施恐怖活动、极端主义违法犯罪被追究刑事责任，或者二年内受过行政处罚，或者被责令改正后又实施的；

2. 在执法人员检查时，有逃跑、丢弃携带物品或者逃避、抗拒检查等行为，在其携带、藏匿或者丢弃的物品中查获宣扬恐怖主义、极端主义的物品的；

3. 采用伪装、隐匿、暗语、手势、代号等隐蔽方式制作、散发、持有宣扬恐怖主义、极端主义的物品的；

4. 以虚假身份、地址或者其他虚假方式办理托运，寄递手续，在托运、寄递的物品中查获宣扬恐怖主义、极端主义的物品的；

5. 有其他证据足以证明行为人应当知道的情形。

（八）犯刑法第一百二十条规定的犯罪，同时构成刑法第一百二十条之一至之六规定的犯罪的，依照处罚较重的规定定罪处罚。

犯刑法第一百二十条之一至之六规定的犯罪，同时构成其他犯罪的，依照处罚较重的规定定罪处罚。

（九）恐怖主义、极端主义，恐怖活动，恐怖活动组织，根据《中华人民共和国反恐怖主义法》等法律法规认定。

二、正确适用程序

（一）组织、领导、参加恐怖组织罪，帮助恐怖活动罪，准备实施恐怖活动罪，宣扬恐怖主义、煽动实施恐怖活动罪，强制穿戴宣扬恐怖主义服饰、标志罪，非法持有宣扬恐怖主义物品罪的第一审刑事案件由中级人民法院管辖；宣扬极端主义罪，利用极端主义破坏法律实施罪，强制穿戴宣扬极端主义服饰、标志罪，非法持有宣扬极端主义物品罪的第一审刑事案件由基层人民法院管辖。高级人民法院可以根据级别管辖的规定，结合本地区社会治安状况、案件数量等情况，决定实行相对集中管辖，指定辖区内特定的中级人民法院集中审理恐怖活动和极端主义犯罪第一审刑事案件，或者指定辖区内特定的基层人民法院集中审理极端主义犯罪第一审刑事案件，并将指定法院名单报最高人民法院备案。

（二）国家反恐怖主义工作领导机构对恐怖活动组织和恐怖活动人员作出认定并予以公告的，人民法院可以在办案中根据公告直接认定。国家反恐怖主义工作领导机构没有公告的，人民法院应当严格依照《中华人民共和国反恐怖主义法》有关恐怖活动组织和恐怖活动人员的定义认定，必要时，可以商地市级以上公安机关出具意见作为参考。

（三）宣扬恐怖主义、极端主义的图书、音频视频资料，服饰、标志或者其他物品的认定，应当根据《中华人民共和国反恐怖主义法》有关恐怖主义、极端主义的规定，从其记载的内容、外观特征等分析判断。公安机关应当对涉案物品全面审查并逐一标注或者摘录，提出审读意见，与扣押、移交物品清单及涉案物品原件一并移送人民检察院审查。人民检察院、人民法院可以结合在案证据、案件情况、办案经验等综合审查判断。

（四）恐怖活动和极端主义犯罪案件初查过程中收集提取的电子数据，以及通过网络在线提取的电子数据，可以作为证据使用。对于原始存储介质位于境外或者远程计算机信息系统上的恐怖活动和极端主义犯罪电子数据，可以通过网络在线提取。必要时，可以对远程计算机信息系统进行网络远程勘验。立案后，经设区的市一级以上公安机关负责人批准，可以采取技术侦查措施。对于恐怖活动和极端主义犯罪电子数据量大或者提取时间长等需要冻结的，经县级以上公安机关负责人或者检察长批准，可以进行冻结。对于电子数据涉及的专门性问题难以确定的，由具备资格的司法鉴定机构出具鉴定意见，或者由公安部指定的机构出具报告。

三、完善工作机制

（一）人民法院、人民检察院和公安机关办理恐怖活动和极端主义犯罪案件，应当互相配合，互相制约，确保法律有效执行。对于主要犯罪事实、关键证据和法律适用等可能产生分歧或者重大、疑难、复杂的恐怖活动和极端主义犯罪案件，公安机关商请听取有管辖权的人民检察院意见和建议的，人民检察院可以提出意见和建议。

（二）恐怖活动和极端主义犯罪案件一般由犯罪地公安机关管辖，犯罪嫌疑人居住地公安机关管辖更为适宜的，也可以由犯罪嫌疑人居住地公安机关管辖。移送案件应当一案一卷，将案件卷宗、提取物证和扣押物品等全部随案移交。移送案件的公安机关应当指派专人配合接收案件的公安机关开展后续案件办理工作。

（三）人民法院、人民检察院和公安机关办理恐怖活动和极端主义犯罪案件，应当坚持对涉案人员区别对待，实行教育转化。对被教唆、胁迫、引诱参与恐怖活动、极端主义活动，或者参与恐怖活动、极端主义活动情节轻微，尚不构成犯罪的人员，公安机关应当组织有关部门、村民委员会、居民委员会、所在单位、就读学校、家庭和监护人对其进行帮教。对被判处有期徒刑以上刑罚的恐怖活动罪犯和极端主义罪犯，服刑地的中级人民法院应当根据其社会危险性评估结果和安置教育建议，在其刑满释放前作出是否安置教育的决定。人民检察院依法对安置教育进行监督，对于实施安置教育过程中存在违法行为的，应当及时提出纠正意见或者检察建议。

最高人民检察院
人民检察院办理死刑第二审
案件和复核监督工作指引（试行）

（2018 年 1 月 11 日最高人民检察院第十二届
检察委员会第七十二次会议通过　2018 年 3 月 31 日公布
并施行　高检发诉二字〔2018〕1 号）

第一章　一般规定

第一条　【目的和依据】　为了规范人民检察院死刑第二审案件办理以及死刑复核监督工作，根据《中华人民共和国刑事诉讼法》和《人民检察院刑事诉讼规则（试行）》等相关规定，结合检察工作实际，制定本指引。

第二条　【案件与工作范围】　本指引所称死刑第二审案件，是指因上诉或者抗诉而进入第二审程序的下列案件：

第一审被告人被判处死刑立即执行的；

第一审被告人被判处死刑缓期二年执行，人民法院决定开庭审理的；

人民检察院认为第一审被告人应当被判处死刑立即执行或者死刑缓期二年执行而提出抗诉的。

本指引所称死刑复核监督工作，是指下列工作：

最高人民检察院对最高人民法院复核死刑案件的监督；

省级人民检察院对高级人民法院复核未上诉且未抗诉的死刑立即执行案件的监督；

省级人民检察院对高级人民法院复核死刑缓期二年执行案件的监督。

第三条　【刑事政策】　人民检察院办理死刑第二审案件和复核监督工作应当贯彻宽严相济刑事政策，坚持保留死刑，严格控制和慎重适用死刑政策，严格把握刑法规定的死刑适用条件，确保死刑只适用于极少数罪行极其严重的犯罪分子。

第四条　【原则】　人民检察院办理死刑第二审案件和开展复核监督工作，

应当遵循惩罚犯罪与保障人权相结合、程序公正与实体公正并重以及证据裁判原则。

第五条 【职责】 人民检察院办理死刑第二审案件和开展死刑复核监督工作应当依法履行法律监督职责，确保死刑的公正、统一、正确适用。

第六条 【工作要求】 办理死刑第二审案件和开展复核监督工作，应当坚持最严格的证明标准、最规范的办案程序、最审慎的工作态度。

第二章 死刑第二审案件审查与决定

第一节 案件审查

第七条 【收案】 检察人员接收案件后，应当规范使用统一业务应用系统，在案件审查、决定、审结、出庭、裁判等环节及时填录案卡，制作文书。

第八条 【审查的主要内容】 检察人员应当客观全面审查在案证据材料，并重点审查以下内容：

第一审判决认定事实是否清楚，证据是否确实、充分；

适用法律是否正确，对有关量刑情节的认定是否准确，量刑是否适当；

被判处死刑的被告人是否罪行极其严重，是否必须立即执行；

被告人被判处死刑缓期二年执行的，决定限制减刑或者终身监禁是否适当；

抗诉、上诉意见与第一审判决存在的分歧，抗诉、上诉理由是否正确、充分；

抗诉、上诉中是否提出或者第一审判决后是否出现了可能影响定罪量刑的新事实、新证据；

有无遗漏罪行或者其他应当追究刑事责任的人；

涉案财物处理是否妥当；

诉讼活动是否存在影响公正判决的违法情形；

被告方与被害方是否达成赔偿谅解；

是否有涉检信访或者重大舆情等风险；

其他可能影响定罪量刑的内容。

第九条 【审查方式】 检察人员审查案件，应当就第一审判决认定的案件事实和适用法律进行全面审查，重点围绕抗诉、上诉理由开展下列工作：

复核主要证据，必要时到案发现场调查；

讯问被告人，听取被告人的上诉理由或者辩解；

必要时听取辩护人、被害人及其法定代理人或者近亲属的意见；

必要时询问证人；

对证据合法性有疑问的，应当进行调查核实；

对鉴定意见有疑问的，可以重新鉴定或者补充鉴定；

需要侦查机关补充调取和完善的证据，可以要求侦查机关提供，必要时可以自行调查核实，补充收集相关证据；

应当开展的其他工作。

第十条【核查证据】　对于影响定罪或者量刑的主要证据应当进行复核，重点核查证据是否客观、真实，取证程序是否合法以及证据之间是否存在矛盾。

第十一条【对物证、书证等证据的审查】　加强对物证、书证等证据的审查。物证、书证的收集、送检、保管等不符合法定程序，可能严重影响司法公正的，应当要求侦查机关予以补正或者作出合理解释；不能补正或者无法作出合理解释的，应当予以排除，不能作为定案的根据。

第十二条【对鉴定意见的审查】　对鉴定意见应当重点审查以下内容：

鉴定机构和鉴定人是否具有法定资质，鉴定人是否存在应当回避的情形；

检材的收集、取得、保管、送检是否符合法律及有关规定，与相关提取笔录、扣押物品清单等记载的内容是否相符，检材是否充足、可靠；

鉴定程序是否符合法律及有关规定，鉴定的过程和方法是否符合相关专业的规范要求，鉴定意见是否告知被告人和被害人及其法定代理人或者近亲属；

鉴定意见形式要件是否完备，鉴定意见是否明确，鉴定意见与案件待证事实有无关联，鉴定意见与勘验、检查笔录及相关照片等其他证据是否矛盾，鉴定意见是否存在无法排除的合理怀疑，检验分析是否科学、全面；

有利于被告人和不利于被告人的鉴定意见是否移送。

第十三条【对勘验、检查笔录的审查】　对勘验、检查笔录应当重点审查以下内容：

勘验、检查是否依法进行，笔录的制作是否符合法律及有关规定，勘验、检查人员和见证人是否签名或者盖章；

勘验、检查笔录的内容是否全面、详细、准确、规范，文字记载与实物或者绘图、录像、照片是否相符，固定证据的形式、方法是否科学、规范，现场、物品、痕迹等是否被破坏或者伪造，人身特征、伤害情况、生理状况有无伪装或者变化；

补充进行勘验、检查的，前后勘验、检查的情况是否有矛盾，是否说明了再次勘验、检查的理由；

勘验、检查笔录中记载的情况与被告人供述、被害人陈述、鉴定意见等其他证据能否印证，有无矛盾。

第十四条【讯问被告人】　讯问被告人应当按照以下要求进行：

讯问应当由两名以上检察人员进行；

讯问前认真制作讯问提纲，明确讯问目的，拟定重点解决的问题；

核对被告人的基本情况，告知诉讼权利和义务；

听取被告人的上诉理由、辩解和供述，核查是否有新证据、是否有自首和立功等情节、是否有刑讯逼供等非法取证情况，以及其他需要核实的问题；

规范制作讯问笔录，笔录首部内容应当填写完整，讯问人员应当在讯问笔录上签名；

远程视频提讯的，应当制作同步录音录像。

对讯问过程中出现翻供或者在一审阶段曾经翻供的，应当详细讯问翻供的原因和理由，并重点讯问作案动机、目的、手段、工具以及与犯罪有关的时间、地点、人员等细节。

第十五条【对技术侦查措施收集证据的审查】　侦查机关采取技术侦查措施收集的物证、书证、电子数据等证据材料没有移送，影响定罪量刑的，检察人员可以要求侦查机关将相关证据材料连同批准采取技侦措施的法律文书一并移送，必要时可以到侦查机关技术侦查部门核查原始证据。

第十六条【调查核实证据合法性】　经审查，发现侦查人员以非法方法收集证据的，或者被告人及其辩护人申请排除非法证据，并提供相关线索或者材料的，应当依照相关规定，及时进行调查核实。

调查核实证据合法性可以采取以下方式：

讯问被告人；

询问办案人员；

询问在场人员及证人；

听取辩护律师意见；

调取讯问笔录、讯问录音录像；

调取、查询被告人出入看守所的身体检查记录及相关材料；

调取、查询驻看守所检察人员在侦查终结前的核查材料；

调取、查阅、复制相关法律文书或者案件材料；

进行伤情、病情检查或者鉴定；

其他调查核实方式。

第十七条【审查同步录音录像的一般规定】　检察人员对取证合法性产生疑问的，可以审查相关的录音录像，对于重大、疑难、复杂的案件，必要时可以审查全部录音录像。

第十八条【审查同步录音录像的主要内容】　对同步录音录像应当重点审查以下内容：

是否全程、连续、同步，有无选择性录制，有无剪接、删改；

是否与讯问笔录记载的起止时间一致；

与讯问笔录记载的内容是否存在差异；

是否存在刑讯逼供、诱供等违法行为。

讯问录音录像存在选择性录制、剪接、删改等情形，或者与讯问笔录存在实质性差异，不能排除以非法方法收集证据情形的，对相关证据应当予以排除。

第十九条【非法证据排除】　对采用下列非法方法收集的被告人供述，应当提出依法排除的意见：

采取殴打、违法使用戒具等暴力方法或者变相肉刑的恶劣手段，使被告人遭受难以忍受的痛苦而违背意愿作出的供述；

采用以暴力或者严重损害本人及其近亲属合法权益等进行威胁的方法，使被告人遭受难以忍受的痛苦而违背意愿作出的供述；

采用非法拘禁等非法限制人身自由的方法收集的供述。

采用暴力、威胁以及非法限制人身自由等非法方法收集的证人证言、被害人陈述，应当予以排除。

第二十条【重复自白的排除及除外情形】　采用刑讯逼供方法使被告人作出供述，之后被告人受该刑讯逼供行为影响而作出的与该供述相同的重复性供述，应当提出依法排除的意见，但下列情形除外：

侦查期间，根据控告、举报或者自己发现等，侦查机关确认或者不能排除以非法方法收集证据而更换侦查人员，其他侦查人员再次讯问时告知诉讼权利和认罪的法律后果，犯罪嫌疑人自愿供述的；

审查逮捕、审查起诉和审判期间，检察人员、审判人员讯问时告知诉讼权利和认罪的法律后果，犯罪嫌疑人、被告人自愿供述的。

第二十一条【对自首、立功等可能影响定罪量刑的材料和线索的审查】被告人、辩护人提出被告人自首、立功或者受到刑讯逼供等可能影响定罪量刑的材料和线索的，人民检察院可以依照管辖规定交侦查机关调查核实，也可以自行调查核实。发现遗漏罪行或者同案犯罪嫌疑人的，应当建议侦查机关侦查。

第二十二条【案件线索来源存疑、侦破过程不清楚的案件的审查】　对于案件线索来源存疑、侦破过程不清楚的，应当要求侦查机关提供相关法律文书或者作出详细的情况说明。

第二十三条 【补充收集证据的一般规定】 对死刑第二审案件自行补充收集证据的，应当由两名以上检察人员进行，可以要求侦查机关提供协助，也可以申请本院司法警察协助。上级人民检察院通过下级人民检察院通知侦查机关补充收集证据的，下级人民检察院应当提供协助。

第二十四条 【自行补充收集证据的情形】 死刑第二审案件具有下列情形之一的，可以自行补充收集证据：

侦查机关以刑讯逼供等非法方法收集的被告人供述和采用暴力、威胁等非法手段取得的被害人陈述、证人证言，被依法排除后，侦查机关未另行指派侦查人员重新调查取证的；

被告人作出无罪辩解或者辩护人提出无罪辩护意见，经审查后，认为侦查机关取得的言词证据不全面或者有遗漏，或者经审查后认为存在疑问的；

案件在定罪量刑方面存在明显分歧或者较大争议，需要补充关键性言词证据，特别是影响案件定罪量刑的被告人供述、证人证言、被害人陈述等言词类证据的；

认为需要补充收集的事项，侦查机关未补充收集或者补充收集后未达到要求，且自行补充收集具有可行性的；

案件主要事实清楚，主要证据确实、充分，尚需要查明个别事实、情节或者补充个别证据材料的；

其他需要自行补充收集证据的情形。

第二十五条 【保障律师执业权利】 检察人员应当依法保障律师的执业权利。

辩护律师要求听取其意见的，应当及时安排在工作时间、工作场所接待，并由两名以上检察人员听取意见、制作笔录。

辩护律师提出的书面意见，或者提交的无罪、罪轻或者减轻、免除刑事责任的证据材料应当附卷，并在审查报告中说明是否采纳及理由。

第二十六条 【保障被害人权益】 检察人员应当依法保障被害人及其法定代理人或者近亲属的合法权益。涉及影响案件定罪量刑、社会稳定、司法救助等情况的，应当主动听取被害人及其法定代理人或者近亲属的意见。

第二十七条 【审查报告的内容】 死刑第二审案件审查报告一般包括：

被告人及被害人基本情况；

案件诉讼经过；

第一审判决认定的事实及裁判结果、理由；

抗诉或者上诉理由；

辩护人的意见；

审查认定的事实及对证据的综合分析；

对上诉、抗诉理由的分析与意见；

需要说明的问题；

审查意见和理由。

第二十八条【上诉案件的处理意见】 对于上诉案件，审查后视情形提出以下处理意见：

原判决认定事实清楚，证据确实、充分，适用法律正确，量刑适当，审判程序合法的，应当提出建议维持原判的意见；

原判决在事实认定、证据采信、综合评判等方面存在不当之处，但不影响定罪量刑的，可以建议第二审人民法院在依法纠正后维持原判；

原判决认定事实没有错误，但适用法律错误，导致定罪错误或者量刑不当的，应当提出建议改判的意见，但不得违反上诉不加刑原则；

原判决认定事实不清或者证据不足的，可以在查清事实后提出建议改判的意见，也可以提出建议发回重审的意见；

第一审人民法院违反法律规定的诉讼程序，可能影响公正审判的，应当提出建议发回重审的意见。

第二十九条【抗诉案件的处理意见】 对于抗诉案件，审查后视情形提出以下处理意见：

具有《人民检察院刑事诉讼规则（试行）》第五百八十四条规定的情形，原判决确有错误，抗诉意见正确的，应当提出支持抗诉的意见；

原判决确有错误，抗诉意见部分正确的，可以变更、补充抗诉理由，提出部分支持抗诉的意见；

原判决并无不当，抗诉意见不当的，应当提出撤回抗诉的意见。

第三十条【阅卷时间】 人民检察院应当在接到人民法院决定开庭、查阅案卷通知之日起一个月以内阅卷完毕。在一个月以内无法完成的，可以商请人民法院延期审理。

第二节 案件决定

第三十一条【提请检察官联席会议或者检察委员会讨论的情形】 检察人员可以对下列死刑案件提请公诉部门负责人召集检察官联席会议进行讨论，为案件处理提供参考意见。需要提请检察委员会讨论的，应当报检察长决定：

抗诉案件；

在事实认定、证据采信、法律适用等方面存在较大分歧的；

在全国或者当地有重大社会影响的；

当事人或者其近亲属反应强烈，可能引发社会矛盾的；

其他重大、疑难、复杂的死刑案件。

第三十二条【案件决定】 检察长不同意检察人员处理意见，可以要求检察人员复核或者提请检察委员会讨论决定，也可以直接作出决定。要求复核的意见、决定，应当以书面形式作出，并归入案件卷宗。

第三十三条【检察人员意见与决定不一致的处理】 检察人员执行检察长决定时，认为决定错误的，可以提出异议；检察长不改变该决定，或者要求立即执行的，检察人员应当执行。

第三章　死刑第二审案件出席法庭

第一节　出席法庭准备

第三十四条【确定出席法庭人员和制作相关文书】 收到人民法院出席法庭通知书后，人民检察院应当及时确定出席法庭履行职务的检察人员，并制作派员出席法庭通知书送达人民法院。

第三十五条【出席法庭准备工作】 检察人员应当做好以下出席法庭准备工作：

进一步熟悉案情和主要证据，及时了解证据的变化情况和辩护人向法庭提供的新证据，确定需要在法庭上出示的证据，研究与本案有关的法律政策问题以及审判中可能涉及的专业知识；

拟定出庭预案，包括讯问提纲、询问提纲、举证质证提纲、答辩提纲和出庭检察员意见书。重大、疑难、复杂的案件可以制作多媒体示证资料；

在开庭前将需要通知到庭的证人、侦查人员、鉴定人、有专门知识的人的名单以及拟在法庭审理中出示的新证据提交人民法院，并与审判人员做好沟通；

需要对出庭证人等诉讼参与人提供保护的，及时向人民法院提出建议，做好相关工作；

对于重大、疑难、复杂和社会高度关注的案件，应当制作临庭处置方案，应对可能出现的各种复杂情况。

第三十六条【出庭预案】 出庭预案应当重点围绕抗诉、上诉理由，针对需要查证的、与定罪量刑有关的事实进行准备，根据具体案件情况，突出针对性和预见性。对于重大、疑难、复杂和社会高度关注的案件，可以召集检察官联席会议对出庭预案进行讨论。

第三十七条【出庭检察员意见书】 出庭检察员意见书的主要内容包括对第一审判决的全面评价、对抗诉理由的分析或者对上诉理由的评析、对辩解理由和辩护意见的评析等。

出庭检察员意见书应当表明建议法庭维持原判、依法改判或者发回重审的意见。

第三十八条【与侦查人员、侦查活动相关的庭前准备工作】　检察人员认为有必要由侦查人员或者其他人员出席法庭说明情况的，应当通知侦查机关及有关人员做好出席法庭准备；检察人员认为有必要当庭播放侦查活动的相关录音、录像，但录音、录像中有涉及国家秘密、商业秘密、个人隐私或者其他不宜公开的内容的，应当提前做好技术处理。

第二节　参加庭前会议

第三十九条【参加庭前会议的人员及建议召开庭前会议的情形】　人民法院通知人民检察院派员参加庭前会议的，由拟出席法庭的检察人员参加，检察长认为有必要的也可以参加。

对于证据材料较多，案情疑难复杂，社会影响重大等情形，人民法院未召开庭前会议的，可以建议召开庭前会议。

被告人及其辩护人在开庭审理前申请排除非法证据，并依照法律规定提供相关线索或者材料，人民法院未召开庭前会议的，应当建议人民法院召开庭前会议。第一审期间已进行非法证据调查，被告人及其辩护人没有新的线索或者材料，以相同理由再次提出申请的除外。

第四十条【庭前会议的准备】　参加庭前会议前，检察人员应当准备拟提出的问题及意见，预测辩护方可能提出的问题，制定应对方案。

第四十一条【庭前会议的内容】　在庭前会议中，检察人员可以对案件管辖、回避、出庭证人、鉴定人、有专门知识的人的名单、辩护人提供的无罪证据、非法证据排除、不公开审理、延期审理、庭审方案等与审判相关的问题提出和交换意见，了解辩护人收集的证据等情况。

对辩护人收集的证据有异议的，应当提出。

第四十二条【申请证人、鉴定人、侦查人员、有专门知识的人出席法庭的情形】　具有下列情形，检察人员可以在庭前会议中申请人民法院通知证人、鉴定人、侦查人员、有专门知识的人出席法庭：

对证人证言有异议，且该证人证言对案件定罪量刑有重大影响的；

对鉴定意见有异议的；

需要侦查人员就相关证据材料的合法性说明情况的；

需要有专门知识的人就鉴定意见或者专门性问题提出意见的。

第四十三条【对非法证据进行说明】　被告人及其辩护人在庭前会议中提出证据系非法取得，人民法院认为可能存在以非法方法收集证据情形的，检察人员应当通过出示有关证据材料等方式，有针对性地对证据收集的合法性作出说明。

第四十四条 【庭前会议的效力】 对于人民法院已在庭前会议中对可能导致法庭审理中断的程序性事项作出处理决定的，被告人及其辩护人没有新的理由，在法庭审理中再次提出有关申请或者异议的，检察人员应当建议法庭予以驳回。

第三节　出席法庭

第四十五条 【主要任务】 检察人员出席死刑第二审法庭的主要任务是：

（一）支持抗诉或者听取上诉意见，对原审人民法院作出的错误判决或者裁定提出纠正意见；

（二）维护原审人民法院正确的判决或者裁定，建议法庭维持原判；

（三）维护诉讼参与人的合法权利；

（四）对法庭审判活动是否合法进行监督；

（五）依法从事其他诉讼活动。

第四十六条 【对法庭准备工作的监督】 在法庭审理开始前，检察人员应当注意发现和纠正以下违法行为：

不公开审理的案件允许旁听；

辩护人没有到庭；

应当配备翻译人员没有配备；

证人、鉴定人、有专门知识的人在旁听席就坐等情形。

检察人员在审判长征求对法庭准备工作的意见时应当表明意见。

第四十七条 【对申请检察人员回避的处理】 当事人及其法定代理人、辩护人、诉讼代理人申请检察人员回避的，对符合刑事诉讼法第二十八条、第二十九条规定情形的回避申请，应当在人民法院决定休庭后，由人民检察院作出是否回避的决定。对不符合刑事诉讼法第二十八条、第二十九条规定情形的回避申请，检察人员应当建议法庭继续开庭审理。

第四十八条 【对开庭后宣告裁判前申请撤回上诉的处理】 被判处死刑立即执行的上诉人，在第二审开庭后宣告裁判前申请撤回上诉的，检察人员应当建议人民法院不予准许撤回上诉，继续按照上诉案件审理。

第四十九条 【对审判长概括内容的意见】 审判长就抗诉、上诉未涉及的事实归纳总结后，检察人员认为该部分事实清楚、证据确实充分的，应当表示无异议，当庭予以确认；认为有异议的，应当指出，并提请法庭进行调查。

对于审判长概括的审理重点和焦点问题，检察人员认为需要补充的，应当及时提出。

第五十条【对已认定为非法证据的处理】　人民检察院认定的非法证据，应当予以排除。被排除的非法证据应当随案移送，并写明为依法排除的证据。

第五十一条【对当事人在法庭审理中申请排除非法证据的处理】　被告人及其辩护人在开庭审理前未申请排除非法证据，在法庭审理过程中提出申请的，检察人员应当建议法庭要求其说明理由。

第五十二条【建议驳回排除非法证据申请的情形】　对于被告人及其辩护人法庭审理中申请排除非法证据，但没有提供相关线索或者材料的，或者申请排除的理由明显不符合法律规定的，检察人员可以建议法庭当庭驳回申请。

第五十三条【建议对排除非法证据申请进行审查的情形】　被告人及其辩护人在法庭审理期间发现相关线索或者材料，在法庭审理中申请排除非法证据的，检察人员可以建议合议庭对相关证据的合法性进行审查。

第五十四条【检察人员对证据合法性的证明方式】　对于被告人及其辩护人在法庭审理期间申请排除非法证据，法庭决定进行调查的，检察人员可以出示讯问笔录、提讯登记、体检记录、采取强制措施或者侦查措施的法律文书、侦查终结前对讯问合法性的核查材料等证据材料，有针对性地播放讯问录音录像，提请法庭通知侦查人员或者其他人员出席法庭说明情况。

第五十五条【法庭审理阶段讯问被告人】　检察人员讯问被告人应当根据法庭确定的审理重点和焦点问题，围绕抗诉、上诉理由以及对原审判决、裁定认定事实有争议的部分进行，对没有异议的事实不再全面讯问。上诉案件先由辩护人发问，抗诉案件以及既有上诉又有抗诉的案件先由检察人员讯问。讯问应当注意以下方面：

被告人当庭辩解之前所作的供述不属实的，应当就其提出的不属实部分和翻供理由，进行有针对性的讯问，翻供理由不成立的，应当结合相关证据当庭指出；

被告人供述不清楚、不全面、不合理，或者与案件第一审判决查证属实的证据相矛盾的，应当进行讯问，与案件抗诉、上诉部分的犯罪事实无关的问题可以不讯问；

对于辩护人已经发问而被告人作出客观回答的问题，不进行重复讯问，但是被告人供述矛盾、含糊不清或者翻供，影响对案件事实、性质的认定或者量刑的，应当有针对性地进行讯问；

在法庭调查结束前，可以根据辩护人或者诉讼代理人发问、审判长（审判员）讯问的情况，进行补充讯问。

讯问共同犯罪案件的被告人应当个别进行，讯问中应当注意讯问被告人在共同犯罪中的地位、作用。被告人对同一事实的供述存在矛盾的，检察人员可以建议法庭传唤有关被告人到庭对质。

第五十六条 【禁止诱导性及不当的讯问、发问】 检察人员讯问被告人，应当避免可能影响陈述客观真实的诱导性讯问或者其他不当讯问。

辩护人采用诱导性发问或者其他不当发问可能影响陈述的客观真实的，检察人员应当提请审判长予以制止或者要求对该项发问所获得的当庭供述不予采信。

第五十七条 【举证质证的一般规定】 检察人员举证质证应当围绕对抗诉、上诉意见及理由具有重要影响的关键事实和证据进行。上诉案件先由被告人及其辩护人举证；抗诉案件以及既有上诉又有抗诉的案件，先由检察人员举证。

第五十八条 【举证】 检察人员举证应当注意以下方面：

对于原判决已经确认的证据，如果检察人员、被告人及其辩护人均无异议，可以概括说明证据的名称和证明事项；

对于有争议且影响定罪量刑的证据，应当重新举证；

对于新收集的与定罪量刑有关的证据，应当当庭举证。

第五十九条 【质证】 检察人员质证应当注意以下方面：

对于诉讼参与人提交的新证据和原审法院未经质证而采信的证据，应当要求当庭质证；

发表质证意见、答辩意见应当简洁、精练，一般应当围绕证据的合法性、客观性、关联性进行；

对于被告人及其辩护人提出的与证据证明无关的质证意见，可以说明理由不予答辩，并提请法庭不予采纳；

被告人及其辩护人对证人证言、被害人陈述提出质疑的，应当根据证言、陈述情况，针对证言、陈述中有争议的内容重点答辩；

被告人及其辩护人对物证、书证、勘验检查笔录、鉴定意见提出质疑的，应当从证据是否客观、取证程序是否合法等方面有针对性地予以答辩。

第六十条 【举证质证应当采取保护措施的情形】 采取技术侦查措施收集的物证、书证及其他证据材料，如果可能危及特定人员的人身安全、涉及国家秘密，或者公开后可能暴露侦查秘密或者严重损害商业秘密、个人隐私的，检察人员应当采取或者建议法庭采取避免暴露有关人员身份、技术方法等保护措施。在必要的时候，可以建议不在法庭上质证，由审判人员在庭外对证据进行核实。

第六十一条 【询问证人】 检察人员应当按照审判长确定的顺序询问证人。询问时应当围绕与定罪量刑紧密相关的事实进行，对证人证言中有虚假、遗漏、矛盾、模糊不清、有争议的内容，应当重点询问，必要时宣读证人在侦查、审查起诉阶段提供的证言笔录或者出示、宣读其他证据。

询问证人应当避免可能影响证言客观真实的诱导性询问以及其他不当询问。

第六十二条【侦查人员出庭作证】　对于侦查人员就其执行职务过程中目击的犯罪情况出庭作证的，检察人员可以参照证人出庭有关规定进行询问；侦查人员为证明证据收集的合法性出庭作证的，检察人员应当主要围绕证人证言、被告人供述、被害人陈述的取得，物证、书证的收集、保管及送检等程序、方式是否符合法律及有关规定进行询问。

第六十三条【鉴定人出庭作证】　对于鉴定人出庭作证的，检察人员应当重点围绕下列问题发问：

鉴定人所属鉴定机构的资质情况，包括核准机关、业务范围、有效期限等；

鉴定人的资质情况，包括执业范围、执业证使用期限、专业技术职称、执业经历等；

委托鉴定的机关、时间以及事项，鉴定对象的基本情况，鉴定时间，鉴定程序等；

鉴定意见及依据。

第六十四条【有专门知识的人出庭作证】　有专门知识的人出庭对鉴定意见发表意见的，检察人员应当重点询问鉴定的程序、方法、分析过程是否符合本专业的检验鉴定规程和技术方法要求，鉴定意见是否科学等内容。

第六十五条【法庭辩论】　法庭辩论阶段，检察人员应当在法庭调查的基础上，围绕控辩双方在案件事实、证据、法律适用和量刑方面的争议焦点，依据事实和法律，客观公正地发表出庭意见。

第六十六条【答辩】　对于被告人、辩护人提出的意见可能影响被告人的定罪或者量刑的，检察人员应当答辩。答辩应当观点明确、重点突出、主次分明、有理有据。对于与案件无关或者已经发表意见的问题，可以不再答辩。

第六十七条【建议延期审理的情形】　法庭审理过程中遇有下列情形之一的，检察人员可以建议法庭延期审理：

发现事实不清、证据不足，或者遗漏罪行、遗漏同案犯罪嫌疑人，需要补充侦查或者补充提供证据的；

被告人揭发他人犯罪行为或者提供重要线索，需要查证的；

需要申请人民法院通知证人、鉴定人出庭作证或者有专门知识的人出庭提出意见的；

需要调取新的证据，重新鉴定或者勘验的；

被告人、辩护人向法庭出示检察人员还未掌握的与定罪量刑有关的证据，需要调查核实的；

不能当庭证明证据收集的合法性，需要调查核实的。

第六十八条【开庭后证据出现新情况的处理】　第二审开庭后宣告裁判前，检察人员发现被告人有立功情节、与被害方达成赔偿协议、取得谅解等情形，或者案件证据发生重大变化的，应当及时调查核实，并将有关材料移送人民法院。

上述情形经查证，可能对被告人定罪量刑有影响，可以补充举证质证；也可以变更处理意见，报请检察长审批后，书面送达人民法院。

第四章　死刑案件诉讼监督

第六十九条【侦查活动监督】　对于侦查活动中的违法情形，由检察人员依法提出纠正意见。对于情节较重的违法情形，应当报请检察长或者检察委员会决定后，发出纠正违法通知书。

第七十条【审判活动监督】　人民检察院在审判活动监督中，如果发现人民法院或者审判人员审理案件违反法律规定的诉讼程序的，应当向人民法院提出纠正意见。

出席法庭的检察人员发现法庭审判违反法律规定的诉讼程序的，应当在休庭后及时向检察长报告。需要提出纠正意见的，应当在法庭审理后提出。

第七十一条【监督意见落实】　检察人员对于提出的监督意见，应当逐件跟踪，督促纠正。对于侦查、审判活动中普遍存在的问题，应当归纳、分析并及时提出监督意见。

对于经督促仍不纠正的，可以通过上级人民检察院向被监督单位的上级机关通报，必要时可以向同级人民代表大会常务委员会报告。

第七十二条【列席审判委员会会议】　对于可能判处被告人死刑立即执行或者可能改判无罪的案件以及人民检察院提出抗诉的案件，检察长或者受检察长委托的副检察长可以列席同级人民法院审判委员会会议，发表监督意见。

第七十三条【对第二审裁判文书的审查】　检察人员应当及时了解第二审裁判的情况，督促人民法院依法送达裁判文书。

检察人员应当在收到死刑第二审裁判文书后及时进行审查，对第二审裁判认定事实、适用法律和量刑等提出明确审查意见，并填制二审判决、裁定审查表；省级人民检察院对确有错误的判决、裁定，应当依法及时提请最高人民检察院抗诉或者监督。

审查完毕后，检察人员应当及时在统一业务应用系统点击"流程结束"，以便死刑复核监督阶段查阅。

第七十四条　【对司法工作人员违法犯罪的监督】　人民检察院公诉部门在诉讼监督活动中，应当注意发现可能影响案件公正处理的司法工作人员违法犯罪问题，加强与相关部门的沟通配合与衔接，形成监督合力。

第五章　死刑复核监督

第七十五条　【死刑复核监督案件范围】　人民检察院承办下列死刑复核监督案件：

人民法院通报的死刑复核案件；

死刑复核期间下级人民检察院提请监督或者报告重大情况的案件；

死刑复核期间当事人及其近亲属或者受委托的律师向人民检察院申请监督的案件；

人民检察院认为应当监督的其他死刑复核案件。

第七十六条　【死刑复核监督的主要任务】　人民检察院办理死刑复核监督案件的主要任务是：

审查人民法院的死刑适用是否适当，根据案件事实、法律及刑事政策提出监督意见；

审查下级人民检察院的监督意见和重大情况报告，以及当事人及其近亲属或者受委托的律师申请监督的理由；

对人民法院死刑复核活动是否合法进行监督；

发现和纠正侦查、审查起诉和第一审、第二审审判活动中的违法行为；

维护诉讼参与人的合法权益，依法保障人权。

第七十七条　【最高人民法院通报案件受理和审查】　最高人民法院向最高人民检察院通报的死刑复核案件，由办理死刑复核案件的公诉部门直接受理、审查。

第七十八条　【提请抗诉与监督】　对于高级人民法院第二审判处被告人死刑缓期二年执行的案件，省级人民检察院审查后认为被告人罪行极其严重，应当判处死刑立即执行或者第二审裁判认定事实、适用法律严重错误，应当及时向最高人民检察院提请抗诉。

对于高级人民法院第二审判处死刑立即执行或者维持死刑立即执行判决，且已报最高人民法院复核的案件，省级人民检察院审查后认为不应判处死刑立即执行的，应当及时向最高人民检察院提请监督。

第七十九条【提请监督、报告重大情况的受理和审查】 省级人民检察院对死刑复核案件提请监督或者报告重大情况，由本院案件管理部门报送。最高人民检察院案件管理部门经审查认为案件材料齐全的，移送办理死刑复核案件的公诉部门审查。

第八十条【申请监督案件的受理和审查】 当事人及其近亲属或者受委托的律师向最高人民检察院申请监督的死刑复核案件，由最高人民检察院控告检察部门受理。对于有明确请求和具体理由的，移送办理死刑复核案件的公诉部门审查。

第八十一条【提请监督的情形】 省级人民检察院对高级人民法院死刑第二审裁判进行审查后，发现有下列情形之一的，应当及时向最高人民检察院提请监督：

案件事实不清、证据不足，依法应当发回重新审判或者改判，高级人民法院第二审判处死刑或者维持死刑判决的；

被告人具有从宽处罚情节，依法不应当判处死刑，高级人民法院第二审判处死刑或者维持死刑判决的；

适用法律错误，高级人民法院第二审判处死刑或者维持死刑判决的；

违反法律规定的诉讼程序，可能影响公正审判的；

其他应当提请监督的情形。

第八十二条【报告重大情况的情形】 省级人民检察院发现进入死刑复核程序的被告人有立功、怀孕或者达成赔偿协议、被害方谅解等新的重大情况，可能影响死刑适用的，应当及时向最高人民检察院报告。

第八十三条【提请监督、报告重大情况的要求】 省级人民检察院提请监督或者报告重大情况，应当制作死刑复核案件提请监督意见书或者重大情况报告，加盖印章，连同该案第一审和第二审裁判文书，第二审案件审查报告及新的证据材料等报送最高人民检察院。

第八十四条【报送备案的要求】 对于适用死刑存在较大分歧或者在全国有重大影响的死刑第二审案件，省级人民检察院公诉部门在收到第二审裁判文书后，应当制作死刑复核案件备案函，说明备案理由，加盖印章，连同起诉书、上诉状、抗诉书、第一审和第二审裁判文书、第二审案件审查报告等及时报最高人民检察院公诉部门备案。

第八十五条【分、州、市级院向省级院提请监督、报告重大情况、备案的程序】 在高级人民法院死刑复核期间，分、州、市人民检察院向省级人民检察院提请监督、报告重大情况、备案等程序，参照本指引第七十九条至第八十四条的相关规定办理。

第八十六条【死刑复核监督案件的审查内容】　办理死刑复核监督案件，应当重点审查以下内容：

据以定罪量刑的事实是否清楚，证据是否确实、充分；

人民法院适用死刑的理由、下级人民检察院提请监督的理由、当事人及其近亲属或者受委托的律师申请监督的理由是否正确、充分；

适用法律是否正确；

是否必须判处死刑；

程序是否合法；

其他应当审查的内容。

第八十七条【死刑复核监督案件的审查方式】　对死刑复核监督案件可以采取以下方式进行审查：

书面审查人民法院移送的材料、下级人民检察院报送的相关案件材料、当事人及其近亲属或者受委托的律师提交的申诉材料；

向下级人民检察院调取案件审查报告、出庭检察员意见书等材料，了解案件相关情况；

向人民法院调阅或者查阅案件材料；

核实或者委托核实主要证据，就有关技术性问题向专门机构或者专家咨询，或者委托其进行证据审查；

讯问被告人或者听取受委托的律师的意见；

需要采取的其他方式。

第八十八条【听取下级院意见的情形】　审查死刑复核监督案件，具有下列情形之一的，应当听取下级人民检察院的意见：

对案件主要事实、证据有疑问的；

对适用死刑存在较大争议的；

可能引起司法办案重大风险的；

其他应当听取意见的情形。

第八十九条【死刑复核监督案件审查报告的内容】　死刑复核监督案件审查报告，应当重点对案件焦点问题进行分析，提出明确的处理意见，并阐明理由和依据。

第九十条【提交检察官联席会议讨论的情形】　下列死刑复核监督案件应当提交检察官联席会议讨论：

在全国或者当地有重大社会影响的；

案件重大、疑难、复杂，存在较大争议的；

拟向人民法院提出检察意见的；

其他应当讨论的情形。

讨论死刑复核监督案件，可以通知有关下级人民检察院公诉部门派员参加。

第九十一条【提出检察意见的情形】 死刑复核监督案件具有下列情形之一的，人民检察院应当向人民法院提出检察意见：

认为死刑适用确有错误的；

发现新情况、新证据，可能影响被告人定罪量刑的；

严重违反法律规定的诉讼程序，可能影响公正审判的；

司法工作人员在办理案件中，有贪污受贿、徇私舞弊、枉法裁判等行为的；

其他应当提出意见的情形。

第九十二条【提出检察意见的程序】 拟对死刑复核监督案件提出检察意见的，应当提请检察长或者检察委员会决定。

第六章　死刑案件办理指导

第九十三条【工作指导的要求】 上级人民检察院应当加强对死刑案件提前介入侦查、审查起诉、出席第一审法庭、第二审法庭和死刑复核监督工作的指导。

省级人民检察院对可能判处死刑的重大、疑难、复杂案件，应当加强审查起诉和出席第一审法庭的指导工作。对特别重大、疑难、复杂的死刑第二审案件，最高人民检察院应当派员进行指导。

第九十四条【同步指导】 对于下级人民检察院提前介入侦查活动的可能判处死刑的案件以及下级人民检察院办理的其他死刑案件，上级人民检察院在必要时可以进行同步指导。

第九十五条【向上级院报告重大事项】 对于具有重大社会影响可能判处死刑的案件，下级人民检察院公诉部门应当将案件基本情况和出现的重大情况，及时向上一级人民检察院公诉部门书面报告，必要时层报最高人民检察院公诉部门。

第九十六条【对改变起诉指控事实、罪名的判决的审查】 对于人民法院第一审判决改变起诉指控事实、罪名的死刑案件，人民检察院应当在收到判决书后三日以内，将审查报告、起诉书和判决书等案件材料报送上一级人民检察院备案审查。

上级人民检察院收到备案材料后，应当及时审查。认为应当抗诉的，应当及时通知下级人民检察院依法提出抗诉；对于判决有错误但无抗诉必要的，应当及时通知下级人民检察院依法提出纠正意见；对于具有被告人上诉等其他情形的，应当提前做好相应准备工作。

第九十七条【死刑案件数据统计、分析及报送】 人民检察院公诉部门应当做好死刑案件的数据统计、分析工作；省级人民检察院应当在每年 3 月 15 日前，将上一年度死刑案件综合分析报告报送最高人民检察院，并严格做好保密工作。

第七章 附 则

第九十八条【参照执行的案件类型】 对于人民法院按照第二审程序提审或者重新开庭审理的其他死刑案件，人民检察院出席第二审法庭的，参照本指引执行。

第九十九条【效力】 最高人民检察院原有的相关规定与本指引不一致的，以本指引为准。

第一百条【解释权及生效时间】 本指引由最高人民检察院负责解释，自下发之日起试行。

《人民检察院办理死刑第二审案件和复核监督
工作指引（试行）》的理解与适用 *

鲜铁可　郭全新　刘　辰 **

最高人民检察院《人民检察院办理死刑第二审案件和复核监督工作指引（试行）》（以下简称《指引》）经 2018 年 1 月 11 日最高人民检察院第十二届检察委员会第七十二次会议审议通过。为便于准确理解与适用，现对《指引》的制定背景、指导原则和主要内容解读如下。

一、《指引》的制定背景及经过

2007 年最高人民检察院公诉厅曾制定《人民检察院办理死刑第二审案件工作规程（试行）》（以下简称《规程》），十余年来，该《规程》在指导办理死刑第二审案件工作中发挥了重要作用。但随着司法体制改革的推进，刑事诉讼法律制度和检察机关工作模式都发生了深刻变化，原有规定已难以适应新形势新任务的要求。2012 年，刑事诉讼法修改后，检察机关增加了死刑复核监督职能，如何有效衔接死刑第二审程序和死刑复核监督程序，确保死刑案件公诉工作质量和死刑复核法律监督效果，是当前面临的重要工作任务。当前，公诉部门办理死刑第二审案件以及死刑复核监督工作的业务规范散见于刑事诉讼法律法规和规范性文件中，缺少一份系统全面的、能涵盖死刑二审案件受案、审查、出庭、诉讼监督和死刑复核监督全过程的指导性文件，一定程度上造成了工作上的不便，制定《指引》有现实必要性。

为适应司法体制改革的需要和检察职能的发展，2017 年 6 月，经中编办批准，死刑复核检察厅更名为公诉二厅，并进行了职能调整。调整后，公诉二厅增加了对办理死刑案件的业务指导职责，这为死刑第二审案件以及死刑复核监督工作的规范和衔接提供了相应的制度和组织保障。为严格规范司法行为，进一步理顺工作关系，切实提升检察机关公诉部门办理死刑案件和开展死刑复核监督工作的能力和水平，公诉二厅着手研究制定《指引》。

2017 年 6 月成立起草工作小组，经深入调研和广泛研讨，形成《指引》初稿。厅检察官联席会议多次讨论，起草小组反复修改后，形成了征求意见

---

* 原稿刊载于《人民检察》2018 年第 8 期。
** 作者单位：最高人民检察院公诉二厅。

稿。其后，向各省级检察院公诉部门和最高人民检察院相关内设机构征求意见，征求了最高人民法院各刑事审判庭和审监庭、研究室的意见，还向刑事诉讼法和证据法领域的专家学者征求了意见，形成《指引》审议稿。2018 年 1月 11 日经最高人民检察院第十二届检察委员会第七十二次会议审议通过，自2018 年 3 月 31 日起施行。

二、制定《指引》的指导原则

一是严格依法。《指引》以现行法律、法规、司法解释和规范性文件为依据，不突破现有规定，并吸收了最高人民法院、最高人民检察院、公安部、国家安全部、司法部《关于办理刑事案件严格排除非法证据若干问题的规定》等近年来最新法律文件精神，保证《指引》既能在现行法律框架下依法指引司法实践，又与时俱进，及时反映和体现最新法律成果，解决现实问题。

二是以问题为导向。《指引》以解决检察机关办理死刑第二审案件及复核监督工作中存在的重点难点问题为出发点和落脚点，全面及时回应一线检察办案人员的实际需求。例如，明确了死刑复核案件省级检察院向最高人民检察院提请监督、报告重大情况、报送备案的要求和具体情形，并明确了分、州、市级检察院向省级检察院提请监督、报告重大情况、报送备案的要求。

三是突出重点，适当细化。《指引》制定过程中，借鉴了河北、江苏、重庆、四川、湖南等地的规范性文件，并在充分调研的基础上，对实践中较为成熟的经验做法予以总结提炼，适当细化，对有争议的内容留出了探索空间。例如，省级检察院如何对死刑缓期二年执行案件开展监督目前缺乏相应的法律规定，《指引》对此作出相对原则的规定，既肯定了监督的合理性，为开展和推进相关工作提供了指导和依据，同时鉴于实际情况对条件尚不成熟的内容先不作硬性规定，为具体的监督方式留出足够的探索空间。

四是与司法体制改革相衔接。在当前诉讼制度改革和司法责任制改革背景下，《指引》注重与改革后的办案组织、权力清单等内容相衔接协调，对不适应的内容进行了修改。对照有关规定，《指引》对司法责任制改革后的最新规定予以吸收，将部门负责人审批等不相适应的提法删除。

三、《指引》的主要内容解读

（一）第一章"一般规定"

主要规定《指引》的制定目的、适用范围、办理死刑第二审案件和死刑复核监督工作应遵循的刑事政策与法律原则、工作职责与工作要求等内容。

关于案件适用范围，《指引》第二条规定，本指引所称死刑第二审案件是指因上诉或者抗诉而进入第二审程序的案件，包括：第一审被告人被判处死刑立即执行的案件；第一审被告人被判处死刑缓期二年执行，法院决定开庭审理的案件；检察院认为第一审被告人应当被判处死刑立即执行或者死刑缓期二年执行而提出抗诉的案件。其中，省级检察院对高级法院复核的死刑缓期二年执行案件以及未上诉未抗诉的死刑立即执行案件如何进行监督的问题，法律没有明确规定，实践中存在监督盲区。有建议在《指引》中对此给予明确，以对省级检察院开展上述监督工作提供依据。考虑到对死刑缓期二年执行案件以及未上诉未抗诉的死刑立即执行案件的监督法律虽未明确规定，但根据刑事诉讼法中对最高人民法院复核的死刑立即执行案件进行法律监督的规定精神，对死缓案件以及未上诉未抗诉的死刑立即执行案件进行监督是法律监督的应有之义。为此，结合部分省级检察院实践中的有益探索，将省级检察院开展死刑复核监督工作纳入《指引》范围。同时为保障各省级检察院在监督中积极探索有益方式，《指引》暂时只作出原则性规定。

（二）第二章"死刑第二审案件审查与决定"

该章分为"案件审查"与"案件决定"两节。第一节"案件审查"主要规定了死刑第二审案件的受理、审查内容、审查方式、各类证据的审查重点、非法证据排除、权利保障、影响死刑适用的情形、审查意见的提出等内容。第二节"案件决定"主要规定提请检察官联席会议或检察委员会讨论的情形、决定的作出和不同意见的处理等内容。现就重点问题说明如下：

1. 关于案件审查的通用内容。对于一些审查案件中的通用内容，如非法证据排除、审查同步录音录像、各类证据审查等，实践中主要在一审程序中运用和规定，因二审程序中运用很少，故有意见建议可不在《指引》中进行规定。2012年刑事诉讼法修改后，二审程序向庭审实质化方向转变是法治发展的要求和趋势。因此非法证据排除等内容在死刑第二审案件中的运用将会越来越普遍。将上述通用内容写入《指引》，有利于更好地指导二审案件审查工作。

2. 关于二审案件审查内容。我国实行二审终审制。由于二审案件的特殊性和重要性，对二审案件必须坚持全面审查的原则。这既包括审查一审判决认定的事实证据、法律适用是否准确，也包括审查一审量刑是否恰当，如是否必须判处死刑立即执行，判处死刑缓期二年执行决定限制减刑或终身监禁是否适当；既包括审查上诉、抗诉的意见理由是否正确，也包括审查是否有遗漏罪行或犯罪嫌疑人；此外，还要注意审查涉案财物处置是否妥当、诉讼活动是否有违法情形、双方是否达成赔偿谅解、是否有舆情风险等可能影响定罪量刑的内容。《指引》第八条对上述内容采取了列举式规定。全面审查属于原则性规定，但实践中可以有所侧重，对事实、证据中有疑问的部分或者有争议的内容进行重点审查。

3. 关于自行补充收集证据。《指引》第二十三条、第二十四条对死刑第二审案件中可以自行补充收集证据的情形作出规定。主要包括，对需要补充收集而侦查机关未补充收集或补充收集未达到要求，而自行收集具有可行性的；或者主要事实清楚，主要证据确实充分，仅补充查明个别事实、情节或个别证据材料的情况。自行补充收集证据是公诉部门的职责之一，能否有效履行，关系到二审案件质量和检察职能的有效发挥。为确保案件质量，提升办案效率，充分发挥公诉部门在审前程序中的主导作用，在审查时间允许、收集方式可行的范围内，检察人员应遵照相关程序，积极补充完善证据，为发表出庭意见做好准备。

4. 关于二审阅卷时间。有人建议，因死刑案件往往属于重大、疑难、复杂案件，阅卷量大，难以在一个月的时间内审查完毕，在商请法院延期审理过程中是否占用审限又缺乏明确规定，希望《指引》能增加检察机关二审程序中阅卷延期的规定。刑事诉讼法规定，检察机关二审程序中的阅卷时间为一个月，因时间较短，最高人民检察院《人民检察院刑事诉讼规则（试行）》（以下简称《规则》）中补充规定，"在一个月内无法完成的，可以商请人民法院延期审理"，作出了相对变通的规定。二审程序中检察机关阅卷时间短的问题确实制约着司法实践，但鉴于法律已有明确规定，《指引》只能暂时维持《规则》的规定。这一问题有待相关法律和司法解释的修改完善。

5. 关于二审出庭"提出依法裁判意见"的问题。征求意见过程中，有的建议在《指引》第二十八条"上诉案件的处理意见"的五种情形之外，增加"建议法院依法裁判"的处理意见。理由是，实践中，对于一审判决事实清楚，证据确实、充分，适用法律正确，程序合法，但认为证据略有薄弱或量刑略有不当，又尚未达到确有错误需要提出抗诉的程度，也不宜发表建议改判的意见的情况下，检察官出庭时通常会提出"请予依法裁判"的意见。考虑到这种做法在实践中虽有先例，但根据刑事诉讼法及《规则》的规定，检察人员出庭应当明确发表意见，"依法裁判"的提法并非法定意见形式，如果经常或普遍适用不仅于法无据，且不利于检察意见的权威性，故未列入《指引》。

6. 关于检察人员对领导决定的异议权。检察人员在执行检察长对案件的不同处理意见时，应赋予其一定的救济措施，以体现司法责任制改革精神。《指引》在第三十三条中赋予了检察人员认为检察长决定错误时提出异议的权利。

（三）第三章"死刑第二审案件出席法庭"

分为"出席法庭准备""参加庭前会议""出席法庭"三节。第一节"出席法庭准备"主要规定了检察人员在死刑第二审案件出庭前制作预案、协调等准备工作。第二节"参加庭前会议"包括建议召开庭前会议的情形、庭前会议的内容及效力、申请相关人员出庭以及对证据合法性进行说明等内容。出席法庭是死刑案件二审程序中检察人员的重要工作之一,第三节"出席法庭"系统地规定了检察人员出席法庭的主要任务、讯问、询问、举证、质证、庭审监督等,以及对回避、撤诉、非法证据排除等庭审情况的应对。

1. 出庭准备。对死刑立即执行案件二审开庭审理是法律的明确要求。开庭审理既可以保障检察人员在法庭上充分发表意见,行使法律监督权,又可以保障被告人及其辩护人在法庭上充分发表辩护意见,是保障死刑案件质量、实现司法公正、贯彻"少杀、慎杀"刑事政策必不可少的形式。二审是在一审的基础上进行审判,出庭检察人员的任务与一审公诉人存在一定区别,应做好充分准备。一是进一步熟悉案情和主要证据,及时了解证据的变化情况和辩护人向法庭提供的新证据。二是确定需要在法庭上出示的证据,拟定出庭预案,包括讯问提纲、询问提纲、举证质证提纲、答辩提纲和出庭检察员意见书。出庭预案应当重点围绕抗诉、上诉理由,针对需要查证的、与定罪量刑有关的事实进行准备。三是在开庭前将需要通知到庭的证人、侦查人员、鉴定人、有专门知识的人的名单以及拟在庭审中出示的新证据提交法院,并与审判人员做好沟通。四是需要对出庭证人等诉讼参与人提供保护的,及时向法院提出建议,做好相关工作。五是对于重大、疑难、复杂和社会高度关注的案件,应当制作临庭处置方案,应对可能出现的各种复杂情况。在上述准备工作的基础上,出庭检察员还应当制作出庭意见书,包括对第一审判决的全面评价、对抗诉理由的分析或者对上诉理由的评析、对辩解理由和辩护意见的评析等主要内容。并应当表明建议法庭维持原判、依法改判或者发回重审的意见。

2. 参加庭前会议。死刑第二审案件召开庭前会议目前实践中虽然数量不多,但随着庭审实质化要求的推进,二审庭前会议会发挥越来越重要的作用。该节遵循上位法的规定和精神,对二审庭前会议中的检察工作作出进一步细化,特别是对庭前会议的审查内容和庭前会议效力问题作出了较明确的规定。《指引》第四十一条规定,在庭前会议中,检察人员可以对案件管辖、回避、出庭证人、鉴定人、有专门知识的人的名单、辩护人提供的无罪证据、非法证据排除、不公开审理、延期审理、庭审方案等与审判相关的问题提出和交换意见,了解辩护人收集的证据等情况。庭前会议应本着尽量解决程序性问题和对庭审相关事项沟通意见的原则,确立会议审查内容,以保障庭审的顺利、连贯进行。《指引》第四十四条规定,对于法院已在庭前会议中对可能导致庭审中断的程序性事项作出处理决定的,被告人及其辩护人没有新的理由,在庭审中再次提出有关申请或者异议的，检察人员应当建议法庭予以驳回。该条解决了长期以来庭前会议效力不明的问题，避免庭前会议因效力不足而至庭审中重复审理相关事项。该节在制定中也注意了与最高人民法院《人民法院办理刑事案件庭前会议规程（试行）》保持一致，以确保《指引》能顺利贯彻执行。

3. 出席二审法庭。（1）非法证据排除问题。检察机关对于在案件审查中已经认定为非法证据的，应当予以排除，被排除的非法证据应当随案移送，并写明为依法排除的证据。检察机关应当对证据合法性进行审查，对是否属于非法证据有审查认定的权力，经认定后无须法院重新对证据的合法性进行审查，以节约司法资源，提高诉讼效率，但在随案移送时应当说明调查核实及排除的基本情况，仍有疑问的，也可以当庭进行说明。对当事人在开庭审理前未申请，在庭审中申请排除非法证据的，检察人员应当建议法庭要求其说明理由；对被告人及其辩护人没有提供相关线索或者材料的，或者申请排除的理由明显不符合法律规定的，检察人员可以建议法庭当庭驳回申请。根据尽量将非法证据问题处理在法庭审理前的原则，被告人及其辩护人应当在开庭前提出非法证据排除的申请。对庭前不提而庭上提出的，《指引》根据相关规定，明确了上述处理方式。这既是对庭前非法证据审查效力的保障，也是对庭审连贯性的保障。（2）庭审讯问。二审庭审讯问应当与一审讯问相区别，应根据审理重点和焦点问题，围绕抗诉、上诉理由以及对原审判决、裁定认定事实有争议的部分进行。特别是对供述不属实部分和翻供理由，对供述不清楚、不全面、不合理，或者与案件第一审判决查证属实的证据相矛盾的，要重点讯问。对没有异议的事实不再全面讯问、重复讯问。（3）举证质证。二审庭审中的举证质证，也应当围绕对抗诉、上诉意见及理由具有重要影响的关键事实和证据进行。对于原判决已经确认且没有异议的证据，举证时概括说明证据名称和证明事项即可，当庭举证应当围绕有争议或新收集的，影响定罪量刑的证据进行。质证应根据相关人员对证据提出的质疑、有争议的内容等重点答辩。（4）开庭后出现新情况。第二审开庭后宣告裁判前，检察人员发现被告人有立功情节、与被害方达成赔偿协议、取得谅解等情形，或者案件证据发生重大变化的，应当及时调查核实，并将有关材料移送法院。上述情况，特别是达成民事赔偿谅解的情况，在死刑案件二审中常常出现。应当注意，上述证据因影响定罪量刑，根据证据裁判原则，应经补充举证质证后才能认定。要避免为图省事，直接根据未经举证质证的证据改变定罪量刑的情况，这也是正当程序原则和庭审实质化的必然要求。

（四）第四章"死刑案件诉讼监督"

该章主要规定了检察人员在审查和办理死刑第二审案件中开展侦查活动监

督、审判活动监督、刑事判决裁定监督等内容。具体包括诉讼监督的方式、监督意见的落实、列席审判委员会会议、对第二审裁判文书的审查、对司法工作人员违法犯罪的监督等内容。对法庭审理活动的监督应注意，检察人员不能当庭提出监督意见，而应事后以书面名义提出，以保障审判的中立性、权威性。检察人员发现有违反法律规定的情形时，应当在休庭后及时向检察长报告；对法庭审理活动严重侵犯诉讼参与人的诉讼权利，可能影响公正审判的，应当立即建议休庭，并在休庭后及时向检察长报告，依法提出监督意见。

（五）第五章"死刑复核监督"

该章主要规定了死刑复核案件提请监督、报告重大情况和报送备案等工作制度，以及最高人民检察院和省级检察院办理死刑复核监督案件的基本工作流程等内容。将死刑复核监督工作和办理死刑第二审案件放在一个《指引》中，主要是因为二者案件类型相同，适用的刑事政策、法律原则一致，在诉讼程序上前后衔接，这既是工作需要，也是《指引》的一个亮点。对死刑复核监督案件的规定，虽直接适用于最高人民检察院复核死刑案件，但并不仅是最高人民检察院的职责，还涉及省级检察院对认为需要监督的死刑案件提请最高人民检察院审查的上下联动工作。对省级检察院开展死刑复核法律监督工作作出明确具体规定，既有利于形成上下一体、上下联动的检察监督良性格局，也有利于省级检察院发挥承上启下的重要作用，提高办理死刑案件和提请监督案件的质量。

1. 提请监督。对于已经进入死刑复核程序的案件，省级检察院发现死刑第二审裁判存在影响适用死刑的重要情形，由于裁判尚未生效，不能提出抗诉，唯一途径是提请最高人民检察院监督。可见，提请监督应当把握类似提请抗诉的标准。提请监督情形包括：案件事实不清、证据不足，依法应当发回重新审判或者改判，而二审判处死刑或者维持死刑判决的；被告人具有从宽处罚情节，依法不应当判处死刑，或者适用法律错误，第二审判处死刑或者维持死刑判决的；违反法律规定的诉讼程序，可能影响公正审判的等情况。其中"适用法律错误"，主要指依法不应判死刑而判处死刑，同时包括量刑适当但适用罪名错误的情形。

2. 报告重大情况。司法实践中，有些死刑案件在第二审程序之后的复核过程中，检察机关发现被告人有立功、怀孕，或者被告方与被害方达成赔偿谅解协议等新的重大情况，可能影响对被告人适用死刑。对此，省级检察院应及时向最高人民检察院报告，由最高人民检察院向最高人民法院提出检察意见，以利于最高人民法院正确作出复核决定。"重大情况报告"既包括第二审程序后新出现的重大情况，如检举揭发他人构成立功、达成赔偿谅解协议，也包括原来存在但第二审程序后才发现的新情况，如被告人怀孕等。

3. 报送备案。《指引》第八十四条规定了部分死刑复核案件的备案制度。这是根据工作需要而提出的一项工作要求。主要目的是，除了提请监督和报告重大情况的案件外，对在全国有重大影响、社会高度关注或者适用死刑存在较大分歧的死刑案件，最高人民检察院也应及时掌握案件情况，以便积极研究案件处理，为履行好死刑案件法律监督职责拓展知情渠道。备案的形式较为灵活，既可以由省级检察院主动向最高人民检察院备案，也可以由最高人民检察院要求省级检察院进行备案。备案的标准也相对宽松，除《指引》明确要求报备的情形外，省级检察院认为其他有必要报备的案件也可根据情况报备，如认为二审裁判存在一定问题，但又达不到提请监督的程度的，这类案件可以通过较灵活的备案方式报送，便于最高人民检察院掌握情况。

《指引》还对分、州、市级检察院向省级检察院提请监督、报告重大情况、备案等提出了同样的要求。此外，《指引》第八十六条至第九十二条，分别规定了死刑复核监督案件的审查内容、审查方式、审查报告的要求、提交检察官联席会议讨论的情形，以及提出检察意见的情形与程序等。

（六）第六章"死刑案件办理指导"

确保死刑案件质量，绝不仅仅是某一级检察机关的任务，应当充分发挥上下一体的检察监督优势，提升死刑案件办理的整体水平。为此，《指引》特别就"死刑案件办理指导"的内容作出专章规定，明确和规范了"同步指导""向上级院报告重大事项""对改变起诉指控事实、罪名的判决的审查"以及"死刑案件数据统计分析及报送"四项工作制度，意在加强对死刑案件的同步跟踪、及时指导，从源头上提高死刑案件质量，防止冤假错案的发生。

另外，关于检察人员称谓问题。司法责任制改革后，检察人员的称谓包括检察官、司法辅助人员（含检察官助理）、司法行政人员，而目前检察官法中仍保留着检察官、助理检察员、书记员等称谓。在司法体制改革进行过程中，当前两个体系中各类检察人员的称谓同时并存，有所交叉，且各地检察官权力清单不尽一致，在目前尚未有统一明确规定的情况下，考虑《指引》适用的普遍性、协调性、灵活性，《指引》中对各类检察人员的称谓没有进一步予以区分，统称为"检察人员"。既与刑事诉讼法、《规则》中的用语保持一致，也为适应司法体制改革和司法实践操作预留了空间。

最高人民检察院
全国检察机关"监督维护在押人员
合法权益专项活动"实施方案

（2018 年 4 月 21 日公布并施行 高检发执检字〔2018〕6 号）

为认真贯彻落实中央关于总体国家安全观、加强人权司法保障的要求，通过强化刑事执行检察监督，进一步加大对监狱、看守所在押人员人权保障力度，促进监管场所提高监管改造质量，更好维护在押人员合法权益和社会安全稳定，最高人民检察院决定，自 2018 年 4 月至 2019 年 12 月，在全国检察机关开展"监督维护在押人员合法权益专项活动"。具体实施方案如下：

一、专项活动的总体要求

本次专项活动的总体要求是：坚持以习近平新时代中国特色社会主义思想为指导，深入学习贯彻党的十九大和十三届全国人大一次会议、中央政法工作会议、全国检察长会议精神，牢固树立标本兼治、重在治本的治本安全观，既注重依法保障在押人员合法权益，又有利于促进罪犯改造，依法履行刑事执行监督职责，突出问题导向，精准、有力监督，坚决监督纠正和预防减少侵犯在押人员合法权益违法行为，建立健全保障在押人员合法权益长效机制，切实维护在押人员合法权益和社会安全稳定，提高执法司法公信力。同时，通过深入开展专项活动，促进刑事执行检察人员和监狱、看守所监管人员转变刑事执行理念，进一步提高人权保护意识，进一步强化治本安全观，认识到没有到位的执行、总体国家安全观就不成其为"总体"，提升监督维护在押人员合法权益的能力和水平，进而促进提高罪犯改造质量，降低罪犯刑满释放后重新违法犯罪率。

二、专项活动的重点内容和检察方式

（一）专项活动的重点内容

这次专项活动紧紧围绕维护在押人员合法权益，监督监狱、看守所等执行机关依法、规范开展刑罚执行、刑事强制措施执行工作，严格落实保障在押人员合法权益的各项法律、法规、规章和规范性文件规定，着力监督解决在押人员人权保障方面存在的突出问题。重点包括以下方面：

1. 依法维护监狱罪犯等在押人员获得刑事奖励权、休息权、劳动报酬权、会见权等法定权利，促进提高监管改造质量。

（1）着眼于将罪犯改造成为守法公民，监督监狱严格落实惩罚和改造相结合的原则。依法保障服刑罪犯获得公平减刑假释暂予监外执行的权利，对符合减刑、假释条件的罪犯，应当监督监狱等执行机关和法院及时提请、裁定减刑、假释。对服刑罪犯不服刑事裁判的申诉，要注意区分情形，防止把刑事申诉简单视为不具有悔改表现，监督和建议监狱、法院依法保障申诉罪犯获得公平减刑、假释。坚决监督纠正违法减刑假释暂予监外执行。加大生活卫生检察监督力度，依法保护在押人员的生活、卫生权利。依法保障监狱罪犯的会见权、通信权和其他未被剥夺的合法权利，使他们既感受到法律的尊严权威，又感受到司法人文关怀。

（2）着眼于更好改造罪犯，严格监督监狱、看守所依法组织在押人员参加劳动，落实劳动报酬。监督监狱严格按照每周"5+1+1"的时间规定组织在押人员从事生产劳动和学习，坚决纠正和有效预防强迫在押人员超时、超体力劳动等违法问题。要监督监狱严格落实监狱法第七十二条的规定，按照有关规定给予参加劳动的罪犯合理劳动报酬。监督建议司法行政机关、监狱管理机关、监狱根据各地的经济社会发展水平和财政状况逐步提高罪犯的劳动报酬。

（3）着眼于预防和纠正冤假错案，依法监督维护在押人员的会见律师权、控告举报申诉权等诉讼权利。对在押人员的控告举报申诉，必须做到件件有登记、件件有调查、件件有反馈，并配合控告申诉检察等部门做好相关工作。积极探索开展重大案件侦查终结前讯问合法性核查，及时发现、纠正和预防侦查机关刑讯逼供等违法取证行为，配合侦监、公诉部门坚决排除非法证据，最大限度防止冤假错案的发生。坚决预防和纠正超期羁押，切实巩固近年来检察机关纠防超期羁押和清理久押不决案件专项活动成果。

2. 依法监督打击"牢头狱霸"和体罚虐待等违法行为，依法开展被监管人死亡和监管事故检察，切实保护在押人员的生命权、健康权、人格权。依法督促有关机关严厉打击看守所、监狱在押人员违反监规纪律，拉帮结伙，恃强凌弱，殴打、体罚虐待、强制猥亵、侮辱其他在押人员，抢吃强占，敲诈勒索其他在押人员财物等"牢头狱霸"行为或苗头性问题。应当通过以案说法、警示教育、法治宣传等形式，坚决预防和纠正监管人员殴打、体罚虐待或者变相体罚虐待在押人员的违法行为。依法监督纠正监管人员违法使用禁闭、械具、电警棍、警用约束带、约束衣以及其他侵犯在押人员合法权利的违法行为。依法依规加强监管场所安全防范检察、被监管人死亡和监管事故检察，预防和减少在押人员非正常死亡、伤残等监管事故发生，切实保障在押人员及其家属的合法权益。依法监督建议办案机关和刑事执行机关规范适用取保候审、保外就医，对有严重疾病的在押人员尽可能实现"能保尽保"。

3. 加大办理羁押必要性审查案件力度，最大限度减少不必要羁押。对于被逮捕后的犯罪嫌疑人、被告人，发现符合刑事诉讼法及《人民检察院办理羁押必要性审查案件规定》规定情形的，应当及时启动羁押必要性审查程序。经审查，对不需要继续羁押的，应当及时建议办案机关予以释放或变更强制措施。

（二）检察方式

各级检察机关要围绕上述重点内容和环节，采取以下方式开展专项活动：

1. 自查。各级检察院要按照专项活动方案确定的检察内容和检察重点，对本辖区内的刑事执行活动进行全面检察，确保监督全覆盖。在专项活动中，派驻检察人员必须深入看守所在押人员监室或监狱罪犯劳动、学习、生活三大现场进行日常检察，获取有效监督信息和线索。对检察中发现的刑事执行机关及其工作人员侵犯在押人员合法权益问题，不仅要从监管执法的角度查找问题、分析原因，监督纠正整改，还要从履行检察监督职责是否到位的角度分析原因，确保问题找得准、原因分析透，纠正意见和检察建议依法规范、准确到位。

2. 交叉检查。为确保专项活动取得实效，上级检察院可以根据需要，适时组织本辖区的检察人员对辖区内下级检察院的刑事执行和检察监督工作进行交叉检查，纠正侵犯在押人员合法权益的行为，整改检察监督中存在的问题。

3. 巡视检察。上级检察院要按照检察机关对监管场所巡视检察工作的规定，将巡视检察作为专项活动的重要方式，采取随机抽查、突击检察等形式开展巡视检察，检察重点要放在监督维护在押人员合法权益方面。巡视检察对象的选择要注重问题比较突出、工作比较薄弱的监狱、看守所及派驻检察室。

4. 上级督导。上级检察院要根据平时掌握的情况，对问题比较突出、有典型性和代表性的地区或者单位进行实地督促检查和指导，听取专项活动进展情况汇报，与刑事执行机关工作人员、一线派驻检察人员座谈，共同分析问题和原因，帮助解决困难、排除干扰阻力，推动专项活动顺利开展。

三、专项活动的时间安排和具体措施

专项活动从 2018 年 4 月开始，到 2019 年 12 月结束，主要分三个阶段进行：

（一）动员部署阶段（2018 年 4 月至 5 月）

各级检察机关特别是刑事执行检察部门要认真学习和深刻领会中央和高检院有关会议精神，认真学习专项活动实施方案，严格贯彻落实高检院关于开展"监督维护在押人员合法权益专项活动"的安排部署，充分认识开展专项活动的必要性和重要性，统一思想，精心组织，以高度负责的精神开展好这次专项活动。各地检察机关要层层动员部署，确保将高检院的安排部署和要求传达到每一名刑事执行检察人员。

（二）集中检察和建章立制阶段（2018 年 6 月至 2019 年 9 月）

专项活动的自查和交叉检查，分别安排在 2018 年、2019 年的 6 月至 7 月进行，上级检察院集中实地督导检查分别安排在 2018 年 8 月至 9 月、2019 年 5 月至 6 月进行。

各级检察机关要认真梳理专项活动中发现的在押人员合法权益保护方面存在的突出问题，并在 2019 年第一季度集中向同级人民法院、公安机关、司法行政机关及监狱、看守所反馈，加强沟通协调，提出有针对性的解决问题的建议意见。根据需要，高检院将及时向中央政法委进行专题汇报，请求协调解决长期存在的在押人员合法权益保护方面存在的全国性突出问题。

同时，各级检察机关要认真剖析自身的刑事执行监督工作是否到位，梳理检察监督中存在的问题和困难，采取切实有效措施予以解决。坚持边发现问题、边纠正整改、边建章立制，建立健全监督维护在押人员合法权益的长效机制，包括派驻检察官进监室巡察、在押人员约见检察官等制度。各省级检察院要在建章立制方面发挥主导作用，确保关于刑事执行及检察监督的法律、法规、规章和中央有关机关规范性文件的规定得到切实贯彻执行。

（三）总结阶段（2019 年 10 月至 12 月）

专项活动结束前，各级检察机关要认真总结专项活动开展情况、成效以及监督纠正的典型案例等，并及时报告上级检察机关。各省级检察院要将这次专项活动的基本情况、监督纠正的主要问题及典型案例、整改落实的措施和效果、建立完善的制度和工作机制等情况认真进行总结，并写出总结报告，于 2019 年 11 月 20 日前报高检院刑事执行检察厅。

四、工作要求

（一）提高思想认识，增强工作责任感

这次专项活动，是检察机关强化刑事执行检察监督、加强在押人员人权司法保障的一项重要举措。地方各级检察机关要站在讲政治、讲大局的高度，深刻认识到监督维护在押人员合法权益既是检察机关的一项法定职责，也是检察机关的一项重要政治任务，进一步提高对开展这次专项活动必要性和重要性的认识，将思想统一到高检院的工作部署和要求上来，按照方案要求扎实开展好专项活动各项工作，确保专项活动取得实实在在的成效。

（二）加强组织领导，严格落实责任

地方各级检察机关要结合本地实际成立专项活动领导机构，细化专项活动方案和工作任务，切实做到任务明确、措施明确、责任明确，确保见行动、见措施、见成效。地方各级检察机关的分管院领导和执检部门负责人要带头深入监管场所一线，现场指挥或者直接开展检察工作。

上级检察院对在专项活动中忠实履职、依法监督、规范监督、敢于监督、善于监督的先进集体和先进个人应当予以通报表扬或者表彰奖励；对不依法履职、不负责任、报送材料不及时、弄虚作假的单位和个人要予以通报批评，对造成不良社会影响等情节严重的，要依纪依法追究有关人员的责任。

（三）加强协调配合，形成工作合力

在专项活动中，要加强检察机关内部的协作配合，充分发挥检察一体化优势。地方各级检察机关检察长要靠前指挥，统筹调配力量，发挥各业务部门和新闻宣传等部门的职能作用。各地检察机关的执检部门要加强与本院侦监、公诉、控告、申诉、检察技术信息等部门的协调配合，形成工作合力。各级检察机关宣传部门要做好对专项活动的创新举措、经验做法和工作成效的宣传报道。同时，检察人员要找准角色定位，既要依法监督、敢于监督，又要善于监督，主动加强与人民法院、公安机关、司法行政机关、监狱、看守所等的沟通协调，争取支持配合，形成工作合力，达到共赢、双赢、多赢的效果。

（四）加强督促指导，确保取得实效

各地检察机关要按照通知要求，狠抓落实，以钉钉子精神做实、做细、做好专项活动各项工作。各级检察机关要加强跟踪监督，确保违法行为纠正到位、问题整改到位。对刑事执行活动中易发、多发侵犯在押人员合法权益的执行环节以及容易出现反复的突出问题，要加大跟踪监督纠正整改力度，切实防止问题反弹。上级检察院要加强督促检查和对下指导，对专项活动不认真、搞形式主义的单位要书面通报批评，并限期整改。同时，上级检察院要积极帮助下级检察院协调解决专项活动中遇到的困难和问题，确保专项活动不走形式、不走过场，取得实效。

（五）加强信息报送和数据统计工作，确保准确及时

在专项活动中，各地检察机关要注意总结工作经验，及时向上级检察院报

送专项活动信息、经验材料和突出问题及建议。高检院将编发专项活动简报，及时刊发各地专项活动开展情况，推广好的经验。各省级检察院执检部门应严格按照下列要求向高检院刑事执行检察厅报送信息：1. 自 2018 年 6 月起至 2019 年 10 月止，每季度报送包括工作措施、经验做法、典型案例、存在的问题困难、建章立制等情况的专项活动小结和统计表；2. 在 2018 年 12 月 20 日前，报送专项活动中期总结；3. 遇到重要或紧急情况，必须及时报告。各地检察机关执检部门要指定专人负责数据统计和信息报送，有关统计数据必须经部门负责人审核。在专项活动中，各地必须在执检子系统上规范办理羁押必要性审查、被监管人死亡和监管事故检察、纠正违法、检察建议等案件，准确填录有关信息、数据。

专项活动由高检院刑事执行检察厅具体负责组织实施。联系人：王才玉、尚爱国；联系方式：010 - 65205575、65205561；传真：010 - 65205572。

附件：检察机关"监督维护在押人员合法权益专项活动"情况统计表（略）

最高人民检察院民事行政检察厅
关于贯彻《中华人民共和国英雄烈士
保护法》捍卫英雄烈士荣誉与尊严的通知

（2018 年 5 月 2 日公布并施行）

各省、自治区、直辖市人民检察院民事行政检察部门，解放军军事检察院民事检察厅，新疆生产建设兵团人民检察院民事行政检察处：

《中华人民共和国英雄烈士保护法》（以下简称《英烈保护法》）已于今年 5 月 1 日实施，为认真贯彻实施《英烈保护法》，充分发挥检察机关在英雄烈士保护方面的职能作用，现就有关问题通知如下：

一、提高认识，强化政治担当。习近平总书记指出："实现我们的目标，需要英雄，需要英雄精神。我们要铭记一切为中华民族和中国人民作出贡献的英雄们，崇尚英雄，捍卫英雄，学习英雄，关爱英雄。"

各级民行检察部门要认真组织学习《英烈保护法》，坚定"四个自信"，讲政治，顾大局，主动担当，切实履行职责。

要充分认识到加强英烈法律保护，对弘扬社会主义核心价值观，建设具有强大凝聚力和引领力的社会主义意识形态，巩固中国共产党执政地位和中国特色社会主义制度的重要作用。

要充分认识到建立对侵害英雄烈士名誉荣誉案件的公益诉讼制度，是践行"检察官作为公共利益代表""检察机关是保护国家利益和社会公共利益的一支重要力量"重大论断的重要举措，是检察公益诉讼理论和中国特色检察制度的重要创新。

二、摸排线索，夯实履职基础。检察机关是办案机关，一切工作的落脚点都是办案。各级民行检察部门要深入摸排侵害英雄烈士名誉荣誉案件线索，夯实检察机关履行检察公益监督职能的基础。

一是要加强与检察机关其他内设机构的联系，着力在履行批准或者决定逮捕、审查起诉、控告检察、诉讼监督等职责中发现案件线索。

二是要重视从新闻媒体上发现案件线索。要保持对新闻媒体的敏感性，及时从新闻媒体的报道中发现案件线索。

三是要注重从群众举报中获取案件线索。要密切联系群众，充分利用检察机关的控告举报职能，加强宣传，鼓励群众举报案件线索。

三、注重协同，形成保护合力。英雄烈士名誉荣誉法律保护是一个系统工程，需要社会各方共同努力，不仅需要行政机关、审判机关、检察机关通过依法行使各自职权进行保护，也需要公民、法人、社会组织等社会主体的积极参与。各级民行检察部门要加强与相关主体联系，建立完善的常态化沟通协调机制。

一是要与公安、民政、文化、新闻出版、广播电视电影、网络、市场监管及其他负责英雄烈士保护工作的部门建立日常联络、信息共享机制，实现线索发现、调查取证、技术支持等协同配合。

二是要发挥好检察一体化优势，充分运用行政执法与刑事司法衔接平台、行政执法与行政检察衔接平台等工作机制，增强刑事检察、民事检察、行政检察与行政执法在捍卫英雄烈士荣誉与尊严上的合力。

三是要主动与人民法院、司法行政机关建立联席会议机制，实时协调法律适用、诉讼程序、司法援助等问题，提高办理侵害英雄烈士名誉荣誉案件的质量和效率。

四、严格程序，办理典型案件。《英烈保护法》的实施，必将在全社会营造缅怀、崇尚、学习英雄烈士的正气和浓厚氛围。各级民行检察部门要抓住机遇，通过办理一批典型案件，实现起诉一起，警示一片，教育和影响社会面的良好效果。

一是要正确适用法律。根据《英烈保护法》第二十五条、二十六条的规定，以侮辱、诽谤或者其他方式侵害英雄烈士的姓名、肖像、名誉、荣誉，损害社会公共利益的，依法承担民事责任。英雄烈士没有近亲属或者近亲属不提起诉讼的，检察机关依法向人民法院提起民事公益诉讼。各级民行检察部门要按照《英烈保护法》《侵权责任法》及《最高人民法院关于审理利用信息网络侵害人身权益民事纠纷案件适用法律若干问题的规定》等法律和司法解释的要求，准确把握侵权行为人、网络运营者的责任承担方式，提出有针对性诉讼请求，确保法律适用正确。

二是要全面调查收集证据。要充分运用各种调查手段，根据侵权责任构成要件，全面调查案件事实，及时收集固定涉案证据。需要保全证据的，及时建议人民法院采取证据保全措施。

三是要确保庭审质量和效果。要扎实准备庭审预案，善于运用多媒体等技术手段示证质证，牢牢抓住庭审环节，实现民事追责和普法教育的有机统一。

五、积极探索，完善制度设计。检察公益诉讼制度仍处于改革完善的过程中。各级民行检察部门在办理侵害英雄烈士名誉荣誉公益诉讼案件过程中

要注意加强与人民法院沟通，按照"两高"检察公益诉讼司法解释的要求，在遵循诉讼基本原则和审判权、检察权运行规律的基础上，积极探索，努力实践，进一步完善检察公益诉讼制度，延伸和拓展检察公益监督职能。

要充分运用支持起诉等职能，依法支持英雄烈士的近亲属向人民法院提起民事诉讼，保护英雄烈士名誉荣誉。

要注意督促负责英雄烈士保护工作的部门和行政机关依法履行监管职责。对于属于国有文物的英雄烈士纪念设施，相关行政机关违法行使职权或者不作为，符合《中华人民共和国行政诉讼法》第二十五条第四款规定的，可以提起行政公益诉讼。

六、加强宣传，营造良好氛围。在加大办案力度的同时，各级民行检察部门要加强宣传工作，争取人民群众的认同和支持，营造检察机关履职监督的良好氛围。

一是要主动向地方党委、人大汇报检察机关办理侵害英雄烈士名誉荣誉公益诉讼案件的新进展、新成效，争取重视和支持。

二是要着力抓好典型案件的宣传。发挥好"两微一端"新媒体的作用，善于捕捉基层的首创意识、成功经验，突出宣传检察机关办理侵害英雄烈士名誉荣誉公益诉讼案件的好经验、好做法，重点宣传取得良好政治效果、法律效果、社会效果的典型案例和检察机关在办案过程中涌现出来的先进典型，适时向社会发布典型案例。

三是要自觉接受社会监督，充分利用12309检察服务公共平台、检察开放日、组织庭审观摩等方式，提升检察公开力度。对于人民群众广泛关注的案件，要及时通过新闻发布会等形式，公开案件信息，回应社会公众关切。

请各省级院民行检察部门加强对侵害英雄烈士名誉荣誉案件办案工作的指导、督办，及时向最高检民行厅上报工作中遇到的问题、典型案件及经验做法等。

最高人民检察院民事行政检察厅
2018年5月2日

最高人民法院、最高人民检察院、公安部
关于依法收缴非法枪支弹药爆炸物品
严厉打击枪爆违法犯罪的通告

（2018 年 5 月 7 日公布并施行　公治〔2018〕258 号印发）

为保护人民群众生命财产安全，维护国家安全和社会大局持续稳定，全面动员社会各界和广大人民群众积极参与打击整治枪爆违法犯罪专项行动，彻底收缴流散社会的各类非法枪支、弹药、爆炸物品，依法严厉打击违反枪支、弹药、爆炸物品管理的违法犯罪活动，根据《刑法》《枪支管理法》《治安管理处罚法》和《民用爆炸物品安全管理条例》等有关规定，特通告如下：

一、严禁非法制造、买卖、运输、邮寄、储存枪支、弹药、爆炸物品；严禁非法持有、私藏枪支、弹药；严禁非法使用、私藏爆炸物品；严禁盗窃、抢劫、抢夺、走私枪支、弹药、爆炸物品；严禁非法携带枪支、弹药、爆炸物品进入公共场所或者公共交通工具；严禁通过互联网等渠道违法违规制作、复制、发布、传播含有枪支、弹药、爆炸物品的信息；严禁制造、销售仿真枪。

二、凡违反上述规定的，必须立即停止违法犯罪行为并投案自首，将非法枪支、弹药、爆炸物品上交当地公安机关。

三、凡在本通告公布之日起至 2018 年 6 月 30 日前投案自首或者主动交出上述非法物品的，可依法从轻、减轻或者免除处罚；逾期不投案自首、不交出非法物品的，依法从严惩处。

四、违法犯罪人员有检举、揭发他人涉枪涉爆违法犯罪行为，经查证属实的，或者提供重要线索，从而得以侦破其他涉枪涉爆案件等立功表现的，可以依法从轻或者减轻处罚；有重大立功表现的，可以依法减轻或者免除处罚。

五、凡枪支、弹药、爆炸物品被盗、被抢或者丢失的，应当及时报告当地公安机关。不及时报告的，依法处罚有关责任单位和人员；公民发现遗弃的枪支、弹药、爆炸物品或者疑似爆炸物品的，应当立即报告当地公安机关。

六、鼓励、保护广大人民群众积极举报涉枪支、弹药、爆炸物品、仿真枪等违法犯罪活动、提供违法犯罪活动线索，动员、规劝在逃涉枪涉爆案件犯罪人员投案自首。凡举报有功的，按有关规定给予奖励，公安机关将依法保护举

报人的个人信息及安全。对窝藏、包庇涉枪涉爆违法犯罪分子，帮助违法犯罪分子毁灭、伪造证据的，依法追究法律责任。对威胁、报复举报人、控告人的，依法从严惩处。

七、广大人民群众在购买玩具枪时要选择正规厂家生产的产品，不要购买无生产厂家、无许可证号、无产品标志、来源不明的玩具枪，不要购买仿真枪、火柴枪等易于造成危害的物品。

八、本通告所称枪支包括：军用枪、猎枪、射击运动枪、麻醉注射枪、气枪、彩弹枪、火药枪等各类制式枪支、能发射制式弹药或者枪口比动能大于等于1.8焦耳/平方厘米的非制式枪支以及枪支零部件；弹药包括：以上各类枪支使用的制式、非制式弹丸；爆炸物品包括：炸药、雷管、导火索、导爆索、震源弹、黑火药、烟火药、手榴弹、地雷等各类爆炸物品以及列入易制爆危险化学品名录，可用于制造爆炸物品的危险化学品。

本通告自发布之日起实施。

最高人民检察院刑事申诉检察厅
关于作出国家赔偿决定时适用
2017 年度全国职工日平均工资标准的通知

（2018 年 5 月 16 日公布并施行　高检刑申〔2018〕10 号）

各省、自治区、直辖市人民检察院刑事申诉检察部门，解放军军事检察院刑事诉讼监督厅，新疆生产建设兵团人民检察院控告申诉检察处：

国家统计局 2018 年 5 月 15 日公布，2017 年全国城镇非私营单位就业人员年平均工资为 74318 元。按照人力资源和社会保障部提供的日平均工资计算公式，日平均工资为 284.74 元。根据国家赔偿法第三十三条和《最高人民法院、最高人民检察院关于办理刑事赔偿案件适用法律若干问题的解释》第二十一条第二款规定，各级人民检察院自 2018 年 5 月 16 日起，作出国家赔偿决定时，对侵犯公民人身自由的，每日赔偿金为 284.74 元。

特此通知，请遵照执行。

最高人民检察院刑事申诉检察厅

2018 年 5 月 16 日

最高人民检察院
关于充分发挥检察职能为打好
"三大攻坚战"提供司法保障的意见

(2018 年 6 月 11 日公布并施行 高检发〔2018〕8 号)

打好防范化解重大风险、精准脱贫、污染防治的攻坚战（以下简称"三大攻坚战"），是以习近平同志为核心的党中央深刻分析国际国内形势，着眼党和国家事业发展全局作出的重大战略部署，对于夺取全面建成小康社会伟大胜利、开启全面建设社会主义现代化强国新征程具有重大的现实意义和深远的历史意义。为充分发挥检察职能作用，努力为"三大攻坚战"顺利推进提供优质法治环境和司法保障，确保党中央重大决策部署得到贯彻落实，提出如下意见：

一、加强组织领导，完善办案机制，集中力量办好涉"三大攻坚战"案件

各级人民检察院要深刻认识打好"三大攻坚战"的重大意义，深刻认识检察机关参与和保障"三大攻坚战"的职责使命，将之作为当前和今后三年的重点任务。要坚持以办案为中心，建立健全专门工作机制，检察长负总责，亲自谋划部署，分管副检察长具体抓，确保贯彻落实。院党组和检察委员会要对落实参与和保障"三大攻坚战"任务的具体措施、相关案件办理机制、法律政策把握指导等进行专门研究，制定切实可行的工作方案。检察长、副检察长、检察委员会委员和业务部门负责人要带头办理涉"三大攻坚战"的重大复杂案件。各相关业务部门可通过设立专业化办案组织和指定专门办案人员，集中优势力量加大办案力度。案件管理部门对涉"三大攻坚战"案件要专项统计，及时分析，定期通报。上级院业务部门对下级院业务部门要加强指导。办理重大复杂敏感案件要精心制定工作预案，主动向党委和上级人民检察院请示报告。

二、从严惩处危害金融安全、妨害精准扶贫、破坏生态环境刑事犯罪

始终坚持"严"字当头，加强审查逮捕、审查起诉工作，强化刑事诉讼法律监督，形成高压态势。要排除阻力和干扰，依法严厉惩处擅自设立金融机构、非法吸收公众存款、集资诈骗、网络传销、高利转贷以及"校园贷""套路贷"和以故意伤害、非法拘禁、侮辱等非法手段催收民间贷款等严重危害金融安全、破坏社会稳定的犯罪行为；从严惩治金融从业人员搞权钱交易、利益输送、内外勾连的"内鬼"以及进行内幕交易、操纵市场的"金融大鳄"，筑牢金融安全司法防线。依法严厉打击虚报冒领、套取侵吞、截留私分、挤占挪用、盗窃诈骗扶贫资金的犯罪，发生在群众身边、损害群众利益的"蝇贪""蚁贪"等"微腐败"犯罪，以及"村霸"等黑恶势力犯罪及其背后的"保护伞"，维护农村稳定，确保党和国家精准扶贫的惠民政策落到实处。以零容忍态度坚决打击非法排放、倾倒或者处置有毒有害污染物、非法排放超标污染物等污染环境犯罪，依法严厉惩治群众反映强烈、社会影响恶劣的严重破坏生态环境案事件背后的滥用职权、玩忽职守等职务犯罪，着力保护绿水青山。贯彻宽严相济刑事司法政策，对于认罪认罚、主动退赃挽损、自愿修复生态的涉罪人员，依法区别对待，当宽则宽。

三、依法履行民事、行政检察和公益诉讼职责，积极助力"三大攻坚战"有效推进

加大金融、扶贫和环保领域公益诉讼案件办理力度。加强刑事检察与民事、行政检察工作衔接，办理审查逮捕、审查起诉、刑事诉讼监督案件，要注意发现和及时移送相关公益诉讼案件线索；民事、行政检察部门要充分运用调查核实措施，查清违法行为、损害后果及其因果关系，依法运用检察建议、支持起诉、提起公益诉讼等方式，有效维护国家利益和社会公共利益。加强对涉"三大攻坚战"民事、行政诉讼的法律监督，既有效保障当事人的合法权益，维护司法公正，又依法支持人民法院的合法裁判，维护司法权威。加大对涉"三大攻坚战"虚假诉讼的监督和惩治。依法支持人民法院重点审查金融、扶贫、环保案件中被执行人规避执行、抗拒执行和违法干预执行的行为，对于拒不执行人民法院生效裁判构成犯罪的，依法追究刑事责任。对违法采取执行措施、违法处置执行标的物等情形，及时提出检察建议督促纠正。

四、坚持严格依法办案，加强证据审查把关，夯实案件质量基础

牢固树立案件质量是司法活动生命线的理念，严守罪刑法定、疑罪从无、证据裁判原则，善于运用法治思维和法治方式、政治智慧和法律智慧办理涉"三大攻坚战"案件。要准确把握法律政策界限，严格区分经济纠纷与经济犯罪、金融创新与金融犯罪、正当融资与非法集资、个人犯罪与企业违规、单位犯罪等的界限。办理涉及企业的案件，要落实平等保护各种所有制经济的宪法和法律原则，讲究办案方式，依法维护企业合法权益。办理案件要注意听取行

业主管、监管部门意见，防止机械司法，确保案件的质量和效果。认真贯彻落实以审判为中心的刑事诉讼制度改革要求，加强对金融、扶贫、环保领域刑事案件侦查活动的监督引导和证据审查，严把事实关、证据关和法律适用关，既体现从严从快惩处相关犯罪要求，又实事求是、依法办案，确保批捕、起诉的案件都成为经得起法律和历史检验的铁案，让人民群众在每一起案件中都感受到公平正义。

五、办理案件与追赃挽损并重，尽最大可能减少违法犯罪造成的损失

办理涉"三大攻坚战"案件，要重视追赃挽损并制定切实可行的工作预案，依法用好用足法律手段进行追赃挽损，坚决不让违法犯罪人员在经济上获利，切实挽回国家、集体和被害人的损失。对于重大刑事案件要及时介入侦查活动，建议公安机关对涉案财物及时依法采取查封、扣押、冻结措施；对犯罪分子违法所得的一切财物及其孳息，要确保依法予以追缴或者责令退赔。办理相关公益诉讼案件，应当立即制止违法行为的，要积极协调行政执法部门或者向党委、政府报告、通报，通过有效措施促使违法人员立即停止侵害，防止损失扩大；需要采取财产保全措施的，及时向人民法院建议对被告财产进行保全。对于涉众型经济犯罪案件，要严格执行中共中央办公厅、国务院办公厅《关于进一步规范刑事诉讼涉案财物处置工作的意见》（中办发〔2015〕7号）、《最高人民检察院、公安部关于公安机关办理经济犯罪案件的若干规定》（公通字〔2017〕25号）等文件规定，配合、监督公安机关、人民法院依法开展追赃挽损、资产处置等工作，加快涉案资产向被害人返还进度，最大限度减少人民群众的实际损失。

六、充分发挥检察建议功能，积极参与"三大攻坚战"社会治理

各级人民检察院要结合办案，深入剖析金融、扶贫、环保领域违法犯罪的主要特点、发案规律和深层次原因，以及相关领域社会治理的新隐患、新矛盾、新特点，查找制度缺陷和监管漏洞，综合运用专题报告、信息简报、综合通报等方式，及时向党委、政府和主管、监管部门提出对各类社会风险的预测预警及应对风险的检察建议，并抄报上一级人民检察院。树立"助对防错""双赢""共赢"的法律监督理念，在办理涉"三大攻坚战"案件时，加强与金融、扶贫、环保等部门的沟通协作，支持相关部门依法强化监管执法活动，对于相关部门不履行职责或怠于监管的，积极运用检察建议督促其依法履行职责，促进其加强制度建设、工作创新和监管治理。对各类风险要做到早发现、早处置、早化解，努力从源头上预防和减少违法犯罪行为发生。

七、进一步增强工作预见性、主动性，确保办案"三个效果"有机统一

树立积极履责意识，克服等案上门的消极思想，主动了解党委、政府关于"三大攻坚战"的整体部署及进展情况，分析掌握"三大攻坚战"中存在的困难问题和对检察工作的需求，从中确定工作重点，发掘案件线索，依法履行职责。加强与公安机关、人民法院和金融、扶贫、环保等部门以及监察机关的工作衔接，建立健全行政执法与刑事司法、行政检察衔接平台，行政执法部门与检察机关联席会议，相关违法犯罪线索受理移送等多元化办案协作和监督制约机制。充分利用"信、访、网、电"等诉求表达渠道，对涉及"三大攻坚战"的控告、申诉及时受理、仔细甄别。要坚持稳定压倒一切，对案件办理的法律效果、政治效果和社会效果进行综合考量，依法妥善处理。建立健全办案风险评估预警处置机制，对重大敏感案件、涉众型案件，要做好风险评估和预警，研究制定处置预案，依法及时有效处置。对违法犯罪行为引发的突发性事件和群体性事件，要与有关部门协作配合，依法妥善化解矛盾纠纷，有效维护社会和谐稳定。对涉金融、扶贫、环保的来信来访，严格落实首办责任制，及时就地解决问题，依法息诉息访。对办理案件引发的社会舆情，要及时快速应对，正面引导疏解，确保司法办案和维护稳定依法顺利进行。

八、加强宣传教育，积极为打好"三大攻坚战"营造良好法治环境

认真落实国家机关"谁执法谁普法"的普法责任制，结合办理涉"三大攻坚战"案件，深入推进检察官以案释法和法律文书说理工作，加大刑事申诉案件公开审查力度，让司法办案成为生动的普法课堂。精心选择和及时发布社会关注度高、法律适用准、政策把握好、办案效果佳的金融、扶贫、环保领域典型案例，充分利用报刊、广播、电视和门户网站、微信、微博、新闻客户端等平台，宣传解读有关"三大攻坚战"的方针政策和相关法律法规，把国家政策讲透彻，把法律法规讲明白，把责任风险讲清楚，实现办理一案、教育一片的良好效果。常态化开展法律"进机关、进乡村、进社区、进学校、进企业、进单位"等普法活动，围绕金融安全、扶贫助贫、污染治理等人民群众关心的热点难点问题开展法治宣讲，引导人民群众自觉守法、遇事找法、维权靠法，推动形成全社会依法办事的良好局面。

最高人民检察院
人民检察院公诉人出庭举证质证工作指引

(2018 年 5 月 2 日最高人民检察院第十三届检察委员会
第一次会议通过 2018 年 7 月 3 日公布并施行)

第一章 总 则

第一条 为适应以审判为中心的刑事诉讼制度改革新要求，全面贯彻证据裁判规则，进一步加强和改进公诉人出庭举证质证工作，构建认罪和不认罪案件相区别的出庭公诉模式，增强指控犯罪效果，根据《中华人民共和国刑事诉讼法》和相关规定，结合检察工作实际，制定本工作指引。

第二条 举证是指在出庭支持公诉过程中，公诉人向法庭出示、宣读、播放有关证据材料并予以说明，对出庭作证人员进行询问，以证明公诉主张成立的诉讼活动。

质证是指在审判人员的主持下，由控辩双方对所出示证据材料及出庭作证人员的言词证据的证据能力和证明力相互进行质疑和辩驳，以确认是否作为定案依据的诉讼活动。

第三条 公诉人出庭举证质证，应当以辩证唯物主义认识论为指导，以事实为根据，以法律为准绳，注意运用逻辑法则和经验法则，有力揭示和有效证实犯罪，提高举证质证的质量、效率和效果，尊重和保障犯罪嫌疑人、被告人和其他诉讼参与人诉讼权利，努力让人民群众在每一个司法案件中感受到公平正义。

第四条 公诉人举证质证，应当遵循下列原则：

（一）实事求是，客观公正；

（二）突出重点，有的放矢；

（三）尊重辩方，理性文明；

（四）遵循法定程序，服从法庭指挥。

第五条 公诉人可以根据被告人是否认罪，采取不同的举证质证模式。

被告人认罪的案件，经控辩双方协商一致并经法庭同意，举证质证可以简化。

被告人不认罪或者辩护人作无罪辩护的案件，一般应当全面详细举证质证。但对辩护方无异议的证据，经控辩双方协商一致并经法庭同意，举证质证也可以简化。

第六条　公诉人举证质证，应当注重与现代科技手段相融合，积极运用多媒体示证、电子卷宗、出庭一体化平台等，增强庭审指控犯罪效果。

第二章　举证质证的准备

第七条　公诉人审查案件时，应当充分考虑出庭准备和庭审举证质证工作的需要，有针对性地制作审查报告。

第八条　公诉人基于出庭准备和庭审举证质证工作的需要，可以在开庭前从人民法院取回有关案卷材料和证据，或者查阅电子卷宗。

第九条　公诉案件开庭前，公诉人应当进一步熟悉案情，掌握证据情况，深入研究与本案有关的法律政策问题，熟悉审判可能涉及的专业知识，围绕起诉书指控的犯罪事实和情节，制作举证质证提纲，做好举证质证准备。

制作举证质证提纲应当注意以下方面：

（一）证据的取得是否符合法律规定；

（二）证据是否符合法定形式；

（三）证据是否为原件、原物，照片、录像、复制件、副本等与原件、原物是否相符；

（四）发现证据时的客观环境；

（五）证据形成的原因；

（六）证人或者提供证据的人与本案有无利害关系；

（七）证据与待证事实之间的关联关系；

（八）证据之间的相互关系；

（九）证据是否共同指向同一待证事实，有无无法排除的矛盾和无法解释的疑问，全案证据是否形成完整的证明体系，根据全案证据认定的事实是否足以排除合理怀疑，结论是否具有唯一性；

（十）证据是否具有证据能力及其证明力的其他问题。

第十条　公诉人应当通过参加庭前会议，及时掌握辩护方提供的证据，全面了解被告人及其辩护人对证据的主要异议，并在审判人员主持下，就案件的争议焦点、证据的出示方式等进行沟通，确定举证顺序、方式。根据举证需要，公诉人可以申请证人、鉴定人、侦查人员、有专门知识的人出庭，对辩护方出庭人员名单提出异议。

审判人员在庭前会议中组织展示证据的，公诉人应当出示拟在庭审中出示的证据，梳理存在争议的证据，听取被告人及其辩护人的意见。

被告人及其辩护人在开庭审理前申请排除非法证据，并依照法律规定提供相关线索或者材料的，公诉人经查证认为不存在非法取证行为的，应当在庭前会议中通过出示有关证据材料等方式，有针对性地对证据收集的合法性作出说明。

公诉人可以在庭前会议中撤回有关证据。撤回的证据，没有新的理由，不得在庭审中出示。

公诉人应当根据庭前会议上就举证方式达成的一致意见，修改完善举证提纲。

第十一条 公诉人在开庭前收到人民法院转交或者被告人及其辩护人、被害人、证人等递交的反映证据系非法取得的书面材料的，应当进行审查。对于审查逮捕、审查起诉期间已经提出并经查证不存在非法取证行为的，应当通知人民法院，或者告知有关当事人和辩护人，并按照查证的情况做好庭审准备。对于新的材料或者线索，可以要求侦查机关对证据收集的合法性进行说明或者提供相关证明材料，必要时可以自行调查核实。

第十二条 公诉人在庭前会议后依法收集的证据，在开庭前应当及时移送人民法院，并了解被告人或者其辩护人是否提交新的证据。如果有新的证据，公诉人应当对该证据进行审查。

第十三条 公诉人在开庭前，应当通过讯问被告人、听取辩护人意见、参加庭前会议、与法庭沟通等方式，了解掌握辩护方所收集的证明被告人无罪、罪轻或者反映存在非法取证行为的相关材料情况，进一步熟悉拟在庭审中出示的相关证据，围绕证据的真实性、关联性、合法性，全面预测被告人、辩护人可能提出的质证观点，有针对性地制作和完善质证提纲。

第三章 举 证

第一节 举证的基本要求

第十四条 公诉人举证，一般应当遵循下列要求：

（一）公诉人举证，一般应当全面出示证据；出示、宣读、播放每一份（组）证据时，一般应当出示证据的全部内容。根据普通程序、简易程序以及庭前会议确定的举证方式和案件的具体情况，也可以简化出示，但不得随意删减、断章取义。没有召开庭前会议的，公诉人可以当庭与辩护方协商，并经法庭许可确定举证方式。

（二）公诉人举证前，应当先就举证方式作出说明；庭前会议对简化出示证据达成一致意见的，一并作出说明。

（三）出示、宣读、播放每一份（组）证据前，公诉人一般应当先就证据证明方向，证据的种类、名称、收集主体和时间以及所要证明的内容向法庭作概括说明。

（四）对于控辩双方无异议的非关键性证据，举证时可以仅就证据的名称及所证明的事项作出说明；对于可能影响定罪量刑的关键证据和控辩双方存在争议的证据，以及法庭认为有必要调查核实的证据，应当详细出示。

（五）举证完毕后，应当对出示的证据进行归纳总结，明确证明目的。

（六）使用多媒体示证的，应当与公诉人举证同步进行。

第十五条 公诉人举证，应当主要围绕下列事实，重点围绕控辩双方争议的内容进行：

（一）被告人的身份；

（二）指控的犯罪事实是否存在，是否为被告人所实施；

（三）实施犯罪行为的时间、地点、方法、手段、结果，被告人犯罪后的表现等；

（四）犯罪集团或者其他共同犯罪案件中参与犯罪人员的各自地位和应负的责任；

（五）被告人有无刑事责任能力，有无故意或者过失，行为的动机、目的；

（六）有无依法不应当追究刑事责任的情形，有无法定从重或者从轻、减轻以及免除处罚的情节；

（七）犯罪对象、作案工具的主要特征，与犯罪有关的财物的来源、数量以及去向；

（八）被告人全部或者部分否认起诉书指控的犯罪事实的，否认的根据和理由能否成立；

（九）与定罪、量刑有关的其他事实。

第十六条 对于公诉人简化出示的证据，辩护人要求公诉人详细出示的，可以区分不同情况作出处理。具有下列情形之一的，公诉人应当详细出示：

（一）审判人员要求详细出示的；

（二）辩护方要求详细出示并经法庭同意的；

（三）简化出示证据可能影响举证效果的。

具有下列情形之一的，公诉人可以向法庭说明理由，经法庭同意后，可以不再详细出示：

（一）公诉人已经详细出示过相关证据，辩护方重复要求的；

（二）公诉人简化出示的证据能够证明案件事实并反驳辩护方异议的；

（三）辩护方所要求详细出示的内容与起诉书认定事实无关的；

（四）被告人承认指控的犯罪事实和情节的。

第十七条 辩护方当庭申请公诉人宣读出示案卷中对被告人有利但未被公诉人采信的证据的，可以建议法庭决定由辩护方宣读出示，并说明不采信的理由。法庭采纳辩护方申请要求公诉人宣读出示的，公诉人应当出示。

第十八条 公诉人、被告人及其辩护人对收集被告人供述是否合法未达成一致意见，人民法院在庭审中对证据合法性进行调查的，公诉人可以根据讯问笔录、羁押记录、提讯登记、出入看守所的健康检查记录、医院病历、看守管教人员的谈话记录、采取强制措施或者侦查措施的法律文书、侦查机关对讯问过程合法性的证明材料、侦查机关或者检察机关对证据收集合法性调查核实的结论、驻看守所检察人员在侦查终结前对讯问合法性的核查结论等，对庭前讯问被告人的合法性进行证明，可以要求法庭播放讯问同步录音、录像，必要时可以申请法庭通知侦查人员或者其他人员出庭说明情况。

控辩双方对收集证人证言、被害人陈述、收集物证、书证等的合法性以及其他程序事实发生争议的，公诉人可以参照前款规定出示、宣读有关法律文书、侦查或者审查起诉活动笔录等予以证明。必要时，可以建议法庭通知负责侦查的人员以及搜查、查封、扣押、冻结、勘验、检查、辨认、侦查实验等活动的见证人出庭陈述有关情况。

第二节 举证的一般方法

第十九条 举证一般应当一罪名一举证、一事实一举证，做到条理清楚、层次分明。

第二十条 举证顺序应当以有利于证明公诉主张为目的，公诉人可以根据案件的不同种类、特点和庭审实际情况，合理安排和调整举证顺序。一般先出示定罪证据，后出示量刑证据；先出示主要证据，后出示次要证据。

公诉人可以按照与辩护方协商并经法庭许可确定的举证顺序进行举证。

第二十一条 根据案件的具体情况和证据状况，结合被告人的认罪态度，举证可以采用分组举证或者逐一举证的方式。

案情复杂、同案被告人多、证据数量较多的案件，一般采用分组举证为主、逐一举证为辅的方式。

对证据进行分组时，应当遵循证据之间的内在逻辑关系，可以将证明方向一致或者证明内容相近的证据归为一组；也可以按照证据种类进行分组，并注意各组证据在证明内容上的层次和递进关系。

第二十二条　对于可能影响定罪量刑的关键证据和控辩双方存在争议的证据，应当单独举证。

被告人认罪的案件，对控辩双方无异议的定罪证据，可以简化出示，主要围绕量刑和其他有争议的问题出示证据。

第二十三条　对于被告人不认罪案件，应当立足于证明公诉主张，通过合理举证构建证据体系，反驳被告人的辩解，从正反两个方面予以证明。重点一般放在能够有力证明指控犯罪事实系被告人所为的证据和能够证明被告人无罪辩解不成立的证据上，可以将指控证据和反驳证据同时出示。

对于被告人翻供的，应当综合运用证据，阐明被告人翻供的时机、原因、规律，指出翻供的不合理、不客观、有矛盾之处。

第二十四条　"零口供"案件的举证，可以采用关键证据优先法。公诉人根据案件证据情况，优先出示定案的关键证据，重点出示物证、书证、现场勘查笔录等客观性证据，直接将被告人与案件建立客观联系，在此基础上构建全案证据体系。

辩点较多案件的举证，可以采用先易后难法。公诉人根据案件证据情况和庭前会议了解的被告人及辩护人的质证观点，先出示被告人及辩护人没有异议的证据或者分歧较小的证据，后出示控辩双方分歧较大的证据，使举证顺利推进，为集中精力对分歧证据进行质证作准备。

依靠间接证据定案的不认罪案件的举证，可以采用层层递进法。公诉人应当充分运用逻辑推理，合理安排举证顺序，出示的后一份（组）证据与前一份（组）证据要紧密关联，环环相扣，层层递进，通过逻辑分析揭示各个证据之间的内在联系，综合证明案件已经排除合理怀疑。

第二十五条　对于一名被告人有一起犯罪事实或者案情比较简单的案件，可以根据案件证据情况按照法律规定的证据种类举证。

第二十六条　对于一名被告人有数起犯罪事实的案件，可以以每一起犯罪事实为单元，将证明犯罪事实成立的证据分组举证或者逐一举证。其中，涉及每起犯罪事实中量刑情节的证据，应当在对该起犯罪事实举证中出示；涉及全案综合量刑情节的证据，应当在全案的最后出示。

第二十七条　对于数名被告人有一起犯罪事实的案件，根据各被告人在共同犯罪中的地位、作用及情节，一般先出示证明主犯犯罪事实的证据，再出示证明从犯犯罪事实的证据。

第二十八条　对于数名被告人有数起犯罪事实的案件，可以采用不同的分组方法和举证顺序，或者按照作案时间的先后顺序，或者以主犯参与的犯罪事实为主线，或者以参与人数的多少为标准，并注意区分犯罪集团的犯罪行为、一般共同犯罪行为和个别成员的犯罪行为，分别进行举证。

第二十九条　对于单位犯罪案件，应当先出示证明单位构成犯罪的证据，再出示对其负责的单位主管人员或者其他直接责任人员构成犯罪的证据。对于指控被告单位犯罪与指控单位主管人员或者其他直接责任人员犯罪的同一份证据可以重复出示，但重复出示时仅予以说明即可。

第三节　各类证据的举证要求

第三十条　出示的物证一般应当是原物。原物不易搬运、不易保存或者已返还被害人的，可以出示反映原物外形和特征的照片、录像、复制品，并向法庭说明情况及与原物的同一性。

出示的书证一般应当是原件，获取书证原件确有困难的，可以出示书证副本或者复制件，并向法庭说明情况及与原件的同一性。

出示物证、书证时，应当对物证、书证所要证明的内容、收集情况作概括说明，可以提请法庭让当事人、证人等诉讼参与人辨认。物证、书证经过技术鉴定的，可以宣读鉴定意见。

第三十一条　询问出庭作证的证人，应当遵循以下规则：

（一）发问应当单独进行；

（二）发问应当简洁、清楚；

（三）发问应当采取一问一答形式，不宜同时发问多个内容不同的问题；

（四）发问的内容应当着重围绕与定罪、量刑紧密相关的事实进行；

（五）不得以诱导方式发问；

（六）不得威胁或者误导证人；

（七）不得损害证人的人格尊严；

（八）不得泄露证人个人隐私；

（九）询问未成年人，应当结合未成年人的身心特点进行。

第三十二条　证人出庭的，公诉人可以要求证人就其了解的与案件有关的事实进行陈述，也可以直接发问。对于证人采取猜测性、评论性、推断性语言作证的，公诉人应当提醒其客观表述所知悉的案件事实。

公诉人认为证人作出的回答对案件事实和情节的认定有决定性或者重大影响，可以提请法庭注意。

证人出庭作证的证言与庭前提供的证言相互矛盾的，公诉人应当问明理由，并对该证人进行询问，澄清事实。认为理由不成立的，可以宣读证人在改变证言前的笔录内容，并结合相关证据予以反驳。

对未到庭证人的证言笔录，应当当庭宣读。宣读前，应当说明证人和本案的关系。对证人证言笔录存在疑问、确实需要证人出庭陈述或者有新的证人的，公诉人可以要求延期审理，由人民法院通知证人到庭提供证言和接受质证。

根据案件情况，公诉人可以申请实行证人远程视频作证。

控辩双方对证人证言无异议，证人不需要出庭的，或者证人因客观原因无法出庭且无法通过视频等方式作证的，公诉人可以出示、宣读庭前收集的书面证据材料或者作证过程录音、录像。

第三十三条　公诉人申请出庭的证人当庭改变证言、被害人改变其庭前的陈述，公诉人可以询问其言词发生变化的理由，认为理由不成立的，可以择机有针对性地宣读其在侦查、审查起诉阶段的证言、陈述，或者出示、宣读其他证据，对证人、被害人进行询问，予以反驳。

第三十四条　对被害人、鉴定人、侦查人员、有专门知识的人的询问，参照适用询问证人的规定。

第三十五条　宣读被告人供述，应当根据庭审中被告人供述的情况进行。被告人有多份供述且内容基本一致的，一般选择证明力最充分的一份或者几份出示。被告人当庭供述与庭前供述的实质性内容一致的，可以不再宣读庭前供述，但应当向法庭说明；被告人当庭供述与庭前供述存在实质性差异的，公诉人应当问明理由，认为理由不成立的，应当就存在实质性差异的内容宣读庭前供述，并结合相关证据予以反驳。

第三十六条　被告人作无罪辩解或者当庭供述与庭前供述内容不一致，足以影响定罪量刑的，公诉人可以有针对性地宣读被告人庭前供述笔录，并针对笔录中被告人的供述内容对被告人进行讯问，或者出示其他证据进行证明，予以反驳，并提请法庭对其当庭供述不予采信。对翻供内容需要调查核实的，可以建议法庭休庭或者延期审理。

第三十七条　鉴定意见以及勘验、检查、辨认和侦查实验等笔录应当当庭宣读，并对鉴定人、勘验人、检查人、辨认人、侦查实验人员的身份、资质、与当事人及本案的关系作出说明，必要时提供证据予以证明。鉴定人、有专门知识的人出庭，公诉人可以根据需要对其发问。发问时适用对证人询问的相关要求。

第三十八条　播放视听资料，应当首先对视听资料的来源、制作过程、制作环境、制作人员以及所要证明的内容进行概括说明。播放一般应当连续进行，也可以根据案情分段进行，但应当保持资料原貌，不得对视听资料进行剪辑。

播放视听资料，应当向法庭提供视听资料的原始载体。提供原始载体确有困难的，可以提供复制件，但应当向法庭说明原因。

出示音频资料，也可以宣读庭前制作的附有声音资料语言内容的文字记录。

第三十九条 出示以数字化形式存储、处理、传输的电子数据证据，应当对该证据的原始存储介质、收集提取过程等予以简要说明，围绕电子数据的真实性、完整性、合法性，以及被告人的网络身份与现实身份的同一性出示证据。

第四章 质　证

第一节　质证的基本要求

第四十条 公诉人质证应当根据辩护方所出示证据的内容以及对公诉方证据提出的质疑，围绕案件事实、证据和适用法律进行。

质证应当一证一质一辩。质证阶段的辩论，一般应当围绕证据本身的真实性、关联性、合法性，针对证据能力有无以及证明力大小进行。对于证据与证据之间的关联性、证据的综合证明作用问题，一般在法庭辩论阶段予以答辩。

第四十一条 对影响定罪量刑的关键证据和控辩双方存在争议的证据，一般应当单独质证。

对控辩双方没有争议的证据，可以在庭审中简化质证。

对于被告人认罪案件，主要围绕量刑和其他有争议的问题质证，对控辩双方无异议的定罪证据，可以不再质证。

第四十二条 公诉人可以根据需要将举证质证、讯问询问结合起来，在质证阶段对辩护方观点予以适当辩驳，但应当区分质证与辩论之间的界限，重点针对证据本身的真实性、关联性、合法性进行辩驳。

第四十三条 在每一份（组）证据或者全部证据质证完毕后，公诉人可以根据具体案件情况，提请法庭对证据进行确认。

第二节　对辩护方质证的答辩

第四十四条 辩护方对公诉方当庭出示、宣读、播放的证据的真实性、关联性、合法性提出的质证意见，公诉人应当进行全面、及时和有针对性地答辩。

辩护方提出的与证据的证据能力或者证明力无关、与公诉主张无关的质证意见，公诉人可以说明理由不予答辩，并提请法庭不予采纳。

　　公诉人答辩一般应当在辩护方提出质证意见后立即进行。在不影响庭审效果的情况下，也可以根据需要在法庭辩论阶段结合其他证据综合发表意见，但应当向法庭说明。

　　第四十五条　对辩护方符合事实和法律的质证，公诉人应当实事求是、客观公正地发表意见。

　　辩护方因对证据内容理解有误而质证的，公诉人可以对证据情况进行简要说明。

　　第四十六条　公诉人对辩护方质证的答辩，应当重点针对可能动摇或者削弱证据能力、证明力的质证观点进行答辩，对于不影响证据能力、证明力的质证观点可以不予答辩或者简要答辩。

　　第四十七条　辩护方质疑言词证据之间存在矛盾的，公诉人可以综合全案证据，立足证据证明体系，从认知能力、与当事人的关系、客观环境等角度，进行重点答辩，合理解释证据之间的矛盾。

　　第四十八条　辩护人询问证人或者被害人有下列情形之一的，公诉人应当及时提请审判长制止，必要时应当提请法庭对该项陈述或者证言不予采信：

　　（一）以诱导方式发问的；

　　（二）威胁或者误导证人的；

　　（三）使被害人、证人以推测性、评论性、推断性意见作为陈述或者证言的；

　　（四）发问内容与本案事实无关的；

　　（五）对被害人、证人带有侮辱性发问的；

　　（六）其他违反法律规定的情形。

　　对辩护人询问侦查人员、鉴定人和有专门知识的人的质证，参照前款规定。

　　第四十九条　辩护方质疑证人当庭证言与庭前证言存在矛盾的，公诉人可以有针对性地对证人进行发问，也可以提请法庭决定就有异议的内容由被告人与证人进行对质诘问，在发问或对质诘问过程中，对前后矛盾或者疏漏之处作出合理解释。

　　第五十条　辩护方质疑被告人庭前供述系非法取得的，公诉人可以综合采取以下方式证明取证的合法性：

　　（一）宣读被告人在审查（决定）逮捕、审查起诉阶段的讯问笔录，证实其未曾供述过在侦查阶段受到刑讯逼供，或者证实其在侦查机关更换侦查人员且再次讯问时告知诉讼权利和认罪的法律后果后仍自愿供述，或者证实其在检察人员讯问并告知诉讼权利和认罪的法律后果后仍自愿供述；

（二）出示被告人的羁押记录，证实其接受讯问的时间、地点、次数等符合法律规定；

（三）出示被告人出入看守所的健康检查记录、医院病历，证实其体表和健康情况；

（四）出示看守管教人员的谈话记录；

（五）出示与被告人同监舍人员的证言材料；

（六）当庭播放或者庭外核实讯问被告人的录音、录像；

（七）宣读重大案件侦查终结前讯问合法性核查笔录，当庭播放或者庭外核实对讯问合法性进行核查时的录音、录像；

（八）申请侦查人员出庭说明办案情况。

公诉人当庭不能证明证据收集的合法性，需要调查核实的，可以建议法庭休庭或者延期审理。

第五十一条 辩护人质疑收集被告人供述存在程序瑕疵申请排除证据的，公诉人可以宣读侦查机关的补正说明。没有补正说明的，也可以从讯问的时间地点符合法律规定，已进行权利告知，不存在威胁、引诱、欺骗等情形，被告人多份供述内容一致，全案证据能够互相印证，被告人供述自愿性未受影响，程序瑕疵没有严重影响司法公正等方面作出合理解释。必要时，可以提请法庭播放同步录音录像，从被告人供述时情绪正常、表达流畅、能够趋利避害等方面证明庭前供述自愿性，对瑕疵证据作出合理解释。

第五十二条 辩护方质疑物证、书证的，公诉人可以宣读侦查机关收集物证、书证的补正说明，从此类证据客观、稳定、不易失真以及取证主体、程序、手段合法等方面有针对性地予以答辩。

第五十三条 辩护方质疑鉴定意见的，公诉人可以从鉴定机构和鉴定人的法定资质、检材来源、鉴定程序、鉴定意见形式要件符合法律规定等方面，有针对性地予以答辩。

第五十四条 辩护方质疑不同鉴定意见存在矛盾的，公诉人可以阐释不同鉴定意见对同一问题得出不同结论的原因，阐明检察机关综合全案情况，结合案件其他证据，采信其中一份鉴定意见的理由。必要时，可以申请鉴定人、有专门知识的人出庭。控辩双方仍存在重大分歧，且辩护方质疑有合理依据，对案件有实质性影响的，可以建议法庭休庭或者延期审理。

第五十五条 辩护方质疑勘验、检查、搜查笔录的，公诉人可以从勘验、检查、搜查系依法进行，笔录的制作符合法律规定，勘验、检查、搜查人员和见证人有签名或者盖章等方面，有针对性地予以答辩。

第五十六条 辩护方质疑辨认笔录的，公诉人可以从辨认的过程、方法，以及辨认笔录的制作符合有关规定等方面，有针对性地予以答辩。

第五十七条　辩护方质疑侦查实验笔录的，公诉人可以从侦查实验的审批、过程、方法、法律依据、技术规范或者标准、侦查实验的环境条件与原案接近程度、结论的科学性等方面，有针对性地予以答辩。

第五十八条　辩护方质疑视听资料的，公诉人可以从此类证据具有不可增添性、真实性强，内容连续完整，所反映的行为人的言语动作连贯自然，提取、复制、制作过程合法，内容与案件事实关联程度等方面，有针对性地予以答辩。

第五十九条　辩护方质疑电子数据的，公诉人可以从此类证据提取、复制、制作过程、内容与案件事实关联程度等方面，有针对性地予以答辩。

第六十条　辩护方质疑采取技术侦查措施获取的证据材料合法性的，公诉人可以通过说明采取技术侦查措施的法律规定、出示批准采取技术侦查措施的法律文书等方式，有针对性地予以答辩。

第六十一条　辩护方在庭前提出排除非法证据申请，经审查被驳回后，在庭审中再次提出排除申请的，或者辩护方撤回申请后再次对有关证据提出排除申请的，公诉人应当审查辩护方是否提出新的线索或者材料。没有新的线索或者材料表明可能存在非法取证的，公诉人可以建议法庭予以驳回。

第六十二条　辩护人仅采用部分证据或者证据的部分内容，对证据证明的事项发表不同意见的，公诉人可以立足证据认定的全面性、同一性原则，综合全案证据予以答辩。必要时，可以扼要概述已经法庭质证过的其他证据，用以反驳辩护方的质疑。

第六十三条　对单个证据质证的同时，公诉人可以简单点明该证据与其他证据的印证情况，以及在整个证据链条中的作用，通过边质证边论证的方式，使案件事实逐渐清晰，减轻辩论环节综合分析论证的任务。

第三节　对辩护方证据的质证

第六十四条　公诉人应当认真审查辩护方向法庭提交的证据。对于开庭五日前未提交给法庭的，可以当庭指出，并根据情况，决定是否要求查阅该证据或者建议休庭；属于下列情况的，可以提请法庭不予采信：

（一）不符合证据的真实性、关联性、合法性要求的证据；

（二）辩护人提供的证据明显有悖常理的；

（三）其他需要提请法庭不予采信的情况。

对辩护方提出的无罪证据，公诉人应当本着实事求是、客观公正的原则进行质证。对于与案件事实不符的证据，公诉人应当针对辩护方证据的真实性、关联性、合法性提出质疑，否定证据的证明力。

对被告人的定罪、量刑有重大影响的证据，当庭难以判断的，公诉人可以建议法庭休庭或者延期审理。

第六十五条 对辩护方提请出庭的证人，公诉人可以从以下方面进行质证：

（一）证人与案件当事人、案件处理结果有无利害关系；

（二）证人的年龄、认知、记忆和表达能力、生理和精神状态是否影响作证；

（三）证言的内容及其来源；

（四）证言的内容是否为证人直接感知，证人感知案件事实时的环境、条件和精神状态；

（五）证人作证是否受到外界的干扰或者影响；

（六）证人与案件事实的关系；

（七）证言前后是否矛盾；

（八）证言之间以及与其他证据之间能否相互印证，有无矛盾。

第六十六条 辩护方证人未出庭的，公诉人认为其证言对案件的定罪量刑有重大影响的，可以提请法庭通知其出庭。

对辩护方证人不出庭的，公诉人可以从取证主体合法性、取证是否征得证人同意、是否告知证人权利义务、询问未成年人时其法定代理人或者有关人员是否到场、是否单独询问证人等方面质证。质证中可以将证言与已经出示的证据材料进行对比分析，发现并反驳前后矛盾且不能作出合理解释的证人证言。证人证言前后矛盾或者与案件事实无关的，应当提请法庭注意。

第六十七条 对辩护方出示的鉴定意见和提请出庭的鉴定人，公诉人可以从以下方面进行质证：

（一）鉴定机构和鉴定人是否具有法定资质；

（二）鉴定人是否存在应当回避的情形；

（三）检材的来源、取得、保管、送检是否符合法律和有关规定，与相关提取笔录、扣押物品清单等记载的内容是否相符，检材是否充足、可靠；

（四）鉴定意见的形式要件是否完备，是否注明提起鉴定的事由、鉴定委托人、鉴定机构、鉴定要求、鉴定过程、鉴定方法、鉴定日期等相关内容，是否由鉴定机构加盖司法鉴定专用章并由鉴定人签名、盖章；

（五）鉴定程序是否符合法律和有关规定；

（六）鉴定的过程和方法是否符合相关专业的规范要求；

（七）鉴定意见是否明确；

（八）鉴定意见与案件待证事实有无关联；

（九）鉴定意见与勘验、检查笔录及相关照片等其他证据是否矛盾；

（十）鉴定意见是否依法及时告知相关人员，当事人对鉴定意见有无异议。

必要时，公诉人可以申请法庭通知有专门知识的人出庭，对辩护方出示的鉴定意见进行必要的解释说明。

第六十八条　对辩护方出示的物证、书证，公诉人可以从以下方面进行质证：

（一）物证、书证是否为原物、原件；

（二）物证的照片、录像、复制品，是否与原物核对无误；

（三）书证的副本、复制件，是否与原件核对无误；

（四）物证、书证的收集程序、方式是否符合法律和有关规定；

（五）物证、书证在收集、保管、鉴定过程中是否受损或者改变；

（六）物证、书证与案件事实有无关联。

第六十九条　对辩护方出示的视听资料，公诉人可以从以下方面进行质证：

（一）收集过程是否合法，来源及制作目的是否清楚；

（二）是否为原件，是复制件的，是否有复制说明；

（三）制作过程中是否存在威胁、引诱当事人等违反法律、相关规定的情形；

（四）内容和制作过程是否真实，有无剪辑、增加、删改等情形；

（五）内容与案件事实有无关联。

第七十条　对辩护方出示的电子数据，公诉人可以从以下方面进行质证：

（一）是否随原始存储介质移送，在原始存储介质无法封存、不便移动等情形时，是否有提取、复制过程的说明；

（二）收集程序、方式是否符合法律及有关技术规范；

（三）电子数据内容是否真实，有无删除、修改、增加等情形；

（四）电子数据制作过程中是否受到暴力胁迫或者引诱因素的影响；

（五）电子数据与案件事实有无关联。

第七十一条　对于因专门性问题不能对有关证据发表质证意见的，可以建议休庭，向有专门知识的人咨询意见。必要时，可以建议延期审理，进行鉴定或者重新鉴定。

第四节　法庭对质

第七十二条　控辩双方针对同一事实出示的证据出现矛盾的，公诉人可以提请法庭通知相关人员到庭对质。

第七十三条 被告人、证人对同一事实的陈述存在矛盾需要对质的，公诉人可以建议法庭传唤有关被告人、证人同时到庭对质。

各被告人之间对同一事实的供述存在矛盾需要对质的，公诉人可以在被告人全部陈述完毕后，建议法庭当庭进行对质。

第七十四条 辩护方质疑物证、书证、鉴定意见、勘验、检查、搜查、辨认、侦查实验等笔录、视听资料、电子数据的，必要时，公诉人可以提请法庭通知鉴定人、有专门知识的人、侦查人员、见证人等出庭。

辩护方质疑采取技术侦查措施获取的证据材料合法性的，必要时，公诉人可以建议法庭采取不暴露有关人员身份、不公开技术侦查措施和方法等保护措施，在庭外对证据进行核实，并要求在场人员履行保密义务。

对辩护方出示的鉴定意见等技术性证据和提请出庭的鉴定人，必要时，公诉人可以提请法庭通知有专门知识的人出庭，与辩护方提请出庭的鉴定人对质。

第七十五条 在对质过程中，公诉人应当重点就证据之间的矛盾点进行发问，并适时运用其他证据指出不真实、不客观、有矛盾的证据材料。

第五章 附 则

第七十六条 本指引主要适用于人民检察院派员出庭支持公诉的第一审非速裁程序案件。对于派员出席第二审、再审案件法庭的举证、质证工作，可以参考本指引。

第七十七条 本指引自印发之日起施行。

《人民检察院公诉人出庭举证质证
工作指引》理解与适用*

张相军　　侯若英**

经最高人民检察院第十三届检察委员会第一次会议审议通过，2018 年 7 月 3 日，最高人民检察院印发了《人民检察院公诉人出庭举证质证工作指引》（以下简称《指引》）。《指引》共五章 77 条，分别是第一章总则、第二章举证质证的准备、第三章"举证"、第四章"质证"、第五章"附则"。《指引》主要根据刑事诉讼法、最高人民检察院《人民检察院刑事诉讼规则（试行）》以及最高人民法院、最高人民检察院、公安部、国家安全部、司法部《关于推进以审判为中心的刑事诉讼制度改革的意见》（以下简称《刑诉改革意见》）等法律规定制定，针对修改后的刑事诉讼法实施以来，特别是以审判为中心的刑事诉讼制度改革、刑事案件认罪认罚从宽制度试点部署推进以来，检察机关出庭公诉工面临的一些新情况新问题，围绕适应多层次诉讼体系需要，立足构建以庭前准备为基础，以当庭指控证实犯罪为核心，认罪与不认罪案件相区别的出庭公诉模式，就公诉人出庭举证质证工作的概念内涵、目标任务、遵循原则、基本要求、一般方法等进行了全面规定，为公诉人出庭举证质证工作提供了基本遵循。为了便于正确理解和适用《指引》，现就《指引》制定背景、过程、主要内容等阐述如下。

一、制定背景

出席法庭支持公诉是公诉人代表国家依法指控犯罪、维护诉讼参与人合法权利、履行刑事审判监督职责的重要活动。举证质证是出庭支持公诉的最核心环节，举证质证的质量，直接影响指控犯罪的质量，直接影响出庭支持公诉的效果。2007 年，最高人民检察院公诉厅印发的《公诉人出庭举证质证指导意见（试行）》，对举证质证的基本要求、一般方法等作出规定，在指导出庭公诉实践方面发挥了积极作用。但随着刑事诉讼立法和实践的不断发展变化，特别是以审判为中心的刑事诉讼制度改革、刑事案件认罪认罚从宽制度试点的深入推进，公诉人出庭支持公诉工作包括举证质证工作面临着新的更高要求，公

＊　原文刊载于《人民检察》2018 年第 19 期。

＊＊　作者单位：最高人民检察院公诉厅。

诉人在庭前审查准备、把握庭审主动权、有效应对庭审变化等方面面临新的挑战，在适应多层次诉讼体系需要，构建认罪与不认罪案件相区别的出庭公诉模式等方面面临新的课题。

一是出庭公诉工作的重要性更加凸显。以审判为中心的刑事诉讼制度改革强调庭审实质化，庭审成为查明事实、认定证据、保护诉权、公正裁判的决定性环节，这使得出庭公诉愈发成为追诉犯罪的关键工作。公诉人必须摒弃"重审查起诉轻出庭公诉"的观念，转变以往依赖卷宗定案或庭审后协商定案的惯性，通过庭上有效举证质证，与被告人及其辩护人充分展开辩论，说服法庭，折服被告人，信服公众，实现指控和证实犯罪的目标。

二是证据制度的完善对出庭公诉工作提出新要求。随着证据裁判规则、非法证据排除规则等逐步确立和完善，出庭公诉环节对证据的审查出示和证明的要求越来越高。实践中，证据合法性越来越成为庭审争议的焦点，法庭启动非法证据排除调查程序越来越常见，瑕疵证据也往往成为辩护重点，在庭审中被放大而冲击指控证据体系。庭审举证质证方式发生转变，简单罗列出示证据已不能满足指控犯罪需要，核实证据"三性"、构建证据体系、排除合理怀疑、驳斥辩方质疑，关乎法庭对案件证据的直观感知和内心确信，影响法庭对"证据确实、充分"的认定，公诉人面临着从单纯出示宣读案卷证据向积极说服法庭的转变。证人、鉴定人、有专门知识的人、侦查人员等"四类人员"出庭渐成常态，同时对公诉人来说庭审风险也随之增大。公诉人审查核实证据，发现和排除非法证据，有效证明证据合法性，以及应对庭审风险和变化等面临新的更高要求。

三是控辩对抗性增强对出庭公诉工作提出新挑战。刑事诉讼法、律师法等进一步完善了辩护制度，拓展了辩护权，辩护形态从传统的无罪辩护、量刑辩护不断拓展至程序性辩护、证据辩护。庭审实质化改革要求发挥法庭审理功能，做到事实证据调查在法庭，定罪量刑论辩在法庭。这些都使得控辩双方庭审对抗更加激烈，庭审活动对抗性和不可预测性明显增强，公诉人在庭审中要接受被告人的质疑、律师的辩驳、法院的裁判和公众的监督等多方面考验，包括举证质证在内的出庭公诉工作面临新的挑战。

四是多层次刑事诉讼体系的构建对出庭公诉、举证质证提出新课题。以往适用普通程序办理的案件出庭公诉千篇一律，检察机关举证、质证等环节拖沓冗长繁琐现象不同程度存在，造成了出庭效率低下。以审判为中心的刑事诉讼制度改革和刑事案件认罪认罚从宽制度改革体现了"繁者更繁，简者更简"的改革趋势，确立了普通程序、简易程序、刑事案件速裁程序有序衔接的多层次刑事诉讼体系，强调疑难复杂案件要按照庭审实质化要求审理、简单案件要快速审理，以"简案快办"节约司法资源，保证"繁案精办"，这对构建认罪与不认罪案件相区别的"繁简分流"出庭公诉模式、举证质证模式提出新的课题。

五是司法民主化、公开化对出庭公诉提出新期待。当前人民群众参与司法、监督司法的呼声很高，不仅要求司法公正还要求司法公开，不仅要求公诉人讲明事理、释清法理，还要案件处理符合情理。公诉人在法庭上既要履行指控和证明犯罪的职责，又要保障诉讼参与人的合法权利，对法庭审判活动进行法律监督，还要开展法治宣传教育，接受社会和群众监督。在当前庭审直播已趋常态化的情况下，出庭公诉标准更高、难度更大、风险更多，公诉人出庭不仅要接受法庭的检验，更要在聚光灯下接受媒体和舆论的评判，已成为人民群众评判检察工作乃至国家法治形象的重要窗口。这对出庭公诉工作回应人民群众对民主、法治、公平、正义的新期待提出新要求。公诉人出庭公诉，举证质证，都要注重出庭语言法理性、逻辑性和艺术性的有机结合，增强语言感染力和说服力，增强社会公众的认同感。

二、制定过程

近年来，最高人民检察院顺应出庭公诉工作的新要求，积极应对面临的新挑战，不仅在全国检察机关第五次公诉工作会议上提出明确要求，还于 2015 年专门制定印发了《关于加强出庭公诉工作的意见》，强调各级检察机关要把加强出庭公诉作为公诉工作的龙头，全面提高出庭公诉质量和效果。为了贯彻全国检察机关第五次公诉工作会议精神和《关于加强出庭公诉工作的意见》，落实《刑诉改革意见》，进一步加强和改进公诉人出庭举证质证工作，提升公诉人出庭能力，增强指控犯罪效果，最高人民检察院公诉厅决定在 2007 年《公诉人出庭举证质证指导意见（试行）》的基础上，总结吸收各地在举证质证工作中、在推进以审判为中心的刑事诉讼制度、推进庭审实质化以及开展认罪认罚从宽制度试点过程中的好经验好做法，研究制定《指引》。

2016 年以来，最高人民检察院公诉厅先后举办"中国检察学研究会公诉专业委员会公诉人举证质证方式改革研讨会""司法改革背景下的刑事公诉研讨会"，组织专家学者、检察系统相关负责同志、优秀公诉人等对举证质证工作涉及的一些重要理论和实践问题进行深入研讨，为《指引》起草工作提供理论和实践基础。2017 年以来，最高人民检察院公诉厅在组织北京市、浙江省、河南省、黑龙江省等地检察机关公诉部门深入调查研究的基础上，全面分析公诉人举证质证面临的新情况新问题，总结各地成熟经验做法，起草了《指引》初稿。在此基础上，公诉厅召开专门会议，组织部分省份检察机关公诉部门负责人、检察业务专家、优秀公诉人等对建议稿进行集中讨论修改，形成征求意见稿，先后征求了全国公诉系统和最高人民检察院相关内设机构意见，并专门召开座谈会听取了部分知名律师意见。2018 年 5 月 2 日，最高人民检察院张军检察长主持召开最高人民检察院第十三届检察委员会第一次会议，审议并原则通过了《指引》。根据检察委员会审议意见，公诉厅对《指引》稿作了进一步修改完善，于 2018 年 7 月 3 日正式印发实施。

三、关于举证质证的概念和基本原则

《指引》第二条明确了"举证"和"质证"的含义，该条在 2007 年《公诉人出庭举证质证指导意见（试行）》的基础上，明确了"举证"是指在出庭支持公诉过程中，公诉人向法庭出示、宣读、播放有关证据材料并予以说明，对出庭作证人员进行询问，以证明公诉主张成立的诉讼活动；"质证"是指在审判人员的主持下，由控辩双方对所出示证据材料及出庭作证人员的言词证据的证据能力和证明力相互进行质疑和辩驳，以确认是否作为定案依据的诉讼活动，分别将"对出庭作证人员进行询问"以及"对言词证据的质证"纳入举证质证概念范畴之内。这主要考虑，以审判为中心的刑事诉讼制度改革突出强调庭审的重要作用，体现庭审实质化趋势，证人、鉴定人、有专门知识的人、侦查人员等出庭在庭审举证质证工作中的重要性愈发突显，对出庭作证人员询问，以及对其言词证据的质疑和辩驳，以确认是否作为定案依据，重要性愈发突显，传统的出示庭前在卷证据材料并质证的方式，难以满足改革背景下庭审指控犯罪的需要。这一概念上的拓展，体现了诉讼制度改革和庭审实质化进程中公诉人出庭举证质证工作内容的新变化。

树立正确的司法理念和原则，是做好出庭公诉工作包括举证质证工作的基础。《指引》第四条提出了公诉人举证质证应当遵循的四项原则：一是实事求是，客观公正。在刑事诉讼中，公诉人代表国家出庭支持公诉，是法律的守护人，而不是一方当事人，坚持以事实为根据，以法律为准绳，恪守客观公正立场是对国家公诉工作的基本要求。恪守客观公正立场，要求公诉人站在客观公正的角度，寻求案件事实和真相，克服单纯追求打击犯罪、激情追诉的心态，公正全面地审查出示辩驳证据。坚持惩罚犯罪与保障人权并重，既要依法指控犯罪，又要严格把关和强化诉讼监督，保障无罪的人不受刑事追究，保障有罪的人公正接受审判。出庭举证质证过程中，公诉人要全面出示证据，既要出示对证明被告人有罪以及其他不利的证据，也要出示对被告人有利的证据，包括依法排除非法证据，也要注重对证据的综合审查判断，注重对证据合法性的调查核实和证明。二是尊重辩方，理性文明。尊重和保障犯罪嫌疑人、被告人辩护权，保障律师依法执业，是尊重和保障人权的必然要求，也是衡量司法文明进步程度的标尺。在出庭举证质证工作中，尊重辩方、理性文明司法，也是公诉人必须坚持的基本原则和基本理念。尊重辩方，就是要依法保障辩护权，特

别是注意保护犯罪嫌疑人、被告人自我辩护的权利，保障律师的会见权、阅卷权、调查取证权等。公诉人应当耐心倾听律师意见，不仅在审查起诉阶段耐心听取，而且在出庭公诉工作中对辩方符合事实法律的质证，要实事求是客观公正地发表意见，给予应有的尊重。要注意与辩护方加强平等协商，特别是在举证方式、举证顺序、简化举证等方面与辩方尽力达成一致意见。应当保持司法权力的谦抑性，摒弃强势心理，做到有理、有力、有节，与辩护人理性平和抗辩，做到"对抗而不对立、交锋而不交恶"。三是遵循法定程序，服从法庭指挥。程序正义是保障当事人诉讼参与权、诉求表达权、诉讼程序与结果知情权以及诉讼权利不受非法侵犯的制度保障。公诉人在出庭公诉工作中，应当严格遵循法定程序做好举证质证，依法参加庭前会议、排除非法证据、补正瑕疵证据、展开讯问和询问等。特别是，审判是控辩审三方共同参与的刑事诉讼活动，公诉人作为指控犯罪的主角，应当尊重法庭对庭审进程的主导，服从法庭对举证方式顺序、申请证人出庭、质证辩论等方面的指挥。四是突出重点，有的放矢。这是对出庭举证质证工作方法的基本要求。实践中，一些公诉人尚未建立对举证质证功能的正确认知，有的认为举证质证不过是对证据程序性的出示罗列，无关紧要，有的认为"法庭辩论阶段"才是控辩对抗的主阶段，不在意"法庭调查阶段"尤其是举证质证环节的立论与抗辩，因而出现举证质证虚化、走过场，不注意总结和有效运用举证质证方法，致使举证质证千篇一律、机械罗列，在服务构建证据体系、证明公诉主张、有效反驳辩解方面的功能不足。张军检察长明确指出："公诉活动中如何掌控、把握庭审主动权，有理、有力，效果良好地指控犯罪，必须熟悉庭审规则，积极运用庭审规则。"该条将"突出重点，有的放矢"作为举证质证的原则，就是强调方法论的重要性，旨在引导公诉人立足举证质证的功能意义，针对具体案件事实证据情况，突出指控重点，灵活运用各类举证质证方法，通过构建证据体系，加强庭审说理和论证，运用总结、说明、辩驳、证实、排伪等方法，及时开展立论与抗辩，证明公诉主张，有效反驳辩解，把握主动权，实现证明目的。

四、关于构建认罪和不认罪案件相区别的出庭公诉模式

《指引》第一条开宗明义，提出"构建认罪和不认罪案件相区别的出庭公诉模式"，第五条提出："公诉人可以根据被告人是否认罪，采取不同的举证质证模式。被告人认罪的案件，经控辩双方协商一致并经法庭同意，举证质证可以简化。被告人不认罪或者辩护人作无罪辩护的案件，一般应当全面详细举证质证。但对辩护方无异议的证据，经控辩双方协商一致并经法庭同意，举证质证也可以简化。"将"被告人不认罪或者辩护人作无罪辩护"和"被告人认罪或虽然不认罪但辩护方无异议"作为区分"全面详细举证质证"与"简化

举证质证"的标准。同时，在《指引》第十四条、第十五条、第二十二条、第四十一条、第四十四条、第四十六条关于举证和质证的具体要求和方法中，也都体现了区分认罪与不认罪案件不同处理模式，繁简分流，以及突出重点的原则要求。理由在于，以审判为中心的刑事诉讼制度改革提出推进案件"繁简分流"。2014 年以来，全国人大常委会先后授权最高人民法院、最高人民检察院在部分地区开展刑事案件速裁程序试点和刑事案件认罪认罚从宽制度试点，并细化了一系列诉讼制度和工作机制，两项改革的推进对刑事诉讼的理念观念、工作机制、一般原则、工作方法等均产生重大影响。此外，从犯罪结构看，有统计显示，我国犯罪结构呈现重罪和轻罪案件的"二八"现象，即重罪案件占整个犯罪案件比例为两成左右，而轻罪案件大致占八成左右；相应地，不认罪案件和认罪案件也呈现"二八"分化，认罪案件占到公诉部门审查办理案件的 80% 左右，犯罪结构的变化对出庭工作、举证质证工作也带来了新的影响。可以说，以审判为中心的刑事诉讼制度改革和刑事案件认罪认罚从宽制度改革均体现了"繁者更繁，简者更简"的改革趋势，犯罪结构的变化，对统筹推进庭审实质化和案件繁简分流提出现实需求。随着改革的深入推进，我国的刑事诉讼制度确立了普通程序、简易程序、刑事案件速裁程序有序衔接的多层次诉讼程序体系，强调疑难复杂案件要按照庭审实质化要求审理、简单案件要快速审理。相应地，适应改革趋势，体现繁简分流的要求，构建认罪与不认罪案件相区别的举证质证模式，是当前出庭公诉工作的新课题和现实需要。

五、关于举证质证的准备

《指引》第二章规定了"举证质证的准备"，这主要是考虑到举证质证的准备是举证质证工作的重要基础。实践中，一些公诉人对举证质证的准备工作认识不足，重视不够。修改后的刑事诉讼法规定控方证据在审查起诉阶段就向辩方全面展示，使辩方在庭前便对控方证据了如指掌，公诉人若不事先了解辩方的辩论点和辩论方向，对争议焦点做足准备，庭审或将难以应对。修改后的刑事诉讼法确立庭前会议制度，相关司法解释对之进行了完善，但实践中一些公诉人不重视、不善用庭前会议，对法院召开庭前会议消极跟从，不注重做好控辩沟通，庭前会议走过场。随着庭审实质化的不断推进，庭审对抗日趋激烈、庭审情况瞬息万变，公诉人务必做好充足准备才能有效应对。在庭审前再次查阅案卷、熟悉案情、参加庭前会议、制定提纲和策略、补充相应知识等，均是为应对庭审对抗所做的有效准备，对掌控庭审形势具有重要意义。特别是庭前会议在整理争点、确定举证方式、确定出庭证人名单、排除非法证据等方面具有重要作用，对庭审有重要影响，更加凸显了庭前准备工作的重要性。为

此，《指引》第二章专章对庭审前制作审查报告、取回和查阅卷宗、继续熟悉
案情、充实专业知识、制作举证质证提纲、参加庭前会议、申请控方证人出
庭、调查核实和排除非法证据、补正瑕疵证据等均作出规定，引导公诉人为庭
审举证质证工作做好充足准备。

六、关于证据合法性的举证质证

非法证据排除是修改后的刑事诉讼法的重要内容。实践中，质疑证据收集
合法性并要求排除非法证据是辩护方常用的诉讼策略。而一些公诉案件在证据
体系构建中仍存在"重实体轻程序"的倾向，忽视对证据合法性的举证质证，
比如，有的案件审查起诉阶段未收到非法证据排除申请，就不主动调查核实，
有的案件注意调查言词证据合法性，忽然实物证据合法性，有的程序审查后不
重视证明取证合法性材料的固定，在法庭上无法展开取证合法性的举证质证。
在举证中，突出对证据合法性的示证，在辩方质疑时，对证据合法性予以答
辩，是保证公诉案件客观公正符合程序正义的关键，也是公诉人应对庭审对抗
的重点难点。为此，《指引》第十条、第十一条、第十二条、第十八条、第五
十条、五十一条对证据合法性的调查、举证与证明提出了基本要求。在控辩双
方对被告人供述的证据合法性发生争议时，公诉人可以根据讯问笔录、羁押记
录、提讯登记、出入看守所的健康检查记录、医院病历、看守所管教人员的谈
话记录、采取强制措施或者侦查措施的法律文书、侦查机关对讯问过程合法性
的证明材料、侦查机关或者检察机关对证据收集合法性调查核实的结论、驻看
守所检察人员在侦查终结前对讯问合法性的核查结论等，对庭前讯问被告人的
合法性进行证明，可以要求法庭播放讯问同步录音、录像，必要时可以申请法
庭通知侦查人员或者其他人员出庭说明情况。控辩双方对收集证人证言、被害
人陈述、物证、书证等的合法性以及其他程序事实发生争议的，公诉人可以参
照前款规定出示、宣读有关法律文书、侦查或者审查起诉活动笔录等予以证
明。必要时，可以建议法庭通知负责侦查的人员以及搜查、查封、扣押、冻
结、勘验、检查、辨认、侦查实验等活动的见证人出庭陈述有关情况。

七、关于举证的基本要求和一般方法

《指引》第十四条至第二十九条是对举证基本要求和一般方法的规定，旨
在提出举证环节公诉人应当坚持的基本遵循，总结公诉实践中在举证方法策略
方面的基本经验，引导公诉人突出重点，有的放矢，科学合理布局示证体系，
实现证明目的。第十四条提出在全面出示证据的基础上注重繁简分流，强调举
证前要对举证方式、证据种类、名称、收集主体和时间以及所要证明的内容向
法庭作出说明，举证完毕后，应当对出示的证据进行归纳总结，明确证明目

的，突出运用说明、总结、归纳等方法进行立论与说理的重要性。第十九条和第二十一条，提出了"一般应当一罪名一举证、一事实一举证"的原则和结合认罪态度"分组举证"或"逐一举证"的方法，同时明确了"案情复杂、同案被告人多、证据数量较多的案件，一般采用分组举证为主、逐一举证为辅的方式"。考虑到被告人不认罪案件的举证是庭审举证中的难点，没有被告人供述且被告人辩解较多时，如何通过举证构建证据体系，有效反驳辩解，证明公诉主张，使法庭确信有罪，需要组合运用多种举证质证方法有效应对，因此第二十三条和第二十四条总结地方检察机关公诉部门在办理具体案件中一些行之有效的经验方法策略，提出了被告人不认罪案件和被告人庭审翻供案件的举证基本方法，又细化出零口供案件、辩点较多案件、依靠间接证据定案的不认罪案件几种类型，分别提出了关键证据优先法、先易后难法、层层递进法等举证方法，加强对公诉人办理被告人不认罪案件时方法策略上的引导。

八、关于质证的基本要求和一般方法

《指引》第四章是关于质证工作的规定，主要提出了质证的基本要求和对辩护方质证的答辩、对辩护方证据的质证、法庭对质的一般方法。第四十条明确了质证应当"一证一质一辩"的原则。同时，《指引》第四十条提出，质证阶段的辩论，一般应当围绕证据本身的真实性、关联性、合法性，针对证据能力有无以及证明力大小进行。对于证据与证据之间的关联性、证据的综合证明作用问题，一般在法庭辩论阶段予以答辩。第四十二条提出，公诉人可以根据需要将举证质证、讯问询问结合起来，在质证阶段对辩护方观点予以适当辩驳，但应当区分质证与辩论之间的界限，重点针对证据本身的真实性、关联性、合法性进行辩驳。第四十四条规定，公诉人应当进行全面、及时和有针对性地答辩。辩护方提出的与证据的证据能力或者证明力无关、与公诉主张无关的质证意见，公诉人可以说明理由不予答辩，并提请法庭不予采纳。公诉人答辩一般应当在辩护方提出质证意见后立即进行。在不影响庭审效果的情况下，也可以根据需要在法庭辩论阶段结合其他证据综合发表意见，但应当向法庭说明。上述规定的主要考虑是，目前诉讼实践体现出质证辩论愈发丰富、实质化的趋势，被告人、辩护人的辩护思路通常可以通过质证意见予以解读，公诉人应当及时做好质证答辩，做到全面、及时和有针对性，"全面"是公诉人针对辩护方对证据提出的每项质疑，应当尽可能全面地进行答辩，这样既可以强化合议庭和旁听人员对证据的印象，避免出现认为公诉人回避质疑的情形，同时为下一环节的法庭辩论扫清障碍；"及时"是公诉人对辩护方的质疑应当及时答辩或者说明，不要留到法庭辩论等后续环节，一般情况下，在辩护方对证据提出质疑后，审判长会让公诉人进行解释，但如果审判长没有此项指示，公诉

人可以在出示下一组证据之前，主动向合议庭要求进行补充答辩；"针对性"强调公诉人要针对辩护方提出的质疑，有针对性地进行答辩。总体思路是"原则不让，枝节不辩"。第四十六条规定，公诉人对辩护方质证的答辩，应当重点针对可能动摇或者削弱证据能力、证明力的质证观点进行答辩，对于不影响证据能力、证明力的质证观点可以不予答辩或者简要答辩。同时，《指引》提示公诉人注意把握质证与法庭辩论之间的界限，质证要解决的是单个证据的"三性"问题，着眼于微观，是小辩论，法庭辩论针对的是对事实认定与法律适用的分歧，着眼于宏观，是大辩论。在法庭上，有时辩护方在质证过程中，就会对案件证据与证据之间的关联性、证据的综合证明作用，以及相关的事实认定和法律适用问题发表意见，公诉人应当掌握好质证与辩论之间的界限，不要在质证阶段陷入对事实和法律的辩论之中。当辩护方在质证中发表辩论观点时，公诉人可以作出说明，即辩护方所提出的问题，公诉人将在法庭辩论环节进行详细答辩。

九、关于证人出庭的举证质证

修改后的刑事诉讼法和以审判为中心的刑事诉讼制度改革体现庭审实质化趋势，较为突出的是对证人、鉴定人、有专门知识的人和侦查人员出庭作证提出要求。实践中，证人出庭作证的情况不够理想，一些案件控方担心证人出庭导致庭审变数过大，不愿意证人出庭；一些案件控方关键证人虽然出庭，但在法庭上因为压力而慌乱失措，出庭效果没有实现；还有一些案件，庭审前对关键证人复核不到位，出庭后证言发生变化，影响对犯罪的指控。整体上看，出于多种原因，证人出庭的数量和效果仍有待提升。为此，《指引》突出对证人等"四类人员"出庭作证工作的全程指引，在第十条、第三十一条至第三十四条、第四十七条至第四十九条、第六十五条至第六十七条，对证人出庭的准备、询问应遵循的要求、质证的重点方向作了规定。特别是针对证人出庭翻证问题的应对、辩方质疑证人言词证据情况如何应对，总结吸收了实践中的基本经验。如证人出庭作证的证言与庭前提供的证言相互矛盾的，公诉人应当问明理由，并对该证人进行询问，澄清事实。认为理由不成立的，可以宣读证人在改变证言前提供的笔录内容，并结合相关证据予以反驳。对未到庭证人的证言笔录，应当当庭宣读。宣读前，应当说明证人和本案的关系。对证人证言笔录存在疑问、确实需要证人出庭陈述或者有新的证人的，公诉人可以要求延期审理，由法院通知证人到庭提供证言和接受质证。公诉人申请出庭的证人当庭改变证言、被害人改变其庭前的陈述的，公诉人可以询问其言词发生变化的理由，认为理由不成立的，可以择机有针对性地宣读其在侦查、审查起诉阶段的证言、陈述，或者出示、宣读其他证据，对证人、被害人进行询问，予以反驳。辩护方质疑言词证据之间存在矛盾的，公诉人可以综合全案证据，立足证据证明体系，从认知能力、与当事人的关系、客观环境等角度，进行重点答辩，合理解释证据之间的矛盾。辩护方质疑证人当庭证言与庭前证言存在矛盾的，公诉人可以有针对性地对证人进行发问，也可以提请法庭决定就有异议的内容由被告人与证人进行对质诘问，在发问或对质诘问过程中，对前后矛盾或者疏漏之处作出合理解释。

另外，《指引》第五章"附则"第七十六条强调了两方面内容。一方面，考虑到对适用刑事案件速裁程序案件不进行法庭调查，明确该《指引》内容适用于第一审非速裁程序案件，但二审、再审案件可以参考。另一方面，考虑到庭审瞬息万变的复杂情况，强调公诉人出庭举证质证工作应灵活应变，本《指引》仅供出庭参考，不属于规范性文件，不是公诉人出庭的规定动作。

最高人民检察院
关于印发《检答网使用管理办法》的通知

（2018 年 7 月 16 日公布并施行　高检发研字〔2018〕11 号）

各省、自治区、直辖市人民检察院，解放军军事检察院，新疆生产建设兵团人民检察院：

为促进全体检察人员深入学习贯彻习近平新时代中国特色社会主义思想特别是政法思想，进一步加强检察机关政治建设和业务能力建设，最高人民检察院决定开办检答网。为保障检答网规范、高效、安全、稳定运行，制定《检答网使用管理办法》（以下简称《办法》）。现将《办法》印发你们，并就贯彻执行好《办法》通知如下：

一、深刻认识检答网建设使用的重要意义

检答网是最高人民检察院为全国检察人员提供法律政策运用和检察业务咨询答疑服务的信息共享平台。开办检答网是加强新形势下检察队伍素质能力建设的重要抓手，是践行"讲政治、顾大局、谋发展、重自强"总要求的重要举措。各级人民检察院要高度重视检答网的建设、使用和管理，加强组织领导，省级人民检察院要结合本地工作实际，进一步细化落实《办法》的措施。要做好《办法》的教育培训，鼓励检察人员使用检答网进行自主学习、互助交流，确保检答网的使用管理取得实效。

二、及时启动检答网登录咨询工作

检答网由最高人民检察院在互联网平台统一搭建，供全体检察人员使用。为保障检察人员实名登录检答网，各级人民检察院检察技术信息部门和人事管理部门具体负责使用系统默认的管理员账户和密码登陆检答网，逐项填录本院检察人员的基本信息。要确定系统管理员，做好后期检答网用户信息的增、删、改等日常管理工作。全体检察人员要熟悉检答网咨询答疑流程，在检答网首页底部"资料下载"栏目下载有关培训课件，学习掌握检答网的操作使用方法。

三、切实做好检答网答疑工作

根据《办法》规定，省级人民检察院检答网专家组负责本省范围内检察

人员咨询问题的答疑工作,相关日常组织工作由各省级人民检察院法律政策研究室负责。各省级人民检察院法律政策研究室在检答网上线运行前,要根据本地实际,确定检答网专家组人员组成,明确其工作职责,细化值班、答疑、发布、上报等工作规范和流程,报最高人民检察院检察理论研究所备案。

四、强化部门联动和指导督查

各省级人民检察院各内设机构要重视对接联动,根据职能分工配合做好检答网的建设、运营、维护等各项工作,形成工作合力。各省级人民检察院法律政策研究室要掌握咨询答疑工作总体情况,检察技术信息部门要做好技术保障工作。

各省级人民检察院要加强对下指导和督查,利用检答网后台统计功能,对本地检察人员使用检答网的情况进行统计分析,定期通报情况,及时研究解决检答网使用中遇到的问题。适时开展对专家组答疑工作的效果评估,并结合答疑情况,及时调整专家组成员。

贯彻执行《办法》中遇到的问题,需要最高人民检察院研究解决的,技术性问题及时报最高人民检察院检察技术信息研究中心,答疑工作问题及时报告最高人民检察院检察理论研究所。

最高人民检察院
2018 年 7 月 16 日

附:

检答网使用管理办法

第一章　总　　则

第一条　为保障检答网规范、高效、安全、稳定运行,结合检察工作实际,制定本办法。

第二条　检答网是为检察人员学习运用习近平新时代中国特色社会主义思想特别是政法思想,理论联系实际,提供法律政策运用、检察业务咨询答疑服务,加强检察机关政治建设和业务能力建设的信息共享平台。

第三条　检察人员应当实名登录检答网,对检察工作、学习和研究中涉及的法律适用、办案程序和司法政策等方面问题进行咨询。

咨询仅限于办案工作中涉及的法律、司法解释以及规范性文件的理解和适用，不得反映案件的具体情况，不得对案件的事实认定问题进行咨询。

第四条　下级人民检察院办理具体案件中，对涉及法律适用、办案程序、司法政策等方面确属重大疑难复杂的问题，需要向上级人民检察院请示的，应当按照《人民检察院案件请示办理工作规定（试行）》办理。

第五条　最高人民检察院、省级人民检察院组织成立检答网专家组，负责答疑工作。

检答网专家组发布的答疑意见不具有法律效力和规范力，不得在法律文书、工作文书中援引作为办案的理由和依据，仅供检察人员学习、研究和参考。

第六条　检答网专家组实行值班制度，由值班的专家组成员负责答疑工作。

第七条　检答网专家组应当认真研究咨询的问题，严格依据法律、司法解释和检察工作规定，提出明确答疑意见，在检答网及时发布。

第二章　省级人民检察院专家组答疑

第八条　省级人民检察院检答网专家组负责本省范围内检察人员咨询问题的答疑工作。

第九条　省级人民检察院检答网专家组负责以下具体工作：

（一）研究、拟定并发布答疑意见；

（二）定期研究分析本省范围内咨询答疑的相关数据资料；

（三）与咨询答疑有关的其他工作。

对重大疑难复杂问题不能形成一致意见的，报院领导审批；院领导认为需要报最高人民检察院检答网专家组答疑的，报最高人民检察院检答网专家组。

第十条　省级人民检察院检答网专家组一般应当在收到咨询问题后的二个工作日内发布答疑意见。重大疑难复杂问题应当在收到咨询问题后的四个工作日内发布答疑意见。

需要报最高人民检察院检答网专家组的，应当在收到咨询问题后的五个工作日内将答疑意见、院领导审批意见等材料报最高人民检察院检答网专家组。

第十一条　省级人民检察院检答网专家组的工作程序和人员组成，由各省级人民检察院根据本省的具体情况确定，日常工作由法律政策研究室负责。

第三章　　最高人民检察院专家组答疑

第十二条　最高人民检察院检答网专家组负责省级人民检察院报请咨询问题的答疑工作。

第十三条　最高人民检察院检答网专家组负责以下具体工作：

（一）研究、拟定答疑意见，送最高人民检察院相关部门审核；

（二）发布答疑意见；

（三）与咨询答疑有关的其他工作。

第十四条　最高人民检察院审核答疑意见部门的工作人员对专家组答疑意见提出初审意见，经部门负责人审查后送最高人民检察院检答网专家组发布。

第十五条　最高人民检察院检答网专家组应当在收到咨询问题后的二个工作日内拟定答疑意见，送最高人民检察院相关部门审核。

最高人民检察院审核答疑意见的部门应当在收到答疑意见后的二个工作日内提出审核意见，送检答网专家组发布。

需要召开专家论证会研究的，应当在取得答疑意见后，及时送检答网专家组发布。

第十六条　最高人民检察院检答网专家组人员由检察理论研究所、国家检察官学院及有关业务厅室人员组成。必要时，可邀请院校、科研机构专家学者参与相关工作。

第十七条　最高人民检察院各内设机构负责审核本部门业务工作范围内的答疑意见。

参与审核的工作人员包括上述部门的负责人、业务骨干等，具体人员由各审核部门根据实际情况确定。

第十八条　最高人民检察院检答网的日常工作由检察理论研究所会同国家检察官学院负责。

第四章　　数据及保障要求

第十九条　检答网建立数据库，提供法律、司法解释、司法解释性质文件、指导性案例、典型案例，最高人民检察院、省级人民检察院制定的规范性文件，以及咨询问题和答疑意见的查询服务。

最高人民检察院和省级人民检察院制定相关文件的，应当及时解读，在检答网数据库公布。

第二十条　检答网用户资料增加、删除、修改等信息维护工作，由检察技术信息部门和人事管理部门共同负责。

第二十一条　最高人民检察院检察技术信息研究中心是检答网运行维护管理工作的主管部门，负责以下具体工作：

（一）检答网软硬件基础建设和运行维护；

（二）检答网版本发布、升级；

（三）解答、处理检答网使用过程中的技术问题；

（四）对需求分析进行技术指导；

（五）制作数据备份；

（六）定期公布全国范围内咨询答疑的相关数据资料；

（七）其他技术保障工作。

第二十二条　最高人民检察院、省级人民检察院的其他内设机构，根据职能分工，配合做好检答网的建设、运营、维护等工作。

工业和信息化部、最高人民法院、最高人民检察院、教育部、公安部、司法部、人力资源和社会保障部、住房和城乡建设部、文化和旅游部、国家卫生健康委员会、国家市场监督管理总局、中国银行保险监督管理委员会、中国证券监督管理委员会综合整治骚扰电话专项行动方案

（2018 年 7 月 18 日公布并施行　工信部联信管〔2018〕138 号）

当前，营销电话扰民、恶意电话骚扰等问题日益突出，严重影响人民群众正常生活。依据《网络安全法》《消费者权益保护法》《全国人大常委会关于加强网络信息保护的决定》《电信条例》等法律法规，现决定自 2018 年 7 月起至 2019 年 12 月底，在全国开展综合整治骚扰电话专项行动。

一、总体要求

全面贯彻党的十九大和十九届二中、三中全会精神，以习近平新时代中国特色社会主义思想为指导，落实国务院治理骚扰电话有关部署要求，充分调动社会各方力量和有利因素，综合采用法律、行政、经济和技术等多种手段，重点对商业营销类、恶意骚扰类和违法犯罪类骚扰电话进行整治，规范通信资源管理，加强源头治理，打击非法获取个人信息的行为，合力斩断骚扰电话利益链，实现商业营销类电话规范拨打、恶意骚扰和违法犯罪类电话明显减少的目标。

二、重点工作

（一）严控骚扰电话传播渠道

由工业和信息化部牵头，组织各地电信管理机构督促相关基础电信企业、呼叫中心企业、互联网企业等加强语音通信业务和资源管理，防范电话扰民。

1. 加强语音线路和码号资源管理。各基础电信企业要按照"谁接入谁负责"的原则，严格语音线路和"95""96""400"等码号资源的用户资质审查，规范资源使用，全面掌握使用主体、接入位置、资源用途、允许传送的主

叫号码等信息，定期排查语音中继、互联网专线接入，杜绝违规使用线路资源的行为，严禁为非法经营、超范围经营提供线路资源和业务接入。

2. 加强电话用户合同约束。各基础电信企业要完善个人用户和集团用户的合同管理，规范用户通信行为，对重点地区号码使用从严管理。在合同中明确业务使用规范、用户违约责任和相应处罚措施，对拨打骚扰电话的用户，应依据协议约定进行处置和违约责任追究，涉及违法违规的，要及时报相关主管部门。

3. 全面规范营销外呼业务。呼叫中心企业要对经营资质、自营和外包业务进行全面规范，包括：业务名称、业务委托主体、业务类型、外呼业务号码、外呼对象和内容以及具体联系方式等。开展商业营销外呼的，应当征得用户同意，建立用户白名单并留存相关依据资料，规范外呼时段、行为等，不得对用户正常生活造成影响。用户明确表示拒绝后，不得继续向其发起呼叫。

4. 全面清理各类骚扰软件。各互联网企业要全面清理网上"呼死你"等骚扰软件和设备信息，切断相关软硬件推广、销售和使用渠道。

（二）全面提升技术防范能力

由工业和信息化部牵头，组织各地电信管理机构推动各相关单位加强技术防范能力建设。

1. 强化主叫号码鉴权和通话溯源。基础电信企业要严格规范企业客户可以使用的号段范围，严禁利用透传技术虚拟主叫号码或自行修改主叫号码，对未通过鉴权的呼叫一律进行拦截。要按照相关规定和时限要求，留存通信数据，配合做好通话溯源倒查工作。

2. 提升骚扰电话拦截能力。基础电信企业要加强骚扰电话拦截配套技术系统建设，利用云计算、大数据等技术手段，加强数据共享能力建设，提升骚扰电话识别和拦截能力。要严格落实相关技术标准和规范要求，加强以"＋86"开头的虚假号码境外来电拦截，做好不规范主叫号码和"响一声""呼死你"等骚扰电话的甄别和拦截。

3. 增强骚扰电话提醒和预警能力。移动智能终端制造企业应支持手机终端配备防骚扰电话能力。基础电信企业、移动转售企业、相关互联网企业应通过短信、闪信、应用软件等方式为手机提供疑似骚扰电话标注、拦截和风险防控警示服务。中国通信标准化协会应加快制定相关标准，中国信息通信研究院应组织电话标注企业规范标记内容，提高号码标记准确性，并及时向各行业主管部门通报。

4. 增强骚扰电话综合管控能力。电信管理机构指导各相关单位，充分利用现有全国诈骗电话防范系统和网间互联互通监测系统，增强骚扰电话监测和标注等相关功能，建立联动工作机制，协同做好骚扰电话的监测发现等综合整治工作。探索建立全国防骚扰信息综合服务平台，统计分析用户对各类商业营销信息的接收意愿，引导基础电信企业、移动转售企业、呼叫中心企业等加强对商业性电子信息的规范传播。

（三）规范重点行业商业营销行为

由各相关主管部门牵头，加强各行业商业营销规范管理，宣贯相关法律法规，查处商家违规滥发商业类电子信息的行为，严禁在用户明确表示拒绝后仍向其拨打营销电话，对违法违规企业和从业人员依法采取监管措施或予以行政处罚，从源头上杜绝营销电话扰民。

1. 严格规范金融类电话营销行为。中国银行保险监督管理委员会、中国证券监督管理委员会依职责分工，加强对金融机构和从业人员的监督管理，严格规范贷款、理财、信用卡、股票、基金、债券、保险等业务的电话营销行为，督促金融机构对其委托的第三方机构的电话营销行为加强管理。

2. 严格规范售房租房电话营销行为。住房和城乡建设部牵头，加强对房地产开发企业、房地产经纪机构和房地产经纪人员的监督管理，严格落实中介机构备案制度，严格规范电话营销行为。

3. 严格规范医疗机构、保健食品生产经营企业的电话营销行为。国家卫生健康委员会、国家市场监督管理总局等依职责分工负责，加强医疗机构和保健食品生产经营企业依法执业（经营）监管，特别是加强对涉嫌违法违规开展电话营销的医疗机构、保健食品生产经营企业的监管，规范母婴保健、医疗美容等医疗行为以及保健食品生产经营行为，严厉打击无证行医、非法医疗美容和违法违规生产经营保健食品。

4. 规范人力资源服务、旅游等行业的电话营销行为。人力资源和社会保障部、文化和旅游部等依职责分工负责，加强对人力资源服务、旅游等行业、企业和从业人员的事中事后监管，配合相关部门健全完善商业信息发布管理制度，严格规范电话营销行为。

（四）依法惩处违法犯罪

公安部牵头，集中侦破一批利用电话实施诈骗、敲诈勒索、虚假广告宣传等违法犯罪案件。对明知从事违法犯罪活动，仍提供网络、技术、线路等服务的企业和人员依法严惩。集中侦破一批侵犯公民个人信息犯罪案件。依法严厉打击各行政机关和电信、金融、医疗、教育、物业、物流、寄递等重点单位工作人员非法出售或者向他人提供公民个人信息的违法犯罪行为。

（五）健全法规制度保障

工业和信息化部、教育部、人力资源和社会保障部、住房和城乡建设部、文化和旅游部、国家卫生健康委员会、国家市场监督管理总局、中国银行保险监督管理委员会、中国证券监督管理委员会等部门依据职责，研究完善行业内电话营销管理规则，督促业内企业和机构依法规范开展电话营销业务，加大对电话扰民企业和人员惩戒力度，将违法违规行为列入相关信用记录。国家市场监督管理总局牵头，将有关企业的行政处罚、抽查检查结果、严重违法失信企业名单等信息通过国家企业信用信息公示系统归集，记于企业名下并依法向社会公示。最高人民法院、最高人民检察院对于涉骚扰电话相关案件给予法律指导，研究提出适用法律意见。司法部配合各相关部门，推动完善相关法律规定，进一步规范电话营销行为。

三、相关要求

（一）高度重视，落实责任

各相关部门要充分认识骚扰电话治理工作对于服务人民群众、维护社会稳定的重要意义，明确相关负责人、联系人及具体工作职责和工作方案，细化责任、层层落实，真抓实干、勇于担当，把行动方案落到实处，切实遏制骚扰电话蔓延态势。

（二）加强联动，务求实效

工业和信息化部建立骚扰电话联合行动工作机制，强化部门间沟通协作；建立多部门联合响应处理机制，查处严重电话扰民和违法犯罪类电话案件；建立联合惩戒机制，各部门对存在严重违规行为的企业和个人实施联合惩戒，使其"一处失信，处处受限"。

（三）强化宣传，引导自律

运用多种媒体渠道，及时反映行业治理成效，曝光违规企业和典型案例，提升用户防范意识，营造良好舆论环境。工业和信息化部每季度通报相关治理情况，引导行业自律，加强社会监督。

（四）畅通渠道，促进共治

电信主管部门为群众提供电话、网站、手机应用等多途径的骚扰电话举报渠道，并将群众举报线索通报各相关主管部门。各相关部门依法依规开展处置后及时反馈结果，保障群众举报"件件有处置，事事有回音"，有效调动社会力量，推进骚扰电话问题社会共治。

最高人民检察院
关于充分发挥检察职能作用
助力打好污染防治攻坚战的通知

(2018 年 7 月 22 日公布并施行)

各省、自治区、直辖市人民检察院，解放军军事检察院，新疆生产建设兵团人民检察院：

2018 年 7 月 10 日，全国人民代表大会常务委员会通过了《关于全面加强生态环境保护依法推动打好污染防治攻坚战的决议》（以下简称《决议》）。为贯彻落实党中央决策部署和全国人大常委会《决议》要求，现就充分发挥检察职能作用，为依法打好污染防治攻坚战提供司法保障有关问题，通知如下：

一、以习近平生态文明思想为指引，切实增强保障打好污染防治攻坚战、促进生态文明建设的使命感和责任感

习近平生态文明思想聚焦人民群众感受最直接、要求最迫切的突出环境问题，深刻阐述了生态兴则文明兴、人与自然和谐共生、绿水青山就是金山银山、良好生态环境是最普惠的民生福祉、山水林田湖草是生命共同体、用最严格制度最严密法治保护生态环境、建设美丽中国全民行动、共谋全球生态文明建设等一系列新思想新理念新观点，对生态文明建设进行了顶层设计和全面部署，是我们保护生态环境、推动绿色发展、建设美丽中国的强大思想武器。检察机关作为国家法律监督机关，肩负着贯彻落实党中央关于生态文明建设的决策部署、贯彻落实全国人大常委会《决议》、确保生态环境法律统一正确实施的重要职责和使命。依法参与和保障打好污染防治攻坚战，推进生态文明建设，既是旗帜鲜明讲政治，以实际行动维护以习近平同志为核心的党中央权威的必然要求，也是积极主动顾大局，服务经济社会发展、保障和改善民生的必然要求。各级检察机关要切实增强政治责任感和历史使命感，以习近平生态文明思想为方向指引和根本遵循，充分发挥惩治、监督、保护、教育、预防等职能作用，确保保护生态环境"最严密的法治"依法有效运行，推动保护生态环境"最严格的制度"进一步完善，为坚决打好污染防治攻坚战提供有力司法保障。

二、切实履行刑事检察职能，从严惩处影响污染防治攻坚战实施、破坏生态环境刑事犯罪

《决议》要求，"依法严惩重罚生态环境违法犯罪行为"。各级检察机关要认真贯彻落实，始终坚持"严"字当头，加强审查逮捕、审查起诉工作，强化刑事诉讼法律监督，形成高压态势。要以"零容忍"态度坚决惩治非法排放、倾倒或者处置有毒有害污染物、非法排放超标污染物的犯罪，以及篡改伪造环境监测数据、干扰自动检测、破坏环境质量检测系统的犯罪，无证为他人处置危险废物、故意提供虚假环境影响评价意见等环境污染犯罪。要依法严厉惩处群众反映强烈、社会影响恶劣的严重破坏生态环境案事件背后的滥用职权、玩忽职守等职务犯罪。要深化破坏环境资源犯罪专项立案监督，督促行政执法机关及时移送涉嫌犯罪案件，监督侦查机关及时立案查处，切实防止和纠正有案不立、有罪不究、以罚代刑、降格处理等问题，真正让法律成为不可触碰的高压线。要加强生态环境案件刑事侦查活动监督，引导侦查取证，有效解决收集固定证据不及时、不合法，侦查质量不高等问题。要加强生态环境案件刑事审判监督，对于认定事实或者适用法律错误、严重违反法定诉讼程序可能影响公正裁判的，依法提出抗诉；对于量刑畸轻的，不仅个案依法抗诉，还要通过检察建议，要求审判机关注意防止此类问题，切实防止生态环境刑事案件量刑不当、罚不当罪。加强生态环境案件刑事执行监督，强化对刑罚执行、刑事强制措施执行的监督，保证刑罚的惩罚、教育和预防效果的落实。要贯彻宽严相济刑事司法政策，坚持惩办与宽大相结合，对于破坏生态环境资源犯罪危害后果严重、情节恶劣的，从严惩处；对于危害后果较轻、积极修复生态环境，确有悔罪表现的，或者初犯、偶犯，应当从宽处理。

三、充分发挥民事行政检察和公益诉讼检察职能作用，不断加大办理涉生态环境保护案件力度

《决议》要求："完善生态环境保护领域民事、行政公益诉讼制度。"检察公益诉讼制度是运用法治思维和法治方式解决环境污染问题的重要制度设计，也是推进国家治理体系和治理能力现代化的重要举措。各级检察机关要积极实践、探索，把完善检察公益诉讼制度作为新时代检察工作"转型升级"的强大驱动力，不辜负党中央的期望和重托。要坚持以人民为中心的发展思想，落实党中央、国务院打好污染防治攻坚战的各项部署，持续聚焦大气、水、土壤污染防治等领域的重点、难点问题，不断加大公益诉讼办案力度。要认真贯彻落实《决议》，结合本地实际，重点关注执法检查中发现的结构性污染问题突出、监督管理制度落实不到位、防治措施执行不够有力、执法监督和司法保障

有待加强、法律责任不落实等主要问题；重点关注协同打赢蓝天保卫战、打好柴油货车污染治理、城市黑臭水体治理、渤海综合治理、长江保护修复、水源地保护、农业农村污染治理等七场标志性重大战役，加强与环境行政监管机关的协调配合，形成行政执法与检察监督保护生态环境的有效衔接。要加强对涉污染防治民事、行政诉讼的法律监督，既有效保障当事人的合法权益，维护司法公正，又依法支持人民法院的合法裁判，维护司法权威。

四、坚持严格依法办案，提升服务保障打好污染防治攻坚战、保护生态环境的质量和效果

《决议》要求："要严格执行生态环境保护法律制度，确保有权必有责、有责必担当、失责必追究。"各级检察机关要按照《最高人民检察院关于充分发挥检察职能为打好"三大攻坚战"提供司法保障的意见》要求，牢固树立案件质量是司法活动生命线的理念，坚持严格依法办案，严守罪刑法定、疑罪从无、证据裁判规则，加强证据审查把关，夯实案件质量基础。要准确把握罪与非罪标准，严把事实关、证据关和法律适用关。办理公益诉讼案件要充分调查收集证据材料，全面查清环境污染违法事实，准确把握行政机关的法定职责和违法履行职责情况，做到依法监督、准确监督、有效监督。要注意听取行业主管、监管部门意见，防止就案办案，机械司法。要探索生态修复法治方式，贯彻恢复性司法理念，建立生态环境刑事案件修复工作机制，教育引导犯罪行为人自愿履行生态修复义务，并根据被告人修复生态情况提出量刑处理意见，实现惩罚犯罪与保护生态有机结合。要依法充分发挥公益诉讼诉前程序作用，对于涉及行政机关违法行使职权或者不履行职权的情形，可以通过约谈、走访、诉前圆桌会议、听证等形式，积极推动行政机关主动履职纠错，及时修复受损的生态环境。要建立健全风险评估预警处置机制，对重大敏感案件，做好风险评估和预警，研究制定处置预案；加强对所办案件的分析研判，研究提出指导性意见，通过沟通协调形成共识；运用好案例指导，注重总结、推广好经验好做法，指导司法实践，统一司法尺度和标准。

五、注重运用系统思维，形成打好污染防治攻坚战、保护生态环境的合力

《决议》要求："要在党的领导下，广泛动员各方力量，群策群力，群防群治，打一场污染防治攻坚的人民战争。"打好污染防治攻坚战，需要各相关部门守土有责、守土尽责、分工协作、共同发力。各级检察机关要践行双赢多赢共赢理念，加强与相关部门沟通协调，不断增强环境治理保护合力。要建立健全行政执法与刑事司法衔接平台，积极推进与相关行政机关建立、完善信息交流、案件通报、联席会议等机制，在线索发现、调查取证、专业鉴定、技术支持等方面加强协作，共同研究办案中的疑难复杂问题。要结合办案，深入剖析环保领域违法犯罪特点规律和深层次原因，以及环境治理中的问题隐患，查找制度缺陷和监管漏洞，综合运用专题报告、信息简报、综合通报等方式，及时向党委、政府和主管、监管部门提出风险预警及建议。要加强与人民法院的沟通协调，凝聚改革共识，通过办案实践推动检察公益诉讼制度进一步丰富和完善。积极与监察机关沟通协调，围绕检察监督职能和国家监察职能的衔接，建立职务犯罪案件工作衔接及线索"双向"移送工作机制。继续加强与环保协会等社会组织的沟通联系，在法律咨询、证据收集等方面提供专业支持和帮助，形成相关职能部门、社会公益组织、司法机关同心合力保护生态环境的格局。

六、加强组织领导，更好地保障打好污染防治攻坚战

栗战书委员长在《全国人民代表大会常务委员会执法检查组关于检查〈中华人民共和国大气污染防治法〉实施情况的报告》中指出，司法保障作用发挥不充分是法律实施中存在的一个主要问题。各级检察机关要坚持问题导向，加强组织领导，着力解决法律监督职能发挥不平衡、不全面、不充分等突出问题，更好地保障打好污染防治攻坚战。要进一步增强"四个意识"，切实落实领导责任，将参与和保障打好污染防治攻坚战作为当前和今后一个时期的重点任务，健全检察长负总责、分管副检察长具体抓的有效工作机制。各级检察院党组和检察委员会要对参与和保障打好污染防治攻坚战的具体措施、相关办案机制、法律政策把握等进行专门研究，制定切实可行的工作方案。检察长、副检察长、检察委员会委员和业务部门负责人要带头办理环境污染重大复杂案件。各级检察机关要以"主动监督、智慧履责、铁面司法"为基本遵循，不断提升检察监督能力和水平，推动构建精准化打击、多元化监督、专业化办案、社会化治理、法治化服务相结合，刑事、民事、行政和公益诉讼检察协调发力的综合治理体系，坚决助力打赢污染防治攻坚战。

最高人民检察院

2018 年 7 月 22 日

最高人民检察院办公厅
最高人民检察院民事行政诉讼
监督案件专家咨询论证工作办法

（2018 年 7 月 17 日最高人民检察院第十三届检察委员会第四次
会议通过 2018 年 8 月 16 日公布并施行 高检办发〔2018〕27 号）

第一条 为了提高民事行政诉讼监督案件的办案质量和效率，依法、精准提出抗诉和检察建议，促进司法民主、司法公正和司法廉洁，深化检务公开，根据《最高人民检察院专家咨询委员会工作办法》《关于完善人民检察院司法责任制的若干意见》《最高人民检察院关于指派、聘请有专门知识的人参与办案若干问题的规定（试行）》《最高人民检察院关于开展专家咨询委员会委员参与案件咨询论证工作的意见（试行）》等规定，结合检察工作实际，制定本办法。

第二条 最高人民检察院办理民事行政诉讼监督案件，设立专家委员会，提供咨询论证意见。

专家委员会专家从下列人员中选聘：

（一）最高人民检察院专家咨询委员会委员；

（二）高等院校、科研机构或者相关单位推荐的法学专家和技术专家；

（三）中国法官协会推荐的离退休审判业务专家；

（四）具有民事、行政检察专业背景的离退休全国检察业务专家；

（五）中国律师协会推荐的专家型律师；

（六）具有法律专业背景的全国人大代表、全国政协委员。

专家委员会专家实行聘任制，每届任期五年，可以连续聘任。

第三条 下列案件可以提请专家咨询论证：

（一）拟对最高人民法院作出的民事、行政判决、裁定提出监督意见的案件；

（二）省级人民检察院提请抗诉的重大、疑难、复杂案件；

（三）具有重大社会影响的案件；

（四）新类型案件；

（五）具有类案指导意义的案件；

（六）需要提请专家咨询论证的其他案件。

第四条 提请专家咨询论证民事行政诉讼监督案件，可以采取向专家个别咨询和召开专家论证会两种方式。

第五条 承办案件的检察官在审查案件过程中，或者案件经检察官办案组讨论，认为案件符合本办法第三条规定，需要就法律适用或者专业技术等问题向专家个别咨询的，应当提出申请，列明需要咨询的具体问题、涉及专业领域与方向或者专家意向人选，并报部门负责人批准，可以向专家个别咨询。

分管副检察长可以在审批案件过程中决定向专家个别咨询。

向专家个别咨询应当通过书面方式进行，由案件承办部门负责组织实施。

第六条 承办案件的检察官对案件进行初步审查后，或者部门负责人审核案件过程中，认为拟提出抗诉的案件符合本办法第三条规定，需要召开专家论证会进行咨询论证的，应当提出申请，列明需要咨询论证的具体问题、涉及专业领域与方向，经民事行政检察部门检察官联席会议或者主任检察官联席会议讨论，并报分管副检察长批准，可以召开专家论证会。

分管副检察长可以在审批案件过程中决定召开专家论证会。

专家论证会由案件承办部门负责组织实施。最高人民检察院专家咨询委员会办事机构配合做好专家咨询委员邀请、服务等相关工作。参加专家论证会的专家人数不得少于五人。

第七条 召开专家论证会之前，承办案件的检察官应当向参加专家论证会的专家提交需要咨询论证的议题、研究意见、对当事人信息进行技术处理后的初步审查意见等案件材料，告知会议时间和地点，同时申明检察机关的保密规定、工作纪律及其他应当注意的事项。

第八条 专家论证会可以由分管副检察长或者部门负责人主持，也可以委托一位参会的专家主持。专家就咨询论证问题提出意见。承办案件的检察官应当列席专家论证会，及时回答专家问询。

案件承办部门负责整理专家论证会会议记录、制作会议纪要和会议材料归档等工作。

第九条 经专家咨询论证后拟提出抗诉的案件，承办案件的检察官应当根据办案程序的规定继续完成案件审查工作。

相关案件提请检察委员会审议的，案件审查报告应当全面反映专家咨询论证意见。未采纳专家咨询论证意见的，应当说明理由。

向人民法院提出抗诉的案件，专家论证会会议纪要或者专家的个别咨询意见应当复印随检察正卷移送。

第十条　民事行政检察部门应当认真研究专家的咨询论证意见。对于具有普遍指导意义的法律适用问题，应当及时研究制定办理同类案件或者处理同类问题的指导意见，并整理形成指导性案例或者典型案例备选材料。

第十一条　检察委员会审议相关案件，报经检察长同意，可以邀请有关专家到场发表咨询论证意见。

专家在承办案件的检察官汇报完毕后、检察委员会委员表决前发表咨询论证意见，并可以回答委员就有关问题的问询。

第十二条　专家委员会咨询论证案件实行回避制度，参照适用《中华人民共和国民事诉讼法》《中华人民共和国行政诉讼法》《中华人民共和国刑事诉讼法》等法律有关鉴定人回避的规定。

第十三条　专家委员会专家应当遵守法律、法规和检察机关有关规章制度，严格履行保密义务，廉洁自律。

第十四条　开展案件专家咨询论证活动所需经费，从检察机关办案业务经费中列支。

第十五条　地方各级人民检察院开展民事行政诉讼监督案件专家咨询论证工作，可以参照本办法执行。

第十六条　本办法由最高人民检察院负责解释，自发布之日起施行。

最高人民检察院
关于停止执行《人民检察院民事诉讼
监督规则（试行）》第三十二条的通知

（2018 年 9 月 15 日公布并施行　高检发研字〔2018〕18 号）

各省、自治区、直辖市人民检察院，新疆生产建设兵团人民检察院，解放军军事检察院：

经研究，最高人民检察院决定停止执行《人民检察院民事诉讼监督规则（试行）》第三十二条，当事人针对人民法院作出的已经发生法律效力的一审民事判决、裁定提出的监督申请，无论是否提出过上诉，只要符合《中华人民共和国民事诉讼法》第二百零九条规定，均应依法受理。

特此通知。

最高人民检察院

2018 年 9 月 15 日

最高人民检察院民事行政检察厅、控告检察厅关于认真贯彻执行《关于停止执行〈人民检察院民事诉讼监督规则（试行）〉第三十二条的通知》的通知

（2018 年 9 月 21 日公布并施行　高检民〔2018〕18 号）

各省、自治区、直辖市人民检察院民事行政检察部门、控告（控告申诉）检察部门，解放军军事检察院民事检察厅，新疆生产建设兵团人民检察院民事行政检察处、控告申诉检察处：

为严格执行《中华人民共和国民事诉讼法》，保障当事人申请检察监督的权利，根据全国人大常委会法制工作委员会的意见，经最高人民检察院检察委员会研究决定，2018 年 9 月 15 日下发了《关于停止执行〈人民检察院民事诉讼监督规则（试行）〉第三十二条的通知》（以下简称《通知》）。为正确理解和适用《通知》，现将有关要求通知如下：

一、民事行政检察部门与控告检察部门密切沟通配合，严格执行《通知》的有关要求，对于当事人依照《中华人民共和国民事诉讼法》第二百零九条的规定，向人民检察院申请监督，符合受理条件的，应当依法受理。

二、在《通知》下发之前，对当事人不服一审生效判决、裁定的监督申请不予受理的，《通知》下发之后，当事人再次申请监督，只要符合受理条件的，应当予以受理。

三、对于一审生效判决、裁定，当事人根据《中华人民共和国民事诉讼法》第二百零九条第一款的规定向人民检察院申请监督，有《人民检察院民事诉讼监督规则（试行）》第三十一条规定的情形之一的，人民检察院不予受理，并做好释法说理工作。

四、一审判决或者裁定后，当事人在上诉期限内向人民检察院申请监督的，应当引导当事人正确行使诉讼权利，告知当事人向上级人民法院提出上诉；已经超过上诉期限的，应当告知当事人向人民法院申请再审。

五、认真审查当事人未提出上诉的理由，防止当事人滥用审判监督程序。对于无法定情形的原因不提出上诉，人民法院不予再审的，应当慎重行使再审

检察建议权和抗诉权，不应当支持监督申请的，依法作出不支持监督申请决定。经检察委员会讨论决定应当支持监督申请的，依法提出再审检察建议、抗诉或提请上一级人民检察院抗诉。

六、坚持两审终审、再审前置等基本诉讼制度和检察监督规则，不得为扩大监督案件数量，变相鼓励当事人放弃上诉权利，滥用审判监督程序，浪费司法资源。

七、各地在适用《通知》过程中，发现有新情况和新问题的，应当及时层报最高人民检察院。

八、《人民检察院民事诉讼监督规则（试行）》正在修订中，本通知在新修订的监督规则实施后自动废止。

最高人民检察院

民事行政检察厅　控告检察厅

2018 年 9 月 21 日

最高人民法院、最高人民检察院、公安部
关于办理盗窃油气、破坏油气设备等
刑事案件适用法律若干问题的意见

（2018 年 9 月 28 日公布并施行   法发〔2018〕18 号）

为依法惩治盗窃油气、破坏油气设备等犯罪，维护公共安全、能源安全和生态安全，根据《中华人民共和国刑法》《中华人民共和国刑事诉讼法》和《最高人民法院、最高人民检察院关于办理盗窃油气、破坏油气设备等刑事案件具体应用法律若干问题的解释》等法律、司法解释的规定，结合工作实际，制定本意见。

一、关于危害公共安全的认定

在实施盗窃油气等行为过程中，破坏正在使用的油气设备，具有下列情形之一的，应当认定为刑法第一百一十八条规定的"危害公共安全"：

（一）采用切割、打孔、撬砸、拆卸手段的，但是明显未危害公共安全的除外；

（二）采用开、关等手段，足以引发火灾、爆炸等危险的。

二、关于盗窃油气未遂的刑事责任

着手实施盗窃油气行为，由于意志以外的原因未得逞，具有下列情形之一的，以盗窃罪（未遂）追究刑事责任：

（一）以数额巨大的油气为盗窃目标的；

（二）已将油气装入包装物或者运输工具，达到"数额较大"标准三倍以上的；

（三）携带盗油卡子、手摇钻、电钻、电焊枪等切割、打孔、撬砸、拆卸工具的；

（四）其他情节严重的情形。

三、关于共犯的认定

在共同盗窃油气、破坏油气设备等犯罪中，实际控制、为主出资或者组织、策划、纠集、雇佣、指使他人参与犯罪的，应当依法认定为主犯；对于其

他人员，在共同犯罪中起主要作用的，也应当依法认定为主犯。

在输油输气管道投入使用前擅自安装阀门，在管道投入使用后将该阀门提供给他人盗窃油气的，以盗窃罪、破坏易燃易爆设备罪等有关犯罪的共同犯罪论处。

四、关于内外勾结盗窃油气行为的处理

行为人与油气企业人员勾结共同盗窃油气，没有利用油气企业人员职务便利，仅仅是利用其易于接近油气设备、熟悉环境等方便条件的，以盗窃罪的共同犯罪论处。

实施上述行为，同时构成破坏易燃易爆设备罪的，依照处罚较重的规定定罪处罚。

五、关于窝藏、转移、收购、加工、代为销售被盗油气行为的处理

明知是犯罪所得的油气而予以窝藏、转移、收购、加工、代为销售或者以其他方式掩饰、隐瞒，符合刑法第三百一十二条规定的，以掩饰、隐瞒犯罪所得罪追究刑事责任。

"明知"的认定，应当结合行为人的认知能力、所得报酬、运输工具、运输路线、收购价格、收购形式、加工方式、销售地点、仓储条件等因素综合考虑。

实施第一款规定的犯罪行为，事前通谋的，以盗窃罪、破坏易燃易爆设备罪等有关犯罪的共同犯罪论处。

六、关于直接经济损失的认定

《最高人民法院、最高人民检察院关于办理盗窃油气、破坏油气设备等刑事案件具体应用法律若干问题的解释》第二条第三项规定的"直接经济损失"包括因实施盗窃油气等行为直接造成的油气损失以及采取抢修堵漏等措施所产生的费用。

对于直接经济损失数额，综合油气企业提供的证据材料、犯罪嫌疑人、被告人及其辩护人所提辩解、辩护意见等认定；难以确定的，依据价格认证机构出具的报告，结合其他证据认定。

油气企业提供的证据材料，应当有工作人员签名和企业公章。

七、关于专门性问题的认定

对于油气的质量、标准等专门性问题，综合油气企业提供的证据材料、犯罪嫌疑人、被告人及其辩护人所提辩解、辩护意见等认定；难以确定的，依据司法鉴定机构出具的鉴定意见或者国务院公安部门指定的机构出具的报告，结合其他证据认定。

油气企业提供的证据材料，应当有工作人员签名和企业公章。

《关于办理盗窃油气、破坏油气设备等刑事案件 适用法律若干问题的意见》理解与适用

缐　杰　杨建军[*]

为依法惩治盗窃油气、破坏油气设备等犯罪，维护公共安全、能源安全和生态安全，2016 年最高人民法院、最高人民检察院、公安部启动了制定办理盗窃油气、破坏油气设备等刑事案件法律适用意见相关工作。根据刑法、刑事诉讼法和最高人民法院、最高人民检察院《关于办理盗窃油气、破坏油气设备等刑事案件具体应用法律若干问题的解释》（以下简称《解释》）等相关规定，结合工作实际，在进行调研、论证的基础上，形成了最高人民法院、最高人民检察院、公安部《关于办理盗窃油气、破坏油气设备等刑事案件适用法律若干问题的意见》（以下简称《意见》）。

一、起草背景

在《意见》研究起草过程中，主要贯彻了以下原则：

一是宽严相济刑事政策。当前，我国绝大多数的油气资源是通过管道运输的，油气管道是连接油气资源与市场的桥梁和纽带。油气管道安全直接关乎我国能源安全、国家经济安全，影响到人民群众的生产、生活。维护油气管道安全是确保能源安全、保障社会经济健康发展、促进社会稳定繁荣的关键，必须对盗窃油气、破坏油气设备等违法犯罪保持高压态势。鉴于盗窃油气、破坏油气设备等犯罪的危害性各不相同，应通过进一步明确"危害公共安全"含义等，对严重侵蚀国有资产、危害公共安全、破坏生态环境的打孔盗油等犯罪活动，坚持从严打击的刑事政策；对轻微的违法犯罪行为，危害后果不大的，可以从轻处罚，充分发挥《意见》的惩治和预防效果。

二是实事求是原则。调研中，各地公安司法机关反映，在依法办理盗窃油气、破坏油气设备等刑事案件中，现有涉油犯罪的法律、司法解释能满足打击涉油犯罪的基本需要，但也遇到不少法律适用疑难问题，一定程度上影响了打击效果。《意见》对各地遇到的具有普遍性问题的处理予以明确，较好地解决了实践中存在的争议问题。

三是合法性原则。《意见》在保持与现有法律、司法解释一致性的同时，根

---

* 作者单位：最高人民检察院法律政策研究室。

据实际需要对《解释》中的有关法律适用问题进行了合理解释，对实践中新出现的问题明确了处理意见，有利于依法惩治盗窃油气、破坏油气设备等刑事案件。

二、理解与适用

《意见》共七条，主要涉及以下问题：一是关于危害公共安全的认定（第一条）；二是关于盗窃油气未遂的刑事责任（第二条）；三是关于共犯的认定（第三条）；四是关于内外勾结盗窃油气行为的处理（第四条）；五是关于窝藏、转移、收购、加工、代为销售被盗油气行为的处理（第五条）；六是关于直接经济损失的认定（第六条）；七是关于专门性问题的认定（第七条）。

（一）进一步明确"危害公共安全"具体表现

在办理盗窃油气、破坏油气设备案件过程中，对采用切割、打孔、撬砸、拆卸、开关等手段破坏正在使用的油气设备的行为，是否达到危害公共安全的程度，是认定其属于刑法第一百一十八条破坏易燃易爆设备罪的关键。行为人实施《解释》第一条规定的"切割、打孔、撬砸、拆卸、开关等手段破坏正在使用的油气设备"的行为，判断该行为是否达到危害公共安全的程度存在一定的困难，致使对是否构成犯罪难以认定或者认定标准不统一，影响案件办理效果。因此，有必要通过《意见》明确"危害公共安全"的认定方法。

根据《意见》第一条规定，在实施盗窃油气等行为过程中，破坏正在使用的油气设备，"危害公共安全"的情形有两种：

一是"采用切割、打孔、撬砸、拆卸手段的"。采用切割、打孔、撬砸、拆卸手段破坏正在使用的油气设备的，一般应认定为"危害公共安全"。油气属于易燃易爆物品，采用上述破坏性手段盗窃油气的，极易使油气或者油气设备发生爆炸，危害公共安全。虽然行为人为了逃避打击，会采用多种方法防止盗窃油气、破坏油气设备过程中发生燃烧或者爆炸事故，但采用上述方式盗窃油气、破坏油气设备诱发爆炸的危险是客观存在的。此种盗窃油气行为一旦引发爆炸事故，在危及社会公共安全的同时，也会对生态环境造成严重破坏，给油气企业造成巨大损失。同时，鉴于打孔盗油的情况较为复杂，《意见》明确了切割、打孔、撬砸、拆卸手段的例外规定，即这些行为"明显未危害公共安全的"，不应认定为刑法第一百一十八条规定的"危害公共安全"。实践中，行为人采用切割、打孔、撬砸、拆卸手段盗窃油气的，一般存在一定的工作流程，对刚开始实施切割、打孔、撬砸、拆卸手段，如刚安装好打孔盗油设备或者刚刚开始启动切割、打孔等，尚未对油气管道造成损害的，不应将此种行为视为危害公共安全的行为。

二是采用开、关等手段，足以引发火灾、爆炸等危险的。输油输气管道、油水井等油气设备都有严格的操作规程，不得随意开关。从近年来的司法实践经验看，采用开、关方式盗窃油气的情形较为复杂，其行为能否引发爆炸等危害公共安全的危险，要进行具体认定。实践中，采用开、关方式盗窃油气，可以分为以下情形：（1）按照油气企业工作技术规程，利用开、关手段操作油气设备盗窃油气。此类行为主体通常是油气企业内部技术人员或者油气企业内部其他熟悉操作规程的人员。（2）开、关油气设备上违法"打孔栽阀"的阀门盗窃油气。对按照油气企业工作技术规范，开、关油气设备盗窃油气，引发爆炸等危害公共安全的危险性低。上述行为能否都按照危害公共安全罪定罪处罚，需要对行为的社会危害性程度作进一步的分析认定。只有此类行为"足以引发火灾、爆炸等危险"，才能认定为刑法第一百一十八条规定的"危害公共安全"。对于开、关油气设备上"打孔栽阀"的阀门盗窃油气的行为，由于行为不符合油气企业工作技术规范，客观上存在引起油气泄漏，导致火灾或者爆炸等的危险。同时，考虑到开、关行为本身的破坏性不明显，因此有必要对开、关与切割、打孔、撬砸、拆卸进行合理区分。只有在开、关足以引发火灾、爆炸等危险，致使不特定多数人的生命，健康或者重大公私财产处于危险状态，才能认定为危害公共安全。

（二）关于盗窃油气未遂的刑事责任

《解释》第三条第二款规定，盗窃油气，数额巨大但尚未运离现场的，以盗窃未遂定罪处罚。实践中，对已经着手实施盗窃油气行为，因意志以外的原因未得逞的情形非常多，能否按照《解释》以及 2013 年最高人民法院、最高人民检察院《关于办理盗窃刑事案件适用法律若干问题的解释》（以下简称《盗窃解释》）第十二条关于盗窃未遂的规定定罪处罚，存在不同认识。《意见》第二条规定，着手实施盗窃油气行为，由于意志以外的原因未得逞，具有下列情形之一的，以盗窃罪（未遂）追究刑事责任：（一）以数额巨大的油气为盗窃目标的；（二）已将油气装入包装物或者运输工具，达到"数额较大"标准三倍以上的；（三）携带盗油卡子、手摇钻、电钻、电焊枪等切割、打孔、撬砸、拆卸工具的；（四）其他情节严重的情形。

第一项"以数额巨大的油气为盗窃目标的"。《解释》第三条第二款规定，盗窃油气，数额巨大但尚未运离现场的，以盗窃未遂定罪处罚。此种情形通常是指被盗油气已经脱离管道，但尚未被运离盗窃现场的情形。实践中，以数额巨大的油气为盗窃目标，虽然油气未脱离管道，但行为人已经着手实施盗窃行为，客观上也会给油气企业造成损失，比如，油气企业及时发现盗窃行为而引起的管道停输费用损失、对受损管道的维修费用损失等。《盗窃解释》第十二条第一款第一项规定，以数额巨大的财物为盗窃目标的，属于盗窃未遂具体情形之一。该条明确以数额巨大的油气为盗窃目标的，属于盗窃油气未遂，应依法追究刑事责任。是否属于数额巨大的油气通常从行为人的主观目的、犯罪工具、有无共同犯罪人、是否属于惯犯等方面综合予以认定。

第二项"已将油气装入包装物或者运输工具，达到'数额较大'标准三倍以上的"。参考最高人民法院、最高人民检察院《关于办理非法生产、销售烟草专卖品等刑事案件具体应用法律若干问题的解释》中有关未遂的规定，《意见》设置了数额较大"三倍以上"的未遂认定标准。该规定主要针对行为人被当场抓获，但无法证明其以数额巨大的油气为盗窃目标的情况。行为人已经将盗窃的大量油气装载到自己的油气运输包装物或者运输工具上，油气价值达到"数额较大"标准三倍以上的，其危害性已经达到刑事处罚的程度，应当以盗窃罪未遂定罪处罚。

第三项"携带盗油卡子、手摇钻、电钻、电焊枪等切割、打孔、撬砸、拆卸工具的"。本项主要针对的是具有较大危险性的盗油犯罪分子和盗油惯犯。实践中，盗窃油气犯罪活动的组织化特征明显，成员之间分工明确，选择作案地点、将犯罪工具带到犯罪现场、打孔安装阀门、盗窃油气、运输销赃等，往往有专人负责。不同于普通盗窃行为，盗窃油气活动需要一定的技术，行为人实施切割、打孔、撬砸、拆卸行为需要特殊的专业工具。对已经着手实施盗窃油气行为，由于意志以外的原因未得逞而被抓获的，如果发现行为人随身携带油卡子、手摇钻、电钻、电焊枪等切割、打孔、撬砸、拆卸专业工具的，足以表明其具有严重的社会危害性，具备刑事处罚的必要性。

（三）关于共同犯罪的认定

针对实践中盗窃油气、破坏油气设备等刑事案件共同犯罪的复杂情况，《意见》第三条明确了有关共同犯罪的处理方法。

一是第三条第一款规定，"在共同盗窃油气、破坏油气设备等犯罪中，实际控制、为主出资或者组织、策划、纠集、雇佣、指使他人参与犯罪的，应当依法认定为主犯；对于其他人员，在共同犯罪中起主要作用的，也应当依法认定为主犯"。盗窃油气、破坏油气设备等犯罪的组织化程度特征较为明显，行为人为了逃避打击，通常隐藏在幕后，通过资金或者其他方法组织、控制、指挥犯罪组织的活动。因此，对于虽然不直接实施盗窃油气、破坏油气设备犯罪行为的，也应根据其在整个犯罪组织中的作用依法认定为主犯。对于其他在共同犯罪中起主要作用的犯罪分子，比如，具体实施打孔作业的，积极参与运输被盗油气的，等等，也应认定为主犯。

二是第三条第二款规定，"在输油输气管道投入使用前擅自安装阀门，在管道投入使用后将该阀门提供给他人盗窃油气的，以盗窃罪、破坏易燃易爆设备罪等有关犯罪的共同犯罪论处"。为逃避打击，在铺设油气管道的过程中，行为人通过各种方法在油气管道上擅自安装阀门的情况较为常见。在油气管道投入使用后，行为人出售擅自安装的阀门谋取非法利益。在油气管道上预装阀门是盗窃油气犯罪活动的重要环节，买卖预装阀门的双方对盗窃油气活动是有共识的，应按照共同犯罪定罪处罚。实践中，行为人受技术条件限制，在油气管道上预装的阀门存在各种安全隐患，在油气管道正常使用后容易诱发爆炸等安全事故。在具体案件中，应根据行为性质以及案件相关情节，按照盗窃罪、破坏易燃易爆设备罪等有关犯罪定罪处罚。

（四）关于内外勾结盗窃油气行为的处理

《意见》第四条规定："行为人与油气企业人员勾结共同盗窃油气，没有利用油气企业人员职务便利，仅仅是利用其易于接近油气设备、熟悉环境等方便条件的，以盗窃罪的共同犯罪论处。""实施上述行为，同时构成破坏易燃易爆设备罪的，依照处罚较重的规定定罪处罚。"该条明确了内外勾结共同犯罪的处理方法。行为人与油气企业人员勾结共同盗窃油气，没有利用油气企业人员职务便利，仅仅是利用其易于接近油气设备、熟悉环境等方便条件的，以盗窃罪或者破坏易燃易爆设备罪的共同犯罪论处。在此种情况下，即便油气企业工作人员在共同犯罪中起主要作用的，也不能认定为职务犯罪，只能按照盗窃罪或者破坏易燃易爆设备罪定罪处罚。

（五）关于窝藏、转移、收购、加工、代为销售被盗油气行为的处理

作为整个犯罪链条的重要环节，掩饰、隐瞒被盗油气是盗窃油气违法犯罪行为屡禁不止的重要诱因。《解释》明确了窝藏、转移、收购、加工、代为销售被盗油气的处理方法，对打击盗窃油气违法犯罪行为起到了重要作用。根据实践需要，《意见》第五条明确了两个问题：

一是"明知"的认定方法。《意见》第五条第一款、第二款规定："明知是犯罪所得的油气而予以窝藏、转移、收购、加工、代为销售或者以其他方式掩饰、隐瞒，符合刑法第三百一十二条规定的，以掩饰、隐瞒犯罪所得罪追究刑事责任。""'明知'的认定，应当结合行为人的认知能力、所得报酬、运输工具、运输路线、收购价格、收购形式、加工方式、销售地点、仓储条件等因素综合考虑。"窝藏、转移、收购、加工、代为销售被盗油气的行为多种多样，有的坐地收油，低价收购被盗油气达到一定量之后，再倒卖给净化厂或者长途运输的油贩子；有的将被盗油气销售到外地；有的将盗窃来的油气和其他合法拥有的油气进行简单混合加工后再予以销售牟利等。对实践中掩饰、隐瞒犯罪所得的行为，《意见》规定可以从行为人的认知能力、所得报酬、运输工

具、运输路线、收购价格、收购形式、加工方式、销售地点、仓储条件等多种客观因素综合认定是否具备"明知"。

二是事前通谋的掩饰、隐瞒行为的认定。《意见》第五条第三款规定："实施第一款规定的犯罪行为，事前通谋的，以盗窃罪、破坏易燃易爆设备罪等有关犯罪的共同犯罪论处。"《解释》仅明确了事前通谋的掩饰、隐瞒行为，按照盗窃罪定罪处罚。实践中，盗窃油气行为易出现盗窃罪、破坏易燃易爆设备罪等竞合的情形。《意见》明确规定，实施掩饰、隐瞒行为，事前通谋的，以盗窃罪、破坏易燃易爆设备罪等有关犯罪共同犯罪论处。

（六）关于直接经济损失等的认定

《解释》将盗窃油气导致的直接经济损失作为定罪量刑标准，但并没有明确损失的范围。实践中，打孔盗油除引发被盗油气损失外，还包括管道毁损费用、应急抢修费用、油气管道停输损失等；有的打孔盗油案件，造成大量油气泄漏，严重污染了当地环境；有的引发火灾、爆炸等事故，还会造成人员伤亡等严重后果。对油气企业而言，上述多项直接经济损失中，被盗油气损失在整个经济损失中通常所占比例较小，其他几个方面的损失所占比例较大。如果仅把被盗油气损失作为直接经济损失，会造成打击不力；如果把盗窃油气引发的直接经济损失扩大化，也会造成罪刑失衡。《意见》第六条第一款明确规定，直接经济损失的范围，包括因实施盗窃油气等行为直接造成的油气损失以及采取抢修堵漏等措施所产生的费用。油气损失，是指油气企业损失数额，不仅包括行为人盗取的油气价值，还包括因盗窃油气行为造成滴漏跑冒的油气价值。采取抢修堵漏等措施所产生的费用，包括油气企业因维修被损坏油气设备支付的各项费用，含人工费、材料费等。根据司法实践需要对直接经济损失范围予以明确，有利于准确认定行为人的刑事责任。

《意见》第六条、第七条同时明确了直接经济损失数额、油气质量、标准等问题的认定方法。实践中，被盗油气损失数额以及采取抢修堵漏等措施所产生的费用、油气质量、标准等问题，一般由被盗油气企业出具相应的证明材料。考虑到油气企业在诉讼过程中居于被害人的地位，从公平公正角度考虑，司法机关应在听取犯罪嫌疑人、被告人辩解以及辩护人辩护意见基础上综合认定。直接经济损失数额难以确定的，可以根据价格认定机构出具的报告，结合其他证据材料加以认定；被盗油气质量、标准等专门性问题难以确定的，可以由司法鉴定机构出具鉴定意见或者公安机关指定的机构出具报告，结合其他证据材料认定。为进一步增强油气企业证据材料的客观性，《意见》还明确规定，油气企业提供的证据材料，应当有工作人员签名和企业公章。

最高人民检察院
检察机关办理电信网络诈骗案件指引

（2018 年 8 月 24 日最高人民检察院第十三届检察委会员第五次会议
通过　2018 年 11 月 9 日公布并施行　高检发侦监字〔2018〕12 号）

电信网络诈骗犯罪，是指以非法占有为目的，利用电话、短信、互联网等电信网络技术手段，虚构事实，设置骗局，实施远程、非接触式诈骗，骗取公私财物的犯罪行为。根据《中华人民共和国刑法》第二百六十六条、《最高人民法院、最高人民检察院关于办理诈骗刑事案件具体应用法律若干问题的解释》（法释〔2011〕7 号）（以下简称《解释》）、《最高人民法院、最高人民检察院、公安部关于办理电信网络诈骗等刑事案件适用法律若干问题的意见》（法发〔2016〕32 号）（以下简称《意见》），办理电信网络诈骗案件除了要把握普通诈骗案件的基本要求外，还要特别注意以下问题：一是电信网络诈骗犯罪的界定；二是犯罪形态的审查；三是诈骗数额及发送信息、拨打电话次数的认定；四是共同犯罪及主从犯责任的认定；五是关联犯罪事前通谋的审查；六是电子数据的审查；七是境外证据的审查。

一、审查证据的基本要求

（一）审查逮捕

1. 有证据证明发生了电信网络诈骗犯罪事实

（1）证明电信网络诈骗案件发生

证据主要包括：报案登记、受案登记、受案笔录、立案决定书、破案经过、证人证言、被害人陈述、犯罪嫌疑人供述和辩解、被害人银行开户申请、开户明细单、银行转账凭证、银行账户交易记录、银行汇款单、网银转账记录、第三方支付结算交易记录、手机转账信息等证据。跨国电信网络诈骗还可能需要有国外有关部门出具的与案件有关的书面材料。

（2）证明电信网络诈骗行为的危害结果

①证明诈骗数额达到追诉标准的证据：证人证言、被害人陈述、犯罪嫌疑人供述和辩解、银行转账凭证、汇款凭证、转账信息、银行卡、银行账户交易记录、第三方支付结算交易记录以及其他与电信网络诈骗关联的账户交易记

录、犯罪嫌疑人提成记录、诈骗账目记录等证据以及其他有关证据。

②证明发送信息条数、拨打电话次数以及页面浏览量达到追诉标准的证据：QQ、微信、skype 等即时通讯工具聊天记录、CDR 电话清单、短信记录、电话录音、电子邮件、远程勘验笔录、电子数据鉴定意见、网页浏览次数统计、网页浏览次数鉴定意见、改号软件、语音软件的登录情况及数据、拨打电话记录内部资料以及其他有关证据。

2. 有证据证明诈骗行为是犯罪嫌疑人实施的

（1）言词证据：证人证言、被害人陈述、犯罪嫌疑人供述和辩解等，注意审查犯罪嫌疑人供述的行为方式与被害人陈述的被骗方式、交付财物过程或者其他证据是否一致。对于团伙作案的，要重视对同案犯罪嫌疑人供述和辩解的审查，梳理各个同案犯罪嫌疑人的指证是否相互印证。

（2）有关资金链条的证据：银行转账凭证、交易流水、第三方支付交易记录以及其他关联账户交易记录、现场查扣的书证、与犯罪关联的银行卡及申请资料等，从中审查相关银行卡信息与被害人存款、转移赃款等账号有无关联，资金交付支配占有过程；犯罪嫌疑人的短信以及 QQ、微信、skype 等即时通讯工具聊天记录，审查与犯罪有关的信息，是否出现过与本案资金流转有关的银行卡账号、资金流水等信息。要注意审查被害人转账、汇款账号、资金流向等是否有相应证据印证赃款由犯罪嫌疑人取得。对诈骗集团租用或交叉使用账户的，要结合相关言词证据及书证、物证、勘验笔录等分析认定。

（3）有关信息链条的证据：侦查机关远程勘验笔录，远程提取证据笔录，CDR 电话清单、查获的手机 IMEI 串号、语音网关设备、路由设备、交换设备、手持终端等。要注意审查诈骗窝点物理 IP 地址是否与所使用电话 CDR 数据清单中记录的主叫 IP 地址或 IP 地址所使用的线路（包括此线路的账号、用户名称、对接服务器、语音网关、手持终端等设备的 IP 配置）一致，电话 CDR 数据清单中是否存在被害人的相关信息资料，改号电话显示号码、呼叫时间、电话、IP 地址是否与被害人陈述及其他在案证据印证。在电信网络诈骗窝点查获的手机 IMEI 串号以及其他电子作案工具，是否与被害人所接到的诈骗电话显示的信息来源一致。

（4）其他证据：跨境电信网络诈骗犯罪案件犯罪嫌疑人出入境记录、户籍证明材料、在境外使用的网络设备及虚拟网络身份的网络信息，证明犯罪嫌疑人出入境情况及身份情况。诈骗窝点的纸质和电子账目报表，审查时间、金额等细节是否与被害人陈述相互印证。犯罪过程中记载被害人身份、诈骗数额、时间等信息的流转单，审查相关信息是否与被害人陈述、银行转账记录等相互印证。犯罪嫌疑人之间的聊天记录、诈骗脚本、内部分工、培训资料、监控视频等证据，审查犯罪的具体手法、过程。购买作案工具和资源（手机卡、银行卡、POS 机、服务器、木马病毒、改号软件、公民个人信息等）的资金流水、电子数据等证据。

3. 有证据证明犯罪嫌疑人具有诈骗的主观故意

（1）证明犯罪嫌疑人主观故意的证据：犯罪嫌疑人的供述和辩解、证人证言、同案犯指证；诈骗脚本、诈骗信息内容、工作日记、分工手册、犯罪嫌疑人的具体职责、地位、参与实施诈骗行为的时间等；赃款的账册、分赃的记录、诈骗账目记录、提成记录、工作环境、工作形式等；短信、QQ、微信、skype 等即时通讯工具聊天记录等，审查其中是否出现有关诈骗的内容以及诈骗专门用的黑话、暗语等。

（2）证明提供帮助者的主观故意的证据：提供帮助犯罪嫌疑人供述和辩解、电信网络诈骗犯罪嫌疑人的指证、证人证言；双方短信以及 QQ、微信、skype 等即时通讯工具聊天记录等信息材料；犯罪嫌疑人的履历、前科记录、行政处罚记录、双方资金往来的凭证、犯罪嫌疑人提供帮助、协助的收益数额、取款时的监控视频、收入记录、处罚判决情况等。

（二）审查起诉

除审查逮捕阶段证据审查基本要求之外，对电信网络诈骗案件的审查起诉工作还应坚持"犯罪事实清楚，证据确实、充分"的标准，保证定罪量刑的事实都有证据证明；据以定案的证据均经法定程序查证属实；综合全案证据，对所认定的事实均已排除合理怀疑。

1. 有确实充分的证据证明发生了电信网络诈骗犯罪事实

（1）证明电信网络诈骗事实发生。除审查逮捕要求的证据类型之外，跨国电信网络诈骗还需要有出入境记录、飞机铁路等交通工具出行记录，必要时需国外有关部门出具的与案件有关的书面证据材料，包括原件、翻译件、使领馆认证文件等。

（2）证明电信网络诈骗行为的危害结果

①证明诈骗数额达到追诉标准的证据：能查清诈骗事实的相关证人证言、被害人陈述、犯罪嫌疑人供述和辩解、银行账户交易明细、交易凭证、第三方支付结算交易记录以及其他与电信网络诈骗关联的账户交易记录、犯罪嫌疑人的诈骗账目记录以及其他有关证据。

需要特别注意"犯罪数额接近提档"的情形。当诈骗数额接近"数额巨大""数额特别巨大"的标准（一般掌握在 80% 以上，即达到 2.4 万元、40 万元），根据《解释》和《意见》的规定，具有《意见》第二条第二款"酌情从重处罚"十种情形之一的，应当分别认定为刑法第二百六十六条规定的

"其他严重情节""其他特别严重情节"，提高一档量刑。

②证明发送信息条数、拨打电话次数以及页面浏览量达到追诉标准的证据类型与审查逮捕的证据类型相同。

2. 有确实充分的证据证明诈骗行为是犯罪嫌疑人实施的

（1）有关资金链条的证据。重点审查被害人的银行交易记录和犯罪嫌疑人持有的银行卡及账号的交易记录，用于查明被害人遭受的财产损失及犯罪嫌疑人诈骗的犯罪数额；重点审查犯罪嫌疑人的短信，以及 QQ、微信、skype 等即时通讯工具聊天记录，用于查明是否出现涉案银行卡账号、资金流转等犯罪信息，赃款是否由犯罪嫌疑人取得。此外，对诈骗团伙或犯罪集团租用或交叉使用多层级账户洗钱的，要结合资金存取流转的书证、监控录像、辨认笔录、证人证言、被害人陈述、犯罪嫌疑人供述和辩解等证据分析认定。

（2）有关人员链条的证据。电信网络诈骗多为共同犯罪，在审查刑事责任年龄、刑事责任能力方面的证据基础上，应重点审查犯罪嫌疑人供述和辩解、手机通信记录等，通过自供和互证，以及与其他证据之间的相互印证，查明各自的分工和作用，以区分主、从犯。对于分工明确、有明显首要分子、较为固定的组织结构的三人以上固定的犯罪组织，应当认定为犯罪集团。

言词证据及有关信息链条的证据与审查逮捕的证据类型相同。

3. 有确实充分的证据证明犯罪嫌疑人具有诈骗的主观故意

证明犯罪嫌疑人及提供帮助者主观故意的证据类型同审查逮捕证据类型相同。需要注意的是，由于犯罪嫌疑人各自分工不同，其供述和辩解也呈现不同的证明力。一般而言，专门行骗人对于单起事实的细节记忆相对粗略，只能供述诈骗的手段和方式；专业取款人对于取款的具体细目记忆也粗略，只能供述大概经过和情况，重点审查犯罪手段的同类性、共同犯罪人之间的关系及各自分工和作用。

二、需要特别注意的问题

在电信网络诈骗案件审查逮捕、审查起诉中，要根据相关法律、司法解释等规定，结合在案证据，重点注意以下问题：

（一）电信网络诈骗犯罪的界定

1. 此罪彼罪

在一些案件中，尤其是利用网络钓鱼、木马链接实施犯罪的案件中，既存在虚构事实、隐瞒真相的诈骗行为，又可能存在秘密窃取的行为，关键要审查犯罪嫌疑人取得财物是否基于被害人对财物的主动处分意识。如果行为人通过秘密窃取的行为获取他人财物，则应认定构成盗窃罪；如果窃取或者骗取的是他人信用卡资料，并通过互联网、通讯终端等使用的，根据《最高人民法院、最高人民检察院关于办理妨害信用卡管理刑事案件具体应用法律若干问题的解释》（法释〔2009〕19号），则可能构成信用卡诈骗罪；如果通过电信网络技术向不特定多数人发送诈骗信息后又转入接触式诈骗，或者为实现诈骗目的，线上线下并行同时进行接触式和非接触式诈骗，应当按照诈骗取财行为的本质定性，虽然使用电信网络技术但被害人基于接触被骗的，应当认定普通诈骗；如果出现电信网络诈骗和合同诈骗、保险诈骗等特殊诈骗罪名的竞合，应依据刑法有关规定定罪量刑。

2. 追诉标准低于普通诈骗犯罪且无地域差别

追诉标准直接决定了法律适用问题甚至罪与非罪的认定。《意见》规定，利用电信网络技术手段实施诈骗，诈骗公私财物价值三千元以上的，认定为刑法第二百六十六条规定的"数额较大"。而《解释》规定，诈骗公私财物价值三千元至一万元以上的，认定为刑法第二百六十六条规定的"数额较大"。因此，电信网络诈骗的追诉标准要低于普通诈骗的追诉标准，且全国统一无地域差别，即犯罪数额达到三千元以上、三万元以上、五十万元以上的，应当分别认定为刑法第二百六十六条规定的"数额较大""数额巨大""数额特别巨大"。

（二）犯罪形态的审查

1. 可以查证诈骗数额的未遂

电信网络诈骗应以被害人失去对被骗钱款的实际控制为既遂认定标准。一般情形下，诈骗款项转出后即时到账构成既遂。但随着银行自助设备、第三方支付平台陆续推出"延时到账""撤销转账"等功能，被害人通过自助设备、第三方支付平台向犯罪嫌疑人指定账户转账，可在规定时间内撤销转账，资金并未实时转出。此种情形下被害人并未对被骗款项完全失去控制，而犯罪嫌疑人亦未取得实际控制，应当认定为未遂。

2. 无法查证诈骗数额的未遂

根据《意见》规定，对于诈骗数额难以查证的，犯罪嫌疑人发送诈骗信息五千条以上，或者拨打诈骗电话五百人次以上，或者在互联网上发布诈骗信息的页面浏览量累计五千次以上，可以认定为诈骗罪中"其他严重情节"，以诈骗罪（未遂）定罪处罚。具有上述情形，数量达到相应标准十倍以上的，应当认定为刑法第二百六十六条规定的"其他特别严重情节"，以诈骗罪（未遂）定罪处罚。

（三）诈骗数额及发送信息、拨打电话次数的认定

1. 诈骗数额的认定

（1）根据犯罪集团诈骗账目登记表、犯罪嫌疑人提成表等书证，结合证人证言、犯罪嫌疑人供述和辩解等言词证据，认定犯罪嫌疑人的诈骗数额。

（2）根据经查证属实的银行账户交易记录、第三方支付结算账户交易记录、通话记录、电子数据等证据，结合已收集的被害人陈述，认定被害人人数及诈骗资金数额。

（3）对于确因客观原因无法查实全部被害人，尽管有证据证明该账户系用于电信网络诈骗犯罪，且犯罪嫌疑人无法说明款项合法来源的，也不能简单将账户内的款项全部推定为"犯罪数额"。要根据在案其他证据，认定犯罪集团是否有其他收入来源，"违法所得"有无其他可能性。如果证据足以证实"违法所得"的排他性，则可以将"违法所得"均认定为犯罪数额。

（4）犯罪嫌疑人为实施犯罪购买作案工具、伪装道具、租用场地、交通工具甚至雇佣他人等诈骗成本不能从诈骗数额中扣除。对通过向被害人交付一定货币，进而骗取其信任并实施诈骗的，由于货币具有流通性和经济价值，该部分货币可以从诈骗数额中扣除。

2. 发送信息、拨打电话次数的认定

（1）拨打电话包括拨出诈骗电话和接听被害人回拨电话。反复拨打、接听同一电话号码，以及反复向同一被害人发送诈骗信息的，拨打、接听电话次数、发送信息条数累计计算。

（2）被害人是否接听、接收到诈骗电话、信息不影响次数、条数计算。

（3）通过语音包发送的诈骗录音或通过网络等工具辅助拨出的电话，应当认定为拨打电话。

（4）发送信息条数、拨打电话次数的证据难以收集的，可以根据经查证属实的日发送信息条数、日拨打人次数，结合犯罪嫌疑人实施犯罪的时间、犯罪嫌疑人的供述等相关证据予以认定。

（5）发送信息条数和拨打电话次数在法律及司法解释未明确的情况下不宜换算累加。

（四）共同犯罪及主从犯责任的认定

1. 对于三人以上为实施电信网络诈骗而组成的较为固定的犯罪组织，应当依法认定为犯罪集团。对于犯罪集团的首要分子，按照集团所犯全部犯罪处罚，并且对犯罪集团中组织、指挥、策划者和骨干分子依法从严惩处。

2. 对于其余主犯，按照其所参与或者组织、指挥的全部犯罪处罚。多人

共同实施电信网络诈骗，犯罪嫌疑人、被告人应对其参与期间该诈骗团伙实施的全部诈骗行为承担责任。

3. 对于部分被招募发送信息、拨打电话的犯罪嫌疑人，应当对其参与期间整个诈骗团伙的诈骗行为承担刑事责任，但可以考虑参与时间较短、诈骗数额较低、发送信息、拨打电话较少，认定为从犯，从宽处理。

4. 对于专门取款人，由于其可在短时间内将被骗款项异地转移，对诈骗既遂起到了至关重要的作用，也大大增加了侦查和追赃难度，因此应按其在共同犯罪中的具体作用进行认定，不宜一律认定为从犯。

（五）关联犯罪事前通谋的审查

根据《意见》规定，明知是电信网络诈骗犯罪所得及其产生的收益，通过使用销售点终端机具（POS机）刷卡套现等非法途径，协助转换或者转移财物等五种方式转账、套现、取现的，需要与直接实施电信网络诈骗犯罪嫌疑人事前通谋的才以共同犯罪论处。因此，应当重点审查帮助转换或者转移财物行为人是否在诈骗犯罪既遂之前与实施诈骗犯罪嫌疑人共谋或者虽无共谋但明知他人实施犯罪而提供帮助。对于帮助者明知的内容和程度，并不要求其明知被帮助者实施诈骗行为的具体细节，其只要认识到对方实施诈骗犯罪行为即可。审查时，要根据犯罪嫌疑人的认知能力、既往经历、行为次数和手段、与他人关系、获利情况、是否曾因电信网络诈骗受过处罚以及是否故意规避调查等主客观因素分析认定。

（六）电子数据的审查

1. 电子数据真实性的审查

（1）是否移送原始存储介质；在原始存储介质无法封存、不便移动时，有无说明原因，并注明收集、提取过程及原始存储介质的存放地点或者电子数据的来源等情况。

（2）电子数据是否具有数字签名、数字证书等特殊标识。

（3）电子数据的收集、提取过程是否可以重现。

（4）电子数据如有增加、删除、修改等情形的，是否附有说明。

（5）电子数据的完整性是否可以保证。

2. 电子数据合法性的审查

（1）收集、提取电子数据是否由二名以上侦查人员进行，取证方法是否符合相关技术标准。

（2）收集、提取电子数据，是否附有笔录、清单，并经侦查人员、电子数据持有人（提供人）、见证人签名或者盖章；没有持有人（提供人）签名或者盖章的，是否注明原因；对电子数据的类别、文件格式等是否注明清楚。

（3）是否依照有关规定由符合条件的人员担任见证人，是否对相关活动进行录像。

（4）电子数据检查是否将电子数据存储介质通过写保护设备接入到检查设备；有条件的，是否制作电子数据备份，并对备份进行检查；无法制作备份且无法使用写保护设备的，是否附有录像。

（5）通过技术侦查措施，利用远程计算机信息系统进行网络远程勘验收集到电子数据，作为证据使用的，是否随案移送批准采取技术侦查措施的法律文书和所收集的证据材料，是否对其来源等作出书面说明。

（6）对电子数据作出鉴定意见的鉴定机构是否具有司法鉴定资质。

3. 电子数据的采信

（1）经过公安机关补正或者作出合理解释可以采信的电子数据：未以封存状态移送的；笔录或者清单上没有侦查人员、电子数据持有人（提供人）、见证人签名或者盖章的；对电子数据的名称、类别、格式等注明不清的；有其他瑕疵的。

（2）不能采信的电子数据：电子数据系篡改、伪造或者无法确定真伪的；电子数据有增加、删除、修改等情形，影响电子数据真实性的；其他无法保证电子数据真实性的情形。

（七）境外证据的审查

1. 证据来源合法性的审查

境外证据的来源包括：外交文件（国际条约、互助协议）；司法协助（刑事司法协助、平等互助原则）；警务合作（国际警务合作机制、国际刑警组织）。

由于上述来源方式均需要有法定的程序和条件，对境外证据的审查要注意：证据来源是否是通过上述途径收集，审查报批、审批手续是否完备，程序是否合法；证据材料移交过程是否合法，手续是否齐全，确保境外证据的来源合法性。

2. 证据转换的规范性审查

对于不符合我国证据种类和收集程序要求的境外证据，侦查机关要重新进行转换和固定，才能作为证据使用。注重审查：

（1）境外交接证据过程的连续性，是否有交接文书，交接文书是否包含接收证据。

（2）接收移交、开箱、登记时是否全程录像，确保交接过程的真实性，交接物品的完整性。

（3）境外证据按照我国证据收集程序重新进行固定的，依据相关规定进行，注意证据转换过程的连续性和真实性的审查。

（4）公安机关是否对境外证据来源、提取人、提取时间或者提供人、提供时间以及保管移交的过程等作出说明，有无对电子数据完整性等专门性问题的鉴定意见等。

（5）无法确认证据来源、证据真实性、收集程序违法无法补正等境外证据应予排除。

3. 其他来源的境外证据的审查通过其他渠道收集的境外证据材料，作为证据使用的，应注重对其来源、提供人、提供时间以及提取人、提取时间进行审查。能够证明案件事实且符合刑事诉讼法规定的，可以作为证据使用。

三、社会危险性及羁押必要性审查

（一）审查逮捕

符合下列情形之一的，可以结合案件具体情况考虑认定犯罪嫌疑人具有社会危险性，有羁押必要：

1. 《最高人民检察院、公安部关于逮捕社会危险性条件若干问题的规定（试行）》（高检会〔2015〕9号）规定的具有社会危险性情节的。

2. 犯罪嫌疑人是诈骗团伙的首要分子或者主犯。对于首要分子，要重点审查其在电信网络诈骗集团中是否起到组织、策划、指挥作用。对于其他主犯，要重点审查其是否是犯意的发起者、犯罪的组织者、策划者、指挥者、主要责任者，是否参与了犯罪的全过程或关键环节以及在犯罪中所起的作用：诈骗团伙的具体管理者、组织者、招募者、电脑操盘人员、对诈骗成员进行培训的人员以及制作、提供诈骗方案、术语清单、语音包、信息的人员可以认定为主犯；取款组、供卡组、公民个人信息提供组等负责人，对维持诈骗团伙运转起着重要作用的，可以认定为主犯；对于其他实行犯是否属于主犯，主要通过其参加时段实施共同犯罪活动的程度、具体罪行的大小、对造成危害后果的作用等来认定。

3. 有证据证明犯罪嫌疑人实施诈骗行为，犯罪嫌疑人拒不供认或者作虚假供述的。

4. 有证据显示犯罪嫌疑人参与诈骗且既遂数额巨大、被害人众多，诈骗数额等需进一步核实的。

5. 有证据证明犯罪嫌疑人参与诈骗的时间长，应当明知诈骗团伙其他同案犯犯罪事实的，但犯罪嫌疑人拒绝指证或虚假指证的。

6. 其他具有社会危险性或羁押必要的情形。

　　在犯罪嫌疑人罪行较轻的前提下，根据犯罪嫌疑人在犯罪团伙中的地位、作用、参与时间、工作内容、认罪态度、悔罪表现等情节，结合案件整体情况，依据主客观相一致原则综合判断犯罪嫌疑人的社会危险性或者羁押必要性。在犯罪嫌疑人真诚认罪悔罪，如实供述且供述稳定的情况下，有下列情形的可以考虑社会危险性较小：

　　1. 预备犯、中止犯。

　　2. 直接参与诈骗的数额未达巨大，有自首、立功表现的。

　　3. 直接参与诈骗的数额未达巨大，参与时间短的发送信息、拨打电话人员。

　　4. 涉案数额未达巨大，受雇负责饮食、住宿等辅助工作人员。

　　5. 直接参与诈骗的数额未达巨大，积极退赃的从犯。

　　6. 被胁迫参加电信网络诈骗团伙，没有造成严重影响和后果的。

　　7. 其他社会危险性较小的情形。

　　需要注意的是，对犯罪嫌疑人社会危险性的把握，要根据案件社会影响、造成危害后果、打击力度的需要等多方面综合判断和考虑。

　　（二）审查起诉

　　在审查起诉阶段，要结合侦查阶段取得的事实证据，进一步引导侦查机关加大捕后侦查力度，及时审查新证据。在羁押期限届满前对全案进行综合审查，对于未达到逮捕证明标准的，撤销原逮捕决定。

　　经羁押必要性审查，发现犯罪嫌疑人具有下列情形之一的，应当向办案机关提出释放或者变更强制措施的建议：

　　1. 案件证据发生重大变化，没有证据证明有犯罪事实或者犯罪行为系犯罪嫌疑人、被告人所为的。

　　2. 案件事实或者情节发生变化，犯罪嫌疑人、被告人可能被判处拘役、管制、独立适用附加刑、免予刑事处罚或者判决无罪的。

　　3. 继续羁押犯罪嫌疑人、被告人，羁押期限将超过依法可能判处的刑期的。

　　4. 案件事实基本查清，证据已经收集固定，符合取保候审或者监视居住条件的。

　　经羁押必要性审查，发现犯罪嫌疑人、被告人具有下列情形之一，且具有悔罪表现，不予羁押不致发生社会危险性的，可以向办案机关提出释放或者变更强制措施的建议：

　　1. 预备犯或者中止犯；共同犯罪中的从犯或者胁从犯。

　　2. 主观恶性较小的初犯。

3. 系未成年人或者年满七十五周岁的人。

4. 与被害方依法自愿达成和解协议，且已经履行或者提供担保的。

5. 患有严重疾病、生活不能自理的。

6. 系怀孕或者正在哺乳自己婴儿的妇女。

7. 系生活不能自理的人的唯一扶养人。

8. 可能被判处一年以下有期徒刑或者宣告缓刑的。

9. 其他不需要继续羁押犯罪嫌疑人、被告人的情形。

最高人民检察院
检察机关办理侵犯公民个人信息案件指引

（2018 年 8 月 24 日最高人民检察院第十三届检察委员第五次会议通过
2018 年 11 月 9 日公布并施行　高检发侦监字〔2018〕13 号）

根据《中华人民共和国刑法》第二百五十三条之一的规定，侵犯公民个人信息罪是指违反国家有关规定，向他人出售、提供公民个人信息，或者通过窃取等方法非法获取公民个人信息，情节严重的行为。结合《最高人民法院、最高人民检察院关于办理侵犯公民个人信息刑事案件适用法律若干问题的解释》（法释〔2017〕10 号）（以下简称《解释》），办理侵犯公民个人信息案件，应当特别注意以下问题：一是对"公民个人信息"的审查认定；二是对"违反国家有关规定"的审查认定；三是对"非法获取"的审查认定；四是对"情节严重"和"情节特别严重"的审查认定；五是对关联犯罪的审查认定。

一、审查证据的基本要求

（一）审查逮捕

1. 有证据证明发生了侵犯公民个人信息犯罪事实

（1）证明侵犯公民个人信息案件发生

主要证据包括：报案登记、受案登记、立案决定书、破案经过、证人证言、被害人陈述、犯罪嫌疑人供述和辩解以及证人、被害人提供的短信、微信或 QQ 截图等电子数据。

（2）证明被侵犯对象系公民个人信息

主要证据包括：扣押物品清单、勘验检查笔录、电子数据、司法鉴定意见及公民信息查询结果说明、被害人陈述、被害人提供的原始信息资料和对比资料等。

2. 有证据证明侵犯公民个人信息行为是犯罪嫌疑人实施的

（1）证明违反国家有关规定的证据：犯罪嫌疑人关于所从事的职业的供述、其所在公司的工商注册资料、公司出具的犯罪嫌疑人职责范围说明、劳动合同、保密协议及公司领导、同事关于犯罪嫌疑人职责范围的证言等。

（2）证明出售、提供行为的证据：远程勘验笔录及 QQ、微信等即时通讯工具聊天记录、论坛、贴吧、电子邮件、手机短信记录等电子数据，证明犯罪嫌疑人通过上述途径向他人出售、提供、交换公民个人信息的情况。公民个人信息贩卖者、提供者、担保交易人及购买者、收受者的证言或供述，相关银行账户明细、第三方支付平台账户明细，证明出售公民个人信息违法所得情况。此外，如果犯罪嫌疑人系通过信息网络发布方式提供公民个人信息，证明该行为的证据还包括远程勘验笔录、扣押笔录、扣押物品清单、对手机、电脑存储介质、云盘、FTP 等的司法鉴定意见等。

（3）证明犯罪嫌疑人或公民个人信息购买者、收受者控制涉案信息的证据：搜查笔录、扣押笔录、扣押物品清单，对手机、电脑存储介质等的司法鉴定意见等，证实储存有公民个人信息的电脑、手机、U 盘或者移动硬盘、云盘、FTP 等介质与犯罪嫌疑人或公民个人信息购买者、收受者的关系。犯罪嫌疑人供述、辨认笔录及证人证言等，证实犯罪嫌疑人或公民个人信息购买者、收受者所有或实际控制、使用涉案存储介质。

（4）证明涉案公民个人信息真实性的证据：被害人陈述、被害人提供的原始信息资料、公安机关或相关单位出具的涉案公民个人信息与权威数据库内信息同一性的比对说明。针对批量的涉案公民个人信息的真实性问题，根据《解释》精神，可以根据查获的数量直接认定，但有证据证明信息不真实或重复的除外。

（5）证明违反国家规定，通过窃取、购买、收受、交换等方式非法获取公民个人信息的证据：主要证据与上述以出售、提供方式侵犯公民个人信息行为的证据基本相同。针对窃取的方式如通过技术手段非法获取公民个人信息的行为，需证明犯罪嫌疑人实施上述行为，除被害人陈述、犯罪嫌疑人供述和辩解外，还包括侦查机关从被害公司数据库中发现入侵电脑 IP 地址情况、从犯罪嫌疑人电脑中提取的侵入被害公司数据的痕迹等现场勘验检查笔录，以及涉案程序（木马）的司法鉴定意见等。

3. 有证据证明犯罪嫌疑人具有侵犯公民个人信息的主观故意

（1）证明犯罪嫌疑人明知没有获取、提供公民个人信息的法律依据或资格，主要证据包括：犯罪嫌疑人的身份证明、犯罪嫌疑人关于所从事职业的供述、其所在公司的工商资料和营业范围、公司关于犯罪嫌疑人的职责范围说明、公司主要负责人的证人证言等。

（2）证明犯罪嫌疑人积极实施窃取、出售、提供、购买、交换、收受公民个人信息的行为，主要证据除了证人证言、犯罪嫌疑人供述和辩解外，还包括远程勘验笔录、手机短信记录、即时通讯工具聊天记录、电子数据司法鉴定意见、银行账户明细、第三方支付平台账户明细等。

4. 有证据证明"情节严重"或"情节特别严重"

（1）公民个人信息购买者或收受者的证言或供述。

（2）公民个人信息购买、收受公司工作人员利用公民个人信息进行电话或短信推销、商务调查等经营性活动后出具的证言或供述。

（3）公民个人信息购买者或者收受者利用所获信息从事违法犯罪活动后出具的证言或供述。

（4）远程勘验笔录、电子数据司法鉴定意见书、最高人民检察院或公安部指定的机构对电子数据涉及的专门性问题出具的报告、公民个人信息资料等。证明犯罪嫌疑人通过即时通讯工具、电子邮箱、论坛、贴吧、手机等向他人出售、提供、购买、交换、收受公民个人信息的情况。

（5）银行账户明细、第三方支付平台账户明细。

（6）死亡证明、伤情鉴定意见、医院诊断记录、经济损失鉴定意见、相关案件起诉书、判决书等。

（二）审查起诉

除审查逮捕阶段证据审查基本要求之外，对侵犯公民个人信息案件的审查起诉工作还应坚持"犯罪事实清楚，证据确实、充分"的标准，保证定罪量刑的事实都有证据证明；据以定案的证据均经法定程序查证属实；综合全案证据，对所认定的事实已排除合理怀疑。

1. 有确实充分的证据证明发生了侵犯公民个人信息犯罪事实。该证据与审查逮捕的证据类型相同。

2. 有确实充分的证据证明侵犯公民个人信息行为是犯罪嫌疑人实施的

（1）对于证明犯罪行为是犯罪嫌疑人实施的证据审查，需要结合《解释》精神，准确把握对"违反国家有关规定""出售、提供行为""窃取或以其他方法"的认定。

（2）对证明违反国家有关规定的证据审查，需要明确国家有关规定的具体内容，违反法律、行政法规、部门规章有关公民个人信息保护规定的，应当认定为刑法第二百五十三条之一规定的"违反国家有关规定"。

（3）对证明出售、提供行为的证据审查，应当明确"出售、提供"包括在履职或提供服务的过程中将合法持有的公民个人信息出售或者提供给他人的行为：向特定人提供、通过信息网络或者其他途径发布公民个人信息、未经被收集者同意，将合法收集的公民个人信息（经过处理无法识别特定个人且不能复原的除外）向他人提供的，均属于刑法第二百五十三条之一规定的"提供公民个人信息"。应当全面审查犯罪嫌疑人所出售提供公民个人信息的来源、途经与去向，对相关供述、物证、书证、证人证言、被害人陈述、电子数据等证据种类进行综合审查，针对使用信息网络进行犯罪活动的，需要结合专业知识，根据证明该行为的远程勘验笔录、扣押笔录、扣押物品清单、电子存储介质、网络存储介质等的司法鉴定意见进行审查。

（4）对证明通过窃取或以其他非法方法获取公民个人信息等方式非法获取公民个人信息的证据审查，应当明确"以其他方法获取公民个人信息"包括购买、收受、交换等方式获取公民个人信息，或者在履行职责、提供服务过程中收集公民个人信息的行为。

针对窃取行为，如通过信息网络窃取公民个人信息，则应当结合犯罪嫌疑人供述、证人证言、被害人陈述，着重审查证明犯罪嫌疑人侵入信息网络、数据库时的 IP 地址、MAC 地址、侵入工具、侵入痕迹等内容的现场勘验检查笔录以及涉案程序（木马）的司法鉴定意见等。

针对购买、收受、交换行为，应当全面审查购买、收受、交换公民个人信息的来源、途经、去向，结合犯罪嫌疑人供述和辩解、辨认笔录、证人证言等证据，对搜查笔录、扣押笔录、扣押物品清单、涉案电子存储介质等司法鉴定意见进行审查，明确上述证据同犯罪嫌疑人或公民个人信息购买、收受、交换者之间的关系。

针对履行职责、提供服务过程中收集公民个人信息的行为，应当审查证明犯罪嫌疑人所从事职业及其所负职责的证据，结合法律、行政法规、部门规章等国家有关公民个人信息保护的规定，明确犯罪嫌疑人的行为属于违反国家有关规定，以其他方法非法获取公民个人信息的行为。

（5）对证明涉案公民个人信息真实性证据的审查，应当着重审查被害人陈述、被害人提供的原始信息资料、公安机关或其他相关单位出具的涉案公民个人信息与权威数据库内信息同一性的对比说明。对批量的涉案公民个人信息的真实性问题，根据《解释》精神，可以根据查获的数量直接认定，但有证据证明信息不真实或重复的除外。

3. 有确实充分的证据证明犯罪嫌疑人具有侵犯公民个人信息的主观故意

（1）对证明犯罪嫌疑人主观故意的证据审查，应当综合审查犯罪嫌疑人的身份证明、犯罪嫌疑人关于所从事职业的供述、其所在公司的工商资料和营业范围、公司关于犯罪嫌疑人的职责范围说明、公司主要负责人的证人证言等，结合国家公民个人信息保护的相关规定，夯实犯罪嫌疑人在实施犯罪时的主观明知。

（2）对证明犯罪嫌疑人积极实施窃取或者以其他方法非法获取公民个人信息行为的证据审查，应当结合犯罪嫌疑人供述、证人证言，着重审查远程勘验笔录、手机短信记录、即时通讯工具聊天记录、电子数据司法鉴定意见、银行账户明细、第三方支付平台账户明细等，明确犯罪嫌疑人在实施犯罪时的积极作为。

4. 有确实充分的证据证明"情节严重"或"情节特别严重"。该证据与审查逮捕的证据类型相同。

二、需要特别注意的问题

在侵犯公民个人信息案件审查逮捕、审查起诉中，要根据相关法律、司法解释等规定，结合在案证据，重点注意以下问题：

（一）对"公民个人信息"的审查认定

根据《解释》的规定，公民个人信息是指以电子或者其他方式记录的能够单独或者与其他信息结合识别特定自然人身份或者反映特定自然人活动情况的各种信息，包括姓名、身份证件号码、通信通讯联系方式、住址、账号密码、财产状况、行踪轨迹等。经过处理无法识别特定自然人且不能复原的信息，虽然也可能反映自然人活动情况，但与特定自然人无直接关联，不属于公民个人信息的范畴。

对于企业工商登记等信息中所包含的手机、电话号码等信息，应当明确该号码的用途。对由公司购买、使用的手机、电话号码等信息，不属于个人信息的范畴，从而严格区分"手机、电话号码等由公司购买，归公司使用"与"公司经办人在工商登记等活动中登记个人电话、手机号码"两种不同情形。

（二）对"违反国家有关规定"的审查认定

《中华人民共和国刑法修正案（九）》将原第二百五十三条之一的"违反国家规定"修改为"违反国家有关规定"，后者的范围明显更广。根据刑法第九十六条的规定，"国家规定"仅限于全国人大及其常委会制定的法律和决定，国务院制定的行政法规、规定的行政措施、发布的决定和命令。而"国家有关规定"还包括部门规章，这些规定散见于金融、电信、交通、教育、医疗、统计、邮政等领域的法律、行政法规或部门规章中。

（三）对"非法获取"的审查认定

在窃取或者以其他方法非法获取公民个人信息的行为中，需要着重把握"其他方法"的范围问题。"其他方法"，是指"窃取"以外，与窃取行为具有同等危害性的方法，其中，购买是最常见的非法获取手段。侵犯公民个人信息犯罪作为电信网络诈骗的上游犯罪，诈骗分子往往先通过网络向他人购买公民个人信息，然后自己直接用于诈骗或转发给其他同伙用于诈骗，诈骗分子购买公民个人信息的行为属于非法获取行为，其同伙接收公民个人信息的行为明显也属于非法获取行为。同时，一些房产中介、物业管理公司、保险公司、担保公司的业务员往往与同行通过 QQ、微信群互相交换各自掌握的客户信息，这种交换行为也属于非法获取行为。此外，行为人在履行职责、提供服务过程中，违反国家有关规定，未经他人同意收集公民个人信息，或者收集与提供的服务无关的公民个人信息的，也属于非法获取公民个人信息的行为。

（四）对"情节严重"和"情节特别严重"的审查认定

1. 关于"情节严重"的具体认定标准，根据《解释》第五条第一款的规定，主要涉及五个方面：

（1）信息类型和数量。①行踪轨迹信息、通信内容、征信信息、财产信息，此类信息与公民人身、财产安全直接相关，数量标准为五十条以上，且仅限于上述四类信息，不允许扩大范围。对于财产信息，既包括银行、第三方支付平台、证券期货等金融服务账户的身份认证信息（一组确认用户操作权限的数据，包括账号、口令、密码、数字证书等），也包括存款、房产、车辆等财产状况信息。②住宿信息、通信记录、健康生理信息、交易信息等可能影响公民人身、财产安全的信息，数量标准为五百条以上，此类信息也与人身、财产安全直接相关，但重要程度要弱于行踪轨迹信息、通信内容、征信信息、财产信息。对"其他可能影响人身、财产安全的公民个人信息"的把握，应当确保所适用的公民个人信息涉及人身、财产安全，且与"住宿信息、通信记录、健康生理信息、交易信息"在重要程度上具有相当性。③除上述两类信息以外的其他公民个人信息，数量标准为五千条以上。

（2）违法所得数额。对于违法所得，可直接以犯罪嫌疑人出售公民个人信息的收入予以认定，不必扣减其购买信息的犯罪成本。同时，在审查认定违法所得数额过程中，应当以查获的银行交易记录、第三方支付平台交易记录、聊天记录、犯罪嫌疑人供述、证人证言综合予以认定，对于犯罪嫌疑人无法说明合法来源的用于专门实施侵犯公民个人信息犯罪的银行账户或第三方支付平台账户内资金收入，可综合全案证据认定为违法所得。

（3）信息用途。公民个人信息被他人用于违法犯罪活动的，不要求他人的行为必须构成犯罪，只要行为人明知他人非法获取公民个人信息用于违法犯罪活动即可。

（4）主体身份。如果行为人系将在履行职责或者提供服务过程中获得的公民个人信息出售或者提供给他人的，涉案信息数量、违法所得数额只要达到一般主体的一半，即可认为"情节严重"。

（5）主观恶性。曾因侵犯公民个人信息受过刑事处罚或者二年内受过行政处罚，又非法获取、出售或者提供公民个人信息的，即可认为"情节严重"。

2. 关于"情节特别严重"的认定标准，根据《解释》，主要分为两类：

一是信息数量、违法所得数额标准；二是信息用途引发的严重后果，其中造成人身伤亡、经济损失、恶劣社会影响等后果，需要审查认定侵犯公民个人信息的行为与严重后果间存在因果关系。

对于涉案公民个人信息数量的认定，根据《解释》第十一条，非法获取公民个人信息后又出售或者提供的，公民个人信息的条数不重复计算；向不同单位或者个人分别出售、提供同一公民个人信息的，公民个人信息的条数累计计算；对批量出售、提供公民个人信息的条数，根据查获的数量直接认定，但是有证据证明信息不真实或者重复的除外。在实践中，如犯罪嫌疑人多次获取同一条公民个人信息，一般认定为一条，不重复累计；但获取的该公民个人信息内容发生了变化的除外。

对于涉案公民个人信息的数量、社会危害性等因素的审查，应当结合刑法第二百五十三条和《解释》的规定进行综合审查。涉案公民个人信息数量极少，但造成被害人死亡等严重后果的，应审查犯罪嫌疑人行为与该后果之间的因果关系，符合条件的，可以认定为实施《解释》第五条第一款第十项"其他情节严重的情形"的行为，造成被害人死亡等严重后果，从而认定为"情节特别严重"。如涉案公民个人信息数量较多，但犯罪嫌疑人仅仅获取而未向他人出售或提供，则可以在认定相关犯罪事实的基础上，审查该行为是否符合《解释》第五条第一款第三、四、五、六、九项及第二款第三项的情形，符合条件的，可以分别认定为"情节严重""情节特别严重"。

此外，针对为合法经营活动而购买、收受公民个人信息的行为，在适用《解释》第六条的定罪量刑标准时须满足三个条件：一是为了合法经营活动，对此可以综合全案证据认定，但主要应当由犯罪嫌疑人一方提供相关证据；二是限于普通公民个人信息，即不包括可能影响人身、财产安全的敏感信息；三是信息没有再流出扩散，即行为方式限于购买、收受。如果将购买、收受的公民个人信息非法出售或者提供的，定罪量刑标准应当适用《解释》第五条的规定。

（五）对关联犯罪的审查认定

对于侵犯公民个人信息犯罪与电信网络诈骗犯罪相交织的案件，应严格按照《最高人民法院、最高人民检察院、公安部关于办理电信网络诈骗等刑事案件适用法律若干问题的意见》（法发〔2016〕32号）的规定进行审查认定，即通过认真审查非法获取、出售、提供公民个人信息的犯罪嫌疑人对电信网络诈骗犯罪的参与程度，结合能够证实其认知能力的学历文化、聊天记录、通话频率、获取固定报酬还是参与电信网络诈骗犯罪分成等证据，分析判断其是否属于诈骗共同犯罪、是否应该数罪并罚。

根据《解释》第八条的规定，设立用于实施出售、提供或者非法获取公民个人信息违法犯罪活动的网站、通讯群组，情节严重的，应当依照刑法第二百八十七条之一的规定，以非法利用信息网络罪定罪；同时构成侵犯公民个人信息罪的，应当认定为侵犯公民个人信息罪。

对于违反国家有关规定，采用技术手段非法侵入合法存储公民个人信息的单位数据库窃取公民个人信息的行为，也符合刑法第二百八十五条第二款非法获取计算机信息系统数据罪的客观特征，同时触犯侵犯公民个人信息罪和非法获取计算机信息系统数据罪的，应择一重罪论处。

此外，针对公安民警在履行职责过程中，违反国家有关规定，查询、提供公民个人信息的情形，应当认定为"违反国家有关规定，将在履行职责或者提供服务过程中以其他方法非法获取或提供公民个人信息"。但同时，应当审查犯罪嫌疑人除该行为之外有无其他行为侵害其他法益，从而对可能存在的其他犯罪予以准确认定。

三、社会危险性及羁押必要性审查

（一）审查逮捕

1. 犯罪动机：一是出售牟利；二是用于经营活动；三是用于违法犯罪活动。犯罪动机表明犯罪嫌疑人主观恶性，也能证明犯罪嫌疑人是否可能实施新的犯罪。

2. 犯罪情节。犯罪嫌疑人的行为直接反映其人身危险性。具有下列情节的侵犯公民个人信息犯罪，能够证实犯罪嫌疑人主观恶性和人身危险性较大，实施新的犯罪的可能性也较大，可以认为具有较大的社会危险性：一是犯罪持续时间较长、多次实施侵犯公民个人信息犯罪的；二是被侵犯的公民个人信息数量或违法所得巨大的；三是利用公民个人信息进行违法犯罪活动的；四是犯罪手段行为本身具有违法性或者破坏性，即犯罪手段恶劣的，如骗取、窃取公民个人信息，采取胁迫、植入木马程序侵入他人计算机系统等方式非法获取信息。

犯罪嫌疑人实施侵犯公民个人信息犯罪，不属于"情节特别严重"，系初犯，全部退赃，并确有悔罪表现的，可以认定社会危险性较小，没有逮捕必要。

（二）审查起诉

在审查起诉阶段，要结合侦查阶段取得的事实证据，进一步引导侦查机关加大捕后侦查力度，及时审查新证据。在羁押期限届满前对全案进行综合审查，对于未达到逮捕证明标准的，撤销原逮捕决定。

经羁押必要性审查，发现犯罪嫌疑人具有下列情形之一的，应当向办案机关提出释放或者变更强制措施的建议：

1. 案件证据发生重大变化，没有证据证明有犯罪事实或者犯罪行为系犯罪嫌疑人、被告人所为的。

2. 案件事实或者情节发生变化，犯罪嫌疑人、被告人可能被判处拘役、管制、独立适用附加刑、免予刑事处罚或者判决无罪的。

3. 继续羁押犯罪嫌疑人、被告人，羁押期限将超过依法可能判处的刑期的。

4. 案件事实基本查清，证据已经收集固定，符合取保候审或者监视居住条件的。

经羁押必要性审查，发现犯罪嫌疑人、被告人具有下列情形之一，且具有悔罪表现，不予羁押不致发生社会危险性的，可以向办案机关提出释放或者变更强制措施的建议：

1. 预备犯或者中止犯；共同犯罪中的从犯或者胁从犯。

2. 主观恶性较小的初犯。

3. 系未成年人或者年满七十五周岁的人。

4. 与被害方依法自愿达成和解协议，且已经履行或者提供担保的。

5. 患有严重疾病、生活不能自理的。

6. 系怀孕或者正在哺乳自己婴儿的妇女。

7. 系生活不能自理的人的唯一扶养人。

8. 可能被判处一年以下有期徒刑或者宣告缓刑的。

9. 其他不需要继续羁押犯罪嫌疑人、被告人的情形。

最高人民检察院法律政策研究室
最高人民检察院检察委员会议题汇报人员注意事项

（2018 年 11 月 19 日公布并施行　高检研〔2018〕22 号）

为了进一步规范最高人民检察院检察委员会议题汇报工作，推进检察委员会办事机构规范化、专业化建设，根据《人民检察院检察委员会议事和工作规则》等规定，提出如下注意事项。

一、会前

（一）完善议题材料。根据院领导指示及检察委员会办公室审核意见，修改、补充相关材料，并及时提交检察委员会办公室。

（二）提供参会人员名单。报经本部门负责人批准，将议题主汇报人、参加人及下级检察院列席人员名单、法律职务、联系方式以及需到会专家名单及时书面告知检察委员会办公室。

（三）做好汇报准备。提前熟悉议题内容，事先拟制检委会委员可能提问的应答。有多名汇报人的，请做好分工。

汇报辅助 PPT 等多媒体演示的，请注意把握多媒体演示内容的客观性、关联性，演示时间和文字字号要适当。汇报人员请于会前三日内将 PPT 等多媒体资料送检察委员会办公室审查，并协助检察技术信息中心做好演示设备的调试工作。

二、开会当日

（一）开会前

1. 做好参会准备。汇报人员带齐相关案卷、资料，提前 20 分钟到达检察委员会会议室，并调试好 PPT 等多媒体演示设备。

2. 汇报人员请勿着无袖衫、运动服等休闲服装。

3. 注意保密。汇报人员应当将携带的手机等通讯、录音录像电子产品放置检察委员会会议室外的电子屏蔽柜内。

（二）汇报时

1. 汇报人员应当语音清晰洪亮、语速适中，尽量避免使用方言。

2. 辅助人员应当做好会议记录、PPT 等多媒体演示等工作。

（三）审议时

1. 回答检察委员会委员、列席同志提问时，应当简明客观，用语规范。

2. 会场内候会的人员应当遵守会场秩序，不要交头接耳、随意走动，如需帮助，请示意检察委员会办公室工作人员；会场外候会的人员应当在规定时间之前到达候会地点，听候检察委员会办公室工作人员安排，做好汇报准备。

三、会后

（一）议题审议完毕后，汇报人员应当携带案卷、资料、随身物品等迅速离开会场。

（二）汇报人员对检察委员会审议情况记录不详的，会后可向检察委员会办公室咨询，了解情况，补齐记录。

严格遵守保密规定，未经主持会议的院领导批准，检察委员会办公室不得向承办部门提供检察委员会会议记录。

（三）承办部门收到《检察委员会决定事项通知书》后，在决定执行完毕五日内填写《检察委员会决定事项执行情况反馈表》，由部门负责人审签后，连同执行情况的相关材料（包括印发的相关文件原件三份或者诉讼、工作文书复印件一份）送交检察委员会办公室。

（四）对检察委员会决定事项尚未执行完毕的相关议题，承办部门应当持续关注议题后续办理情况，并于每年年底前向检察委员会办公室反馈议题后续处理情况。

最高人民检察院法律政策研究室
最高人民检察院检察长助手随同列席
最高人民法院审判委员会会议注意事项

（2018 年 11 月 19 日公布并施行　高检研〔2018〕22 号）

为了进一步落实最高人民检察院检察长列席最高人民法院审判委员会会议制度，指导、规范检察长助手（以下简称助手）随同列席工作，提出如下注意事项。

一、会前

（一）收到检察长（包括分管副检察长）携助手列席最高人民法院审判委员会会议的通知后，经报本部门负责人批准，将助手（一般为案件承办人）的名单、法律职务、联系方式及时告知检察委员会办公室。

（二）助手应当认真研究议题内容，起草列席意见，并拟制审判委员会讨论可能提问的应答材料，层报列席审判委员会会议的检察长，并认真演练，做好充分准备。

（三）助手应当将随同列席当日所乘车辆号牌、司机电话等提前告知检察委员会办公室。

二、开会日

（一）做好随同列席准备。提前 20 分钟到达最高人民法院审判委员会指定的候会室，并带齐相关案卷、资料。

（二）着检察服、佩戴检徽。

（三）注意保密，应当将随身携带的手机等通讯、录音录像电子产品放置最高人民法院审判委员会会议室外的电子屏蔽柜内。

三、会议召开时

（一）根据安排，在候会室候会。审议所列席的议题时，由最高人民法院工作人员带领，在会议室指定座位就座。

（二）检察长或者受检察长委托的副检察长在最高人民法院承办人汇报完毕后、审判委员会委员表决前发表列席意见，助手应当做好会议讨论记录。

（三）经会议主持人同意，列席审判委员会的检察长或者受检察长委托的副检察长示意后，助手可以补充发表意见或者就有关问题作出应答。应当简明客观，用语规范文明，语音清晰洪亮、语速适中，并尽量避免使用方言。

（四）助手应当尊重会议主持人及审判委员会委员、列席法官，严格遵守会议程序和规则，自觉维护检察人员形象。会议进行中，不得交头接耳、随意走动。如需帮助，应当示意审判委员会办事机构工作人员。

四、会后

（一）议题列席完毕，助手应当携带案卷、资料、随身物品等迅速离开会场。

（二）严格遵守保密规定，不得泄露审判委员会会议讨论内容。不得对审判委员会进行录音、录像、拍照，或者使用移动通信工具等传播会议内容。

（三）依照规定，最高人民检察院检察长列席最高人民法院审判委员会会议的具体事宜由审判委员会办事机构和检察委员会办事机构负责办理。助手不得直接向最高人民法院审判委员会办事机构工作人员索要会议纪要、会议记录等相关材料。

（四）助手应当起草列席情况报告，层报检察长，抄送检察委员会办公室，并持续关注列席议案的后续处理情况。列席议题相关承办部门，请于每年年底前将汇总的本年度列席、法院裁判等情况送交检察委员会办公室。

最高人民检察院
关于人民检察院立案侦查司法工作人员
相关职务犯罪案件若干问题的规定

（2018 年 11 月 1 日最高人民检察院第十三届检察委员会第八次会议
通过　2018 年 11 月 24 日通过并施行　高检发研字〔2018〕28 号）

2018 年 10 月 26 日，第十三届全国人民代表大会常务委员会第六次会议
审议通过了《关于修改〈中华人民共和国刑事诉讼法〉的决定》。修改后的
《刑事诉讼法》第十九条第二款规定："人民检察院在对诉讼活动实行法律监
督中发现的司法工作人员利用职权实施的非法拘禁、刑讯逼供、非法搜查等侵
犯公民权利、损害司法公正的犯罪，可以由人民检察院立案侦查。"为做好人
民检察院与监察委员会案件管辖范围的衔接，对在诉讼监督中发现的司法工作
人员利用职权实施的侵犯公民权利、损害司法公正的犯罪依法履行侦查职责，
作出如下规定：

一、案件管辖范围

人民检察院在对诉讼活动实行法律监督中，发现司法工作人员涉嫌利用职
权实施的下列侵犯公民权利、损害司法公正的犯罪案件，可以立案侦查：

1. 非法拘禁罪（刑法第二百三十八条）（非司法工作人员除外）；
2. 非法搜查罪（刑法第二百四十五条）（非司法工作人员除外）；
3. 刑讯逼供罪（刑法第二百四十七条）；
4. 暴力取证罪（刑法第二百四十七条）；
5. 虐待被监管人罪（刑法第二百四十八条）；
6. 滥用职权罪（刑法第三百九十七条）（非司法工作人员滥用职权侵犯
公民权利、损害司法公正的情形除外）；
7. 玩忽职守罪（刑法第三百九十七条）（非司法工作人员玩忽职守侵犯
公民权利、损害司法公正的情形除外）；
8. 徇私枉法罪（刑法第三百九十九条第一款）；
9. 民事、行政枉法裁判罪（刑法第三百九十九条第二款）；
10. 执行判决、裁定失职罪（刑法第三百九十九条第三款）；

11. 执行判决、裁定滥用职权罪（刑法第三百九十九条第三款）；

12. 私放在押人员罪（刑法第四百条第一款）；

13. 失职致使在押人员脱逃罪（刑法第四百条第二款）；

14. 徇私舞弊减刑、假释、暂予监外执行罪（刑法第四百零一条）。

二、级别管辖和侦查部门

本规定所列犯罪案件，由设区的市级人民检察院立案侦查。基层人民检察院发现犯罪线索的，应当报设区的市级人民检察院决定立案侦查。设区的市级人民检察院也可以将案件交由基层人民检察院立案侦查，或者由基层人民检察院协助侦查。最高人民检察院、省级人民检察院发现犯罪线索的，可以自行决定立案侦查，也可以将案件线索交由指定的省级人民检察院、设区的市级人民检察院立案侦查。

本规定所列犯罪案件，由人民检察院负责刑事检察工作的专门部门负责侦查。设区的市级以上人民检察院侦查终结的案件，可以交有管辖权的基层人民法院相对应的基层人民检察院提起公诉；需要指定其他基层人民检察院提起公诉的，应当与同级人民法院协商指定管辖；依法应当由中级人民法院管辖的案件，应当由设区的市级人民检察院提起公诉。

三、案件线索的移送和互涉案件的处理

人民检察院立案侦查本规定所列犯罪时，发现犯罪嫌疑人同时涉嫌监察委员会管辖的职务犯罪线索的，应当及时与同级监察委员会沟通，一般应当由监察委员会为主调查，人民检察院予以协助。经沟通，认为全案由监察委员会管辖更为适宜的，人民检察院应当撤销案件，将案件和相应职务犯罪线索一并移送监察委员会；认为由监察委员会和人民检察院分别管辖更为适宜的，人民检察院应当将监察委员会管辖的相应职务犯罪线索移送监察委员会，对依法由人民检察院管辖的犯罪案件继续侦查。人民检察院应当及时将沟通情况报告上一级人民检察院。沟通期间，人民检察院不得停止对案件的侦查。监察委员会和人民检察院分别管辖的案件，调查（侦查）终结前，人民检察院应当就移送审查起诉有关事宜与监察委员会加强沟通，协调一致，由人民检察院依法对全案审查起诉。

人民检察院立案侦查本规定所列犯罪时，发现犯罪嫌疑人同时涉嫌公安机关管辖的犯罪线索的，依照现行有关法律和司法解释的规定办理。

四、办案程序

（一）人民检察院办理本规定所列犯罪案件，不再适用对直接受理立案侦查案件决定立案报上一级人民检察院备案，逮捕犯罪嫌疑人报上一级人民检察

院审查决定的规定。

（二）对本规定所列犯罪案件，人民检察院拟作撤销案件、不起诉决定的，应当报上一级人民检察院审查批准。

（三）人民检察院负责刑事检察工作的专门部门办理本规定所列犯罪案件，认为需要逮捕犯罪嫌疑人的，应当由相应的刑事检察部门审查，报检察长或者检察委员会决定。

（四）人民检察院办理本规定所列犯罪案件，应当依法接受人民监督员的监督。

最高人民检察院此前印发的规范性文件与本规定不一致的，以本规定为准。

《关于人民检察院立案侦查司法工作人员相关
职务犯罪若干问题的规定》理解与适用

王建平　高翼飞*

2018 年 11 月 24 日，最高人民检察院印发了《关于人民检察院立案侦查司法工作人员相关职务犯罪若干问题的规定》（高检发研字〔2018〕28 号）（以下简称《规定》）。为指导各级检察机关准确理解和适用，现就《规定》的起草背景、过程及内容作如下说明：

一、《规定》起草的背景和过程

2018 年 3 月 20 日，第十三届全国人民代表大会第一次会议审议通过了《中华人民共和国监察法》，明确了监察委员会对行使公权力的公职人员职务违法和职务犯罪进行调查处置的职权。4 月 16 日，中央纪委国家监委印发了《国家监察委员会管辖规定（试行）》，明确了国家监察委员会管辖案件的范围。其中，第二十一条第一款规定："在诉讼监督活动中发现的司法工作人员利用职权实施的侵犯公民权利、损害司法公正的犯罪，由人民检察院管辖更为适宜的可以由人民检察院管辖。"上述规定印发实施后，有的省级人民检察院反映，已有地方监察委员会将司法工作人员相关职务犯罪线索退回检察机关的情形，询问如何处理。根据最高人民检察院领导的指示，高检院研究室进行了认真研究，起草了办理相关案件规定稿，并征求了最高人民检察院内设机构和省级人民检察院的意见。2018 年 6 月至 7 月间，最高人民检察院就人民检察院立案侦查的案件范围的问题先后征求了全国人大常委会法工委和国家监察委员会的意见。全国人大常委会法工委和国家监察委员会原则同意人民检察院对司法工作人员利用职权实施的非法拘禁、刑讯逼供、非法搜查等 14 个侵犯公民权利、损害司法公正的犯罪行使侦查权。

2018 年 10 月 26 日，第十三届全国人民代表大会常务委员会第六次会议审议通过了《关于修改〈中华人民共和国刑事诉讼法〉的决定》。修改后的刑事诉讼法第十九条第二款规定："人民检察院在对诉讼活动实行法律监督中发现的司法工作人员利用职权实施的非法拘禁、刑讯逼供、非法搜查等侵犯公民权利、损害司法公正的犯罪，可以由人民检察院立案侦查。"考虑到《人民检

＊　作者单位：最高人民检察院法律政策研究室。

察院刑事诉讼规则（试行）》的修订需要有一个过程，而修改后刑事诉讼法自公布之日起立即生效实施，在《人民检察院刑事诉讼规则（试行）》修订实施前，有必要对人民检察院管辖的案件范围和相关程序作出明确，从而实现人民检察院与国家监察委员会案件管辖范围的衔接，防止管辖争议和管辖推诿，保证人民检察院依法履行对在诉讼监督中发现的司法工作人员利用职权实施的侵犯公民权利、损害司法公正的犯罪的侦查职责。最高人民检察院研究室根据院领导的指示要求起草了《关于人民检察院立案侦查司法工作人员相关职务犯罪案件若干问题的规定（审议稿）》，于 2018 年 11 月 1 日提请最高人民检察院第十三届检察委员会第八次会议进行了审议。最高人民检察院检委会经审议，原则通过了《规定（审议稿）》。会后，最高人民检察院研究室按照检委会讨论意见对《规定（审议稿）》作了修改，于 11 月 4 日分别征求了国家监察委员会和公安部的意见。收到国家监察委员会和公安部书面反馈的修改意见后，最高人民检察院研究室根据反馈意见对《规定》又作了修改，并起草了《关于印发〈关于人民检察院立案侦查司法工作人员相关职务犯罪若干问题的规定〉的通知》，按程序报送张军检察长签发。

二、《规定》的内容

（一）关于案件管辖范围

《规定》以列举的方式明确了检察机关管辖的十四个罪名，即人民检察院在对诉讼活动实行法律监督中，发现司法工作人员涉嫌利用职权实施的下列侵犯公民权利、损害司法公正的犯罪案件，可以立案侦查：1. 非法拘禁罪（刑法第 238 条）；2. 非法搜查罪（刑法第 245 条）；3. 刑讯逼供罪（刑法第 247 条）；4. 暴力取证罪（刑法第 247 条）；5. 虐待被监管人罪（刑法第 248 条）；6. 滥用职权罪（刑法第 397 条）；7. 玩忽职守罪（刑法第 397 条）；8. 徇私枉法罪（刑法第 399 条第 1 款）；9. 民事、行政枉法裁判罪（刑法第 399 条第 2 款）；10. 执行判决、裁定失职罪（刑法第 399 条第 3 款）；11. 执行判决、裁定滥用职权罪（刑法第 399 条第 3 款）；12. 私放在押人员罪（刑法第 400 条第 1 款）；13. 失职致使在押人员脱逃罪（刑法第 400 条第 2 款）；14. 徇私舞弊减刑、假释、暂予监外执行罪（刑法第 401 条）。

上述罪名，在修改人民检察院组织法和刑事诉讼法过程中，最高人民检察院与中央纪委国家监委、全国人大监察和司法委员会、全国人大宪法和法律委员会、全国人大常委会法工委等单位进行了充分沟通，协调有关各方对检察机关保留部分侦查权的范围问题达成共识。上述十四个犯罪符合修改后刑事诉讼法第十九条第二款规定的三个基本特征：第一，犯罪主体均为"司法工作人员"。根据《刑法》第94条的规定，司法工作人员，是指有侦查、检察、审判、监管职责的工作人员；第二，犯罪手段表现为在诉讼活动中"利用职权实施"；第三，从犯罪客体来看，分别侵犯公民合法权利和损害司法公正。

需要注意的是，按照监察法和《国家监察委员会管辖规定（试行）》的规定，滥用职权罪、玩忽职守罪属于监察机关的管辖范围。在征求意见过程中，全国人大常委会法工委提出，实践中，司法工作人员的滥用职权、玩忽职守犯罪，可能发生在司法活动中，也可能发生在行使其他职权的活动中。根据修改后的刑事诉讼法和《国家监察委员会管辖规定（试行）》的相关规定，检察机关立案侦查的这两类犯罪应限于发生在司法活动中的司法工作人员犯罪。因此，人民检察院立案侦查的滥用职权案件和玩忽职守案件应当限于司法工作人员滥用职权、玩忽职守侵犯公民权利、损害司法公正的情形。对于其他国家机关工作人员滥用职权罪、玩忽职守罪或者司法工作人员犯滥用职权罪、玩忽职守罪，但未侵犯公民权利、损害司法公正的，不由人民检察院管辖，依法应当由监察机关依法调查处置。此外，非法拘禁罪、非法搜查罪这两个罪名犯罪主体可能是司法工作人员，也可能是其他国家工作人员或其他人员，根据修改后的刑事诉讼法的规定，人民检察院立案侦查的非法拘禁案件、非法搜查案件的犯罪主体仅限于司法工作人员。为了突出强调，《规定》在相关罪名之后增加了备注，进一步明确了管辖的案件范围。

（二）级别管辖和侦查部门

1. 案件的级别管辖。《规定》明确了"本规定所列犯罪案件，由设区的市级人民检察院立案侦查。基层人民检察院发现犯罪线索的，应当报设区的市级人民检察院决定立案侦查。"由于这类案件的主体都是司法工作人员，由市级院立案侦查，能够确保立案的慎重性。而且，此类案件数量不大，市级院立案侦查，在办案力量上能够适应。同时，这样也有利于在自侦队伍已整体转隶监察委的情况下，集中有限的资源，提高办案质量和效率。因此，基层人民检察院开展诉讼监督中发现这类犯罪线索的，应报请市级院审查，决定是否立案侦查。如果案件由基层院结合诉讼监督开展侦查更便于掌握情况，及时收集、固定证据，而且该基层院也有侦查力量的，《规定》明确"设区的市级人民检察院也可以将案件交由基层人民检察院立案侦查，或者由基层人民检察院协助侦查。"总之，立案侦查决定权上提至市级院，并不是取消基层院的立案侦查权，而是要严格把握立案条件。此外，《规定》还明确："最高人民检察院、省级人民检察院发现犯罪线索的，可以自行决定立案侦查，也可以将案件线索交由指定的省级人民检察院、设区的市级人民检察院立案侦查。"

2. 侦查案件的部门。《规定》明确："本规定所列犯罪案件，由人民检察院负责刑事检察工作的专门部门负责侦查。"《规定》在征求意见过程中，有观点认为，诉讼监督职能与侦查职能原则上应当分别由不同的部门行使，以保证诉讼监督部门与侦查部门之间的相互制约，避免诉讼监督部门既监督诉讼活动又侦查犯罪，以侦查促压监督对象的问题。我们认为，人民检察院对诉讼监督中发现的司法工作人员利用职权实施的侵犯公民权利、损害司法公正的犯罪进行立案侦查，本身就是人民检察院对诉讼活动行使法律监督权的重要组成部分，这也是查办职务犯罪职能整体转隶监察委后，仍然给检察机关保留部分侦查权的原因，因此，不应将侦查权与诉讼监督权截然分离。关于检察机关内部具体行使侦查权的部门，《中共中央转发〈中央政法委员会关于深化司法体制和工作机制改革若干问题的意见〉的通知》（中发〔2008〕19号）要求："明确检察机关内部的职权划分，其抗诉职权与职务犯罪侦查职权应分别由不同的业务部门行使。"2009年最高人民检察院《关于完善抗诉工作与职务犯罪侦查工作内部监督制约机制的规定》明确，人民检察院负责抗诉工作的部门不承办职务犯罪侦查工作。《人民检察院民事诉讼监督规则（试行）》第一百一十三条规定："民事检察部门在履行职责过程中，发现涉嫌犯罪的行为，应当及时将犯罪线索及相关材料移送本院相关职能部门。人民检察院相关职能部门在办案工作中，发现人民法院审判人员、执行人员有贪污贿赂、徇私舞弊、枉法裁判等违法行为，可能导致原判决、裁定错误的，应当及时向民事检察部门通报。"《人民检察院行政诉讼监督规则（试行）》第三十五条规定："人民检察院行政检察部门在履行职责过程中，发现违法违纪或者涉嫌犯罪线索，应当及时将相关材料移送有关职能部门。人民检察院相关职能部门在办案工作中发现人民法院行政审判人员、执行人员有贪污受贿、徇私舞弊、枉法裁判等违法行为，可能导致原判决、裁定错误的，应当及时将相关材料移送行政检察部门。"根据上述规定，行使抗诉权的部门特别是民事、行政检察部门不宜行使侦查权。我们研究认为，目前可暂由刑事执行检察部门负责侦查，主要考虑刑事执行检察部门不行使抗诉权，而且在反贪转隶前，有一定侦查职能和经验。由于目前检察机关内设机构改革尚未到位，机构的职能、名称暂无法统一，因此，《规定》将侦查部门表述为"负责刑事检察工作的专门部门"。待机构改革方案确定后，再对具体行使侦查权的部门作出明确，或者在修订《人民检察院刑事诉讼规则》中予以体现。

3. 提起公诉的人民检察院。审查起诉应当与刑事诉讼法规定的人民法院审判管辖相衔接。侦查终结后，应当按照刑事诉讼法的规定，交由有管辖权的检察院审查起诉。为此，《规定》明确，设区的市级以上人民检察院侦查终结的案件，可以交有管辖权的基层人民法院相对应的基层人民检察院提起公诉；

需要指定其他基层人民检察院提起公诉的，应当与同级人民法院协商指定管辖。对依法应当由中级人民法院管辖的案件，由设区的市级人民检察院提起公诉。实践中，指定其他基层人民检察院提起公诉，主要是为了排除本地干扰，确保案件得到公正审理。

（三）案件线索的移送和互涉案件的处理

检察机关在侦查司法工作人员利用职权实施的侵犯公民权利、损害司法公正的犯罪时，有可能发现犯罪嫌疑人其他职务犯罪线索。对于这种情况，《中华人民共和国监察法》第三十四条第一款规定："人民法院、人民检察院、公安机关、审计机关等国家机关在工作中发现公职人员涉嫌贪污贿赂、失职渎职等职务违法或者职务犯罪的问题线索，应当移送监察机关，由监察机关调查处置。"明确了有关国家机关在工作中发现职务违法或者职务犯罪问题线索的移送义务。该条第二款规定："被调查人既涉嫌严重职务违法或者职务犯罪，又涉嫌其他违法犯罪的，一般应当由监察机关为主调查，其他机关予以协助。"确立了互涉案件一般由监察机关为主调查的原则。

实践中，司法工作人员犯数罪，分别由监察委员会和人民检察院管辖的情形主要有两种：一种情形是数罪之间没有牵连关系，如司法工作人员涉嫌非法拘禁、刑讯逼供、虐待被监管人等犯罪，同时又涉嫌贪污贿赂犯罪的，这种情形可以由监察委员会和人民检察院分别管辖；另一种情形是数罪之间存在关联，构成牵连犯，依照刑法的规定应当从一重罪定罪处罚或者数罪并罚。例如，司法工作人员有徇私枉法行为的，按照刑法第三百九十九条第四款的规定，司法工作人员收受贿赂，有前三款行为（徇私枉法罪，民事、行政枉法裁判罪，执行判决裁定失职罪，执行判决、裁定滥用职权罪）的，同时又构成本法第三百八十五条规定之罪（受贿罪）的，依照处罚较重的规定定罪处罚。又如，司法工作人员有私放在押人员行为的，按照2012年最高人民法院、最高人民检察院《关于办理渎职刑事案件适用法律若干问题的解释（一）》第三条的规定，国家机关工作人员实施渎职犯罪并收受贿赂，同时构成受贿罪的，除刑法另有规定外，以渎职罪和受贿罪数罪并罚。

根据监察法的规定，《规定》明确了人民检察院立案侦查本规定所列犯罪时，发现犯罪嫌疑人同时涉嫌监察委员会管辖的职务犯罪线索的，应当及时与同级监察委员会沟通，一般应当由监察委员会为主调查，人民检察院予以协助。经过沟通，有两种处理方式：一种处理方式是认为全案由监察委员会管辖更为适宜的，人民检察院应当撤销案件，将案件和相应职务犯罪线索一并移送监察委员会。由监察委员会并案调查的情形主要是存在数罪牵连关系的情形。由于司法工作人员属于行使公权力的公职人员，也在监察委员会的监察对象之列。修改后的刑事诉讼法第十九条第二款规定，对司法工作人员利用职权实施的侵犯公民权利、损害司法公正的犯罪，可以由人民检察院立案侦查，意味着也可以由监察委员会依法调查处置。因此，由监察委员会对相关案件并案调查是有法律依据的。另一种处理方式是认为由监察委员会和人民检察院分别管辖更为适宜的，人民检察院应当将监察委员会管辖的相应职务犯罪线索移送监察委员会，对依法由人民检察院管辖的犯罪案件继续侦查。对于分别管辖的案件，一般应当由监察委员会为主调查，人民检察院予以协助。调查（侦查）终结前，人民检察院应当就移送审查起诉有关事宜与监察委员会加强沟通，协调一致，由人民检察院依法对全案审查起诉。《规定》还要求，人民检察院应当及时将沟通情况报告上一级人民检察院。沟通期间，人民检察院不得停止对案件的侦查。

此外，人民检察院立案侦查司法工作人员相关职务犯罪时，也可能涉及公安机关管辖的刑事案件，对此，可以依照现行有关法律和司法解释的规定，如《最高人民法院、最高人民检察院、公安部、国家安全部、司法部、全国人大常委会法制工作委员会关于实施刑事诉讼法若干问题的规定》《人民检察院刑事诉讼规则（试行）》等的规定办理。

（四）办案程序

《规定》对于人民检察院办理司法工作人员相关职务犯罪案件的主要程序作出了明确：

一是明确人民检察院办理本规定所列犯罪案件，不再适用对直接受理立案侦查案件决定立案报上一级人民检察院备案，逮捕犯罪嫌疑人报上一级人民检察院审查决定的规定。2012 年《人民检察院刑事诉讼规则（试行）》第三百二十七条规定："省级以下（不含省级）人民检察院直接受理立案侦查的案件，需要逮捕犯罪嫌疑人的，应当报请上一级人民检察院审查决定。监所、林业等派出人民检察院立案侦查的案件，需要逮捕犯罪嫌疑人的，应当报请上一级人民检察院审查决定。"第一百八十三条规定："人民检察院对于直接受理的案件，经审查认为有犯罪事实需要追究刑事责任的，应当制作立案报告书，经检察长批准后予以立案。在决定立案之日起三日以内，将立案备案登记表、提请立案报告和立案决定书一并报送上一级人民检察院备案。"经研究，鉴于此类案件的犯罪线索主要是基层人民检察院在对同级公安机关、审判机关、刑罚执行机关的诉讼活动实行法律监督的过程中发现的，《规定》已经明确了基层人民检察院发现犯罪线索，应当报市级人民检察院决定立案侦查，立案侦查决定权已经上提一级，再报上级院备案已无必要。审查逮捕权上提一级的目的是为了慎用逮捕措施，这是在基层人民检察院有决定立案侦查权的前提下作出的制度设计。由于《规定》将有权作出立案侦查决定的人民检察院限定为设区的市级以上人民检察院，对立案侦查权的行使已经十分慎重，因此，没有必要再继续沿用成本高、效率低的上提一级批捕的规定。

二是明确人民检察院对本规定所列犯罪案件拟作撤销案件、不起诉决定的，仍应报上一级检察院审查批准。2005 年《最高人民检察院关于省级以下人民检察院对直接受理侦查案件作撤销案件、不起诉决定报上一级人民检察院批准的规定（试行）》第二条规定："省级以下（含省级）人民检察院办理直接受理侦查的案件，拟作撤销案件、不起诉决定的，应当报请上一级人民检察院批准。"《人民检察院刑事诉讼规则（试行）》延续了这一规定。上述规定旨在严格把握撤销案件、不起诉条件，这与监察法规定检察院对职务犯罪案件不起诉须报上级检察院批准的精神是一致的，有利于防止轻纵犯罪现象的发生。因此，《规定》保留了对拟作撤销案件、不起诉决定应当报上一级检察院审查批准的规定。

三是明确侦查部门办理本规定所列犯罪案件，认为需要逮捕犯罪嫌疑人的，应当由相应刑事检察部门审查，报检察长或者检察委员会决定。贯彻少捕慎捕原则，强化内部监督制约，实行侦查权与审查逮捕权由不同部门行使，明确逮捕由检察长或者检察委员会作出决定，充分保障犯罪嫌疑人的合法权利。

四是明确人民检察院办理本规定所列犯罪案件应当依法接受人民监督员监督。落实修改后的人民检察院组织法关于"人民监督员依照规定对人民检察院的办案活动实行监督"的规定，继续发挥人民监督员的外部监督制约作用，确保人民检察院依法公正行使侦查权。

另外，《规定》还明确了最高人民检察院此前印发的规范性文件与本规定的规定不一致的，以本规定为准。由于刑事诉讼法自公布之日起施行，为了及时对地方检察机关办理案件提供指导，《规定》仅对主要办案程序作出明确，相关程序还需要在修订《人民检察院刑事诉讼规则（试行）》时进一步细化和完善。

最高人民检察院、国务院扶贫开发领导小组办公室
关于检察机关国家司法救助工作
支持脱贫攻坚的实施意见

（2019 年公布并施行）

第一条 为了深入贯彻党的十九大和十九届二中、三中全会精神，全面落实《中共中央、国务院关于打赢脱贫攻坚战三年行动的指导意见》，充分履行检察职能，加大司法过程中对贫困当事人的救助工作力度，助力打赢脱贫攻坚战，现根据中央政法委、财政部、最高人民法院、最高人民检察院、公安部、司法部《关于建立完善国家司法救助制度的意见（试行）》等有关规定，就检察机关国家司法救助工作支持脱贫攻坚，制定本意见。

第二条 本意见所称贫困当事人，是指人民检察院在办理案件过程中，发现的符合下列情形之一，且属于建档立卡贫困人口的当事人：

（一）刑事案件被害人受到犯罪侵害致重伤或者严重残疾，因加害人死亡或者没有赔偿能力，无法通过诉讼获得赔偿，造成生活困难的；

（二）刑事案件被害人受到犯罪侵害危及生命，急需救治，无力承担医疗救治费用的；

（三）刑事案件被害人受到犯罪侵害致死，依靠其收入为主要生活来源的近亲属或者其赡养、扶养、抚养的其他人，因加害人死亡或者没有赔偿能力，无法通过诉讼获得赔偿，造成生活困难的；

（四）刑事案件被害人受到犯罪侵害，致使财产遭受重大损失，因加害人死亡或者没有赔偿能力，无法通过诉讼获得赔偿，造成生活困难的；

（五）举报人、证人、鉴定人因向检察机关举报、作证或者接受检察机关委托进行司法鉴定而受到打击报复，致使人身受到伤害或者财产受到重大损失，无法通过诉讼获得赔偿，造成生活困难的；

（六）因道路交通事故等民事侵权行为造成人身伤害，无法通过诉讼获得赔偿，造成生活困难的；

（七）人民检察院根据实际情况，认为需要救助的其他情形。

第三条 人民检察院在办案过程中应当注重发挥司法人文关怀作用，依法

开展对贫困当事人的国家司法救助工作，主动帮助其解决生活面临的急迫困难，改善生活环境。

扶贫部门在脱贫攻坚工作中应当将贫困当事人列为重点对象，突出问题导向，优化政策供给，实施精准扶贫、精准脱贫。

第四条　人民检察院和扶贫部门坚持应救尽救、分类施策、精准发力、合力攻坚原则，依托国家司法救助工作帮助贫困当事人尽快摆脱生活困境，协同相关部门全面落实扶贫脱贫措施，提高救助效果和脱贫攻坚成果的可持续性。

第五条　人民检察院在办理案件过程中发现贫困当事人的，应当立即启动国家司法救助工作程序，指定检察人员优先办理，并在办结后五个工作日内将有关案件情况、给予救助情况、扶贫脱贫措施建议等书面材料移送扶贫部门。

人民检察院发现被救助人可能属于贫困人口但未建档立卡的，应当在办结后五个工作日内向扶贫部门提出进行贫困识别的书面建议，并同时移送有关材料。

第六条　对人民检察院移送的可能属于贫困人口线索，扶贫部门通过全国扶贫开发信息系统进行比对核实，属于建档立卡贫困人口的，应当进一步加大脱贫攻坚力度，细化实化帮扶措施，保障各项扶贫政策精确落实和相关工作精准到位，并及时向人民检察院反馈有关情况。

可能属于贫困人口但未建档立卡的，扶贫部门应当按照建档立卡标准和规定程序进行贫困识别，识别为建档立卡贫困人口的，依照前款规定落实脱贫攻坚责任，并及时向人民检察院反馈有关情况。

第七条　扶贫部门在脱贫攻坚工作中发现贫困当事人的，应当作为国家司法救助案件线索，在五个工作日内移送人民检察院。

对受到犯罪侵害危及生命，或者因道路交通事故等民事侵权行为造成严重人身伤害，急需救治，无力承担医疗救治费用的贫困当事人，扶贫部门应当立即告知人民检察院，人民检察院可以先行救助，救助后及时补办相关手续。

第八条　人民检察院对扶贫部门移送的国家司法救助案件线索，应当立即启动救助工作程序，指定检察人员优先办理，并在办结后五个工作日内向扶贫部门反馈案件办理情况。

第九条　人民检察院发现扶贫部门移送的国家司法救助案件线索不属于本院管辖的，应当在三个工作日内移送有管辖权的人民检察院，并告知扶贫部门；由本院负责救助对贫困当事人更为适宜的，可以由本院管辖。

人民检察院认为扶贫部门移送的国家司法救助案件线索，由其他政法单位负责救助对贫困当事人更为适宜的，可以移送其他政法单位，并告知扶贫部门。

　　第十条　人民检察院在党委政法委领导下，争取政府财政部门支持，用好中央财政通过政法转移支付的补助资金，进一步拓宽国家司法救助资金来源渠道，提高救助金发放效率，完善救助金发放方式，增强救助实效。

　　第十一条　人民检察院和扶贫部门应当加强国家司法救助工作与扶贫脱贫措施的衔接融合，主动对接定点扶贫单位和责任部门，引导鼓励社会各方面力量，帮助贫困当事人通过产业扶持、转移就业、易地搬迁、教育支持、医疗救助等措施实现脱贫。对无法依靠产业扶持等措施实现脱贫的贫困当事人，帮助实行政策性保障兜底脱贫。

　　第十二条　办理国家司法救助案件的人民检察院所在地与当事人户籍所在地不一致的，救助案件办结后，办理案件的人民检察院应当在五个工作日内将有关案件情况、给予救助情况等材料，移送当事人户籍所在地人民检察院。

　　当事人户籍所在地人民检察院和扶贫部门参照本意见第五条、第六条进行办理。

　　第十三条　对获得国家司法救助的贫困当事人，人民检察院应当联合扶贫部门进行回访，掌握其脱贫及相关政策措施惠及情况，强化脱贫光荣导向，培养贫困当事人依靠自力更生实现脱贫致富的意识，提高其自我发展能力。

　　第十四条　人民检察院和扶贫部门应当分别确定相关内设机构具体负责国家司法救助工作支持脱贫攻坚的日常事务，并建立联席会议制度，定期召开例会。根据工作需要，可以召开临时联席会议。

　　第十五条　联席会议的主要任务是：

　　（一）通报工作情况，交换、共享工作信息；

　　（二）总结工作经验，梳理、解决突出问题；

　　（三）讨论重点、特殊贫困当事人的救助帮扶措施；

　　（四）研究出台本地区相关工作规范性文件；

　　（五）会商其他相关工作事宜。

　　第十六条　联席会议议定的事项，人民检察院和扶贫部门应当积极落实，并及时向对方反馈落实情况。

　　第十七条　上级人民检察院和扶贫部门应当加强组织指导和业务督导，抓好统筹协调，健全工作机制，总结推广经验，营造良好氛围，推动国家司法救助工作更加有效助力脱贫攻坚。

　　第十八条　人民检察院会同扶贫部门建立对贫困当事人的观察台账，动态跟踪记录救助和扶贫脱贫情况，并健全国家司法救助工作支持脱贫攻坚档案制度。

　　第十九条　人民检察院和扶贫部门在每年一月份，经联席会议讨论通过，向上一级人民检察院及同级扶贫开发领导小组报送上年度国家司法救助工作支持脱贫攻坚情况报告。

第二十条　本意见由最高人民检察院和国务院扶贫开发领导小组办公室共同解释。执行中遇有具体应用问题，分别向最高人民检察院和国务院扶贫开发领导小组办公室报告。

第二十一条　本意见自发布之日起施行。

最高人民检察院、生态环境部
及国家发展和改革委员会、司法部、自然
资源部、住房和城乡建设部、交通运输部、
水利部、农业农村部、国家林业和草原局
关于在检察公益诉讼中加强协作配合
依法打好污染防治攻坚战的意见

(2019 年 1 月 2 日公布并施行)

为贯彻落实党中央、国务院关于打好污染防治攻坚战的各项决策部署，充分发挥检察机关、行政执法机关职能作用，最高人民检察院、生态环境部会同国家发展和改革委员会、司法部、自然资源部、住房和城乡建设部、交通运输部、水利部、农业农村部、国家林业和草原局等部门，就在检察公益诉讼中加强协作配合，合力打好污染防治攻坚战，共同推进生态文明建设，形成如下协作意见。

一、关于线索移送的问题

1. 完善公益诉讼案件线索移送机制。各方应积极借助行政执法与刑事司法衔接信息共享平台的经验做法，逐步实现生态环境和资源保护领域相关信息实时共享。行政执法机关发现涉嫌破坏生态环境和自然资源的公益诉讼案件线索，应及时移送检察机关办理。

2. 建立交流会商和研判机制。各单位确定相关职能部门共同建立执法情况和公益诉讼线索交流会商和研判机制，由检察机关召集，每年会商一次，确有需要的，可随时召开。有关行政机关也可就本系统行政执法和公益诉讼线索情况单独进行交流会商，共同研究解决生态环境和资源保护执法中的突出问题。检察机关对生态环境和资源保护领域易发、高发的系统性、领域性问题，可以集中提出意见建议；行政执法机关对检察机关办案中的司法不规范等问题，可以提出改进的意见建议。

3. 建立健全信息共享机制。根据检察机关办理公益诉讼案件需要，行政执法机关向检察机关提供行政执法信息平台中涉及生态环境和资源保护领域的

行政处罚信息和监测数据，以及环保督察等专项行动中发现的问题和线索信息。检察机关定期向行政执法机关提供已办刑事犯罪、公益诉讼等案件信息和数据信息。进一步明确移送标准，逐步实现行政执法机关发现公益诉讼案件线索及时移送检察机关、检察机关发现行政执法机关可能存在履职违法性问题提前预警等功能。

二、关于立案管辖的问题

4. 探索建立管辖通报制度。检察机关办理行政公益诉讼案件，一般由违法行使职权或者不作为的行政机关所在地的同级人民检察院立案并进行诉前程序。对于多个检察机关均有管辖权的情形，上级检察机关可与被监督行政执法机关的上级机关加强沟通、征求意见，从有利于执法办案、有利于解决问题的角度，确定管辖的检察机关。

5. 坚持根据监督对象立案。对于一个行政执法机关涉及多个行政相对人的同类行政违法行为，检察机关可作为一个案件立案；对于一个污染环境或者破坏生态的事件，多个行政机关存在违法行使职权或者不作为情形的，检察机关可以分别立案。

6. 探索立案管辖与诉讼管辖适当分离。上级检察机关可根据案件情况，综合考虑被监督对象的行政层级、生态环境损害程度、社会影响、治理效果等因素，将案件线索指定辖区内其他下级检察机关立案。在人民法院实行环境资源案件集中管辖的地区，需要提起诉讼的，一般移送集中管辖法院对应的检察院提起诉讼。

三、关于调查取证的问题

7. 建立沟通协调机制。检察机关在调查取证过程中，要加强与行政执法机关的沟通协调。对于重大敏感案件线索，应及时向被监督行政执法机关的上级机关通报情况。行政执法机关应积极配合检察机关调查收集证据。

8. 建立专业支持机制。各行政执法机关可根据自身行业特点，为检察机关办案在调查取证、鉴定评估等方面提供专业咨询和技术支持，如协助做好涉案污染物的检测鉴定工作等。检察机关可根据行政执法机关办案需要或要求，提供相关法律咨询。

9. 做好公益诉讼与生态环境损害赔偿改革的衔接。深化对公益诉讼与生态环境损害赔偿诉讼关系的研究，加强检察机关、行政执法机关与审判机关的沟通协调，做好公益诉讼制度与生态环境损害赔偿制度的配合和衔接。

四、关于司法鉴定的问题

10. 探索建立检察公益诉讼中生态环境损害司法鉴定管理和使用衔接机

制。遵循统筹规划、合理布局、总量控制、有序发展的原则，针对司法实践中存在的司法鉴定委托难等问题，适当吸纳相关行政执法机关的鉴定检测机构，加快准入一批诉讼急需、社会关注的生态环境损害司法鉴定机构。针对鉴定规范不明确、鉴定标准不统一等问题，加快对生态环境损害鉴定评估相关标准规范的修订、制定等工作，建立健全标准规范体系。加强对鉴定机构及其鉴定人的监督管理，实行动态管理，完善退出机制，建立与司法机关的管理和使用衔接机制，畅通联络渠道，实现信息共享，不断提高鉴定质量和公信力。

11. 探索完善鉴定收费管理和经费保障机制。司法部、生态环境部会同国家发展和改革委员会等部门指导地方完善司法鉴定收费政策。与相关鉴定机构协商，探索检察机关提起生态环境损害公益诉讼时先不预交鉴定费，待人民法院判决后由败诉方承担。与有关部门协商，探索将鉴定评估费用列入财政保障。

12. 依法合理使用专家意见等证据。检察机关在办案过程中，涉及案件的专门性问题难以鉴定的，可以结合案件其他证据，并参考行政执法机关意见、专家意见等予以认定。

五、关于诉前程序的问题

13. 明确行政执法机关履职尽责的标准。对行政执法机关不依法履行法定职责的判断和认定，应以法律规定的行政执法机关法定职责为依据，对照行政执法机关的执法权力清单和责任清单，以是否采取有效措施制止违法行为、是否全面运用法律法规、规章和规范性文件规定的行政监管手段、国家利益或者社会公共利益是否得到了有效保护为标准。检察机关和行政执法机关要加强沟通和协调，可通过听证、圆桌会议、公开宣告等形式，争取诉前工作效果最大化。最高人民检察院会同有关行政执法机关及时研究出台文件，明确行政执法机关不依法履行法定职责的认定标准。

14. 强化诉前检察建议释法说理。检察机关制发诉前检察建议，要准确写明行政执法机关违法行使职权或者不作为的事实依据和法律依据，意见部分要精准、具体，并进行充分的释法说理。要严守检察权边界，不干涉行政执法机关的正常履职和自由裁量权。

15. 依法履行行政监管职责。行政执法机关接到检察建议书后应在规定时间内书面反馈，确属履职不到位或存在不作为的，应当积极采取有效措施进行整改；因客观原因难以在规定期限内整改完毕的，应当制作具体可行的整改方案，及时向检察机关说明情况；不存在因违法行政致国家利益和社会公共利益受损情形的，应当及时回复并说明情况。

六、关于提起诉讼的问题

16. 检察机关应依法提起公益诉讼。经过诉前程序，行政执法机关仍未依法全面履行职责，国家利益或者社会公共利益受侵害状态尚未得到实质性遏制的，人民检察院依法提起行政公益诉讼。

17. 行政执法机关应依法参与诉讼活动。进入诉讼程序的，行政执法机关应按照行政应诉规定相关要求积极参加诉讼，做好应诉准备工作，根据诉讼类型和具体请求积极应诉答辩。对于国家利益或者社会公共利益受到损害的情形，在诉讼过程中要继续推动问题整改落实，力争实质解决。对于法院作出的生效判决要严格执行，及时纠正违法行政行为或主动依法履职。

七、关于日常联络的问题

18. 建立日常沟通联络制度。各方应明确专门联络机构和具体联络人员，负责日常联络及文件传输等工作。各方可定期或不定期召开联席会议，共同研讨解决生态环境和资源保护领域中存在的具体问题，以及司法办案中突出存在的确定管辖难、调查取证难、司法鉴定难、法律适用难、从严惩治难等问题。对于达成一致的事项，以会议纪要、会签文件、共同出台指导意见等形式予以明确。检察机关和各相关行政执法机关可以在日常工作层面进一步拓宽交流沟通的渠道和方式，建立经常性、多样化的交流沟通机制。

19. 建立重大情况通报制度。为切实保护国家利益和社会公共利益，及时处置突发性、普遍性等重大问题，对于涉及生态环境行政执法及检察公益诉讼的重大案件、事件和舆情，各方应当及时相互通报，共同研究制定处置办法，及时回应社会关切。在办案中发现相关国家机关工作人员失职渎职等职务违法犯罪线索的，应当及时移送纪检监察机关。

20. 建立联合开展专项行动机制。各方开展的涉及对方工作范围的专项行动等，可邀请对方参与，真正形成检察机关与行政执法机关司法、执法工作合力，共同促进生态环境和资源保护领域依法行政。

八、关于人员交流的问题

21. 建立人员交流和培训机制。各方可定期互派业务骨干挂职，强化实践锻炼，进一步优化干部队伍素质。检察机关可聘请部分行政执法机关业务骨干任命为特邀检察官助理，共同参与公益诉讼办案工作。检察机关和行政执法机关举办相关培训时，可以为各方预留名额，或邀请各方单位领导和办案骨干介绍情况，定期开展业务交流活动，共同提高行政执法和检察监督能力。

最高人民法院、最高人民检察院、公安部
关于依法惩治妨害公共交通工具安全
驾驶违法犯罪行为的指导意见

(2019 年 1 月 8 日公布并施行)

各省、自治区、直辖市高级人民法院、人民检察院、公安厅（局），新疆维吾尔自治区高级人民法院生产建设兵团分院，新疆生产建设兵团人民检察院、公安局：

近期，一些地方接连发生在公共交通工具上妨害安全驾驶的行为。有的乘客仅因琐事纷争，对正在驾驶公共交通工具的驾驶人员实施暴力干扰行为，造成重大人员伤亡、财产损失，严重危害公共安全，社会反响强烈。为依法惩治妨害公共交通工具安全驾驶违法犯罪行为，维护公共交通安全秩序，保护人民群众生命财产安全，根据有关法律规定，制定本意见。

一、准确认定行为性质，依法从严惩处妨害安全驾驶犯罪

（一）乘客在公共交通工具行驶过程中，抢夺方向盘、变速杆等操纵装置，殴打、拉拽驾驶人员，或者有其他妨害安全驾驶行为，危害公共安全，尚未造成严重后果的，依照刑法第一百一十四条的规定，以以危险方法危害公共安全罪定罪处罚；致人重伤、死亡或者使公私财产遭受重大损失的，依照刑法第一百一十五条第一款的规定，以以危险方法危害公共安全罪定罪处罚。

实施前款规定的行为，具有以下情形之一的，从重处罚：

1. 在夜间行驶或者恶劣天气条件下行驶的公共交通工具上实施的；

2. 在临水、临崖、急弯、陡坡、高速公路、高架道路、桥隧路段及其他易发生危险的路段实施的；

3. 在人员、车辆密集路段实施的；

4. 在实际载客 10 人以上或者时速 60 公里以上的公共交通工具上实施的；

5. 经他人劝告、阻拦后仍然继续实施的；

6. 持械袭击驾驶人员的；

7. 其他严重妨害安全驾驶的行为。

实施上述行为，即使尚未造成严重后果，一般也不得适用缓刑。

（二）乘客在公共交通工具行驶过程中，随意殴打其他乘客，追逐、辱骂

他人，或者起哄闹事，妨害公共交通工具运营秩序，符合刑法第二百九十三条规定的，以寻衅滋事罪定罪处罚；妨害公共交通工具安全行驶，危害公共安全的，依照刑法第一百一十四条、第一百一十五条第一款的规定，以以危险方法危害公共安全罪定罪处罚。

（三）驾驶人员在公共交通工具行驶过程中，与乘客发生纷争后违规操作或者擅离职守，与乘客厮打、互殴，危害公共安全，尚未造成严重后果的，依照刑法第一百一十四条的规定，以以危险方法危害公共安全罪定罪处罚；致人重伤、死亡或者使公私财产遭受重大损失的，依照刑法第一百一十五条第一款的规定，以以危险方法危害公共安全罪定罪处罚。

（四）对正在进行的妨害安全驾驶的违法犯罪行为，乘客等人员有权采取措施予以制止。制止行为造成违法犯罪行为人损害，符合法定条件的，应当认定为正当防卫。

（五）正在驾驶公共交通工具的驾驶人员遭到妨害安全驾驶行为侵害时，为避免公共交通工具倾覆或者人员伤亡等危害后果发生，采取紧急制动或者躲避措施，造成公共交通工具、交通设施损坏或者人身损害，符合法定条件的，应当认定为紧急避险。

（六）以暴力、威胁方法阻碍国家机关工作人员依法处置妨害安全驾驶违法犯罪行为、维护公共交通秩序的，依照刑法第二百七十七条的规定，以妨害公务罪定罪处罚；暴力袭击正在依法执行职务的人民警察的，从重处罚。

（七）本意见所称公共交通工具，是指公共汽车、公路客运车，大、中型出租车等车辆。

二、加强协作配合，有效维护公共交通安全秩序

妨害公共交通工具安全驾驶行为具有高度危险性，极易诱发重大交通事故，造成重大人身伤亡、财产损失，严重威胁公共安全。各级人民法院、人民检察院和公安机关要高度重视妨害安全驾驶行为的现实危害，深刻认识维护公共交通秩序对于保障人民群众生命财产安全与社会和谐稳定的重大意义，准确认定行为性质，依法从严惩处，充分发挥刑罚的震慑、教育作用，预防、减少妨害安全驾驶不法行为发生。

公安机关接到妨害安全驾驶相关警情后要及时处警，采取果断措施予以处置；要妥善保护事发现场，全面收集、提取证据，特别是注意收集行车记录仪、道路监控等视听资料。人民检察院应当对公安机关的立案、侦查活动进行监督；对于公安机关提请批准逮捕、移送审查起诉的案件，符合逮捕、起诉条件的，应当依法予以批捕、起诉。人民法院应当及时公开、公正审判。对于妨害安全驾驶行为构成犯罪的，严格依法追究刑事责任；尚不构成犯罪但构成违

反治安管理行为的，依法给予治安管理处罚。

在办理案件过程中，人民法院、人民检察院和公安机关要综合考虑公共交通工具行驶速度、通行路段情况、载客情况、妨害安全驾驶行为的严重程度及对公共交通安全的危害大小、行为人认罪悔罪表现等因素，全面准确评判，充分彰显强化保障公共交通安全的价值导向。

三、强化宣传警示教育，提升公众交通安全意识

人民法院、人民检察院、公安机关要积极回应人民群众关切，对于社会影响大、舆论关注度高的重大案件，在依法办案的同时要视情向社会公众发布案件进展情况。要广泛拓展传播渠道，尤其是充分运用微信公众号、微博等网络新媒体，及时通报案件信息、澄清事实真相，借助焦点案事件向全社会传递公安和司法机关坚决惩治妨害安全驾驶违法犯罪的坚定决心，提升公众的安全意识、规则意识和法治意识。

办案单位要切实贯彻"谁执法、谁普法"的普法责任制，以各种有效形式开展以案释法，选择妨害安全驾驶犯罪的典型案例进行庭审直播，或者邀请专家学者、办案人员进行解读，阐明妨害安全驾驶行为的违法性、危害性。要坚持弘扬社会正气，选择及时制止妨害安全驾驶行为的见义勇为事例进行褒扬，向全社会广泛宣传制止妨害安全驾驶行为的正当性、必要性。

各地各相关部门要认真贯彻执行。执行中遇有问题，请及时上报。

最高人民法院

最高人民检察院

公　安　部

2019 年 1 月 8 日

最高人民法院、最高人民检察院、公安部
关于办理非法集资刑事案件若干问题的意见

（2019 年 1 月 30 日公布并施行　高检会〔2019〕2 号）

为依法惩治非法吸收公众存款、集资诈骗等非法集资犯罪活动，维护国家金融管理秩序，保护公民、法人和其他组织合法权益，根据刑法、刑事诉讼法等法律规定，结合司法实践，现就办理非法吸收公众存款、集资诈骗等非法集资刑事案件有关问题提出以下意见：

一、关于非法集资的"非法性"认定依据问题

人民法院、人民检察院、公安机关认定非法集资的"非法性"，应当以国家金融管理法律法规作为依据。对于国家金融管理法律法规仅作原则性规定的，可以根据法律规定的精神并参考中国人民银行、中国银行保险监督管理委员会、中国证券监督管理委员会等行政主管部门依照国家金融管理法律法规制定的部门规章或者国家有关金融管理的规定、办法、实施细则等规范性文件的规定予以认定。

二、关于单位犯罪的认定问题

单位实施非法集资犯罪活动，全部或者大部分违法所得归单位所有的，应当认定为单位犯罪。

个人为进行非法集资犯罪活动而设立的单位实施犯罪的，或者单位设立后，以实施非法集资犯罪活动为主要活动的，不以单位犯罪论处，对单位中组织、策划、实施非法集资犯罪活动的人员应当以自然人犯罪依法追究刑事责任。

判断单位是否以实施非法集资犯罪活动为主要活动，应当根据单位实施非法集资的次数、频度、持续时间、资金规模、资金流向、投入人力物力情况、单位进行正当经营的状况以及犯罪活动的影响、后果等因素综合考虑认定。

三、关于涉案下属单位的处理问题

办理非法集资刑事案件中，人民法院、人民检察院、公安机关应当全面查清涉案单位，包括上级单位（总公司、母公司）和下属单位（分公司、子公

司）的主体资格、层级、关系、地位、作用、资金流向等，区分情况依法作出处理。

上级单位已被认定为单位犯罪，下属单位实施非法集资犯罪活动，且全部或者大部分违法所得归下属单位所有的，对该下属单位也应当认定为单位犯罪。上级单位和下属单位构成共同犯罪的，应当根据犯罪单位的地位、作用，确定犯罪单位的刑事责任。

上级单位已被认定为单位犯罪，下属单位实施非法集资犯罪活动，但全部或者大部分违法所得归上级单位所有的，对下属单位不单独认定为单位犯罪。下属单位中涉嫌犯罪的人员，可以作为上级单位的其他直接责任人员依法追究刑事责任。

上级单位未被认定为单位犯罪，下属单位被认定为单位犯罪的，对上级单位中组织、策划、实施非法集资犯罪的人员，一般可以与下属单位按照自然人与单位共同犯罪处理。

上级单位与下属单位均未被认定为单位犯罪的，一般以上级单位与下属单位中承担组织、领导、管理、协调职责的主管人员和发挥主要作用的人员作为主犯，以其他积极参加非法集资犯罪的人员作为从犯，按照自然人共同犯罪处理。

四、关于主观故意的认定问题

认定犯罪嫌疑人、被告人是否具有非法吸收公众存款的犯罪故意，应当依据犯罪嫌疑人、被告人的任职情况、职业经历、专业背景、培训经历、本人因同类行为受到行政处罚或者刑事追究情况以及吸收资金方式、宣传推广、合同资料、业务流程等证据，结合其供述，进行综合分析判断。

犯罪嫌疑人、被告人使用诈骗方法非法集资，符合《最高人民法院关于审理非法集资刑事案件具体应用法律若干问题的解释》第四条规定的，可以认定为集资诈骗罪中"以非法占有为目的"。

办案机关在办理非法集资刑事案件中，应当根据案件具体情况注意收集运用涉及犯罪嫌疑人、被告人的以下证据：是否使用虚假身份信息对外开展业务；是否虚假订立合同、协议；是否虚假宣传，明显超出经营范围或者夸大经营、投资、服务项目及盈利能力；是否吸收资金后隐匿、销毁合同、协议、账目；是否传授或者接受规避法律、逃避监管的方法；等等。

五、关于犯罪数额的认定问题

非法吸收或者变相吸收公众存款构成犯罪，具有下列情形之一的，向亲友或者单位内部人员吸收的资金应当与向不特定对象吸收的资金一并计入犯罪数额：

（一）在向亲友或者单位内部人员吸收资金的过程中，明知亲友或者单位内部人员向不特定对象吸收资金而予以放任的；

（二）以吸收资金为目的，将社会人员吸收为单位内部人员，并向其吸收资金的；

（三）向社会公开宣传，同时向不特定对象、亲友或者单位内部人员吸收资金的。

非法吸收或者变相吸收公众存款的数额，以行为人所吸收的资金全额计算。集资参与人收回本金或者获得回报后又重复投资的数额不予扣除，但可以作为量刑情节酌情考虑。

六、关于宽严相济刑事政策把握问题

办理非法集资刑事案件，应当贯彻宽严相济刑事政策，依法合理把握追究刑事责任的范围，综合运用刑事手段和行政手段处置和化解风险，做到惩处少数、教育挽救大多数。要根据行为人的客观行为、主观恶性、犯罪情节及其地位、作用、层级、职务等情况，综合判断行为人的责任轻重和刑事追究的必要性，按照区别对待原则分类处理涉案人员，做到罚当其罪、罪责刑相适应。

重点惩处非法集资犯罪活动的组织者、领导者和管理人员，包括单位犯罪中的上级单位（总公司、母公司）的核心层、管理层和骨干人员，下属单位（分公司、子公司）的管理层和骨干人员，以及其他发挥主要作用的人员。

对于涉案人员积极配合调查、主动退赃退赔、真诚认罪悔罪的，可以依法从轻处罚；其中情节轻微的，可以免除处罚；情节显著轻微、危害不大的，不作为犯罪处理。

七、关于管辖问题

跨区域非法集资刑事案件按照《国务院关于进一步做好防范和处置非法集资工作的意见》（国发〔2015〕59号）确定的工作原则办理。如果合并侦查、诉讼更为适宜的，可以合并办理。

办理跨区域非法集资刑事案件，如果多个公安机关都有权立案侦查的，一般由主要犯罪地公安机关作为案件主办地，对主要犯罪嫌疑人立案侦查和移送审查起诉；由其他犯罪地公安机关作为案件分办地根据案件具体情况，对本地区犯罪嫌疑人立案侦查和移送审查起诉。

管辖不明或者有争议的，按照有利于查清犯罪事实、有利于诉讼的原则，由其共同的上级公安机关协调确定或者指定有关公安机关作为案件主办地立案侦查。需要提请批准逮捕、移送审查起诉、提起公诉的，由分别立案侦查的公安机关所在地的人民检察院、人民法院受理。

对于重大、疑难、复杂的跨区域非法集资刑事案件，公安机关应当在协调确定或者指定案件主办地立案侦查的同时，通报同级人民检察院、人民法院。人民检察院、人民法院参照前款规定，确定主要犯罪地作为案件主办地，其他犯罪地作为案件分办地，由所在地的人民检察院、人民法院负责起诉、审判。

本条规定的"主要犯罪地"，包括非法集资活动的主要组织、策划、实施地，集资行为人的注册地、主要营业地、主要办事机构所在地，集资参与人的主要所在地等。

八、关于办案工作机制问题

案件主办地和其他涉案地办案机关应当密切沟通协调，协同推进侦查、起诉、审判、资产处置工作，配合有关部门最大限度追赃挽损。

案件主办地办案机关应当统一负责主要犯罪嫌疑人、被告人涉嫌非法集资全部犯罪事实的立案侦查、起诉、审判，防止遗漏犯罪事实；并应就全案处理政策、追诉主要犯罪嫌疑人、被告人的证据要求及诉讼时限、追赃挽损、资产处置等工作要求，向其他涉案地办案机关进行通报。其他涉案地办案机关应当对本地区犯罪嫌疑人、被告人涉嫌非法集资的犯罪事实及时立案侦查、起诉、审判，积极协助主办地处置涉案资产。

案件主办地和其他涉案地办案机关应当建立和完善证据交换共享机制。对涉及主要犯罪嫌疑人、被告人的证据，一般由案件主办地办案机关负责收集，其他涉案地提供协助。案件主办地办案机关应当及时通报接收涉及主要犯罪嫌疑人、被告人的证据材料的程序及要求。其他涉案地办案机关需要案件主办地提供证据材料的，应当向案件主办地办案机关提出证据需求，由案件主办地收集并依法移送。无法移送证据原件的，应当在移送复制件的同时，按照相关规定作出说明。

九、关于涉案财物追缴处置问题

办理跨区域非法集资刑事案件，案件主办地办案机关应当及时归集涉案财物，为统一资产处置做好基础性工作。其他涉案地办案机关应当及时查明涉案财物，明确其来源、去向、用途、流转情况，依法办理查封、扣押、冻结手续，并制作详细清单，对扣押款项应当设立明细账，在扣押后立即存入办案机关唯一合规账户，并将有关情况提供案件主办地办案机关。

人民法院、人民检察院、公安机关应当严格依照刑事诉讼法和相关司法解释的规定，依法移送、审查、处理查封、扣押、冻结的涉案财物。对审判时尚未追缴到案或者尚未足额退赔的违法所得，人民法院应当判决继续追缴或者责令退赔，并由人民法院负责执行，处置非法集资职能部门、人民检察院、公安机关等应当予以配合。

人民法院对涉案财物依法作出判决后，有关地方和部门应当在处置非法集资职能部门统筹协调下，切实履行协作义务，综合运用多种手段，做好涉案财物清运、财产变现、资金归集、资金清退等工作，确保最大限度减少实际损失。

根据有关规定，查封、扣押、冻结的涉案财物，一般应在诉讼终结后返还集资参与人。涉案财物不足全部返还的，按照集资参与人的集资额比例返还。退赔集资参与人的损失一般优先于其他民事债务以及罚金、没收财产的执行。

十、关于集资参与人权利保障问题

集资参与人，是指向非法集资活动投入资金的单位和个人，为非法集资活动提供帮助并获取经济利益的单位和个人除外。

人民法院、人民检察院、公安机关应当通过及时公布案件进展、涉案资产处置情况等方式，依法保障集资参与人的合法权利。集资参与人可以推选代表人向人民法院提出相关意见和建议；推选不出代表人的，人民法院可以指定代表人。人民法院可以视案件情况决定集资参与人代表人参加或者旁听庭审，对集资参与人提起附带民事诉讼等请求不予受理。

十一、关于行政执法与刑事司法衔接问题

处置非法集资职能部门或者有关行政主管部门，在调查非法集资行为或者行政执法过程中，认为案情重大、疑难、复杂的，可以商请公安机关就追诉标准、证据固定等问题提出咨询或者参考意见；发现非法集资行为涉嫌犯罪的，应当按照《行政执法机关移送涉嫌犯罪案件的规定》等规定，履行相关手续，在规定的期限内将案件移送公安机关。

人民法院、人民检察院、公安机关在办理非法集资刑事案件过程中，可商请处置非法集资职能部门或者有关行政主管部门指派专业人员配合开展工作，协助查阅、复制有关专业资料，就案件涉及的专业问题出具认定意见。涉及需要行政处理的事项，应当及时移交处置非法集资职能部门或者有关行政主管部门依法处理。

十二、关于国家工作人员相关法律责任问题

国家工作人员具有下列行为之一，构成犯罪的，应当依法追究刑事责任：

（一）明知单位和个人所申请机构或者业务涉嫌非法集资，仍为其办理行政许可或者注册手续的；

（二）明知所主管、监管的单位有涉嫌非法集资行为，未依法及时处理或

者移送处置非法集资职能部门的；

（三）查处非法集资过程中滥用职权、玩忽职守、徇私舞弊的；

（四）徇私舞弊不向司法机关移交非法集资刑事案件的；

（五）其他通过职务行为或者利用职务影响，支持、帮助、纵容非法集资的。

最高人民法院、最高人民检察院、
公安部、司法部、生态环境部
关于办理环境污染刑事案件有关问题座谈会纪要

（2019 年 2 月 20 日公布并施行）

2018 年 6 月 16 日，中共中央、国务院发布《关于全面加强生态环境保护坚决打好污染防治攻坚战的意见》。7 月 10 日，全国人民代表大会常务委员会通过了《关于全面加强生态环境保护依法推动打好污染防治攻坚战的决议》。为深入学习贯彻习近平生态文明思想，认真落实党中央重大决策部署和全国人大常委会决议要求，全力参与和服务保障打好污染防治攻坚战，推进生态文明建设，形成各部门依法惩治环境污染犯罪的合力，2018 年 12 月，最高人民法院、最高人民检察院、公安部、司法部、生态环境部在北京联合召开座谈会。会议交流了当前办理环境污染刑事案件的工作情况，分析了遇到的突出困难和问题，研究了解决措施。会议对办理环境污染刑事案件中的有关问题形成了统一认识。纪要如下：

—

会议指出，2018 年 5 月 18 日至 19 日，全国生态环境保护大会在北京胜利召开，习近平总书记出席会议并发表重要讲话，着眼人民福祉和民族未来，从党和国家事业发展全局出发，全面总结党的十八大以来我国生态文明建设和生态环境保护工作取得的历史性成就、发生的历史性变革，深刻阐述加强生态文明建设的重大意义，明确提出加强生态文明建设必须坚持的重要原则，对加强生态环境保护、打好污染防治攻坚战作出了全面部署。这次大会最大的亮点，就是确立了习近平生态文明思想。习近平生态文明思想站在坚持和发展中国特色社会主义、实现中华民族伟大复兴中国梦的战略高度，把生态文明建设摆在治国理政的突出位置，作为统筹推进"五位一体"总体布局和协调推进"四个全面"战略布局的重要内容，深刻回答了为什么建设生态文明、建设什么样的生态文明、怎样建设生态文明的重大理论和实践问题，是习近平新时代中国特色社会主义思想的重要组成部分。各部门要认真学习、深刻领会、全面贯彻习近平生态文明思想，将其作为生态环境行政执法和司法办案的行动指南和根本遵循，为守护绿水青山蓝天、建设美丽中国提供有力保障。

会议强调，打好防范化解重大风险、精准脱贫、污染防治的攻坚战，是以习近平同志为核心的党中央深刻分析国际国内形势，着眼党和国家事业发展全局作出的重大战略部署，对于夺取全面建成小康社会伟大胜利、开启全面建设社会主义现代化强国新征程具有重大的现实意义和深远的历史意义。服从服务党和国家工作大局，充分发挥职能作用，努力为打好打赢三大攻坚战提供优质法治环境和司法保障，是当前和今后一个时期人民法院、人民检察院、公安机关、司法行政机关、生态环境部门的重点任务。

会议指出，2018 年 12 月 19 日至 21 日召开的中央经济工作会议要求，打好污染防治攻坚战，要坚守阵地、巩固成果，聚焦做好打赢蓝天保卫战等工作，加大工作和投入力度，同时要统筹兼顾，避免处置措施简单粗暴。各部门要认真领会会议精神，紧密结合实际，强化政治意识、大局意识和责任担当，以加大办理环境污染刑事案件工作力度作为切入点和着力点，主动调整工作思路，积极谋划工作举措，既要全面履职、积极作为，又要综合施策、精准发力，保障污染防治攻坚战顺利推进。

二

会议要求，各部门要正确理解和准确适用刑法和《最高人民法院、最高人民检察院关于办理环境污染刑事案件适用法律若干问题的解释》（法释〔2016〕29 号，以下称《环境解释》）的规定，坚持最严格的环保司法制度、最严密的环保法治理念，统一执法司法尺度，加大对环境污染犯罪的惩治力度。

1. 关于单位犯罪的认定

会议针对一些地方存在追究自然人犯罪多，追究单位犯罪少，单位犯罪认定难的情况和问题进行了讨论。会议认为，办理环境污染犯罪案件，认定单位犯罪时，应当依法合理把握追究刑事责任的范围，贯彻宽严相济刑事政策，重点打击出资者、经营者和主要获利者，既要防止不当缩小追究刑事责任的人员范围，又要防止打击面过大。

为了单位利益，实施环境污染行为，并具有下列情形之一的，应当认定为单位犯罪：（1）经单位决策机构按照决策程序决定的；（2）经单位实际控制人、主要负责人或者授权的分管负责人决定、同意的；（3）单位实际控制人、主要负责人或者授权的分管负责人得知单位成员个人实施环境污染犯罪行为，并未加以制止或者及时采取措施，而是予以追认、纵容或者默许的；（4）使用单位营业执照、合同书、公章、印鉴等对外开展活动，并调用单位车辆、船舶、生产设备、原辅材料等实施环境污染犯罪行为的。

单位犯罪中的"直接负责的主管人员"，一般是指对单位犯罪起决定、批准、组织、策划、指挥、授意、纵容等作用的主管人员，包括单位实际控制人、主要负责人或者授权的分管负责人、高级管理人员等；"其他直接责任人员"，一般是指在直接负责的主管人员的指挥、授意下积极参与实施单位犯罪或者对具体实施单位犯罪起较大作用的人员。

对于应当认定为单位犯罪的环境污染犯罪案件，公安机关未作为单位犯罪移送审查起诉的，人民检察院应当退回公安机关补充侦查。对于应当认定为单位犯罪的环境污染犯罪案件，人民检察院只作为自然人犯罪起诉的，人民法院应当建议人民检察院对犯罪单位补充起诉。

2. 关于犯罪未遂的认定

会议针对当前办理环境污染犯罪案件中，能否认定污染环境罪（未遂）的问题进行了讨论。会议认为，当前环境执法工作形势比较严峻，一些行为人拒不配合执法检查、接受检查时弄虚作假、故意逃避法律追究的情形时有发生，因此对于行为人已经着手实施非法排放、倾倒、处置有毒有害污染物的行为，由于有关部门查处或者其他意志以外的原因未得逞的情形，可以污染环境罪（未遂）追究刑事责任。

3. 关于主观过错的认定

会议针对当前办理环境污染犯罪案件中，如何准确认定犯罪嫌疑人、被告人主观过错的问题进行了讨论。会议认为，判断犯罪嫌疑人、被告人是否具有环境污染犯罪的故意，应当依据犯罪嫌疑人、被告人的任职情况、职业经历、专业背景、培训经历、本人因同类行为受到行政处罚或者刑事追究情况以及污染物种类、污染方式、资金流向等证据，结合其供述，进行综合分析判断。

实践中，具有下列情形之一，犯罪嫌疑人、被告人不能作出合理解释的，可以认定其故意实施环境污染犯罪，但有证据证明确系不知情的除外：（1）企业没有依法通过环境影响评价，或者未依法取得排污许可证，排放污染物，或者已经通过环境影响评价并且防治污染设施验收合格后，擅自更改工艺流程、原辅材料，导致产生新的污染物质的；（2）不使用验收合格的防治污染设施或者不按规范要求使用的；（3）防治污染设施发生故障，发现后不及时排除，继续生产放任污染物排放的；（4）生态环境部门责令限制生产、停产整治或者予以行政处罚后，继续生产放任污染物排放的；（5）将危险废物委托第三方处置，没有尽到查验经营许可的义务，或者委托处置费用明显低于市场价格或者处置成本的；（6）通过暗管、渗井、渗坑、裂隙、溶洞、灌注等逃避监管的方式排放污染物的；（7）通过篡改、伪造监测数据的方式排放污染物的；（8）其他足以认定的情形。

4. 关于生态环境损害标准的认定

会议针对如何适用《环境解释》第一条、第三条规定的"造成生态环境严重损害的""造成生态环境特别严重损害的"定罪量刑标准进行了讨论。会议指出,生态环境损害赔偿制度是生态文明制度体系的重要组成部分。党中央、国务院高度重视生态环境损害赔偿工作,党的十八届三中全会明确提出对造成生态环境损害的责任者严格实行赔偿制度。2015 年,中央办公厅、国务院办公厅印发《生态环境损害赔偿制度改革试点方案》(中办发〔2015〕57 号),在吉林等 7 个省市部署开展改革试点,取得明显成效。2017 年,中央办公厅、国务院办公厅印发《生态环境损害赔偿制度改革方案》(中办发〔2017〕68 号),在全国范围内试行生态环境损害赔偿制度。

会议指出,《环境解释》将造成生态环境损害规定为污染环境罪的定罪量刑标准之一,是为了与生态环境损害赔偿制度实现衔接配套,考虑到该制度尚在试行过程中,《环境解释》作了较原则的规定。司法实践中,一些省市结合本地区工作实际制定了具体标准。会议认为,在生态环境损害赔偿制度试行阶段,全国各省(自治区、直辖市)可以结合本地实际情况,因地制宜,因时制宜,根据案件具体情况准确认定"造成生态环境严重损害"和"造成生态环境特别严重损害"。

5. 关于非法经营罪的适用

会议针对如何把握非法经营罪与污染环境罪的关系以及如何具体适用非法经营罪的问题进行了讨论。会议强调,要高度重视非法经营危险废物案件的办理,坚持全链条、全环节、全流程对非法排放、倾倒、处置、经营危险废物的产业链进行刑事打击,查清犯罪网络,深挖犯罪源头,斩断利益链条,不断挤压和铲除此类犯罪滋生蔓延的空间。

会议认为,准确理解和适用《环境解释》第六条的规定应当注意把握两个原则:一要坚持实质判断原则,对行为人非法经营危险废物行为的社会危害性作实质性判断。比如,一些单位或者个人虽未依法取得危险废物经营许可证,但其收集、贮存、利用、处置危险废物经营活动,没有超标排放污染物、非法倾倒污染物或者其他违法造成环境污染情形的,则不宜以非法经营罪论处。二要坚持综合判断原则,对行为人非法经营危险废物行为根据其在犯罪链条中的地位、作用综合判断其社会危害性。比如,有证据证明单位或者个人的无证经营危险废物行为属于危险废物非法经营产业链的一部分,并且已经形成了分工负责、利益均沾、相对固定的犯罪链条,如果行为人或者与其联系紧密的上游或者下游环节具有排放、倾倒、处置危险废物违法造成环境污染的情形,且交易价格明显异常的,对行为人可以根据案件具体情况在污染环境罪和非法经营罪中，择一重罪处断。

6. 关于投放危险物质罪的适用

会议强调，目前我国一些地方环境违法犯罪活动高发多发，刑事处罚威慑力不强的问题仍然突出，现阶段在办理环境污染犯罪案件时必须坚决贯彻落实中央领导同志关于重典治理污染的指示精神，把刑法和《环境解释》的规定用足用好，形成对环境污染违法犯罪的强大震慑。

会议认为，司法实践中对环境污染行为适用投放危险物质罪追究刑事责任时，应当重点审查判断行为人的主观恶性、污染行为恶劣程度、污染物的毒害性危险性、污染持续时间、污染结果是否可逆、是否对公共安全造成现实、具体、明确的危险或者危害等各方面因素。对于行为人明知其排放、倾倒、处置的污染物含有毒害性、放射性、传染病病原体等危险物质，仍实施环境污染行为放任其危害公共安全，造成重大人员伤亡、重大公私财产损失等严重后果，以污染环境罪论处明显不足以罚当其罪的，可以按投放危险物质罪定罪量刑。实践中，此类情形主要是向饮用水水源保护区，饮用水供水单位取水口和出水口，南水北调水库、干渠、涵洞等配套工程，重要渔业水体以及自然保护区核心区等特殊保护区域，排放、倾倒、处置毒害性极强的污染物，危害公共安全并造成严重后果的情形。

7. 关于涉大气污染环境犯罪的处理

会议针对涉大气污染环境犯罪的打击处理问题进行了讨论。会议强调，打赢蓝天保卫战是打好污染防治攻坚战的重中之重。各级人民法院、人民检察院、公安机关、生态环境部门要认真分析研究全国人大常委会大气污染防治法执法检查发现的问题和提出的建议，不断加大对涉大气污染环境犯罪的打击力度，毫不动摇地以法律武器治理污染，用法治力量保卫蓝天，推动解决人民群众关注的突出大气环境问题。

会议认为，司法实践中打击涉大气污染环境犯罪，要抓住关键问题，紧盯薄弱环节，突出打击重点。对重污染天气预警期间，违反国家规定，超标排放二氧化硫、氮氧化物，受过行政处罚后又实施上述行为或者具有其他严重情节的，可以适用《环境解释》第一条第十八项规定的"其他严重污染环境的情形"追究刑事责任。

8. 关于非法排放、倾倒、处置行为的认定

会议针对如何准确认定环境污染犯罪中非法排放、倾倒、处置行为进行了讨论。会议认为，司法实践中认定非法排放、倾倒、处置行为时，应当根据《固体废物污染环境防治法》和《环境解释》的有关规定精神，从其行为方式是否违反国家规定或者行业操作规范、污染物是否与外环境接触、是否造成环

境污染的危险或者危害等方面进行综合分析判断。对名为运输、贮存、利用,实为排放、倾倒、处置的行为应当认定为非法排放、倾倒、处置行为,可以依法追究刑事责任。比如,未采取相应防范措施将没有利用价值的危险废物长期贮存、搁置,放任危险废物或者其有毒有害成分大量扬散、流失、泄漏、挥发,污染环境的。

9. 关于有害物质的认定

会议针对如何准确认定刑法第三百三十八条规定的"其他有害物质"的问题进行了讨论。会议认为,办理非法排放、倾倒、处置其他有害物质的案件,应当坚持主客观相一致原则,从行为人的主观恶性、污染行为恶劣程度、有害物质危险性毒害性等方面进行综合分析判断,准确认定其行为的社会危害性。实践中,常见的有害物质主要有:工业危险废物以外的其他工业固体废物;未经处理的生活垃圾;有害大气污染物、受控消耗臭氧层物质和有害水污染物;在利用和处置过程中必然产生有毒有害物质的其他物质;国务院生态环境保护主管部门会同国务院卫生主管部门公布的有毒有害污染物名录中的有关物质等。

10. 关于从重处罚情形的认定

会议强调,要坚决贯彻党中央推动长江经济带发展的重大决策,为长江经济带共抓大保护、不搞大开发提供有力的司法保障。实践中,对于发生在长江经济带十一省(直辖市)的下列环境污染犯罪行为,可以从重处罚:(1)跨省(直辖市)排放、倾倒、处置有放射性的废物、含传染病病原体的废物、有毒物质或者其他有害物质的;(2)向国家确定的重要江河、湖泊或者其他跨省(直辖市)江河、湖泊排放、倾倒、处置有放射性的废物、含传染病病原体的废物、有毒物质或者其他有害物质的。

11. 关于严格适用不起诉、缓刑、免予刑事处罚

会议针对当前办理环境污染犯罪案件中如何严格适用不起诉、缓刑、免予刑事处罚的问题进行了讨论。会议强调,环境污染犯罪案件的刑罚适用直接关系加强生态环境保护打好污染防治攻坚战的实际效果。各级人民法院、人民检察院要深刻认识环境污染犯罪的严重社会危害性,正确贯彻宽严相济刑事政策,充分发挥刑罚的惩治和预防功能。要在全面把握犯罪事实和量刑情节的基础上严格依照刑法和刑事诉讼法规定的条件适用不起诉、缓刑、免予刑事处罚,既要考虑从宽情节,又要考虑从严情节;既要做到刑罚与犯罪相当,又要做到刑罚执行方式与犯罪相当,切实避免不起诉、缓刑、免予刑事处罚不当适用造成的消极影响。

会议认为,具有下列情形之一的,一般不适用不起诉、缓刑或者免予刑事

处罚：（1）不如实供述罪行的；（2）属于共同犯罪中情节严重的主犯的；（3）犯有数个环境污染犯罪依法实行并罚或者以一罪处理的；（4）曾因环境污染违法犯罪行为受过行政处罚或者刑事处罚的；（5）其他不宜适用不起诉、缓刑、免予刑事处罚的情形。

会议要求，人民法院审理环境污染犯罪案件拟适用缓刑或者免予刑事处罚的，应当分析案发前后的社会影响和反映，注意听取控辩双方提出的意见。对于情节恶劣、社会反映强烈的环境污染犯罪，不得适用缓刑、免予刑事处罚。人民法院对判处缓刑的被告人，一般应当同时宣告禁止令，禁止其在缓刑考验期内从事与排污或者处置危险废物有关的经营活动。生态环境部门根据禁止令，对上述人员担任实际控制人、主要负责人或者高级管理人员的单位，依法不得发放排污许可证或者危险废物经营许可证。

三

会议要求，各部门要认真执行《环境解释》和原环境保护部、公安部、最高人民检察院《环境保护行政执法与刑事司法衔接工作办法》（环环监〔2017〕17号）的有关规定，进一步理顺部门职责，畅通衔接渠道，建立健全环境行政执法与刑事司法衔接的长效工作机制。

12. 关于管辖的问题

会议针对环境污染犯罪案件的管辖问题进行了讨论。会议认为，实践中一些环境污染犯罪案件属于典型的跨区域刑事案件，容易存在管辖不明或者有争议的情况，各级人民法院、人民检察院、公安机关要加强沟通协调，共同研究解决。

会议提出，跨区域环境污染犯罪案件由犯罪地的公安机关管辖。如果由犯罪嫌疑人居住地的公安机关管辖更为适宜的，可以由犯罪嫌疑人居住地的公安机关管辖。犯罪地包括环境污染行为发生地和结果发生地。"环境污染行为发生地"包括环境污染行为的实施地以及预备地、开始地、途经地、结束地以及排放、倾倒污染物的车船停靠地、始发地、途经地、到达地等地点；环境污染行为有连续、持续或者继续状态的，相关地方都属于环境污染行为发生地。"环境污染结果发生地"包括污染物排放地、倾倒地、堆放地、污染发生地等。

多个公安机关都有权立案侦查的，由最初受理的或者主要犯罪地的公安机关立案侦查，管辖有争议的，按照有利于查清犯罪事实、有利于诉讼的原则，由共同的上级公安机关协调确定的公安机关立案侦查，需要提请批准逮捕、移送审查起诉、提起公诉的，由该公安机关所在地的人民检察院、人民法院受理。

13. 关于危险废物的认定

会议针对危险废物如何认定以及是否需要鉴定的问题进行了讨论。会议认为,根据《环境解释》的规定精神,对于列入《国家危险废物名录》的,如果来源和相应特征明确,司法人员根据自身专业技术知识和工作经验认定难度不大的,司法机关可以依据名录直接认定。对于来源和相应特征不明确的,由生态环境部门、公安机关等出具书面意见,司法机关可以依据涉案物质的来源、产生过程、被告人供述、证人证言以及经批准或者备案的环境影响评价文件等证据,结合上述书面意见作出是否属于危险废物的认定。对于需要生态环境部门、公安机关等出具书面认定意见的,区分下列情况分别处理:(1)对已确认固体废物产生单位,且产废单位环评文件中明确为危险废物的,根据产废单位建设项目环评文件和审批、验收意见、案件笔录等材料,可对照《国家危险废物名录》等出具认定意见。(2)对已确认固体废物产生单位,但产废单位环评文件中未明确为危险废物的,应进一步分析废物产生工艺,对照判断其是否列入《国家危险废物名录》。列入名录的可以直接出具认定意见;未列入名录的,应根据原辅材料、产生工艺等进一步分析其是否具有危险特性,不可能具有危险特性的,不属于危险废物;可能具有危险特性的,抽取典型样品进行检测,并根据典型样品检测指标浓度,对照《危险废物鉴别标准》(GB5085.1-7)出具认定意见。(3)对固体废物产生单位无法确定的,应抽取典型样品进行检测,根据典型样品检测指标浓度,对照《危险废物鉴别标准》(GB5085.1-7)出具认定意见。对确需进一步委托有相关资质的检测鉴定机构进行检测鉴定的,生态环境部门或者公安机关按照有关规定开展检测鉴定工作。

14. 关于鉴定的问题

会议指出,针对当前办理环境污染犯罪案件中存在的司法鉴定有关问题,司法部将会同生态环境部,加快准入一批诉讼急需、社会关注的环境损害司法鉴定机构,加快对环境损害司法鉴定相关技术规范和标准的制定、修改和认定工作,规范鉴定程序,指导各地司法行政机关会同价格主管部门制定出台环境损害司法鉴定收费标准,加强与办案机关的沟通衔接,更好地满足办案机关需求。

会议要求,司法部应当根据《关于严格准入严格监管提高司法鉴定质量和公信力的意见》(司发〔2017〕11号)的要求,会同生态环境部加强对环境损害司法鉴定机构的事中事后监管,加强司法鉴定社会信用体系建设,建立黑名单制度,完善退出机制,及时向社会公开违法违规的环境损害司法鉴定机构和鉴定人行政处罚、行业惩戒等监管信息,对弄虚作假造成环境损害鉴定评估结论严重失实或者违规收取高额费用、情节严重的，依法撤销登记。鼓励有关单位或者个人向司法部、生态环境部举报环境损害司法鉴定机构的违法违规行为。

会议认为，根据《环境解释》的规定精神，对涉及案件定罪量刑的核心或者关键专门性问题难以确定的，由司法鉴定机构出具鉴定意见。实践中，这类核心或者关键专门性问题主要是案件具体适用的定罪量刑标准涉及的专门性问题，比如公私财产损失数额、超过排放标准倍数、污染物性质判断等。对案件的其他非核心或者关键专门性问题，或者可鉴定也可不鉴定的专门性问题，一般不委托鉴定。比如，适用《环境解释》第一条第二项"非法排放、倾倒、处置危险废物二吨以上"的规定对当事人追究刑事责任的，除可能适用公私财产损失第二档定罪量刑标准的以外，则不应再对公私财产损失数额或者超过排放标准倍数进行鉴定。涉及案件定罪量刑的核心或者关键专门性问题难以鉴定或者鉴定费用明显过高的，司法机关可以结合案件其他证据，并参考生态环境部门意见、专家意见等作出认定。

15. 关于监测数据的证据资格问题

会议针对实践中地方生态环境部门及其所属监测机构委托第三方监测机构出具报告的证据资格问题进行了讨论。会议认为，地方生态环境部门及其所属监测机构委托第三方监测机构出具的监测报告，地方生态环境部门及其所属监测机构在行政执法过程中予以采用的，其实质属于《环境解释》第十二条规定的"环境保护主管部门及其所属监测机构在行政执法过程中收集的监测数据"，在刑事诉讼中可以作为证据使用。

最高人民检察院
人民检察院检察建议工作规定

（2018 年 12 月 25 日最高人民检察院第十三届检察委员会
第十二次会议通过　2019 年 2 月 26 日公布并施行）

第一章　总　　则

第一条　为了进一步加强和规范检察建议工作，确保检察建议的质量和效果，充分发挥检察建议的作用，根据《中华人民共和国人民检察院组织法》等法律规定，结合检察工作实际，制定本规定。

第二条　检察建议是人民检察院依法履行法律监督职责，参与社会治理，维护司法公正，促进依法行政，预防和减少违法犯罪，保护国家利益和社会公共利益，维护个人和组织合法权益，保障法律统一正确实施的重要方式。

第三条　人民检察院可以直接向本院所办理案件的涉案单位、本级有关主管机关以及其他有关单位提出检察建议。

需要向涉案单位以外的上级有关主管机关提出检察建议的，应当层报被建议单位的同级人民检察院决定并提出检察建议，或者由办理案件的人民检察院制作检察建议书后，报被建议单位的同级人民检察院审核并转送被建议单位。

需要向下级有关单位提出检察建议的，应当指令对应的下级人民检察院提出检察建议。

需要向异地有关单位提出检察建议的，应当征求被建议单位所在地同级人民检察院意见。被建议单位所在地同级人民检察院提出不同意见，办理案件的人民检察院坚持认为应当提出检察建议的，层报共同的上级人民检察院决定。

第四条　提出检察建议，应当立足检察职能，结合司法办案工作，坚持严格依法、准确及时、必要审慎、注重实效的原则。

第五条　检察建议主要包括以下类型：

（一）再审检察建议；

（二）纠正违法检察建议；

（三）公益诉讼检察建议；

（四）社会治理检察建议；

（五）其他检察建议。

第六条　检察建议应当由检察官办案组或者检察官办理。

第七条　制发检察建议应当在统一业务应用系统中进行，实行以院名义统一编号、统一签发、全程留痕、全程监督。

第二章　适用范围

第八条　人民检察院发现同级人民法院已经发生法律效力的判决、裁定具有法律规定的应当再审情形的，或者发现调解书损害国家利益、社会公共利益的，可以向同级人民法院提出再审检察建议。

第九条　人民检察院在履行对诉讼活动的法律监督职责中发现有关执法、司法机关具有下列情形之一的，可以向有关执法、司法机关提出纠正违法检察建议：

（一）人民法院审判人员在民事、行政审判活动中存在违法行为的；

（二）人民法院在执行生效民事、行政判决、裁定、决定或者调解书、支付令、仲裁裁决书、公证债权文书等法律文书过程中存在违法执行、不执行、怠于执行等行为，或者有其他重大隐患的；

（三）人民检察院办理行政诉讼监督案件或者执行监督案件，发现行政机关有违反法律规定、可能影响人民法院公正审理和执行的行为的；

（四）公安机关、人民法院、监狱、社区矫正机构、强制医疗执行机构等在刑事诉讼活动中或者执行人民法院生效刑事判决、裁定、决定等法律文书过程中存在普遍性、倾向性违法问题，或者有其他重大隐患，需要引起重视予以解决的；

（五）诉讼活动中其他需要以检察建议形式纠正违法的情形。

第十条　人民检察院在履行职责中发现生态环境和资源保护、食品药品安全、国有财产保护、国有土地使用权出让等领域负有监督管理职责的行政机关违法行使职权或者不作为，致使国家利益或者社会公共利益受到侵害，符合法律规定的公益诉讼条件的，应当按照公益诉讼案件办理程序向行政机关提出督促依法履职的检察建议。

第十一条　人民检察院在办理案件中发现社会治理工作存在下列情形之一的，可以向有关单位和部门提出改进工作、完善治理的检察建议：

（一）涉案单位在预防违法犯罪方面制度不健全、不落实，管理不完善，存在违法犯罪隐患，需要及时消除的；

（二）一定时期某类违法犯罪案件多发、频发，或者已发生的案件暴露出明显的管理监督漏洞，需要督促行业主管部门加强和改进管理监督工作的；

（三）涉及一定群体的民间纠纷问题突出，可能导致发生群体性事件或者恶性案件，需要督促相关部门完善风险预警防范措施，加强调解疏导工作的；

（四）相关单位或者部门不依法及时履行职责，致使个人或者组织合法权益受到损害或者存在损害危险，需要及时整改消除的；

（五）需要给予有关涉案人员、责任人员或者组织行政处罚、政务处分、行业惩戒，或者需要追究有关责任人员的司法责任的；

（六）其他需要提出检察建议的情形。

第十二条 对执法、司法机关在诉讼活动中的违法情形，以及需要对被不起诉人给予行政处罚、处分或者需要没收其违法所得，法律、司法解释和其他有关规范性文件明确规定应当发出纠正违法通知书、检察意见书的，依照相关规定执行。

第三章 调查办理和督促落实

第十三条 检察官在履行职责中发现有应当依照本规定提出检察建议情形的，应当报经检察长决定，对相关事项进行调查核实，做到事实清楚、准确。

第十四条 检察官可以采取以下措施进行调查核实：

（一）查询、调取、复制相关证据材料；

（二）向当事人、有关知情人员或者其他相关人员了解情况；

（三）听取被建议单位意见；

（四）咨询专业人员、相关部门或者行业协会等对专门问题的意见；

（五）委托鉴定、评估、审计；

（六）现场走访、查验；

（七）查明事实所需要采取的其他措施。

进行调查核实，不得采取限制人身自由和查封、扣押、冻结财产等强制性措施。

第十五条 检察官一般应当在检察长作出决定后两个月以内完成检察建议事项的调查核实。情况紧急的，应当及时办结。

检察官调查核实完毕，应当制作调查终结报告，写明调查过程和认定的事实与证据，提出处理意见。认为需要提出检察建议的，应当起草检察建议书，一并报送检察长，由检察长或者检察委员会讨论决定是否提出检察建议。

经调查核实，查明相关单位不存在需要纠正或者整改的违法事实或者重大隐患，决定不提出检察建议的，检察官应当将调查终结报告连同相关材料订卷存档。

第十六条　检察建议书要阐明相关的事实和依据，提出的建议应当符合法律、法规及其他有关规定，明确具体、说理充分、论证严谨、语言简洁、有操作性。

检察建议书一般包括以下内容：

（一）案件或者问题的来源；

（二）依法认定的案件事实或者经调查核实的事实及其证据；

（三）存在的违法情形或者应当消除的隐患；

（四）建议的具体内容及所依据的法律、法规和有关文件等的规定；

（五）被建议单位提出异议的期限；

（六）被建议单位书面回复落实情况的期限；

（七）其他需要说明的事项。

第十七条　检察官依据本规定第十一条的规定起草的检察建议书，报送检察长前，应当送本院负责法律政策研究的部门对检察建议的必要性、合法性、说理性等进行审核。

检察建议书正式发出前，可以征求被建议单位的意见。

第十八条　检察建议书应当以人民检察院的名义送达有关单位。送达检察建议书，可以书面送达，也可以现场宣告送达。

宣告送达检察建议书应当商被建议单位同意，可以在人民检察院、被建议单位或者其他适宜场所进行，由检察官向被建议单位负责人当面宣读检察建议书并进行示证、说理，听取被建议单位负责人意见。必要时，可以邀请人大代表、政协委员或者特约检察员、人民监督员等第三方人员参加。

第十九条　人民检察院提出检察建议，除另有规定外，应当要求被建议单位自收到检察建议书之日起两个月以内作出相应处理，并书面回复人民检察院。因情况紧急需要被建议单位尽快处理的，可以根据实际情况确定相应的回复期限。

第二十条　涉及事项社会影响大、群众关注度高、违法情形具有典型性、所涉问题应当引起有关部门重视的检察建议书，可以抄送同级党委、人大、政府、纪检监察机关或者被建议单位的上级机关、行政主管部门以及行业自律组织等。

第二十一条　发出的检察建议书，应当于五日内报上一级人民检察院对口业务部门和负责法律政策研究的部门备案。

第二十二条　检察长认为本院发出的检察建议书确有不当的，应当决定变更或者撤回，并及时通知有关单位，说明理由。

上级人民检察院认为下级人民检察院发出的检察建议书确有不当的，应当指令下级人民检察院变更或者撤回，并及时通知有关单位，说明理由。

第二十三条　被建议单位对检察建议提出异议的，检察官应当立即进行复核。经复核，异议成立的，应当报经检察长或者检察委员会讨论决定后，及时对检察建议书作出修改或者撤回检察建议书；异议不成立的，应当报经检察长同意后，向被建议单位说明理由。

第二十四条　人民检察院应当积极督促和支持配合被建议单位落实检察建议。督促落实工作由原承办检察官办理，可以采取询问、走访、不定期会商、召开联席会议等方式，并制作笔录或者工作记录。

第二十五条　被建议单位在规定期限内经督促无正当理由不予整改或者整改不到位的，经检察长决定，可以将相关情况报告上级人民检察院，通报被建议单位的上级机关、行政主管部门或者行业自律组织等，必要时可以报告同级党委、人大，通报同级政府、纪检监察机关。符合提起公益诉讼条件的，依法提起公益诉讼。

第四章　监督管理

第二十六条　各级人民检察院检察委员会应当定期对本院制发的检察建议的落实效果进行评估。

第二十七条　人民检察院案件管理部门负责检察建议的流程监控和分类统计，定期组织对检察建议进行质量评查，对检察建议工作情况进行综合分析。

第二十八条　人民检察院应当将制发检察建议的质量和效果纳入检察官履职绩效考核。

第二十九条　上级人民检察院应当加强对下级人民检察院开展检察建议工作的指导，及时通报情况，帮助解决检察建议工作中的问题。

第五章　附　　则

第三十条　法律、司法解释和其他有关规范性文件对再审检察建议、纠正违法检察建议和公益诉讼检察建议的办理有规定的，依照其规定办理；没有规定的，参照本规定办理。

第三十一条　本规定由最高人民检察院负责解释。

第三十二条　本规定自公布之日起施行，2009 年印发的《人民检察院检察建议工作规定（试行）》同时废止。

三、指导性案例

最高人民检察院
关于印发最高人民检察院
第十批指导性案例的通知

（2018 年 7 月 3 日公布　高检发研字〔2018〕10 号）

各省、自治区、直辖市人民检察院，解放军军事检察院，新疆生产建设兵团人民检察院：

经 2018 年 6 月 13 日最高人民检察院第十三届检察委员会第二次会议决定，现将朱炜明操纵证券市场案等三件指导性案例（检例第 39—41 号）作为第十批指导性案例发布，供参照适用。

最高人民检察院

2018 年 7 月 3 日

检例第 39 号

朱炜明操纵证券市场案

【关键词】 操纵证券市场　　"抢帽子"交易　公开荐股

【基本案情】

被告人朱炜明，男，1982 年 7 月出生，原系国开证券有限责任公司上海龙华西路证券营业部（以下简称国开证券营业部）证券经纪人，上海电视台第一财经频道《谈股论金》节目（以下简称《谈股论金》节目）特邀嘉宾。

2013 年 2 月 1 日至 2014 年 8 月 26 日，被告人朱炜明在任国开证券营业部证券经纪人期间，先后多次在其担任特邀嘉宾的《谈股论金》电视节目播出前，使用实际控制的三个证券账户买入多支股票，于当日或次日在《谈股论金》节目播出中，以特邀嘉宾身份对其先期买入的股票进行公开评价、预测及推介，并于节目首播后一至二个交易日内抛售相关股票，人为地影响前述股票的交易量和交易价格，获取利益。经查，其买入股票交易金额共计人民币 2094.22 万余元，卖出股票交易金额共计人民币 2169.70 万余元，非法获利 75.48 万余元。

【要旨】

证券公司、证券咨询机构、专业中介机构及其工作人员违背从业禁止规定，买卖或者持有证券，并在对相关证券作出公开评价、预测或者投资建议后，通过预期的市场波动反向操作，谋取利益，情节严重的，以操纵证券市场罪追究其刑事责任。

【指控与证明犯罪】

2016 年 11 月 29 日，上海市公安局以朱炜明涉嫌操纵证券市场罪移送上海市人民检察院第一分院审查起诉。

审查起诉阶段，朱炜明辩称：1. 涉案账户系其父亲朱某实际控制，其本人并未建议和参与相关涉案股票的买卖；2. 节目播出时，已隐去股票名称和代码，仅展示 K 线图、描述股票特征及信息，不属于公开评价、预测、推介个股；3. 涉案账户资金系家庭共同财产，其本人并未从中受益。

检察机关审查认为，现有证据足以认定犯罪嫌疑人在媒体上公开进行了股票推介行为，并且涉案账户在公开推介前后进行了涉案股票反向操作。但是，犯罪嫌疑人与涉案账户的实际控制关系，公开推介是否构成"抢帽子"交易操纵中的"公开荐股"以及行为能否认定为"操纵证券市场"等问题，有待进一步查证。针对需要进一步查证的问题，上海市人民检察院第一分院分别于2017 年 1 月 13 日、3 月 24 日二次将案件退回上海市公安局补充侦查，要求公安机关补充查证犯罪嫌疑人的淘宝、网银等 IP 地址、MAC 地址（硬件设备地址，用来定义网络设备的位置），并与涉案账户证券交易 IP 地址做筛选比对；将涉案账户资金出入与犯罪嫌疑人个人账户资金往来做关联比对；进一步对其父朱某在关键细节上做针对性询问，以核实朱炜明的辩解；由证券监管部门对本案犯罪嫌疑人的行为是否构成"公开荐股""操纵证券市场"提出认定意见。

经补充侦查，上海市公安局进一步收集了朱炜明父亲朱某等证人证言、中国证监会对朱炜明操纵证券市场行为性质的认定函、司法会计鉴定意见书等证据。中国证监会出具的认定函认定：2013 年 2 月 1 日至 2014 年 8 月 26 日，朱炜明在《谈股论金》节目中通过明示股票名称或描述股票特征的方法，对 15 支股票进行公开评价和预测。朱炜明通过其控制的三个证券账户在节目播出前一至二个交易日或当天买入推荐的股票，交易金额 2094.22 万余元，并于节目播出后一至二个交易日内卖出上述股票，交易金额 2169.70 万余元，获利75.48 万余元。朱炜明所荐股票次日交易价量明显上涨，偏离行业板块和大盘走势。其行为构成操纵证券市场，扰乱了证券市场秩序，并造成了严重社会影响。

结合补充收集的证据，上海市人民检察院第一分院办案人员再次提讯朱炜明，并听取其辩护律师意见。朱炜明在展示的证据面前，承认其在节目中公开荐股，称其明知所推荐股票价格在节目播出后会有所上升，故在公开荐股前建议其父朱某买入涉案 15 支股票，并在节目播出后随即卖出，以谋取利益。但对于指控其实际控制涉案账户买卖股票的事实予以否认。

针对其辩解，办案人员将相关证据向朱炜明及其辩护人出示，并一一阐明证据与朱炜明行为之间的证明关系。1. 账户登录、交易 IP 地址大量位于朱炜明所在的办公地点，与朱炜明出行等电脑数据轨迹一致。例如，2014 年 7 月17 日、18 日，涉案的朱某证券账户登录、交易 IP 地址在重庆，与朱炜明的出行记录一致。2. 涉案三个账户之间与朱炜明个人账户资金往来频繁，初始资金有部分来自于朱炜明账户，转出资金中有部分转入朱炜明银行账户后由其消费，证明涉案账户资金由朱炜明控制。经过上述证据展示，朱炜明对自己实施"抢帽子"交易操纵他人证券账户买卖股票牟利的事实供认不讳。

2017 年 5 月 18 日，上海市人民检察院第一分院以被告人朱炜明犯操纵证券市场罪向上海市第一中级人民法院提起公诉。7 月 20 日，上海市第一中级人民法院公开开庭审理了本案。

法庭调查阶段，公诉人宣读起诉书指控被告人朱炜明违反从业禁止规定，以"抢帽子"交易的手段操纵证券市场谋取利益，其行为构成操纵证券市场罪。对以上指控的犯罪事实，公诉人出示了四组证据予以证明：

一是关于被告人朱炜明主体身份情况的证据。包括：1. 国开证券公司与朱炜明签订的劳动合同、委托代理合同等工作关系书证；2.《谈股论金》节目编辑陈某等证人证言；3. 户籍资料、从业资格证书等书证；4. 被告人朱炜明的供述。证明：朱炜明于2013年2月至2014年8月担任国开证券营业部证券经纪人期间，先后多次受邀担任《谈股论金》节目特邀嘉宾。

二是关于涉案账户登录异常的证据。包括：1. 证人朱某等证人的证言；2. 朱炜明出入境及国内出行记录等书证；3. 司法会计鉴定意见书、搜查笔录等；4. 被告人朱炜明的供述。证明：2013年2月至2014年8月，"朱某""孙某""张某"三个涉案证券账户的实际控制人为朱炜明。

三是关于涉案账户交易异常的证据。包括：1. 证人陈某等证人的证言；2. 证监会行政处罚决定书及相关认定意见、调查报告等书证；3. 司法会计鉴定意见书；4. 节目视频拷贝光盘、QQ群聊天记录等视听资料、电子数据；5. 被告人朱炜明的供述。证明：朱炜明在节目中推荐的15支股票，均被其在节目播出前一至二个交易日或播出当天买入，并于节目播出后一至二个交易日内卖出。

四是关于涉案证券账户资金来源及获利的证据。包括：1. 证人朱某的证言；2. 证监会查询通知书等书证；3. 司法会计鉴定意见书等；4. 被告人朱炜明的供述。证明：朱炜明在公开推荐股票后，股票交易量、交易价格涨幅明显。"朱某""孙某""张某"三个证券账户交易初始资金大部分来自朱炜明，且与朱炜明个人账户资金往来频繁。上述账户在涉案期间累计交易金额人民币4263.92万余元，获利人民币75.48万余元。

法庭辩论阶段，公诉人发表公诉意见：

第一，关于本案定性。证券公司、证券咨询机构、专业中介机构及其工作人员，买卖或者持有相关证券，并对该证券或其发行人、上市公司公开作出评价、预测或者投资建议，以便通过期待的市场波动取得经济利益的行为是"抢帽子"交易操纵行为。根据刑法第一百八十二条第一款第（四）项的规定，属于"以其他方法操纵"证券市场，情节严重的，构成操纵证券市场罪。

第二，关于控制他人账户的认定。综合本案证据，可以认定朱炜明通过实际控制的"朱某""孙某""张某"三个证券账户在公开荐股前买入涉案15支股票，荐股后随即卖出谋取利益，涉案股票价量均因荐股有实际影响，朱炜明实际获利75万余元。

第三，关于公开荐股的认定。结合证据，朱炜明在电视节目中，或明示股票名称，或介绍股票标识性信息、展示 K 线图等，投资者可以依据上述信息确定涉案股票名称，系在电视节目中对涉案股票公开作出评价、预测、推介，可以认定构成公开荐股。

第四，关于本案量刑建议。根据刑法第一百八十二条的规定，被告人朱炜明的行为构成操纵证券市场罪，依法应在五年以下有期徒刑至拘役之间量刑，并处违法所得一倍以上五倍以下罚金。建议对被告人朱炜明酌情判处三年以下有期徒刑，并处违法所得一倍以上的罚金。

被告人朱炜明及其辩护人对公诉意见没有异议，被告人当庭表示愿意退缴违法所得。辩护人提出，考虑被告人认罪态度好，建议从轻处罚。

法庭经审理，认定公诉人提交的证据能够相互印证，予以确认。综合考虑全案犯罪事实、情节，对朱炜明处以相应刑罚。2017 年 7 月 28 日，上海市第一中级人民法院作出一审判决，以操纵证券市场罪判处被告人朱炜明有期徒刑十一个月，并处罚金人民币 76 万元，其违法所得予以没收。一审宣判后，被告人未上诉，判决已生效。

【指导意义】

证券公司、证券咨询机构、专业中介机构及其工作人员，违反规定买卖或者持有相关证券后，对该证券或者其发行人、上市公司作出公开评价、预测或者提出投资建议，通过期待的市场波动谋取利益的，构成"抢帽子"交易操纵行为。发布投资咨询意见的机构或者证券从业人员往往具有一定的社会知名度，他们借助影响力较大的传播平台发布诱导性信息，容易对普通投资者交易决策产生影响。其在发布信息后，又利用证券价格波动实施与投资者反向交易的行为获利，破坏了证券市场管理秩序，违反了证券市场公开、公平、公正原则，具有较大的社会危害性，情节严重的，构成操纵证券市场罪。

证券犯罪具有专业性、隐蔽性、间接性等特征，检察机关办理该类案件时，应当根据证券犯罪案件特点，引导公安机关从证券交易记录、资金流向等问题切入，全面收集涉及犯罪的书证、电子数据、证人证言等证据，并结合案件特点开展证据审查。对书证，要重点审查涉及证券交易记录的凭据，有关交易数量、交易额、成交价格、资金走向等证据。对电子数据，要重点审查收集程序是否合法，是否采取必要的保全措施，是否经过篡改，是否感染病毒等。对证人证言，要重点审查证人与犯罪嫌疑人的关系，证言能否与客观证据相印证等。

办案中，犯罪嫌疑人或被告人及其辩护人经常会提出涉案账户实际控制人及操作人非其本人的辩解。对此，检察机关可以通过行为人资金往来记录，

MAC 地址（硬件设备地址）、IP 地址与互联网访问轨迹的重合度与连贯性，身份关系和资金关系的紧密度，涉案股票买卖与公开荐股在时间及资金比例上的高度关联性，相关证人证言在细节上是否吻合等入手，构建严密证据体系，确定被告人与涉案账户的实际控制关系。

非法证券活动涉嫌犯罪的案件，来源往往是证券监管部门向公安机关移送。审查案件过程中，人民检察院可以与证券监管部门加强联系和沟通。证券监管部门在行政执法和查办案件中收集的物证、书证、视听资料、电子数据等证据材料，在刑事诉讼中可以作为证据使用。检察机关通过办理证券犯罪案件，可以建议证券监管部门针对案件反映出的问题，加强资本市场监管和相关制度建设。

【相关规定】

《中华人民共和国刑法》第一百八十二条

《最高人民检察院、公安部关于公安机关管辖的刑事案件立案追诉标准的规定（二）》第三十九条

检例第 40 号

周辉集资诈骗案

【关键词】　集资诈骗　非法占有目的　网络借贷信息中介机构

【基本案情】

被告人周辉，男，1982 年 2 月出生，原系浙江省衢州市中宝投资有限公司（以下简称中宝投资公司）法定代表人。

2011 年 2 月，被告人周辉注册成立中宝投资公司，担任法定代表人。公司上线运营"中宝投资"网络平台，借款人（发标人）在网络平台注册、缴纳会费后，可发布各种招标信息，吸引投资人投资。投资人在网络平台注册成为会员后可参与投标，通过银行汇款、支付宝、财付通等方式将投资款汇至周辉公布在网站上的 8 个其他个人账户或第三方支付平台账户。借款人可直接从周辉处取得所融资金。项目完成后，借款人返还资金，周辉将收益给予投标人。

运行前期，周辉通过网络平台为 13 个借款人提供总金额约 170 万余元的融资服务，因部分借款人未能还清借款造成公司亏损。此后，周辉除用本人真实身份信息在公司网络平台注册 2 个会员外，自 2011 年 5 月至 2013 年 12 月陆续虚构 34 个借款人，并利用上述虚假身份自行发布大量虚假抵押标、宝石标等，以支付投资人约 20% 的年化收益率及额外奖励等为诱饵，向社会不特

定公众募集资金。所募资金未进入公司账户，全部由周辉个人掌控和支配。除部分用于归还投资人到期的本金及收益外，其余主要用于购买房产、高档车辆、首饰等。这些资产绝大部分登记在周辉名下或供周辉个人使用。2011 年 5 月至案发，周辉通过中宝投资网络平台累计向全国 1586 名不特定对象非法集资共计 10.3 亿余元，除支付本金及收益回报 6.91 亿余元外，尚有 3.56 亿余元无法归还。案发后，公安机关从周辉控制的银行账户内扣押现金 1.80 亿余元。

【要旨】

网络借贷信息中介机构或其控制人，利用网络借贷平台发布虚假信息，非法建立资金池募集资金，所得资金大部分未用于生产经营活动，主要用于借新还旧和个人挥霍，无法归还所募资金数额巨大，应认定为具有非法占有目的，以集资诈骗罪追究刑事责任。

【指控与证明犯罪】

2014 年 7 月 15 日，浙江省衢州市公安局以周辉涉嫌集资诈骗罪移送衢州市人民检察院审查起诉。

审查起诉阶段，衢州市人民检察院审查了全案卷宗，讯问了犯罪嫌疑人。针对该案犯罪行为涉及面广，众多集资参与人财产遭受损失的情况，检察机关充分听取了辩护人和部分集资参与人意见，进一步核实了非法集资金额，对扣押的房产等作出司法鉴定或价格评估。针对辩护人提出的非法证据排除申请，检察机关审查后发现，涉案证据存在以下瑕疵：公安机关向部分证人取证时存在取证地点不符合刑事诉讼法规定以及个别辨认笔录缺乏见证人等情况。为此，检察机关要求公安机关予以补正或作出合理解释。公安机关作出情况说明：证人从外地赶来，经证人本人同意，取证在宾馆进行。关于此项情况说明，检察机关审查后予以采信。对于缺乏见证人的个别辨认笔录，检察机关审查后予以排除。

2015 年 1 月 19 日，浙江省衢州市人民检察院以周辉犯集资诈骗罪向浙江省衢州市中级人民法院提起公诉。6 月 25 日，衢州市中级人民法院公开开庭审理本案。

法庭调查阶段，公诉人宣读起诉书指控被告人周辉以高息为诱饵，虚构借款人和借款用途，利用网络 P2P 形式，面向社会公众吸收资金，主要用于个人肆意挥霍，其行为构成集资诈骗罪。对于指控的犯罪事实，公诉人出示了四组证据予以证明：一是被告人周辉的立案情况及基本信息；二是中宝投资公司的发标、招投标情况及相关证人证言；三是集资情况的证据，包括银行交易清单，司法会计鉴定意见书等；四是集资款的去向，包括购买车辆、房产等物证及相关证人证言。

法庭辩论阶段，公诉人发表公诉意见：被告人周辉注册网络借贷信息平台，早期从事少量融资信息服务。在公司亏损、经营难以为继的情况下，虚构借款人和借款标的，以欺诈方式面向不特定投资人吸收资金，自建资金池。在公安机关立案查处时，虽暂可通过"拆东墙补西墙"的方式偿还部分旧债维持周转，但根据其所募资金主要用于还本付息和个人肆意挥霍，未投入生产经营，不可能产生利润回报的事实，可以判断其后续资金缺口势必不断扩大，无法归还所募全部资金，故可以认定其具有非法占有的目的，应以集资诈骗罪对其定罪处罚。

辩护人提出：一是周辉行为系单位行为；二是周辉一直在偿还集资款，主观上不具有非法占有集资款的故意；三是周辉利用互联网从事 P2P 借贷融资，不构成集资诈骗罪，构成非法吸收公众存款罪。

公诉人针对辩护意见进行答辩：第一，中宝投资公司是由被告人周辉控制的一人公司，不具有经营实体，不具备单位意志，集资款未纳入公司财务进行核算，而是由周辉一人掌控和支配，因此周辉的行为不构成单位犯罪。第二，周辉本人主观上认识到资金不足，少量投资赚取的收益不足以支付许诺的高额回报，没有将集资款用于生产经营活动，而是主要用于个人肆意挥霍，其主观上对集资款具有非法占有的目的。第三，P2P 网络借贷，是指个人利用中介机构的网络平台，将自己的资金出借给资金短缺者的商业模式。根据中国银行业监管委员会、工业和信息化部、公安部、国家互联网信息办公室制定的《网络借贷信息中介机构业务活动管理暂行办法》等监管规定，P2P 作为新兴金融业态，必须明确其信息中介性质，平台本身不得提供担保，不得归集资金搞资金池，不得非法吸收公众资金。周辉吸收资金建资金池，不属于合法的 P2P 网络借贷。非法吸收公众存款罪与集资诈骗罪的区别，关键在于行为人对吸收的资金是否具有非法占有的目的。利用网络平台发布虚假高利借款标募集资金，采取借新还旧的手段，短期内募集大量资金，不用于生产经营活动，或者用于生产经营活动与筹集资金规模明显不成比例，致使集资款不能返还的，是典型的利用网络中介平台实施集资诈骗行为。本案中，周辉采用编造虚假借款人、虚假投标项目等欺骗手段集资，所融资金未投入生产经营，大量集资款被其个人肆意挥霍，具有明显的非法占有目的，其行为构成集资诈骗罪。

法庭经审理，认为公诉人出示的证据能够相互印证，予以确认。对周辉及其辩护人提出的不构成集资诈骗罪及本案属于单位犯罪的辩解、辩护意见，不予采纳。综合考虑犯罪事实和量刑情节，2015 年 8 月 14 日，浙江省衢州市中级人民法院作出一审判决，以集资诈骗罪判处被告人周辉有期徒刑十五年，并处罚金人民币50万元。继续追缴违法所得，返还各集资参与人。

一审宣判后，浙江省衢州市人民检察院认为，被告人周辉非法集资10.3亿余元，属于刑法规定的集资诈骗数额特别巨大并且给人民利益造成特别重大损失的情形，依法应处无期徒刑或者死刑，并处没收财产，一审判决量刑过轻。2015年8月24日，向浙江省高级人民法院提出抗诉。被告人周辉不服一审判决，提出上诉。其上诉理由是量刑畸重，应判处缓刑。

本案二审期间，2015年8月29日，第十二届全国人大常委会第十六次会议审议通过了《中华人民共和国刑法修正案（九）》，删去《刑法》第一百九十九条关于犯集资诈骗罪"数额特别巨大并且给国家和人民利益造成特别重大损失的，处无期徒刑或者死刑，并处没收财产"的规定。刑法修正案（九）于2015年11月1日起施行。

浙江省高级人民法院经审理后认为，刑法修正案（九）取消了集资诈骗罪死刑的规定，根据从旧兼从轻原则，一审法院判处周辉有期徒刑十五年符合修订后的法律规定。上诉人周辉具有集资诈骗的主观故意及客观行为，原审定性准确。2016年4月29日，二审法院作出裁定，维持原判。终审判决作出后，周辉及其父亲不服判决提出申诉，浙江省高级人民法院受理申诉并经审查后，认为原判事实清楚，证据确实充分，定性准确，量刑适当，于2017年12月22日驳回申诉，维持原裁判。

【指导意义】

是否具有非法占有目的，是正确区分非法吸收公众存款罪和集资诈骗罪的关键。对非法占有目的的认定，应当围绕融资项目真实性、资金去向、归还能力等事实、证据进行综合判断。行为人将所吸收资金大部分未用于生产经营活动，或名义上投入生产经营，但又通过各种方式抽逃转移资金，或供其个人肆意挥霍，归还本息主要通过借新还旧来实现，造成数额巨大的募集资金无法归还的，可以认定具有非法占有的目的。

集资诈骗罪是近年来检察机关重点打击的金融犯罪之一。对该类犯罪，检察机关应着重从以下几个方面开展工作：一是强化证据审查。非法集资类案件由于参与人数多、涉及面广，受主客观因素影响，取证工作易出现瑕疵和问题。检察机关对重大复杂案件要及时介入侦查、引导取证。在审查案件中要强化对证据的审查，需要退回补充侦查或者自行补充侦查的，要及时退查或补查，建立起完整、牢固的证据锁链，夯实认定案件事实的证据基础。二是在法庭审理中要突出指控和证明犯罪的重点。要紧紧围绕集资诈骗罪构成要件，特别是行为人主观上具有非法占有目的、客观上以欺骗手段非法集资的事实梳理组合证据，运用完整的证据体系对认定犯罪的关键事实予以清晰证明。三是要将办理案件与追赃挽损相结合。检察机关办理相关案件，要积极配合公安机关、人民法院依法开展追赃挽损、资产处置等工作，最大限度减少人民群众的实际损失。四是要结合办案开展以案释法，增强社会公众的法治观念和风险防范意识，有效预防相关犯罪的发生。

【相关规定】

《中华人民共和国刑法》第一百九十二条

《最高人民法院关于审理非法集资刑事案件具体应用法律若干问题的解释》第四条

《最高人民检察院、公安部关于公安机关管辖的刑事案件立案追诉标准的规定（二）》第四十九条

检例第 41 号

叶经生等组织、领导传销活动案

【关键词】 组织、领导传销活动　网络传销　骗取财物

【基本案情】

被告人叶经生，男，1975 年 12 月出生，原系上海宝乔网络科技有限公司（以下简称宝乔公司）总经理。

被告人叶青松，男，1973 年 10 月出生，原系宝乔公司浙江省区域总代理。

2011 年 6 月，被告人叶经生等人成立宝乔公司，先后开发"经销商管理系统网站""金乔网商城网站"（以下简称金乔网）。以网络为平台，或通过招商会、论坛等形式，宣传、推广金乔网的经营模式。

金乔网的经营模式是：1. 经上线经销商会员推荐并缴纳保证金成为经销商会员，无需购买商品，只需发展下线经销商，根据直接或者间接发展下线人数获得推荐奖金，晋升级别成为股权会员，享受股权分红。2. 经销商会员或消费者在金乔网经销商会员处购物消费满 120 元以上，向宝乔公司支付消费金额 10% 的现金，即可注册成为返利会员参与消费额双倍返利，可获一倍现金返利和一倍的金乔币（虚拟电子货币）返利。3. 金乔网在全国各地设立省、地区、县（市、区）三级区域运营中心，各运营中心设区域代理，由经销商会员负责本区域会员的发展和管理，享受区域范围内不同种类业绩一定比例的提成奖励。

2011 年 11 月，被告人叶青松经他人推荐加入金乔网，缴纳三份保证金并

注册了三个经销商会员号。因发展会员积极，经金乔网审批成为浙江省区域总代理，负责金乔网在浙江省的推广和发展。

截至案发，金乔网注册会员 3 万余人，其中注册经销商会员 1.8 万余人。在全国各地发展省、地区、县三级区域代理 300 余家，涉案金额 1.5 亿余元。其中，叶青松直接或间接发展下线经销商会员 1886 人，收取浙江省区域会员保证金、参与返利的消费额 10% 现金、区域代理费等共计 3000 余万元，通过银行转汇给叶经生。叶青松通过抽取保证金推荐奖金、股权分红、消费返利等提成的方式非法获利 70 余万元。

【要旨】

组织者或者经营者利用网络发展会员，要求被发展人员以缴纳或者变相缴纳"入门费"为条件，获得提成和发展下线的资格。通过发展人员组成层级关系，并以直接或者间接发展的人员数量作为计酬或者返利的依据，引诱被发展人员继续发展他人参加，骗取财物，扰乱经济社会秩序的，以组织、领导传销活动罪追究刑事责任。

【指控与证明犯罪】

2012 年 8 月 28 日、2012 年 11 月 9 日，浙江省松阳县公安局分别以叶青松、叶经生涉嫌组织、领导传销活动罪移送浙江省松阳县人民检察院审查起诉。因叶经生、叶青松系共同犯罪，松阳县人民检察院作并案处理。

2013 年 3 月 11 日，浙江省松阳县人民检察院以被告人叶经生、叶青松犯组织、领导传销活动罪向松阳县人民法院提起公诉。松阳县人民法院公开开庭审理了本案。

法庭调查阶段，公诉人宣读起诉书指控被告人叶经生、叶青松利用网络，以会员消费双倍返利为名，吸引不特定公众成为会员、经销商，组成一定层级，采取区域累计计酬方式，引诱参加者继续发展他人参与，骗取财物，扰乱经济社会秩序，其行为构成组织、领导传销活动罪。在共同犯罪中，被告人叶经生起主要作用，系主犯；被告人叶青松起辅助作用，系从犯。

针对起诉书指控的犯罪事实，被告人叶经生辩解认为，宝乔公司系依法成立，没有组织、领导传销的故意，金乔网模式是消费模式的创新。

公诉人针对涉及传销的关键问题对被告人叶经生进行讯问：

第一，针对成为金乔网会员是否要向金乔网缴纳费用，公诉人讯问：如何成为金乔网会员，获得推荐奖金、消费返利？被告人叶经生回答：注册成为金乔网会员，需缴纳诚信保证金 7200 元，成为会员后发展一个经销商就可以获得奖励 1250 元；参与返利，消费要达到 120 元以上，并向公司缴纳 10% 的消费款。公诉人这一讯问揭示了缴纳保证金、缴纳 10% 的消费款才有资格获得推荐奖励、返利，保证金及10%的消费款其实质就是入门费。金乔网的经营模式符合传销组织要求参加者以缴纳费用或者购买商品、服务等方式获得加入资格的组织特征。

第二，针对金乔网利润来源、计酬或返利的资金来源，公诉人讯问：除了收取的保证金和10%的消费款费用，金乔网还有无其他收入？被告人叶经生回答：收取的10%的消费款就足够天天返利了，金乔网的主要收入是保证金、10%的消费款，支出主要是天天返利及推荐奖、运营费用。公诉人讯问：公司收取消费款有多少，需返利多少？被告人叶经生回答：收到4000万元左右，返利也要4000万元，我们的经营模式不需要盈利。公诉人通过讯问，揭示了金乔网没有实质性的经营活动，其利润及资金的真实来源系后加入人员缴纳的费用。如果没有新的人员加入，根本不可能维持其"经营活动"的运转，符合传销活动骗取财物的本质特征。

同时，公诉人向法庭出示了四组证据证明犯罪事实：

一是宝乔公司的工商登记、资金投入、人员组成、公司财务资料、网站功能等书证。证明：宝乔公司实际投入仅300万元，没有资金实力建立与其宣传匹配的电子商务系统。

二是宝乔公司内部人员证言及被告人的供述等证据。证明：公司缺乏售后服务人员、系统维护人员、市场推广及监管人员，员工主要从事虚假宣传，收取保证金及消费款，推荐佣金，发放返利。

三是宝乔公司银行明细、公司财务资料、款项开支情况等证据，证明：公司收入来源于会员缴纳的保证金、消费款。技术人员的证言等证据，证明：网站功能简单，不具备第三方支付功能，不能适应电子商务的需求。

四是金乔网网站系统的电子数据及鉴定意见，并由鉴定人出庭作证。鉴定人揭示网络数据库显示了金乔网会员加入时间、缴纳费用数额、会员之间的推荐（发展）关系、获利数额等信息。鉴定人当庭通过对上述信息的分析，指出数据库表格中的会员账号均列明了推荐人，按照推荐人关系排列，会员层级呈金字塔状，共有68层。每个结点有左右两个分支，左右分支均有新增单数，则可获得推荐奖金，奖金实行无限代计酬。证明：金乔网会员层级呈现金字塔状，上线会员可通过下线、下下线会员发展会员获得收益。

法庭辩论阶段，公诉人发表公诉意见，指出金乔网的人财物及主要活动目的，在于引诱消费者缴纳保证金、消费款，并从中非法牟利。其实质是借助公司的合法形式，打着电子商务旗号进行网络传销。同时阐述了这种新型传销活动的本质和社会危害。

辩护人提出：金乔网没有入门费，所有的人员都可以在金乔网注册，不缴纳费用也可以成为金乔网的会员。金乔网没有设层级，经销商、会员、区域代理之间不存在层级关系，没有证据证实存在层级获利。金乔网没有拉人头，没有以发展人员的数量作为计酬或返利依据。直接推荐才有奖金，间接推荐没有奖金，没有骗取财物，不符合组织、领导传销活动罪的特征。

公诉人答辩：金乔网缴纳保证金和消费款才能获得推荐佣金和返利的资格，本质系入门费。上线会员可以通过发展下线人员获取收益，并组成会员、股权会员、区域代理等层级，本质为设层级。以推荐的人数作为发放佣金的依据系直接以发展的人员数量作为计酬依据，区域业绩及返利资金主要取决于参加人数的多少，实质属于以发展人员的数量作为提成奖励及返利的依据，本质为拉人头。金乔网缺乏实质的经营活动，不产生利润，以后期收到的保证金、消费款支付前期的推荐佣金、返利，与所有的传销活动一样，人员不可能无限增加，资金链必然断裂。传销组织人员不断增加的过程实际也是风险不断积累和放大的过程。金乔网所谓经营活动本质是从被发展人员缴纳的费用中非法牟利，具有骗取财物的特征。

法庭经审理，认定检察机关出示的证据能够相互印证，予以确认。被告人及其辩护人提出的不构成组织、领导传销活动罪的辩解、辩护意见不能成立。

2013 年 8 月 23 日，浙江省松阳县人民法院作出一审判决，以组织、领导传销活动罪判处被告人叶经生有期徒刑七年，并处罚金人民币 150 万元。以组织、领导传销活动罪判处被告人叶青松有期徒刑三年，并处罚金人民币 30 万元。扣押和冻结的涉案财物予以没收，继续追缴二被告人的违法所得。

二被告人不服一审判决，提出上诉。叶经生的上诉理由是其行为不构成组织、领导传销活动罪。叶青松的上诉理由是量刑过重。浙江省丽水市中级人民法院经审理，认定原判事实清楚，证据确实、充分，定罪准确，量刑适当，审判程序合法，驳回上诉，维持原判。

【指导意义】

随着互联网技术的广泛应用，微信、语音视频聊天室等社交平台作为新的营销方式被广泛运用。传销组织在手段上借助互联网不断翻新，打着"金融创新"的旗号，以"资本运作""消费投资""网络理财""众筹""慈善互助"等为名从事传销活动。常见的表现形式有：组织者、经营者注册成立电子商务企业，以此名义建立电子商务网站。以网络营销、网络直销等名义，变相收取入门费，设置各种返利机制，激励会员发展下线，上线从直接或者间接发展的下线的销售业绩中计酬，或以直接或者间接发展的人员数量为依据计酬或者返利。这类行为，不管其手段如何翻新，只要符合传销组织骗取财物、扰乱市场经济秩序本质特征的，应以组织、领导传销活动罪论处。

　　检察机关办理组织、领导传销活动犯罪案件，要紧扣传销活动骗取财物的本质特征和构成要件，收集、审查、运用证据。特别要注意针对传销网站的经营特征与其他合法经营网站的区别，重点收集涉及入门费、设层级、拉人头等传销基本特征的证据及企业资金投入、人员组成、资金来源去向、网站功能等方面的证据，揭示传销犯罪没有创造价值，经营模式难以持续，用后加入者的财物支付给先加入者，通过发展下线牟利骗取财物的本质特征。

　　【相关规定】

　　《中华人民共和国刑法》第二百二十四条之一

　　《最高人民检察院、公安部关于公安机关管辖的刑事案件立案追诉标准的规定（二）》第七十八条

《最高人民检察院第十批指导性案例》解读

万 春 线 杰 张 杰 *

2018 年 7 月，经最高人民检察院检察委员会审议通过，最高人民检察院发布了第十批指导性案例。该批指导性案例以金融犯罪为主题，针对当前金融司法实践中遇到的一些疑难问题作出指导，旨在明确法律适用，指导检察机关依法加大惩治金融犯罪力度。为便于理解和掌握该批指导性案例的基本精神和指导要点，现就第十批指导性案例涉及的有关问题作出解读。

一、发布第十批指导性案例的背景

金融是现代经济的核心和血脉，金融安全是国家安全的重要组成部分，金融制度是经济社会发展中重要的基础性制度。打击金融犯罪，防范化解重大金融风险，是党的十九大报告提出的防范化解重大风险、精准脱贫、污染防治三大攻坚战的重要组成部分。以习近平同志为核心的党中央对打击防范金融犯罪高度重视，明确了我国金融市场和金融行业发展的基本指导思想，确立了服务实体、严控风险和深化改革的发展政策。同时指出："对违法犯罪金融活动要敢于亮剑，对涉嫌利益输送和权钱交易的内鬼、操纵市场和幕后交易的'金融大鳄'、顶风作浪的非法集资和地下钱庄要加大惩处力度，形成震慑。"2018 年 1 月 22 日召开的中央政法工作会议上，中央政法委书记郭声琨在讲话中指出：金融风险是当前最突出的重大风险之一，我们要充分发挥职能作用，积极参与金融风险防范化解工作，把对涉众型经济犯罪案件的查办和化解风险、追赃挽损、维护稳定结合起来，防止引发次生风险。

当前，我国金融事业在蓬勃发展的同时，金融领域的犯罪也随之呈现高发态势，特别是借助于网络信息技术，金融犯罪更趋复杂化和多样化，犯罪手段不断翻新，犯罪金额巨大，社会影响面极广。金融犯罪高发，不仅破坏了正常的金融监管秩序，而且影响到金融安全和社会稳定，成为金融系统性风险的重要隐患，必须依法采取措施进行规制、打击、防范。

为认真落实习近平新时代中国特色社会主义思想特别是政法思想，积极履行检察职能，主动应对金融犯罪高发态势，推动、指导各级检察机关依法加大对金融犯罪打击防范力度，经研究论证，最高人民检察院决定围绕金融犯罪主

* 作者单位：最高人民检察院法律政策研究室。

题制发一批指导性案例。按照《最高人民检察院关于案例指导工作的规定》相关工作要求，2017 年 9 月，最高人民检察院开始收集研究相关案例，邀请最高人民法院相关业务庭和研究室、公安部经济犯罪侦查局，最高人民检察院案例指导委员会专家委员和相关领域专家，多次召开调研论证会。我们还书面征求中国人民银行、银监会等有关部门意见，反复修改，将朱炜明操纵证券市场案等 3 件案例作为第十批指导性案例予以发布。

二、第十批指导性案例简要案情

（一）朱炜明操纵证券市场案

2013 年 2 月至 2014 年 8 月，被告人朱炜明在担任国开证券有限责任公司上海龙华西路证券营业部证券经纪人期间，先后多次在其受邀担任上海电视台第一财经频道"谈股论金"节目特邀嘉宾之前，使用实际控制的三个证券账户，事先买入多支股票，并于当日或次日在上述电视节目中，对其先期买入的股票进行公开评价、预测及推介，于节目在电视台首播后一至二个交易日内抛售相关股票，人为地影响前述股票的交易量与交易价格，获取利益。经查，其买入股票交易金额共计人民币 2094.22 万余元，卖出股票交易金额共计人民币 2169.70 万余元，非法获利 75.48 万余元。2017 年 7 月 28 日，上海市第一中级人民法院以操纵证券市场罪判处被告人朱炜明有期徒刑十一个月，没收其违法所得，并处罚金人民币 76 万元。一审宣判后，被告人未上诉，判决已生效。

该案主要明确了证券公司、证券咨询机构、专业中介机构及其工作人员，违背从业禁止规定，买卖或者持有证券，并在对相关证券作出公开评价、预测或者投资建议后，通过预期的市场波动，反向操作谋取利益，构成"抢帽子"交易操纵行为，情节严重的，应当以操纵证券市场罪追究其刑事责任。

证券制度是国家金融制度的重要组成部分。近年来，我国证券市场大幅波动，给投资者特别是广大小散投资者财产利益造成重大损害。第十批指导性案例选取了朱炜明操纵证券市场案，明确在证券市场上实施"抢帽子"交易行为，应当以操纵证券市场罪追究刑事责任。

"抢帽子"交易操纵证券市场行为是一种形象的比喻。由于早期证券交易都是由交易员在场内喊价，日内短线炒作的交易员频繁举手报价，场景看起来如同一群人在争抢空中的帽子，因此这种交易模式便被形象地称为"抢帽子"。通常实施抢帽子交易操纵证券市场，都是"先买入股票，之后发布推荐，然后迅速抛出"，以实际套利。实践中，实施"抢帽子"交易行为的行为人往往是具有一定社会知名度的证券从业人员，他们往往借助影响力较大的传播平台，发布诱导性信息对普通投资者的交易决策产生影响。其在发布信息后，又利用证券价格波动实施与投资者反向交易的行为获利。因此这种行为侵害和破坏了证券市场管理秩序，违反了证券市场公开公平公正原则。

实施"抢帽子"操纵证券市场，相关行为人必然实施炒作消息行为，引起证券市场行情的波动；必然在炒作消息前后买进或卖出相关股票，获取相关利益；行为人编造并散布完全没有客观依据的虚假性或误导性投资咨询意见，利用其在投资咨询行业的影响力欺诈客户或市场投资者，诱使其进行完全没有合理市场依据的资本配置，必然严重侵害"小散"投资者利益。可以说，在抢帽子交易操纵中，行为人不仅具有欺诈市场的主观恶性，而且实际造成欺骗误导投资者并对其合法权益造成了重大实际损害的客观后果。

"抢帽子交易操纵属于信息型市场操纵。2010年5月最高人民检察院、公安部《关于公安机关管辖的刑事案件立案追诉标准的规定（二）》第三十九条第二款第七项规定：证券公司、证券投资咨询机构、专业中介机构或者从业人员，违背有关从业禁止的规定，买卖或者持有相关证券，通过对证券或者其发行人、上市公司公开作出评价、预测或者投资建议，在该证券的交易中谋取利益，情节严重的，应予立案追诉。其中，"公开作出评价、预测或者投资建议，在该证券交易中谋取利益"，就包括抢帽子交易操纵证券市场的情形。本质上，"抢帽子交易与连续交易、约定交易、自我交易等刑法明确列举的价量操纵行为具有相同的行为性质，均是违反公平交易准则，干扰市场定价机制的行为。

因此，第十批指导性案例通过朱炜明操纵证券市场案，明确抢帽子交易操纵证券市场，情节严重的，属于刑法第182条第2款第4项"以其他方法操纵证券、期货市场的"情形之一，情节严重的，应以操纵证券市场罪进行处罚。

本案在侦查期间，被告人朱炜明对涉案账户系其本人代其亲属控制的事实一直予以否认。检察机关在审查起诉过程中，注重收集朱炜明父亲朱某等证人证言、证监会对朱炜明操纵证券市场行为性质的认定函、司法会计鉴定意见书等证据。将相关证据向朱炜明及其辩护人出示，并一一阐明证据与朱炜明行为之间的证明关系。1. 账户登录、交易IP地址大量位于朱炜明所在的办公地点，与朱炜明出行等电脑数据轨迹一致。例如，2014年7月17日、18日，涉案的朱某证券账户登录、交易IP地址在重庆，与朱炜明的出行记录一致。2. 涉案三个账户之间与朱炜明个人账户资金往来频繁，初始资金有部分来自朱炜明账户，转出资金中有部分转入朱炜明银行账户后由其消费，证明涉案账户资金由朱炜明控制。

通过检察机关缜密证明，朱炜明对自己实施"抢帽子"交易操纵他人证券账户买卖股票牟利的事实供认不讳。通过这一证明过程，该指导性案例旨在说明：证券犯罪具有专业性、隐蔽性、间接性等特征，被告人及其辩护人经常会提出涉案账户实际控制人及操作人非其本人的辩解。对此，检察机关可以通过行为人资金往来记录，设备 MAC 地址、终端 IP 地址与互联网访问轨迹的重合度与连贯性，身份关系和资金关系的紧密度，涉案股票买卖与公开荐股在时间及资金比例上的高度关联性，相关证人证言在细节上是否吻合等入手，构建严密证据体系，确定被告人与涉案账户的实际控制关系。

该案中，证监会还对朱炜明操纵证券市场行为性质出具了认定函、司法会计鉴定意见书等证据。证监会认定：2013 年 3 月 1 日至 2014 年 8 月 25 日期间，朱炜明在《谈股论金》节目中通过明示股票名称或描述股票特征的方法，对"利源精制"等 15 支股票进行公开评价预测。朱炜明通过其控制的三个证券账户在节目播出前一至二个交易日或当天买入推荐的股票，交易金额 2094.22 万余元，并于节目播出后一至二个交易日内卖出上述股票，交易金额 2169.70 万余元，获利 75.48 万余元。朱炜明所荐股票次日交易价量明显上涨，偏离行业板块和大盘走势，其行为构成操纵证券市场，性质特别恶劣，严重扰乱了证券市场秩序并造成严重社会影响。

通过这一证明过程，指导性案例旨在说明：对该类证券犯罪，检察机关应当与证券监管部门紧密联系、取得配合。证券监管部门在行政执法和查办案件中收集的物证、书证、视听资料、电子数据等证据材料，在刑事诉讼中叫以作为证据使用。

（二）周辉集资诈骗案

被告人周辉注册成立中宝投资公司，并担任法定代表人。公司上线运营"中宝投资"网络平台，借款人（发标人）在网络平台注册、交纳会费后，可发布各种招标信息，吸引投资人投资。运行前期，周辉通过网络平台为 13 个发标人提供总金额约 170 余万元的融资服务，因部分发标人未能还清借款造成公司亏损。此后，周辉除用本人真实身份信息在公司网络平台注册 2 个会员外，自 2011 年 5 月至 2013 年 12 月陆续虚构 34 个发标人，并利用上述虚假身份自行发布大量虚假抵押标、宝石标等，以支付投资人约 20% 的年化收益率及额外奖励等为诱饵，向社会不特定公众募集资金。所募资金未进入公司账户，全部由周辉个人掌控和支配。除部分用于归还投资人到期的本金及收益外，其余主要用于购买房产、高档车辆、首饰等，这些资产绝大部分登记在周辉名下或供周辉个人使用。

2015 年 8 月 14 日，浙江省衢州市中级人民法院作出一审判决，认定被告人周辉犯集资诈骗罪，判处有期徒刑十五年，并处罚金人民币 50 万元。继续追缴违法所得，返还各集资人。一审宣判后，浙江省衢州市人民检察院以一审判决量刑过轻提出抗诉，被告人周辉以量刑畸重为由提出上诉。本案二审期间，《刑法修正案（九）》生效实施。浙江省高级人民法院经审理后认为，修改了集资诈骗罪法定刑设置，根据从旧兼从轻原则，作出裁定，维持原判。终审判决作出后，周辉及其父亲不服判决提出申诉，浙江省高级人民法院受理申诉并经审查后，认为原判事实清楚，证据确实充分，定性准确，量刑适当，于2017年12月22日驳回申诉，维持原裁判。

该案明确了网络借贷信息中介机构或其控制人，利用网络借贷平台发布虚假信息，非法建立资金池募集资金，所得资金大部分未用于生产经营活动，主要用于借新还旧和个人挥霍，无法归还所募资金数额巨大的，应认定为具有非法占有目的，以集资诈骗罪追究刑事责任。

是否具有非法占有目的，是正确区分非法吸收公众存款罪和集资诈骗罪的关键要素。对非法占有目的的判断，应当围绕融资项目真实性、资金去向、归还能力等事实进行综合判断。本案中，被告人周辉注册网络借贷信息平台，在早期从事少量融资信息服务，公司造成亏损、经营难以为继的情况下，虚构借款人和借款标的，以欺诈方式面向不特定投资人吸纳资金，自建"资金池"。虽然在侦查机关立案查处时仍可通过"拆东墙补西墙"的方式偿还部分旧债和收益，维持周转，但根据其所募资金主要用于还本付息和个人消费挥霍，未投入生产经营，不可能产生利润回报的事实，后续资金缺口势必不断扩大，最终必将难以为继，无法归还所募资金，故可以认定其具有非法占有的目的，应以集资诈骗罪对其定罪处刑。

办理非法集资犯罪案件，应注意厘清非法集资人主观故意是否发生变化，即是否存在由非法吸纳资金的故意转变为非法占有资金的故意。实践中，部分非法集资人在吸纳他人资金之初并没有不予偿还的意图，且将吸收的资金用于经营活动。但是，在吸收一部分资金且经营活动明显不能为继的情况下，继续吸收资金，并将资金主要用于个人消费、挥霍的，可以认定其对后续资金具有非法占有的故意。

非法集资是当前金融领域乱象之一。打着互联网旗号进行氏骗局的犯罪时有发生，非法集资等大要案时有发生，导致经济社会领域重大风险隐患。该案例对检察机关办理类似案件具有四个方面的指导作用：一是检察机关办理涉众型金融犯罪，特别是集资诈骗罪，要准确认定"非法占有目的"。二是检察机关在具体办案中，要强化审前过滤，做好审前证据审查工作。非法集资案中，参与集资人数多、涉及面广，受主客观因素影响，侦查机关取证工作易出现瑕疵和问题。检察机关在案件审查过程中要坚持证据裁判原则，强化证据审查，建立起完整、牢固的证据锁链，夯实认定案件事实的证据基础。三是在法庭审理中，要注重围绕行为人主观上非法占有目的及客观上以欺诈手段非法集资的事实运用证据。法庭指控中，公诉人要针对常见的辩护理由，围绕集资诈骗罪构成要件，梳理组合证据，形成完整的证据链，对涉及犯罪的关键事实予以清晰证明。四是要结合办案开展以案释法。非法集资等涉众型金融犯罪危害大，极易导致人民群众财产损失，检察机关要结合案件办理，加强对社会公众，特别是集资参与人的法治宣传教育。

（三）叶经生等组织、领导传销活动案

被告人叶经生等人成立上海宝乔网络科技有限公司，以"经销商管理系统网站""金乔网商城网站"作为平台，采取上线经销商会员推荐并交纳保证金发展下线经销商，保证金或购物消费额双倍返利；在全国各地设区域代理，给予区域代理业绩比例提成奖励的方式发展会员。被告人叶青松是金乔网浙江省区域总代理。至案发，金乔网注册会员 3 万余人，其中注册经销商会员 1.8 万余人，在全国各地发展省、地区、县三级区域代理 300 余家，涉案金额 1.5 亿余元。叶青松直接或间接发展下线经销商会员 1886 人，收取浙江省区域会员保证金、参与返利的消费额 10% 现金、区域代理费等共计 3000 多万元，通过银行转汇给叶经生。叶青松通过抽取保证金推荐奖金、股权分红、天天返利等提成的方式非法获利 70 多万元。

2013 年 8 月 23 日，浙江省松阳县人民法院判决认定被告人叶经生、叶青松构成组织、领导传销活动罪，判处被告人叶经生有期徒刑七年、并处罚金人民币 150 万元，判处被告人叶青松有期徒刑三年、并处罚金人民币 30 万元，扣押和冻结的涉案财物予以没收，继续追缴两被告人的违法所得。一审宣判后，二被告人不服提出上诉。浙江省丽水市中级人民法院经审理，认定原判事实清楚，证据确实、充分，定罪准确，量刑适当，审判程序合法，驳回上诉，维持原判。

该案例明确了对于组织者或者经营者利用网络发展会员，要求被发展人员以缴纳或者变相缴纳"入门费"为条件获得提成和发展下线的资格，通过发展人员组成层级关系，并以直接或者间接发展的人员数量作为计酬或者返利的依据，引诱被发展人员继续发展他人参加，骗取财物，扰乱经济秩序的行为，应以组织、领导传销活动罪追究刑事责任。

近年来，实践中传销组织在手段上不断翻新，打着"金融创新"的旗号，以网络形式进行传销的案件时有发生，危害性极大。实践中，常见的"资本运作型"网络传销表现形式为：组织者、经营者注册一个电子商务企业，再以此名义建立一个电子商务网站，并以网络营销、网络直销等名义，变相收取入门费，设置各种返利机制，激励会员发展下线，以其直接或者间接发展的下线数量作为返利依据。此种方式运行过程中，几乎没有实际的商品交易行为，而是以虚拟的传销标的发展会员，其手段虽然披上了"资本运作""金融创新"等外衣，但本质仍是通过发展下线组成层级关系并依靠返利获利。在这些活动中，不管是以什么名义，只要是以缴纳或者变相缴纳入门费获得计提报酬和发展下线的"资格"，直接或者间接发展下线拉人头组成层级关系，上线从直接或者间接发展的下线的销售业绩中计提报酬，或以直接或者间接发展的人员数量为依据计提报酬或者返利的，符合传销活动的本质特征。

该案例指导意义在于：检察机关办理组织、领导传销活动犯罪，要紧扣传销犯罪骗取财物的特征和构成要件，收集、审查、运用证据。特别要注意针对传销网站的经营特征与其他合法经营网站的区别，重点收集涉及入门费、设层级、拉人头等传销基本特征的证据及企业资金投入、人员组成、资金来源去向、网站功能等方面的证据，揭示传销犯罪没有创造价值，用后加入者的财物支付给前加入者，通过发展下线牟利的骗取财物本质。

三、第十批指导性案例的创新

第十批指导性案例相对以往发布的指导性案例，在体例和制发思路上都作了较大的创新调整。以往制发的指导性案例，主要是介绍案情、要旨、结果和意义。这次发布的指导性案例，不仅有案情、要旨、裁判结果和意义，更重要的是，在体例上增加"指控与证明犯罪"，再现检察机关以事实为根据，以法律为准绳，组织、运用证据指控与证明犯罪的过程，还原诉讼过程中控辩争议的焦点和法庭审理的冲突，揭示犯罪行为的本质特征。既体现检察机关指导性案例的"检察"特色，又能较好发挥案例本身的指导意义和普法意义。

如朱炜明操纵证券市场案，针对审查起诉中朱炜明的辩解，检察官通过认真审查证据、依法退回补充侦查，查明了案件的关键事实，补强了相关证据。在检察官出示的证据面前，朱炜明对实施"抢帽子"交易操纵证券市场牟利的事实供认不讳。案例完整地呈现了检察机关针对证券犯罪隐蔽性强的特点，引导公安机关全面收集相关证据，构建严密证据锁链，从而有力证明犯罪的过程。

周辉集资诈骗案，展现了检察官针对辩护人提出的被告人周辉系利用互联网从事 P2P 借贷融资，主观上不具有非法占有集资款目的的辩护意见，组织、运用证据进行答辩，有力地证明了被告人具有非法占有目的，其行为与 P2P 网络借贷有本质区别，已构成集资诈骗罪的过程。

叶经生等组织、领导传销活动案，涉及人数众多，犯罪组织形式复杂。针对庭审中被告人叶经生提出的宝乔公司系依法成立，金乔网模式是消费模式的创新，没有组织、领导传销的故意，会员之间没有层级关系，不构成组织、领导传销活动罪的辩解，检察官通过当庭讯问被告人、通知鉴定人出庭作证和出示相关证据等，证明了金乔网没有实质性的经营活动，所谓经营活动和利润来源纯粹依靠后加入人员缴纳的费用；金乔网会员层级呈现金字塔状，上线会员可通过下线、下下线会员发展会员获得收益，从而揭示了被告人的行为具有组织、领导传销活动骗取财物的本质特征。

指导性案例制发思路的创新，目的在于使专业人士和社会各界更加全面地看待检察官的作用和检察工作的特色，较为完整地呈现刑事案件庭审指控和证明犯罪的过程。刑事案件庭审的过程是指控和证明犯罪的过程，检察官通过法庭上的示证、质证，运用证据、运用逻辑、运用法律指控与证明犯罪，与辩护人控辩论战，直接决定案件的走向，直接影响庭审的质量和效果。庭审过程的再现，能让公众有身临其境回到庭审现场的感觉，既能直观地感受到被告人在事实和证据面前认罪服法的过程，又能深切体会到检察官在庭审中的重要地位和作用，从中受到生动的法治宣传教育。

四、第十批指导性案例的意义

依据《最高人民检察院关于案例指导工作的规定》，最高人民检察院发布的指导性案例，各级人民检察院在办理类似案件时要参照适用。同时，最高人民检察院发布指导性案例，也是开展检察官以案释法，强化法治宣传教育，落实检察环节普法责任制的具体举措。第十批指导性案例的意义在于：

一是彰显检察机关积极参与防控金融风险的鲜明态度立场。金融安全关系国计民生，社会各方面极为关注。第十批指导性案例，包括操纵证券市场，集资诈骗，利用网络组织、领导传销等突出犯罪。发布这些案例，体现了检察机关保障国家金融监管法律政策实施，积极参与防范化解金融风险的鲜明立场和态度。例如，证券犯罪严重破坏资本市场"公开公平公正"原则，严重扰乱金融管理秩序。通过发布朱炜明操纵证券市场案，体现了检察机关对以不正当手段在证券市场兴风作浪的犯罪行为依法严惩不贷的鲜明态度。又如，涉众型金融犯罪，涉案金额大，参与人群广，犯罪分子往往大肆开展虚假宣传，极易蒙蔽群众，造成众多参与者巨额财产损失，是当前风险性和危害性极大的金融犯罪。通过发布周辉集资诈骗案和叶经生等组织、领导传销活动案，彰显了检察机关加大对涉众型金融犯罪打击力度的坚定决心。

二是明确多发疑难及新型金融犯罪法律适用标准。金融犯罪中法律适用疑难问题较多，且犯罪手段翻新快，极易复制扩散。最高人民检察院发布指导性案例，具有进一步明确法律条文和司法解释具体涵义，统一检察工作法律适用标准的功能和作用。这批发布的三件案例，涉及的法律问题较为复杂，司法实践中亟待统一认识和明确办案标准。通过展示这些案例成功办理的过程和结果，揭示蕴含其中的法律精神和内涵，可以较为直观地回答办理同类案件可能遇到的疑难复杂法律问题。

三是加强对检察机关办理类似案件工作的指导。 操纵证券市场和非法集资，利用网络形式组织、领导传销都是当前常见多发的金融犯罪，第十批指导性案例对检察机关办理类似案件应当注意和把握的事项进行归纳分析，强化了对办理类似案件的指导作用。如朱炜明操纵证券市场案，指出了检察机关办理证券类犯罪案件中，证券监管部门在行政执法和查办案件中收集的物证、书证、视听资料、电子数据等证据材料，在刑事诉讼中可以作为证据使用。周辉集资诈骗案，指出了检察机关办理集资诈骗案，要围绕融资项目真实性、资金去向、归还能力等收集运用证据，对被告人非法占有的目的予以清晰证明。叶经生等组织、领导传销活动案，说明了对利用网络从事传销活动，要重点收集涉及入门费、设层级、拉人头等传销基本特征的证据及企业资金投入、人员组成、资金来源去向、网站功能等方面的证据，证明传销犯罪没有创造价值，经营模式难以持续，用后加入者的财物支付给先加入者，通过发展下线牟利骗取财物的本质特征。

四是发挥以案释法的教育作用。 金融证券活动专业性、创新性强，法律政策较为复杂，一些不法分子利用金融证券知识和信息的不对称，以各种名义和招牌在社会上大肆进行欺诈活动，很容易使善良百姓上当受骗。第十批指导性案例通过体例的创新，通过展示举证、质证和辩论的过程，清晰揭示金融犯罪分子在各种堂皇面纱下肆意吞噬社会财富、聚敛巨额资金的非法目的和危害本质，不仅可以为专业人士研究新型金融犯罪和法庭审理活动提供新的视角和维度，也对人民群众了解金融知识、自觉防范金融风险起到很好的教育作用。

最高人民检察院
关于印发最高人民检察院
第十一批指导性案例的通知

（2018 年 11 月 9 日公布　高检发研字〔2018〕27 号）

各省、自治区、直辖市人民检察院，解放军军事检察院，新疆生产建设兵团人民检察院：

经 2018 年 10 月 19 日最高人民检察院第十三届检察委员会第七次会议决定，现将齐某强奸、猥亵儿童案等三件指导性案例（检例第 42—44 号）作为第十一批指导性案例发布，供参照适用。

最高人民检察院

2018 年 11 月 9 日

检例第 42 号

齐某强奸、猥亵儿童案

【关键词】 强奸罪　猥亵儿童罪　情节恶劣　公共场所当众

【基本案情】

被告人齐某，男，1969 年 1 月出生，原系某县某小学班主任。

2011 年夏天至 2012 年 10 月，被告人齐某在担任班主任期间，利用午休、晚自习及宿舍查寝等机会，在学校办公室、教室、洗澡堂、男生宿舍等处多次对被害女童 A（10 岁）、B（10 岁）实施奸淫、猥亵，并以带 A 女童外出看病为由，将其带回家中强奸。齐某还在女生集体宿舍等地多次猥亵被害女童 C（11 岁）、D（11 岁）、E（10 岁），猥亵被害女童 F（11 岁）、G（11 岁）各一次。

【要旨】

1. 性侵未成年人犯罪案件中，被害人陈述稳定自然，对于细节的描述符合正常记忆认知、表达能力，被告人辩解没有证据支持，结合生活经验对全案证据进行审查，能够形成完整证明体系的，可以认定案件事实。

2. 奸淫幼女具有《最高人民法院、最高人民检察院、公安部、司法部关于依法惩治性侵害未成年人犯罪的意见》规定的从严处罚情节，社会危害性与刑法第二百三十六条第三款第二至四项规定的情形相当的，可以认定为该款第一项规定的"情节恶劣"。

3. 行为人在教室、集体宿舍等场所实施猥亵行为，只要当时有多人在场，即使在场人员未实际看到，也应当认定犯罪行为是在"公共场所当众"实施。

【指控与证明犯罪】

（一）提起公诉及原审判决情况

2013 年 4 月 14 日，某市人民检察院以齐某犯强奸罪、猥亵儿童罪对其提起公诉。5 月 9 日，某市中级人民法院依法不公开开庭审理本案。9 月 23 日，该市中级人民法院作出判决，认定齐某犯强奸罪，判处死刑缓期二年执行，剥夺政治权利终身；犯猥亵儿童罪，判处有期徒刑四年六个月；决定执行死刑，缓期二年执行，剥夺政治权利终身。被告人未上诉，判决生效后，报某省高级人民法院复核。

2013 年 12 月 24 日，某省高级人民法院以原判认定部分事实不清为由，裁定撤销原判，发回重审。

2014 年 11 月 13 日，某市中级人民法院经重新审理，作出判决，认定齐某犯强奸罪，判处无期徒刑，剥夺政治权利终身；犯猥亵儿童罪，判处有期徒刑四年六个月；决定执行无期徒刑，剥夺政治权利终身。齐某不服提出上诉。

2016 年 1 月 20 日，某省高级人民法院经审理，作出终审判决，认定齐某犯强奸罪，判处有期徒刑六年，剥夺政治权利一年；犯猥亵儿童罪，判处有期徒刑四年六个月；决定执行有期徒刑十年，剥夺政治权利一年。

（二）提起审判监督程序及再审改判情况

某省人民检察院认为该案终审判决确有错误，提请最高人民检察院抗诉。最高人民检察院经审查，认为该案适用法律错误，量刑不当，应予纠正。2017 年 3 月 3 日，最高人民检察院依照审判监督程序向最高人民法院提出抗诉。

2017 年 12 月 4 日，最高人民法院依法不公开开庭审理本案，最高人民检察院指派检察员出席法庭，辩护人出庭为原审被告人进行辩护。

法庭调查阶段，针对原审被告人不认罪的情况，检察员着重就齐某辩解与在案证据是否存在矛盾，以及有无其他证据或线索支持其辩解进行发问和举证，重点核实以下问题：案发前齐某与被害人及其家长关系如何，是否到女生宿舍查寝，是否多次单独将女生叫出教室，是否带女生回家过夜。齐某当庭供述与被害人及其家长没有矛盾，承认曾到女生宿舍查寝，为女生揉肚子，单独将女生叫出教室问话，带女生外出看病以及回家过夜。通过当庭讯问，进一步印证了被害人陈述细节的真实性、客观性。

法庭辩论阶段，检察员发表出庭意见：

首先，原审被告人齐某犯强奸罪、猥亵儿童罪的犯罪事实清楚，证据确实充分。1. 各被害人及其家长和齐某在案发前没有矛盾。报案及时，无其他介入因素，可以排除诬告的可能。2. 各被害人陈述内容自然合理，可信度高，且有同学的证言予以印证。被害人对于细节的描述符合正常记忆认知、表达能力，如齐某实施性侵害的大致时间、地点、方式、次数等内容基本一致。因被害人年幼、报案及作证距案发时间较长等客观情况，具体表达存在不尽一致之处，完全正常。3. 各被害人陈述的基本事实得到本案其他证据印证，如齐某卧室勘验笔录、被害人辨认现场的笔录、现场照片、被害人生理状况诊断证明等。

其次，原审被告人齐某犯强奸罪情节恶劣，且在公共场所当众猥亵儿童，某省高级人民法院判决对此不予认定，属于适用法律错误，导致量刑畸轻。1. 齐某奸淫幼女"情节恶劣"。齐某利用教师身份，多次强奸二名幼女，犯罪时间跨度长。本案发生在校园内，对被害人及其家人伤害非常大，对其他学生造成了恐惧。齐某的行为具备《最高人民法院、最高人民检察院、公安部、司法部关于依法惩治性侵害未成年人犯罪的意见》第二十五条规定的多项"更要依法从严惩处"的情节，综合评判应认定为"情节恶劣"，判处十年有期徒刑以上刑罚。2. 本案中齐某的行为属于在"公共场所当众"猥亵儿童。公共场所系供社会上多数人从事工作、学习、文化、娱乐、体育、社交、参观、旅游和满足部分生活需求的一切公用建筑物、场所及其设施的总称，具备由多数人进出、使用的特征。基于对未成年人保护的需要，《最高人民法院、最高人民检察院、公安部、司法部关于依法惩治性侵害未成年人犯罪的意见》第二十三条明确将"校园"这种除师生外，其他人不能随便进出的场所认定为公共场所。司法实践中也已将教室这种相对封闭的场所认定为公共场所。本案中女生宿舍是 20 多人的集体宿舍，和教室一样属于校园的重要组成部分，具有相对涉众性、公开性，应当是公共场所。《最高人民法院、最高人民检察院、公安部、司法部关于依法惩治性侵害未成年人犯罪的意见》第二十三条规定，在公共场所对未成年人实施猥亵犯罪，"只要有其他多人在场，不论在场人员是否实际看到"，均可认定为当众猥亵。本案中齐某在熄灯后进入女生集体宿舍，当时就寝人数较多，床铺之间没有遮挡，其猥亵行为易被同寝他人所感知，符合上述规定"当众"的要求。

原审被告人及其辩护人坚持事实不清、证据不足的辩护意见，理由是：一是认定犯罪的直接证据只有被害人陈述，齐某始终不认罪，其他证人证言均是传来证据，没有物证，证据链条不完整。二是被害人陈述前后有矛盾，不一致。且其中一个被害人在第一次陈述中只讲到被猥亵，第二次又讲到被强奸，前后有重大矛盾。

针对辩护意见，检察员答辩：一是被害人陈述的一些细节，如强奸的地点、姿势等，结合被害人年龄及认知能力，不亲身经历，难以编造。二是齐某性侵次数多、时间跨度长，被害人年龄小，前后陈述有些细节上的差异和模糊是正常的，恰恰符合被害人的记忆特征。且被害人对基本事实和情节的描述是稳定的。有的被害人虽然在第一次询问时没有陈述被强奸，但在此后对没有陈述的原因做了解释，即当时学校老师在场，不敢讲。这一理由符合孩子的心理。三是被害人同学证言虽然是传来证据，但其是在犯罪发生之后即得知有关情况，因此证明力较强。四是齐某及其辩护人对其辩解没有提供任何证据或者线索的支持。

2018 年 6 月 11 日，最高人民法院召开审判委员会会议审议本案，最高人民检察院检察长列席会议并发表意见：一是最高人民检察院抗诉书认定的齐某犯罪事实、情节符合客观实际。性侵害未成年人案件具有客观证据、直接证据

少，被告人往往不认罪等特点。本案中，被害人家长与原审被告人之前不存在
矛盾，案发过程自然。被害人陈述及同学证言符合案发实际和儿童心理，证明
力强。综合全案证据看，足以排除合理怀疑，能够认定原审被告人强奸、猥亵
儿童的犯罪事实。二是原审被告人在女生宿舍猥亵儿童的犯罪行为属于在
"公共场所当众"猥亵。考虑本案具体情节，原审被告人猥亵儿童的犯罪行为
应当判处十年有期徒刑以上刑罚。三是某省高级人民法院二审判决确有错误，
依法应当改判。

2018年7月27日，最高人民法院作出终审判决，认定原审被告人齐某犯
强奸罪，判处无期徒刑，剥夺政治权利终身；犯猥亵儿童罪，判处有期徒刑十
年；决定执行无期徒刑，剥夺政治权利终身。

【指导意义】

（一）准确把握性侵未成人犯罪案件证据审查判断标准

对性侵未成年人犯罪案件证据的审查，要根据未成年人的身心特点，按照
有别于成年人的标准予以判断。审查言词证据，要结合全案情况予以分析。根
据经验和常识，未成年人的陈述合乎情理、逻辑，对细节的描述符合其认知和
表达能力，且有其他证据予以印证，被告人的辩解没有证据支持，结合双方关
系不存在诬告可能的，应当采纳未成年人的陈述。

（二）准确适用奸淫幼女"情节恶劣"的规定

刑法第二百三十六条第三款第一项规定，奸淫幼女"情节恶劣"的，处
十年以上有期徒刑、无期徒刑或者死刑。《最高人民法院、最高人民检察院、
公安部、司法部关于依法惩治性侵害未成年人犯罪的意见》第二十五条规定
了针对未成年人实施强奸、猥亵犯罪"更要依法从严惩处"的七种情形。实
践中，奸淫幼女具有从严惩处情形，社会危害性与刑法第二百三十六条第三款
第二至四项相当的，可以认为属于该款第一项规定的"情节恶劣"。例如，该
款第二项规定的"奸淫幼女多人"，一般是指奸淫幼女三人以上。本案中，被
告人具备教师的特殊身份，奸淫二名幼女，且分别奸淫多次，其危害性并不低
于奸淫幼女三人的行为，据此可以认定符合"情节恶劣"的规定。

（三）准确适用"公共场所当众"实施强奸、猥亵未成年人犯罪的
规定

刑法对"公共场所当众"实施强奸、猥亵未成年人犯罪，作出了从重处
罚的规定。《最高人民法院、最高人民检察院、公安部、司法部关于依法惩治
性侵害未成年人犯罪的意见》第二十三条规定了在"校园、游泳馆、儿童游
乐场等公共场所"对未成年人实施强奸、猥亵犯罪，可以认定为在"公共场

"所当众"实施犯罪。适用这一规定，是否属于"当众"实施犯罪至为关键。对在规定列举之外的场所实施强奸、猥亵未成年人犯罪的，只要场所具有相对公开性，且有其他多人在场，有被他人感知可能的，就可以认定为在"公共场所当众"犯罪。最高人民法院对本案的判决表明：学校中的教室、集体宿舍、公共厕所、集体洗澡间等，是不特定未成年人活动的场所，在这些场所实施强奸、猥亵未成年人犯罪的，应当认定为在"公共场所当众"实施犯罪。

【相关规定】

《中华人民共和国刑法》第二百三十六条、第二百三十七条

《中华人民共和国刑事诉讼法》第五十五条

《最高人民法院、最高人民检察院、公安部、司法部关于依法惩治性侵害未成年人犯罪的意见》第二条、第二十三条、第二十五条

检例第 43 号

骆某猥亵儿童案

【关键词】 猥亵儿童罪 网络猥亵 犯罪既遂

【基本案情】

被告人骆某，男，1993 年 7 月出生，无业。

2017 年 1 月，被告人骆某使用化名，通过 QQ 软件将 13 岁女童小羽加为好友。聊天中得知小羽系初二学生后，骆某仍通过言语恐吓，向其索要裸照。在被害人拒绝并在 QQ 好友中将其删除后，骆某又通过小羽的校友周某对其施加压力，再次将小羽加为好友。同时骆某还虚构"李某"的身份，注册另一 QQ 号并添加小羽为好友。之后，骆某利用"李某"的身份在 QQ 聊天中对小羽进行威胁恐吓，同时利用周某继续施压。小羽被迫按照要求自拍裸照十张，通过 QQ 软件传送给骆某观看。后骆某又以在网络上公布小羽裸照相威胁，要求与其见面并在宾馆开房，企图实施猥亵行为。因小羽向公安机关报案，骆某在依约前往宾馆途中被抓获。

【要旨】

行为人以满足性刺激为目的，以诱骗、强迫或者其他方法要求儿童拍摄裸体、敏感部位照片、视频等供其观看，严重侵害儿童人格尊严和心理健康的，构成猥亵儿童罪。

【指控与证明犯罪】

（一）提起、支持公诉和一审判决情况

2017 年 6 月 5 日，某市某区人民检察院以骆某犯猥亵儿童罪对其提起公诉。7 月 20 日，该区人民法院依法不公开开庭审理本案。

法庭调查阶段，公诉人出示了指控犯罪的证据：被害人陈述、证人证言及被告人供述，证明骆某对小羽实施了威胁恐吓，强迫其自拍裸照的行为；QQ 聊天记录截图、小羽自拍裸体照片、身份信息等，证明骆某明知小羽系儿童及强迫其拍摄裸照的事实等。

法庭辩论阶段，公诉人发表公诉意见：被告人骆某为满足性刺激，通过网络对不满 14 周岁的女童进行威胁恐吓，强迫被害人按照要求的动作、姿势拍摄裸照供其观看，并以公布裸照相威胁欲进一步实施猥亵，犯罪事实清楚，证据确实、充分，应当以猥亵儿童罪对其定罪处罚。

辩护人对指控的罪名无异议，但提出以下辩护意见：一是认定被告人明知被害人未满 14 周岁的证据不足；二是认定被告人利用小羽的校友周某对小羽施压、威胁并获取裸照的证据不足；三是被告人猥亵儿童的行为未得逞，系犯罪未遂。四是被告人归案后如实供述，认罪态度较好，可酌情从轻处罚。

针对辩护意见，公诉人答辩：一是被告人骆某供述在 QQ 聊天中已知小羽系初二学生，可能不满 14 周岁，看过其生活照、小视频，了解其身体发育状况，通过周某了解过小羽的基本信息，证明被告人骆某应当知道小羽系未满 14 周岁的幼女。二是证人周某二次证言均证实其被迫帮助骆某威胁小羽，能够与被害人陈述、被告人供述相互印证，同时有相关聊天记录等予以印证，足以认定被告人骆某通过周某对小羽施压、威胁的事实。三是被告人骆某前后实施两类猥亵儿童的行为，构成猥亵儿童罪。1. 骆某强迫小羽自拍裸照通过网络传输供其观看。该行为虽未直接接触被害人，但实质上已使儿童人格尊严和心理健康受到严重侵害。骆某已获得裸照并观看，应认定为犯罪既遂。2. 骆某利用公开裸照威胁小羽，要求与其见面在宾馆开房，并供述意欲实施猥亵行为。因小羽报案，该猥亵行为未及实施，应认定为犯罪未遂。

一审判决情况：法庭经审理，认定被告人骆某强迫被害女童拍摄裸照，并通过 QQ 软件获得裸照的行为不构成猥亵儿童罪。但被告人骆某以公开裸照相威胁，要求与被害女童见面，准备对其实施猥亵，因被害人报案未能得逞，该行为构成猥亵儿童罪，系犯罪未遂。2017 年 8 月 14 日，某区人民法院作出一审判决，认定被告人骆某犯猥亵儿童罪（未遂），判处有期徒刑一年。

（二）抗诉及终审判决情况

一审宣判后，某区人民检察院认为，一审判决在事实认定、法律适用上均存在错误，并导致量刑偏轻。被告人骆某利用网络强迫儿童拍摄裸照并观看的行为构成猥亵儿童罪，且犯罪形态为犯罪既遂。2017年8月18日，该院向某市中级人民法院提出抗诉。某市人民检察院经依法审查，支持某区人民检察院的抗诉意见。

2017年11月15日，某市中级人民法院开庭审理本案。某市人民检察院指派检察员出庭支持抗诉。检察员认为：1. 关于本案的定性。一审判决认定骆某强迫被害人拍摄裸照并传输观看的行为不是猥亵行为，系对猥亵儿童罪犯罪本质的错误理解。一审判决未从猥亵儿童罪侵害儿童人格尊严和心理健康的实质要件进行判断，导致法律适用错误。2. 关于本案的犯罪形态。骆某获得并观看了儿童裸照，猥亵行为已经实施终了，应认定为犯罪既遂。3. 关于本案量刑情节。根据《最高人民法院、最高人民检察院、公安部、司法部关于依法惩治性侵害未成年人犯罪的意见》第二十五条的规定，采取胁迫手段猥亵儿童的，依法从严惩处。一审判决除法律适用错误外，还遗漏了应当从重处罚的情节，导致量刑偏轻。

原审被告人骆某的辩护人认为，骆某与被害人没有身体接触，该行为不构成猥亵儿童罪。检察机关的抗诉意见不能成立，请求二审法院维持原判。

某市中级人民法院经审理，认为原审被告人骆某以寻求性刺激为目的，通过网络聊天对不满14周岁的女童进行言语威胁，强迫被害人按照要求自拍裸照供其观看，已构成猥亵儿童罪（既遂），依法应当从重处罚。对于市人民检察院的抗诉意见，予以采纳。2017年12月11日，某市中级人民法院作出终审判决，认定原审被告人骆某犯猥亵儿童罪，判处有期徒刑二年。

【指导意义】

猥亵儿童罪是指以淫秽下流的手段猥亵不满14周岁儿童的行为。刑法没有对猥亵儿童的具体方式作出列举，需要根据实际情况进行判断和认定。实践中，只要行为人主观上以满足性刺激为目的，客观上实施了猥亵儿童的行为，侵害了特定儿童人格尊严和身心健康的，应当认定构成猥亵儿童罪。

网络环境下，以满足性刺激为目的，虽未直接与被害儿童进行身体接触，但是通过QQ、微信等网络软件，以诱骗、强迫或者其他方法要求儿童拍摄、传送暴露身体的不雅照片、视频，行为人通过画面看到被害儿童裸体、敏感部位的，是对儿童人格尊严和心理健康的严重侵害，与实际接触儿童身体的猥亵行为具有相同的社会危害性，应当认定构成猥亵儿童罪。

检察机关办理利用网络对儿童实施猥亵行为的案件，要及时固定电子数据，证明行为人出于满足性刺激的目的，利用网络，采取诱骗、强迫或者其他方法要求被害人拍摄、传送暴露身体的不雅照片、视频供其观看的事实。要准确把握猥亵儿童罪的本质特征，全面收集客观证据，证明行为人通过网络不接触被害儿童身体的猥亵行为，具有与直接接触被害儿童身体的猥亵行为相同的性质和社会危害性。

【相关规定】

《中华人民共和国刑法》第二百三十七条

《最高人民法院、最高人民检察院、公安部、司法部关于依法惩治性侵害未成年人犯罪的意见》第二条、第十九条、第二十五条

检例第 44 号

于某虐待案

【关键词】虐待罪　告诉能力　支持变更抚养权

【基本案情】

被告人于某，女，1986 年 5 月出生，无业。

2016 年 9 月以来，因父母离婚，父亲丁某常年在外地工作，被害人小田（女，11 岁）一直与继母于某共同生活。于某以小田学习及生活习惯有问题为由，长期、多次对其实施殴打。2017 年 11 月 21 日，于某又因小田咬手指甲等问题，用衣服撑、挠痒工具等对其实施殴打，致小田离家出走。小田被爷爷找回后，经鉴定，其头部、四肢等多处软组织挫伤，身体损伤程度达到轻微伤等级。

【要旨】

1. 被虐待的未成年人，因年幼无法行使告诉权利的，属于刑法第二百六十条第三款规定的"被害人没有能力告诉"的情形，应当按照公诉案件处理，由检察机关提起公诉，并可以依法提出适用禁止令的建议。

2. 抚养人对未成年人未尽抚养义务，实施虐待或者其他严重侵害未成年人合法权益的行为，不适宜继续担任抚养人的，检察机关可以支持未成年人或者其他监护人向人民法院提起变更抚养权诉讼。

【指控与证明犯罪】

2017 年 11 月 22 日，网络披露 11 岁女童小田被继母虐待的信息，引起舆论关注。某市某区人民检察院未成年人检察部门的检察人员得知信息后，会同公安机关和心理咨询机构的人员对被害人小田进行询问和心理疏导。通过调查发现，其继母于某存在长期、多次殴打小田的行为，涉嫌虐待罪。本案被害人系未成年人，没有向人民法院告诉的能力，也没有近亲属代为告诉。检察机关

建议公安机关对于某以涉嫌虐待罪立案侦查。11 月 24 日，公安机关作出立案决定。次日，犯罪嫌疑人于某投案自首。2018 年 4 月 26 日，公安机关以于某涉嫌虐待罪向检察机关移送审查起诉。

审查起诉阶段，某区人民检察院依法讯问了犯罪嫌疑人，听取了被害人及其法定代理人的意见，核实了案件事实与证据。检察机关经审查认为，犯罪嫌疑人供述与被害人陈述能够相互印证，并得到其他家庭成员的证言证实，能够证明于某长期、多次对被害人进行殴打，致被害人轻微伤，属于情节恶劣，其行为涉嫌构成虐待罪。

2018 年 5 月 16 日，某区人民检察院以于某犯虐待罪对其提起公诉。5 月 31 日，该区人民法院适用简易程序开庭审理本案。

法庭调查阶段，公诉人宣读起诉书，指控被告人于某虐待家庭成员，情节恶劣，应当以虐待罪追究其刑事责任。被告人对起诉书指控的犯罪事实及罪名无异议。

法庭辩论阶段，公诉人发表公诉意见：被告人于某虐待未成年家庭成员，情节恶劣，其行为触犯了《中华人民共和国刑法》第二百六十条第一款，犯罪事实清楚，证据确实充分，应当以虐待罪追究其刑事责任。被告人于某案发后主动投案，如实供述自己的犯罪行为，系自首，可以从轻或者减轻处罚。综合法定、酌定情节，建议在有期徒刑六个月至八个月之间量刑。考虑到被告人可能被宣告缓刑，公诉人向法庭提出应适用禁止令，禁止被告人于某再次对被害人实施家庭暴力。

最后陈述阶段，于某表示对检察机关指控的事实和证据无异议，并当庭认罪。

法庭经审理，认为公诉人指控的罪名成立，出示的证据能够相互印证，提出的量刑建议适当，予以采纳。当庭作出一审判决，认定被告人于某犯虐待罪，判处有期徒刑六个月，缓刑一年。禁止被告人于某再次对被害人实施家庭暴力。一审宣判后，被告人未上诉，判决已生效。

【支持提起变更抚养权诉讼】

某市某区人民检察院在办理本案中发现，2015 年 9 月，小田的亲生父母因感情不和协议离婚，约定其随父亲生活。小田的父亲丁某于 2015 年 12 月再婚。丁某长期在外地工作，没有能力亲自抚养被害人。检察人员征求小田生母武某的意见，武某愿意抚养小田。检察人员支持武某到人民法院起诉变更抚养权。2018 年 1 月 15 日，小田生母武某向某市某区人民法院提出变更抚养权诉讼。法庭经过调解，裁定变更小田的抚养权，改由生母武某抚养，生父丁某给付抚养费至其独立生活为止。

【指导意义】

《中华人民共和国刑法》第二百六十条规定，虐待家庭成员，情节恶劣的，告诉的才处理，但被害人没有能力告诉，或者因受到强制、威吓无法告诉的除外。虐待未成年人犯罪案件中，未成年人往往没有能力告诉，应按照公诉案件处理，由检察机关提起公诉，维护未成年被害人的合法权利。

《最高人民法院、最高人民检察院、公安部、司法部关于对判处管制、宣告缓刑的犯罪分子适用禁止令有关问题的规定（试行）》第七条规定，人民检察院在提起公诉时，对可能宣告缓刑的被告人，可以建议禁止其从事特定活动，进入特定区域、场所，接触特定的人。对未成年人遭受家庭成员虐待的案件，结合犯罪情节，检察机关可以在提出量刑建议的同时，有针对性地向人民法院提出适用禁止令的建议，禁止被告人再次对被害人实施家庭暴力，依法保障未成年人合法权益，督促被告人在缓刑考验期内认真改造。

夫妻离婚后，与未成年子女共同生活的一方不尽抚养义务，对未成年人实施虐待或者其他严重侵害合法权益的行为，不适宜继续担任抚养人的，根据《中华人民共和国民事诉讼法》第十五条的规定，检察机关可以支持未成年人或者其他监护人向人民法院提起变更抚养权诉讼，切实维护未成年人合法权益。

【相关规定】

《中华人民共和国刑法》第七十二条、第二百六十条

《中华人民共和国未成年人保护法》第五十条

《中华人民共和国民事诉讼法》第十五条

《最高人民法院、最高人民检察院、公安部、民政部关于依法处理监护人侵害未成年人权益行为若干问题的意见》第二条、第十四条

《最高人民法院、最高人民检察院、公安部、司法部关于依法办理家庭暴力犯罪案件的意见》第九条、第十七条

《最高人民法院、最高人民检察院、公安部、司法部关于对判处管制、宣告缓刑的犯罪分子适用禁止令有关问题的规定（试行）》第七条

《最高人民检察院第十一批指导性案例》解读*

万　春　缐　杰　张　杰**

2018 年 11 月，最高人民检察院围绕未成年人权利保护主题发布了齐某强奸、猥亵儿童案等三件指导性案例。该批指导性案例针对未成年人权利保护中常见的法律适用问题作出指导。为阐明该批指导性案例涉及的主要问题和指导要点，现结合案例作出解读。

一、第十一批指导性案例发布的背景

最高人民检察院高度关注未成年人权利保护问题，为进一步推进未成年人权利保护，经最高人民检察院法律政策研究室、未成年人检察工作办公室共同调研，听取各级人民检察院和社会各界意见建议，决定围绕未成年人权利保护主题制发一批指导性案例。其目的在于：

一是彰显加强未成年人权利保护的坚决态度。未成年人权利保护是当前社会各界关注的重要问题，检察机关在未成年人权利保护中责无旁贷。近年来，侵害儿童权利犯罪呈高发多发。性侵、猥亵儿童恶性案件屡屡发生，严重侵害未成年人权利，损害未成年人身心健康，影响社会和谐稳定，有必要以指导性案例的形式，明确加大打击力度，坚决以法治利剑斩断伸向祖国花朵的魔爪。

二是明确惩治涉及未成年人权利保护犯罪中的法律适用疑难问题。未成年人权利保护方面，性侵、猥亵、虐待儿童犯罪等各类犯罪中涉及到的一些法律适用问题，各界认识还不尽一致。实践中，基层检察院多有呼吁，希望最高人民检察院加强对办理未成年人犯罪案件的指导。最高人民检察院经充分调研听取基层意见后，对未成年人权利保护中具有典型性的问题，以指导性案例的形式予以明确，以利于统一认识，准确适用法律。

三是凸显检察机关在保护未成年人权利中的特殊作用。性侵、猥亵、虐待儿童等各类犯罪，社会关注度高，严格依法及时有效打击惩治此类犯罪，是检察机关积极参与社会治理，发挥检察职能作用的重要体现。这次发布的三件案例，检察机关作用发挥比较充分，检察特色比较明显，有利于倡导各级检察机关积极发挥作用加强未成年人司法保护。

---

* 原文刊载于《人民检察》2019 年第 1 期。
** 作者单位：最高人民检察院法律政策研究室。

二、第十一批指导性案例的基本案情及涉及到的主要法律问题

（一）齐某强奸、猥亵儿童案

基本案情：2011 年夏天至 2012 年 10 月，被告人齐某在担任班主任期间，利用午休、晚自习及宿舍查寝等机会，在学校办公室、教室、洗澡堂、男生宿舍等处多次对被害女童 A（10 岁）、B（10 岁）实施奸淫、猥亵，并以带 A 女童外出看病为由，将其带回家中强奸。齐某还在女生集体宿舍等地多次猥亵被害女童 C（11 岁）、D（11 岁）、E（10 岁），猥亵被害女童 F（11 岁）、G（11 岁）各一次。

该案例主要阐明：（1）性侵未成年人犯罪案件中，被害人陈述稳定自然，对于细节的描述符合正常记忆认知、表达能力，被告人辩解没有证据支持，结合生活经验对全案证据进行审查，能够形成完整证明体系的，可以认定案件事实。（2）奸淫幼女具有最高人民法院、最高人民检察院、公安部、司法部《关于依法惩治性侵害未成年人犯罪的意见》规定的从严处罚情节，社会危害性与刑法第二百三十六条第三款第二至四项规定的情形相当的，可以认定为该款第 1 项规定的"情节恶劣"。（3）行为人在教室、集体宿舍等场所实施猥亵行为，只要当时有多人在场，即使在场人员未实际看到，也应当认定犯罪行为是在"公共场所当众"实施。

指控与证明犯罪过程及重点问题：该案经历了一审、二审和再审程序。2013 年 4 月 14 日，某市人民检察院以齐某犯强奸罪、猥亵儿童罪对其提起公诉。5 月 9 日，某市中级人民法院依法不公开开庭审理本案。9 月 23 日，该市中级人民法院作出判决，认定齐某犯强奸罪，判处死刑缓期 2 年执行，剥夺政治权利终身；犯猥亵儿童罪，判处有期徒刑 4 年 6 个月；决定执行死刑，缓期 2 年执行，剥夺政治权利终身。被告人未上诉，判决生效后，报某省高级人民法院复核。

2013 年 12 月 24 日，某省高级人民法院以原判认定部分事实不清为由，裁定撤销原判，发回重审。

2014 年 11 月 13 日，某市中级人民法院经重新审理，作出判决，认定齐某犯强奸罪，判处无期徒刑，剥夺政治权利终身；犯猥亵儿童罪，判处有期徒刑 4 年 6 个月；决定执行无期徒刑，剥夺政治权利终身。齐某不服提出上诉。

2016 年 1 月 20 日，某省高级人民法院经审理，作出终审判决，认定齐某犯强奸罪，判处有期徒刑 6 年，剥夺政治权利 1 年；犯猥亵儿童罪，判处有期徒刑 4 年 6 个月；决定执行有期徒刑 10 年，剥夺政治权利 1 年。

某省人民检察院认为该案终审判决确有错误，提请最高人民检察院抗诉。

最高人民检察院经审查，认为该案适用法律错误，量刑不当，应予纠正。2017年3月3日，最高人民检察院依照审判监督程序向最高人民法院提出抗诉。2017年12月4日，最高人民法院依法不公开开庭审理本案。2018年7月27日，最高人民法院作出终审判决，认定原审被告人齐某犯强奸罪，判处无期徒刑，剥夺政治权利终身；犯猥亵儿童罪，判处有期徒刑10年；决定执行无期徒刑，剥夺政治权利终身。

诉讼过程中，关于证明齐某犯罪的证据问题及齐某强奸罪是否属于情节恶劣，猥亵犯罪是否属于在公共场所当众实施，是指控犯罪中的重点问题。

最高人民检察院检察员在再审审理中，针对三个问题分别发表意见：

（一）针对本案证据问题，出庭检察员指出：原审被告人齐某犯强奸罪、猥亵儿童罪的犯罪事实清楚，证据确实充分。主要理由在于：一是各被害人及其家长和齐某在案发前没有矛盾。报案及时，无其他介入因素，可以排除诬告的可能。二是各被害人陈述内容自然合理，可信度高，且有同学的证言予以印证。被害人对于细节的描述符合正常记忆认知、表达能力，如齐某实施性侵害的大致时间、地点、方式、次数等内容基本一致。因被害人年幼、报案及作证距案发时间较长等客观情况，具体表达存在不尽一致之处，完全正常。三是各被害人陈述的基本事实得到本案其他证据印证，如齐某卧室勘验笔录、被害人辨认现场的笔录、现场照片、被害人生理状况诊断证明等。

（二）针对强奸犯罪情节恶劣的问题，出庭检察员指出：原审被告人齐某犯强奸罪情节恶劣，且在公共场所当众猥亵儿童，某省高级人民法院判决对此不予认定，属于适用法律错误，导致量刑畸轻。其原因在于，齐某奸淫幼女"情节恶劣"。齐某利用教师身份，多次强奸二名幼女，犯罪时间跨度长。本案发生在校园内，对被害人及其家人伤害非常大，对其他学生造成了恐惧。齐某的行为具备最高人民法院、最高人民检察院、公安部、司法部《关于依法惩治性侵害未成年人犯罪的意见》第二十五条规定的多项"更要依法从严惩处"的情节，综合评判应认定为"情节恶劣"，判处10年有期徒刑以上刑罚。

（三）针对齐某的行为是否属于在"公共场所当众"猥亵儿童的问题。出庭检察员指出：公共场所系供社会上多数人从事工作、学习、文化、娱乐、体育、社交、参观、旅游和满足部分生活需求的一切公用建筑物、场所及其设施的总称，具备由多数人进出、使用的特征。基于对未成年人保护的需要，最高人民法院、最高人民检察院、公安部、司法部《关于依法惩治性侵害未成年人犯罪的意见》第二十三条明确将"校园"这种除师生外，其他人不能随便进出的场所认定为公共场所。司法实践中也已将教室这种相对封闭的场所认定为公共场所。本案中女生宿舍是20多人的集体宿舍，和教室一样属于校园的重要组成部分，具有相对涉众性、公开性，应当是公共场所。最高人民法院、最高人民检察院、公安部、司法部《关于依法惩治性侵害未成年人犯罪的意见》第二十三条规定，在公共场所对未成年人实施猥亵犯罪，"只要有其他多人在场，不论在场人员是否实际看到"，均可认定为当众猥亵。本案中齐某在熄灯后进入女生集体宿舍，当时就寝人数较多，床铺之间没有遮挡，其猥亵行为易被同寝他人所感知，符合上述规定"当众"的要求。

针对该案中的法律适用问题，最高人民法院召开审判委员会，最高人民检察院检察长依法列席了最高人民法院审判委员会，发表了意见，主要包括：一是最高人民检察院抗诉书认定的齐某犯罪事实、情节符合客观实际。性侵害未成年人案件具有客观证据、直接证据少，被告人往往不认罪等特点。本案中，被害人家长与原审被告人之前不存在矛盾，案发过程自然。被害人陈述及同学证言符合案发实际和儿童心理，证明力强。综合全案证据看，足以排除合理怀疑，能够认定原审被告人强奸、猥亵儿童的犯罪事实。二是原审被告人在女生宿舍猥亵儿童的犯罪行为属于在"公共场所当众"猥亵。考虑本案具体情节，原审被告人猥亵儿童的犯罪行为应当判处 10 年有期徒刑以上刑罚。三是某省高级人民法院二审判决确有错误，依法应当改判。

该案例的指导意义：一是性侵未成年人犯罪案件中证据审查认定的问题。指导性案例指出：对性侵未成年人犯罪案件证据的审查，要根据未成年人的身心特点，按照有别于成年人的标准予以判断。审查言词证据，要结合全案情况予以分析。根据经验和常识，未成年人的陈述合乎情理、逻辑，对细节的描述符合其认知和表达能力，且有其他证据予以印证，被告人的辩解没有证据支持，结合双方关系不存在诬告可能的，应当采纳未成年人的陈述。

二是奸淫幼女犯罪中，"情节恶劣"如何理解适用的问题。刑法第二百三十六条第三款第一项规定，奸淫幼女"情节恶劣"的，处十年以上有期徒刑、无期徒刑或者死刑。最高人民法院、最高人民检察院、公安部、司法部《关于依法惩治性侵害未成年人犯罪的意见》第二十五条规定了针对未成年人实施强奸、猥亵犯罪"更要依法从严惩处"的七种情形。指导性案例结合齐某强奸一案指出：实践中，奸淫幼女具有从严惩处情形，社会危害性与刑法第二百三十六条第三款第二至四项相当的，可以认为属于该款第一项规定的"情节恶劣"。例如，该款第 2 项规定的"奸淫幼女多人"，一般是指奸淫幼女三人以上。本案中，被告人具备教师的特殊身份，奸淫二名幼女，且分别奸淫多次，其危害性并不低于奸淫幼女三人的行为，据此可以认定符合"情节恶劣"的规定。

三是强奸、猥亵未成年人犯罪中，"公共场所当众"这一情节如何理解适用的问题。刑法对"公共场所当众"实施强奸、猥亵未成年人犯罪，作出了从重处罚的规定。最高人民法院、最高人民检察院、公安部、司法部《关于依法惩治性侵害未成年人犯罪的意见》第二十三条规定了在"校园、游泳馆、儿童游乐场等公共场所"对未成年人实施强奸、猥亵犯罪，可以认定为在"公共场所当众"实施犯罪。适用这一规定，是否属于"当众"实施犯罪至为关键。对在规定列举之外的场所实施强奸、猥亵未成年人犯罪的，只要场所具有相对公开性，且有其他多人在场，有被他人感知可能的，就可以认定为在"公共场所当众"犯罪。结合齐某猥亵罪，可以看出最高人民法院对本案的判决表明：学校中的教室、集体宿舍、公共厕所、集体洗澡间等，是不特定未成年人活动的场所，在这些场所实施强奸、猥亵未成年人犯罪的，应当认定为在"公共场所当众"实施犯罪。指导性案例重申了这一观点。

（二）骆某猥亵儿童案

基本案情： 2017 年 1 月，被告人骆某使用化名，通过 QQ 软件将 13 岁女童小羽加为好友。聊天中得知小羽系初二学生后，骆某仍通过言语恐吓，向其索要裸照。在被害人拒绝并在 QQ 好友中将其删除后，骆某又通过小羽的校友周某对其施加压力，再次将小羽加为好友。同时骆某还虚构"李某"的身份，注册另一 QQ 号并添加小羽为好友。之后，骆某利用"李某"的身份在 QQ 聊天中对小羽进行威胁恐吓，同时利用周某继续施压。小羽被迫按照要求自拍裸照十张，通过 QQ 软件传送给骆某观看。后骆某又以在网络上公布小羽裸照相威胁，要求与其见面并在宾馆开房，企图实施猥亵行为。因小羽向公安机关报案，骆某在依约前往宾馆途中被抓获。

该案例主要阐明： 行为人以满足性刺激为目的，以诱骗、强迫或者其他方法要求儿童拍摄裸体、敏感部位照片、视频等供其观看，严重侵害儿童人格尊严和心理健康的，构成猥亵儿童罪。

指控与证明犯罪过程及重点问题： 该案一审作出判决后，检察机关提起抗诉。二审采纳检察机关的抗诉意见，认定被告人骆某犯猥亵儿童罪，判处有期徒刑 2 年。在该案办理过程中，有关被告人骆某被告人骆某为满足性刺激，通过网络对不满 14 周岁的女童进行威胁恐吓，强迫被害人按照要求的动作、姿势拍摄裸照供其观看的行为是否构成猥亵儿童罪是争辩焦点。公诉人认为该种行为应认定为猥亵儿童罪，且应从重处罚；辩护人认为，认定该种行为构成猥亵儿童罪的证据不足。二审审理中，针对争辩焦点，出庭检察员指出：从猥亵儿童罪侵害儿童人格尊严和心理健康的实质要件进行判断，被告人骆某强迫被害人拍摄裸照并传输观看的行为构成猥亵儿童罪，且应为犯罪既遂。这一观点为法庭所认可。

　　该案指导意义：一是说明猥亵儿童罪的本质。猥亵儿童罪是指以淫秽下流的手段猥亵不满14周岁儿童的行为。刑法没有对猥亵儿童的具体方式作出列举，需要根据实际情况进行判断和认定。实践中，只要行为人主观上以满足性刺激为目的，客观上实施了猥亵儿童的行为，侵害了特定儿童人格尊严和身心健康的，应当认定构成猥亵儿童罪。

　　二是说明网络环境下，被告人虽未直接与被害儿童进行身体接触，但是通过网络软件实施的某些行为可以认定构成猥亵儿童犯罪。网络环境下，以满足性刺激为目的，虽未直接与被害儿童进行身体接触，但是通过QQ、微信等网络软件，以诱骗、强迫或者其他方法要求儿童拍摄、传送暴露身体的不雅照片、视频，行为人通过画面看到被害儿童裸体、敏感部位的，是对儿童人格尊严和心理健康的严重侵害，与实际接触儿童身体的猥亵行为具有相同的社会危害性，应当认定构成猥亵儿童罪。

　　三是说明检察机关如何办理网络环境下的猥亵儿童犯罪案件。检察机关办理利用网络对儿童实施猥亵行为的案件，要及时固定电子数据，证明行为人出于满足性刺激的目的，利用网络，采取诱骗、强迫或者其他方法要求被害人拍摄、传送暴露身体的不雅照片、视频供其观看的事实。要准确把握猥亵儿童罪的本质特征，全面收集客观证据，证明行为人通过网络不接触被害儿童身体的猥亵行为，具有与直接接触被害儿童身体的猥亵行为相同的性质和社会危害性。

　　（三）于某虐待案

　　基本案情：2016年9月以来，因父母离婚，父亲丁某长年在外地工作，被害人小田（女，11岁）一直与继母于某共同生活。于某以小田学习及生活习惯有问题为由，长期、多次对其实施殴打。2017年11月21日，于某又因小田咬手指甲等问题，用衣服撑、挠痒工具等对其实施殴打，致小田离家出走。小田被爷爷找回后，经鉴定，其头部、四肢等多处软组织挫伤，身体损伤程度达到轻微伤等级。

　　该案例主要阐明：（1）被虐待的未成年人，因年幼无法行使告诉权利的，属于刑法第二百六十条第三款规定的"被害人没有能力告诉"的情形，应当按照公诉案件处理，由检察机关提起公诉，并可以依法提出适用禁止令的建议。（2）抚养人对未成年人未尽抚养义务，实施虐待或者其他严重侵害未成年人合法权益的行为，不适宜继续担任抚养人的，检察机关可以支持未成年人或者其他监护人向人民法院提起变更抚养权诉讼。

　　指控与证明犯罪过程及重点问题：该案办理中，检察机关综合运用刑事、民事等多种手段，最大限度地维护了涉案未成年人的权利。2017年11月22

日，网络披露 11 岁女童小田被继母虐待的信息，引起舆论关注。某市某区人民检察院未成年人检察部门的检察人员得知信息后，会同公安机关和心理咨询机构的人员对被害人小田进行询问和心理疏导。检察机关通过调查发现，其继母于某存在长期、多次殴打小田的行为，涉嫌虐待罪。本案被害人系未成年人，没有向人民法院告诉的能力，也没有近亲属代为告诉。检察机关决定提起公诉。法庭审理中，针对于某存在可能再次实施对被害人暴力殴打的情况，检察机关及时提出适用禁止令，禁止被告人于某再次对被害人实施家庭暴力的建议。最终法庭经审理，认定检察机关指控成立，认定被告人于某犯虐待罪，判处有期徒刑 6 个月，缓刑 1 年；并采纳检察机关适用禁止令的建议，禁止被告人于某再次对被害人实施家庭暴力。

案件办结后，检察机关继续关注小田的状况。经进一步了解发现，小田父母离婚后，其被判归父亲抚养，但父亲长期在外地工作，没有能力亲自抚养小田。小田生母也在本市生活，检察人员征求了小田生母武某的意见。武某表示愿意抚养小田。检察机关支持武某到人民法院起诉变更抚养权。2018 年 1 月 15 日，小田生母武某向某市某区人民法院提出变更抚养权诉讼。法庭经过调解，裁定变更小田的抚养权，改由生母武某抚养，生父丁某给付抚养费至其独立生活为止。

该案例的指导意义：一是明确了虐待罪中"自诉转公诉"的问题。刑法第二百六十条规定，虐待家庭成员，情节恶劣的，告诉的才处理，但被害人没有能力告诉，或者因受到强制、威吓无法告诉的除外。虐待未成年人犯罪案件中，未成年人往往没有能力告诉，应按照公诉案件处理，由检察机关提起公诉，维护未成年被害人的合法权利。

二是侵犯未成年人权利犯罪中禁止令适用的问题。最高人民法院、最高人民检察院、公安部、司法部《关于对判处管制、宣告缓刑的犯罪分子适用禁止令有关问题的规定（试行）》第七条规定，人民检察院在提起公诉时，对可能宣告缓刑的被告人，可以建议禁止其从事特定活动，进入特定区域、场所，接触特定的人。对未成年人遭受家庭成员虐待的案件，结合犯罪情节，检察机关可以在提出量刑建议的同时，有针对性地向人民法院提出适用禁止令的建议，禁止被告人再次对被害人实施家庭暴力，依法保障未成年人合法权益，督促被告人在缓刑考验期内认真改造。

三是检察机关支持变更抚养权的问题。未成年人抚养权变更是常见的问题。在父母离婚或者其他特殊情况下，法院会判决未成年人抚养权由一方享有。实践中经常出现夫妻离婚后，与未成年子女共同生活的一方不尽抚养义务，对未成年人实施虐待或者其他严重侵害合法权益的行为，不适宜继续担任抚养人的情形。对这种情况，按照 2017 年修正后的民事诉讼法第十五条的规定，检察机关可以支持未成年人或者其他监护人向人民法院提起变更抚养权诉讼，切实维护未成年人合法权益。

最高人民检察院
关于印发最高人民检察院
第十二批指导性案例的通知

(2018 年 12 月 18 日公布　高检发办字〔2018〕42 号)

各省、自治区、直辖市人民检察院，解放军军事检察院，新疆生产建设兵团人民检察院：

经 2018 年 12 月 12 日最高人民检察院第十三届检察委员会第十一次会议决定，现将陈某正当防卫案等四件指导性案例（检例第 45—48 号）作为第十二批指导性案例发布，供参照适用。

最高人民检察院
2018 年 12 月 18 日

检例第 45 号

陈某正当防卫案

【关键词】　未成年人　　故意伤害　　正当防卫　　不批准逮捕

【要旨】

在被人殴打、人身权利受到不法侵害的情况下，防卫行为虽然造成了重大损害的客观后果，但是防卫措施并未明显超过必要限度的，不属于防卫过当，依法不负刑事责任。

【基本案情】

陈某，未成年人，某中学学生。

2016 年 1 月初，因陈某在甲的女朋友的网络空间留言示好，甲纠集乙等人，对陈某实施了殴打。

1 月 10 日中午，甲、乙、丙等 6 人（均为未成年人），在陈某就读的中学门口，见陈某从大门走出，有人提议陈某向老师告发他们打架，要去问个说法。甲等人尾随一段路后拦住陈某质问，陈某解释没有告状，甲等人不肯罢休，抓住并围殴陈某。乙的 3 位朋友（均为未成年人）正在附近，见状加入围殴陈某。其中，有人用膝盖顶击陈某的胸口、有人持石块击打陈某的手臂、有人持钢管击打陈某的背部，其他人对陈某或勒脖子或拳打脚踢。陈某掏出随身携带的折叠式水果刀（刀身长 8.5 厘米，不属于管制刀具），乱挥乱刺后逃脱。部分围殴人员继续追打并从后投掷石块，击中陈某的背部和腿部。陈某逃进学校，追打人员被学校保安拦住。陈某在反击过程中刺中了甲、乙和丙，经鉴定，该 3 人的损伤程度均构成重伤二级。陈某经人身检查，见身体多处软组织损伤。

案发后，陈某所在学校向司法机关提交材料，证实陈某遵守纪律、学习认真、成绩优秀，是一名品学兼优的学生。

公安机关以陈某涉嫌故意伤害罪立案侦查，并对其采取刑事拘留强制措施，后提请检察机关批准逮捕。检察机关根据审查认定的事实，依据刑法第二十条第一款的规定，认为陈某的行为属于正当防卫，不负刑事责任，决定不批准逮捕。公安机关将陈某释放同时要求复议。检察机关经复议，维持原决定。

检察机关在办案过程中积极开展释法说理工作，甲等人的亲属在充分了解事实经过和法律规定后，对检察机关的处理决定表示认可。

【不批准逮捕的理由】

公安机关认为，陈某的行为虽有防卫性质，但已明显超过必要限度，属于防卫过当，涉嫌故意伤害罪。检察机关则认为，陈某的防卫行为没有明显超过必要限度，不属于防卫过当，不构成犯罪。主要理由如下：

第一，陈某面临正在进行的不法侵害，反击行为具有防卫性质。任何人面对正在进行的不法侵害，都有予以制止、依法实施防卫的权利。本案中，甲等人借故拦截陈某并实施围殴，属于正在进行的不法侵害，陈某的反击行为显然具有防卫性质。

第二，陈某随身携带刀具，不影响正当防卫的认定。对认定正当防卫有影响的，并不是防卫人携带了可用于自卫的工具，而是防卫人是否有相互斗殴的故意。陈某在事前没有与对方约架斗殴的意图，被拦住后也是先解释退让，最后在遭到对方围打时才被迫还手，其随身携带水果刀，无论是日常携带还是事先有所防备，都不影响对正当防卫作出认定。

第三，陈某的防卫措施没有明显超过必要限度，不属于防卫过当。陈某的防卫行为致实施不法侵害的 3 人重伤，客观上造成了重大损害，但防卫措施并没有明显超过必要限度。陈某被 9 人围住殴打，其中有人使用了钢管、石块等工具，双方实力相差悬殊，陈某借助水果刀增强防卫能力，在手段强度上合情合理。并且，对方在陈某逃脱时仍持续追打，共同侵害行为没有停止，所以就制止整体不法侵害的实际需要来看，陈某持刀挥刺也没有不相适应之处。综合来看，陈某的防卫行为虽有致多人重伤的客观后果，但防卫措施没有明显超过必要限度，依法不属于防卫过当。

【指导意义】

刑法第二十条第一款规定，"为了使国家、公共利益、本人或者他人的人身、财产和其他权利免受正在进行的不法侵害，而采取的制止不法侵害的行为，对不法侵害人造成损害的，属于正当防卫，不负刑事责任"。司法实践通常称这种正当防卫为"一般防卫"。

一般防卫有限度要求，超过限度的属于防卫过当，需要负刑事责任。刑法规定的限度条件是"明显超过必要限度造成重大损害"，具体而言，行为人的防卫措施虽明显超过必要限度但防卫结果客观上并未造成重大损害，或者防卫结果虽客观上造成重大损害但防卫措施并未明显超过必要限度，均不能认定为防卫过当。本案中，陈某为了保护自己的人身安全而持刀反击，就所要保护的权利性质以及与侵害方的手段强度比较来看，不能认为防卫措施明显超过了必要限度，所以即使防卫结果在客观上造成了重大损害，也不属于防卫过当。

正当防卫既可以是为了保护自己的合法权益，也可以是为了保护他人的合法权益。《中华人民共和国未成年人保护法》第六条第二款也规定，"对侵犯未成年人合法权益的行为，任何组织和个人都有权予以劝阻、制止或者向有关部门提出检举或者控告"。对于未成年人正在遭受侵害的，任何人都有权介入保护，成年人更有责任予以救助。但是，冲突双方均为未成年人的，成年人介入时，应当优先选择劝阻、制止的方式；劝阻、制止无效的，在隔离、控制或制服侵害人时，应当注意手段和行为强度的适度。

　　检察机关办理正当防卫案件遇到争议时，应当根据《最高人民检察院关于实行检察官以案释法制度的规定》，适时、主动进行释法说理工作。对事实认定、法律适用和办案程序等问题进行答疑解惑，开展法治宣传教育，保障当事人和其他诉讼参与人的合法权利，努力做到案结事了。

　　人民检察院审查逮捕时，应当严把事实关、证据关和法律适用关。根据查明的事实，犯罪嫌疑人的行为属于正当防卫，不负刑事责任的，应当依法作出不批准逮捕的决定，保障无罪的人不受刑事追究。

　　【相关规定】

　　《中华人民共和国刑法》第二十条

　　《中华人民共和国刑事诉讼法》第九十条、第九十二条

检例第 46 号

朱凤山故意伤害（防卫过当）案

　　【关键词】民间矛盾　故意伤害　防卫过当　二审检察

　　【要旨】

　　在民间矛盾激化过程中，对正在进行的非法侵入住宅、轻微人身侵害行为，可以进行正当防卫，但防卫行为的强度不具有必要性并致不法侵害人重伤、死亡的，属于明显超过必要限度造成重大损害，应当负刑事责任，但是应当减轻或者免除处罚。

　　【基本案情】

　　朱凤山，男，1961 年 5 月 6 日出生，农民。

　　朱凤山之女朱某与齐某系夫妻，朱某于 2016 年 1 月提起离婚诉讼并与齐某分居，朱某带女儿与朱凤山夫妇同住。齐某不同意离婚，为此经常到朱凤山家吵闹。4 月 4 日，齐某在吵闹过程中，将朱凤山家门窗玻璃和朱某的汽车玻璃砸坏。朱凤山为防止齐某再进入院子，将院子一侧的小门锁上并焊上铁窗。5 月 8 日 22 时许，齐某酒后驾车到朱凤山家，欲从小门进入院子，未得逞后

在大门外叫骂。朱某不在家中，仅朱凤山夫妇带外孙女在家。朱凤山将情况告知齐某，齐某不肯作罢。朱凤山又分别给邻居和齐某的哥哥打电话，请他们将齐某劝离。在邻居的劝说下，齐某驾车离开。23 时许，齐某驾车返回，站在汽车引擎盖上摇晃、攀爬院子大门，欲强行进入，朱凤山持铁叉阻拦后报警。齐某爬上院墙，在墙上用瓦片掷砸朱凤山。朱凤山躲到一边，并从屋内拿出宰羊刀防备。随后齐某跳入院内徒手与朱凤山撕扯，朱凤山刺中齐某胸部一刀。朱凤山见齐某受伤把大门打开，民警随后到达。齐某因主动脉、右心房及肺脏被刺破致急性大失血死亡。朱凤山在案发过程中报警，案发后在现场等待民警抓捕，属于自动投案。

一审阶段，辩护人提出朱凤山的行为属于防卫过当，公诉人认为朱凤山的行为不具有防卫性质。一审判决认定，根据朱凤山与齐某的关系及具体案情，齐某的违法行为尚未达到朱凤山必须通过持刀刺扎进行防卫制止的程度，朱凤山的行为不具有防卫性质，不属于防卫过当；朱凤山自动投案后如实供述主要犯罪事实，系自首，依法从轻处罚，朱凤山犯故意伤害罪，判处有期徒刑十五年，剥夺政治权利五年。

朱凤山以防卫过当为由提出上诉。河北省人民检察院二审出庭认为，根据查明的事实，依据《中华人民共和国刑法》第二十条第二款的规定，朱凤山的行为属于防卫过当，应当负刑事责任，但是应当减轻或者免除处罚，朱凤山的上诉理由成立。河北省高级人民法院二审判决认定，朱凤山持刀致死被害人，属防卫过当，应当依法减轻处罚，对河北省人民检察院的出庭意见予以支持，判决撤销一审判决的量刑部分，改判朱凤山有期徒刑七年。

【检察机关二审审查和出庭意见】

检察机关二审审查认为，朱凤山及其辩护人所提防卫过当的意见成立，一审公诉和判决对此未作认定不当，属于适用法律错误，二审应当作出纠正，并据此发表了出庭意见。主要意见和理由如下：

第一，齐某的行为属于正在进行的不法侵害。齐某与朱某已经分居，齐某当晚的行为在时间、方式上也显然不属于探视子女，故在朱凤山拒绝其进院后，其摇晃、攀爬大门并跳入院内，属于非法侵入住宅。齐某先用瓦片掷砸随后进行撕扯，侵犯了朱凤山的人身权利。齐某的这些行为，均属于正在进行的不法侵害。

第二，朱凤山的行为具有防卫的正当性。齐某的行为从吵闹到侵入住宅、侵犯人身，呈现升级趋势，具有一定的危险性。齐某经人劝离后再次返回，执意在深夜时段实施侵害，不法行为具有一定的紧迫性。朱凤山先是找人规劝，继而报警求助，始终没有与齐某斗殴的故意，提前准备工具也是出于防卫的目的，因此其反击行为具有防卫的正当性。

第三，朱凤山的防卫行为明显超过必要限度造成重大损害，属于防卫过当。齐某上门闹事、滋扰的目的是不愿离婚，希望能与朱某和好继续共同生活，这与离婚后可能实施报复的行为有很大区别。齐某虽实施了投掷瓦片、撕扯的行为，但整体仍在闹事的范围内，对朱凤山人身权利的侵犯尚属轻微，没有危及朱凤山及其家人的健康或生命的明显危险。朱凤山已经报警，也有继续周旋、安抚、等待的余地，但却选择使用刀具，在撕扯过程中直接捅刺齐某的要害部位，最终造成了齐某伤重死亡的重大损害。综合来看，朱凤山的防卫行为，在防卫措施的强度上不具有必要性，在防卫结果与所保护的权利对比上也相差悬殊，应当认定为明显超过必要限度造成重大损害，属于防卫过当，依法应当负刑事责任，但是应当减轻或者免除处罚。

【指导意义】

刑法第二十条第二款规定，"正当防卫明显超过必要限度造成重大损害的，应当负刑事责任，但是应当减轻或者免除处罚"。司法实践通常称本款规定的情况为"防卫过当"。

防卫过当中，重大损害是指造成不法侵害人死亡、重伤的后果，造成轻伤及以下损伤的不属于重大损害；明显超过必要限度是指，根据所保护的权利性质、不法侵害的强度和紧迫程度等综合衡量，防卫措施缺乏必要性，防卫强度与侵害程度对比也相差悬殊。司法实践中，重大损害的认定比较好把握，但明显超过必要限度的认定相对复杂，对此应当根据不法侵害的性质、手段、强度和危害程度，以及防卫行为的性质、手段、强度、时机和所处环境等因素，进行综合判断。本案中，朱凤山为保护住宅安宁和免受可能的一定人身侵害，而致侵害人丧失生命，就防卫与侵害的性质、手段、强度和结果等因素的对比来看，既不必要也相差悬殊，属于明显超过必要限度造成重大损害。

民间矛盾引发的案件极其复杂，涉及防卫性质争议的，应当坚持依法、审慎的原则，准确作出判断和认定，从而引导公民理性平和解决争端，避免在争议纠纷中不必要地使用武力。针对实践当中的常见情形，可注意把握以下几点：一是应作整体判断，即分清前因后果和是非曲直，根据查明的事实，当事人的行为具有防卫性质的，应当依法作出认定，不能惟结果论，也不能因矛盾暂时没有化解等因素而不去认定或不敢认定；二是对于近亲属之间发生的不法侵害，对防卫强度必须结合具体案情作出更为严格的限制；三是对于被害人有无过错与是否正在进行的不法侵害，应当通过细节的审查、补查，作出准确的区分和认定。

人民检察院办理刑事案件，必须高度重视犯罪嫌疑人、被告人及其辩护人所提正当防卫或防卫过当的意见，对于所提意见成立的，应当及时予以采纳或支持，依法保障当事人的合法权利。

【相关规定】

《中华人民共和国刑法》第二十条、第二百三十四条

《中华人民共和国刑事诉讼法》第二百三十五条

检例第 47 号

于海明正当防卫案

【关键词】 行凶 正当防卫 撤销案件

【要旨】

对于犯罪故意的具体内容虽不确定，但足以严重危及人身安全的暴力侵害行为，应当认定为刑法第二十条第三款规定的"行凶"。行凶已经造成严重危及人身安全的紧迫危险，即使没有发生严重的实害后果，也不影响正当防卫的成立。

【基本案情】

于海明，男，1977 年 3 月 18 日出生，某酒店业务经理。

2018 年 8 月 27 日 21 时 30 分许，于海明骑自行车在江苏省昆山市震川路正常行驶，刘某醉酒驾驶小轿车（经检测，血液酒精含量 87mg/100ml），向右强行闯入非机动车道，与于海明险些碰擦。刘某的一名同车人员下车与于海明争执，经同行人员劝解返回时，刘某突然下车，上前推搡、踢打于海明。虽经劝解，刘某仍持续追打，并从轿车内取出一把砍刀（系管制刀具），连续用刀面击打于海明颈部、腰部、腿部。刘某在击打过程中将砍刀甩脱，于海明抢到砍刀，刘某上前争夺，在争夺中于海明捅刺刘某的腹部、臀部，砍击其右胸、左肩、左肘。刘某受伤后跑向轿车，于海明继续追砍 2 刀均未砍中，其中 1 刀砍中轿车。刘某跑离轿车，于海明返回轿车，将车内刘某的手机取出放入自己口袋。民警到达现场后，于海明将手机和砍刀交给处警民警（于海明称，拿走刘某的手机是为了防止对方打电话召集人员报复）。刘某逃离后，倒在附近绿化带内，后经送医抢救无效，因腹部大静脉等破裂致失血性休克于当日死亡。于海明经人身检查，见左颈部条形挫伤 1 处、左胸季肋部条形挫伤 1 处。

8 月 27 日当晚公安机关以"于海明故意伤害案"立案侦查，8 月 31 日公安机关查明了本案的全部事实。9 月 1 日，江苏省昆山市公安局根据侦查查明的事实，依据《中华人民共和国刑法》第二十条第三款的规定，认定于海明

的行为属于正当防卫，不负刑事责任，决定依法撤销于海明故意伤害案。其间，公安机关依据相关规定，听取了检察机关的意见，昆山市人民检察院同意公安机关的撤销案件决定。

【检察机关的意见和理由】

检察机关的意见与公安机关的处理意见一致，具体论证情况和理由如下：

第一，关于刘某的行为是否属于"行凶"的问题。在论证过程中有意见提出，刘某仅使用刀面击打于海明，犯罪故意的具体内容不确定，不宜认定为行凶。论证后认为，对行凶的认定，应当遵循刑法第二十条第三款的规定，以"严重危及人身安全的暴力犯罪"作为把握的标准。刘某开始阶段的推搡、踢打行为不属于"行凶"，但从持砍刀击打后，行为性质已经升级为暴力犯罪。刘某攻击行为凶狠，所持凶器可轻易致人死伤，随着事态发展，接下来会造成什么样的损害后果难以预料，于海明的人身安全处于现实的、急迫的和严重的危险之下。刘某具体抱持杀人的故意还是伤害的故意不确定，正是许多行凶行为的特征，而不是认定的障碍。因此，刘某的行为符合"行凶"的认定标准，应当认定为"行凶"。

第二，关于刘某的侵害行为是否属于"正在进行"的问题。在论证过程中有意见提出，于海明抢到砍刀后，刘某的侵害行为已经结束，不属于正在进行。论证后认为，判断侵害行为是否已经结束，应看侵害人是否已经实质性脱离现场以及是否还有继续攻击或再次发动攻击的可能。于海明抢到砍刀后，刘某立刻上前争夺，侵害行为没有停止，刘某受伤后又立刻跑向之前藏匿砍刀的汽车，于海明此时作不间断的追击也符合防卫的需要。于海明追砍两刀均未砍中，刘某从汽车旁边跑开后，于海明也未再追击。因此，在于海明抢得砍刀顺势反击时，刘某既未放弃攻击行为也未实质性脱离现场，不能认为侵害行为已经停止。

第三，关于于海明的行为是否属于正当防卫的问题。在论证过程中有意见提出，于海明本人所受损伤较小，但防卫行为却造成了刘某死亡的后果，二者对比不相适应，于海明的行为属于防卫过当。论证后认为，不法侵害行为既包括实害行为也包括危险行为，对于危险行为同样可以实施正当防卫。认为"于海明与刘某的伤情对比不相适应"的意见，只注意到了实害行为而忽视了危险行为，这种意见实际上是要求防卫人应等到暴力犯罪造成一定的伤害后果才能实施防卫，这不符合及时制止犯罪、让犯罪不能得逞的防卫需要，也不适当地缩小了正当防卫的依法成立范围，是不正确的。本案中，在刘某的行为因具有危险性而属于"行凶"的前提下，于海明采取防卫行为致其死亡，依法不属于防卫过当，不负刑事责任，于海明本人是否受伤或伤情轻重，对正当防卫的认定没有影响。公安机关认定于海明的行为系正当防卫，决定依法撤销案件的意见，完全正确。

【指导意义】

刑法第二十条第三款规定，"对正在进行行凶、杀人、抢劫、强奸、绑架以及其他严重危及人身安全的暴力犯罪，采取防卫行为，造成不法侵害人伤亡的，不属于防卫过当，不负刑事责任"。司法实践通常称这种正当防卫为"特殊防卫"。

刑法作出特殊防卫的规定，目的在于进一步体现"法不能向不法让步"的秩序理念，同时肯定防卫人以对等或超过的强度予以反击，即使造成不法侵害人伤亡，也不必顾虑可能成立防卫过当因而构成犯罪的问题。司法实践中，如果面对不法侵害人"行凶"性质的侵害行为，仍对防卫人限制过苛，不仅有违立法本意，也难以取得制止犯罪，保护公民人身权利不受侵害的效果。

适用本款规定，"行凶"是认定的难点，对此应当把握以下两点：一是必须是暴力犯罪，对于非暴力犯罪或一般暴力行为，不能认定为行凶；二是必须严重危及人身安全，即对人的生命、健康构成严重危险。在具体案件中，有些暴力行为的主观故意尚未通过客观行为明确表现出来，或者行为人本身就是持概括故意予以实施，这类行为的故意内容虽不确定，但已表现出多种故意的可能，其中只要有现实可能造成他人重伤或死亡的，均应当认定为"行凶"。

正当防卫以不法侵害正在进行为前提。所谓正在进行，是指不法侵害已经开始但尚未结束。不法侵害行为多种多样、性质各异，判断是否正在进行，应就具体行为和现场情境作具体分析。判断标准不能机械地对刑法上的着手与既遂作出理解、判断，因为着手与既遂侧重的是侵害人可罚性的行为阶段问题，而侵害行为正在进行，侧重的是防卫人的利益保护问题。所以，不能要求不法侵害行为已经加诸被害人身上，只要不法侵害的现实危险已经迫在眼前，或者已达既遂状态但侵害行为没有实施终了的，就应当认定为正在进行。

需要强调的是，特殊防卫不存在防卫过当的问题，因此不能作宽泛的认定。对于因民间矛盾引发、不法与合法对立不明显以及夹杂泄愤报复成分的案件，在认定特殊防卫时应当十分慎重。

【相关规定】

《中华人民共和国刑法》第二十条

检例第 48 号

侯雨秋正当防卫案

【关键词】 聚众斗殴　故意伤害　正当防卫　不起诉

【要旨】

单方聚众斗殴的，属于不法侵害，没有斗殴故意的一方可以进行正当防卫。单方持械聚众斗殴，对他人的人身安全造成严重危险的，应当认定为刑法第二十条第三款规定的"其他严重危及人身安全的暴力犯罪"。

【基本案情】

侯雨秋，男，1981 年 5 月 18 日出生，务工人员。

侯雨秋系葛某经营的养生会所员工。2015 年 6 月 4 日 22 时 40 分许，某足浴店股东沈某因怀疑葛某等人举报其店内有人卖淫嫖娼，遂纠集本店员工雷某、柴某等 4 人持棒球棍、匕首赶至葛某的养生会所。沈某先行进入会所，无故推翻大堂盆栽挑衅，与葛某等人扭打。雷某、柴某等人随后持棒球棍、匕首冲入会所，殴打店内人员，其中雷某持匕首两次刺中侯雨秋右大腿。其间，柴某所持棒球棍掉落，侯雨秋捡起棒球棍挥打，击中雷某头部致其当场倒地。该会所员工报警，公安人员赶至现场，将沈某等人抓获，并将侯雨秋、雷某送医救治。雷某经抢救无效，因严重颅脑损伤于 6 月 24 日死亡。侯雨秋的损伤程度构成轻微伤，该会所另有 2 人被打致轻微伤。

公安机关以侯雨秋涉嫌故意伤害罪，移送检察机关审查起诉。浙江省杭州市人民检察院根据审查认定的事实，依据《中华人民共和国刑法》第二十条第三款的规定，认为侯雨秋的行为属于正当防卫，不负刑事责任，决定对侯雨秋不起诉。

【不起诉的理由】

检察机关认为，本案沈某、雷某等人的行为属于刑法第二十条第三款规定的"其他严重危及人身安全的暴力犯罪"，侯雨秋对此采取防卫行为，造成不法侵害人之一雷某死亡，依法不属于防卫过当，不负刑事责任。主要理由如下：

第一，沈某、雷某等人的行为属于"其他严重危及人身安全的暴力犯罪"。判断不法侵害行为是否属于刑法第二十条第三款规定的"其他"犯罪，应当以本款列举的杀人、抢劫、强奸、绑架为参照，通过比较暴力程度、危险程度和刑法给予惩罚的力度等综合作出判断。本案沈某、雷某等人的行为，属于单方持械聚众斗殴，构成犯罪的法定最低刑虽然不重，与一般伤害罪相同，但刑法第二百九十二条同时规定，聚众斗殴，致人重伤、死亡的，依照刑法关于故意伤害致人重伤、故意杀人的规定定罪处罚。刑法作此规定表明，聚众斗殴行为常可造成他人重伤或者死亡，结合案件具体情况，可以判定聚众斗殴与故意致人伤亡的犯罪在暴力程度和危险程度上是一致的。本案沈某、雷某等共5人聚众持棒球棍、匕首等杀伤力很大的工具进行斗殴，短时间内已经打伤3人，应当认定为"其他严重危及人身安全的暴力犯罪"。

第二，侯雨秋的行为具有防卫性质。侯雨秋工作的养生会所与对方的足浴店，尽管存在生意竞争关系，但侯雨秋一方没有斗殴的故意，本案打斗的起因系对方挑起，打斗的地点也系在本方店内，所以双方攻击与防卫的关系清楚明了。沈某纠集雷某等人聚众斗殴属于正在进行的不法侵害，没有斗殴故意的侯雨秋一方可以进行正当防卫，因此侯雨秋的行为具有防卫性质。

第三，侯雨秋的行为不属于防卫过当，不负刑事责任。本案沈某、雷某等人的共同侵害行为，严重危及他人人身安全，侯雨秋为保护自己和本店人员免受暴力侵害，而采取防卫行为，造成不法侵害人之一雷某死亡，依据刑法第二十条第三款的规定，不属于防卫过当，不负刑事责任。

【指导意义】

刑法第二十条第三款规定的"其他严重危及人身安全的暴力犯罪"的认定，除了在方法上，以本款列举的四种罪行为参照，通过比较暴力程度、危险程度和刑法给予惩罚的力度作出判断以外，还应当注意把握以下几点：一是不法行为侵害的对象是人身安全，即危害人的生命权、健康权、自由权和性权利。人身安全之外的财产权利、民主权利等其他合法权利不在其内，这也是特殊防卫区别于一般防卫的一个重要特征；二是不法侵害行为具有暴力性，且应达到犯罪的程度。对本款列举的杀人、抢劫、强奸、绑架应作广义的理解，即不仅指这四种具体犯罪行为，也包括以此种暴力行为作为手段，而触犯其他罪名的犯罪行为，如以抢劫为手段的抢劫枪支、弹药、爆炸物的行为，以绑架为手段的拐卖妇女、儿童的行为，以及针对人的生命、健康而采取的放火、爆炸、决水等行为；三是不法侵害行为应当达到一定的严重程度，即有可能造成他人重伤或死亡的后果。需要强调的是，不法侵害行为是否已经造成实际伤害后果，不必然影响特殊防卫的成立。此外，针对不法侵害行为对他人人身安全造成的严重危险，可以实施特殊防卫。

在共同不法侵害案件中，"行凶"与"其他严重危及人身安全的暴力犯罪"，在认定上可以有一定交叉，具体可结合全案行为特征和各侵害人的具体行为特征作综合判定。另外，对于寻衅滋事行为，不宜直接认定为"其他严重危及人身安全的暴力犯罪"，寻衅滋事行为暴力程度较高、严重危及他人人身安全的，可分别认定为刑法第二十条第三款规定中的行凶、杀人或抢劫。需要说明的是，侵害行为最终成立何种罪名，对防卫人正当防卫的认定没有影响。

人民检察院审查起诉时，应当严把事实关、证据关和法律适用关。根据查明的事实，犯罪嫌疑人的行为属于正当防卫，不负刑事责任的，应当依法作出不起诉的决定，保障无罪的人不受刑事追究。

【相关规定】

《中华人民共和国刑法》第二十条

《中华人民共和国刑事诉讼法》第一百七十七条

《最高人民检察院第十二批指导性案例》解读*

周 颖**

2018 年 12 月 18 日，经最高人民检察院第十三届检察委员会第十一次会议决定，最高人民检察院围绕正当防卫主题发布了第十二批指导性案例，包括陈某正当防卫案、朱凤山故意伤害（防卫过当）案、于海明正当防卫案、侯雨秋正当防卫案等四件指导性案例。为更好地促进指导性案例在实践中的应用，现就案例中涉及的主要问题和指导要点作出解读。

一、最高人民检察院发布第十二批指导性案例的背景和意义

（一）第十二批指导性案例的出台背景

近年来，正当防卫问题引发社会广泛关注，起因虽是几起孤立的个案，但反映的却是新时代人民群众对民主、法治、公平、正义、安全的普遍诉求。正当防卫是法律赋予公民的基本权利，是与不法行为作斗争的重要手段。为了制止犯罪分子的不法侵害，保护公民的合法权利，我国 1979 年刑法就对正当防卫不负刑事责任作出了明确规定。1997 年刑法针对实践中正当防卫是否过当界限不好把握，影响公民行使正当防卫权的问题，一方面，放宽了"防卫过当"的条件，规定正当防卫"明显"超过必要限度造成"重大损害的"，才是防卫过当。另一方面，增加规定了"特殊防卫"，即"对于正在进行行凶、杀人、抢劫、强奸等严重危及人身安全的暴力犯罪，采取防卫行为，造成不法侵害人伤亡的，不属于防卫过当，不负刑事责任"。我国《民法总则》也规定，对正当防卫造成损害的，不承担民事责任。

近年来，各级检察机关认真贯彻落实习近平总书记关于让人民群众在每一个司法案件中感受到公平正义的要求，坚持以人民为中心的发展思想，及时回应群众关切，注意正确把握刑事犯罪与正当防卫、正当防卫与防卫过当、正当防卫与假想防卫等的界限，在依法准确认定案件性质，保护公民的正当防卫权方面作出了积极努力，一些案件的办理受到群众称赞。但总的看，受执法司法理念、环境等影响，立法设计正当防卫的初衷在司法实践中并未得到充分实现。由于法律规定比较原则，认定正当防卫行为，需要同时具备起因、时间、

---

* 原文刊载于《人民检察》2019 年第 2 期。
** 作者单位：最高人民检察院第一检察厅。

对象、限度等要件，而每个要件涉及很多具体问题，实践中正当防卫尺度很难把握，各地司法机关的认定和裁判标准不统一。有的认定正当防卫过于苛刻，往往是在"理性假设"的基础上，苛求防卫人作出合理选择，尤其是在致人重伤、死亡的案件中，大都倾向于认定防卫过当、故意伤害甚至故意杀人；有的作简单化判断，以谁先动手、谁被打伤为准，没有综合考量前因后果和现场的具体情况；有的防卫行为本身复杂疑难，在判断上认识不一，分歧意见甚至旗鼓相当、针锋相对，这个时候司法机关无论作出什么样的认定，都易于受到不同方面的质疑。最高人民检察院在总结近年来检察机关办理的涉及正当防卫的典型案件的基础上，针对执法司法中的难点，回应人民群众关心关注的热点，选取了四个正当防卫不批捕、不起诉、撤销案件以及认定防卫过当的案件，作为指导性案例予以发布。

（二）发布第十二批指导性案例的主要意义

最高人民检察院发布第十二批指导性案例的主要意义在于：

一是激活正当防卫制度，彰显依法防卫者优先保护的理念。正当防卫是"以正对不正"，并非一般意义上的"以暴制暴"，而是法律鼓励和保护的正当合法行为。法律允许正当防卫人对不法侵害人造成一定损害，甚至可以致伤、致死，这不仅可以有效震慑不法侵害人甚至潜在犯罪人，而且可以鼓励人民群众勇于同违法犯罪作斗争，彰显"正义不向非正义低头"的价值取向。我国关于正当防卫的立法已经比较完善，只要树立正确理念，准确适用法律，强化责任担当，就可以充分激活实践中一些地方正当防卫制度实际"沉睡"的问题。在防卫者和不法侵害者的人权保障冲突时，利益保护的天平应当倾向于防卫者，这既合乎国法，也合乎天理、人情。比如，于海明正当防卫案，是刘某交通违章在先，寻衅滋事在先，持刀攻击在先。如果在事实和价值上不作出对于海明有利的选择和认定，不仅难以警示恶意滋事者，更会在未来让公民不敢行使正当防卫权，还会导致公民面对凶残暴徒时畏手畏脚。该案认定为正当防卫，可以破除这种错误认识，具有倡导社会良好风尚、弘扬正气的现实价值。

二是提炼规则以案释法，明确正当防卫适用标准。正当防卫制度在司法适用中疑难问题较多，发挥其应有的作用任重道远。围绕这一主题发布指导性案例，可以充分发挥案例针对性强和易于把握的特点，用典型案例指导类似案件的办理，确立正当防卫制度法律适用"由具体到具体"的参照标准，从而有效确保同类案件的法律适用基本统一、处理结果基本一致。

三是强化法律监督职能，推动实现双赢多赢共赢。法律监督是我国检察机关的宪法定位。秉持客观公正的立场，严把事实关、证据关、程序关、适用法律关，纠正违法，追诉犯罪，保障人权，确保法律统一正确实施，是检察机关作为"法律守护人"的应担之责。"一个案例，胜过一打文件。"这批指导性案例除集中围绕正当防卫这一主题外，也体现了依法履行法律监督职能的检察特色，为检察机关在介入侦查、审查逮捕、审查起诉、二审检察等过程中依法履行法律监督职责、促进严格执法公正司法提供了指引。

四是推进法治建设，培育良好社会风尚。"一个行动胜过一打纲领。"检察机关既是社会主义法治建设的重要力量，也是推进社会主义核心价值观融入法治建设的重要参与者和实践者。这次发布的4件指导性案例，案情不同、阶段不同、特点不同，但有一点是相同的，那就是通过检察机关的办案实践，把社会主义核心价值观融入办案过程，使司法活动既遵从法律规范，又符合道德标准；既守护公平正义，又弘扬美德善行，最终实现"法、理、情"的统一。

二、第十二批指导性案例的基本案情、要旨和指导意义

（一）陈某正当防卫案

基本案情： 2016年1月初，因陈某（未成年人，某中学学生）在甲的女朋友的网络空间留言示好，甲纠集乙等人，对陈某实施了殴打。1月10日中午，甲、乙、丙等6人（均为未成年人），在陈某就读的中学门口，见陈某从大门走出，有人提议陈某向老师告发他们打架，要去问个说法。甲等人尾随一段路后拦住陈某质问，陈某解释没有告状，甲等人不肯罢休，抓住并围殴陈某。乙的3位朋友（均为未成年人）正在附近，见状加入围殴陈某。其中，有人用膝盖顶击陈某的胸口、有人持石块击打陈某的手臂、有人持钢管击打陈某的背部，其他人对陈某或勒脖子或拳打脚踢。陈某掏出随身携带的折叠式水果刀（刀身长8.5厘米，不属于管制刀具），乱挥乱刺后逃脱。部分围殴人员继续追打并从后投掷石块，击中陈某的背部和腿部。陈某逃进学校，追打人员被学校保安拦住。陈某在反击过程中刺中了甲、乙和丙，经鉴定，该3人的损伤程度均构成重伤二级。陈某经人身检查，见身体多处软组织损伤。案发后，陈某所在学校向司法机关提交材料，证实陈某遵守纪律、学习认真、成绩优秀，是一名品学兼优的学生。公安机关以陈某涉嫌故意伤害罪立案侦查，并对其采取刑事拘留强制措施，后提请检察机关批准逮捕。检察机关根据审查认定的事实，依据刑法第二十条第一款的规定，认为陈某的行为属于正当防卫，不负刑事责任，决定不批准逮捕。公安机关将陈某释放同时要求复议。检察机关经复议，维持原决定。

该案例主要阐明： 在被人殴打、人身权利受到不法侵害的情况下，防卫行为虽然造成了重大损害的客观后果，但是防卫措施并未明显超过必要限度的，不属于防卫过当，依法不负刑事责任。

不批准逮捕的理由：公安机关认为，陈某的行为虽有防卫性质，但已明显超过必要限度，属于防卫过当，涉嫌故意伤害罪。检察机关则认为，陈某的防卫行为没有明显超过必要限度，不属于防卫过当，不构成犯罪。主要理由如下：

第一，陈某面临正在进行的不法侵害，反击行为具有防卫性质。任何人面对正在进行的不法侵害，都有予以制止、依法实施防卫的权利。该案中，甲等人借故拦截陈某并实施围殴，属于正在进行的不法侵害，陈某的反击行为显然具有防卫性质。

第二，陈某随身携带刀具，不影响正当防卫的认定。对认定正当防卫有影响的，并不是防卫人携带了可用于自卫的工具，而是防卫人是否有相互斗殴的故意。陈某在事前没有与对方约架斗殴的意图，被拦住后也是先解释退让，最后在遭到对方围打时才被迫还手，其随身携带水果刀，无论是日常携带还是事先有所防备，都不影响对正当防卫作出认定。

第三，陈某的防卫措施没有明显超过必要限度，不属于防卫过当。陈某的防卫行为致实施不法侵害的3人重伤，客观上造成了重大损害，但防卫措施并没有明显超过必要限度。陈某被9人围住殴打，其中有人使用了钢管、石块等工具，双方实力相差悬殊，陈某借助水果刀增强防卫能力，在手段强度上合情合理。并且，对方在陈某逃脱时仍持续追打，共同侵害行为没有停止，所以，就制止整体不法侵害的实际需要来看，陈某持刀挥刺也没有不相适应之处。综合来看，陈某的防卫行为虽有致多人重伤的客观后果，但防卫措施没有明显超过必要限度，依法不属于防卫过当。

该案例的指导意义：一是明确了"一般防卫"的限度把握。刑法第二十条第一款规定，"为了使国家、公共利益、本人或者他人的人身、财产和其他权利免受正在进行的不法侵害，而采取的制止不法侵害的行为，对不法侵害人造成损害的，属于正当防卫，不负刑事责任"。司法实践通常称这种正当防卫为"一般防卫"。一般防卫有限度要求，超过限度的属于防卫过当，需要负刑事责任。刑法规定的限度条件是"明显超过必要限度造成重大损害"，具体而言，行为人的防卫措施虽明显超过必要限度但防卫结果客观上并未造成重大损害，或者防卫结果虽客观上造成重大损害但防卫措施并未明显超过必要限度，均不能认定为防卫过当。该案例中，陈某为了保护自己的人身安全而持刀反击，就所要保护的权利性质以及与侵害方的手段强度比较来看，不能认为防卫措施明显超过了必要限度，所以即使防卫结果在客观上造成了重大损害，也不属于防卫过当。

二是正当防卫既可以是为了保护自己的合法权益，也可以是为了保护他人的合法权益。未成年人保护法第六条第二款也规定，"对侵犯未成年人合法权益的行为，任何组织和个人都有权予以劝阻、制止或者向有关部门提出检举或者控告"。对于未成年人正在遭受侵害的，任何人都有权介入保护，成年人更有责任予以救助。但是，冲突双方均为未成年人的，成年人介入时，应当优先选择劝阻、制止的方式；劝阻、制止无效的，在隔离、控制或制服侵害人时，应当注意手段和行为强度的适度。

三是明确了检察机关办理正当防卫案件审查逮捕工作要求。对正当防卫案件，检察机关审查逮捕时，应当严把事实关、证据关和法律适用关。根据查明的事实，犯罪嫌疑人的行为属于正当防卫，不负刑事责任的，应当依法作出不批准逮捕的决定，保障无罪的人不受刑事追究。遇到争议时，应当根据最高人民检察院《关于实行检察官以案释法制度的规定》，适时、主动进行释法说理工作。对事实认定、法律适用和办案程序等问题进行答疑解惑，开展法治宣传教育，保障当事人和其他诉讼参与人的合法权利，努力做到案结事了。该案例中，检察机关在办案过程中积极开展释法说理工作，陈某等人的亲属在充分了解事实经过和法律规定后，对检察机关的处理决定表示认可。

（二）朱凤山故意伤害（防卫过当）案

基本案情：朱凤山之女朱某与齐某系夫妻，朱某于2016年1月提起离婚诉讼并与齐某分居，朱某带女儿与朱凤山夫妇同住。齐某不同意离婚，为此经常到朱凤山家吵闹。4月4日，齐某在吵闹过程中，将朱凤山家门窗玻璃和朱某的汽车玻璃砸坏。朱凤山为防止齐某再进入院子，将院子一侧的小门锁上并焊上铁窗。5月8日22时许，齐某酒后驾车到朱凤山家，欲从小门进入院子，未得逞后在大门外叫骂。朱某不在家中，仅朱凤山夫妇带外孙女在家。朱凤山将情况告知齐某，齐某不肯作罢。朱凤山又分别给邻居和齐某的哥哥打电话，请他们将齐某劝离。在邻居的劝说下，齐某驾车离开。23时许，齐某驾车返回，站在汽车引擎盖上摇晃、攀爬院子大门，欲强行进入，朱凤山持铁叉阻拦后报警。齐某爬上院墙，在墙上用瓦片掷砸朱凤山。朱凤山躲到一边，并从屋内拿出宰羊刀防备。随后齐某跳入院内徒手与朱凤山撕扯，朱凤山刺中齐某胸部一刀。朱凤山见齐某受伤把大门打开，民警随后到达。齐某因主动脉、右心房及肺脏被刺破致急性大失血死亡。朱凤山在案发过程中报警，案发后在现场等待民警抓捕，属于自动投案。

一审阶段，辩护人提出朱凤山的行为属于防卫过当，公诉人认为朱凤山的行为不具有防卫性质。一审判决认定，根据朱凤山与齐某的关系及具体案情，齐某的违法行为尚未达到朱凤山必须通过持刀刺扎进行防卫制止的程度，朱凤山的行为不具有防卫性质，不属于防卫过当；朱凤山自动投案后如实供述主要犯罪事实，系自首，依法从轻处罚，朱凤山犯故意伤害罪，判处有期徒刑十五年，剥夺政治权利五年。

朱凤山以防卫过当为由提出上诉。河北省检察院二审出庭认为，根据查明的事实，依据刑法第二十条第二款的规定，朱凤山的行为属于防卫过当，应当负刑事责任，但是应当减轻或者免除处罚，朱凤山的上诉理由成立。河北省高级法院二审判决认定，朱凤山持刀致被害人死亡，属防卫过当，应当依法减轻处罚，对河北省检察院的出庭意见予以支持，判决撤销一审判决的量刑部分，改判朱凤山有期徒刑七年。

该案例主要阐明： 在民间矛盾激化过程中，对正在进行的非法侵入住宅、轻微人身侵害行为，可以进行正当防卫，但防卫行为的强度不具有必要性并致不法侵害人重伤、死亡的，属于明显超过必要限度造成重大损害，应当负刑事责任，但是应当减轻或者免除处罚。

检察机关二审审查和出庭意见： 检察机关二审审查认为，朱凤山及其辩护人所提防卫过当的意见成立，一审公诉和判决对此未作认定不当，属于适用法律错误，二审应当作出纠正，并据此发表了出庭意见。主要意见和理由如下：

第一，齐某的行为属于正在进行的不法侵害。齐某与朱某已经分居，齐某当晚的行为在时间、方式上也显然不属于探视子女，故在朱凤山拒绝其进院后，其摇晃、攀爬大门并跳入院内，属于非法侵入住宅。齐某先用瓦片掷砸随后进行撕扯，侵犯了朱凤山的人身权利。齐某的这些行为，均属于正在进行的不法侵害。

第二，朱凤山的行为具有防卫的正当性。齐某的行为从吵闹到侵入住宅、侵犯人身，呈现升级趋势，具有一定的危险性。齐某经人劝离后再次返回，执意在深夜时段实施侵害，不法行为具有一定的紧迫性。朱凤山先是找人规劝，继而报警求助，始终没有与齐某斗殴的故意，提前准备工具也是出于防卫的目的，因此其反击行为具有防卫的正当性。

第三，朱凤山的防卫行为明显超过必要限度造成重大损害，属于防卫过当。齐某上门闹事、滋扰的目的是不愿离婚，希望能与朱某和好继续共同生活，这与离婚后可能实施报复的行为有很大区别。齐某虽实施了投掷瓦片、撕扯的行为，但整体仍在闹事的范围内，对朱凤山人身权利的侵犯尚属轻微，没有危及朱凤山及其家人的健康或生命的明显危险。朱凤山已经报警，也有继续周旋、安抚、等待的余地，但却选择使用刀具，在撕扯过程中直接捅刺齐某的要害部位，最终造成了齐某伤重死亡的重大损害。综合来看，朱凤山的防卫行为，在防卫措施的强度上不具有必要性，在防卫结果与所保护的权利对比上也相差悬殊，应当认定为明显超过必要限度造成重大损害，属于防卫过当，依法应当负刑事责任，但是应当减轻或者免除处罚。

该案例的指导意义：一是明确了"防卫过当"中重大损害和明显超过必要限度的认定。刑法第二十条第二款规定，"正当防卫明显超过必要限度造成重大损害的，应当负刑事责任，但是应当减轻或者免除处罚"。司法实践通常称该款规定的情况为"防卫过当"。防卫过当中，重大损害是指造成不法侵害人死亡、重伤的后果，造成轻伤及以下损伤的不属于重大损害；明显超过必要限度是指，根据所保护的权利性质、不法侵害的强度和紧迫程度等综合衡量，防卫措施缺乏必要性，防卫强度与侵害程度对比也相差悬殊。司法实践中，重大损害的认定比较好把握，但明显超过必要限度的认定相对复杂，对此应当根据不法侵害的性质、手段、强度和危害程度，以及防卫行为的性质、手段、强度、时机和所处环境等因素，进行综合判断。该案中，朱凤山为保护住宅安宁和免受可能的人身侵害，而致侵害人丧失生命，就防卫与侵害的性质、手段、强度和结果等因素的对比来看，既不必要也相差悬殊，属于明显超过必要限度造成重大损害。

二是明确民间矛盾引发的具有防卫性质的案件办理中需要注意的问题。民间矛盾引发的案件极其复杂，涉及防卫性质争议的，应当坚持依法、审慎的原则，准确作出判断和认定，从而引导公民理性平和解决争端，避免在争议纠纷中不必要地使用武力。针对实践当中的常见情形，该案例指出，应当注意把握以下几点：（1）应作整体判断，即分清前因后果和是非曲直，根据查明的事实，当事人的行为具有防卫性质的，应当依法作出认定，不能惟结果论，也不能因矛盾暂时没有化解等因素而不去认定或不敢认定；（2）对于近亲属之间发生的不法侵害，对防卫强度必须结合具体案情作出更为严格的限制；（3）对于被害人有无过错与是否正在进行的不法侵害，应当通过细节的审查、补查，作出准确的区分和认定。

三是必须高度重视犯罪嫌疑人、被告人及其辩护人的意见。实践证明，认真对待和深入思考辩护律师的"不同意见"，是实现理性、审慎司法和防止错误最重要、也是最便捷的途径。该案例就很好地印证了这一点。辩护律师在一审阶段提出朱凤山属于防卫过当，公诉人认为朱凤山的行为不具有防卫性质，二审检察机关根据查明的事实，发表了防卫过当的意见，二审法院最终采纳了检察机关防卫过当的意见予以改判。该案例也进一步表明，检察机关办理刑事案件，必须高度重视犯罪嫌疑人、被告人及其辩护人所提正当防卫或防卫过当的意见，对于所提意见成立的，应当及时予以采纳或支持，依法保障当事人的合法权利。

（三）于海明正当防卫案

基本案情： 2018 年 8 月 27 日 21 时 30 分许，于海明骑自行车在江苏省昆山市震川路正常行驶，刘某醉酒驾驶小轿车（经检测，血液酒精含量 87mg/100ml），向右强行闯入非机动车道，与于海明险些碰擦。刘某的一名同车人员下车与于海明争执，经同行人员劝解返回时，刘某突然下车，上前推搡、踢打于海明。虽经劝解，刘某仍持续追打，并从轿车内取出一把砍刀（系管制刀具），连续用刀面击打于海明颈部、腰部、腿部。刘某在击打过程中将砍刀甩脱，于海明抢到砍刀，刘某上前争夺，在争夺中于海明捅刺刘某的腹部、臀部，砍击其右胸、左肩、左肘。刘某受伤后跑向轿车，于海明继续追砍 2 刀均未砍中，其中 1 刀砍中轿车。刘某跑离轿车，于海明返回轿车，将车内刘某的手机取出放入自己口袋。民警到达现场后，于海明将手机和砍刀交给出警民警（于海明称，拿走刘某的手机是为了防止对方打电话召集人员报复）。刘某逃离后，倒在附近绿化带内，后经送医抢救无效，因腹部大静脉等破裂致失血性休克于当日死亡。于海明经人身检查，见左颈部条形挫伤 1 处、左胸季肋部条形挫伤 1 处。

8 月 27 日晚，公安机关以"于海明故意伤害案"立案侦查。8 月 31 日，公安机关查明了该案的全部事实。9 月 1 日，江苏省昆山市公安局根据侦查查明的事实，依据刑法第二十条第三款的规定，认定于海明的行为属于正当防卫，不负刑事责任，决定依法撤销于海明故意伤害案。其间，公安机关依据相关规定，听取了检察机关的意见，昆山市检察院同意公安机关的撤销案件决定。

该案例主要阐明： 对于犯罪故意的具体内容虽不确定，但足以严重危及人身安全的暴力侵害行为，应当认定为刑法第二十条第三款规定的"行凶"。行凶已经造成严重危及人身安全的紧迫危险，即使没有发生严重的实害后果，也不影响正当防卫的成立。

检察机关的意见和理由： 检察机关的意见与公安机关的处理意见一致，具体论证情况和理由如下：

第一，关于刘某的行为是否属于"行凶"的问题。在论证过程中有意见提出，刘某仅使用刀面击打于海明，犯罪故意的具体内容不确定，不宜认定为行凶。论证后认为，对行凶的认定，应当遵循刑法第二十条第三款的规定，以"严重危及人身安全的暴力犯罪"作为把握的标准。刘某开始阶段的推搡、踢打行为不属于"行凶"，但从持砍刀击打后，行为性质已经升级为暴力犯罪。刘某攻击行为凶狠，所持凶器可轻易致人死伤，随着事态发展，接下来会造成什么样的损害后果难以预料，于海明的人身安全处于现实的、急迫的和严重的危险之下。刘某具体抱持杀人的故意还是伤害的故意不确定，正是许多行凶行为的特征，而不是认定的障碍。因此，刘某的行为符合"行凶"的认定标准，应当认定为"行凶"。

第二，关于刘某的侵害行为是否属于"正在进行"的问题。在论证过程中有意见提出，于海明抢到砍刀后，刘某的侵害行为已经结束，不属于正在进行。论证后认为，判断侵害行为是否已经结束，应看侵害人是否已经实质性脱离现场以及是否还有继续攻击或再次发动攻击的可能。于海明抢到砍刀后，刘某立刻上前争夺，侵害行为没有停止，刘某受伤后又立刻跑向之前藏匿砍刀的汽车，于海明此时作不间断的追击也符合防卫的需要。于海明追砍两刀均未砍中，刘某从汽车旁边跑开后，于海明也未再追击。因此，在于海明抢得砍刀顺势反击时，刘某既未放弃攻击行为也未实质性脱离现场，不能认为侵害行为已经停止。

第三，关于于海明的行为是否属于正当防卫的问题。在论证过程中有意见提出，于海明本人所受损伤较小，但防卫行为却造成了刘某死亡的后果，二者对比不相适应，于海明的行为属于防卫过当。论证后认为，不法侵害行为既包括实害行为也包括危险行为，对于危险行为同样可以实施正当防卫。认为"于海明与刘某的伤情对比不相适应"的意见，只注意到了实害行为而忽视了危险行为，这种意见实际上是要求防卫人应等到暴力犯罪造成一定的伤害后果才能实施防卫，这不符合及时制止犯罪、让犯罪不能得逞的防卫需要，也不适当地缩小了正当防卫的依法成立范围，是不正确的。该案中，在刘某的行为因具有危险性而属于"行凶"的前提下，于海明采取防卫行为致其死亡，依法不属于防卫过当，不负刑事责任，于海明本人是否受伤或伤情轻重，对正当防卫的认定没有影响。公安机关认定于海明的行为系正当防卫，决定依法撤销案件的意见，完全正确。

该案例的指导意义：一是说明立法确立"特殊防卫"的意义。刑法第二十条第三款规定通常被称为"特殊防卫"。刑法作出特殊防卫的规定，目的在于进一步体现"法不能向不法让步"的秩序理念，同时肯定防卫人以对等或超过的强度予以反击，即使造成不法侵害人伤亡，也不必顾虑可能成立防卫过当因而构成犯罪的问题。司法实践中，如果面对不法侵害人"行凶"性质的侵害行为，仍对防卫人限制过苛，不仅有违立法本意，也难以取得制止犯罪，保护公民人身权利不受侵害的效果。

二是明确"行凶"如何认定。适用刑法第二十条第三款规定，"行凶"是认定的难点，对此应当把握以下两点：一是必须是暴力犯罪，对于非暴力犯罪或一般暴力行为，不能认定为行凶；二是必须严重危及人身安全，即对人的生命、健康构成严重危险。在具体案件中，有些暴力行为的主观故意尚未通过客观行为明确表现出来，或者行为人本身就是持概括故意予以实施，这类行为的故意内容虽不确定，但已表现出多种故意的可能，其中只要有可能造成他人重伤或死亡的，均应当认定为"行凶"。

三是明确"特殊防卫"的时间条件。正当防卫以不法侵害正在进行为前提。所谓正在进行，是指不法侵害已经开始但尚未结束。不法侵害行为多种多样、性质各异，判断是否正在进行，应就具体行为和现场情境作具体分析。不能机械地对刑法上的着手与既遂作出理解、判断，因为着手与既遂侧重的是侵害人可罚性的行为阶段问题，而侵害行为正在进行，侧重的是防卫人的利益保护问题。所以，不能要求不法侵害行为已经加诸被害人身上，只要不法侵害的现实危险已经迫在眼前，或者已达既遂状态但侵害行为没有实施终了的，就应当认定为正在进行。

四是适用特殊防卫需要注意的问题。需要强调的是，特殊防卫不存在防卫过当的问题，因此不能作宽泛的认定。对于因民间矛盾引发、不法与合法对立不明显以及夹杂泄愤报复成分的案件，在认定特殊防卫时应当十分慎重。

（四）侯雨秋正当防卫案

基本案情：侯雨秋系葛某经营的养生会所员工。2015 年 6 月 4 日 22 时 40 分许，某足浴店股东沈某因怀疑葛某等人举报其店内有人卖淫嫖娼，遂纠集本店员工雷某、柴某等 4 人持棒球棍、匕首赶至葛某的养生会所。沈某先行进入会所，无故推翻大堂盆栽挑衅，与葛某等人扭打。雷某、柴某等人随后持棒球棍、匕首冲入会所，殴打店内人员，其中雷某持匕首两次刺中侯雨秋右大腿。其间，柴某所持棒球棍掉落，侯雨秋捡起棒球棍挥打，击中雷某头部致其当场倒地。该会所员工报警，公安人员赶至现场，将沈某等人抓获，并将侯雨秋、雷某送医救治。雷某经抢救无效，因严重颅脑损伤于 6 月 24 日死亡。侯雨秋的损伤程度构成轻微伤，该会所另有 2 人被打致轻微伤。公安机关以侯雨秋涉嫌故意伤害罪，移送检察机关审查起诉。浙江省杭州市检察院根据审查认定的事实，依据刑法第二十条第三款的规定，认为侯雨秋的行为属于正当防卫，不负刑事责任，决定对侯雨秋不起诉。

该案例主要阐明：单方聚众斗殴的，属于不法侵害，没有斗殴故意的一方可以进行正当防卫。单方持械聚众斗殴，对他人的人身安全造成严重危险的，应当认定为刑法第二十条第三款规定的"其他严重危及人身安全的暴力犯罪"。

不起诉的理由：检察机关认为，该案沈某、雷某等人的行为属于刑法第二十条第三款规定的"其他严重危及人身安全的暴力犯罪"，侯雨秋对此采取防卫行为，造成不法侵害人之一雷某死亡，依法不属于防卫过当，不负刑事责任。主要理由如下：

第一，沈某、雷某等人的行为属于"其他严重危及人身安全的暴力犯罪"。判断不法侵害行为是否属于刑法第二十条第三款规定的"其他"犯罪，应当以该款列举的杀人、抢劫、强奸、绑架为参照，通过比较暴力程度、危险程度和刑法给予惩罚的力度等综合作出判断。该案沈某、雷某等人的行为，属于单方持械聚众斗殴，构成犯罪的法定最低刑虽然不重，与一般故意伤害罪相同，但刑法第二百九十二条同时规定，聚众斗殴，致人重伤、死亡的，依照刑法关于故意伤害致人重伤、故意杀人的规定定罪处罚。刑法作此规定表明，聚众斗殴行为常可造成他人重伤或者死亡，结合案件具体情况，可以判定聚众斗殴与故意致人伤亡的犯罪在暴力程度和危险程度上是一致的。该案沈某、雷某等共5人聚众持棒球棍、匕首等杀伤力很大的工具进行斗殴，短时间内已经打伤3人，应当认定为"其他严重危及人身安全的暴力犯罪"。

第二，侯雨秋的行为具有防卫性质。侯雨秋工作的养生会所与对方的足浴店，尽管存在生意竞争关系，但侯雨秋一方没有斗殴的故意，该案打斗的起因系对方挑起，打斗的地点也系在本方店内，所以双方攻击与防卫的关系清楚明了。沈某纠集雷某等人聚众斗殴属于正在进行的不法侵害，没有斗殴故意的侯雨秋一方可以进行正当防卫，因此侯雨秋的行为具有防卫性质。

第三，侯雨秋的行为不属于防卫过当，不负刑事责任。该案沈某、雷某等人的共同侵害行为，严重危及他人人身安全，侯雨秋为保护自己和本店人员免受暴力侵害，而采取防卫行为，造成不法侵害人之一雷某死亡，依据刑法第二十条第三款的规定，不属于防卫过当，不负刑事责任。

该案例的指导意义：一是明确"其他严重危及人身安全的暴力犯罪"的把握。刑法第二十条第三款规定的"其他严重危及人身安全的暴力犯罪"的认定，除了在方法上，以该款列举的四种罪行为参照，通过比较暴力程度、危险程度和刑法给予惩罚的力度作出判断以外，还应当注意把握以下几点：（1）不法行为侵害的对象是人身安全，即危害人的生命权、健康权、自由权和性权利。人身安全之外的财产权利、民主权利等其他合法权利不在其内，这也是特殊防卫区别于一般防卫的一个重要特征。（2）不法侵害行为具有暴力性，且应达到犯罪的程度。对该款列举的杀人、抢劫、强奸、绑架应作广义的理解，即不仅指这四种具体犯罪行为，也包括以此种暴力行为作为手段，而触犯其他罪名的犯罪行为，如以抢劫为手段的抢劫枪支、弹药、爆炸物的行为，以绑架为手段的拐卖妇女、儿童的行为，以及针对人的生命、健康而采取的放火、爆炸、决水等行为。（3）不法侵害行为应当达到一定的严重程度，即有可能造成他人重伤或死亡的后果。需要强调的是，不法侵害行为是否已经造成实际伤害后果，不必然影响特殊防卫的成立。此外，针对不法侵害行为对他人人身安全造成严重危险的，可以实施特殊防卫。

二是认定"其他严重危及人身安全的暴力犯罪"需要注意的其他问题。在共同不法侵害案件中，"行凶"与"其他严重危及人身安全的暴力犯罪"，在认定上可以有一定交叉，具体可结合全案行为特征和各侵害人的具体行为特征作综合判定。另外，对于寻衅滋事行为，不宜直接认定为"其他严重危及人身安全的暴力犯罪"，寻衅滋事行为暴力程度较高、严重危及他人人身安全的，可分别认定为刑法第二十条第三款规定中的行凶、杀人或抢劫。需要说明的是，侵害行为最终成立何种罪名，对防卫人正当防卫的认定没有影响。

三是检察机关办理正当防卫案件审查起诉工作要求。检察机关审查起诉时，应当严把事实关、证据关和法律适用关。根据查明的事实，犯罪嫌疑人的行为属于正当防卫，不负刑事责任的，应当依法作出不起诉的决定，保障无罪的人不受刑事追究。

三、正当防卫适用中需要注意的其他几个问题

正当防卫涉及的问题非常复杂，实践中遇到相关案件，首先应当在侦查、补充侦查上下功夫，尽可能通过完善证据还原真相，呈现案发时的现场情境，为后续的性质判断夯实基础。在个案的判断上，应当契合案件的实际情况，论证应当合乎情理，合乎正当防卫认定的基础规则。除了指导性案例当中提到的问题以外，下面几个问题实践中在把握时也需要加以注意。

（一）关于进行防卫准备的问题

陈某正当防卫和朱凤山故意伤害（防卫过当）两个案例中均有防卫人携带或准备刀具作出防卫准备的情节，对此类防卫准备行为如何评价，是实践中常有争议的一个问题。澄清这个问题具有现实的重要性，一些人员特别是从事辛苦工作的人士，比如，工矿企业等实行三班制的单位上下夜班的人员尤其是女工，需要根据日常判断对可能遇到的侵害作出防卫准备。原则上，行为人的人身安全受到威胁后准备什么样的工具、是否违反禁止性规定等，是另行评价的问题，不影响防卫性质的认定。当然，公民受到人身威胁时，具备条件的应当选择报警，通过公安机关解决矛盾、防范侵害。确有必要做防卫准备的，选择的防卫工具、拟采取的防卫措施也要适当，应避免准备行为本身触犯法律，也应避免准备的防卫措施远远超过制止不法侵害的实际需要，最终成立防卫过当，负刑事责任。

（二）关于正当防卫当中的见义勇为问题

根据刑法第二十条第一款规定，正当防卫保护的权益有以下三类：一是国

家、公共利益；二是本人的人身、财产和其他权利；三是他人的人身、财产和其他权利。其中，为了保护国家、公共利益和他人的人身、财产等权利而进行正当防卫的，同时也是见义勇为的行为。在正当防卫性质的见义勇为当中，有两种情形需要特别强调：一是对于未成年人正在遭受不法侵害的，我们鼓励在场的成年人挺身而出，勇于介入保护、予以救助。保护未成年人，是国家机关、武装力量、政党、社会团体、企业事业组织、城乡基层群众性自治组织、未成年人的监护人和其他成年公民的共同责任。国家、社会、学校和家庭也应当教育和帮助未成年人维护自己的合法权益，增强自我保护的意识和能力。二是对于被侵害人的自我保护能力严重不足的不法侵害，比如，强迫残障人士劳动、强迫妇女卖淫、强迫儿童乞讨偷窃以及强迫弱势人员从事违法犯罪活动等，任何人发现、发觉后都应当及时报警，具备能力勇于为这些被侵害人进行正当防卫的，法律会给予充分的支持和保护。

（三）关于正当防卫"度"的把握问题

正当防卫"度"的把握是实践中的一个难点，也是容易引起争议的问题。在具体把握上，应当特别注意以下几点：一是权利不能滥用，"过"与"不及"均非司法之追求。一方面，对合法与不法对比明确的犯罪、反击型案件，要鼓励大胆适用正当防卫，纠正以往常被视作"正常"的保守惯性，避免对防卫行为作过苛、过严要求。另一方面，也不能矫枉过正，防止"一刀切""简单化"。要坚持具体案件具体分析，常见的比如客观上不存在非法侵害行为，误以为有侵害而"假想防卫"；或者故意引起对方侵害而乘机以"防卫"为借口侵害对方的"挑拨防卫"；以及侵害行为已经过去而实施报复的"事后防卫"，都不是刑法规定的正当防卫，这些行为可能构成犯罪，要承担刑事责任。二是在一般防卫中，要注意防卫措施的强度应当具有必要性。若防卫措施的强度与侵害的程度相差悬殊，则成立防卫过当，负刑事责任。第十二批指导性案例中的朱凤山案和此前社会关注的于欢案，防卫过当的问题比较明显，这两个案件都是为了制止一般侵害，而持刀捅刺侵害人要害部位，最终造成了侵害人重伤、死亡的重大损害，就防卫与侵害的性质、手段、强度和结果等因素的比较来看，既不必要也相差悬殊，因而成立防卫过当，负刑事责任。三是对于婚姻家庭、邻里纠纷等民间矛盾引发的侵害行为，以及亲属之间发生的侵害行为，在认定防卫性质时要仔细分辨。对于仗势欺人、借离婚退婚等日常矛盾寻衅报复的，对防卫人的防卫权要依法充分保护，也要敢于认定；对于互有过错，由一般性争执升级演变为不法侵害的，应当查明细节，分清前因后果和是非曲直，审慎作出认定。

最高人民检察院
关于印发最高人民检察院
第十三批指导性案例的通知

（2018 年 12 月 21 日公布　　高检发研字〔2018〕30 号）

各省、自治区、直辖市人民检察院，解放军军事检察院，新疆生产建设兵团人民检察院：

　　经 2018 年 12 月 12 日最高人民检察院第十三届检察委员会第十一次会议决定，现将陕西省宝鸡市环境保护局凤翔分局不全面履职案等三件指导性案例（检例第 49—51 号）作为第十三批指导性案例发布，供参照适用。

最高人民检察院

2018 年 12 月 21 日

检例第 49 号

陕西省宝鸡市环境保护局凤翔分局不全面履职案

【关键词】 行政公益诉讼　环境保护　依法全面履职

【要旨】

行政机关在履行环境保护监管职责时，虽有履职行为，但未依法全面运用行政监管手段制止违法行为，检察机关经诉前程序仍未实现督促行政机关依法全面履职目的的，应当向人民法院提起行政公益诉讼。

【基本案情】

2014 年 5 月，陕西长青能源化工有限公司（以下简称长青能化）年产 60 万吨甲醇工程项目建成，并经陕西省环境保护厅审批投入试生产至 2014 年 12 月 31 日。2014 年 11 月 24 日，陕西省发布《关中地区重点行业大气污染物排放限值》地方标准，燃煤锅炉颗粒物排放限值为 20mg/m3，自 2015 年 1 月 1 日起实施。长青能化试生产期间，燃煤锅炉大气污染物排放值基本处于地方标准 20mg/m3 以上，国家标准 50mg/m3 以下。

2015 年 1 月 1 日，长青能化试生产期满后未停止生产且燃煤锅炉颗粒物排放值持续在 20mg/m3 以上 50mg/m3 以下。

2015 年 7 月 7 日，陕西省宝鸡市环境保护局凤翔分局（以下简称凤翔分局）向长青能化下达《环境违法行为限期改正通知书》，责令其限期改正生产甲醇环保违规行为，否则将予以高限处罚。长青能化没有整改到位，凤翔分局未作出高限处罚。2015 年 11 月 18 日，凤翔分局向长青能化下达《行政处罚决定书》，限其于一个月内整改到位，并处以 5 万元罚款。但该企业并未停止甲醇项目生产，颗粒物超标排放问题依然没有得到有效解决，对周围大气造成污染。

【诉前程序】

2015 年 11 月下旬，陕西省宝鸡市人民检察院在办案中发现凤翔分局可能有履职不尽责的情况，遂指定凤翔县人民检察院开展调查。凤翔县人民检察院查明：长青能化超期试生产且颗粒物超标排放，而凤翔分局虽对长青能化作出行政处罚，但未依法全面履职。2015 年 12 月 3 日，凤翔县人民检察院向凤翔分局发出《检察建议书》，建议其依法履职，督促长青能化上线治污减排设备，确保环保达标。

2016 年 1 月 4 日，凤翔分局书面回复凤翔县人民检察院称：2015 年 12 月

24 日对长青能化下达《责令限制生产决定书》，责令该公司限产。2015 年 12 月 30 日作出《排污核定与排污费缴纳决定书》，对长青能化 2015 年 10 月至 12 月间颗粒物超标排放加收排污费。

针对凤翔分局回复意见，凤翔县人民检察院进一步查明：凤翔分局作出责令限制生产决定、加收排污费等措施后，长青能化虽然按要求限制生产，但其治污减排设备建设项目未正式投入使用，颗粒物排放依然超过限值。

【诉讼过程】

鉴于检察建议未实现应有效果，2016 年 5 月 11 日，凤翔县人民检察院向凤翔县人民法院提起行政公益诉讼。凤翔县人民法院受理后，认为符合起诉条件，但不宜由凤翔县人民法院管辖。经向宝鸡市中级人民法院请示指定管辖，2016 年 5 月 13 日，宝鸡市中级人民法院依法裁定本案由宝鸡市陈仓区人民法院管辖。2016 年 11 月 10 日，宝鸡市陈仓区人民法院对本案公开开庭审理。

（一）法庭调查

出庭检察人员宣读起诉书，请求：1. 确认凤翔分局未依法全面履职的行为违法；2. 判令凤翔分局依法全面履行职责，督促长青能化采取有效措施，确保颗粒物排放符合标准。

凤翔分局答辩状称其对企业采取了行政处罚、责令限制生产等措施，已经全面履行职责。诉讼前，长青能化减污设备已经运行，检察机关不需要再提起诉讼。

法庭举证、质证阶段，围绕凤翔分局是否依法全面履行法定职责，出庭检察人员出示了凤翔分局行政职责范围的依据，2015 年 1 月 1 日至 2016 年 5 月 8 日长青能化颗粒物排放数据等证据。证明截至提起诉讼前，长青能化湿电除尘系统没有竣工验收并且颗粒物依然超标排放，持续给周围大气环境造成污染问题没有彻底解决。

凤翔分局针对起诉书，提交了对长青能化日常监管的表格及 2015 年 7 月以来对长青能化作出的各类处罚文书等证据材料，证明已经依法全面履行了对相对人的环境监管职责。

针对凤翔分局提出的证据，出庭检察人员认为，其只能证明凤翔分局对长青能化作出了行政处罚，但不能证明依法全面履职并实现了履职目的。诉讼前，长青能化排放仍存在不达标的情况。

（二）法庭辩论

出庭检察人员指出，凤翔分局未依法全面履职主要表现在三个方面：

一是凤翔分局未依法监管相对人严格执行建设项目环境保护设施设计、施工、使用"三同时"的规定。长青能化的环境保护设施虽然与建设项目同时设计、同时施工，但并未同时使用。

二是凤翔分局初期未采取有效措施对长青能化违法排放颗粒物的行为作出处理。自 2015 年 1 月 1 日起，长青能化颗粒物排放浓度均超过 20mg/m3 的标准，最高达 72mg/m3。凤翔分局却未采取有效行政监管措施予以处置，直到 2015 年 7 月 7 日才对颗粒物超标排放违法行为作出《环境违法行为限期改正通知书》。

三是凤翔分局未依法全面运用监管措施督促长青能化纠正违法行为。长青能化在收到《环境违法行为限期改正通知书》后两个月内未按要求整改到位，凤翔分局未采取相应措施作出高限处罚。

凤翔分局答辩称：已履行了法定职责，多次对长青能化作出行政处罚，颗粒物超标排放是由于地方标准的变化。2016 年 3 月 27 日，长青能化减污设备已经运行，检察机关无需提起诉讼。

针对凤翔分局答辩，检察机关提出辩论意见：对于长青能化的排污行为，凤翔分局虽有履职行为，但履职不尽责。一是作出的 5 万元罚款不是高限处罚；二是按照相关规定，在地方标准严于国家标准的情况下，依法应当执行地方标准；三是 2016 年 3 月 27 日，长青能化减污设备已经上线运行，但颗粒物排放数据仍不稳定，仍有不达标的问题；四是诉讼中，凤翔分局于 2016 年 5 月 16 日才作出按日连续处罚的行政处罚，对长青能化违法行为罚款 645 万元。

2016 年 8 月 22 日，长青能化减污设备经评估正式投入运行，经第三方检测机构的检测，长青能化颗粒物排放已持续稳定符合国家和地方排放标准。2016 年 12 月 20 日，检察机关撤回了第二项诉讼请求，即督促长青能化采取有效措施，确保颗粒物排放达到国家标准和地方标准。

（三）审理结果

2016 年 12 月 28 日，陕西省宝鸡市陈仓区人民法院作出一审判决，确认被告凤翔分局未依法全面履行对相对人长青能化环境监管职责的行为违法。

【指导意义】

诉前程序是检察机关提起公益诉讼的前置程序。办理公益诉讼案件，要对违法事实进行调查核实，围绕行政机关不依法履职或者不全面履职行为的客观表现、主观过错、与国家利益或者社会公共利益遭受侵害后果的关系以及相关的法律依据、政策要求、文件规定等全面收集、固定证据，在查清事实的基础上依法提出检察建议，督促行政机关纠正违法、依法履职。行政机关未在检察建议要求的期限内依法全面履行职责，国家利益或者社会公共利益仍然遭受侵害的，检察机关应当依法向人民法院提起公益诉讼。

对行政机关不依法履行法定职责的判断和认定，应以法律规定的行政机关法定职责为依据，对照行政机关的执法权力清单和责任清单，以是否全面运用或者穷尽法律法规和规范性文件规定的行政监管手段制止违法行为，国家利益或者社会公共利益是否得到了有效保护为标准。行政机关虽然采取了部分行政监管或者处罚措施，但未依法全面运用或者穷尽行政监管手段制止违法行为，国家利益或者社会公共利益受侵害状态没有得到有效纠正的，应认定行政机关不依法全面履职。

【相关规定】

《中华人民共和国环境保护法》第十五条第二款

《中华人民共和国大气污染防治法》第五条、第七条、第四十三条、第九十九条

《中华人民共和国行政处罚法》第五十一条

《中华人民共和国行政诉讼法》第二十五条第四款

《环境保护主管部门实施按日连续处罚办法》第五条、第十条

《建设项目环境保护管理条例》第十五条、第二十条第一款

《建设项目竣工环境保护验收管理办法》第十四条、第十七条第三款

《火电厂大气污染物排放标准》

《关中地区重点行业大气污染物排放限值》

检例第 50 号

湖南省长沙县城乡规划建设局等不依法履职案

【关键词】行政公益诉讼　生态环境保护　督促履职

【要旨】

检察机关通过检察建议实现了督促行政机关依法履职、维护国家利益和社会公共利益目的的，不需要再向人民法院提起诉讼。

【基本案情】

2013 年 6 月，长沙威尼斯城房地产开发有限公司（以下简称威尼斯城房产公司）开发的威尼斯城第四期项目开始建设。该项目将原定项目建设的性质、规模、容积率等作出重大调整，开工建设前未按照《中华人民共和国环境影响评价法》的规定重新报批环境影响评价文件。2016 年 8 月 29 日，湖南省长沙县行政执法局对威尼斯城房产公司作出行政处罚决定，责令该公司停止第四期项目建设，并处以 10 万元罚款。威尼斯城房产公司虽然缴纳了罚款但

并未停止建设。截至 2018 年 3 月 7 日,该项目已经建成 1—6 栋。7—8 栋未取得施工许可证即开始进行基坑施工(停工状态),9 栋未开工建设。

【提出检察建议】

2017 年 7 月 20 日,湖南省长沙市人民检察院在参与中央环保督查组督查过程中,发现长沙县城乡规划建设局、长沙县行政执法局不依法履行职责致使国家和社会公共利益受损的线索。报告湖南省人民检察院后,湖南省人民检察院将案件线索交长沙市人民检察院办理。

长沙市人民检察院调查发现,2003 年 4 月 22 日至 2017 年 3 月 14 日,威尼斯城第四期项目建设用地位于参照饮用水水源一级保护区保护范围内。2017 年 3 月 14 日后,根据湖南省人民政府调整后的饮用水水源保护区划定,该建设项目用地位于饮用水水源二级保护区保护范围内。经调查核实,长沙市人民检察院认为长沙县城乡规划建设局等三行政机关不依法履行职责,对当地生态环境、饮用水水源安全造成重大影响,侵害了社会公共利益。其中:

长沙县城乡规划建设局明知威尼斯城第四期项目必须重新申报环境影响评价文件,但在未重新申报的情况下,发放建设工程规划许可证和建筑工程施工许可证,导致项目违法建设,给当地生态环境造成重大影响。

长沙县行政执法局明知威尼斯城第四期项目环境影响评价未申报通过、未批先建的情况下,在作出责令停止建设,并处以罚款 10 万元的决定后,未进一步采取措施,导致该项目 1—6 栋最终建设完成,同时对该项目 7—8 栋无建筑工程施工许可就开挖基坑的违法行为未责令恢复原状,造成重大生态环境影响。

长沙县环境保护局明知威尼斯城第四期项目环境影响评价未申报通过,却在该项目 1—6 栋建设工程规划许可证申请表上盖章予以认可,造成违法建设行为发生,给当地生态环境造成重大影响。

2017 年 12 月 18 日、2018 年 3 月 16 日,长沙市人民检察院先后分别向长沙县城乡规划建设局、长沙县行政执法局和长沙县环境保护局发出检察建议:一是建议长沙县行政执法局依法对威尼斯城房产公司未依法停止建设,仍处于继续状态的违法行为进行处罚,责令对违法在建工程恢复原状。二是建议三行政机关在职责范围内依法处理威尼斯城第四期项目环境影响评价、建设工程规划许可和建筑工程施工许可等问题。三是建议三行政机关依法加强对该项目行政许可的审批管理和执法监管,杜绝类似违法行为再次发生。

检察机关发出检察建议后,与长沙县行政执法局等三机关以及长沙县人民政府进行了反复协调沟通,促进相关检察建议落实。三机关均按期对长沙市人民检察院检察建议进行了书面回复。2018 年 4 月 10 日,长沙县行政执法局根据检察建议的要求对威尼斯城房产公司作出行政处罚决定：责令该公司立即停止第四期项目建设；对7—8栋基坑恢复原状，并处罚款4365058.67元。威尼斯城房产公司接受处罚并对7—8栋基坑恢复原状。长沙县城乡规划建设局、长沙县环境保护局根据检察建议的要求加大对该项目的监管力度，对类似行政审批流程进行规范，对相关责任人员进行追责，给予四名工作人员相应的行政处分。

2018年2月9日，长沙县人民政府就纠正违法行为与长沙市人民检察院沟通并对相关问题提出处置意见。因该案涉及饮用水水源地保护区调整，长沙市人民检察院依法向长沙县人民政府发出工作建议，建议该县及时向上级机关申报重新划定饮用水水源地保护区范围；对该项目监管和执法中暴露出来的相关违法违规问题依法依规进行处理；加强对建设项目审批的管理和监督、对招商引资项目的管理，进一步规范行政许可、行政审批行为，切实防止损害生态环境和资源保护行为的发生。

2018年5月17日，长沙县人民政府就工作建议向长沙市人民检察院作出书面回复，对威尼斯城第四期项目违法建设的处置提出具体的工作意见和实施办法。长沙市人民检察院认为，威尼斯城第四期项目违法建设对当地生态环境和饮用水水源地造成重大影响，损害社会公共利益，考虑到该项目1—6栋已经销售完毕，仅第6栋就涉及320户，涉及众多群众利益，撤销该项目的建设工程规划许可证和建筑工程施工许可证并拆除建筑，将损害不知情群众的利益。经论证，采取取水口上移变更饮用水水源地保护区范围等补救措施，不影响威尼斯城众多业主的合法权益和生活稳定，社会效果和法律效果较好。根据长沙市人民检察院的建议，长沙县人民政府上移饮用水取水口。2018年5月31日，新建设的长沙县星沙第二水厂取水泵站已经通水。2018年10月29日，经湖南省人民政府批准，长沙市人民政府对饮用水水源地保护范围进行了调整。

【指导意义】

检察机关办理公益诉讼案件，应当着眼于切实维护国家利益和社会公共利益的目标，加强与行政机关沟通协调，注重各项实际措施的落实到位。充分发挥诉前程序的功能作用，努力实现案件办理政治效果、社会效果和法律效果的有机统一。对于一个污染环境或者破坏生态的事件，多个行政机关存在违法行使职权或者不作为情形的，检察机关可以分别提出检察建议，督促其依法履行各自职责。依据法律规定，有多种行政监管、处罚措施可选择时，应从最大限度保护国家利益或者社会公共利益出发，建议行政机关采取尽量不减损非侵权主体的合法权益、实际效果最好的监管处罚措施。

【相关规定】

《中华人民共和国环境保护法》第六十一条

《中华人民共和国水污染防治法》第六十六条

《中华人民共和国环境影响评价法》第三十一条

《中华人民共和国行政诉讼法》第二十五条第四款

《环境行政处罚办法》第十一条

检例第 51 号

曾云侵害英烈名誉案

【关键词】民事公益诉讼　英烈名誉　社会公共利益

【要旨】

对侵害英雄烈士的姓名、肖像、名誉、荣誉，损害社会公共利益的行为人，英雄烈士近亲属不提起民事诉讼的，检察机关可以依法向人民法院提起公益诉讼，要求侵权人承担侵权责任。

【基本案情】

2018 年 5 月 12 日下午，江苏省淮安市消防支队水上大队城南中队副班长谢勇在实施灭火救援行动中不幸牺牲。5 月 13 日，公安部批准谢勇同志为烈士并颁发献身国防金质纪念章；5 月 14 日，中共江苏省公安厅委员会追认谢勇同志为中国共产党党员，追记一等功；淮安市人民政府追授谢勇同志"灭火救援勇士"荣誉称号。

2018 年 5 月 14 日，曾云因就职受挫、生活不顺等原因，饮酒后看到其他网友发表悼念谢勇烈士的消息，为发泄自己的不满，在微信群公开发表一系列侮辱性言论，歪曲谢勇烈士英勇牺牲的事实。该微信群共有成员 131 人，多人阅看了曾云的言论，有多人转发。曾云歪曲事实、侮辱英烈的行为，侵害了烈士的名誉，造成了较为恶劣的社会影响。

【诉前程序】

2018 年 5 月 17 日，江苏省淮安市人民检察院以侵害英雄烈士名誉对曾云作出立案决定。

检察机关围绕曾云是否应当承担侵害英烈名誉的责任开展调查取证。经调查核实，曾云主观上明知其行为可能造成侵害烈士名誉的后果，客观上实施了侵害烈士名誉的违法行为，在社会上产生较大负面影响，损害了社会公共利益。

　　检察机关依法履行民事公益诉讼诉前程序，指派检察官赴谢勇烈士家乡湖南衡阳，就是否对曾云侵害烈士名誉的行为提起民事诉讼当面征求了谢勇烈士父母、祖父母及其弟的意见（谢勇烈士的外祖父母均已去世）。烈士近亲属声明不提起民事诉讼，并签署支持检察机关追究曾云侵权责任的书面意见。

　　【诉讼过程】

　　2018 年 5 月 21 日，淮安市人民检察院就曾云侵害谢勇烈士名誉案向淮安市中级人民法院提起民事公益诉讼。6 月 12 日，淮安市中级人民法院公开开庭审理本案。

　　（一）法庭调查

　　淮安市人民检察院派员以公益诉讼起诉人的身份出庭，并宣读起诉书，认为曾云发表的侮辱性语言和不实言论侵害了谢勇烈士的名誉，损害了社会公共利益。

　　公益诉讼起诉人出示了相关证据材料：一是批准谢勇同志烈士称号的批文、追授谢勇同志"灭火救援勇士"荣誉称号的文件等，证明谢勇同志被批准为英雄烈士和被授予荣誉称号。二是曾云微信群的聊天记录截图、证人证言等，证明曾云实施侵害谢勇烈士名誉的行为，损害社会公共利益。三是检察机关向谢勇烈士近亲属发出的征求意见函、谢勇烈士近亲属出具的书面声明等，证明检察机关履行了诉前程序。

　　曾云表示对检察机关起诉书载明的事实和理由没有异议。

　　（二）法庭辩论

　　公益诉讼起诉人发表出庭意见：

　　一是曾云公开发表侮辱性言论，歪曲英雄被追认为烈士的相关事实，侵害了谢勇烈士的名誉。证据充分证明曾云发表的不当言论被众多网友知晓并转发，在社会上产生了负面影响，侵害了谢勇烈士的名誉。

　　二是曾云的行为损害了社会公共利益。英雄事迹是社会主义核心价值观和民族精神的体现。曾云的行为置社会主义核心价值观于不顾，严重损害了社会公共利益。

　　三是检察机关依法提起民事公益诉讼，意义重大。检察机关对侵害英烈名誉的行为提起公益诉讼，旨在对全社会起到警示教育作用，形成崇尚英雄、学习英雄、传承英雄精神的社会风尚。

　　曾云承认在微信群发表不当言论对烈士亲属造成了伤害，愿意通过媒体公开赔礼道歉，并当庭宣读了道歉信。

（三）审理结果

2018 年 6 月 12 日，淮安市中级人民法院经审理，认定曾云的行为侵害了谢勇烈士名誉并损害了社会公共利益，当庭作出判决，判令曾云在判决生效之日起七日内在本地市级报纸上公开赔礼道歉。

一审宣判后，曾云当庭表示不上诉并愿意积极履行判决确定的义务。2018 年 6 月 16 日，曾云在《淮安日报》公开刊登道歉信，消除因其不当言论造成的不良社会影响。

【指导意义】

《中华人民共和国英雄烈士保护法》第二十五条规定："英雄烈士没有近亲属或者近亲属不提起诉讼的，检察机关依法对侵害英雄烈士的姓名、肖像、名誉、荣誉，损害社会公共利益的行为向人民法院提起诉讼。"英雄烈士的形象是民族精神的体现，是引领社会风尚的标杆。英雄烈士的姓名、肖像、名誉和荣誉等不仅属于英雄烈士本人及其近亲属，更是社会正义的重要组成内容，承载着社会主义核心价值观，具有社会公益性质。侵害英雄烈士名誉就是对公共利益的损害。对于侵害英雄烈士名誉的行为，英雄烈士没有近亲属或者近亲属不提起诉讼时，检察机关应依法提起公益诉讼，捍卫社会公共利益。

检察机关履行这类公益诉讼职责，要在提起诉讼前确认英雄烈士是否有近亲属以及其近亲属是否提起诉讼，区分情况处理。对于英雄烈士有近亲属的，检察机关应当当面征询英雄烈士近亲属是否提起诉讼；对于英雄烈士没有近亲属或者近亲属下落不明的，检察机关可以通过公告的方式履行告知程序。

检察机关办理该类案件，除围绕侵权责任构成要件收集、固定证据外，还要就侵权行为是否损害社会公共利益这一结果要件进行调查取证。对于在微信群内发表侮辱、诽谤英雄烈士言论的行为，要重点收集微信群成员数量、微信群组的私密性、进群验证方式、不当言论被阅读数、转发量等方面的证据，证明侵权行为产生的不良社会影响及其严重性。检察机关在决定是否提起公益诉讼时，还应当考虑行为人的主观过错程度、社会公共利益受损程度等，充分履行职责，实现政治效果、社会效果和法律效果的有机统一。

【相关规定】

《中华人民共和国英雄烈士保护法》第二十二条、第二十五条、第二十六条

《中华人民共和国民法总则》第一百八十五条

《中华人民共和国侵权责任法》第十五条

《中华人民共和国民事诉讼法》第五十五条第二款

《最高人民法院、最高人民检察院关于检察公益诉讼案件适用法律若干问题的解释》第五条

《最高人民检察院第十三批指导性案例》解读

万　春　缐　杰　张　杰*

2018 年 12 月 12 日，经最高人民检察院第十三届检察委员会第十一次会议审议，最高人民检察院于 2018 年 12 月 21 日发布了第十三批指导性案例，包括陕西省宝鸡市环境保护局凤翔分局不全面履职案等三件指导性案例。为更好地促进指导性案例在实践中的应用，现就案例中涉及的相关问题作如下解读。

一、最高人民检察院发布第十三批指导性案例的意义

2017 年 6 月，全国人大常委会修改民事诉讼法和行政诉讼法，明确将检察机关提起公益诉讼职责写入法律。2017 年 9 月 11 日，第二十二届国际检察官联合会年会在北京召开，习近平总书记在贺信中指出：检察官作为公共利益的代表，肩负着重要责任。当前，检察机关公益诉讼工作快速发展，成为新时代检察工作重要职能和新的发展着力点。最高人民检察院围绕公益诉讼主题发布第十三批指导性案例，主要意义在于：

一是大力推进公益诉讼检察工作。当前，公益诉讼检察工作快速发展，成为检察机关履行法律监督职责的新领域。最高人民检察院发布公益诉讼指导性案例，就是要大力推动各级检察机关不断加大公益诉讼检察工作力度，贡献更多优质检察产品和法治产品，不断满足人民群众对民主、法治、公平、正义、安全、环境等方面日益增长的美好生活需求。

二是集中反映公益诉讼检察工作新理念。第十三批指导性案例集中反映了检察机关在公益诉讼中新的工作理念。陕西省宝鸡市环境保护局凤翔分局不全面履职案集中展示了检察机关树立正确的办案监督理念，通过依法提起诉讼，督促行政机关依法全面履职，确保国家利益和社会公共利益得到保护的司法过程。在湖南省长沙县城乡规划建设局等不依法履职案中，检察机关着眼于切实维护国家利益和社会公共利益的目标，在依法提出检察建议后，又和行政机关、政府部门加强联系和沟通，从实际情况出发提出了切实可行的整改方案，体现了检察机关在履行法律监督职责中"双赢多赢共赢"的工作理念。

三是回应解决公益诉讼中的法律适用疑难问题。指导性案例具有针对性

---

*　作者单位：最高人民检察院法律政策研究室。

强、灵活及时等特点，在指导规范检察工作中具有独特作用。当前各级检察机关积极开展公益诉讼工作，在取得成绩的同时，也面临一些亟待解决的法律疑难问题。第十三批指导性案例在广泛调研的基础上，选取典型案例回应了实践中如何判断行政机关依法全面履职、如何根据行政成本较小原则提出检察建议、英烈保护民事公益诉讼如何履行诉前程序等疑难问题，是检察机关开展公益诉讼工作的重要参考。

四是以案释法开展普法宣传教育。 指导性案例是生动的法治教材，也是较好的普法素材。最高人民检察院发布公益诉讼指导性案例，旨在通过优秀案例传递检察好声音，讲述检察好故事，落实检察环节"谁司法谁普法"的普法责任，让人民群众通过案例更好了解、支持公益诉讼工作，形成社会主义法治建设的强大合力。

二、第十三批指导性案例的简要案情、要旨和指导意义

（一）陕西省宝鸡市环境保护局凤翔分局不全面履职案

该案基本案情： 陕西长青能源化工有限公司在甲醇项目试生产期满后未停止生产，造成燃煤锅炉大气污染物排放值持续超标。陕西省宝鸡市环境保护局凤翔分局虽有罚款等履职行为，但未依法全面履职，违法生产行为及颗粒物超标排放持续存在。凤翔县检察院在发出《检察建议书》未实现应有效果的前提下，依法提起行政公益诉讼，法院判决宝鸡市环境保护局凤翔分局未依法全面履行环境监管职责的行为违法。

该案例主要阐明： 行政机关在履行环境保护监管职责时，虽有履职行为，但未依法全面运用行政监管手段制止违法行为，检察机关经诉前程序仍未实现督促行政机关依法全面履职目的的，应当向法院提起行政公益诉讼。

该案指导意义： 一是检察机关在诉前程序中，要围绕行政机关不依法履职或者不全面履职行为的客观表现、主观过错、与国家利益或者社会公共利益遭受侵害后果的关系以及相关的法律依据、政策要求、文件规定等全面收集、固定证据，对违法事实进行调查核实，在查清事实的基础上依法提出检察建议，督促行政机关纠正违法、依法履职。二是对行政机关不依法履行法定职责的判断，应以法律规定的行政机关法定职责为依据，对照行政机关的执法权力清单和责任清单，以是否全面运用法律法规和规范性文件规定的行政监管手段制止违法行为，国家利益或者社会公共利益是否得到了有效保护为标准进行判断。通过这一案例，明确了行政机关不依法全面履职的具体涵义和判断标准，为今后开展公益诉讼工作提供了参考和依据。

（二）湖南省长沙县城乡规划建设局等不依法履职案

该案基本案情：长沙威尼斯城房地产开发有限公司（以下简称威尼斯城房产公司）开发的房产项目将原定项目建设性质、规模、容积率等作出重大调整后，未重新报批环境影响评价文件即开工建设。行政部门虽有处罚行为但未能制止违法建设。湖南省长沙市检察院经调查核实后，依法发出检察建议，并根据执法成本较小社会效益较大的原则提出了可行的解决方案，最终督促行政机关依法履职，威尼斯城房产公司违法建设行为被制止并接受处罚，取得良好的社会效果和法律效果。

该案例主要阐明：检察机关通过检察建议实现了督促行政机关依法履职、维护国家利益和社会公共利益目的的，不需要再向法院提起诉讼。

该案指导意义：检察机关办理公益诉讼案件，应当着眼于维护国家利益和社会公共利益的目标，加强与行政机关沟通协调，注重各项实际措施的落实到位，充分发挥诉前程序的功能作用，努力实现案件办理政治效果、社会效果和法律效果的有机统一。通过这一案例，明确了检察机关依法提出检察建议后，还要积极有效开展工作，督促违法行为得到纠正。

（三）曾云侵害英烈名誉案

该案基本案情：曾云在微信群公开发表言论，侮辱谢勇烈士名誉，造成了较为恶劣的社会影响。江苏省淮安市检察院经诉前程序征求谢勇烈士近亲属意见后，对曾云提起民事公益诉讼，依法追究了曾云侵权责任。

该案例主要阐明：对侵害英雄烈士的姓名、肖像、名誉、荣誉，损害社会公共利益的行为人，英雄烈士近亲属不提起民事诉讼的，检察机关可以依法向法院提起公益诉讼，要求侵权人承担侵权责任。

该案指导意义：英烈名誉是民族精神的体现，是引领社会风尚的标杆，绝不允许恶意侮辱。英雄烈士的姓名、肖像、名誉和荣誉等是社会正义的重要组成内容，承载着社会主义核心价值观，具有社会公益性质。侵害英雄烈士名誉就是对社会公共利益的损害。对于侵害英雄烈士名誉的行为，英雄烈士没有近亲属或者近亲属不提起诉讼的，检察机关应依法提起公益诉讼，捍卫社会公共利益。该案例是首例检察机关英烈保护民事公益诉讼案例，为检察机关开展英烈权利保护公益诉讼工作提供了实践依据。

三、第十三批指导性案例说明的主要法律问题

（一）行政机关依法全面履职如何判断

检察机关提起公益诉讼工作中，关于行政机关是否依法全面履职，是一个常见的需要明确的问题。陕西省宝鸡市环境保护局凤翔分局不全面履职案较好

地说明了这个问题。对此，应以法律规定的行政机关法定职责为依据，对照行政机关的执法权力清单和责任清单，从三个方面进行判断：一是是否采取有效措施制止违法行为；二是是否已全面运用法律法规和规范性文件规定的行政监管手段；三是国家利益或者社会公共利益是否得到了有效保护。最高人民检察院通过相关文件及陕西省宝鸡市环境保护局凤翔分局不全面履职案这一指导性案例对实践中存在疑难的依法全面履职标准问题作出了具体说明。

（二）检察机关在诉前程序如何提出检察建议

湖南省长沙县城乡规划建设局等不依法履职案是通过诉前程序解决问题的典型案例。该案例主要说明了检察机关在行政公益诉讼中如何根据行政成本最小的原则，恰当提出检察建议，促进违法行为整改。2018年修订后的人民检察院组织法第二十一条规定，检察机关依法提起公益诉讼时，可以进行调查核实，并依法提出检察建议。有关单位应当予以配合，并及时将采纳纠正意见、检察建议的情况书面回复检察机关。调查核实是公益诉讼诉前程序中一项重要工作。检察机关开展诉前调查，应当围绕行政机关的法定职责、权限和法律依据；行政机关不依法履职的事实；国家利益或者社会公共利益受到侵害的事实及状态以及其他需要查明的事实开展调查。湖南省长沙市检察院在湖南省长沙县城乡规划建设局等不依法履职案诉前程序中主要查明了长沙县城乡规划建设局等三行政机关的法定职责，行政机关违法行使职权或者不作为的情况及证据、国家利益或者社会公共利益受到侵害情况及证据。同时，在诉前程序开展调查核实后，着眼于切实维护国家利益和社会公共利益的目标，根据执法成本较小社会效益较大的原则提出了可行的解决方案。这主要是考虑长沙威尼斯城四期项目是当地的重点工程，群众比较关注。如果依法撤销威尼斯城四期项目第6栋的建设工程规划许可证和建筑工程施工许可证，可能损害数量众多不知情群众利益。湖南省长沙市检察院经充分调查，并与行政机关反复沟通协商后，认为将星沙自来水厂取水口上移，变更饮水水源地保护区范围的执法成本最小，建议采取这种整改措施。这些工作充分说明：检察机关在依法提出检察建议后，又和行政机关、政府部门加强联系和沟通，促进相关建议落实，促进诉前程序取得了良好效果。该案例说明检察机关通过检察建议实现了督促行政机关依法履职、维护国家利益和社会公共利益目的的，不需要再向法院提起诉讼。

（三）英烈名誉为什么是一种公共利益

《中华人民共和国英雄烈士保护法》（以下简称英雄烈士保护法）第二十五条规定："英雄烈士没有近亲属或者近亲属不提起诉讼的，检察机关依法对侵害英雄烈士的姓名、肖像、名誉、荣誉，损害社会公共利益的行为向人民法院提起诉讼。"曾云侵害英烈名誉案集中说明了英烈名誉为什么是一种社会公共利益。该案例说明：英雄烈士行为是国家民族精神的体现，英雄事迹是社会主义核心价值观和民族精神的体现，是引领社会风尚的标杆，英雄烈士名誉等权利不仅属于英雄烈士本人或者其近亲属，更是社会正义的重要组成内容，承载社会主义核心价值观，具有社会公益性质。

（四）检察机关保护英烈名誉民事公益诉讼中如何履行诉前程序

英雄烈士保护法赋予了检察机关英烈保护公益诉讼职能后，曾云侵害英烈名誉案系检察机关办理的全国首例英烈保护民事公益诉讼案件。检察机关在办理该类案件时，很多具体程序问题有待探索。该案例说明检察机关办理保护英烈名誉公益诉讼案，既要借鉴既有的民事公益诉讼制度，同时又要在目前法律尚没有明确规定或者规定不具体时，在法律精神的指引下，在法律规定框架内进行探索。例如，因英雄烈士保护法对检察机关提起英烈保护民事公益诉讼如何履行诉前程序没有明确规定。根据现有法律，司法解释规定检察机关对"生态环境和资源保护、食品药品安全领域"提起民事公益诉讼可通过公告履行诉前程序，公告对象是法律规定的机关和社会组织。而英烈保护公益诉讼诉前程序的对象是英雄烈士的近亲属，诉前程序对象的不同决定了不宜一律采取公告的方式履行诉前程序，应当根据英雄烈士近亲属的具体情形采取不同的方式履行诉前程序，对于英雄烈士有近亲属的，可以借鉴该案例中当面征询烈士近亲属是否提起诉讼的意见的形式，既充分保证近亲属的诉权，又有利于实现效率原则。对于英雄烈士没有近亲属或者近亲属下落不明的，检察机关应当通过公告的方式履行诉前程序。

四、典型案例

最高人民法院、最高人民检察院
发布 10 起检察公益诉讼典型案例

(2018 年 3 月 2 日)

目　录

一、诉前程序典型案例

1. 湖南省蓝山县环保局不依法履行职责案

基本案情： 蓝山县人民检察院在履行职责中发现，蓝山县新圩镇上清涵村村民廖某某在未办理国土、环保、工商等手续的情况下，在本村租用土地86.44亩兴建选矿厂，从2006年底至2017年4月持续非法选矿生产。该厂无任何污水处理设施，其中多个尾砂库无防渗措施，生产过程中排放的废水、废渣致使所占用土地产生了污染，发生了质变。蓝山县环境保护局（以下简称县环保局）作为环境保护主管部门，对其违法排污行为一直怠于履行监管职责，虽对该厂作出了行政处罚，但该厂始终未能完全履行生效行政处罚决定。直到中央环保督察组督察后，县环保局才于2017年4月28日联合蓝山县新圩镇政府等部门，将该选矿厂强行关停并拆除生产设备及厂房。该厂虽被取缔，但厂内的废水未进行无害化处理，尾砂也未作进一步处置，存在持续对周边环境造成污染的状况和危险，国家利益及社会公共利益仍然处于被侵害状态。

诉前程序： 蓝山县人民检察院调查核实后，于2017年10月19日向县环保局发出检察建议，建议县环保局立即采取有效措施，对环境损害责任方廖某某选矿厂的废水、废渣进行处置，防止废水、废渣逸散，避免对环境造成进一步的污染；依法履行环境监管责任，责令相关人员尽快制定污水处理方案及土壤污染修复方案，并监督相关责任人员依方案实施。

行政机关整改情况： 县环保局收到检察建议后，积极督促廖某某对被污染环境进行治理，与永清环保股份有限公司签订了技术服务合同，委托制订了《蓝山县新圩镇上清涵非法选矿厂环境污染应急处置方案》，并监督廖某某按处置方案实施。截至2017年12月6日，已恢复可利用土地面积约4000m²，完成总量约70%；污泥池用地恢复面积约2500m²，完成总量的约25%；已沉淀处理污水约600m³（未中和），现厂区剩余污水量约15000m³。至此，该起案件已通过诉前检察建议取得了实质效果。

典型意义： 该案在办理过程中，检察机关通过对线索的研判、审查，发现了环保、国土部门国家工作人员的渎职行为，通过民行部门的督促履职、反渎部门的职务犯罪查办，将对行政单位的监督与对国家工作人员的监督互相渗透、促进，形成了检察监督合力。本案根植环保理念，关注和保护生态自然环境，对广大群众有着重要教育和宣传意义；特别是对当地的行政机关起到了很好的警示作用，为公益诉讼工作的开展营造了良好的氛围。

2. 四川省成都市双流区市场监管局违法履职案

基本案情： 2016 年至 2017 年 9 月，成都市双流区市场和质量管理局（以下简称双流区市场监管局）工作人员冯某某在双流区老渔民食品商行等 283 户个体工商户未提交登记资料及未取得任何审批的情况下，为其办理了工商注册登记，颁发了《营业执照》。该局根据该 283 户个体工商户提供的《营业执照》和《成都市双流区食品经营自查申请表》等资料，又为其颁发了《食品经营许可证》。案发后，双流区市场监管局对 283 户个体工商户登记的营业地址进行了核实，发现均没有实体门店。该局根据《个体工商户条例》《食品经营许可证管理办法》之规定，于 2017 年 9 月、11 月分别作出了撤销双流区老渔民食品商行等 283 户个体工商户的注册登记及《食品经营许可证》的决定。

诉前程序： 2017 年 11 月，双流区人民检察院民行部门通过与刑事部门内部协调沟通机制，获得犯罪嫌疑人买卖国家机关证件案的线索。检察长召集侦监、公诉、民行部门办案人员召开案情分析会，按照各自的职责开展调查核实工作。经调查核实发现，上述个体工商户没有线下实体经营场所但准备从事网络食品经营，系通过非法途径获得食品经营许可；同时，双流区市场监管局在撤销食品经营许可证后长时间未办理食品经营许可证的注销手续。为防范网络食品消费安全风险，该院遂向双流区市场监管局发出检察建议，建议其对于法定期限内未申请办理注销手续的个体工商户依职权注销其《食品经营许可证》；为切实防止上述个体工商户在食品经营许可证被撤销后继续从事网络食品经营，同时建议将 283 户个体工商户的工商注册登记、食品经营许可被撤销、注销的相关信息发送有关第三方交易平台并对上述食品经营者的后续经营行为进行跟踪监督。

行政机关整改情况： 收到检察建议后，双流区市场监管局高度重视，研究整改措施。注销了 283 户工商户的《食品经营许可证》，并将食品经营许可证撤销、注销情况发送至"美团""饿了么"等第三方平台总部，并将继续对上述食品经营者的后续经营行为进行跟踪监督，有效防范了网络食品消费安全风险。

典型意义： 近年来，依托移动互联网络的飞速发展，我国"网络点餐"食品外卖消费呈爆炸性增长趋势，在方便老百姓生活的同时，其中的食品卫生安全问题亦层出不穷，相关行政机关监督管理不到位的问题应当引起高度重视。检察机关依托行政公益诉讼诉前检察建议，对于督促行政机关加强对

"网络点餐"及第三方平台的监督管理，有效防范网络食品消费中的安全风险，保障人民群众"舌尖上的安全"具有积极意义。

3. 陕西省西安市国土资源局不依法履行职责案

基本案情： 陕西圣米兰家俱有限公司（后更名为陕西圣米兰实业发展有限公司，以下简称圣米兰公司）于 1998 年 12 月 12 日取得西安市雁塔区 149.979 亩土地的《建设用地规划许可证》。2002 年 7 月 18 日，经西安市人民政府批准，西安市雁塔区将 118.318 亩净用地出让给圣米兰公司用于建设家具生产综合楼。同日，西安市国土资源局（以下简称市国土局）与圣米兰公司签订《国有土地使用权出让合同》，出让价格为每平方米 49.5 元，出让金 3904569.02 元。圣米兰公司就上述土地办理了两份《国有土地使用权证》和《建设工程规划许可证》，但并未依照规划对土地进行开发。

2007 年 7 月，圣米兰公司向西安市规划局申请将 47.645 亩土地性质变更为商业用地，70.673 亩土地性质变更为住宅用地。2007 年 9 月 12 日，西安市规划局给圣米兰公司重新颁发了〔2007〕172 号《建设用地规划许可证》，同时将 1998 年发给圣米兰公司的《建设用地规划许可证》收回。但圣米兰公司未与国土部门重新签订合同，未调整土地出让金，亦未开发土地。2008 年 2 月 5 日，市国土局作出《土地行政处罚决定书》，对该公司作出 78.0914 万元的处罚决定。2015 年 10 月 26 日，市国土局作出决定，要求圣米兰公司于 2015 年 11 月 20 日前，重新签订出让合同及补交相应出让金。2016 年 1 月 26 日，市国土局雁塔分局致函圣米兰公司，责令其立即与市国土局签订土地出让变更合同，加快手续办理速度，用地现场恢复施工，但该公司仍未按要求办理。

2015 年 6 月，西安市中级人民法院查封了圣米兰公司持有的两块土地。2015 年 10 月 21 日，西安市中级人民法院致函市国土局，指出因该院对上述查封土地正在处理，贵局无权收回土地。但可以在该土地升值或维持现值的基础上变更上述查封土地用途，否则不得变更。

诉前程序： 雁塔区人民检察院在调查核实有关情况后，于 2017 年 4 月 24 日向市国土局发出检察建议，认为土地闲置造成土地资源的浪费，使有限的土地资源得不到合理、有效利用，是社会财富的巨大浪费。圣米兰公司取得土地后长期闲置，构成了对公共利益的侵害。建议该局依法切实履行监管职责，予以处置。

行政机关整改情况： 2017 年 5 月 24 日，市国土局复函称，已研究部署整改：一是要求雁塔区政府、市国土局雁塔分局加快制定整改方案，尽快完成处置工作。二是积极与法院对接处置事宜。三是多方约谈圣米兰公司，告知其处置要求。四是经雁塔区政府研究同意，市国土局雁塔分局上报了整改方案，由其督促圣米兰公司完善土地用途变更手续，签订出让合同变更协议；在缴纳土地出让金、完成开工审批手续后，按照约定的期限开工建设。

2017年10月17日，雁塔区人民检察院向市国土局发出调查函，了解整改方案的进展情况。同年10月27日，市国土局回复称："在贵院的督促支持下，经雁塔区政府和市、区国土部门多次督促协调，圣米兰公司已按照规划办理土地用途变更手续，46.842亩土地用途由工业（综合）变为商服，66.33亩土地用途由工业（综合）变为住宅。我局于9月12日与该公司签订了《国有建设用地使用权出让合同变更协议》，约定合同签订之日起60日内付清土地出让价款共计67311.4274万元，2018年5月31日之前开工。"2017年11月1日，圣米兰公司向西安市财政局补缴了67311.4274万元土地出让金。11月7日，雁塔区人民检察院收到市国土局送来的圣米兰公司补缴土地出让金的票据。

典型意义：本案中检察机关充分发挥公益诉讼诉前程序灵活性和实效性的特征，督促行政机关依法行政和严格执法；主动保护公益，积极行使检察监督权，通过督促市国土局依法履职，成功盘活了处于黄金地段闲置14年的土地资源，使国有土地资产收益权能达到最优化，为国家收回了6.7亿余元土地出让金，切实保护了国家利益和社会公共利益。

二、诉讼程序典型案例

4. 吉林省白城市洮北区人民检察院诉洮北区畜牧业管理局行政公益诉讼案

基本案情：白城市洮北区人民检察院在办理刑事案件中，发现洮北区畜牧业管理局对顾某某擅自改变草原用途没有及时恢复植被的行为，未依法履行监管职责损害了社会公共利益。2015年春季，顾某某未经任何部门审批，私自将位于镇南种羊场报好农场南侧草原非法开垦。洮北区畜牧业管理局接到群众举报后，由洮北区草原站执法人员进行了现场勘查。经勘查，被破坏草原性质为国有，面积为10.068公顷。2015年7月8日，洮北区畜牧业管理局将该案移送公安机关侦查，并告知了顾某某，但未责令其将破坏的草原恢复植被。

2017 年 9 月 14 日白城市公安局洮北分局以顾某某涉嫌非法占用农用地罪，将案件移送洮北区人民检察院审查起诉。至移送时，顾某某破坏的草原植被仍然没有恢复，严重破坏了生态资源，国家和社会公共利益受到侵害，洮北区畜牧业管理局对此没有采取监督管理措施。

诉前程序：洮北区人民检察院于 2017 年 7 月 28 日向洮北区畜牧业管理局发出检察建议，建议其依法履行监管职责，责令顾某某停止开垦，恢复植被。该局于 2017 年 8 月 28 日书面回复洮北区检察院称找不到顾某某，已将该案移送公安机关，履行了应尽的法定职责。该局始终未采取有效措施，恢复被破坏的草原植被。

诉讼过程：2017 年 9 月 22 日，洮北区人民检察院以公益诉讼人身份向洮北区人民法院提起行政公益诉讼，要求确认洮北区畜牧业管理局未依法履行督促顾某某恢复草原植被的监管职责违法；请求判决该局依法履行监管职责，采取有效措施，恢复被破坏的草原植被。

洮北区人民法院公开开庭审理了此案。于 2017 年 12 月 12 日作出一审判决支持了检察机关的诉讼请求，判决确认洮北区畜牧业管理局未依法履行督促顾景平恢复草原植被的监管职责违法；责令该局依法履行监督、管理职责。一审宣判后，洮北区畜牧业管理局未提出上诉，判决已发生法律效力。

典型意义：检察机关提起公益诉讼的前提是公共利益受到侵害，非法开垦草原的违法行为，使草原的生态服务功能遭到毁坏，侵害了公共利益，通过提起公益诉讼，有利于督促行政机关依法行政，恢复被破坏的草原植被，对保护自然环境和生态安全具有重大意义。

5. 江苏省泰州市高港区人民检察院诉高港区水利局行政公益诉讼案

基本案情：2014 年至 2015 年期间，泰兴市江汉水利工程有限公司在长江河道内未经许可非法采砂 317430.1 立方米。泰州市高港区水利局工作人员对江汉公司的非法采砂行为采取"不予处罚或单处罚款"的方式，帮助江汉公司规避监管，免予缴纳长江河道砂石资源费。

诉前程序：泰州市高港区人民检察院发现高港区水利局不履行水行政管理法定职责后，于 2016 年 10 月 24 日向高港区水利局发出督促履职令，督促高港区水利局依法查处江汉公司非法采砂行为。收到督促履职令后，高港区水利局一直未依法查处。

诉讼过程：泰州市高港区人民检察院于 2016 年 12 月 16 日提起行政公益诉讼，请求确认高港区水利局不及时查处江汉公司非法采砂的行为违法，并判决责令高港区水利局依法查处江汉公司的违法行为。

江苏省泰州医药高新技术产业开发区人民法院审理认为，泰州市高港区水利局收到人民检察院督促履职令知晓江汉公司的非法采砂行为后，在规定期限内未对江汉公司的非法采砂行为进行查处，其不作为不仅导致国家矿石资源费的流失，还使得非法采砂活动对长江生态、水文及航道安全的破坏未得到有效遏制，社会公共利益依然处于受侵害状态，泰州市高港区水利局不履行长江采砂监管法定职责行为违法。遂判决责令泰州市高港区水利局对江汉公司非法采砂行为作出处理。

判决生效后，泰州市水利局于 2017 年 11 月 7 日对江汉公司处以罚款 25 万元的行政处罚。

典型意义：本案系泰州市长江非法采砂行政公益诉讼系列案之一。长江非法采砂行为不仅导致国家资源的流失，无序采砂还严重影响长江航道和防洪堤坝安全，危害社会公共利益。行政机关尽职履责，及时对非法采砂行为进行惩戒是有效遏制违法行为的重要保障。检察机关在履行职责过程中发现水利行政执法机关工作人员存在放任违法行为、帮助逃避监管的现象后，及时发出督促履行令，在相关职能部门依然不履行职责的情况下，及时提起行政公益诉讼。通过环境行政公益诉讼，责令相关职能部门对违法行为及时进行查处，发挥对违法行政行为的司法监督功能，进一步健全了生态环境法律保护机制，提升了生态环境法律保护效果。

6. 福建省清流县人民检察院
诉清流县环境保护局行政公益诉讼案

基本案情：刘某未经审批焚烧属于危险废物的废电子电器产品、废弃的印刷电路板等，熔炼金属锭。2014 年 7 月 31 日，清流县环保局执法人员到现场调查，责令刘某立即停止生产，并查扣现场堆放的电子垃圾，存放于附近的养猪场。同年 8 月 7 日、9 日，清流县环保局将扣押的电子垃圾转移至东莹公司仓库贮存保管并过磅称重为 28580 千克。同年 9 月 2 日，清流县公安局对刘某涉嫌污染环境罪立案侦查。2015 年 7 月 7 日，清流县检察院对刘某作出不起诉决定。2015 年 5 月 12 日，清流县环保局租用没有危险废物经营许可证资质的九利公司仓库并将电子垃圾转移贮存。

诉前程序：清流县检察院于 2015 年 7 月 9 日向清流县环保局发出检察建议，督促其对扣押的电子垃圾严格按照法律规定进行处置并对焚烧电子垃圾残留物进行无害化处置。清流县环保局回复称对已扣押的电子垃圾等危废，将严格按照法律、法规的规定，交有处置危废资质的单位处置。但据清流县检察院调查，清流县环保局作为该县环境保护法定监督管理机构，未按要求对扣押的电子垃圾及焚烧现场进行无害化处置，只是对废弃电子垃圾进行了转移贮存，将扣押的电子垃圾贮存在九利油脂有限公司仓库中，始终未对刘某作出行政处罚，不仅不利于生态环境的保护，还可能对生态环境造成二次污染。

诉讼过程：清流县人民检察院向人民法院提起行政公益诉讼，请求：1. 确认清流县环保局行政行为违法；2. 判决清流县环保局依法履行职责。本案诉讼期间，清流县环保局对刘某作出行政处罚，并将案涉电子垃圾交由福建德晟环保技术有限公司处置。

清流县人民法院审理认为，依据《国家危险废物名录》的规定，本案的电子垃圾属于危险废物。清流县环保局作为地方环境保护主管部门，具有对本行政区域环境保护及固体废物污染环境防治工作实施统一监督管理及依法处置的职责。清流县环保局在明知本案涉电子垃圾属于危险废物，具有毒性，理应依法管理并及时处置的情形下，既没有依法处置危险废物，也没有联系有资质的企业代为处置，而是将危险废物自行转移且租用不具有危险废物经营许可证资质的企业贮存。人民检察院向清流县环保局送达检察建议书后，清流县环保局依然拖延履行职责，未及时将危险废物交由有资质的企业处置，清流县环保局的上述行为已构成违法。遂判决确认清流县环境保护局未依法处置危险废物的行为违法。

典型意义：本案系全国首批行政公益诉讼案件之一。人民法院在本案审理中，遵循诉讼法的基本原则和基本制度，并就人民检察院在公益诉讼中的地位、举证责任的分配、庭审规则等问题进行了有益探索和尝试。本案的审理促使被诉行政机关主动纠正违法行为，及时对违法行为人作出行政处罚并依法处置危险废物，防止对环境的持续不利影响，有效发挥了行政公益诉讼督促行政机关依法履职的积极作用。本案诉讼期间，被诉行政机关履行了法定职责，人民法院依据人民检察院的诉讼请求，判决确认原行政行为违法，有利于督促行政机关进一步提高依法行政意识，发挥公益诉讼裁判的引导示范作用，最大限度维护国家利益和社会公共利益。本案的判决也强调了对于"电子垃圾"这种具有毒性、污染环境的危险废物应当依法妥善处置，促使公众、企业、政府重视"电子垃圾"的危害，共同参与到有效防范和依法处置危险废物、保护生态环境的行动中，对危险废物案件的处理具有一定的示范意义。

7. 贵州省江口县人民检察院诉铜仁市国土资源局、贵州梵净山国家级自然保护区管理局行政公益诉讼案

基本案情： 2005 年，铜仁市国土局向紫玉公司颁发采矿许可证，许可其在梵净山国家级自然保护区进行采矿，梵净山保护区管理局亦对紫玉公司的采矿行为予以认可。紫玉公司在没有办理环境影响评价、安全生产许可、占用林地许可、生物多样性影响评价的情况下，边建设边生产，置报批的开采方案不顾，采取爆破方式破坏性开采，资源毁坏率达 80%、产生 90% 以上的废渣碎石，还将部分矿洞转让给当地村民组，造成资源巨大浪费、生态环境严重破坏，保护区内堆积长数百米、宽数十米、深度难以测算的尾矿废渣，压覆植被，形成地质灾害隐患。2016 年 6 月采矿权期限届满，铜仁市国土局接收了紫玉公司延续采矿权申请并收取了相应费用。

诉前程序： 2016 年 10 月 26 日，江口县检察院向铜仁市国土局发出检察建议书，要求依法撤销向紫玉公司颁发的证号为 5222000610002 的采矿许可证。2016 年 11 月 25 日，铜仁市国土局回复称："江口县德旺乡坝梅村杨家屯—上堰沟紫袍玉带石矿采矿权行政行为合法，依法不应当撤销。已暂停办理紫玉公司的江口县德旺乡杨家屯—上堰沟紫袍玉带石采矿许可证延续登记手续。"

2016 年 10 月 26 日，江口县检察院向梵净山保护区管理局发出检察建议书，要求该局根据《中华人民共和国自然保护区条例》第三十五条的规定依法对紫玉公司作出处理。2016 年 11 月 29 日，梵管局回复称：该局所属闵孝总站于 2007 年 7 月 24 日向紫玉公司下达停工通知，2009 年该局责令紫玉公司恢复被占林地，2011 年 12 月至 2014 年 12 月该局在保护区设三个点监守值班。2016 年 11 月 29 日，江口县检察院工作人员到江口县德旺乡坝梅村大火堰组杨家屯—上堰沟紫袍玉带石矿区实地查看，发现该公司未拆除土地上建筑物和对矿区进行恢复原状，导致国家和社会公共利益仍处于受侵害状态。

诉讼过程： 江口县人民检察院遂向遵义市播州区人民法院提起行政公益诉讼，请求：1. 确认采矿许可行为违法；2. 确认铜仁市国土局、梵净山保护区管理局怠于履行监督管理法定职责的行为违法；3. 责令铜仁市国土局、梵净山保护区管理局履行环境治理监管职责。诉讼中，铜仁市国土局编制了环境治理方案并责令紫玉公司限期治理，但治理工程尚未开工。

遵义市播州区人民法院审理认为：铜仁市国土局作为铜仁市人民政府地质矿产行政主管部门，应当依法履行其权限范围内的矿业权设置、审批登记、矿

山运营及停用后治理等监督管理职责。梵净山保护区管理局作为梵净山国家级自然保护区管理机构，应当在法律法规授权及相应行政主管机关委托的权限范围内正确履行自然保护区管理职责。梵净山保护区管理局、铜仁市国土局在未取得国务院授权的行政主管部门同意，未办理环境影响评价的情况下在自然保护区设置采矿权并许可紫玉公司采矿的行为违法。对紫玉公司破坏性开采，浪费矿产资源、破坏生态环境等行为，铜仁市国土局和梵净山保护区管理局均怠于履行监督管理法定职责，并有滥用职权许可其违法开采的行为，应确认违法。遂判决：1. 确认铜仁市国土局为紫玉公司颁发许可证行为违法；2. 确认铜仁市国土局和梵净山保护区管理局在对紫玉公司违法开采行为怠于履行监督管理法定职责的行为违法；3. 由铜仁市国土局对紫玉公司矿山环境修复治理工程履行监督管理职责至环境修复治理工程验收合格；由梵净山保护区管理局对环境修复治理工程进行全程监督管理。

宣判后，第三人紫玉公司不服提起上诉。二审判决驳回上诉，维持原判。

典型意义：本案涉及国家级自然保护区矿产资源和生态环境的保护。紫玉公司所开采矿区处于自然保护区内。铜仁市国土局、梵净山保护区管理局违法发放采矿许可证并怠于履行监管职责，致使自然保护区生态环境遭到严重破坏，矿产资源遭到极大浪费。本案判决确认铜仁市国土局、梵净山保护区管理局违法并要求其依法履行职责，监督紫玉公司修复受损生态环境，对于加强自然保护区生态环境和自然资源保护，矫正"靠山吃山""牺牲环境谋发展"的错误发展观，树立绿色发展理念，坚守生态红线，还自然以宁静、和谐、美丽具有重要意义。

8. 山东省聊城市人民检察院诉路荣太民事公益诉讼案

基本案情：2014 年 12 月至 2015 年 10 月，路荣太在未经相关部门审批且不具备清洗资质的情况下，使用强碱洗刷机油桶，并将未经无害化处理的强碱废液直接排入私自挖掘的渗坑内，对渗坑周边及地下土壤造成污染。淄博市周村区公安分局根据举报线索，并经对涉案地的排放液体取样鉴定，以路荣太涉嫌污染环境罪将其逮捕，并移送检察机关提起公诉。2016 年 12 月 20 日，淄博市周村区人民法院以污染环境罪判决路荣太承担刑事责任。

诉前程序：淄博市检察院向淄博市民政局进行查询，根据环保法相关法律规定，目前淄博市辖区内没有符合提起民事公益诉讼条件的公益组织，且无法律规定的机关提起民事公益诉讼。

诉讼过程：2017 年 3 月 17 日，聊城市人民检察院根据山东省人民检察院的指定，依法向淄博市中级人民法院提起诉讼，请求依法判令路荣太消除危险、恢复原状；若不能恢复原状，则应赔偿生态环境修复费用并承担鉴定费及相关损失。

淄博市中级人民法院审理认为，路荣太因环境污染犯罪行为造成涉案地环境污染，事实清楚，证据充分。聊城市人民检察院要求路荣太承担污染土壤治理及生态修复的相关费用，于法有据，判决路荣太在本判决生效后10日内，将污染治理及生态修复费38400元支付至山东省生态环境损害赔偿资金账户。

典型意义：本案是针对自然人实施的环境违法行为提起的民事公益诉讼案件。个人环境侵权行为具有行为隐蔽、污染周期长、监管困难的特点，由检察机关提起公益诉讼十分必要。通过对污染者环境污染行为的司法处理，加大其违法成本，有利于警示与威慑潜在的环境污染行为人。本案充分考虑路荣太作为自然人缺乏环境修复能力的客观事实，没有机械地判决其修复环境，而是依据环境保护主管部门对涉案地环境污染情况依法作出的生态修复实施意见，依法判令其支付生态修复资金到山东省生态环境损害赔偿资金账户，用于今后对涉案地的生态环境进行修复及补偿。本案的裁判结果既体现了法律对环境污染行为的有效惩治，又确保判决内容具有实际可执行性，具有一定示范意义。

9. 云南省普洱市人民检察院诉云南景谷矿冶有限公司民事公益诉讼案

基本案情：2015年3月7日20时，景谷公司选冶厂8号料液输送管道发生断裂，导致硫酸铜料液通过排洪道泄漏，造成白象村民委员会和民乐村民委员会的部分农田、菜地被污染，并导致民乐镇部分河段鱼类死亡。景谷县环保局于2015年3月8日作出行政决定书，要求景谷公司停业整改，并于同年4月7日发出行政处罚决定书，对企业作出罚款16万元的行政处罚。

污染事故发生后，景谷公司与受害村民就污染造成的直接经济损失达成赔偿调解协议，景谷公司共计赔偿受害村民514928元。经景谷县环保局委托，云南德胜司法鉴定中心于2015年12月14日出具司法鉴定意见，认为此次环境污染损害数额量化结果为1358300元，其中包括：农田环境污染损害费用为528600元；生态环境损害修复费用为829700元。该鉴定数额不包含景谷公司通过调解协议赔偿受害村民的款项。景谷县环保局为此支出鉴定费400000元。

诉前程序：普洱市人民检察院经向普洱市民政局、普洱市环境科学学会调查查明，在普洱市辖区内没有符合环境保护法第五十八条规定具有诉讼主体资格的社会组织。普洱市民政局出具了情况说明，普洱市环境科学学会出具了证明。

诉讼过程：普洱市人民检察院向普洱市中级人民法院提起诉讼，请求：1. 判令景谷公司赔偿生态环境损害修复费用 829700 元至普洱市财政局指定的账户；2. 判令景谷公司支付司法鉴定费 400000 元至景谷县环保局。

诉讼过程中，普洱市人民检察院与景谷公司自愿达成调解协议：1. 由景谷公司赔偿生态环境损害修复费用 829700 元至普洱市财政局指定的账户；2. 景谷公司支付司法鉴定费 400000 元至景谷县环保局；3. 案件受理费 15866 元，减半收取 7933 元，由景谷公司负担。人民法院将民事公益诉讼起诉书、调解协议在法院公告栏、《人民法院报》《普洱日报》进行了为期 30 日的公告。公告期满后未收到任何意见或建议。人民法院经审查，认为调解协议不违反法律规定，不损害社会公共利益，遂于 2017 年 1 月 16 日出具民事调解书。调解书现已全部履行完毕。

典型意义：本案人民法院受理案件后，多次召开庭前会议，坚持案件审理以保护生态环境和资源为原则，以保护当地群众生产生活为重点，严格做到疑难问题及时讨论、新问题及时沟通，保证案件得到公平、合理、高效地审理。案件开庭审理时，邀请云南省相关检察机关及地方人大、政府、政协负责人进行了旁听，通过以案释法有力推动了当地政府依法行政，提升了公众的环保意识，取得了良好的社会效果。本案充分协调各方当事人，以修复环境为目的，以被告全额进行赔偿的调解方式结案，达到法律效果与社会效果的有机统一，为完善生态环境资源纠纷多元化解决机制的提供了实践样本。

10. 湖北省利川市人民检察院诉吴明安、赵世国、黄太宽刑事附带民事公益诉讼案

基本案情：2017 年 3 月 25 日，吴明安、赵世国将湖北省利川市元堡乡朝阳村村民刘某家的一头死因不明并经深埋处理的成年母牛偷偷挖出，分割后将四个牛腿（共计 150 斤）和牛头以 2300 元的价格销售给在毛坝集市专门从事牛肉销售生意的黄太宽，该批牛肉经黄太宽以每斤 18 元至 20 元不等的价格销售给附近村民及毛坝集市上的不特定消费者，销售获款 2890 元。

2017 年 4 月 6 日，吴明安、赵世国又以同样的方式将吴明安自家当日深埋的一头死因不明的成年母牛挖出，以 1800 元销售给黄太宽，黄太宽将 102 斤牛肉在毛坝集市上以每斤 18 元至 20 元的价格销售给不特定的消费者，销售获款 2000 元。

　　吴明安、赵世国、黄太宽三人两次销售死因不明的牛肉共计获得销售价款4890元。利川市食品药品监督管理局组织有关专家就病死牛肉的危害后果进行认定，结论为：吴明安、赵世国、黄太宽等人经营销售死因不明的牛及其制品，足以造成严重食物中毒事故或者其他严重食源性疾病。

　　2017年5月，利川市人民检察院通过网络发现一段村民挖掘被埋死牛的视频，即将该线索反馈该市食药监局，督促其依法履行监督职责，并联合展开调查。6月22日，利川市人民检察院启动立案监督程序，监督利川市食药监局将该案移送利川市公安局办理，同步监督利川市公安局依法立案侦查。同年8月1日，利川市人民检察院发现吴明安等三人生产销售不符合安全标准的食品可能损害社会公共利益，决定立案审查。

　　诉前程序：2017年8月8日，利川市人民检察院在《检察日报》发出公告，督促适格主体提起民事公益诉讼，公告期满后没有其他适格主体对该案提起诉讼，社会公共利益持续处于受侵害状态。

　　诉讼过程：2017年11月22日，利川市人民检察院向利川市人民法院提起刑事附带民事公益诉讼，诉请判令吴明安、赵世国、黄太宽共同支付牛肉销售价款十倍的赔偿金48900元，并在利川市市级公开媒体上赔礼道歉。

　　2017年12月8日，利川市人民法院公开开庭审理本案并当庭宣判。该院认为，吴明安等三人的行为损害了不特定消费者的生命健康权，除应受到刑事处罚外，还应承担相应的民事侵权责任，利川市人民检察院依照法律规定提起刑事附带民事公益诉讼，是维护社会公益的一种方式，程序合法，请求得当有据。在认定三人构成生产、销售不符合安全标准的食品罪，分别处以不同刑期的刑罚、罚金、追缴违法所得、禁止在缓刑考验期内从事食品生产、销售及相关活动的同时，判决：吴明安等三人赔偿人民币48900元并在利川市市级公开媒体上赔礼道歉。赔偿款付至利川市财政局非税收入汇缴结算户。

　　目前，吴明安等三人已于2017年1月23日在利川市电视台视点栏目公开道歉。赔偿款已部分执行到位，余款正在执行中。

　　典型意义：该案是检察机关提起的全国首例法院判决支持惩罚性赔偿的食品安全领域民事公益诉讼案件，也是检察机关综合运用检察职能加强对行政机关违法不行使职权、公安机关刑事立案监督和对违法犯罪行为人刑事责任和民事责任追究的典型案例。本案首次提出了惩罚性赔偿的诉讼请求并得到法院支持，以刑事附带民事公益诉讼的方式提起诉讼，并提出在当地公开媒体上赔礼道歉，节约了司法资源，提高了司法效率，是综合运用检察职能办案的优秀范例。同时，加强了对行政机关违法行使职权的监督和对行为人刑事责任、民事责任的一并追究，最大限度地维护了社会公共利益。

最高人民检察院
公布 5 起 2017 年全国检察机关
公诉"打假"典型案例

（2018 年 3 月 14 日）

目　录

1. 上海市陈明江、谷传生等人生产、销售伪劣产品案

主要案情及诉讼过程： 2014 年 8 月至 2015 年 9 月间，被告单位山东金谷制罐有限公司、被告人陈明江、谷传生、潘兴兵、吴玲杰、唐境鸿，为获取非法利益，经共同或分别商议，通过自行或委托他人制作假冒国内知名品牌"贝因美""雅培"标识的奶粉罐，并用国内其他品牌奶粉灌装后，冒充"贝因美""雅培"品牌婴幼儿奶粉进行销售。

其中，2014 年 8 月至 9 月，被告人陈明江、潘兴兵为共谋生产假冒"贝因美"品牌的婴幼儿奶粉，通过网络联系到被告人蔡永告，委托其制造假冒"贝因美"奶粉罐，蔡永告通过网络联系了山东金谷制罐有限公司（下称金谷公司）制作了 4 万件假冒"贝因美"奶粉罐。陈明江、潘兴兵在浙江台州用国内其他品牌的奶粉进行灌装并销售。

2015 年 4 月，被告人陈明江、潘兴兵经与杨杰（另案处理）商议，欲共同生产假冒"雅培"品牌奶粉进行销售获利。此后，杨杰委托被告人祝全钦、郑红贵等人制造奶粉罐身、罐盖、罐盖软胶和勺子的模具。陈明江、潘兴兵、吴玲杰委托被告人吴永军印制假冒"雅培"品牌奶粉的标识。先后生产了 12000 余罐假冒"雅培"品牌奶粉，销售 6000 余罐，销售金额达 81 余万元。还经唐境鸿联系被告人李修恒帮忙，销售 3500 余罐，销售金额达 56 万元；销售给奶粉销售商刘赵明 2394 罐，销售金额达 32 万余元。被告人唐境鸿与杨杰在湖南省长沙市收到假冒"雅培"品牌奶粉罐后，由唐境鸿提供国内其他品牌奶粉，由陈明江提供"雅培"奶粉标签等，共生产假冒"雅培"奶粉 3000 余罐，销售 2100 余罐，销售金额 30 余万元。

2016 年 3 月，侦查机关扣押了涉案假冒"雅培"奶粉共 3909 罐。经统计，陈明江、潘兴兵销售假冒奶粉金额共计 360 余万元，金谷公司及谷传生销售金额共计 330 万元，吴玲杰销售金额共计 200 余万元，唐镜鸿销售金额共计 120 余万元。经上海市质量监督检验技术研究院检测，涉案假冒婴幼儿奶粉中分别存在部分指标不符合产品标签明示值，个别指标低于国家标准。

本案由上海市公安局侦查终结，以被告人陈明江等人生产、销售伪劣产品罪移送审查起诉。2016 年 9 月 28 日，上海市检察院以生产、销售伪劣产品罪、非法制造注册商标标识罪向上海市第三中级法院提起公诉。2017 年 7 月 28 日，上海市第三中级法院以生产、销售伪劣产品罪判处金谷公司罚金人民币四百万元，分别判处被告人陈明江、谷传生、潘兴兵有期徒刑十五年，其他被告人有期徒刑七年至三年不等，并处罚金刑。

2. 天津市马疆永、韩树利等十一人
生产、销售伪劣产品案

主要案情及诉讼过程： 2014 年 7 月起，被告人马疆永、韩树利在天津市静海区独流镇以一处平房为窝点，开始制作假冒家乐牌鸡汁等调料，并雇用被告人陈亮、韩素英、白九妹、卢家芹、韩起水负责熬制、灌装、粘签、装箱等。他们将假家乐牌鸡汁以每箱（12 瓶）100 元的价格销售。其间，韩树利为马疆永提供制假技术指导并帮助联系购买制假包装事宜。

2017 年 1 月 16 日晚，马疆永为防止公安机关查获其制假证据，纠集被告人韩素霞、陈亮、孙振立、王强、徐玉成转移制假成品从独流镇至静海镇，途中被民警查获，当场扣押假鸡汁 200 箱（每箱 12 瓶）。经查，从 2014 年 7 月至 2017 年 1 月，其销售假冒家乐牌鸡汁金额共计人民币 188 万余元。

2017 年 1 月 17 日，天津市静海区市场和质量监督管理局对马疆永的制假窝点进行检查，对现场查获的家乐牌浓缩鸡汁调味料（110 箱零 4 瓶，每箱 6 瓶）等物品予以扣押，并于同年 2 月 3 日将案件线索及相关证据移交公安机关。经鉴定，马疆永生产的家乐牌浓缩鸡汁调味料系伪劣产品，产品中的总固体物、总氮和氨基酸态氮不符合国家规定标准，检验结论为不合格。

该案由天津市公安局静海分局侦查终结，2017 年 11 月 9 日，静海区检察院以生产、销售伪劣产品罪提起公诉。2018 年 1 月 23 日，静海区法院以生产、销售伪劣产品罪判处马疆永有期徒刑十三年六个月，并处罚金人民币一百万元，判处韩树利有期徒刑五年，并处罚金人民币三十万元，其他被告人均被判处有期徒刑三年至六个月不等。

3. 重庆廖军机生产、销售有毒、有害食品案

主要案情及诉讼过程： 2012 年年初至 2014 年年底，被告人廖军机在未取得任何资质证照的情况下，在位于陕西省西安市雁塔区鱼化工业园的西安市惠品肉业有限公司（以下简称惠品肉业有限公司）借用车间和空坝，从事工业性油脂生产。廖军机从惠品肉业有限公司购得猪网油及含有淋巴结的猪脚油等，加工成猪油后，销售给食用油加工厂——重庆市垫江县闽杰猪油精炼加工厂用来精炼"食用猪油"。2012 年 2 月至 2014 年 9 月间，廖军机生产、销售总金额 426 万余元。

本案由重庆市垫江县公安局侦查终结，于 2017 年 2 月移送审查起诉。2017 年 7 月，垫江县检察院以廖军机涉嫌生产、销售有毒、有害食品罪提起公诉。2017 年 9 月，垫江县法院以生产、销售有毒、有害食品罪判处廖军机有期徒刑七年，罚金七十万元。现判决已生效。

4. 河北温瑞销售有毒、有害食品案

主要案情及诉讼过程：2014 年 4 月至 2016 年 1 月，被告人温瑞为牟取非法利益，通过"1168 医药招商网"购进标示为"春宫丸 TM 源生堂牌海狗人参丸"的保健食品，在明知无购进票据、产品批次检验报告等文件的情况下，冒充"唐山市鸿运商贸有限公司"和"唐山泽祥科技有限公司"的名义，向唐山境内多家药店和个人销售"春宫丸"22139 盒，销售金额达 223540 元。经检验，温瑞销售的"春宫丸"均含有西地那非成分，与国家食品药品监督管理局颁布的《关于发布保健食品中可能非法添加的物质名单（第一批）的通知》中非法添加的物质名单相符，属于在保健食品中非法添加国家禁用药物成分。

该案由唐山市公安局侦查终结，2016 年 7 月由唐山市检察院交由路北区检察院审查起诉。2017 年 1 月，唐山市路北区检察院以温瑞涉嫌销售有毒、有害食品罪提起公诉。2017 年 4 月，唐山市路北区法院以销售有毒、有害食品罪判处温瑞有期徒刑五年零六个月，并处罚金 15 万元。被告人温瑞不服判决提出上诉。2017 年 5 月，唐山市中级法院裁定驳回上诉，维持原判。现判决已生效。

5. 陕西张泽安、张旭明、李树平生产、销售假药案

主要案情及诉讼过程：被告人张泽安于 1993 年 9 月在陕西省西安市成立陕西秦晋中医糖尿病研究所（以下简称秦晋研究所），并取得相应的食品流通许可证和保健品批准文号。2012 年 12 月，张泽安又在西安市注册成立西安莲湖泽安中医诊所（以下简称泽安诊所）。泽安诊所与秦晋糖尿病研究所属两块牌子一套人马。其间，张泽安安排妻子张秀莲（在逃）、张旭明购买二甲双胍、格列本脲等西药原料，后又将添加的比例告知张旭明。张泽安与张旭明向秦晋研究所生产的"森健"牌降糖冲剂、"天富生"牌桃红片、"天富生"牌菊花玉竹胶囊等保健品及食品中，添加上述西药成分，并以坐诊、巡诊的方式

将上述保健品、食品当作药品销售给糖尿病患者。张泽安带领李树平、种建华等人先后在陕西、山西、河北、河南、内蒙等地宣传、巡诊，将上述保健品及食品作为药品进行销售。2013 年 3 月，被告人种建华在山西省长治市巡诊期间，被长治市食品药品监督管理局查处，并受张泽安指派接受处罚。为逃避药监管部门检查，2014 年，张泽安安排齐建红、于跃（均另案处理）等人在山西省定襄县麻沟村一个废弃的锻造厂内继续生产"森健"牌降糖冲剂、"天富生"牌菊花玉竹胶囊等产品，并让齐建红在上述产品中添加盐酸二甲双胍等西药成分，通过快递将上述产品发至西安泽安诊所及各巡诊点销售。

张泽安等人销售"药品"时，对新患者按照保健品单价予以销售，对老患者不论用药量的多少，均按 200 元/月的价格收取费用。张泽安还安排工作人员将就诊患者用"药"情况等信息全部录入电脑中储存，销售收入均被转入妻子张秀莲及张亚东（张泽安之子）的银行账户。

案发后，公安机关在秦晋研究所及张泽安居所扣押森健牌降糖冲剂 9196 瓶，天富生桃红片 48 瓶，天富生菊花玉竹胶囊 16820 瓶。经西安市食品药品检验所检验，上述保健品均检验出盐酸二甲双胍、格列本脲成分。另经陕西铭建司法会计师事务所鉴定，自 2013 年 3 月至 2015 年 5 月，"森健"牌降糖冲剂销售金额为 225 万余元，"天富生"牌桃红片销售金额为 526 万余元，"天富生"牌菊花玉竹胶囊销售金额为 245 万余元；扣押在案的"森健"牌降糖冲剂价值 20 万余元，"天富生"牌桃红片价值约 966 元，"天富生"牌菊花玉竹胶囊价值 33 万余元。

该案由西安市公安局侦查终结。2016 年 7 月，西安市检察院以生产、销售假药罪提起公诉。2017 年 3 月，西安市中级法院判处张泽安犯生产、销售假药罪，判处无期徒刑，剥夺政治权利终身，并处罚金四千五百万元；张旭明犯生产、销售假药罪，判处有期徒刑十二年，并处罚金三百五十万元；李树平犯生产、销售假药罪，判处有期徒刑十年，并处罚金一百五十万元；种建华犯生产、销售有毒有害食品罪，判处有期徒刑九年，并处罚金一百万元。后经被告人上诉，陕西省检察院审查认为一审认定被告人的犯罪数额过高，建议量刑适当从轻。二审法院对检察机关的意见予以采纳。2017 年 10 月 12 日陕西省高级法院对一审判决予以改判：张泽安犯生产、销售假药罪，判处有期徒刑十五年，并处罚金人民币二千一百万元；张旭明犯生产、销售假药罪，判处有期徒刑七年，并处罚金人民币五十万元；李树平犯销售假药罪，判处有期徒刑五年，并处罚金人民币二十万元；种建华犯销售假药罪，判处判处有期徒刑五年，并处罚金人民币二十万元。

最高人民检察院
发布 2017 年度
全国检察机关保护知识产权十大典型案例

（2018 年 4 月）

目 录

1. 江苏无锡市张承兵等人假冒注册商标、洪立洲等人销售假冒注册商标的商品、黄孟浩非法制造、销售非法制造的注册商标标识案

一、案件事实

（一）假冒注册商标部分

1. 2014 年 9 月至 2015 年 12 月间，由被告人张承兵提议，被告人王家财、徐绍兵与张承兵三人经合谋并共同出资，在未经注册商标所有权人许可的情况下，假冒使用美国玛氏公司的"德芙 DOVE"注册商标，在安徽省芜湖县湾沚镇华特橡塑厂内生产、制作巧克力并进行销售，非法经营数额共计人民币 2103850 元。

2016 年 1 月 7 日，公安机关在被告人王家财、张承兵、徐绍兵进行生产的安徽省芜湖县湾沚镇华特橡塑厂内查获假冒的散装"德芙"巧克力 12100 粒、整箱"德芙"巧克力 153 箱计 306000 粒。

2. 2015 年 10 月至 12 月，被告人王家财、胡克华经合谋，由王家财负责出资、生产，胡克华负责联系制作商标标识，在未经注册商标所有权人许可的情况下，假冒使用意大利费列罗集团的"FERRERO ROCHER"的注册商标，在安徽省芜湖县湾沚镇喇叭口大道一处民房内生产、制作巧克力。后被告人王家财以每箱人民币 400 元的价格，销售给洪立洲、徐中生、林瑞平等人假冒的"费列罗"巧克力计 300 箱，非法经营数额计人民币 118700 元。

2016 年 1 月 8 日，公安机关在被告人王家财、胡克华进行生产的民房内查获假冒的"费列罗"巧克力 18360 粒。

（二）销售假冒注册商标的商品部分

2014 年 10 月至 12 月，被告人洪立洲明知从被告人王家财处购得的"德芙"巧克力系假冒注册商标的商品，仍在其经营的无锡市新吴区塘南招商城副食品市场店铺内销售给被告人徐留军假冒的"德芙"巧克力 749 箱，销售金额共计人民币 462500 元。

2014 年 10 月至 12 月，被告人徐留军明知从被告人洪立洲处购得的"德芙"巧克力系假冒注册商标的商品，仍在江苏省溧阳市将上述 749 箱假冒的"德芙"巧克力销售给叶玉庆，销售金额共计人民币 570840 元。

2015 年 10 月至 2016 年 3 月，被告人钱社明明知从被告人张承兵处购得的

"德芙"巧克力系假冒注册商标的商品，仍在江苏省南京市江宁区众彩物流农副产品配送中心销售给孔令金假冒的"德芙"巧克力约600箱，销售金额共计人民币302200元。

2016年1月7日，公安机关在被告人洪立洲经营的无锡市新吴区塘南招商城副食品市场100号及7号、14号仓库内查获假冒的"费列罗"巧克力5370粒。2016年1月20日，公安机关在叶玉庆处查获假冒的"德芙"巧克力139箱。

（三）非法制造、销售非法制造的注册商标标识部分

2015年9月至11月，被告人黄孟浩未经注册商标所有权人授权许可的情况下，非法制造印有费列罗集团的"FERRERO ROCHER"注册商标标识的塑料包装纸5万张、底版纸5万张、圆形小贴纸100万余枚，后被告人黄孟浩将上述商标标识以人民币10万余元的价格销售给被告人王家财。

二、诉讼过程

2015年5月7日，原无锡市公安局新区分局治安大队、旺庄派出所民警在工作中发现塘南招商城副食品市场100号鸿运喜铺涉嫌销售假冒的德芙巧克力，店方负责人洪立洲等人有犯罪嫌疑。公安机关接报后，对该案立案侦查。原无锡市开发区人民检察院了解情况后，及时、主动派员介入，对该案进行引导取证，并及时对符合逮捕条件的涉案人员作出批准逮捕决定。2016年4月6日，原无锡市公安局新区分局侦查终结，以被告人张承兵、王家财、徐绍兵、胡克华涉嫌假冒注册商标罪、被告人徐留军、洪立洲、钱社明涉嫌销售假冒注册商标的商品罪、被告人黄孟浩涉嫌非法制造、销售非法制造的注册商标标识罪向检察院移送审查起诉。无锡市新吴区人民检察院于同年10月20日向原无锡高新区人民法院提起公诉，2017年1月17日，无锡市新吴区人民法院（原无锡高新区人民法院）作出一审判决，被告人张承兵犯假冒注册商标罪被判处有期徒刑五年，并处罚金人民币185万元；被告人王家财犯假冒注册商标罪被判处有期徒刑五年，并处罚金人民币174万元；被告人徐绍兵犯假冒注册商标罪被判处有期徒刑四年，并处罚金人民币163万元；被告人徐留军犯销售假冒注册商标的商品罪被判处有期徒刑四年，并处罚金人民币35万元；其他被告人也被判有期徒刑、缓刑，并处罚金。被告人均未上诉，判决生效。

三、典型意义

本案是一起横跨苏浙皖三省四地、大量制贩国际知名品牌"德芙""费列罗"巧克力的窝案，系公安部2016年"利剑"行动督办案件之一。无锡高新区（现新吴区）人民检察院接到公安机关情况通报后，第一时间选派"知识

产权办案专业小组"业务骨干迅速介入引导侦查，与无锡市公安局食药环支队及原新区分局专案组民警多次商讨，并根据案件定性走向提出收集证据的建议。

首先，针对不同罪名提出如何重点取证的建议。本案涉及了侵犯注册商标犯罪全部罪名，即假冒注册商标罪、销售假冒注册商标的商品罪和非法制造、销售非法制造的注册商标标识罪三个罪名。介入的检察官向公安机关就取证的共性和个性问题分别提出意见。如共性的问题，即主观明知的认定，尤其是在生产者与销售者相分离的情况下，如何通过调取客观性证据进行司法认定，检察官建议要结合洪立洲、徐留军等人的进货渠道、销售价格、会计账目、销售手段、知识经验、生活环境等多方面调取证据。针对不同罪名涉及的关键性问题提出针对性的取证意见，如关于张承兵、王家财等人涉嫌假冒注册商标罪涉案金额，检察官建议公安机关查明涉案的销售侵权产品实际销售价格、标价、销售产品的货值金额，便于后续犯罪金额、犯罪形态的认定。

其次，提出对涉案商品是否属于伪劣产品进行鉴定的建议。我国刑法第一百四十九条明确规定了侵犯商标类犯罪与生产、销售伪劣产品罪的关系，即行为人侵犯商标类犯罪与生产、销售伪劣产品罪可能存在想象竞合。对于制假行为是否涉嫌生产、销售伪劣产品罪，关键在于产品是否"劣"。故建议公安机关对涉案扣押的物证进行鉴定，查明涉案巧克力是否属于伪劣产品。

最后，提出雇员行为如何认定的建议。本案行为人不仅自己实施了侵犯注册商标权行为，同时也雇用大量人员为其加工、生产侵权产品，甚至进行管理和经营，为避免打击面过大，又要做到不枉不纵，检察官从共犯原理角度，提出两方面取证建议：雇员的主观明知和在生产、加工或管理中的行为相结合进行认定，建议公安机关查明雇员在犯罪中的主观明知及客观行为。公安机关通过梳理涉案银行交易明细等客观证据，及时调整侦查方向。

同时，该院贯彻宽严相济的刑事政策，落实羁押必要性审查工作，对两名确有认罪悔罪表现、愿意缴纳保证金、已不需要继续羁押的被告人，依法向法院建议变更强制措施，收到了良好的法律效果和社会效果。

该案的成功办理体现了检察机关对人民群众"舌尖上的安全"高度重视，有力地打击了侵犯知识产权和制售假冒商品犯罪活动。

2. 北京海淀区宗冉、陈令杰、王旭侵犯著作权案

一、案件事实

2015年开始，被告人宗冉伙同被告人王旭未经著作权人许可，复制上海

玄霆娱乐信息科技有限公司、上海阅文信息技术有限公司、北京幻想纵横网络技术有限公司享有著作权的文字作品存储在云服务器上。被告人宗冉负责编写程序，使微信公众号可依据指令将存储在云服务器上的文字作品推送到指定邮箱，实现传播文字作品的功能。

2015 年 8 月，被告人陈令杰未经著作权人许可，向被告人宗冉、王旭支付合作费用，获得上述传播文字作品功能的权限。被告人王旭提供个人支付宝账号收取合作费用。后被告人陈令杰通过淘宝网店"墨墨的图书小馆""优加云推送"销售激活码，用户使用该激活码在被告人陈令杰运营的"优加书院""优加云推送"微信公众号平台进行操作后，可通过邮箱获得存储在云服务器上的文字作品。

经查明，涉案作品侵犯上海玄霆娱乐信息科技有限公司（服务器在北京市海淀区）、上海阅文信息技术有限公司和北京幻想纵横网络技术有限公司享有独家信息网络传播权的文字作品共计 700 部。

2017 年 5 月 5 日，被告人宗冉、陈令杰、王旭先后被抓获后均如实供述了上述犯罪事实。

二、诉讼过程

2017 年 4 月 25 日，北京市公安局海淀分局双榆树派出所接到上海玄霆娱乐信息科技有限公司报案，遂立案侦查。2017 年 6 月 3 日，经海淀区人民检察院批准，北京市公安局海淀分局对被告人宗冉、陈令杰、王旭执行逮捕。2017 年 12 月 1 日，海淀区人民检察院以被告人宗冉、陈令杰、王旭侵犯著作权罪提起公诉，2018 年 1 月 12 日，北京市海淀区人民法院以侵犯著作权罪判处被告人陈令杰有期徒刑一年，并处罚金人民币 5 万元，判处宗冉有期徒刑九个月，并处罚金人民币 1 万元，判处王旭有期徒刑九个月，并处罚金人民币5000 元。被告人宗冉、陈令杰、王旭均未上诉，检察机关未抗诉，判决生效。

三、典型意义

本案系国内首例利用电商、社交、云存储多平台侵犯著作权的刑事案件，三名被告人借助互联网技术，通过云存储平台存储侵权资源，利用通信协议端口搭建社交平台与侵权资源的联系，后在电子商务平台向互联网用户销售获得侵权作品的"通行证"激活码，实施的是一种利用多平台领域相互关联作用的侵权行为，作案手段隐蔽、涉及面广、社会影响大，给著作权人造成严重损失。在案件受理之初，海淀区人民检察院即利用专业化办案优势，组织骨干办案力量，向前延伸引导侦查，传导庭审证明标准，促使提高侦查质量；向后提高出庭指控犯罪的能力，通过庭审中高质量的控辩对抗，确保法庭公正裁判。

第一，充分发挥审前主导作用，打牢指控基础。一是提前介入引导侦查，传导庭审证明标准。在本案提请逮捕之前，海淀区人民检察院便应公安机关的请求，指派具有此类案件办理经验的检察官及时介入侦查，向侦查机关建议侦查方向，锁定关键证据，强化规范取证意识，初步保障了案件质量。二是引导相关人员科学规范举证。检察官多次在该院接待被害公司法务，引导其提供配套侵权证明文件，出具被侵权作品的总数和被侵权作品的明细。本案涉及海量电子证据，电子证据具有易被修改或灭失的特点，取证难度大、取证规范化要求高。为此，检察官多次邀请公安机关网安、法制、派出所来该院进行沟通，要求侦查机关通过远程勘验、委托公证等多重手段固定和提取关键证据，保证案件事实认定的准确性和在案证据的完备性及规范性。三是坚持退回补充侦查和自行补充侦查双管齐下，更多掌握工作主动权。

第二，强化指控和证明犯罪主体作用，确保指控精准。一是庭审中积极应对，确保精准指控。在庭审中，检察官通过合理有序的举证示证，向法庭完整展示被告人未经著作权人许可，使用多平台的交互功能，通过信息网络向公众传播文字作品和营利的过程。检察官并就"作品数量的认定""涉案淘宝店铺销售金额"等核心问题作出有针对性的答辩，通过控辩对抗确保指控的准确性。二是教育被告人当庭悔罪，确保庭审效果。在发表公诉意见阶段对被告人进行适时有力的法庭教育，说明其犯罪行为的社会危害性和刑事违法性，多名被告人当庭悔罪，表示服从判决，取得了良好的政治效果、法律效果和社会效果。

3. 陕西商洛市聂忠桥、吴传霞
销售假冒注册商标的商品案

一、案件事实

2016 年 4 月，被告人聂忠桥与杜国华（另案处理）商议在陕西省商洛市推销茅台酒。同年 5 月，杜国华以与贵州茅台酒厂（集团）有限责任公司职工熟悉，可以购买到低于市场价的飞天茅台酒为诱饵，向商洛市金晖商贸有限责任公司法人麻浩奇推销茅台酒。5 月 23 日，被告人聂忠桥、吴传霞伪造虚假身份证，以聂忠强、吴传英的名义连同杜国华和金晖商贸有限责任公司签订了茅台酒购销协议书，协议规定：价格按市场价随机协商，确保所购商品为贵州茅台酒厂（集团）有限责任公司生产的合格商品。后聂忠桥和吴传霞以每瓶 300 元的价格向杜国华销售飞天茅台酒，再由杜国华以每瓶 780 元到 750 元的价格先后多次销售给商洛市金晖商贸有限责任公司。案发前，聂忠桥、吴传霞通过杜国华共销售给商洛市金晖商贸有限责任公司飞天茅台酒 650 箱（每箱 6 瓶），合计 3900 瓶，销售金额 117 万元。该批酒部分流入市场后被发现，公安机关追回 2951 瓶。经贵州茅台酒厂（集团）有限责任公司检验，该批茅台酒属于侵犯该公司"贵州茅台"注册商标专用权的商品。经商洛市产品质量监督检验所检验，追回的"茅台酒"符合《食品安全国家标准蒸馏酒及其配制酒》的要求。2017 年 2 月、3 月，被告人聂忠桥、吴传霞先后被抓获归案。

二、诉讼过程

2016 年 7 月 22 日，贵州茅台酒厂（集团）有限责任公司向商洛市公安局商州分局报案，商州分局于同年 8 月 10 日对聂忠桥、吴传霞以涉嫌销售假冒注册商标的商品罪立案侦查。2017 年 4 月 28 日，商洛市商州区人民检察院对聂、吴二人批捕。7 月 6 日，商州区人民检察院对聂、吴二人以涉嫌销售假冒注册商标的商品罪提起公诉。同年 10 月 22 日，商州区人民法院判处被告人聂忠桥有期徒刑四年，罚金 80 万元；判处被告人吴传霞有期徒刑二年，罚金 40 万元。宣判后，聂忠桥提出上诉。2017 年 12 月 25 日，商洛市中级人民法院作出终审判决：以销售假冒注册商标的商品罪判处聂忠桥有期徒刑三年六个月，并处罚金 80 万元；判处吴传霞有期徒刑一年，并处罚金 40 万元；对聂忠桥、吴传霞违法所得及供犯罪所用的本人财物 88.53 万元依法予以追缴，上缴国库。

三、典型意义

聂忠桥、吴传霞销售假冒注册商标的商品案件，涉及假酒数量多、金额大，且跨省市作案，犯罪涉及面较广，取证难度大，为确保从上线到下线，从生产到运输再到销售环节，全方位打击侵权假冒领域刑事犯罪，检察机关主要从以下几方面扎实工作，确保了案件顺利批捕、起诉和判决：

第一，坚持提前介入，围绕关键证据引导侦查取证。商州区人民检察院坚持对"侵权假冒"案件适时介入，有效开展工作。检察机关通过提前阅卷及时发现证据链条缺失问题，通过案件讨论有效解决案件认识问题，通过联席会议及时统一执法标准和尺度，并对假酒的数量、金额及时提出鉴定认定意见，结合案情向公安机关提出了调取涉案假酒流通单等书证，佐证并查实涉案假酒数量的侦查方向，为案件顺利批捕打下了扎实基础。

第二，加强法律监督，确保打击侵权假冒力度和效果。本案系商州区院在办理其上线杜国华涉嫌销售假冒注册商标的商品审查逮捕案件中发现，为了确保全方位严打侵权假冒刑事犯罪，商州区院从详审案卷材料入手，寻找犯罪上线、下线、生产、运输、销售各个环节相关犯罪及人员，框定犯罪嫌疑人，通过讯问杜国华，询问证人，最终成功锁定聂忠桥、吴传霞涉嫌犯罪相关事实，但因当时聂忠桥、吴传霞下落不明，公安机关未立案，商州区院及时监督商洛市公安局商州分局对该二人立案侦查，并在聂忠桥、吴传霞归案后依法快速批捕，确保了打击力度和效果。

第三，强化跟踪监督，推动形成打击侵权假冒合力。一方面，在认真分析案件事实还不全面、证据链条还不完整等问题的基础上，批捕同时向公安机关送达《逮捕案件继续侦查取证意见书》，有针对性地定期联系公安机关掌握补侦进展，督促落实补侦意见；另一方面，发挥侦、捕、诉衔接机制作用，积极协同配合共同解决案件侦查中的新问题，提升诉讼效率，促进形成打击合力。

第四，延伸检察职能，促进和加强知识产权保护和管理。通过案件的办理，商州区人民检察院积极联系相关职能部门推动建立健全打击侵权假冒犯罪常态化工作制度，如完善了商州区《行政执法与刑事司法衔接工作细则》、针对监管漏洞向工商局、科技局提出防治对策六条，并在商州区人民检察院建议下，全区联合开展了烟酒市场侵犯知识产权违法犯罪大排查活动，促进和加强了知识产权保护和管理。

本案的办理有效打击了侵权假冒刑事犯罪，有力震慑了相关违法犯罪活动，充分发挥了知识产权保护的职能和作用，取得了执法办案三个效果的有机统一。

4. 天津河北区魏伟、张玉鹏等七人假冒注册商标案

一、案件事实

"HAIOU 海鸥""GOLD SEA – GULL""SEA – GULL"系天津海鸥表业集团有限公司（以下简称海鸥公司）注册的商标，属于中国驰名商标和中华老字号。2013 年至 2016 年 7 月 5 日间，被告人魏伟（系海鸥公司原职工）为牟取非法利益，伙同张玉鹏在未经海鸥公司许可的情况下，从他处定制假冒的海鸥手表零配件及说明书、外包装盒、提袋等，雇用魏近东、闫海伶、周海永、杜学亮、孙凤龙先后在天津市、河北省组装假冒的海鸥手表（商标包括"HAIOU 海鸥""GOLD SEA – GULL""SEA – GULL"），并利用"绝对大当家""小小马9988"等六家淘宝店铺在网上以正品海鸥表进行宣传，以明显低于市场价格公开对外销售。魏伟、张玉鹏自 2014 年 7 月 29 日至 2016 年 7 月 5 日通过网上店铺销售金额共计 2000 万余元，违法所得 178 万元。

后公安机关在天津市河北区建昌道春和仁居查获 26 种不同型号的假冒海

鸥手表 886 块、大量手表零配件、说明书、外包装盒、提袋以及作案工具等。经鉴定，被查获的 886 块假表价值 54 万余元。

二、诉讼过程

2014 年 3 月 27 日，海鸥公司向天津市公安局河北分局报案称，有人自 2013 年以来一直在"淘宝网"上销售假冒的海鸥手表，致使该公司销售额急剧下降，年损失近千万元人民币。河北分局经侦查发现"绝对大当家"等店铺销售假冒海鸥手表，遂立案侦查，并根据线索于 2016 年 7 月 5 日在天津市河北区建昌道春和仁居当场查获大量组装好的假冒海鸥手表。同年 8 月 11 日，天津市河北区人民检察院以涉嫌假冒注册商标罪批准逮捕魏伟、魏近东、周海永，并于 2017 年 4 月 5 日对魏伟等 7 名犯罪嫌疑人提起公诉，天津市河北区人民法院于 2017 年 9 月 6 日以假冒注册商标罪，对 7 名被告人判处有期徒刑四年至有期徒刑八个月、缓刑一年不等，并处罚金 116 万元至 3000 元不等。被告人均未上诉，判决生效。

三、典型意义

天津海鸥牌手表系我国知名的民族品牌。主犯魏伟系天津海鸥表业集团有限公司在职员工，由于能够第一手接触各类正品海鸥表，其通过定制仿造配件私自组装、仿真度高，其售卖假冒海鸥表具有较强迷惑性，消费者不易辨认。

本案涉案金额特别巨大，取证难度特别大。本案的涉案销售金额高达 2000 余万元，且通过网上平台销售至全国各地，交易时间长、次数多、涉及地域广。检察官积极认真履职，提前介入案件侦查，并在审查逮捕过程中，认真梳理证据，针对商标延展期不明、淘宝销售记录缺乏来源说明等问题详细列出补充侦查提纲，督促公安机关前往阿里巴巴公司调取涉案淘宝网店的销售记录。在审查起诉过程中，检察官通过认真梳理补充侦查的数万条交易记录，确定两万余条涉案交易信息，击破主犯所谓的存在"刷单"的辩解，成功追加犯罪销售数额 2000 余万元，并得到法院的认可。案件办理后，天津市河北区人民检察院结合办案分析，针对被侵权企业在管理中的漏洞以及对自身品牌保护问题，及时提出检察建议，同时针对网络监管的力度问题，向市场监管部门提出检察建议。检察机关成功办理本案凸显了检察机关打击网络侵犯知识产权犯罪的力度和水平不断提升，彰显了检察机关对民族品牌、对具有自主知识产权的权利人的保护力度。

5. 云南曲靖市赵广生等六人假冒注册商标案

一、案件事实

2015 年，被告人赵广生、刘天全合伙在云南省曲靖市师宗县漾月街道落龙村广生生物有机肥料公司生产劣质硅钙肥并销售，由于销路不好，被告人刘天全、赵友明、刘启光、平顺涛等人与赵广生商量以每吨 180 元的价格向赵广生等人购进其生产的劣质硅钙肥，并假冒云南昆阳磷肥厂有限公司生产的"昆磷牌"钙镁磷肥、"乌龙牌"钙镁磷肥、玉溪银河磷化有限公司生产的"玉溪"牌钙镁磷肥、贵州胜境化建有限责任公司生产的"胜境牌"钙镁磷肥等商标进行销售。被告人赵华先明知被告人赵广生未经注册商标人许可，使用伪劣产品假冒注册商标，还帮助实施上述行为。经查，被告人刘天全、赵广生、赵友明、平顺涛、刘启光使用伪劣产品假冒注册商标商品，非法经营数额分别为 8.8 万余元、11 万余元、7.7 万余元，6.2 万余元、6 万余元。

二、诉讼过程

云南省曲靖市师宗县人民检察院侦查监督科通过行政执法和刑事司法衔接信息共享平台，发现师宗县市场监督管理局移送的赵广生等人假冒注册商标案，师宗县公安局没有在《公安部关于改革完善受案立案制度的意见》规定时间内作出是否立案的决定。遂于 2016 年 3 月 17 日向师宗县公安局发出《要求说明不立案理由通知书》。同日，师宗县公安局对该案立案侦查。4 月 22 日，师宗县人民检察院以涉嫌假冒注册商标罪批准逮捕刘天全、赵广生、赵友明、刘启光 4 人。该案于 2016 年 6 月 22 日师宗县公安局移送审查起诉，同年 12 月 27 日师宗县人民检察院提起公诉，2017 年 6 月 9 日师宗县人民法院以假冒注册商标罪分别判决刘天全、赵广生、赵友明、平顺涛、刘启光、赵华先有期徒刑三年六个月至一年不等，并处罚金 11 万元至 2 万元不等。6 名被告人未上诉，判决已生效。

三、典型意义

化肥是重要的农业生产资料，假冒品牌化肥不仅扰乱正常的市场秩序，而且侵犯了广大农户、经营者和商标权利人的合法权益，应当予以严厉打击。近几年，检察机关先后开展了危害民生刑事犯罪专项立案监督、危害食品药品安全犯罪专项立案监督活动，对重点领域的刑事犯罪予以集中打击，取得了良好效果。该案系检察机关通过行政执法与刑事司法衔接信息共享机制发现立案监督线索，继而监督公安机关立案，最终成功追诉一起假冒注册商标犯罪的案例。师宗县人民检察院与县市场监督管理局、公安机关建立了案件咨询、信息通报等工作机制，借助于信息共享平台实现了知情渠道的畅通。检察机关发现监督线索后，积极联系公安机关并形成工作合力，列出详细的取证清单和补充侦查提纲，引导公安机关全面收集、固定证据，有效打击了犯罪，共同促进了知识产权保护。

6. 四川成都市林文勇、马骏、张翔侵犯著作权案

一、案件事实

2007 年 3 月以来，被告人林文勇（网名：LEO）在网站上创建"轻之国度"论坛（www. lightnovel. cn），并在该论坛上发布日本原著未经授权轻小说提升论坛人气，后吸引广告商前来投放广告牟取利益。被告人张翔经林文勇许可进入"轻之国度"论坛并参与网站管理，在明知该网站发布侵权小说牟利的情况下，仍然继续负责小说的中文翻译和电子书的组织管理工作。该网站未经权利人授权，非法发布日本原著文学作品 800 多部，共收取广告费 231273.6 元。被告人马骏建立"轻之文库"（www. linovel. com）网站，复制"轻之国度在线轻小说"网站数据到"轻之文库"网站，吸引广告商前来投放广告谋取利益，后其将"轻之文库"网站以 10 万元人民币出售。该网站未经权利人授权，非法发布日本原著文学作品 1400 多部，共收取广告费 47950 元。

二、诉讼过程

林文勇、马骏、张翔侵犯著作权一案，由腾讯公司于 2015 年 10 月 26 日报案至四川省成都市双流县公安局，双流县公安局于 2015 年 11 月 4 日立案侦查，同年 11 月 10 日三人被双流县公安局刑事拘留，12 月 17 日，林文勇、马骏因涉嫌侵犯著作权罪被成都市双流县人民检察院批准逮捕，张翔被取保候审。2016 年 3 月 14 日，成都市公安局双流分局（原成都市双流县公安局）将该案移送成都市双流区人民检察院审查起诉。8 月 22 日，成都市双流区人民检察院以三人涉嫌侵犯著作权罪向双流区人民法院依法提起公诉。2017 年 2 月 24 日，成都市双流区人民法院一审以被告人林文勇犯侵犯著作权罪，判处有期徒刑一年五个月，并处罚金 2 万元；以被告人马骏犯侵犯著作权罪，判处有期徒刑一年四个月，并处罚金 2 万元；以被告人张翔犯侵犯著作权罪，判处有期徒刑一年，并处罚金 5000 元。林文勇、马骏、张翔均未提出上诉，一审判决生效。

三、典型意义

该案为公安部、国家版权局挂牌督办案件。本案中，涉案网站侵权时间跨度十年，非法发布日本原著文学3000余部，具有调查取证时间跨度大、取证难度大、媒体与社会各界关注度高等特点。成都市双流区人民检察院受理该案后，积极引导公安机关侦查取证，调取了日本株式会社KADOKAWA授权书声明及日本国立国会图书馆资料等书证，夯实了林文勇等三人侵犯著作权的犯罪事实，并准确区分了三被告人在共同犯罪中的作用，确定其依托网站收取广告费用的非法经营数额，做到了精准指控，效果良好。本案的查处，体现了网络背景下刑法对社会生活调整的维度和方法，对规制网络服务行为、深入理解网络环境下"复制发行"的含义、准确把握网络侵犯著作权、尤其是涉外侵权的取证具有重要的借鉴意义和研究价值。

7. 安徽合肥市徐林、李玉福销售假冒注册商标的商品案

一、案件事实

本案所涉特百惠公司总部设在美国，以生产经营塑料保鲜容器闻名，被告人徐林、李玉福原系特百惠（中国）公司的分销商，2012年11月，二人以徐林的身份信息在淘宝网注册成立"特百惠店铺"网店（店铺号117683）。2015年6月，徐林、李玉福开始在网上联系低价购进假冒"Tupperware"注册商标的水杯和包装盒，包装后通过网店对外进行销售牟利。经查，2015年7月11日至2016年8月15日期间，二人通过该淘宝网店"特百惠店铺"共计对外销售标有特百惠"Tupperware"注册商标的四种规格塑料水杯共计2108369.56元，扣除其中约20万元正品销售额，共计销售假冒"Tupperware"注册商标的水杯190余万元。

二、诉讼过程

2016年8月15日，安徽省肥西县公安局接到报案称，有人在淘宝网销售假冒"特百惠"注册商标的商品，销售金额巨大，肥西县公安局遂于当日立案侦查。同年9月20日，合肥市高新区人民检察院对两名犯罪嫌疑人批准逮捕。同年11月20日，肥西县公安局向合肥市高新区人民检察院移送审查起诉。2017年2月24日，合肥市高新区人民检察院依法向合肥高新区法院提起公诉。同年5月31日，合肥市高新区人民法院以销售假冒注册商标的商品罪，判处徐林有

期徒刑五年十个月，并处罚金 100 万元；判处李玉福有期徒刑五年十个月，并处罚金 100 万元。徐林、李玉福在法定期限内均未上诉，该判决已生效。

三、典型意义

本案是一起重大的通过淘宝网店铺销售假冒注册商标的商品案。案发后，检察机关加强与侦查机关的沟通联系，及时介入引导侦查，就该案中犯罪嫌疑人是否明知、非法经营数额等问题提出侦查取证方向。针对公安机关认定的涉案金额过低的情况，要求公安机关进一步调取相关销售记录，科学确定计算方法，最终准确认定涉案金额为 1908369.56 元，这也是被告人被科以重刑的重要依据。在审查案件中，检察机关严把案件事实关、证据关、程序关和法律适用关，依法从快批捕、起诉，确保了犯罪分子及时受到应有刑事处罚。此外，在办理该案的基础上，检察机关进一步总结工作经验，探索建立重点企业联系备案制度，强化对知识产权的靠前保护；进一步完善对重大侵犯知识产权案件提前介入制度，提升打击力度和效率；注重结合典型案例，加大打击侵犯知识产权犯罪的宣传力度，促进形成全社会共同抵制、打击伪劣商品和侵犯知识产权犯罪活动的良好氛围。

8. 山东沂水县刘竹丽、刘竹春销售非法制造的注册商标标识、销售假冒注册商标的商品案

一、案件事实

（一）刘竹丽、刘竹春非法销售非法制造的注册商标标识部分

2016 年 9 月以来，被告人刘竹丽经刘竹春联系并帮助，从福建晋江邹志平（已判决）等人处购进 15 万余元的假徐福记酥心糖包装膜销售给他人并牟取非法利益。

2016 年 6 月 30 日，被告人刘竹春将价值 16560 元的假徐福记酥心糖包装膜销售给他人并牟取非法利益。

（二）刘竹丽销售假冒注册商标的商品部分

2016 年 9 月以来，被告人刘竹丽从王进发（另案处理）处购进 40 余万元的大白兔奶糖、阿尔卑斯棒棒糖等假冒产品，后销售给孙洪强（另案处理）等人予以牟利。

2016 年 11 月以来，被告人刘竹丽从他人处购进 1800 余件假冒的徐福记酥心糖，后销售予以牟利，涉案价值 28 万余元。

二、诉讼过程

2017 年 2 月 7 日，山东省沂水县人民检察院在办理公安机关提请对被告人邹志平批准延长羁押案件时发现，涉案人刘竹丽、刘竹春涉嫌假冒注册商标罪，符合立案条件，但公安机关未立案。2 月 20 日，沂水县人民检察院向沂水县公安局发出《要求说明不立案理由通知书》。2 月 27 日，沂水县公安局对该案立案侦查。同年 12 月 15 日，沂水县人民检察院对该案提起公诉。2018 年 1 月 30 日，刘竹丽因犯销售非法制造的注册商标标识罪、销售假冒注册商标的商品罪被判处有期徒刑五年六个月，并处罚金 11 万元；刘竹春因犯销售非法制造的注册商标标识罪被判处有期徒刑三年，缓刑四年，并处罚金 6 万元。被告人均未上诉，判决生效。

三、典型意义

本案是检察官在办理延长羁押期限案件中发现线索进而成案的。检察官积极履职，确保案件的办理取得良好成效。

第一，强化延押案件实体审查把关，依法监督立案。该案系通过审查公安机关提请延长侦查羁押期限案件材料中发现监督线索的案件。沂水县人民检察院在办理延长侦查羁押期限案件中，认真审查公安机关提交的案件材料。发现刘竹春、刘竹丽涉嫌假冒注册商标罪的犯罪线索后，及时与公安机关沟通，核实公安机关在逮捕后的侦查阶段调取的新证据等，并加强与公诉部门沟通，经讨论认定现有证据已达到立案标准，及时启动立案监督程序。

第二，注重跟踪监督和引导取证，确保监督效果。该案监督立案之初，在案证据仅能证实两名被告人涉嫌假冒注册商标罪一罪，涉案价值刚刚达到追诉标准。被告人刘竹丽因身体原因，不适合羁押，沂水县人民检察院在监督立案后，并未因此放松跟进监督，而是始终保持与公安机关的密切沟通，引导公安机关对言词证据等相关证据进行固定和收集，根据取证情况适时建议公安机关追加罪名，有效提高了案件质量，加快了诉讼进程，增强了监督效果。

第三，严厉打击侵犯知识产权犯罪，取得良好的法律效果和社会效果。该案涉案主体系小作坊，不仅产品质量无法保障，威胁人民群众身体健康，而且因涉及假冒多家知名食品商标，严重扰乱市场秩序。本案随着侦查的深入和案件证据的进一步完善，发现被告人涉嫌的多起犯罪事实，最终刘竹丽被数罪并罚判处有期徒刑五年六个月，取得了良好效果。此外，该案在侦查中发现的另两名同案犯王进发、孙洪强分别被判处刑罚，有力地打击了侵犯知识产权犯罪。

9. 福建宁德市张五堂、钟开富侵犯商业秘密案

一、案件事实

被告人张五堂、钟开富毕业于某名牌大学，系校友，先后供职于福建省宁德新能源有限公司和宁德时代新能源股份有限公司（以下简称时代新能源公司），二人在任职期间，违反与公司签订的保密协议及公司保密制度，将时代新能源公司研发的技术信息与经营信息，通过外网邮箱以邮件方式泄露给他人，从中获取经济利益，给时代新能源公司造成重大损失。具体事实如下：

1. 2014年5月份，被告人钟开富和张五堂通过各自网易邮箱与腾讯qq邮箱相互转发宁德时代新能源公司从宁德新能源有限公司授权取得的含有SiO烧结设备、硅材料开发指标、SiO工艺流程等技术信息材料，而后被告人张五堂通过腾讯qq邮箱将含有SiO烧结设备、硅材料开发指标、SiO工艺流程等信息材料发送给东莞市凯永光电技术有限公司的彭勃，获得20万元，钟开富和张五堂各分得10万元。经北京京洲科技知识产权司法鉴定中心鉴定，SiO烧结设备、硅材料开发指标、SiO工艺流程在2014年7月31日以前属于不为公众所知悉的技术信息，其中SiO烧结设备与SiO工艺流程具有同一性。经北京中润达会计师事务所评估，SiO烧结设备——氧化硅烧结炉与SiO工艺流程中SiO制备粒径分级设备——气流分级机的价格总计76万元人民币。

2. 2016年5月份，被告人张五堂通过其腾讯qq邮箱将宁德时代新能源公司研发的含有N1拉线开发中工艺文档中记载的磷酸铁锂电池制作工艺信息中的"YT86/YT120"和"YT86/YT120补锂"型号的工艺信息、阳极补锂、冷压–Pinch的技术信息与KTList的经营信息等发送给深圳市比克电池有限公司的李向前，获得30万元。2016年12月份，被告人张五堂又通过其腾讯qq邮箱将含有N1拉线开发中工艺文档中记载的磷酸铁锂电池制作工艺信息中的"YT86/YT120"和"YT86/YT120补锂"型号的工艺信息、阳极补锂、冷压–Pinch的技术信息与KTList、N1设备价格清单的经营信息等发送给珠海泰坦新动力电子有限公司的李永富，未获得现金。经北京京洲科技知识产权司法鉴定中心鉴定，上述信息在2017年3月以前属于不为公众所知悉的技术信息和经营信息。经北京中润达会计师事务所评估，N1拉线开发项目研发过程中采购的物料及工夹具的成本为78万元。

二、诉讼过程

宁德市公安局蕉城分局接宁德时代新能源公司报案，于2017年2月16日

对钟开富、张五堂以涉嫌侵犯商业秘密罪立案侦查，并于 4 月 28 日向宁德蕉城区人民检察院提请批捕，该院于 5 月 5 日对该二人作出批捕决定。同年 7 月 5 日蕉城分局向该院移送审查起诉，该院经审查于 8 月 18 日向蕉城区人民法院提起公诉，2017 年 11 月 10 日蕉城区法院作出判决：被告人张五堂犯侵犯商业秘密罪，判处有期徒刑一年六个月，并处罚金 80 万元，被告人钟开富犯侵犯商业秘密罪，判处有期徒刑八个月，并处罚金 20 万元。被告人均未上诉，判决生效。

三、典型意义

本案中，蕉城区人民检察院将检察工作与经济发展新常态相适应，敢于办案与善于办案相结合，实现了法律效果、政治效果和社会效果相统一。案件初期，该院提前介入，实时跟踪监督案件后续侦破进展情况。通过多次与办案民警沟通探讨，引导公安机关及时收集、固定对案件构罪起关键作用的证据材料，如被告人邮箱内相应信息与宁德时代新能源公司拥有的不为公众所知悉的锂电池相关信息是否具有同一性等。案件进入检察院环节后，指定办理知识产权案件经验丰富的检察官负责审查批捕、起诉工作，通过全面审查证据和集体讨论的方式，从案件证据认定、法律适用等方面进行深入研讨、层层剖析，把好案件事实关、证据关、程序关和法律适用关。最终依法认定张五堂、钟开富的行为构成侵犯商业秘密罪。此外，蕉城区人民检察院结合办案认真开展调研，针对新能源公司在员工法治教育、保密意识等方面存在的一些薄弱环节和问题，及时向该公司发出检察建议书，取得了良好的成效。

10. 湖南长沙市中国音像著作权集体管理协会因著作权侵权纠纷申请支持起诉系列案

一、基本案情

2017 年，中国音像著作权集体管理协会（以下简称音集协）发现长沙市天心区湘府吉园娱乐城、黎庆，未经授权，擅自在其经营的 KTV 娱乐场所内以卡拉 OK 方式，向公众放映《刀马旦》《真情人》《You And Me（你和我）》《我的野蛮女友》等 200 首 MV 音乐电视作品，侵犯了其合法权益，且自身维权受阻，拟通过诉讼途径维权，并申请天心区人民检察院支持起诉。

二、诉讼过程

2017 年 2 月 20 日，音集协向长沙市天心区人民检察院提交 20 起案件支持起诉案件申请。该院经审查认为，长沙市天心区湘府吉园娱乐城、黎庆侵权行为，违反了著作权法第四十八条之规定，侵犯了申请人的著作权。该侵权行为，不仅损害了申请人的正当权益，还破坏了正常的市场竞争秩序。天心区人民检察院于同年3月15日向天心区法院发出支持起诉书，并出庭支持起诉。在检法两院的共同努力下，当事人达成了赔偿和解协议。2017年5月22日，法院根据音集协的申请，作出撤诉裁定。

三、典型意义

一是维护了著作权人的合法权益。KTV行业流动性大，有些经营者经常更换营业地点，有些营业周期短，很多情况下，KTV负责人玩"躲猫猫"避而不见，一些KTV经营者采取转承包、再承包等方式，导致难以查清实际的经营者，而经营者也常常采取踢皮球的方式推卸责任，这些都给当事人维权带来了困难。检察机关支持起诉，从证据的调取、事实的认定、法律的适用，到案件的最终处理，为著作权人维护自身权益提供了有力司法保障。

二是提高了经营者的法治意识。该系列案涉及的著作权人较多、影响较广。KTV未经音集协许可以盈利为目的向公众放映音集协管理的音乐电视作品，有的KTV播放的MV作品多达上千首。不少KTV经营者缺乏法律常识，知识产权保护意识淡薄，未经许可便使用KTV点唱机向公众播放；有些则认为设备中的歌曲是和设备一体的，在购买设备时应视为可以一并使用歌曲，不构成侵权；还有一些则存在侥幸心理，认为不会被追究责任。该系列案件的办理有利于提高经营者的法治意识。

三是维护了正常的文化市场秩序。在KTV等经营场所向消费者提供MV音乐制品，系公开放映涉案作品的行为，应取得著作权人许可。一些KTV经营者未经许可播放MV，降低其经营成本，不少经营者纷纷效仿，侵犯著作权问题广泛存在，严重影响了文化市场秩序，有力地维护了正常的文化市场秩序，对营造健康发展的文化市场秩序具有积极意义。

最高人民检察院
发布民事诉讼和执行活动法律监督典型案例

（2018 年 10 月 25 日）

目　录

一、裁判结果监督案例

1. 某工贸公司与某实业公司欠付货款纠纷抗诉案

某工贸公司因某科技公司欠付货款提起诉讼，法院于2006年9月作出民事判决，判令某科技公司给付货款9万余元。2007年10月，工商行政管理部门对某科技公司作出吊销营业执照的处罚。某实业公司作为某科技公司的股东之一，未对某科技公司进行清算。某科技公司下落不明，无财产可供执行。2008年7月，某工贸公司以某科技公司被吊销营业执照后，某实业公司作为股东未依法组织清算，应当承担赔偿责任为由，请求判令某实业公司赔偿货款、诉讼费及利息。一审法院认为，某实业公司作为某科技公司的股东，应当在某科技公司被吊销营业执照之日起十五日内成立清算组开始清算，虽然某实业公司未履行上述义务，但某工贸公司未提交证据证明某实业公司怠于履行清算义务造成了公司财产的贬值、流失、损毁或者灭失，故判决驳回某工贸公司的诉讼请求。该案经中级法院二审、高级法院再审，均以同样理由未予支持某工贸公司的诉讼请求。某工贸公司向检察机关申请监督。检察机关经审查后依法向法院提出抗诉，抗诉理由主要为：第一，某实业公司存在怠于履行法律规定的清算义务的行为。作为占公司出资额60%的股东，在某科技公司被吊销营业执照后，未在法律规定的期限内成立清算组对公司进行清算。第二，某实业公司怠于履行清算义务的行为导致已无法进行清算，某科技公司的所有财产、账册、重要文件等均下落不明。第三，由于某科技公司下落不明，致使某工贸公司对某科技公司的债权无法得到清偿。综上，债权人某工贸公司依法要求某实业公司承担清偿责任，具有事实和法律依据。法院进行再审后，采纳了检察机关的抗诉意见，判决某实业公司对某科技公司的债务承担清偿责任。该案通过检察机关的抗诉，进一步明确了有限责任公司股东清偿责任的性质及构成要件的认定标准，对实践中如何正确理解和适用股东清偿责任的法律条文具有指导意义。

2. 毛某娟、毛某辉股权确认纠纷抗诉案

2005年8月，黄某、毛某娟、毛某辉分别出资127.4万元、50万元、29万元共206.4万元，拟进行项目开发。黄某先以该资金与他人共同竞拍某小区

的国有土地使用权，又以自己名义承包该地。此后，三人决定设立某房地产开发有限公司（以下简称房地产公司），股东会议纪要、公司章程、验资证明、公司登记均确认三人共同出资 800 万元，其中黄某出资 600 万元，占 75%；毛某娟、毛某辉各自出资 100 万元，各占 12.5%。此后，房地产公司从国土资源局受让该地。后黄某认为毛某娟、毛某辉不是房地产公司真正股东，不应享有股东权利。2012 年 6 月，毛某娟、毛某辉起诉黄某和房地产公司，请求确认二人分别持有房地产公司及其名下原某小区开发项目的股权份额。法院于 2013 年 4 月作出一审判决，认为虽然毛某娟、毛某辉已从公司领取了资金及房产，并不表示其已丧失其在房地产公司的股权份额，确认毛某娟、毛某辉各自拥有房地产公司 12.5% 的股权。黄某、房地产公司上诉，二审法院驳回上诉，维持原判。黄某申请再审，请求判令其享有房地产公司 100% 的股权。法院于 2015 年 1 月作出再审判决，认为毛某娟、毛某辉没有以现金出资，应按其在竞买土地使用权时的出资作为实际出资，毛某娟、毛某辉分别出资 50 万元和 29 万元，分别占房地产公司注册资金 800 万元的 6.25% 和 3.625%，确认二人持股份额分别为 6.25%、3.625%。二人向检察机关申请监督。检察机关经审查认为，再审判决混淆了购买土地出资与设立公司出资两个不同的概念，按股东各自实际出资额确认公司股权适用法律错误，遂向法院提出抗诉。法院于 2018 年 6 月作出终审判决，认为有限公司的全体股东可以约定不按实际出资比例持有股权，以实际出资比例确定股权份额适用法律错误，判决撤销再审判决，维持二审判决。

二、虚假诉讼监督案例

1. 郭某等人通过虚假诉讼套取公积金案

2018 年 4 月，黑龙江某县检察院在办案中发现，该县法院上百起以住房公积金为执行标的的调解案件，均具有约定管辖、当天立案当天结案、证据只有借款凭证无转账证明等特点。经调查，郭某为了达到帮助他人套取公积金并从中牟利的目的，通过微信群和朋友圈发布能够提取公积金的广告，多人看到广告后与其联系提取公积金。郭某以自己及其女儿、女婿等人的名义，用虚构的债权向法院提起诉讼，由法院出具调解书，再用调解书执行对方当事人住房公积金。2017 年 7 月至 2018 年 4 月，郭某先后为 128 人套取公积金 620 万余元，本人获利 40 万余元。县检察院审查认为，郭某为达到违法套取公积金的目的，与他人恶意串通，伪造证据，虚构借款事实，致使法院作出错误的民事调解书，其行为不仅妨碍司法秩序，还严重破坏了住房公积金管理秩序，决定向法院发出再审检察建议，建议撤销郭某等人涉嫌虚假诉讼的 128 份民事调解书。县法院收到再审检察建议后，经审委会讨论决定再审，现已审结 42 件，均采纳了检察机关的监督意见，其余案件正在审理中。

2. 王某福等人"以房抵债"系列虚假诉讼案

2014 年年初，某地法院将系列"以房抵债"涉嫌虚假诉讼材料移送检察机关。检察机关审查查明：2012 年初，某商业咨询有限公司经理王某军因与某市法院法官王某福、王某江、周某峰很熟，遂从房屋中介公司收集大量购买二套商品房委托办理过户的信息，与法律工作者周某串通，共同伪造了借款协议、委托代理书、调解协议以及证明该市法院有管辖权的证明资料等全套材料，于2012 年 9 月至 2013 年 11 月，分别以原、被告诉讼代理人身份，向该市法院申请司法确认。王某军明确告知三名法官上述诉讼材料均系伪造及申请司法确认的目的。王某福、王某江在未办理受理立案登记、未经审理的情况下，直接套用其他案件的案号或虚设案号制作民事调解书 60 份；周某峰在办理受理登记后制作 18 份调解书，私自加盖院印后，交给王某军到外省市某区帮助 78 户二套房购买人办理了房产过户登记。2013 年 6 月，该区住建委要求提供法院民事判决书且由法院执行才能办理过户。应王某军的要求，王某福、王某江套用其他案件案号或虚设案号，伪造 13 份民事判决书、13 份执行裁定书，私自加盖院印，与司法警察施某民一起到外省市办理了 13 套房屋产权过户。王某福、王某江、施某民接受王某军吃请、提供的免费旅游等服务，王某福收受王某军贿赂 7 万元。取得办证的买房人分别给王某军各 5 万元感谢费。检察机关分别以涉嫌民事枉法裁判罪和受贿罪、玩忽职守罪、滥用职权罪等对王某福等 5 人立案侦查，5 人均受到刑事处罚。2014 年 5 月，某市检察院向该市法院发出检察建议，建议撤销78 份虚假调解书；针对 13 件虚假判决书的执行发送检察建议，建议撤销执行裁定。检察机关对 13 份虚假民事判决提出了抗诉。

3. 刘某等 9 人与某贸易公司财产
租赁合同纠纷虚假诉讼监督案

某贸易公司因拖欠商业贷款，法院判决清偿欠款本息共计 3000 余万元，其所属的码头用地土地使用权将被执行拍卖。刘某等 9 人分别起诉贸易公司，请求判令解除运输车辆租赁合同并支付租金、滞纳金等。法院作出 9 份民事判决书，判令解除刘某等 9 人与贸易公司签订的运输车辆租赁合同，贸易公司支付租金、逾期滞纳金共计 9346 万余元。贸易公司持上述判决书至执行法院申请参与拍卖款分配。检察机关经过调查核实，查明：贸易公司负责人钟某在案外人黄某介绍下，串通律师李某、伙同公司职员刘某，伪造了运输车辆租赁合同、催收通知书等证据，虚构合同关系，9 名原告均为钟某的亲属、公司员工或关联公司。检察机关认为，本案民事判决认定事实的主要证据均系伪造，符合以虚构事实取得法院生效裁判文书、申请参与执行分配的情形，依法向法院提出抗诉。法院再审后，判决撤销原判，驳回原告的诉讼请求，并对刘某和贸易公司分别罚款 3 万元和 80 万元。钟某、黄某、李某、刘某分别因妨害作证罪、帮助伪造证据罪被追究刑事责任。

三、虚假仲裁监督案例

王某兴等 13 人与某茶业公司 劳动争议纠纷虚假仲裁案

某茶业公司因欠债权人巨额债务，其厂房和土地被法院拍卖，拍卖款被冻结并拟向债权人进行分配。王某兴获悉后，为向该公司原法定代表人王某贵索回其个人借款 33.9 万余元，与公司现法定代表人王某福（系王某贵之子）商议，共同编造该公司拖欠王某兴及其亲戚等 13 人劳动工资共计 41.4 万余元的书面材料，并向劳动人事争议仲裁委申请劳动仲裁。仲裁员曾某明知该 13 人不是公司员工并且不存在拖欠工资情形，仍作出仲裁调解书，确认茶业公司应当支付给王某兴等 13 人拖欠的工资款。随后，王某兴以该仲裁调解书向法院申请执行。法院裁定查封、冻结茶业公司的财产，并拟将上述工资债权作为优先债权予以分配。检察机关在虚假诉讼专项监督活动中发现该案线索，在查清相关事实后，分别向劳动人事争议仲裁委、法院提出检察建议，建议撤销仲裁调解书、终结该案执行。同时，将王某兴、王某福涉嫌虚假诉讼犯罪线索移送公安机关。劳动人事争议仲裁委采纳检察建议撤销了仲裁调解书，法院采纳检察建议裁定对本案终结执行。王某兴、王某福分别被追究刑事责任。

四、执行监督案例

1. 某市法院违法查封、变卖案外人房产案

1993 年 6 月,王某向某市农村合作基金会(以下简称基金会)借款 16 万元。王某冒用罗某、罗某光的名义将两人房产为该借款进行担保。后王某未按期归还借款,基金会诉至法院。法院在罗某、罗某光未参加诉讼的情况下,主持基金会与王某达成调解协议,由王某等偿还基金会贷款。法院在执行中直接认定罗某、罗某光的房产为抵押财产,并将其查封变卖。罗某、罗某光在法院执行中始知房产被处置,遂向检察机关反映。检察机关认为法院未经法定程序将案外人罗某、罗某光的房产认定为抵押财产,并予以查封变卖,违反法律规定。该案先后由基层检察院、地市级检察院向同级法院提出监督意见,但两级法院均未纠正。2015 年 8 月,省检察院再次向法院提出检察建议。2017 年 3 月,法院采纳了检察机关意见,并作出国家赔偿决定,向罗某等人支付赔偿金 80 万元。该案属于执行违法,严重侵犯案外人合法权益。历经三级检察机关接力监督,最终得以纠正。本案的成功办理,充分表明跟进监督制度对保障监督效力、彰显检察建议刚性具有重要作用。

2. 唐某、郭某涉嫌拒不执行判决、裁定案

唐某、郭某系夫妻,二人共同经营某皮具公司。五金配件经营者雷某与皮具公司之间存在长期供货关系。2013 年双方结算确认皮具公司尚欠货款 200 余万元,因皮具公司一直未予支付,雷某遂向法院起诉皮具公司与唐某、郭某,要求偿还货款并支付利息。本案经一审、二审和再审程序,法院判决皮具公司、唐某、郭某对未支付货款及利息承担连带清偿责任。判决生效后,皮具公司、唐某、郭某未履行判决确定义务,雷某向法院申请强制执行。该案执行过程中,法院未能成功获取被执行人名下的财产线索,但发现唐某、郭某自本案起诉起至执行阶段可能存在转移财产的行为,遂将二人涉嫌犯罪线索移送至公安机关,公安机关认为证据不足,不予立案侦查。雷某向检察机关申请监督。检察机关经调查核实查明:唐某、郭某居住在三层豪华别墅内,该别墅未登记在其名下;唐某向案外人购买面积 136 平方米房屋一套,未办理房产转移登记手续,物业公司证明物管费由其缴纳;唐某、郭某名下 4 辆价值超 200 万

元的车辆均被转移至其亲属名下；皮具公司、唐某、郭某的银行账户均有几万至十几万元不等的大额交易，且有 300 万元转账他人；唐某、郭某在法院执行过程中将皮具公司和库存皮具转让他人，公司及库存价值超过 150 万元；唐某、郭某以他人名义对外经营皮具皮革生意。据此，检察机关认为唐某、郭某存在转移财产、逃避履行生效判决确定义务的行为，遂向公安机关移送犯罪线索，公安机关启动立案侦查程序。唐某、郭某已被批准逮捕，现该案处于审查起诉阶段。

3. 某医用器具公司申请执行监督案

2010 年 7 月，潘某云、潘某翔向法院起诉称，某医用器具公司非法生产其专利产品并销售的行为构成侵权，请求判令停止使用诉争发明专利，并赔偿200 万元。一审判决后，双方当事人均向上级法院提出上诉。2012 年 11 月，二审法院主持双方调解并达成调解协议，调解协议共五项内容，其中第四、第五项系调解协议的主要条款，分别涉及两个 800 万元的违约赔偿。调解协议生效后，潘某云、潘某翔以医用器具公司违反调解协议约定为由，向法院分别申请强制执行调解书约定的第四、第五项违约赔偿。医用器具公司对此亦分别提出执行异议。后经上级法院复议后均裁定执行。2016 年 1 月，两个执行标的为 800 万元的案件均进入执行。案件在执行期间，医用器具公司厂房及机械设备被查封，企业被迫全线停产，员工失业，银行停止发放贷款，公司背负较重的经济负担。2016 年 8 月，医用器具公司向检察机关申请执行监督。检察机关审查后认为，本案调解书中所确定的基于违约责任而导致的给付义务，取决于未来发生的事实，即医用器具公司在履行生效调解书过程中是否违约、是否承担民事责任，属于与案件审结后新发生事实相结合而形成的新的实体权利义务争议，并非简单的事实判断，法院在执行程序中直接予以认定，属以执代审，违反了审判、执行相分离的原则。为有效保障各方当事人合法权益，应允许当事人通过另行提起诉讼的方式予以解决。遂向法院发出撤销原执行复议裁定的检察建议。2018 年 4 月，法院采纳检察机关提出的检察建议，作出撤销原执行复议裁定，驳回潘某云、潘某翔的强制执行申请。该案的成功办理，使一个濒临破产的民营企业重新走上正常经营的轨道。

4. A 市某置业公司申请执行监督案

B 市法院于 2013 年 11 月诉讼保全冻结某投资公司的土地征收款 6.9 亿元。该案调解书生效后，王某向 B 市法院申请强制执行。B 市法院于 2014 年 7 月扣划土地征收款 3.58 亿元至该院账户。案外人 A 市某置业公司认为，投资公司已将上述土地征收款质押给置业公司在先，并于 2013 年 6 月进行了动产权属（质押）登记，且 A 市法院根据该公司申请，于 2013 年 11 月查封了上述土地征收款，先于 B 市法院。因 A、B 两市法院就上述土地征收款发生执行争议，上级法院向 B 市法院发出通知，要求"在执行协调期间，请暂延分配划付执行款给执行债权人"。但 B 市法院仍根据王某的申请，将其划扣款中的 1.5 亿元划付至王某银行账户。置业公司认为 B 市法院的执行活动存在重大违法情形，于 2015 年 1 月向检察机关申请执行监督。因该案涉及多个地市级法院的多宗案件，检察机关成立专案组开展调查核实工作，于 2016 年 7 月向该上级法院发出检察建议，认为置业公司质押登记和 A 市法院查封在先，B 市法院保全和执行在后，因此 B 市法院划扣投资公司土地征收款 3.58 亿元的行为违法。同时，B 市法院划付 1.5 亿元执行款，也违反了上级法院的通知要求。建议上级法院督促 B 市法院依法纠正错误，并追究相关责任人责任。该上级法院采纳检察建议，向 B 市法院发出监督函，指出该院的执行错误，要求吸取教训。该案当事人最终达成执行和解。

五、审判、执行人员违法行为监督案例

1. 某区法院审判人员丁某违法案

某区检察院在办理一起民间借贷纠纷案时，就主审法官丁某违反回避规定事宜，向区法院发出审判违法监督检察建议，但区法院以书记员笔误为由作出回复。市检察院决定对该案跟进监督。经调查核实，发现本案与丁某的父亲丁某作（区法院原副院长）之前办理的一起支付令案件有关，本案系丁某作为实现上述案件当事人给予 10 万元好处费的许诺，而以丁某母亲名义提起的虚假诉讼。检察机关遂对丁某作立案侦查，丁某作被判处有期徒刑一年缓刑一年六个月。经继续深入调查，又发现其他 5 名审判人员违法审判的问题，相关人员均受到党纪、政纪处分。原民间借贷纠纷案也在检察机关发出再审检察建议后得以改判。

2. 任某人身损害赔偿纠纷审判程序违法案

某法院在审理任某一案过程中，开庭审理后将案由从立案时的劳动争议纠纷改变为人身损害赔偿纠纷，而后书面通知任某在 7 日内预交案件受理费 7000 余元。任某以自己系四级伤残为由，书面申请缓、减、免交案件受理费。但该院无正当理由不接受当事人申请，也未向当事人书面说明不予批准的理由，即裁定按原告撤诉处理。检察机关提出检察建议后，法院采纳监督意见并对本案重新立案审理。

3. A 市某银行支行与林某等人
借款合同纠纷检察建议案

2006 年 3 月，A 市某银行支行因与林某、李某借款合同纠纷一案，向 A 市法院起诉。2006 年 6 月，A 市法院判决林某偿还银行支行借款本金 25 万元及利息；李某对上述款项承担连带保证责任。该银行支行在起诉时向法院申请对林某所有的 1 套房产进行财产保全，由于该套房产已被 B 市法院首先查封，查封期限至 2008 年 3 月 2 日止，B 市房产档案馆遂为 A 市法院办理了轮候查封手续。判决生效后，该银行支行于同年 12 月 15 日申请强制执行。2007 年 5 月，A 市法院作出民事裁定书，以申请人自愿申请终结执行为由，终结了本次执行程序。2009 年 2 月，B 市某银行支行向 B 市法院申请执行其与林某的借款合同纠纷一案，法院裁定查封了林某的该套房屋后，将该房屋拍卖后得款 300 余万元。拍卖款扣除执行费用后，被 B 市某银行支行领取 133 万余元，林某领取 164 万余元，其余被物业公司领取。2014 年 3 月，A 市法院裁定查封李某所有的房屋。李某认为 A 市法院在林某有可供执行的房产的情况下，怠于履行执行职责，致使财产流失，严重侵害了其权益，向检察机关申请监督。A 市检察院经审查后向 A 市法院发出检察建议书，认为 A 市法院执行员在执行本案过程中，在 B 市法院对涉案房屋查封期满、轮候查封转为正式查封后，未及时对被查封房屋作出处置，也未依法对林某采取执行措施，使本可执行完毕的本案至今未得到执行，建议对本案执行违法行为依法予以纠正，对相关责任人员依法予以处理。A 市法院收到检察建议后，展开调查核实工作，将林某列入失信被执行人名单并予以司法拘留，对执行法官予以通报批评，部署开展排查执行中已被查封财产但尚未处理的案件，杜绝类似情况的发生。

六、化解矛盾案例

1. 杨某与张某建设用地使用权转让合同纠纷案

2010 年 12 月，杨某与张某经协商签订《土地转让协议》，后因杨某未按合同约定将所转让的土地使用权办理到张某名下，双方发生纠纷已长达七年。检察官审查发现，因市政建设等原因，法院判决杨某将争议土地过户给张某存在部分无法履行的情况，有一定不当之处，即使检察机关提出抗诉，案件仍无法执行；如作出不支持监督的决定，当事人间的矛盾又无法化解。经了解，杨某独自抚养一儿一女并居住在涉案土地的简易房中，法院在执行过程中多次做双方当事人工作，但是由于双方分歧大，无法达成执行和解，法院无法执行。检察机关根据双方当事人的诉求、理由及具体情况，反复做双方当事人的工作，积极促成当事人和解。2018 年 8 月，在法院执行局参与下，双方达成了执行和解协议，并当场履行。随后法院作出执行裁定，解除了对杨某土地的查封。人民法院、双方当事人都对检察机关耐心细致的工作给予肯定。

2. 高某等 146 人集体经济组织成员权益纠纷系列案

2016 年 11 月至 2017 年 3 月，高某等 146 人因集体经济组织成员权益纠纷先后起诉至法院，请求依法确认其具有村集体经济组织成员资格，进而获得相应村民政治权利和经济权益。法院认为该类案件性质不属于法院受理民事诉讼的范围，对该系列案件均裁定不予受理。高某等人不服，先后向中级法院和高级法院提出上诉和申诉，均未获支持。高某等 146 人向检察机关申请监督。检察机关审查认为，村民委员会组织法等法律和相关司法解释对于集体经济组织成员资格确认纠纷均无明确规定，根据当地村集体经济组织成员资格认定指导办法，此类问题应由村集体经济组织进行具体认定，属村民自治范畴。2015 年以后该地区各级法院统一不再受理此类纠纷案件，法院对高某等人的起诉不予受理，并不违反法律规定。检察机关在作出不支持监督申请决定的同时，为了妥善化解矛盾，促进案结事了，承办检察官多次深入相关乡镇、街道、村社走访调查，发现该地村集体经济组织成员资格认定工作相对滞后，存在标准确定不及时、责任落实不到位等问题。为此，检察机关先后两次与地方政府进行专题研究和沟通交流，并就依法制定资格确认标准、严格落实监督指导责任以及妥善处理群众诉求等方面，向政府提出检察建议，督促当地政府指导、监督乡镇村组织做好农村集体经济组织成员资格认定工作，统筹推进当地产权制度改革，避免类似案件再次发生。

最高人民检察院
发布检察公益诉讼十大典型案例

（2018 年 12 月 25 日）

目　录

一、诉前程序典型案例

1. 重庆市石柱县水磨溪湿地
自然保护区生态环境保护公益诉讼案

【关键词】

行政公益诉讼诉前程序　　长江经济带生态保护　　省级院提办　　大检察官承办

【要旨】

在自然保护区规划建设工业园区，对湿地生态环境造成了破坏，地方政府应根据《中华人民共和国自然保护区条例》的规定，积极履行生态环境监管职责，对造成的生态环境破坏承担修复责任。

【基本案情】

2009 年 4 月 7 日，重庆市石柱县政府批复建立水磨溪湿地自然保护区，国家环保部将该保护区列入了《2011 年全国自然保护区名录》。2011 年 6 月 2 日，石柱县政府批复同意《西沱镇总体规划》，规划并开工建设西沱工业园区。监督检查中发现，工业园区一至三期规划共重叠湿地保护区面积 336.285 公顷，占湿地保护区总面积比例为 20.85%，工业园区的建设和运营占用部分滩涂，较大程度地、不可逆转地改变了工业园区与保护区重叠区域的生态系统的结构、性质与功能，对湿地生态系统和保护区内动物有一定影响。

【调查和督促履职】

该案系最高人民检察院挂牌督办案件，各界普遍关注，社会影响较大。为办理好挂牌督办案件，重庆市检察院决定提办该案，检察长亲自承办，带领专案组迅速开展调查核实工作，查清案件事实，拟定监督方案。并在检察机关作出监督意见后，亲自到石柱县政府现场送达检察建议书，公开宣告，进行释法说理，提出修复整改的具体要求。

石柱县政府按照检察建议的要求，迅速开展修复整改工作。当前，保护区内须拆除、退出的 38 个项目已拆除并覆土完毕 37 个，另 1 个项目已签订厂房收购协议，于今年 12 月底前整体搬迁。

【指导意义】

保护好石柱县水磨溪湿地自然保护区生态环境，是重庆市检察机关开展"保护长江母亲河"公益诉讼专项行动的重要内容，更是保护长江经济带生态环境的具体举措。作为重庆市检察机关参与和保障打好污染防治攻坚战的总负责人，检察长带头办案，对检察建议当场公开宣告，并进行释法说理，有利于督促行政机关依法履职、积极整改。石柱县政府收到检察建议后积极履行环境监管和生态修复职责，科学制定整改和修复方案，集中力量迅速推进整改修复工作。目前自然保护区生态修复工作按照整改计划有序推进，被破坏的生态环境得到有效修复，社会公共利益得以维护。该案也成为检察长带头办案，把公益诉讼做成"一把手工程"的范例。

在办案过程中，检察机关切实加强与被监督对象的沟通交流，严格跟踪落实反馈机制，有力督促被监督对象依法履行职责，并主动为相关企业提供法律服务，帮助企业搬迁及转型升级，为地方经济发展出谋划策，实现了保护生态环境、服务民营企业、保障地方经济发展的双赢共赢多赢效果。

2. 湖北省黄石市磁湖风景区生态环境保护公益诉讼案

【关键词】

行政公益诉讼诉前程序　　行政机关主动要求监督　　行政机关职能交叉

【要旨】

对于多个行政机关因职能交叉导致权限不清的执法难题，检察机关可以通过行政公益诉讼诉前建议的方式，督促相关职能部门共同努力，推动问题解决，实现多赢共赢。

【基本案情】

磁湖位于湖北省黄石市市区，水域面积约 10 平方公里。1997 年，磁湖风景区经省政府批准定为省级风景名胜区。2004 年，为改善和美化磁湖风景区建设，黄石市政府依法征收了位于磁湖西岸团城山公园教堂附近的 15.5 亩鱼塘和 1.6 亩菜地，并对相关人员作出了征地补偿。杭州东路社区居民张某，在未取得规划审批和用地手续的情况下，仍持续在已被征收的土地上擅自搭建建筑物，并在鱼塘中围栏投肥养殖。该违法行为一直持续到 2018 年仍未被有效制止，严重破坏了磁湖风景区的整体规划，对磁湖的水质造成了污染，破坏了磁湖水域的生态环境。

【调查和督促履职】

2018 年 5 月，黄石市检察院发现该线索后，指定西塞山区检察院管辖。经调查，要拆除违法建筑和收回被占用的鱼塘涉及的行政机关众多，包括黄石市园林局、市规划局、市国土局、市水利水产局、下陆区城管局等，而且各部门之间存在着管理权限不清、多头难管的问题。2018 年 5 月，黄石市国土局和下陆区城管局主动与市检察院对接，请求检察机关通过行政公益诉讼介入，促成行政机关形成执法合力，彻底破解这一困扰多年的执法难题。5月中下旬，西塞山区检察院向市园林局等五家行政单位分别发出检察建议，督促其依法履职，对张某的违法行为进行处理，采取治理措施消除对磁湖和风景区的不利影响。

收到检察建议后，五家行政机关召开行政执法联席会议，制定联合执法行动。7月26日，下陆区城管局联合黄石市国土局、规划局、园林局以及水利水产局开展联合执法，经过150余名执法人员连续5个多小时的作业，存续14年之久的违法建筑和投肥养鱼用的渔网全部被依法拆除。

【指导意义】

自被确定为公益诉讼试点地区后，黄石检察机关不断加大对公益诉讼的推进和宣传工作，得到了市委、市政府以及其他行政机关的大力认可和支持。行政机关在充分认识到公益诉讼的职能作用后，主动要求检察机关介入。检察机关通过公益诉讼职能作用的发挥，向五家行政机关发出诉前检察建议，促成了行政机关的联合执法，打破了持续了14年之久的"五龙治水"的僵局，破解了行政执法难题。

本案中，检察机关通过公益诉讼工作，不仅消除了磁湖生态环境问题的沉疴顽疾，而且让行政机关深刻地体会到，检察公益诉讼与行政执法行为在目标上是一致的，公益诉讼既是监督，也是助力，是实现行政机关、司法机关、社会公益多赢、共赢的有效途径，对市政府全面开展长江大保护"碧水、绿岸、洁产、畅流"四大行动起到了积极的推动作用，赢得了人民群众的赞赏。

3. 北京市海淀区网络餐饮服务
第三方平台食品安全公益诉讼案

【关键词】

行政公益诉讼诉前程序　网络餐饮服务监管　专项整治　制度化建设

【要旨】

对于入网餐饮服务提供者违法经营、网络餐饮服务第三方平台管理制度不严格、行政机关对网络平台监管不到位等问题，检察机关可通过发挥公益诉讼诉检察职能作用，督促行政机关依法履行监管职责，净化网络餐饮环境。

【基本案情】

北京市海淀区人民检察院在履职中发现，经营地位于海淀区的"百度外卖""美团""百度糯米"等网络餐饮服务第三方平台上，入网餐饮服务提供者存在违法提供网络餐饮服务的行为，主要表现在违反我国电子商务法相关规定，从事无许可经营行为、不具有实体经营门店、未按要求进行信息公示和更新等。同时，网络餐饮服务第三方平台提供者对上述违法行为未履行审查、监测义务，以及公示、及时更新信息义务。海淀区食品药品监督管理局对以上问题存在监管漏洞，依法履职有待加强。

【调查和督促履职】

海淀区检察院分别针对网络餐饮服务第三方平台提供者及入网餐饮服务提供者违法并侵害公共利益的行为，依法向海淀区食品药品监督管理局发出诉前检察建议，要求其依法履行监督职责，督促违法平台及商家尽快整改。该局收到检察建议书后，迅速组织核查处置工作，并组织开展了为期两个月的网络餐饮食品安全专项整治工作。通过召开专题部署会、约谈网络订餐平台负责人、集中开展线上线下核查处置、对网络餐饮平台进行全面整改等方式，共下线问题商户 3218 家，规范各种信息公示问题 5203 家、立案 14 件（网络订餐平台未落实主体责任的违法行为 5 件，未按规定公示食品经营许可证 7 件，无证经营 1 件，网络超范围经营 1 件）。在办案过程中，海淀区检察院与区食品药品监督管理局着眼于长效机制建设，积极推进第三方平台"阳光餐饮"进程，此外，区食品药品监督管理局针对行政公益诉讼监督出台了全市首份《北京市海淀区食品药品监督管理局人民检察院检察建议书办理办法（试行）》，确保办理程序规范化、制度化。

【指导意义】

"民以食为天，食以安为先。"随着我国互联网经济的迅猛发展，"互联网＋餐饮服务"等新兴业态快速增长。网络餐饮服务促进了餐饮业的发展，方便了人们的生活，但其中存在的违法行为和管理漏洞不容忽视。在公益诉讼工作中，检察机关与行政机关目标一致，通过行政公益诉讼诉前检察建议，两者能够形成合力，共同解决群众反映强烈的社会问题。作为"百度外卖""美团""百度糯米"等网络餐饮服务第三方平台的经营地之一，海淀区食品药品监督管理局责任重大，在收到检察机关检察建议后，其积极采取措施，下线问题商户 3000 余家，成效显著。海淀区检察院与区食品药品监督管理局共同建设的"阳光餐饮"第三方平台，对于切实维护全区乃至全国网络餐饮服务健康发展均具有重要意义。

4. 宁夏回族自治区中宁县校园
周边食品安全公益诉讼案

【关键词】

行政公益诉讼诉前程序　　校园周边食品安全　　全面整治

【要旨】

针对校园周边商店、小卖部售卖"三无"食品及相关食品卫生安全隐患等顽疾，检察机关可通过公益诉讼诉前程序督促相关行政部门履行监督管理职责，切实保障未成年人"舌尖上的安全"。

【基本案情】

中宁县某小学学生因购买校园周边小商店的食品而引发中毒事件引发社会关切。中宁县人民检察院在履职中发现全县 40 余所中、小学校附近 60 家商店、小卖部，不同程度存在销售超保质期、无生产日期、来源不清的食品、饮料等问题，一些商店还存在未办理食品经营许可证、部分商店经营者未办理健康证或健康证过期等情况。中宁县市场监督管理局对校园周边食品卫生安全依法具有监督管理责任。

【调查和督促履职】

通过实地检查、调查询问调查取证，中宁县检察院于 2018 年 6 月向中宁县市场监督管理局发出诉前检察建议，要求该局依法履行职责，加强校园及周边食品安全监督检查力度，杜绝不符合安全标准的食品出现在校园周围及全县其它地区，及时督促未办理食品经营许可证及健康证的经营者办理相关证照，对检察院发现的问题饮料查清后依法处理。

收到检察建议后，中宁县市场监督管理局迅速行动，开展城乡结合部、学校食堂、校园周边等专项整治活动，重点对粮、油、奶制品、豆制品、饮品等进行监督检查和专项治理。先后检查食品经营单位 2348 户（次），检查食品加工单位 292 家，对卫生条件不达标的 16 家经营户下达责令整改通知书；查获、没收 23 个品种的过期、无标签标识等不合格食品 1325 袋 153 公斤；对843 家餐饮单位、72 所供餐学校、35 所幼儿园、4659 名从业人员进行了检查，下达责令整改通知书 224 份。对中宁检察院发现的问题饮料，中宁县市场监督管理按照饮料包装物上标识的生产地址，查到了该饮料的生产加工点，发现该加工店负责人在未办理任何证照的情况下从事饮料生产、加工活动，且生产的产品无生产日期、保质期等标识标签，执法人员现场对已生产的问题饮料及用于制作饮料的原料、包装物进行了扣押，并将该加工点予以查封，对此加工点的负责人进行了行政处罚。

本案的办理有效督促了中宁县市场监督管理局对本县食品生产、零售、批发行业的日常监管。在检察机关的监督推动下，中宁县市场监管局对此次校园周边食品安全问题开展的专项整治，不仅注重规范食品经营单位和经营者的经营行为，还注重加强对从业者健康状况的监管、对线索问题深入摸排打击，实现了全方位整治和净化，营造了安全、可靠的校园周边食品经营环境。

【指导意义】

本案中，检察机关及时回应社会关切，对青少年缺乏判断能力的校园周边食品安全问题开展有效监督，督促行政机关及时、全面依法履职，严防"三无"食品对青少年造成的健康威胁。检察机关发出诉前检察建议所指出的问题覆盖全面、线索明确清晰，对行政机关起到了很好的监督指导作用，最终取得了全面整改、全员整顿的良好成效，真正达到了办理一案、警示一片、教育一面的办案效果。

5. 福建省闽侯县食用油虚假
非转基因标识公益诉讼案

【关键词】

行政公益诉讼诉前程序　食用油虚假非转基因标识

【要旨】

检察机关针对调查中发现的食用油安全、偷工减料、非转基因虚假标识等问题，可通过行政公益诉讼工作，督促监管部门依法履行职责，促成问题整改。

【基本案情】

2018年4月，央视《每周质量报告》曝光了闽侯县域内四家食用调和油生产商存在偷工减料、非转基因虚假标识等现象。这些食用调和油生产商通过在普通植物油勾兑出的低端油中添加低价大豆油等方式降低成本，以低价油冒充高价油，并在产品标签中虚假标注原料配比、虚假标识非转基因，以转基因原料冒充非转基因原料，严重损害了社会公共利益。

【调查和督促履职】

央媒曝光后，闽侯县人民检察院立即深入闽侯县市场监督管理局、福州高新区市场监督管理局等部门调查了解相关情况，并监督其对涉案企业开展检查。2018年4月，针对调查中发现的食用油安全、偷工减料、非转基因虚假标识等问题，分别向闽侯县市场监督管理局、福州高新区市场监督管理局等部门发出检察建议，督促其依法履行监管职责，对涉事企业违法生产经营依法予以查处，依法采取没收涉案企业违法生产经营的食用油及违法所得、处以罚款等措施。

闽侯县市场监督管理局、福州高新区市场监督管理局迅速行动，成立专案组；对涉案产品展开调查，对涉事企业从原料采购、生产过程、购销台账、库存产品和未使用的标签等进行全面清查；对涉案企业依法予以行政处罚，落实食品安全主体责任，督促食用油问题整改。目前，央媒曝光闽侯县内的四家涉嫌生产标签不合格食用油的生产企业现已基本整改完毕，共没收封存约 9700 瓶、召回销毁 46 箱违法生产经营的食品油，涉案金额累计 26 万余元，共处罚款 224.8 万元。

【指导意义】

食用油是百姓关注的重点食品类型，转基因食品更是关系民生的敏感话题，检察机关针对调查中发现的食用油安全、偷工减料、非转基因虚假标识等问题及时监督行政机关履职是维护公共利益的应有担当。本案是全国率先通过公益诉讼诉前程序规范转基因食品标识的案例，通过规范标识，使转基因食用油信息更透明，有助于提升市场监管质量，也保障消费者知情权、选择权。

6. 湖南省湘阴县虚假医药广告整治公益诉讼案

【关键词】

行政公益诉讼诉前程序　　虚假医药广告

【要旨】

虚假医药广告不仅误导观众消费，更有可能导致患者错过最佳治疗时间，同时对合格正规医药制品也起到恶意竞争和排挤作用。检察机关通过发挥公益诉讼监督职能，督促负有监督管理职责的行政机关依法履职，维护社会公共利益。

【基本案情】

湘阴县电视台自 2017 年以来持续播放"鼻清堂""九千堂五色灵芝胶囊""百寿安益康胶囊""苗老八远红外磁疗巴布贴""腰息痛胶囊"等药品广告。该系列药品广告时长 6—12 分钟不等，在广告中变相使用国家领导人名义推荐产品，使用"当天服用，当天见效，只需 90 天，从头好到脚""同时治疗 80 多种疾病"等宣传用语，称能有效应对心脑血管疾病、糖尿病、腰椎病风湿骨病等多种疾病，聘请了本地多位慢性腰腿病患者、前列腺炎患者、中风患者、风湿患者作代言人推荐上述药品。

【调查和督促履职】

湘阴县人民检察院在履职中发现，该系列药品广告的播放违反了我国法律法规关于不得在广告中使用国家领导人形象，不得以专家、患者形象作疗效证明，不得以任何节目的形式发布，单条广告时长不得超过一分钟，广告播出内容不得与审核内容不一致等禁止性规定，存在严重损害公共利益的问题。湘阴县检察院立案审查后分别向县食品药品工商质量监督管理局、县文体广电新闻出版局发出诉前检察建议，建议县食品药品工商质量监督管理局严格依法履行职责，责令停止发布广告，责令广告主在相应范围内消除影响，并处以罚款；对广告经营者、广告发布者没收广告费用，并处以罚款。建议县文体广电新闻出版局责令县电视台停止播放违法广告，给予警告或并处罚款。

收到检察建议后，县食品药品工商质量监督管理局、县文体广电新闻出版局立即责令湘阴县电视台停播违法广告，湘阴县电视台于2018年4月30日停止播放此类广告。县食品药品工商质量监督管理局对湘阴县电视台作出行政处罚，对广告主的行政违法行为立案查处。

【指导意义】

虚假医药广告多存在任意扩大产品适应症范围、绝对化夸大药品疗效等情形，严重欺骗和误导消费者，轻则致使消费者财产受损，重则导致消费者延误病情，甚至危及生命安全。本案中，检察机关通过发挥公益诉讼监督职能，督促负有监督管理职责的行政机关依法履职，有力整治了医药用品虚假宣传，有利于防止行政部门监管缺位现象的发生，维护了人民群众尤其是农村居民和老年人的生命健康和财产安全。

7. 浙江省宁波市"骚扰电话"整治公益诉讼案

【关键词】

行政公益诉讼诉前程序　骚扰电话　公益侵害

【要旨】

检察机关针对干扰人民群众工作生活的"骚扰电话"（广告推销电话），通过调查研究、多样取证等方式及时对具有监管责任的通信管理部门发出检察建议，对这一现象进行打击遏制，取得良好成效，有效维护了社会公共利益。

【基本案情】

电话推销因成本低，成为房产销售、金融保险等领域常用营销方式，针对不特定的手机用户强行推送各类广告，数量多，频度高，干扰了广大人民群众日常的工作和生活，已成为"骚扰电话"。2018年上半年，宁波市发生120热线被骚扰事件。截至 5 月下旬，120 急救电话累计接到楼盘推销电话 1600 余个，其中最多一天接到 90 多个，均为"0574—2"开头的联通电话号码，严重影响宁波市急救中心的正常工作秩序。

【调查和督促履职】

2018 年 5 月，宁波市海曙区人民检察院在履职中发现，广告推销电话扰民损害了不特定多数人的利益。为明确界定广告推销电话对公众的骚扰程度，海曙区检察院委托第三方机构开展问卷调查，结果显示，平均 90%的受访者认为广告推销电话已成为"骚扰电话"，对居民正常生活和工作产生较大或很大影响，侵犯了公众利益，希望行政管理部门要加强约束和监管。同时，该院向海曙区 400 余名人大代表、政协委员发放实名调查问卷，反馈结果与公众调查结果一致。

根据《中华人民共和国电信条例》相关规定，宁波市通信管理局依法应当对宁波市电信和互联网等信息通信服务实行监管，对本区域内的广告推销电话扰民行为加以约束。但通信管理部门认为"骚扰电话"定义不明，缺乏法律处罚依据，没有积极履职。对于"骚扰电话"是否属于侵害公共利益的行为，是否属于公益诉讼的范围，海曙区检察院邀请浙江省内多位法学专家进行专题研讨和论证，一致认为"骚扰电话"对人民群众的生活环境造成了严重侵害，应当属于行政诉讼法规定的行政公益诉讼的范围。为此，海曙区检察院成立专案组，进行了调查，收集了逾 2000 个骚扰电话号码，查清了通信运营商—营销公司—群呼平台三者之间的利益链，并于 2018 年 7 月向宁波市通信管理局发出检察建议。要求该局组织力量对当前"骚扰电话"扰民的现实情况、形成原因进行分析研究，采取有效措施加以制止，向上级主管部门和立法机构提出相应的政策建议，以改进和完善现行的电信业务管理办法。

2018 年 7 底，宁波市通信管理局及浙江省通信管理局法规处工作人员带领三大运营商宁波分公司的负责人到海曙区检察院，就检察建议作了回复。宁波市通信管理局制定了专项整改方案，通过加强电信业务和通信资源管理、增强技术防范力量、控制"骚扰电话"传播渠道、清理骚扰性硬件对"骚扰电话"进行整治。三大运营商宁波分公司也根据各自的业务情况采取了暂停经营性外呼业务、严控中继线业务、对无法提供安全承诺的平台停止服务等措施加以整改。2018 年 11 月，海曙区检察院再次委托第三方机构对骚扰电话治理情况进行社会调查。调查结果显示，1800 名受访者中，81.1%的受访者表示满意，有 84.8%的受访者表示，前阶段呈泛滥之势的 2 和 5 固定电话号段骚扰电话已基本消失，治理效果明显，治理工作亦得到了广大居民的认可。

办案过程中，海曙区检察院主动向党委和上级检察机关汇报本案工作开展情况，得到了省委书记、宁波市委书记、浙江省检察院检察长等领导的批示支持认可。《检察日报》、中央人民广播电台中国之声《新闻纵横》相关栏目对该事件进行跟踪报道。本案的办理还得到人民网、新华网等10余家国家级网络媒体、新浪、搜狐等各大综合门户网站的刊登转载，得到众多网民好评、点赞。

【指导意义】

针对"骚扰电话"治理是否在法律规定的检察机关提起公益诉讼领域之内的问题，司法实务和理论界均存在不同理解。海曙区检察院通过委托第三方开展社会调查，向人大代表、政协委员实名调查等形式，广泛征求民意，以具体的数据充分反映广大人民群众的心声，有效证明了"骚扰电话"侵害社会公共利益的实质。习近平总书记强调："检察官作为公共利益的代表，肩负着重要责任。"坚持以人民为中心，牢牢把握人民群众对美好生活的向往，立足检察职能，针对侵害不特定对象工作和生活环境的行为，积极探索开展公益诉讼工作，切实维护公共利益，符合公益诉讼的立法规定，也是检察机关的应尽职责。

在与通信管理部门沟通过程中，海曙区检察院始终强调，检察监督不是刁难挑错，而是为了共同推动解决骚扰电话这个难题，共同努力回应民生关切。行政机关通过积极回应检察监督，依法履职、有效保障人民权益，赢得人民群众的认可和支持，树立了政府公信力。最终，通信管理部门和三大基础电信运营商根据检察建议要求，积极采取整改措施，促使宁波"骚扰电话"治理取得较好成效，宁波市民满意度显著提升，充分体现了检察机关开展公益诉讼工作双赢多赢共赢的理念。

"骚扰电话"治理是一项系统工程，要继续研究完善部门之间的配合、联动机制，通过法律监督、行政监管多管齐下，实现综合治理、案件会商等制度化、长效化，同时要在全国范围内共同推进，让全国人民群众都能尽快享受到骚扰电话治理成效，享有一个清朗的通讯空间。

二、诉讼程序典型案例

8. 辽宁省丹东市振兴区人民检察院诉丹东市国土资源局不依法追缴国有土地出让金行政公益诉讼案

【关键词】

行政公益诉讼　追缴国有土地出让金　行政机关依法履职

【要旨】

对土地出让金的缴纳，应当依法依规。地方政府通过补充协议、会议纪要等方式允许土地出让金暂缓缴纳的期限不可突破国土资源主管部门有关规定。

【基本案情】

2005 年 7 月，丹东俊达房地产开发有限公司（以下简称俊达公司）以 66 万元竞得北府花园地块，2013 年 8 月，丹东市城乡规划局调整该地块规划设计条件，将总用地面积由 40.48 万平方米调整为 32.24 万平方米，规划容积率由 1.24 调整为 1.96。因调整后实际建筑面积增加，经丹东市国土资源局与俊达公司签订补充协议，约定需补缴土地出让金 2884.4 万元，2015 年 7 月 16 日，丹东市政府会议纪要明确同意俊达公司缓缴包括土地使用权出让金在内的各项费用。但直至 2018 年 1 月，俊达公司未依法缴纳出让金，丹东市国土资源局也未依法收缴。

【调查和督促履职情况】

丹东市振兴区人民检察院于 2018 年 1 月 17 日向丹东市国土资源局发出检察建议书，建议其向俊达公司追缴土地使用权出让金及违约金。国土资源局收到检察建议书后，仅向俊达公司发出了催缴通知书，并以执行市政府会议纪要为由，没有采取其他有效措施。2018 年 11 月 7 日，振兴区人民检察院提起行政公益诉讼。庭审过程中双方争议的焦点主要在于如何理解和适用市政府会议纪要。本案的会议纪要是在补充协议约定的期限届满之后作出，丹东市国土资源局在期限届满前并未依规履职，属于违法。同时，根据国土资源主管部门有关规定，缓缴的最长期限为一年，但本案在补充协议签订后一年内，丹东市国土资源局既没有作出相应的履职行为，也没有另外与俊达公司签订变更、补充协议，针对缓缴问题作进一步约定。

人民法院经审理后，依法当庭宣判，支持了检察机关全部诉讼请求。收到判决书后，丹东市国土资源局积极表达对检察机关行政公益诉讼的理解和支持，并表明积极履行职责，争取早日将土地使用权出让金追缴到位。

【指导意义】

检察机关在公益诉讼工作中，对政府会议纪要的理解和适用，直接影响对行政机关是否全面正当履职的判断标准。行政机关在以政府会议纪要等地方性文件作为履职依据时，应当从依法的角度落实，在法律规定的范围内，依法、全面履行职责，在效力和层级上都不可突破国家法律法规、行业规章等的规定。

9. 江西省赣州市人民检察院诉郭某某等人生产、销售硫磺熏制辣椒民事公益诉讼案

【关键词】

非食用添加剂 惩罚性赔偿金 多方协调

【要旨】

侵权行为对社会公共利益造成严重侵害或侵害危险的，检察机关可以在履行公告程序后，依法向人民法院提起民事公益诉讼，要求侵权人承担侵权责任，同时可主张惩罚性赔偿。

【基本案情】

信丰县大阿镇民主村郭某从事辣椒生意期间，采用添加剂硫磺熏制辣椒以达到防霉、耐存储的目的。2017 年 8 月 18 日，信丰县公安局、大阿工商分局在郭某家中查获 14943.8 斤辣椒，现场扣押辣椒 5780 斤，同时对剩余的 9163.8 斤辣椒采取现场查封的方式贴封条封存在郭某家中的仓库内。后郭某私自撕去封条将封存在其仓库的 9163.8 斤辣椒销售流入市场。经信丰县食品药品检验所检验，在郭某家中提取的辣椒样品中，半干辣椒和湿辣椒中二氧化硫含量分别达到 4.40g/kg、4.65g/kg，均超过食品安全国家标准 0.2g/kg 的上限 20 多倍。

【调查和督促履职】

经调查核实，郭某将被查封在其仓库的 6862.8 市斤半干辣椒和 2301 市斤湿辣辣椒私自变卖，其将硫磺严重超标的辣椒销售给他人，足以对不特定多数人的身体健康造成重大侵害危险，损害社会公共利益。在办理本案过程中，对案涉干辣椒是否对不特定消费者造成侵害的关键问题，赣州市检察院对公安机关、行政机关提供的已有证据"三性"存疑的情形下，积极引导侦查，制定调查提纲，先后多次直接到案发地调查，询问当事人、证人，补充完善相关证据，确保了案件基本事实证据到位。同时，根据本案的案件推进状况，赣州市检察院对发现的线索价值、事实认定难点、证据转化和成案情况反复研究，推敲诉讼请求、庭审预判等。此外，赣州市检察院注重多方沟通，及时请示汇报，争取上级检察机关支持；与法院密切沟通，就案件受理、检察机关的诉讼地位、诉讼请求、法律法规的理解适用等方面的问题反复磋商，达成一致意见，确保案件顺利进入诉讼程序。

赣州市检察院于 2017 年 10 月在《新法制报》上刊登公告，依法公告督

促有权提起诉讼的适格主体就本案向人民法院提起民事公益诉讼，最终无社会组织提起民事公益诉讼。2018 年 6 月，赣州市人民检察院向市中级人民法院提起民事公益诉讼。诉讼请求为：1. 判令被告郭某支付其所生产、销售的不符合食品安全标准的硫磺熏制食用辣椒价款十倍的赔偿金；2. 判令被告承担现场扣押的 5780 斤硫磺熏制辣椒销毁费用，消除食品安全隐患；3. 判令被告在《赣南日报》或赣州广播电视台等市级以上媒体公开向社会公众赔礼道歉。

赣州市中级法院院受理后于 2018 年 9 月 14 日公开开庭审理。庭审中，双方围绕被告是否承担民事侵权责任等争议焦点展开激烈辩论。公益诉讼起诉人在法庭调查、举证质证、法庭辩论、最后陈述等环节，围绕被告侵权行为及危害性的事实认定、法律适用等方面发表意见，出示了五组证据逐项进行了举证、质证，形成完整的证据链，对争议焦点进行了充分陈述和辩论。赣州市中级人民法院最终全部支持了检察机关诉讼请求。本案庭审中，省人大常委会内司委主任委员，部分省、市人大代表，省检察副检察长、市检察院检察长，市中级法院院长、市食品药品监督管理局人员、全省三级检察人员、媒体记者旁听，庭审全程网络直播，取得了良好的政治效果、社会效果和法律效果。

此外，检察机关在走访市场、政府的过程中，积极宣讲检察公益诉讼重大意义和具体职能，赣州市院还结合本案专门制作了一期微信广泛宣传相关食品安全法律法规，为公益诉讼开展创造良好的舆论环境。

【指导意义】

侵权责任法、食品安全法和消费者权益保护法都对消费者个人的惩罚性赔偿诉讼请求作出明确规定，但对公益诉讼中，起诉主体是否可以提出惩罚性赔偿诉讼请求没有明确。惩罚性赔偿有利于提高违法者的违法成本，减少其再违法犯罪的机会，也能对其他的违法者起到警示作用。赣州市检察院深入研究公益诉讼职能，在引导办案、固定证据、多方协调方面做出大量努力和尝试，注重做好前期工作，克服多重阻力困难，最终使各方争议达成一致，取得案件的胜诉结果，为当地公益诉讼工作打开了局面。

10. 安徽省芜湖市镜湖区检察院诉李某等人跨省倾倒固体废物刑事附带民事公益诉讼案

【关键词】

刑事附带民事公益诉讼　长江经济带环境保护　跨省倾倒固体废物　生态环境修复

【要旨】

检察机关在依法严惩污染环境犯罪的同时，可以运用刑事附带民事公益诉讼的方式，督促刑事被告人及相关侵权行为人履行治理、赔偿等义务，促进生态环境的及时修复。

【基本案情】

2017 年 1 月，李某在无固体废物处置资质的情况下，成立某环保服务公司，与黄某、张某等人共同实施工业污泥的跨省非法转移和处置。2017 年 10 月中下旬，李某从江苏、浙江等 9 家企业收集工业污泥共计 2500 余吨，黄某通过联系运输船主高某、沈某、张某，先后两次将污泥运至安徽铜陵长江边，吴某、林某、朱某、查某联系浮吊老板潘某，将污泥直接倾倒于铜陵市江滨村江滩边，造成长江生态环境严重污染。经鉴定，倾倒的污泥等固体废物中含有重金属、石油溶剂等有毒、有害物质，倾倒区域的地表水、土壤和地下水环境介质均受到了不同程度的损害，造成包括应急监测、应急清运和应急处置等公私财产损失共计 790 余万元，生态环境修复费用约 310 余万元。此外，被告人李某、黄某、张某等人还涉嫌非法倾倒 4410 余吨工业污泥未遂。

【调查和督促履职】

案件发生后，检察机关提前介入此案，完善固定了长江生态环境受污染、破坏的证据。同时引导公安机关调查取证，有力证实了涉案企业主观上存在过错，客观上存在违法违规的行为。2018 年 7 月 16 日，芜湖市镜湖区检察院以被告人李某等 12 人犯污染环境罪向法院提起公诉，同时对上述被告人及 9 家源头企业提起了刑事附带民事公益诉讼，要求其共同赔偿因非法倾倒污泥造成环境污染所产生的应急处置、环境损害修复、鉴定评估费用等各项赔偿共计人民币 1302 万余元。2018 年 10 月 15 日，芜湖市镜湖区法院作出一审判决：以污染环境罪判处各被告人有期徒刑六年至一年零六个月，并处罚金人民币 20 万元至 1 万元不等。判处涉案 9 家源头企业与各被告人在各自非法处置污泥的数量范围内承担相应的环境侵权损害赔偿责任，并在省级媒体上向社会公开赔礼道歉。目前，涉案 9 家企业赔偿金 1302 万元已经全部支付到位。

【指导意义】

加强长江流域生态环境保护，是检察机关依法全面履行法律监督职能的必然要求，也是检察工作服务和保障打赢污染防治攻坚战的重要内容。当前长江沿线破坏生态环境类型多样，跨省市倾倒固体废物案件时有发生，行为手段隐蔽，危害后果严重。在长江流域生态环境保护中，通过刑事附带民事公益诉讼的提起，综合发挥刑事、民事、行政检察和公益诉讼多元职能作用，既依法严惩危害长江生态环境犯罪，又充分履行了公益诉讼职能，加强了长江生态环境公益保护，同时通过责令涉事企业和个人承担环境损害赔偿金，为生态修复提供了保障。通过办案实现了惩治犯罪与修复生态、纠正违法与源头治理、维护公益与促进发展相统一。

最高人民检察院
发布首批涉民营企业司法保护典型案例

（2019 年 1 月 17 日）

目　录

1. 黄某、段某职务侵占案

——查办企业从业人员职务侵占犯罪，
依法保护民营企业财产权

一、基本案情

黄某系福建省 A 鞋业有限公司（以下简称 A 公司）原副总经理，段某系 A 公司原采购部经理，二人因涉嫌职务侵占罪于 2018 年 1 月 6 日被泉州市公安局丰泽分局刑事拘留，同年 2 月 2 日被变更强制措施取保候审。

2017 年 6 月，A 公司受 B 鞋服有限公司（以下简称 B 公司）委托，由 B 公司提供制鞋原料猪巴革加工生产一批鞋子。加工完成后，剩余部分原料猪巴革。黄某伙同段某，以退还 B 公司的名义，制作虚构的《物品出厂放行单》，将剩余原料中的 1 万余尺猪巴革运至晋江市 C 鞋材贸易有限公司（以下简称 C 公司）寄存，7000 余尺退还 B 公司。2017 年 12 月，B 公司与 A 公司再次签订一份鞋业加工合同，双方约定原材料由 A 公司自行采购。黄某伙同段某借用供料商的名义将寄存于 C 公司的猪巴革返卖给 A 公司，获得赃款 6.7 万元。后该笔赃款被黄某占有，段某未分得赃款。A 公司法定代表人朱某于 2018 年 1 月 6 日向福建省泉州市公安局丰泽分局报案。

泉州市公安局丰泽分局于 2018 年 5 月 22 日将黄某、段某以职务侵占罪向泉州市丰泽区人民检察院移送审查起诉。其间经检察机关两次退回补充侦查，查清了黄某、段某二人侵占 A 公司猪巴革原料事实及数量。

二、处理意见

本案办理过程中，一种观点认为，黄某等人侵占的猪巴革，系 B 公司提供的加工原料，不属于 A 公司所有，不符合职务侵占罪"本单位财物"的构成要件。另一种观点认为，A 公司因与 B 公司的合同关系对猪巴革实施管理、加工，黄某等人侵占该批猪巴革将导致 A 公司对 B 公司退赔相应价款，实质上仍然侵犯了 A 公司财产权，构成职务侵占罪。泉州市丰泽区人民检察院经研究认为，职务侵占罪"本单位财物"包括单位管理、使用中的财物，被告人黄某、段某，身为公司工作人员，利用职务上的便利，将 A 公司管理的财物非法占为己有，侵害了 A 公司的合法权益，数额较大，应当以职务侵占罪追究其刑事责任。黄某、段某归案后能如实供述自己的罪行，向公司全额退还违法所得，依法适用认罪认罚从宽制度，于 2018 年 10 月 9 日以职务侵占罪对黄某、段某提起公诉。泉州市丰泽区人民法院于 2018 年 11 月 15 日作出一审判决，采纳了检察机关的量刑建议，以黄某犯职务侵占罪，判处拘役六个月，缓刑一年，以段某犯职务侵占罪，判处拘役五个月，缓刑六个月。

泉州市丰泽区人民检察院对办案发现的 A 公司仓库和人员管理制度漏洞提出了检察建议，A 公司收到检察建议后十分重视，目前已按建议制定了新的仓库出入库管理制度，财务部、采购部运作制度，定期检查和月报制度，并且定期邀请法律人士给公司管理人员上课，警钟长鸣，杜绝相关案件的再次发生。

三、指导意义

1. 实践中，对职务侵占罪"本单位财物"的认定一直以来存在是单位"所有"还是"持有"的争议。从侵害法益看，无论侵占本单位"所有"还是"持有"财物，实质上均侵犯了单位财产权，对其主客观行为特征和社会危害性程度均可作统一评价。参照刑法第九十一条第二款对"公共财产"的规定，对非公有制公司、企业管理、使用、运输中的财物应当以本单位财物论，对职务侵占罪和贪污罪掌握一致的追诉原则，以有力震慑职务侵占行为，对不同所有制企业财产权平等保护，切实维护民营企业正常生产经营活动。

2. 在依法惩处侵害企业权益犯罪的同时，应当重视企业退赔需求，核实退赔落实情况，帮助民营企业挽回经济损失。

3. 要注重发挥检察建议的功能作用，促进民营企业加强防范、抵御风险、化解隐患，帮助民营企业提高安全防范能力。

2. 上海 A 国际贸易有限公司、 刘某拒不支付劳动报酬案

——在办案中坚持依法保护劳动者合法权益 与促进民营企业守法经营有机结合

一、基本案情

涉案单位上海 A 国际贸易有限公司（以下简称 A 公司），刘某系 A 公司股东和实际控制人，因涉嫌拒不支付劳动报酬罪，于 2018 年 3 月 12 日被上海市公安局杨浦分局刑事拘留，同年 3 月 14 日被变更强制措施取保候审。

A 公司是一家经营跨境零售业务的民营企业。2016 年 12 月至 2017 年 3 月间，A 公司拖欠员工工资。经公司注册地上海市宝山区劳动人事争议仲裁委员

会仲裁，A 公司应当支付 12 名员工劳动报酬共计人民币 20 余万元，刘某拒不执行仲裁决定。公司实际经营地杨浦区人力资源和社会保障局发布"行政执法公告"责令支付，刘某在指定期限内仍不支付。刘某被公安机关刑事拘留后，其委托代理律师将拖欠的劳动报酬全额支付给 12 名员工。

2018 年 5 月 29 日和 8 月 7 日，上海市公安局杨浦分局分别将刘某和 A 公司以涉嫌拒不支付劳动报酬罪移送上海市杨浦区人民检察院审查起诉。其间，两案并案处理。杨浦区人民检察院审查发现，A 公司另有经劳动仲裁仍拒不向员工支付 30 万元欠薪的事实。检察机关对刘某严肃批评教育，使其认识到按时足额支付员工工资的法定义务，以及拒不支付劳动报酬的法律后果，并向其阐明了对主动缴付欠薪可以减轻或者免除刑事处罚的法律规定。刘某于 11 月 23 日将 30 万元欠薪交到检察院账户，杨浦区人民检察院于 11 月 26 日发还给被欠薪员工。

二、处理意见

杨浦区人民检察院审查认为，A 公司、刘某在提起公诉前支付劳动者的劳动报酬，根据刑法第二百七十六条之一第三款的规定，可以免除刑事处罚。2018 年 11 月 29 日，杨浦区人民检察院依据刑事诉讼法第一百七十七条第二款的规定，决定对 A 公司、刘某不起诉。

三、指导意义

1. 检察机关办理涉民营企业拒不支付劳动报酬案件，要积极作为，配合人力资源和社会保障部门追讨欠薪，依法保护劳动者的合法权益。杨浦区人民检察院与劳动人事争议仲裁委员会、人力资源和社会保障部门积极配合，保障了仲裁裁决和行政执法决定落实到位，为劳动者全额追讨欠薪，取得了良好的社会效果。

2. 要准确把握宽严相济刑事政策的要求，切实考虑被欠薪劳动者的切身利益。对于多次欠薪、被行政处罚后仍然欠薪，影响恶劣的企业及其负责人，应当依法追究刑事责任。对于真诚认罪悔罪、知错改正，在提起公诉前支付劳动报酬，危害后果减轻或者消除，被损坏的法律关系修复的，依法从宽处理。在办案中，既要努力维护劳动者的合法权益，又要尽可能维护民营企业正常生产经营活动。

3. 民营企业经营者要依法承担企业责任，履行按时足额支付劳动报酬的法定义务。员工是企业的财富，法律是经营的底线，唯有守法经营、关心关爱企业员工，才能保证企业的长远健康发展。

3. 吴某、黄某、廖某虚开增值税专用发票案

——依法及时变更强制措施，
帮助民营企业恢复生产经营

一、基本案情

被告人吴某系广州市 A 机械设备有限公司（以下简称 A 公司）法定代表人，被告人黄某、廖某系 A 公司股东，三人另系 B 机械设备有限公司（以下简称 B 公司）实际控制人。因涉嫌虚开增值税专用发票罪，三人在侦查阶段均被采取逮捕措施。

2011 年至 2016 年期间，被告人吴某伙同黄某、廖某经过密谋，在没有货物实际交易的情况下，由吴某联系并指使张某等人（均另案处理），为 A 公司虚开广州 C 贸易有限公司等 17 家公司的增值税专用发票用于抵扣税款，获取的不当利益用于 A 公司的日常运营以及被告人吴某、黄某、廖某三个股东的利润分配。经鉴定，A 公司接受上述 17 家公司虚开的增值税专用发票 271 张，金额人民币 1977 万余元，税额人民币 336 万余元，价税合计人民币 2314 万余元。案发后，吴某作为 A 公司负责人自动投案，如实交代犯罪事实，黄某、廖某到案后如实交代自己知道的犯罪事实。

广州市公安局越秀区分局于 2017 年 12 月 18 日将黄某、廖某，于 2018 年 1 月 10 日将吴某，均以涉嫌虚开增值税专用发票罪移送广州市越秀区人民检察院审查起诉。

二、处理意见

在审查起诉阶段，广州市越秀区人民检察院收到 B 公司员工的申请书，申请对吴某等三人取保候审，以利于维持公司正常经营。收到申请后，经对案件事实进行细致审查，并向该公司多名员工核实，查明 B 公司确实存在因负责人被羁押企业失治失控的状况，为让企业恢复正常经营，稳定员工情绪，经综合评估，广州市越秀区人民检察院决定对已经逮捕的两名从犯黄某、廖某变更为取保候审。在取保候审之后，越秀区人民检察院通过对黄某、廖某进行法治教育，一方面，敦促其继续开展工作，维护公司的正常经营；另一方面，敦促其多方面筹集资金补缴税款，以挽回国家的经济损失。最终，黄某、廖某向税务机关全额补缴了税款。经到 B 公司实地考察，该企业恢复了正常经营，员工普遍反映良好。

2018 年 6 月 14 日，广州市越秀区人民检察院以虚开增值税专用发票罪向越秀区人民法院依法提起公诉，鉴于吴某、黄某、廖某三人有自首、坦白、案发后积极补缴税款、认罪认罚等情节，提出了从宽处理的量刑建议。

三、指导意义

1. 对涉嫌犯罪的民营企业经营者，应当依法准确适用强制措施。批准或者决定逮捕，应当将犯罪嫌疑人涉嫌犯罪的性质、情节、后果、认罪态度等情况，作综合考虑；对于涉嫌经济犯罪的民营企业经营者，认罪认罚、真诚悔过、积极退赃退赔、挽回损失，取保候审不致影响诉讼正常进行的，一般不采取逮捕措施；对已经批准逮捕的，应当依法履行羁押必要性审查职责，对有固定职业、住所、不需要继续羁押的，应当及时建议公安机关予以释放或者变更强制措施；对确有羁押必要的，要考虑维持企业生产经营需要，在生产经营决策等方面提供必要的便利和支持。

2. 办理涉民营企业案件要全面综合考虑办案效果，既要保证依法惩治犯罪，尽可能地挽回国家损失，又要积极采取措施，帮助企业恢复生产经营，做到法律效果和社会效果的有机统一。

4. 江苏 A 建设有限公司等七家公司
及其经营者虚开发票系列案

——对处于从属地位，被动实施共同犯罪的
民营企业，依法从宽处理

一、基本案情

涉案单位江苏 A 建设有限公司（以下简称 A 公司）等 7 家公司均为民营企业，经营建筑工程相关业务。许某等 7 人分别是以上 7 家公司负责人，分别于 2018 年 4 月 25 日至 5 月 2 日被取保候审。

2011 年至 2015 年，陈某在经营昆山 B 置地有限公司、昆山 C 房地产开发有限公司、昆山市 D 房产开发有限公司（陈某及以上 3 家公司另案处理）期间，在开发"某花园"等房地产项目过程中，为虚增建筑成本，偷逃土地增值税、企业所得税，在无真实经营业务的情况下，以支付 6% - 11% 开票费的方式，要求 A 公司等 7 家工程承揽企业为其虚开建筑业统一发票、增值税普通发票，虚开金额共计 3 亿余元。应陈某要求，为顺利完成房地产工程建设、方便结算工程款，A 公司等 7 家企业先后在承建"某花园"等房地产工程过

程中为陈某虚开发票，使用陈某支付的开票费缴纳全部税款及支付相关费用。许某等 7 人在公安机关立案前投案自首，主动上缴违法所得、缴纳罚款。

江苏省苏州市公安局直属分局 2018 年 4 月 20 日以涉嫌虚开发票罪对 A 公司等 7 家涉案公司立案侦查，5 月 23 日分别向昆山市人民检察院移送审查起诉。

二、处理意见

昆山市人民检察院经审查认为，A 公司等 7 家公司及许某等 7 人实施了刑法第二百零五条之一规定的虚开发票行为，具有自首、坦白等法定从轻或减轻处罚情节，没有在虚开发票过程中偷逃税款，案发后均积极上缴违法所得、缴纳罚款，在犯罪中处于从属地位，系陈某利用项目发包、资金结算形成的优势地位要求其实施共同犯罪，具有被动性。依据刑事诉讼法第一百七十七条第二款规定，昆山市人民检察院于 2018 年 12 月 19 日对 A 公司等 7 家公司及许某等 7 人作出不起诉决定。同时，对陈某及其经营的 3 家公司以虚开发票罪依法提起公诉。

三、指导意义

1. 对于在经济犯罪活动中处于不同地位的民营企业经营者，要依法区别对待，充分考虑企业在上下游经营活动中的地位。对在共同犯罪中处于从属地位，主观恶性不大，自首、坦白，积极退赃退赔、认罪认罚的，应当依法从宽处理，促进民营企业恢复正常生产经营活动，维护企业员工就业和正常生活。对于在共同犯罪中，主观恶性较大、情节严重、采取非法手段牟取非法利益的主犯，应当依法追究刑事责任。

2. 检察机关办理涉民营企业经济犯罪案件，要注意保护和促进市场经济秩序良性发展。对于偷逃税款、虚开发票等严重破坏合法、健康的市场经济秩序，破坏公开、公平、公正的市场竞争秩序的犯罪行为，应当依法追究刑事责任，维护合法经营、公平竞争的市场环境。

最高人民检察院
关于印发检察机关服务保障长江
经济带发展典型案例的通知

（2019 年 2 月 20 日）

各省、自治区、直辖市人民检察院，解放军军事检察院，新疆生产建设兵团人民检察院：

经 2019 年 1 月 28 日最高人民检察院第十三届检察委员会第十四次会议审议通过，现将"吴湘等十二人非法捕捞水产品刑事附带民事公益诉讼案"等四件案例作为检察机关服务保障长江经济带发展典型案例发布，供参考。各级检察机关特别是长江沿线省市各级检察机关要深入学习贯彻习近平总书记在深入推动长江经济带发展座谈会上的重要讲话精神，认真落实服务长江经济带发展"10 项检察举措"，加强跨区域司法协作，为长江经济带发展提供有力检察保障。

最高人民检察院

2019 年 2 月 20 日

目　录

1. 吴湘等十二人非法捕捞水产品
刑事附带民事公益诉讼案

【要旨】

在非禁渔区、非禁渔期使用电鱼方式非法捕捞水产品情节严重的，构成非法捕捞水产品罪；因非法捕捞行为破坏生态资源、损害社会公共利益的，检察机关可以依法提起刑事附带民事公益诉讼；为及时修复被损害的渔业生态资源，检察机关可以申请法院裁定先予执行。

【基本案情】

被告人吴湘，湖南省岳阳市旅游局原职工。

被告人王光飞、陈科等 11 人，均为渔民。

2017 年 6 月，被告人吴湘在洞庭湖捕龙虾贩卖时认识了被告人王光飞。因为上半年经营状况不好，王光飞等渔民提出要吴湘组织他们在洞庭湖捕鱼，弥补捕龙虾贩卖的损失。吴湘找到被告人陈科，要求陈科利用其熟悉洞庭湖水域等便利，为他组织渔民采用电鱼方法捕鱼提供便利。吴湘与王光飞商议所捕渔获物由吴湘与渔民四六分成，吴湘得四成，王光飞等渔民得六成。

2017 年 12 月 19 日至 30 日，吴湘组织王光飞等人多次在洞庭湖水域，使用国家明令禁用的"门板式"电网进行非法捕捞，共计捕获渔获物 566.96 千克，非法获利 12280 元。2018 年 1 月 1 日，吴湘组织陈科等人分乘 5 条渔船，在洞庭湖大桥至长江城陵矶之间水域，使用"门板式"电网进行非法捕捞，被长江航运公安局岳阳分局民警当场抓获。现场查获的非法捕捞渔获物共计 2150.05 千克。

经中国水产科学研究院长江水产研究所评估，吴湘等非法电捕鱼损害了洞庭湖区和长江岳阳段城陵矶水域的渔业生态资源，造成成鱼损失量为 8600 千克，鱼卵、仔鱼损失量约为 400 余万尾。

【检察机关履职情况】

（一）出庭指控与证明犯罪

2018 年 5 月 7 日，湖南省岳阳市岳阳楼区人民检察院以吴湘等 12 人涉嫌非法捕捞水产品罪提起公诉。2018 年 6 月 21 日，岳阳楼区人民法院公开开庭审理本案。

法庭审理中，公诉人出示、宣读了现场勘验检查笔录、扣押物品清单、中国水产科学研究院长江水产研究所出具的生态损失评估报告、渔政部门出具的情况说明、记账凭证、证人证言等证据，并重点就本案"情节严重"的构罪要件进行了阐释，证明了被告人构成非法捕捞水产品罪。

一是作案地点特殊。吴湘等人非法电捕鱼现场位于长江岳阳城陵矶段，东面为三江口长江水域，南面为城陵矶，西面为三江口洞庭湖水域，北面为君山芦苇荡。三江口是洞庭湖入长江之口，是长江干流与洞庭湖连通的重要水域，此处清浊交汇，是长江江豚种群进行迁移的唯一通道，也是多种鱼类洄游和产卵的越冬场和育幼场，鱼类资源丰富，生态环境脆弱。历史上，该江段共分布有鱼类 215 种，近年来由于非法捕捞，渔业资源明显衰退，现在能够监测到的鱼类仅有 58 种。

二是作案方式特殊。电鱼是国家明令禁止的一种捕捞方式。被告人采用的"门板式"电网，通过电线与发电机连接后，能够释放出 1000 至 2000 伏的高压，使用渔船拖着带电渔网在水中进行扫荡式捕捞，对渔获物没有选择，是一种毁灭式的捕捞方式。这种捕捞方式导致各类受波及水生物死亡或受损，侥幸逃脱电击的鱼类，其生理功能会遭受不同程度损伤，运动能力、捕食能力、抗病能力和识别能力都会显著降低，并极易导致不育，直接影响鱼类种群繁衍。同时电流还会对水体中浮游生物、无脊椎动物、软体动物等造成致命伤害，鱼类饵料生物资源量显著降低，导致过电水域局部"荒漠化"，增加外来物种入侵的风险。

三是非法捕捞数量巨大。根据评估，电鱼方式对成鱼造成的损失，可区分为沉底的鱼（电晕或电死）、上浮的鱼（电晕或电死）以及电伤逃跑的鱼三部分，其中仅上浮的鱼能够被打捞上来作为渔获物。本案现场查获的渔获物约有 10 个品种，达 2150.05 千克。根据评估，造成成鱼损失量 8600 千克，鱼卵、仔鱼损失量为 400 余万尾。

吴湘等 12 名被告人及其辩护人对公诉人指控的事实和出示的证据没有异议。

（二）提起刑事附带民事公益诉讼并申请先予执行

2018 年 5 月 29 日，岳阳楼区人民检察院依法提起刑事附带民事公益诉讼，请求判令吴湘等 12 名被告履行生态修复义务，并承担生态评估费用。

因国家规定的禁渔期将于 2018 年 6 月 30 日结束，如果等到裁判生效时执行，将不能完全修复洞庭湖生态资源。为充分利用洞庭湖尚处于禁渔期的时机，6 月 20 日，岳阳楼区人民检察院向法院申请先予执行生态修复，法院裁定限吴湘等 12 名被告于 6 月 25 日前交付 68666 元，购买成鱼和鱼苗后在长江岳阳段城陵矶水域放流成鱼 8600 千克，幼鱼 400 余万尾，并责令吴湘等 12 名被告共同承担本案专家评估费用 10000 元。

2018年6月25日，岳阳楼区人民检察院联合区人民法院、公安、渔政等部门，以"牢记嘱托，忠诚履职，守护好一江碧水"为主题，组织社会公益组织、渔民和志愿者在洞庭湖边举行了大型公益诉讼增殖放流生态保护活动，现场见证投放成鱼、幼鱼，并委托公证部门予以公证。

（三）处理结果

鉴于吴湘等被告人到案后均能如实供述犯罪事实，并积极履行民事裁定，投放成鱼和鱼苗，被其破坏的水生物资源和水生态环境得到一定程度的修复，对吴湘等12名被告人可依法从轻处罚。2018年7月5日，岳阳楼区人民法院一审判决，以非法捕捞水产品罪判处被告人吴湘有期徒刑六个月，判处被告人王光飞、陈科等拘役，没收发电机、门板式电网、电线等作案工具。吴湘等人当庭表示不上诉，一审判决已生效。

【警示与指导意义】

（一）电鱼是国家法律禁止的捕捞方式

渔业法明确禁止使用炸鱼、毒鱼、电鱼等破坏渔业资源的方法进行捕捞。刑法第340条规定，违反保护水产资源法规，在禁渔区、禁渔期或者使用禁用的工具、方法捕捞水产品，情节严重的，构成非法捕捞水产品罪。使用电鱼方式捕鱼，是典型的使用禁用的方法捕捞水产品的行为。在禁渔区、禁渔期使用电鱼方式捕鱼，无论渔获物多少，均构成非法捕捞水产品罪；在非禁渔区和非禁渔期，使用电鱼方式捕鱼，达到500千克以上或者价值5000元以上的，也构成非法捕捞水产品罪。

（二）检察机关对损害社会公共利益的犯罪行为可以提起刑事附带民事公益诉讼

刑事附带民事公益诉讼是区别于普通民事公益诉讼的一种特殊、独立的案件类型，是检察机关在办理刑事案件中发现存在损害社会公共利益情形，为节约司法资源、提高诉讼效率，同时追究行为人刑事责任和民事责任而提起的一种诉讼类型。《最高人民法院、最高人民检察院关于检察公益诉讼案件适用法律若干问题的解释》第20条规定：人民检察院对破坏生态环境和资源保护、食品药品安全领域侵害众多消费者合法权益等损害社会公共利益的犯罪行为提起刑事公诉时，可以向人民法院一并提起附带民事公益诉讼，由人民法院同一审判组织审理。本案中，岳阳楼区人民检察院以吴湘等12人涉嫌非法捕捞水产品罪提起公诉时，就吴湘等人损害洞庭湖水域的渔业资源和生态环境向人民法院一并提起附带民事公益诉讼，符合法律和司法解释规定，有利于及时修复洞庭湖水域渔业资源和生态环境。

（三）准确认定生态环境损害后果和修复费用

如何确定破坏生态环境行为损害后果以及如何修复受损生态环境，是办理破坏生态环境类案件的要点和难点。本案中，岳阳楼区人民检察院委托中国水产科学研究院长江水产研究所出具评估报告，明确量化了吴湘等12人非法捕捞行为对洞庭湖生态资源造成的损害，提出了可通过投放一定数量的成鱼和幼鱼的方式对受损水体进行生态修复的建议。检察机关结合评估情况，委托渔政部门参考当地市场价格，对放流鱼种进行价值估算，为公益诉讼请求提供了明确依据。这种认定因非法捕捞导致生态损失范围的方法，可供检察机关办理类似案件时参考借鉴。

（四）在公益诉讼领域可探索适用先予执行措施

先予执行在民事诉讼中一般适用于申请人生活或生产经营急需等紧急情况。修复受损生态环境通常也具有急迫性、时效性，有的一旦错过合适的修复时机，可能导致生态损害扩大甚至永久性功能损害。本案中，为在禁渔期结束前及时修复受损水域的渔业资源和生态环境，岳阳楼区人民检察院向人民法院申请先予执行，保证了在禁渔期内增殖放流，既使受到损害的长江洞庭湖流域渔业生态资源得到修复，又从法律上惩治震慑了非法捕鱼行为，取得了良好的办案效果。

2. 刘洋等十六人组织、领导、参加黑社会性质组织案

【要旨】

有组织地采取暴力、威胁、驱赶、滋扰、打砸、勒索等手段控制长江一定水域非法采砂作业，通过收取"保护费"等形式聚敛钱财，严重破坏该水域社会治安、航运秩序、堤防安全、生态环境和经济秩序的，应当以组织、领导、参加黑社会性质组织罪定罪处罚。

【基本案情】

被告人刘洋，无业。1997年3月因犯流氓罪被判处有期徒刑三年；2007年10月因犯过失致人死亡罪被判处有期徒刑三年，缓刑五年。

被告人黄华宇、张轩等15人，均无业。

2015年3月，被告人刘洋发现长江武汉二七长江大桥至天兴洲长江大桥段水域长达十余公里的江面上有船只在非法采砂，利润巨大。该段流域江面辽阔，公安机关查处难度大。刘洋"发小"黄华宇有个拆迁公司，手下养了一

帮人。刘洋遂找到黄华宇，合谋商定采取控制长江武汉二七长江大桥至天兴洲长江大桥段水域非法采砂作业的手段从中牟利，每条船采砂一船收 2000 元。黄华宇安排人到江上去查船，查船的人负责报船号给刘洋，刘洋告诉他们哪些船已交保护费可以采砂，哪些船要交保护费，不交则要采取打砸等方式驱赶。每天收回来的钱交给黄华宇，由他负责开支查船费用，利润由刘洋和黄华宇平分。

为了达到犯罪目的，刘洋、黄华宇以原有人员为基础，并招募人员加入，逐步形成了分工明确的非法组织。该组织以刘洋、黄华宇为首，张轩等为骨干成员，利用夜晚和长江江面水域广阔之机，流窜作案，通过实施有组织的寻衅滋事、敲诈勒索等违法犯罪活动，称霸一方，对长江武汉段水域非法采砂活动予以控制。

为了便于作案和控制组织成员，刘洋和黄华宇多次向组织成员灌输"不准吸毒赌博，不准接私活，不该问的不问、不该讲的不讲"等组织纪律，并向组织成员按月发放工资，由组织集中供应伙食和香烟，同时采取逢年过节发放慰问品和慰问金，行动中成员受伤医治由组织报销医药费等手段对该组织成员实施管理和控制。

2016 年 2 月，经群众举报，公安机关根据线索先后将刘洋等 16 名被告人抓获。经查实，2015 年 3 月至 2016 年 2 月，刘洋、黄华宇等共计敲诈勒索 2381 船次，聚敛钱财达 173 万余元。刘洋、黄华宇各分得赃款 15 万元。该组织实施寻衅滋事、敲诈勒索等违法犯罪活动，致 1 人轻伤、1 人轻微伤及被害人巨额财产损失，给长江流域武汉二七长江大桥至天兴洲长江大桥段水域社会治安、航运秩序、堤防安全、生态环境和经济秩序造成严重危害，社会影响恶劣。

【检察机关履职情况】

（一）提前介入侦查引导取证

2016 年 3 月 16 日，刘洋团伙因涉嫌寻衅滋事罪被公安机关立案侦查。武汉市江汉区人民检察院应邀提前介入引导取证，认为该案具有黑社会性质组织特征，建议公安机关将侦查方向转向"组织、领导、参加黑社会性质组织罪"。经进一步收集证据，公安机关对刘洋等 16 人以涉嫌组织、领导、参加黑社会性质组织罪、寻衅滋事罪、敲诈勒索罪移送审查起诉。

（二）出庭指控与证明犯罪

2017 年 8 月 3 日，江汉区人民检察院以刘洋等 16 人涉嫌组织、领导、参加黑社会性质组织罪、寻衅滋事罪、敲诈勒索罪提起公诉。2017 年 11 月 4 日，江汉区人民法院公开开庭审理本案。

法庭调查阶段，公诉人从四个方面对该组织的黑社会性质组织特征发表意见：

一是组织特征。本案中，刘洋和黄华宇为组织领导者，有 6 名较为固定的骨干成员，还有多名一般参加者，组织成员多达 20 余人。为了便于作案和控制组织成员，该组织内部等级结构严密、成员分工明确。

二是经济特征。该组织通过实施寻衅滋事、敲诈勒索等违法犯罪活动，聚敛巨额钱财。刘洋等黑社会性质组织以暴力或以暴力为后盾通过垄断经营长江部分水域非法采砂业务，以收取"保护费"等手段，向 2381 船次敲诈勒索，聚敛钱财达 173 万余元，数额巨大。

三是行为特征。以被告人刘洋为首的黑社会性质组织通过暴力、威胁、驱赶、滋扰、打砸、故意损毁公私财物等手段，对采砂船主进行敲诈勒索，致 1 人轻伤、1 人轻微伤。该组织利用其组织势力和影响对他人造成威慑，欺压、控制非法采砂船只和人员，表现出明显的暴力性、胁迫性、有组织性。

四是危害性特征。该组织非法控制采砂行业，扮演"地下执法者"的角色，危害生态环境，影响了长江堤防安全，破坏了当地的航运秩序、经济秩序、社会生活秩序，降低了公众的安全感，社会影响极其恶劣。

（三）处理结果

2017 年 12 月 20 日，江汉区人民法院一审判决，以组织、领导、参加黑社会性质组织罪、寻衅滋事罪、敲诈勒索罪，数罪并罚分别判处被告人刘洋、黄华宇有期徒刑二十年，剥夺政治权利二年，并处没收财产 50 万元，罚金 30 万元；判处其他 14 名黑社会性质组织成员有期徒刑三年到十一年六个月。刘洋等不服提出上诉，武汉市中级人民法院二审裁定驳回上诉，维持原判。

（四）结合办案提出对策建议

江汉区人民检察院通过剖析案件特征，分析了监管和执法方面问题，提出了关于打击黑恶势力控制长江武汉段水域采砂行业的对策建议：一是针对长江武汉段流域"涉砂"利益链条，构建多层次、全方位的综合监管体系；二是针对长江武汉段流域"涉砂""涉黑"犯罪，构建联合执法协作机制；三是提高查办长江武汉段流域"涉砂""涉黑"犯罪的执法水平，构建"涉黑"案件"侦捕诉"协作机制。武汉市政府有关部门对长江武汉段非法采砂行为开展了专项治理。

【警示与指导意义】

（一）刘洋等人构成组织、领导、参加黑社会性质组织罪

长江非法采砂利润巨大，暴利诱惑下易滋生黑恶势力犯罪。刘洋等黑社会

性质组织采取暴力、威胁手段对非法采砂船主形成心理震慑，对长江武汉段一定水域的采砂作业形成非法控制，以向非法采砂船主勒索"保护费"的方式牟取暴利，并将其中部分经济利益用于支撑该组织的非法活动和发展壮大，具有严重的社会危害性，构成了组织、领导、参加黑社会性质组织罪。

（二）检察机关对"涉黑"犯罪要及时介入侦查引导取证

检察机关在办理涉及团伙性、行业性寻衅滋事等犯罪案件过程中，要积极履行法律监督职能，注重审查案件是否具有黑社会性质组织特征，可以派员介入侦查引导取证，对侦查方向、取证要求、法律适用等提出意见建议，处理好罪与非罪、此罪与彼罪、共同犯罪、数罪并罚等问题，依法准确打击黑恶势力犯罪。

（三）检察机关要结合办案积极推动非法采砂行为的综合治理

依法严厉惩治非法采砂等违法行为背后的黑恶势力犯罪，对保障和促进长江经济带全面协调可持续发展具有重要意义。检察机关要结合办案查找发案原因，搞清楚非法采砂为何禁而不绝，黑恶势力收"保护费""地下执法"因何猖獗，政府部门的监管执法有何漏洞，通过检察建议等方式，促进有关部门堵漏建制、规范管理、加强执法，最大限度挤压和铲除黑恶势力滋生和非法采砂蔓延的空间和土壤，运用检察力量保障长江经济带社会治安、航运堤防安全和生态环境。

3. 赵成春等六人非法采矿案

【要旨】

长江水域非法盗采江砂活动严重破坏国家矿产资源和水体生态环境，严重威胁长江航运及堤防安全，应以非法采矿罪论处；采运一体盗采模式可以采用"抵岸价"认定犯罪数额；运输者和采砂者事前共谋，以非法采矿罪的共犯论处；受雇佣人员与主犯相互勾结，积极实施非法采矿活动，应当依法追究刑事责任。

【基本案情】

被告人赵成春，采砂船船主。

被告人赵来喜，运砂船船主。

被告人李兆海等4人，采砂船和运砂船船工。

2013年春节后，被告人赵成春与被告人赵来喜经共谋，由赵成春负责在长江镇江段采砂，赵来喜以小船每船1500元、大船每船2400元的价格收购。

2013 年 3 月至 2014 年 1 月，赵成春在未办理河道采砂许可证的情况下，雇佣被告人李兆海、李永祥在长江镇江段 119 号黑浮下游锚地附近水域使用吸砂船非法采砂，将江砂直接吸到赵来喜的两艘货船上，后分别由赵来喜的雇工被告人赵加龙、徐培金等人驾船将江砂运输至赵来喜事先联系好的砂库予以销售。

经鉴定，涉案江砂成分主要为石英砂，属于非金属矿产。赵成春、赵来喜、李兆海、李永祥非法采砂 38 万余吨，造成国家矿产资源破坏价值 152 万余元。赵加龙参与非法采砂 22 万余吨，价值 90 万余元；徐培金参与非法采砂 15 万余吨，价值 62 万余元。

【检察机关履职情况】

（一）介入侦查引导取证

2016 年 2 月 22 日，江苏省镇江市公安局水上分局对本案立案侦查。镇江市金山地区人民检察院同步派员提前介入，提出三点取证意见：一是研究论证江砂是否属于矿产资源；二是重点收集有关盗采江砂数量的书证，并对江砂价值进行认定；三是查证受雇佣人员、收购江砂人员的作用和主观故意，评判是否构成犯罪。

检察机关提出取证意见后，公安机关在如何确定江砂价值的问题上存在分歧。第一种观点认为，江砂被打捞出水面，非法采砂行为即已完成，应以江砂的出水价格认定砂石价值。第二种观点认为，应以江砂在市场上的销售价格认定砂石价值。第三种观点认为，结合本案开采、运输、销售行为的整体性，应以江砂抵岸价格认定砂石价值，但涉案江砂经赵来喜等人运输到镇江、南京等多地，运输距离的远近直接影响江砂的收购价格。

承办检察官提出以江砂到达镇江本地的抵岸价格作为鉴定江砂价值节点，理由是：（1）本案系"采运一体"的作案方式，不应以出水价格来认定砂石价值；（2）犯罪嫌疑人将江砂运输到岸边并被砂商收购，其牟利目的才得以实现，以抵岸价格认定具有合理性；（3）犯罪嫌疑人在镇江、南京等不同地点销售，以距离较近的镇江本地抵岸价格认定，对犯罪嫌疑人较为有利。检察机关的意见获得公安机关认可。

公安机关进一步查明了以下问题：一是江砂属矿产资源。国土资源部南京矿产资源监督检测中心出具的检测报告和江苏省地质环境勘查院出具的鉴定意见，一致认定本案江砂为细砂，成分主要为石英，为《矿产资源法实施细则》规定的非金属矿产中的天然石英砂（建筑用砂），属于矿产资源。二是涉案江砂价值。公安机关查获了犯罪嫌疑人之间交接江砂船次、资金往来等书证，有效锁定犯罪嫌疑人盗采江砂数量，并根据犯罪嫌疑人作案方式、目的等，以江砂运抵镇江的被收购价为节点，认定了涉案江砂的单价以及盗采江砂价值。三是受雇佣人员构成共同犯罪。李兆海等四名受雇佣人员明知他人盗采江砂而积极提供协助，且四人长期从事非法采砂行为并多次逃避行政处罚，应认定为共同犯罪。

（二）审查起诉进一步查明受雇佣人员作用

审查起诉阶段，办案检察官经提讯查明，在日常盗采活动中，赵成春与赵来喜两名主犯主要负责谋划、组织，一般不在现场，由李兆海等四名受雇佣人员在采砂现场负责联络，敲定采砂具体时间、地点，以及负责江砂的交接、记账和现场签字确认等工作，四人对采砂现场具有管理职能。同时，经向有关部门调取近年统计年鉴、工资指导价位等资料，李兆海、李永祥等四人的收入明显超过当地一般船工，进一步证实了该四名受雇佣人员在犯罪过程中的作用。

（三）出庭指控与证明犯罪

2016年8月31日，镇江市金山地区人民检察院以被告人赵成春等6人涉嫌非法采矿罪提起公诉。2017年1月17日，镇江市京口区人民法院公开开庭审理本案。

法庭辩论阶段，被告人赵来喜及其辩护人称赵来喜只是运砂，没有采砂，不应当定性为非法采矿罪共同犯罪。

公诉人答辩：一是从犯意联络来看，二人事前共谋实施非法采砂活动；二是从本案操作流程分析，在非法采砂过程中，运砂与采砂不可分割；三是从犯罪目的来看，运输、销售是非法采砂谋取暴利的必然过程。赵成春与赵来喜分工协作，构成开采、运输、销售整体作案行为链，共同实施非法采砂行为，对长江砂业资源造成严重破坏，应属共同犯罪。法庭对检察机关指控的犯罪事实予以认定。

（四）处理结果

2017年4月28日，京口区人民法院一审判决，以非法采矿罪分别判处被告人赵成春、赵来喜有期徒刑三年六个月，并处罚金20万元；分别判处被告人李兆海、李永祥有期徒刑六个月，缓刑一年，罚金2万元；分别判处被告人赵加龙、徐培金罚金1.8万元、1.6万元。被告人违法所得1425200元予以追缴，吸砂船予以没收。赵来喜不服，提出上诉。镇江市中级人民法院二审裁定驳回上诉，维持原判。

【警示与指导意义】

（一）赵成春等被告人在长江水域非法采砂构成非法采矿罪

近年来，建筑市场对砂石需求旺盛，受利益驱使，长江流域非法采砂现象屡禁不止。河砂是保持河床稳定和水流动态平衡不可缺少的铺盖层和保护层，在河道非法采砂，破坏河床结构和水流动态平衡，掏空防洪工程基础，使堤防控水能力下降，影响防洪安全。非法采砂行为还改变局部河段泥沙输移的平衡，影响河势稳定，导致废弃物、污染物随意排放，扰动底泥引发重金属污染，危害饮水安全，破坏长江渔业资源生存繁衍环境。检察机关应当严格依据刑法及相关司法解释规定，对未取得河道采砂许可证非法采砂情节严重的，以非法采矿罪追究刑事责任。

（二）要合理确定非法采砂的价值

根据《最高人民法院、最高人民检察院关于办理非法采矿、破坏性采矿刑事案件适用法律若干问题的解释》，非法开采的矿产品价值，根据销赃数额认定；无销赃数额，销赃数额难以查证，或者根据销赃数额认定明显不合理的，根据矿产品价格和数量认定。河砂是一种短期内不可再生资源，具有财产属性，天然河砂资源迅速减少，价格持续上涨。实践中，对非法采砂价值难以认定的，可由价格认证机构出具报告，结合其他证据作出认定。江砂存在出水价、抵岸价、离岸后市场销售价等不同价格，以及因运输、销售地点的远近等因素导致价格差距较大的情况。对此，应从采砂工作原理、盗采运作模式入手，合理确定价格认定节点。对于采运双方未事前通谋，在采砂现场予以销售的，应以出水价格认定；对于采运一体实施犯罪，非法采砂后运至市场被砂商收购的，应以抵岸价格认定，销售地点难以确定的，一般应以较近的抵岸地为价格认定节点。

（三）要准确认定受雇佣人员的责任

根据《最高人民法院、最高人民检察院关于办理非法采矿、破坏性采矿刑事案件适用法律若干问题的解释》，对受雇佣为非法采矿、破坏性采矿犯罪提供劳务的人员，除参与利润分成或者领取高额固定工资的以外，一般不以犯罪论处，但曾因非法采矿、破坏性采矿受过处罚的除外。实践中，对非法采砂活动中受雇佣人员的责任认定，除结合其参与利润分成、领取高额固定工资或者曾因非法采砂行为受过处罚外，还应参考其在整个犯罪中所起作用大小和主观过错，从以下几个方面综合分析评价：（1）是否明知他人未取得采砂许可，仍为其提供开采、装卸、运输、销售等帮助行为；（2）是否听命于雇主，是否具有一定自主管理职责；（3）是否多次逃避检查或者采取通风报信等方式帮助逃避检查。通过综合评价，对构成共同犯罪的，应当依法追究刑事责任，确保不枉不纵。

4. 上海市崇明区人民检察院督促镇 政府履职行政公益诉讼案

【要旨】

在推进长江经济带生态保护中，检察机关发现行政机关不依法履职导致环境污染状态持续存在，损害社会公共利益的，应当依法启动公益诉讼程序，通过诉前检察建议的方式督促行政机关履职，推进长江生态环境治理。

【基本案情】

2018 年 5 月，中央城市黑臭水体整治环境保护专项督查组对上海市 2017 年城乡中小河道整治情况进行督查。上海市环保局 2018 年 1 至 5 月的水质检测结果通报显示，上海市崇明区黑臭河道（以小河小沟为主）约 1000 条，占当地河道的 10% 左右，水环境治理任务较为繁重。5 月 17 日，上海市崇明区河长办向各乡镇河长办发出《关于切实做好 2018 年城市黑臭水体整治环境保护专项督查工作的通知》，要求对本区列入 2017 年城乡中小河道整治任务的 18 条河道及 2018 年新增的 15 条河道进行自查并整改落实。截至 2018 年 7 月，经上海市崇明区河长办委托第三方对相关水体进行检测，相关乡镇辖区内河道仍存在诸多黑臭水体，治理效果不佳。

【检察机关履职情况】

（一）线索来源

鉴于区河长办成立时间不长，工作机制制度尚不够健全完善，为推进黑臭水体治理，上海市崇明区人民政府、区河长办多次与崇明区人民检察院沟通，希望积极发挥司法机关作用，形成合力共同推进黑臭水体治理。2018 年 8 月，崇明区政府向检察机关移送了《2018 年城市黑臭水体专项督查第六工作组受理事项交办单》《上海市崇明区河长制办公室督办单》《国家城市黑臭水体专项督查乡镇自查情况汇总》等线索和材料。

（二）调查核实

2018 年 8 月 6 日，崇明区人民检察院成立"8·06"黑臭河道办案组，由检察长带领公益诉讼检察官、生态检察官，及时查清乡镇在河道治理中的职责，确定履职主体，开展相关工作。崇明区人民检察院通过询问乡镇河长办负责人，详细了解河道水质整改现状及近期水质考核结果，并协助乡镇河长办勘查了崇明区相关乡镇河道，走访听取河道周边村民意见。利用无人机等设备，现场查看农业种植、蟹塘养殖、截污纳管改造、生活污染排放等影响水质的陆面区域，全面掌握河道周边环境现状，做好诉前取证固证工作。

经调查核实，崇明区人民检察院确定堡镇、中兴镇、长兴镇内 10 条河道存在较为严重的水质油黑污染，水体中氨氮、溶解氧和透明度等指标明显不达标，三镇政府履行河道管理不尽责，社会公共利益持续受到侵害。

（三）提出检察建议

2018 年 8 月 17 日，根据行政诉讼法第 25 条第 4 款的规定，崇明区人民检察院分别向堡镇、中兴镇、长兴镇政府发出书面检察建议，督促三镇加强对水治理工作的重视，依法履行对受污染河道水污染防治的监管职责，并提出了具体治理建议。

为增强检察建议实效，崇明区人民检察院在长兴镇政府组织开展了检察建议宣告送达。在对三镇政府负责人宣告检察建议时，邀请区河长办派员列席，区人大代表、政协委员参与旁听。

（四）监督结果

三镇政府收到检察建议后高度重视，在检察建议回复期内聘请社会化养护单位，采取控源截污、清淤疏浚、拆除违建、生态修复、加快居民生活污水统一截污纳管施工进度、确保"雨污分流"等措施，落实黑臭水体整改。

经崇明区人民检察院跟进监督，截至 2018 年 12 月，三镇政府均已依法全面履职，相关河道非法网簖和违章搭建等被及时拆除，岸坡垃圾、河道水生有害植物被及时清理，河水黑臭现象消除。同时，通过制发和公开宣告检察建议，起到良好警示效应，推动崇明区其他乡镇政府由点及面开展黑臭水体整治。根据整治后定期监测数据显示，崇明区优于三类水质的水体占监测水体 70% 以上，优于四类水质的水体约占 90%，全区水体质量已有明显改善，社会公共利益得到有效保护。

【警示与指导意义】

（一）行政机关违法行使职权或者不作为，致使国家利益或者社会公共利益受到侵害的，检察机关应当依法启动公益诉讼程序

上海市崇明区位于长江入海口中心，是长江"共抓大保护，不搞大开发"的最后一公里。全区共有 16000 余条大小河湖，拥有青草沙、东风西沙两个重要水源地，以及东滩鸟类国家级自然保护区、中华鲟自然保护区两个重要生态承载区。目前，崇明岛正在建设世界级生态岛，生态环境保护对崇明意义重大。本案中，三镇政府履行河道管理不尽责，社会公共利益持续受到侵害，崇明区人民检察院依法启动公益诉讼程序，用"检察蓝"守护"生态绿"，督促基层政府及时全面履行污水治理职责。

（二）充分发挥诉前检察建议的作用，实现行政公益诉讼的双赢多赢共赢

行政诉讼法第 25 条第 4 款规定：人民检察院在履行职责中发现生态环境和资源保护、食品药品安全、国有财产保护、国有土地使用权出让等领域负有监督管理职责的行政机关违法行使职权或者不作为，致使国家利益或者社会公共利益受到侵害的，应当向行政机关提出检察建议，督促其依法履行职责。《最高人民法院、最高人民检察院关于检察公益诉讼案件适用法律若干问题的解释》进一步规定：行政机关应当在收到检察建议书之日起两个月内依法履行职责，并书面回复人民检察院。出现国家利益或者社会公共利益损害继续扩大等紧急情形的，行政机关应当在十五日内书面回复。检察机关发送检察建议与提起公益诉讼的目的是一致的，都是为了促使行政机关依法履职。因此，发送检察建议能够达到监督目的的，就不必再提起公益诉讼。

（三）宣告送达有助于增强检察建议的"刚性"

检察建议宣告送达，是提升检察建议社会影响力，增强检察建议"刚性"的有效方式。开展检察建议宣告送达，应当商被建议单位同意，可以在人民检察院、被建议单位或者其他适宜场所进行。由检察官向被建议单位负责人当面宣读检察建议书并进行示证、说理，听取被建议单位负责人意见。必要时，可以邀请人大代表、政协委员或者特约检察员、人民监督员等第三方人员参加，充分发挥检察建议的宣传、教育、警示作用。

最高人民检察院、最高人民法院、公安部、司法部、生态环境部
发布5起环境污染刑事案件典型案例

（2019年2月20日）

目　录

1. 宝勋精密螺丝（浙江）有限公司
及被告人黄冠群等十二人污染环境案

一、基本案情

2002 年 7 月，被告单位宝勋精密螺丝（浙江）有限公司（以下简称宝勋公司）成立，经营范围包括生产销售建筑五金件、汽车高强度精密紧固件、精冲模具等，该公司生产中产生的废酸液及污泥为危险废物，必须分类收集后委托具有危险废物处置资质的单位处置。被告人黄冠群自 2008 年起担任宝勋公司副总经理，负责公司日常经营管理，被告人姜家清自 2016 年 4 月起直接负责宝勋公司酸洗污泥的处置工作。

2016 年 7 月至 2017 年 5 月，被告单位宝勋公司及被告人黄冠群、姜家清违反国家关于危险废物管理的规定，在未开具危险废物转移联单的情况下，将酸洗污泥交给无危险废物处置资质的被告人李长红、涂伟东、刘宏桂进行非法处置。被告人李长红、涂伟东、刘宏桂通过伪造有关国家机关、公司印章，制作虚假公文、证件等方式，非法处置酸洗污泥。上述被告人通过汽车、船舶跨省运输危险废物，最终在江苏省淮安市、扬州市、苏州市，安徽省铜陵市非法倾倒、处置酸洗污泥共计 1071 吨。其中，2017 年 5 月 22 日，被告人姜家清、李长红、涂伟东伙同被告人汪和平、汪文革、吴祖祥、朱凤华、查龙你等人在安徽省铜陵市经开区将 62.88 吨酸洗污泥倾倒在长江堤坝内，造成环境严重污染。案发后，经鉴定评估，上述被告人非法倾倒、处置酸洗污泥造成环境损害数额为 511 万余元，产生应急处置、生态环境修复、鉴定评估等费用共计 139 万余元。

此外，2017 年 6 月至 11 月，被告人李长红、涂伟东、刘宏桂、吴祖祥、朱凤华、查龙你等人在无危险废物处置资质的情况下，非法收集 10 余家江苏、浙江企业的工业污泥、废胶木等有毒、有害物质，通过船舶跨省运输至安徽省铜陵市江滨村江滩边倾倒。其中，倾倒废胶木 313 吨、工业污泥 2525 余吨，另有 2400 余吨工业污泥倾倒未遂。

二、诉讼过程

本案由安徽省芜湖市镜湖区人民检察院于 2018 年 7 月 16 日以被告单位宝勋公司以及被告人黄冠群、姜家清、李长红、涂伟东等 12 人犯污染环境罪向安徽省芜湖市镜湖区人民法院提起公诉。2018 年 9 月 28 日，安徽省芜湖市镜湖区人民法院依法作出一审判决，认定被告单位宝勋公司犯污染环境罪，判处罚金一千万元；被告人黄冠群犯污染环境罪，判处有期徒刑六年，并处罚金二十万元；被告人姜家清犯污染环境罪，判处有期徒刑五年九个月，并处罚金二十万元；判处被告人李长红等 10 人犯污染环境罪，判处有期徒刑六年至拘役四个月不等，并处罚金。一审宣判后，被告单位宝勋公司和被告人黄冠群等人提出上诉。2018 年 12 月 5 日，安徽省芜湖市中级人民法院二审裁定驳回上诉，维持原判。判决已生效。

三、典型意义

长江是中华民族的母亲河，也是中华民族发展的重要支撑。推动长江经济带发展是党中央作出的重大决策，是关系国家发展全局的重大战略。服务长江生态高水平保护和经济社会高质量发展，为长江经济带共抓大保护、不搞大开发提供有力保障，是公安司法机关肩负的重大政治责任、社会责任和法律责任。司法实践中，对发生在长江经济带十一省（直辖市）的跨省（直辖市）排放、倾倒、处置有放射性的废物、含传染病病原体的废物、有毒物质或者其他有害物质的环境污染犯罪行为，应当依法从重处罚。

本案中，被告单位宝勋公司及被告人黄冠群等 12 人在江苏、浙江、安徽等地跨省运输、转移危险废物，并在长江流域甚至是长江堤坝内倾倒、处置，危险废物数量大，持续时间长，给长江流域生态环境造成严重危害。涉案地办案机关加强协作配合，查清犯罪事实，对被告单位宝勋公司及被告人黄冠群等 12 人依法追究刑事责任，在办理长江经济带跨省（直辖市）环境污染案件，守护好长江母亲河方面具有典型意义。

2. 上海印达金属制品有限公司及被告人应伟达等五人污染环境案

一、基本案情

被告单位上海印达金属制品有限公司（以下简称印达公司），被告人应伟达系印达公司实际经营人，被告人王守波系印达公司生产部门负责人。

印达公司主要生产加工金属制品、小五金、不锈钢制品等，生产过程中产生的废液被收集在厂区储存桶内。2017 年 12 月，被告人应伟达决定将储存桶内的废液交予被告人何海瑞处理，并约定向其支付 7000 元，由王守波负责具体事宜。后何海瑞联系了被告人徐鹏鹏，12 月 22 日夜，被告人徐鹏鹏、徐平平驾驶槽罐车至公司门口与何海瑞会合，经何海瑞与王守波联系后进入公司抽取废液，三人再驾车至上海市青浦区白鹤镇外青松公路、鹤吉路西 100 米处，先后将约 6 吨废液倾倒至该处市政窨井内。经青浦区环保局认定，倾倒物质属于有腐蚀性的危险废物。

二、诉讼过程

本案由上海铁路运输检察院于 2018 年 5 月 9 日以被告人应伟达、王守波等 5 人犯污染环境罪向上海铁路运输法院提起公诉。在案件审理过程中，上海铁路运输检察院对被告单位印达公司补充起诉。2018 年 8 月 24 日，上海铁路运输法院依法作出判决，认定被告单位印达公司犯污染环境罪，判处罚金 10 万元；被告人应伟达、王守波等 5 人犯污染环境罪，判处有期徒刑一年至九个月不等，并处罚金。判决已生效。

三、典型意义

准确认定单位犯罪并追究刑事责任是办理环境污染刑事案件中的重点问题，一些地方存在追究自然人犯罪多，追究单位犯罪少，单位犯罪认定难的情况和问题。司法实践中，经单位实际控制人、主要负责人或者授权的分管负责人决定、同意，实施环境污染行为的，应当认定为单位犯罪，对单位及其直接负责的主管人员和其他直接责任人员均应追究刑事责任。

本案中，被告人应伟达系印达公司实际经营人，决定非法处置废液，被告人王守波系印达公司生产部门负责人，直接负责废液非法处置事宜。本案中对被告单位印达公司及其直接负责的主管人员和其他直接责任人员被告人应伟达、王守波同时追究刑事责任，在准确认定单位犯罪并追究刑事责任方面具有典型意义。

3. 上海云瀛复合材料有限公司及被告人贡卫国等三人污染环境案

一、基本案情

被告单位上海云瀛复合材料有限公司（以下简称云瀛公司）在生产过程中产生的钢板清洗废液，属于危险废物，需要委托有资质的专门机构予以处置。被告人乔宗敏系云瀛公司总经理，全面负责日常生产及管理工作，被告人陶薇系云瀛公司工作人员，负责涉案钢板清洗液的采购和钢板清洗废液的处置。

2016 年 3 月至 2017 年 12 月，被告人乔宗敏、陶薇在明知被告人贡卫国无危险废物经营许可资质的情况下，未填写危险废物转移联单并经相关部门批准，多次要求被告人贡卫国将云瀛公司产生的钢板清洗废液拉回常州市并处置。2017 年 2 月至 2017 年 12 月，被告人贡卫国多次驾驶卡车将云瀛公司的钢板清洗废液非法倾倒于常州市新北区春江路与辽河路交叉口附近污水井、常州市新北区罗溪镇黄河西路等处；2017 年 12 月 30 日，被告人贡卫国驾驶卡车从云瀛公司运载钢板清洗废液至常州市新北区黄河西路 685 号附近，利用塑料管引流将钢板清洗废液非法倾倒至下水道，造成兰陵河水体被严重污染。经抽样检测，兰陵河增光桥断面河水超过 IV 类地表水环境质量标准。被告人贡卫国非法倾倒涉案钢板清洗废液共计 67.33 吨。

二、诉讼过程

本案由江苏省常州市武进区人民检察院于 2018 年 8 月 9 日以被告单位云瀛公司以及被告人贡卫国等 3 人犯污染环境罪向江苏省常州市武进区人民法院提起公诉。2018 年 12 月 17 日，常州市武进区人民法院作出判决，认定被告单位云瀛公司犯污染环境罪，判处罚金三十万元；被告人贡卫国犯污染环境罪，判处有期徒刑一年三个月，并处罚金五万元；被告人乔宗敏犯污染环境罪，判处有期徒刑一年，缓刑二年，并处罚金五万元；被告人陶薇犯污染环境罪，判处有期徒刑一年，缓刑二年，并处罚金五万元；禁止被告人乔宗敏、陶薇在缓刑考验期内从事与排污工作有关的活动。判决已生效。

三、典型意义

准确认定犯罪嫌疑人、被告人的主观过错是办理环境污染刑事案件中的重点问题。司法实践中，判断犯罪嫌疑人、被告人是否具有环境污染犯罪的故意，应当依据犯罪嫌疑人、被告人的任职情况、职业经历、专业背景、培训经历、本人因同类行为受到行政处罚或刑事追究情况以及污染物种类、污染方式、资金流向等证据，结合其供述，进行综合分析判断。

本案中，被告人乔宗敏、陶薇明知本单位产生的危险废物需要有资质的单位来处理，且跨省、市区域转移需填写危险废物转移联单并经相关部门批准，仍通过与有资质的单位签订合同但不实际处理，多次要求被告人贡卫国将云瀛公司产生的钢板清洗废液拉回常州市并处置，放任对环境造成危害。被告人贡卫国在无危险废物经营许可资质的情况下，跨省、市区域运输危险废物并非法倾倒于常州市内污水井、下水道中，严重污染环境。上述 3 名被告人均具有环境污染犯罪的故意。本案在准确认定犯罪嫌疑人、被告人的主观过错方面具有典型意义。

4. 贵州宏泰化工有限责任公司
及被告人张正文、赵强污染环境案

一、基本案情

被告单位贵州宏泰化工有限责任公司（以下简称宏泰公司），经营范围为重晶石开采和硫酸钡、碳酸钡、硝酸钡生产销售等。被告人张正文自2014年起任宏泰公司副总经理兼办公室主任，协助总经理处理全厂日常工作。被告人赵强自2014年起任宏泰公司环保专员，主管环保、消防等工作。

宏泰公司主要业务之一为生产化工原料碳酸钡，生产产生的废渣有氮渣和钡渣。氮渣属一般废弃物，钡渣属危险废物。宏泰公司在贵州省紫云自治县猫营镇大河村租赁土地堆放一般废弃物氮渣，将危险废物钡渣销往有危险废物经营许可证资质的企业进行处置。2014年年底，因有资质企业经营不景气，加之新的环境保护法即将实施，对危险废物管理更加严格，各企业不再向宏泰公司购买钡渣，导致该公司厂区内大量钡渣留存，无法处置。被告人张正文、赵强在明知钡渣不能随意处置的情况下，通过在车箱底部垫钡渣等方式在氮渣内掺入钡渣倾倒在氮渣堆场，并且借安顺市某环保砖厂名义签署工业废渣综合利用协议，填写虚假的危险废物转移联单，应付环保行政主管部门检查。2015年10月19日至23日，环保部西南督查中心联合贵州省环保厅开展危险废物污染防治专项督查过程中，查获宏泰公司的违法行为。经测绘，宏泰公司废渣堆场堆渣量为72194立方米，废渣平均密度为1250千克/立方米，堆渣量达90242.5吨。经对堆场废渣随机抽取的50个样本进行检测，均检出钡离子，其中两个样本检测值超过100mg/L。

二、诉讼过程

本案由贵州省安顺市平坝区人民检察院以被告单位宏泰公司及被告人赵强犯污染环境罪向贵州省安顺市平坝区人民法院提起公诉，后又以被告人张正文犯污染环境罪向安顺市平坝区人民法院追加起诉。2017年11月23日，贵州省安顺市平坝区人民法院依法作出判决，认定被告单位宏泰公司犯污染环境罪，判处罚金一百万元；被告人张正文犯污染环境罪，判处有期徒刑三年，缓刑三年，并处罚金二千元；被告人赵强犯污染环境罪，判处有期徒刑三年，缓刑三年，并处罚金二千元。判决已生效。

三、典型意义

准确认定非法排放、倾倒、处置行为是办理环境污染刑事案件中的重点问题。司法实践中认定非法排放、倾倒、处置行为时，应当根据法律和司法解释的有关规定精神，从其行为方式是否违反国家规定或者行业操作规范、污染物是否与外环境接触、是否造成环境污染的危险或者危害等方面进行综合分析判断。对名为运输、贮存、利用，实为排放、倾倒、处置的行为应当认定为非法排放、倾倒、处置行为，依法追究刑事责任。

本案中，被告单位宏泰公司及被告人张正文、赵强在明知危险废物钡渣不能随意处置的情况下，仍在氮渣内掺入钡渣倾倒在氮渣堆场，名为运输、贮存、利用，实为排放、倾倒、处置，放任危险废物流失、泄漏，严重污染环境。本案在准确认定非法排放、倾倒、处置行为方面具有典型意义。

5. 刘土义、黄阿添、韦世榜等十七人污染环境系列案

一、基本案情

被告人刘尾系广东省博罗县加得力油料有限公司的实际投资人和控制人，被告人黄阿添系该公司法定代表人。自 2016 年起，两被告人明知被告人刘土义没有处置废油的资质，仍将 3192 吨废油交给刘土义处理。

被告人黄应顺系广东省佛山市泽田石油科技有限公司的法定代表人。自 2016 年 11 月起，黄应顺为获取 600 元/车的装车费，擅自决定将存放在公司厂区近 100 吨废油交给刘土义处理。

被告人关伟平、冯耀明系广东省东莞市道滘镇鸿海润滑油经营部的合伙人。2017 年 2 月，两被告人将加工过程中产生的酸性废弃物 29.63 吨交给刘土义处置。

除上述企业提供的废油外，被告人刘土义还联系广东其他企业提供废油，然后由被告人柯金水、韦苏文联系车辆将废油运送至广西壮族自治区来宾市兴宾区、武宣县、象州县等地，被告人韦世榜负责找场地堆放、倾倒、填埋。被告人梁全邦、韦武模应被告人韦世榜的要求，负责在武宣县境内寻找场地堆放废油并组织人员卸车，从中获取卸车费。被告人韦文林、张东来等 5 人应被告人韦世榜的要求，负责在象州县境内寻找场地倾倒废油并收取酬劳。

此外，被告人柯金水、韦世榜在武宣县境内建造炼油厂，从广东省运来 30 吨废油提炼沥青，提炼失败后，两被告人将 13 吨废油就地丢弃，其余废油转移至位于来宾市兴宾区的韦世榜炼油厂堆放，之后被告人柯金水又联系人刘土义将废油运至韦世榜的炼油厂堆放。在该堆放点被查处后，被告人柯金

水、韦世榜决定将废油就地填埋。

经现场勘验及称量，本案中被告人在兴宾区、武宣县、象州县倾倒、填埋、处置的废油共计6651.48吨，需要处置的污染废物共计10702.95吨，造成直接经济损失3217.05万元，后续修复费用45万元。

二、诉讼过程

刘土义、黄阿添、韦世榜等17人污染环境系列案由广西壮族自治区武宣县人民检察院向广西壮族自治区武宣县人民法院提起公诉。武宣县人民法院依法作出一审判决，认定被告人刘土义犯污染环境罪，判处有期徒刑五年，并处罚金一百万元；被告人黄阿添犯污染环境罪，判处有期徒刑四年，并处罚金八十万元；被告人韦世榜犯污染环境罪，判处有期徒刑四年，并处罚金二十万元；其余被告人犯污染环境罪，判处有期徒刑四年至拘役三个月缓刑六个月不等，并处罚金。一审宣判后，被告人刘尾、黄阿添、柯金水、梁全邦提出上诉。2018年7月18日，广西壮族自治区来宾市中级人民法院作出二审判决，驳回黄阿添、柯金水、梁全邦的上诉。鉴于刘尾主动交纳四百万元给当地政府用于处置危险废物，二审期间又主动缴纳罚金八十万元，交纳危险废物处置费二十万元，认罪态度好，确有悔罪表现，认定刘尾犯污染环境罪，判处有期徒刑三年，缓刑四年，罚金八十万元。判决已生效。

三、典型意义

当前，有的地方已经形成分工负责、利益均沾、相对固定的危险废物非法经营产业链，具有很大的社会危害性。司法实践中，公安司法机关要高度重视此类型案件的办理，坚持全链条、全环节、全流程对非法排放、倾倒、处置、经营危险废物的产业链进行刑事打击，查清犯罪网络，深挖犯罪源头，斩断利益链条，不断挤压和铲除其滋生蔓延的空间。

本案中，被告人刘土义等17人形成了跨广东、广西两省区的非法排放、倾倒、处置、经营危险废物产业链，有的被告人负责提供废油，有的被告人负责收集运输废油，有的被告人负责寻找场所堆放、倾倒、填埋废油，废油数量大，持续时间长，涉及地区广，严重污染当地环境。本案在深挖、查实并依法惩处危险废物非法经营产业链方面具有典型意义。

图书在版编目（CIP）数据

最高人民检察院司法解释指导性案例理解与适用.2018 / 最高人民检察院法律
政策研究室编著.—北京：中国检察出版社，2019.4
ISBN 978 - 7 - 5102 - 2291 - 7

I.①最… II.①最… III.①法律解释 – 中国②案例 – 中国③法律适用 – 中国
IV.①D920.5

中国版本图书馆 CIP 数据核字（2019）第 065061 号

最高人民检察院司法解释指导性案例理解与适用（2018）
最高人民检察院法律政策研究室　编著

出版发行：中国检察出版社
社　　址：北京市石景山区香山南路 109 号（100144）
网　　址：中国检察出版社（www.zgjccbs.com）
编辑电话：(010)86423753
发行电话：(010)86423726　86423727　86423728
经　　销：新华书店
印　　刷：北京宝昌彩色印刷有限公司
开　　本：710 mm×960 mm　16 开
印　　张：37
字　　数：676 千字
版　　次：2019 年 4 月第一版　2019 年 4 月第一次印刷
书　　号：ISBN 978 - 7 - 5102 - 2291 - 7
定　　价：108.00 元